G.B.S.

G.B.S.

THE INTELLIGENT WOMAN'S GUIDE TO SOCIALISM AND CAPITALISM
1st Edition by Constable & co. Ltd, London in 1928
THE INTELLIGENT WOMAN'S GUIDE TO SOCIALISM, CAPITALISM, SOVIETISM AND FASCISM Updated Edition by Pelican Books in 1937

버나드 쇼

자본주의·사회주의 세상을 탐험하는 지적인 여성을 위한 안내서

김일기 김지연 옮김

Tendedero

나의 처제
메리 스튜어트 첨리에게

이 지적인 여성의 질문에 대해
이 책은 내가 할 수 있는 최선의 답이다.

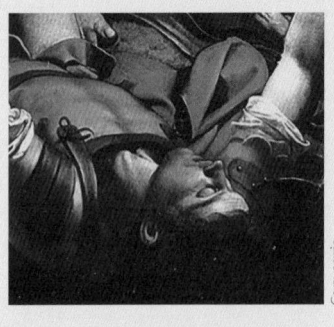

차례

제1장	때가 됐다	13
제2장	나눠야 산다	23
제3장	얼마씩 나눌까	27
제4장	얼마씩 일할까	31
제5장	원시 기독교의 공산주의	35
제6장	모든 것을 공유할 수는 없다	43
제7장	어떻게 나눌까	51
제8장	일한 만큼 주자?	55
제9장	자질에 따라 주자?	65
제10장	재주껏 챙기게 하자?	71
제11장	소수에게 몰아주자?	73
제12장	계층에 따라 주자?	81
제13장	이대로 놔두자?	85
제14장	불평등이 왜 문제가 될까	91
제15장	돈과 에너지가 낭비된다	105
제16장	자연스러운 짝짓기가 이뤄지지 않는다	111

제17장	사법 정의가 무너진다	117
제18장	딱한 부유층이 생긴다	123
제19장	교회와 학교와 언론이 타락한다	131
제20장	왜 참고 견딜까	135
제21장	소득평등은 이미 검증된 분배 방식이다	141
제22장	사람들의 진가가 드러난다	145
제23장	누가 열심히 일하고 누가 궂은일을 하냐고?	149
제24장	진정한 여가를 누린다	161
제25장	인구 문제만 심각해진다고?	167
제26장	기회의 평등은 헛소리다	181
제27장	법제화되지 않으면 십계명도 무용지물	187

Ford Madox Brown

제28장	자본주의란 무엇인가?	195
제29장	뭘 사든 바가지를 쓸 수밖에 없다	203
제30장	세금 내는 게 달갑지 않다	213

제31장	지방세가 누군가의 공돈이 되고 있다 223
제32장	결국 땅주인한테 뜯긴다 231
제33장	자본이란 무엇인가 239
제34장	투자는 자본의 지대를 창출한다 247
제35장	투자를 민간에 맡기면 무슨 일이 벌어지나 253
제36장	반쪽짜리 축복에 그친 산업혁명 261
제37장	자본에는 애국심이 없다 267
제38장	기생 국가로 전락한다 277
제39장	어쩌다 제국주의 287
제40장	아프리카로 떠난 첫 번째 무역선에서 1차세계대전까지 291
제41장	마법사의 제자 298
제42장	마법은 어떻게 시작됐나 307
제43장	상류층도 하류층도 무능해지다 313
제44장	사업가 전성시대가 되다 319
제45장	뛰는 사업가 위에 나는 금융업자 331
제46장	프롤레타리아가 조직화하다 341
제47장	아동노동금지법을 부모들은 왜 반대했나? 347
제48장	노예의 노예 361
제49장	프롤레타리아의 자본주의, 노조가 부상하다 373

제50장 프롤레타리아는 어떻게
         의회를 움직였나 385

제51장 국가의 자본을 어떻게 계산할 것인가 401
제52장 금융시장에서는 여윳돈과 연수입을
         교환한다 409
제53장 투기란 무엇인가 425
제54장 은행은 언제 위험해지는가 433
제55장 정직하지 못한 정부가
         돈의 가치를 떨어뜨린다 443
제56장 조폐국처럼 은행은 국유화해야 한다 463
제57장 국유화하려면 반드시 보상해야 한다 471
제58장 어설픈 국유화는 안 하느니만 못하다 479
제59장 보상 없이 몰수하자고? 483
제60장 기생충의 기생충들이 저항한다 487
제61장 안전밸브가 작동하지 않는다 491

제62장　지금까지 몰수가
　　　　잘 이루어진 까닭은? 497

제63장　전쟁에 쓸 돈이 있으면
　　　　그만큼 몰수도 가능하다? 505

제64장　기습 과세는 나쁘다 513

제65장　천국으로 가는 길은 알았다 517

제66장　세금으로 퍼주기는 가짜 사회주의다 521

제67장　보수주의는 자본주의에 잡아먹힌다 535

제68장　폭주하는 자본주의는
　　　　통제가 필요하다 545

제69장　자본주의 사회에서는
　　　　누가 자유를 누리는가 553

제70장　재능 있는 사람들이 왜 교활해지는가 571

제71장　노동당이 집권한다고
　　　　사회주의가 실현될까 589

제72장　영국의 정당제도는 변화가 필요하다 597

제73장　사회주의와 노조주의의
　　　　분열은 정해진 수순이다 605

제74장 사회주의 대 자본주의는
　　　　현대판 종교전쟁이다 613

제75장 혁명은 요술봉이 아니다 629

제76장 법 하나면 된다는 발상은 위험하다 643

제77장 국유화만이 능사는 아니다 651

제78장 평등한 사회까지 얼마나 걸릴까 659

제79장 규제들이 사라진다 663

제80장 결혼에서 자유로워진다 681

제81장 나만 잘살면 된다고
　　　　가르치지 않는다 691

제82장 교회가 불평등을 옹호하지 않는다 717

제83장 우리는 바벨탑에 살고 있다 739

제84장 소비에트의 실수를 보니
　　　　페이비언이 옳았다 757

제85장 파시즘은 자본주의의
　　　　또 다른 얼굴이다 785

제86장 지적인 신념을 향하여 809

참고문헌을 대신하여 821

옮긴이의 말
찾아보기

제1장　　　　　　　　　　　*A Closed Question Opens*

일러두기
1. 이 책의 각주는 모두 역자 주이다.
2. 단행본이나 정기간행물, 희곡에는 겹낫표 『 』를, 회화나 삽화 등에는 「 」를 사용했다.

때가 됐다

친애하는 독자 여러분에게 사회주의 관련 서적을 소개하고 추천하는 것은 어렵지 않다. 영국에서는 1880년대에 이미 사회주의가 어엿한 합헌적 의제로 자리잡았고 그 이후로 관련 서적이 수없이 출판됐다. 하지만 덮어놓고 사회주의 서적을 읽는 게 능사는 아니라고 본다. 제대로 된 문명국은 부를 어떻게 분배해야 하는가에 대해 자기 머리로 생각하고 친구들과 토론하면서 나름대로 최선의 결론을 도출해 보는 것이 먼저다.

사회주의는 부의 분배 방식에 대한 하나의 견해일 뿐이다. 분배에 관한 다른 의견들보다 반드시 더 낫다고 할 수도 없다. 여러분은 얼마나 가져야 하고 여러분의 이웃은 또 얼마나 가져야 할까? 이 질문에 뭐라고 답하겠는가?

이것은 답이 정해진 문제가 아니다. 우리는 일단 어릴 때부터 길들여진 사고방식에서 벗어나야 한다. 다시 말해, 소득분배와 재산소유에 관한 법은 물론이고 우리가 속해 있는 기존 제도를 으레 그러려니 하면 안 된다. 제도는 날씨처럼 자연스러운 게 아니다. 우리는 기존 제도가 언제나 존재했고 앞으로도 쭉 존재해야 하고 저절로 돌아가는 거라고 받아들이지만, 그건 위험한 착각이다. 우리가 지금 시행하는 제도도 따지고 보면 임시방편일 뿐이다. 경찰의 감시나 구속의 위험만 없으면 선량한 사람들도 지키지 않는 제도가 어디 하나둘인가. 우리는 기존 제도에 만족하지 않고 의회에서 끊임없이 제도를 변화시킨다. 기존 제도를 폐지하고 새로운 제도를 도입하기도 하고, 기존 틀을 유지하면서 고쳐 나가기도 한다. 기존 제도가 그저 타파해야 할 골칫거리일 때도 있다. 새로운 제도는 사법부의 해석을 통해 현실에 적용된다. 새로운 제도가 마뜩잖으면 현실에 안착하지 않도록 판사가 막기도 한다. 이러한 폐기와 변경, 혁신에는 끝이 없다. 사람들이 전에는 생각지도 않았던 일(예를 들면 보험 가입)을 하게 하기 위해서는 새로운 법을 제정해야 한다. 전에는 처벌받던 일(예를 들면 사별한 남편의 형제 또는 사별한 아내의 자매와 혼인)을 허용하기 위해서는 옛 법을 폐지해야 한다. 폐지하지 않은 법은 고치고 고치고 또 고쳐야 한다. 원래의 모습은 온데간데없이 사라질 때까지 고쳐야 한다. 선거에 나온 후보들은 새로운 법을 만들거나 옛 법을 폐지하겠다는 공약으로 표를 얻는다. 간혹 현상 유지를 주장하는 공약으로 표를 얻는 후보도 있는데, 사실 그건 있을 수 없는 일이다. 세상은 그 자리에 그대로 머물러 있지 않는다.

누구나 불가능하다고 여겼던 변화가 불과 몇 세대 만에 일어나기도 한다. 요즘 아이들은 9년 의무교육이나 노령연금, 유족연금, 변호사 제도, 여성 후보에게 투표해서 여성 국회의원을 만드는 것 등등을 마치 자연의 섭리처럼 당연시하며 언제나 그래 왔고 앞으로도 그럴 거로 생각한다. 하지만 그 아이들의 증조할머니 때만 해도 그런 세상이 올 거라고 예견하는 사람들은 미치광이 취급을 받았고 그런 세상이 오길 소망하는 사람들은 악인으로 매도됐다.

매년 우리가 생산하는 부를 어떻게 나눌 것인가 하는 문제를 연구할 때는 요즘 아이들처럼 그간의 변화를 당연시해도 안 되고 그들의 증조할머니처럼 변화를 한사코 불가능한 일로 여겨서도 안 된다. 명심하자. 우리에게 분배될 몫은 의회에서 거의 날마다 시시각각 바뀌고 있다. 우리는 살아생전에 좋건 나쁘건 지금과는 달라진 분배를 보게 될 것이다. 오늘날의 분배가 19세기의 분배와는 현저히 달라졌듯이 말이다. 그러한 변화가 가능하리라고 빅토리아 여왕이 생각이나 했겠는가. 현재 우리의 분배 방식을 고정불변으로 여기기 시작하는 순간 여러분은 화석이 될 것이다. 입법상의 모든 변화는 직접적이든 간접적이든 누군가의(어쩌면 여러분의) 주머니에서 돈을 꺼내 다른 누군가의 주머니에 넣어주는 결과를 가져온다. 그렇기 때문에 어떤 정치인들은 변화를 요구하고 또 어떤 정치인들은 변화에 반대하는 것이다.

커다란 변화가 오느니 마느니 하며 옥신각신할 필요는 없다. 변화는 틀림없이 온다. 여러분이 친구들과 심사숙고하고 토론해야 할 것은 세상을 더욱 살기 좋은 곳으로 만들려면 어떤 변화를 도모해야 할 것인가, 혹은 모두에게 닥칠 엄청난 불행을 막으려면 어떤 변화에 반대해야 할 것인가 하는 문제다. 그렇게 도출해 낸 의견 하나하나가 여론을 형성하는 동력이 된다. 앞으로 일어날 모든 변화의 밑바탕이자, 변화가 나라의 법이 됐을 때 그 법을 집행해야 할 경찰과 공권력의 근거가 바로 여러분의 의견인 것이다.

그러니까 여러분은 이 문제에 대해 반드시 자기 의견을 가져야 한다. 자연은 진공상태를 싫어한다는 자연과학자들의 오래된 명제는 인간 두뇌에도 적용된다. 머릿속이 텅 비어 있는 경우는 없다. 새로운 생각이 비집고 들어갈 틈이라고는 없는 당구공처럼 딱딱한 머리가 있을 뿐이다. 물론 여러분은 그런 당구공 머리가 아니다. 당구공 머리라면 이 책을 읽고 있을 리 없다. 다만 여러분이 머릿속에 잠시나마 조금의 빈틈이라도 남겨두면 다른 사람들의 의견이 사방팔방에서 밀고 들어올 것이다. 광고나 신문, 책, 팸플릿, 소문, 정치연설, 연극, 그림 등등을 통해서. 거기다가 여러분은 이 책까지 더했다!

자기 머리로 생각하라는 게(보모와 어머니, 학교 선생님들은 스스로 생각하라고 하면서도 정작 우리가 자기들과 다른 결론을 내리면 머리를 쥐어박는다) 다른 모든 이의 의견을 무시하라는 소리는 물론 아니다. 명색이 사상가인 나도 여러 중차대한 사안에 대해 다른 사람들의 견해를 기꺼이 받아들인다. 내 입장을 따로 만들 수 없고 다른 사람의 의견에서 비판할 점을 찾을 수 없을 때 특히 그렇다. 나는 열두 시가 언제인지에 대해서는 왕립천문대장의 견해를 받아들인다. 낯선 동네에서 기차역까지 가는 길을 찾을 때는 거리에서 처음 만난 사람의 의견을 수용한다. 왕은 틀리지 않는다는 터무니없지만 불가피한 도그마에도 수긍하며 법을 따른다. 그렇게 하지 않는다면, 기차가 있어도 무용지물이고 소송이 처리되는 꼴도 생전 볼 수 없을 것이다. 우리보다 잘 알 수밖에 없는 사람들의 말을 믿지 않는다면 우리는 아무데도 갈 수 없고 아무것도 할 수 없다. 관계 당국이 얼마든지 오류를 범할 수 있다는 걸 알면서도 관계 당국의 무오류성을 묵인하기도 한다. 그러니 "자기 힘으로 담대하게 사고해라" "무엇보다도 독창성이 중요하다" 그런 소리를 아무리 듣는다 해도 우리가 무지한 대부분의 사안에 대해서는 열린 마음으로 사고할 수가 없다.

사도 바오로는 여성을 존중하지 않은 것으로 보아 그렇게 깊이 있는 사람은 아닐뿐더러 다소 무모한 구석도 있었던 것 같다. "모든 것을 분별하여, 좋은 것은 간직하라"고 외치다니. 한 사람이 모든 것을 분별하는 것은 불가능하다. 설령 누군가에게 모든 것을 분별할 지식이 있다손 치더라도 모든 것을 분별하고 있을 시간이 없다. 바쁜 사람한테는 열린 문제라는 게 존재할 수 없다. 날씨를 제외하면 모든 문제에 대한 답은 이미 정해져 있다. 심지어 날씨마저도 계절에 맞는 옷을 준비할 수 있을 만큼은 충분히 해결된 문제다. 그렇다면 어째서 사도 바오로는 실행 불가능한 게 뻔한 일을 우리에게 하라고 조언한 것일까?

사실상 완전히 해결된 문제 같은 건 없기 때문이다. 우리가 답이라고 여기는 것들은 완벽하지도 않고 궁극적인 진리도 아니다. 우리가 만드는 법과 제도는 사회를 이루고 살아가는 데 필수불가결한 것이지만 우리는 완벽한 제도를 만들지 못한다. 우리 자신이 완벽하지 못하기 때문이다. 설령 우리가 완벽한 제도를 만들 수 있다고 해도 영원하고 보편적인 제도로 만들 수는 없다. 상황은 계속해서 바뀌기 마련이고, 어떤 법과 제도가 수도자 50명이 전부인 봉쇄수도원에서 무리 없

카라바조 *Caravaggio*
『사도 바오로의 회심(回心)』
1601년

이 잘 돌아간다고 해서 그대로 인구가 4천만 명인 나라에도 적용할 수는 없는 노릇이다. 그래서 우리는 당장 우리가 할 수 있는 최선을 다하고 나머지는 후손의 몫으로 남긴다. 우리가 이렇게 적당히 법을 만들기 때문에 사람들의 고민이 해결되는 건 잠시뿐이다. 정치적으로 그 기간은 열두 달일 수도 있고 천이백 년일 수도 있다. 그저 잠깐 숨돌릴 사이일 수도 있고 한 시대 전체일 수도 있는 것이다.

그렇게 수 세기 동안 봉인됐던 문제가 갑자기 풀어헤쳐지면 역사적인 위기가 찾아온다. 사도 바오로가 답이 정해진 문제는 없다고, 그러니까 우리 스스로 모든 것을 전부 다시 생각해봐야 한다고 소리친 것 역시 그처럼 무시무시한 문제 제기였다. 당시 유대 세계에서는 모세의 율법이 가장 신성시됐고 할례는 무엇보다 필수적인 의식이었으며 모든 율법과 신앙이 거기 기대고 있는 것 같았다. 그러나 사도 바오로는 유대인들에게 그리스도의 계율을 위해 모세의 율법을 버리라고 했고, 구원받기 위해 필수적인 것은 세례이며 할례는 중요하지 않다고 천명했다. 그는 어떻게 모든 율법과 제도에 대항하는 열린 마음과 내면의 빛을 설파할 수 있었을까?

여러분은 지금 사도 바오로의 신도와 같은 입장이다. 오늘날 우리는 모두 그런 입장이다. 한 시대 내내 실질적으로 답이 정해져 있던 부의 분배 문제가 갑자기 우리 앞에 열린 질문으로 펼쳐졌다. 그러니 우리 모두 닫아두었던 마음을 활짝 열어야 한다.

방금 부의 분배 문제가 갑자기 열린 질문이 된 것처럼 말하긴 했지만, 제도 비판을 자기 소임으로 여기는 생각있는 사람들은 이 문제를 한 번도 봉인된 문제로 여긴 적이 없다. 사도 바오로가 태어나기 수백

년 전에 황야에서 소리치던 예언자들은 모세의 율법하에 만연했던 혐오스러운 일들에 대해 이의를 제기했고 그 잔학무도함에서 우리를 구원할 구세주를 예언했다. 또한 지난 수백 년 동안 우리의 예언자들, 즉 시인이나 철학자, 성직자들은 국민을 게으름뱅이 부자와 혹사당하는 가난한 사람들로 나누는 것에 줄기차게 반대해왔다. 박해받는 예언자와 말귀를 알아듣는 몇몇 제자에게나 빼꼼 열어 뒀던 문제가 드디어 모두에게 활짝 펼쳐진 것이다. 박해받는 예언자와 그를 추종하던 미미한 무리는 가공할 야당으로 성장해서 마침내 강력한 정부를 구성하기에 이르렀다.

랭글런드William Langland와 라티머Hugh Latimer와 토머스 모어 경Sir Thomas More, 존 버니언John Bunyan과 조지 폭스George Fox, 골드스미스Oliver Goldsmith와 크랩George Crabbe과 셸리Percy B. Shelley, 칼라일Thomas Carlyle과 러스킨John Ruskin과 모리스William Morris와 그밖에 알려지지 않았지만 수많은 용기 있고 충직한 설교자들이 바로 우리 영국의 예언자들이었다. 그들은 영감이 번득이는 사람들에게 분배와 재산의 문제를 열어 보였다. 그러다 의식있는 유권자들이 급속도로 늘어났고 이들의 지지를 받아 평범한 정치인들까지 움직이자 보통의 남녀들도 이 문제에 관심을 갖게 됐다. 우리 시대의 정치인들은 기존의 분배 방식이 너무나 비정상적이고 부조리하고 해롭다면서 옛 문명들을 좌초시킨 바로 그 해악으로부터 우리 문명을 구하기 위해서는 분배 방식을 근본적으로 변화시켜야 한다고 큰 소리로 요구하기 시작했다.

그러므로 여러분은 분배 문제를 미결 과제로 보고 최대한 열린 마음으로 접근해야 한다. 나나 다른 사람들이 이미 만들어 놓은 해답을 마냥 기다리지 말고 먼저 스스로 문제를 풀어보기 바란다. 설령 완전히 잘못 풀더라도 문제를 푸는 과정에서 사안에 대한 관심이 커질 테니 올바른 해답을 만났을 때 훨씬 더 잘 이해하고 받아들이게 될 것이다.

제2장　　　　　　　　　　　　　　　　　　　　　*Dividing-Up*

나눠야 산다

사회주의가 나라의 소득을 새로운 방법으로 분배하자는 제안이라는 것은 이제 다들 알 것이다. 그런데 아마 이건 놓치고 있을지도 모르겠다. 나라의 소득은 날마다 분배되고 있고 지금 이 순간에도 시시각각 분배되고 있으며 지구상에 단 두 사람이 남더라도 계속해서 분배는 이뤄져야 한다는 점 말이다. 소득이 분배돼야 한다는 점에는 이론의 여지가 없다. 각자가 어떠한 조건에서 얼마나 갖도록 허용할 것인가가 문제다. 사도 바오로는 "일하지 않는 자 먹지도 말라"[1]고 했다. 여성을 낮게 평가했던 사람이라 그런지 아기들에 대해서는 까맣게 잊고 있었던 모양이다. 아기들은 일도 할 수 없으면서 기가 막히게 먹어댄다. 하지만 아기들을 먹이지 않으면 얼마 못 가 이 세상에 아무도 살지 않게 될 것이다. 그러니 그렇게 할 수는 없다.

---

[1] 테살로니카 2서 3장 10절

어떤 사람들은 돈을 저축할 수 있으니까 세상의 부도 축적이 될 거라고 생각하는데, 말도 안 되는 소리다. 우리를 살아가게 해주는 부의 대부분은 일주일도 지속되지 않는다. 세계는 그날 벌어 그날 먹고산다. 난롯가의 부지깽이처럼 평생 가는 것들도 있지만 부지깽이를 먹고 살 수는 없다. 달걀을 물에 집어넣고 연어통조림을 만들고 양고기를 냉동하고 분유를 만드는 등 우리는 최선을 다해 식량을 저장하려고 하지만, 우리 식량 대부분은 굽거나 도축한 후 며칠 안에 먹어치우지 않으면 상해서 쿰쿰한 냄새가 나고 식중독을 일으킨다. 심지어 옷도 그렇게 오래가지 않는다. 작업복은 빨리 해지고 세탁하면 더 빨리 해진다. 신발 밑창이 닳는 걸 방지하려고 고무를 덧대기도 하지만 고무도 닳아 없어진다.

  매년 햇곡식과 햇과일이 나오고 새로 가축이 태어난다. 해묵은 수확물 찌꺼기로 먹고살 수는 없고 내년 수확물은 아직 존재하지도 않으니까 우리는 대체로 당해 수확물을 먹고살면서 물건을 만들고 써 없애고, 심고 거두고, 끓이고 굽고, (나 같은 채식주의자가 아니라면) 사육하고 도축하고, 더럽히고 세탁해야 한다. 그렇지 않으면 우리는 더러움과 배고픔으로 죽게 될 것이다. 소위 저축이란 미래를 놓고 흥정을 벌이는 것일 뿐이다. 예컨대, 내가 빵을 101개나 구웠다 치자. 나는 기껏해야 한두 개 정도 먹을 수 있을 텐데 나머지를 그냥 쌓아뒀다가는 일주일도 안 돼서 죄 못 먹게 될 것이다. 그러면 내가 할 수 있는 일은 누군가와 거래를 하는 것이다. 자기 혼자 먹든 가족이나 직원들에게 먹이든 빵 100개를 당장 먹어치울 사람을 찾는다. 내가 남는 빵 100개를 그에게 주면 그는 앞으로 매년 5개의 새 빵을 나한테 주기로 하는 것이다. 하지만 그건 빵을 저축하는 게 아니다. 쌍방간 거래가 일어난 것뿐이다. 한쪽은 미래를 대비하고 싶고 다른 쪽은 현재 상황에서 아주 많이 소비하고 싶은 것이다. 결국 나 대신 소비할 사람을 찾지 못하면 저축은 불가능하다. 우리 모두 함께 저축할 수 있다는 생각은 바보 같다. 필요한 것보다 더 가진 사람만이 저축할 수 있는데, 그조차도 가진 것보다 더 쓰려고 하는 사람이 없다면 불가능하다. 당장 쓸 사람이 없으면 저축한 것은 썩어 없어진다. 전체로 보면 아무것도 저축되지 않는다. 국민 전체가 계속해서 먹거리를 생산하고 그걸 나눠먹어야 한다. 모든 국민에게 집과 땅이 있고 저마다 은행 계좌에 수십억씩 들어 있더라도 한 나라가 일하기를 멈추면 그 나라는 보름도 안 돼 굶어 죽고 말 것이다. 가난한 사람들이 가진 것을 몽땅 저축하지 않는다는 이유로 절약정신이 없다며 고개를 회회 젓는 부잣집 사모님을 마주치거들랑 그녀의 무지에 혀를 찰 일이다. 행여 부잣집 사모님의 헛소리를 따라 지껄여서 가난한 사람들의 성질을 건드리는 일이 없도록 하자.

제3장

How Much For Each?

얼마씩 나눌까

날마다 어마어마한 규모로 음식과 제품이 생산되고 서비스가 제공되고 계산이 이뤄지고 있다. 그렇게 만들어진 식량과 물건은 우리에게 합법적인 몫으로 즉시 분배돼야 한다. 그 몫이란 얼마여야 할까? 우리는 각자 얼마나 가져야 할까? 왜 그만큼 가져야 할까? 더 많이 혹은 더 적게 가지면 안 되는 걸까? 만약 뼈 빠지게 일해서 여섯 아이를 먹여살리는 싱글맘이 일주일에 두 덩이의 빵을 얻는 반면, 어느 게으르고 방탕한 젊은 독신남이 여섯 가족이 한 달 동안 먹고도 남을 빵을 날마다 낭비한다면, 그게 과연 합리적인 분배 방식일까? 싱글맘에게 더 주고 독신남에게 덜 주는 게 낫지 않을까? 이런 문제는 저절로 풀리지 않는다. 법으로 해결해야 한다. 만약 그 싱글맘이 독신남이 가진 빵 중 한 덩이를 가져간다면 경찰은 싱글맘을 교도소에 집어넣고 아이들을 구빈원에 보낼 것이다. 경찰이 그렇게 하는 이유는 법에 싱글맘의 몫이 두 덩이라고 정해져 있기 때문이다. 만약 사람들이 그 법률의 폐지나 변경을 원하고 그렇게 투표한다면 의회에서 그 법률을 폐지하거나 변경할 수 있다. 대부분의 사람들은 그런 사정을 알게 되면 법을 바꿔야 한다고 생각한다. 어느 미국인 싱글맘은 사내아이 하나를 키우면서 주당 150파운드의 양육비를 받다가 소송을 걸어 주당 200파운드로 올렸다는데 다른 싱글맘들은 평생 아침 일찍부터 밤늦게까지 일해서 대가족을 부양하다가 결국 구빈원에서 삶을 마친다는 기사를 보면, 사람들은 그런 분배는 말도 안 되게 부당하고 사악하고 멍청한 것이므로 바꿔야 한다고 생각한다. 그래서 부유한 미국인 싱글맘의 몫에서 일부를 세금으로 가져다가 가난한 사람들에게 노령연금이나 유족연금, 실직수당, 무상교육 등으로 돌려줌으로써 분배 방식을 약간 바꾼다. 그러나 그렇게 해도 그 미국인 싱글맘은 스스로 고수익을 올리면서 일주일에 100파운드 이상의 양육비도 받는데, 도시 다른 편에 사는 가난한 싱글맘은 일주일에 고작 10실링의 생활보조금으로 간신히 구빈원 신세만 면한 상황이라면, 그 차이가 너무 부당해서 별로 상황이 바뀐 것 같지 않을 것이다. 누구나 더 나은 분배를 원한다. 물론 가장 많은 몫을 누리는 사람들은 그렇지 않겠지만 그들은 인구의 10퍼센트밖에 되지 않을뿐더러 개중에도 많은 사람이 자기 위치의 부당함을 인지하고 있다. 따라서 분배를 바꿀 수 있음을 깨달은 사람들은 보편적으로 기존의 부의 분배에 불만을 느끼고 가능한 한 빨리 분배 방식을 바꾸고자 한다.

그러나 어떻게 바꾸고 싶은지 알지 못하면 아무것도 바꿀 수 없다. 누구는 하루에 1,000파운드를 갖는데 누구는 겨우 반*크라운만 가지는 것은 괘씸한 일이라고 아무리 말해 봤자 소용없다. 법을 바꾸고 싶다면 A부인은 얼마를 갖고 B부인은 얼마를 가져야 한다고 생각하는지 말할 준비가 돼 있어야 한다. 바로 그게 진짜 문제가 시작되는 지점이다. B부인은 더 가져야 하고 A부인은 덜 가져야 한다고는 누구나 말할 수 있다. 하지만 B부인이 정확히 얼마나 더 가져야 하고 A부인은 얼마나 덜 가져야 하는지 말해 보라고 하면 사람마다 의견이 분분할 것이다. 아니, 대부분의 사람들은 그저 A부인은 부끄러운 줄 알아야 한다거나 B부인은 그래도 싸다는 소리밖에는 아무 말도 못 할 거다.

    그 문제에 대해 한 번도 생각해 본 적이 없는 사람들은 지금 하고 있는 대로 각자가 가진 돈 만큼 누리게 하는 게 가장 정직한 방법이라고 이야기하는데, 그래서는 우리가 처한 곤경을 헤쳐나갈 수 없다. 돈을 어떻게 할당해야 하는가 하는 질문은 여전히 남는다. 돈이란 그 소유자가 빵이나 맥주나 다이아몬드나 자동차 기타 등등에 대해 해당 액수만큼 합법적인 요구를 할 수 있게 하는 종잇조각 또는 금속조각이다. 우리는 돈을 씹어먹을 수도 없고 마실 수도 없고 입을 수도 없다. 돈을 분배하면 실제로 분배되는 것은 돈으로 살 수 있는 재화다. 모든 게 돈으로 계산된다. 그러니까 법이 70세가 된 노부인에게 10실링을 주고 태어난 지 7분도 안 된 도련님에게 3,000실링을 줄 때 법으로 노부인과 도련님에게 분배된 것은 빵과 생선, 의복과 집, 자동차와 유모차다.

제4장　　　　　　　　　　　　　　　　　　*No Wealth Without Work*

얼마씩 일할까

분배할 부가 생기려면 먼저 일할 노동력이 있어야 한다. 농부와 제빵사가 없다면 빵도 있을 수 없다. 저 머나먼 어느 섬나라에서는 사람들이 햇살 아래 누워서 원숭이가 던져주는 코코넛 열매나 먹으며 살아가기도 한다. 그러나 우리는 그런 걸 기대할 수 없다. 날마다 끊임없이 노동하지 않으면 우리는 굶주리게 된다. 한 사람이 게으름을 피우면 다른 사람이 두 사람 몫의 일을 해야 한다. 그렇지 않으면 둘 다 굶어 죽고 말 것이다. 그래서 사도 바오로는 "일하지 않는 자 먹지도 말라"고 했다. 자연이 우리에게 부과한 노동의 의무는 노동이 생산한 부와 마찬가지로 분배돼야 한다.

그러나 부와 노동이 서로 상응하게 분배될 필요는 없다. 어떤 사람은 자기가 먹고사는 데 충분한 것보다 훨씬 더 많이 생산할 수 있다. 만약 그렇지 않다면 어린아이들과 기력이 떨어진 노인들은 굶주릴 것이다. 수많은 이가 맨손으로 일해서 가족을 부양하고, 연로한 부모를 봉양하고, 지주에게 낼 지대까지 마련해왔다. 그리고 수력과 증기, 전기, 현대적인 기계 등의 도움으로 노동력이 조직화하면서 150년 전에는 천 명이 했을 일을 혼자서도 해낼 수 있게 됐다.

이처럼 풍력과 수력, 석탄에서 나온 화력 등과 같은 자연력으로 기계를 돌려 노동을 절감할 수 있게 됐고 여가가 생겨났다. 여가 역시 분배돼야 한다. 한 사람의 열 시간 노동이 열 사람의 하루치 식량을 마련할 수 있다고 해보자. 그러면 몇 가지 분배 방식을 생각해 볼 수 있다. 한 사람이 열 시간의 일을 도맡아 하고 나머지 아홉 사람이 여가와 식량을 공짜로 차지할 수도 있다. 아니면 열 사람이 각각 하루에 한 시간씩 일하고 각각 아홉 시간의 여가를 누릴 수도 있다. 이 양극단 사이에서 어떤 방식이든 선택할 수 있다. 만약 세 사람에게 하루에 열 시간씩 일을 시킨다면 족히 30인분을 생산하게 될 테고, 그러면 다른 일곱 사람은 아무 일도 하지 않으면서 14인분을 먹어치우고 수발을 들 열세 명의 하인까지 두고는 세 사람을 계속해서 부려먹을 수도 있다.

또 다른 방법도 있다. 열 사람이 모두 날마다 먹고사는 데 필요한 것보다 더 많이 일하는 것이다. 그러면 사람이 다 자라고 교육을 마치기 전까지는 일하지 않아도 되고 나이 오십이 되면 일하기를 멈추고 여생을 즐길 수 있게 된다. 한쪽에는 극단적인 노예제가 있다면 다른 쪽에는 노동과 여가와 부의 공평한 분배가 있다. 그 사이에 수많은 분배 방식이 존재한다. 노예제, 농노제, 봉건주의, 자본주의, 사회주의, 공산주의가 다 실지로는 분배 방식의 차이인 것이다. 혁명의 역사란 개인과 계급이 저마다 유리한 쪽으로 분배 방식을 바꾸려고 끊임없이 투쟁을 벌여 온 결과다. 우리는 일단 소득을 분배하는 문제에 집중하는 게 좋겠다. 노동과 여가 시간의 격차가 아무리 커도 최첨단 생산방식에 따른 소득 격차에 대면 아무것도 아니다. 아무리 부유해도 하루에 24시간 이상을 가질 수는 없지만, 손가락 하나 까딱 않고도 2천4백만 파운드를 꿀꺽할 수는 있으니 말이다.

제5장

Communism

원시 기독교의 공산주의

이제 나날이 분배되고 있는 나라의 소득을 어떻게 바라볼 것인지 여러분 머리로 생각해볼 마음이 드는가? 사회주의자나 자본주의자들 또는 여러분이 선호하는 언론 매체에 쪼르르 달려가지 말고 부디 자기 자신을 위해 스스로 뜻을 세우기 바란다. 고의적으로 호도할 생각이 없다 해도 언론은 불안과 혼란을 조장할 뿐이다. 그러니 혼자 힘으로 심사숙고해야 한다. 여러분이 국정운영자로서 나라 전체의 소득을 손에 쥐고 모든 국민이 최대한으로 사회적 복지를 누리도록 분배를 결정한다고 상상해보자.

그런데 여기서 잠깐! 여러분이나 여러분의 자녀, 친척, 친구들의 몫은 논의에 포함시키지 않는 게 좋겠다. 그랬다가는 사적인 감정 때문에 판단이 흐려질 테니 말이다. 어떤 사람들은 이렇게 말할지도 모르겠다. "난 남의 일에는 신경 안 써요." 그런 태도는 사회 문제를 해결하는 데 아무런 도움이 되지 않는다. 자본주의나 사회주의나 고작 한 개인의 인간관계 안에서 분배를 논하는 게 아니다. 모든 이를 대상으로 부를 분배하는 것이다. 그리고 매년 분배할 양은 정해져 있기 때문에 여러분의 자녀나 조카나 절친한 친구가 더 가진다면 다른 사람의 자녀나 조카나 절친한 친구는 덜 가지는 수밖에 없다. 여러분은 자기 자신과 가족과 친구뿐만 아니라 자기가 속한 계층도 머리에서 지워야 한다. 마치 신의 뜻을 행하는 천사가 된 것처럼 상상해야 한다. 세속적인 이해관계나 사사로운 감정은 잊어버리고 세상 사람들이 최대한 행복하고 세계정신이 최고선에 도달하려면 국민소득에서 모두가 얼마씩을 가져야 하는지에만 관심을 둬야 한다.

물론 우리 중 누구도 정말로 그렇게 할 수는 없다는 걸 나도 안다. 그래도 우리는 할 수 있는 데까지 해봐야 한다. 우리 머릿속에는 고양이 이마빼기만 한 개성이 살짝 얹혀있을 뿐 걸핏하면 군중심리에 휘말리기 일쑤임을 빤히 아는 마당에 스스로 생각하라는 허울 좋은 말을 듣는 것만큼 짜증나는 일도 없을 것이다. 내 모르는 바 아니다. 돈을 주고 이 책을 샀으니 나더러 여러분 대신 생각하라고 할지도 모르겠다. 하지만 내 생각을 여러분에게 주입하면서 여러분 자신의 생각이라고 믿게끔 하는 것이 과연 현명한 일일까? 그런 지름길은 경계해야 한다! 그러느니 차라리 이 사안에 대해 나나 다른 사람들이 먼저 생각해본 것을 그냥 말해주겠다. 그렇게 하면 적어도 막다른 골목으로 판명난 가망 없는 동네를 헤매고 다니느라 여러분이 공연히 시간을 낭비하고 애만 먹다 낙담하는 일은 없을 것이다.

자, 그러면 그간 시도됐거나 제안된 몇 가지 방안들을 살펴보자.

가장 간단한 것부터 시작하겠다. 열두 사도(초기 기독교)와 그 추종자들의 가족 안에서 시행된 방안이다. 그들은 개인이 가진 것을 모두 한데 모아 관리했고 각자 필요한 것은 공동 재고에서 가져다 썼다. 이렇게 하는 것은 매우 신성한 의무였기 때문에 하나니아스와 사피라 부부[1]가 얼마간 자기들 몫을 따로 떼어 놓았을 때 성 베드로는 "성령을 속인 것"이라며 그 부부의 목숨을 앗았다.

이는 원시 공산제로 오늘날에도 사람들이 함께 살면서 서로 모두 알고 지내는 소규모 종교 공동체에서 시행되고 있다. 하지만 인구가 많아져서 사람들이 함께 살지도 않고 서로 알고 지내지도 않는 경우에는 그렇게 간단한 문제가 아니다. 심지어 가족 공동체 안에서도 공산제는 부분적으로만 시행될 수 있다. 아버지는 수입의 일부를 어머니에게 주고 자녀도 수입이 있으면 그렇게 한다. 그러면 어머니가 음식을 사오고 모두 둘러앉아 함께 먹는다. 그러나 식구들 모두 수입의 일부를 각자의 용처를 위해 따로 떼어 놓는다. 그러니까 가정생활은 순수 공산제가 아니고 부분적인 공산제와 부분적인 별산제로 구성된다. 가족 구성원 각각이 하나니아스와 사피라 부부가 했던 행동을 하지만, 그런다고 꼭 가족을 속이는 것은 아니다(물론 가끔 속이기도 한다). 아이들이 용돈을, 아버지가 술 담배 값을, 어머니가 옷가지 장만할 돈을 얼마간 꿍쳐 두는 건 가족 안에서 얼마든지 받아들여지는 일이다.

---

1 하나니아스와 사피라*Ananias and Sapphira*: 사도행전 5장에 등장하는 부부. 토지를 팔아 예수의 사도들에게 기부하기로 약속했으나 일부만 주고 나머지는 자기들이 가졌다. 이를 눈치 챈 베드로가 하나니아스에게 돈을 숨기지 않았냐고 다그치자 하나니아스가 혼절해 숨졌다. 아내 사피라도 거짓말을 계속하다 남편의 죽음에 대해 알게 되자 혼절해 숨졌다.

니콜라 푸생 Nicholas Poussin, 『사피라의 죽음』, 1653년경

가족 공산제는 이웃 사람들에게 확장되지 않는다. 집집마다 곳간이 따로 있고, 다른 집에 사는 사람이 남의 곳간에 식량을 채워 넣을 일도 없거니와 남의 식량을 달라고 할 권리도 없다. 그러나 현대 도시 생활에서는 예외가 있다. 맥주는 각 가정이 개별적으로 구매하지만 물은 공산주의적으로 공급받는다. 소위 수도요금을 지불해서 만들어진 공금으로 각 가정에 물을 대면 집집마다 필요한 만큼 물을 끌어다 쓴다.

같은 방식으로 가로등과 도로포장, 도로를 순찰하는 경찰, 강에 놓인 다리, 쓰레기 수거와 소각에 돈을 지불한다. 아무도 이런 소리를 하지 않는다. "난 어두워진 후에는 밖에 나가지 않아요. 내 평생 경찰을 부를 일은 없을 거예요. 나는 강 건너에는 볼 일이 없으니 다리를 건널 일은 없답니다. 그러니까 이런 일에 들어가는 비용을 지불하는 데 일조하지 않겠어요." 가로등과 포장도로, 교각, 경찰, 공중위생을 빼면 도시 생활이라는 게 존재할 수 없으며, 자리보전하고 집 밖으로 나가지 못하는 병자나 가로등으로 밝힐 수 없는 어둠 속에서 살아가는 시각장애인도 여느 건강한 사람과 마찬가지로 날마다의 식량 공급과 안전과 위생을 보장하는 공공서비스에 의존하고 있음을 누구나 다 안다. 이는 경찰력과 마찬가지로 육해군에도, 가로등과 마찬가지로 등대에도, 의사당과 마찬가지로 시청에도 적용된다. 우리가 지방세와 국세로 형성한 공금에서 그 모든 비용이 지불되며 혜택은 모두에게 무차별적으로 돌아간다. 요컨대, 그것이 바로 공산주의다.

우리가 지방세를 납부해서 이러한 공산주의를 유지할 때 열두 사도처럼 가진 것을 전부 공금으로 갖다 바치는 게 아니다. 우리는 우리의 재력에 따라 내놓고 우리의 재력은 우리가 사는 주택의 가치로 평가된다. 하지만 적게 내놓은 사람도 많이 내놓은 사람과 똑같은 공공 서비스를 이용한다. 전혀 내놓지 않은 이방인과 부랑아도 똑같이 공공 서비스를 누린다. 나이가 적든 많든, 왕자든 거지든, 의인이든 악인이든, 흑인이든 백인이든 황인이든, 알뜰하든 헤프든, 술에 취했든 맑은 정신이든, 땜장이, 양복장이, 군인, 뱃사람, 부자, 빈자, 비렁뱅이, 도둑 할 것 없이 유지 비용이 꽤 많이 드는 공산주의적 편의 시설과 서비스를 똑같이 이용하고 즐긴다. 그리고 이 모든 게 완벽하게 돌아간다. (극장처럼) 입장료를 내야 하거나 (사교클럽처럼) 추천을 받아야 들어갈 수 있는 그 어떤 장소보다도 도로를 만들고 유지하는 데 훨씬 더 큰 비용이 들지만, 신원증명서와 통행세를 내야만 도로를 지나다니게 하자고 할 사람은 아무도 없다.

제6장　*Limits to Communism*

모든 것을 공유할 수는 없다

공산주의가 러시아 혁명가들과 영미권 무법자들의 사악한 발명품이라고 신문에서 떠드는 소리를 곧이곧대로 믿는 대신 공산주의가 우리의 부를 분배하는 대단히 훌륭한 방편이라고 생각해본 적은 없는가? 공산주의는 열두 사도가 인정하고 실천했던 방법이고 우리 문명과 일상생활에서 없어서는 안될 부분이다. 공산주의의 확대는 곧 문명의 확대다. 우리는 공산주의 없이 지낼 수 없고 지속해서 공산주의를 확장하고 있다. 우리가 원한다면 공산주의를 일부분 포기할 수도 있다. 도로 위에 요금징수소를 설치하고 통행료를 걷는 거다. 실제로 예전 유료도로였던 곳에 남아있는 작은 요금징수소들을 아직 볼 수 있다. 또는 가로등을 없애버리고 밤에 길을 갈 때 각자 알아서 횃불을 밝히는 사람을 고용할 수도 있을 것이다. 옛날식 철책을 보면 고용된 홰꾼들이 사용하던 소화기가 여전히 남아 있다. 심지어는 경찰과 군대를 해산하고 우리의 안전을 지킬 경찰관이나 병사를 따로 고용할 수도 있을 것이다. 하지만 정신을 똑바로 차리고 절대 그런 일이 벌어지지 않도록 해야 한다. 사람들은 지방세나 국세를 내면서 엄청 투덜대지만 세금은 다른 데다 쓰는 그 어떤 돈보다도 값어치를 톡톡히 한다. 강을 건널 다리를 찾기 위해 애를 먹지도 않고 누구에게 돈을 내야 할 필요도 없기 때문에 다리가 거저 생긴 것처럼 여기는 어린아이 같은 사람들이 더러 있다. 하지만 만약 다리가 무너지기라도 하면 강에 발을 담그고 걸어서 건너든 헤엄치든 배를 빌리든 간에 스스로 강을 건널 방법을 모색해야 한다. 그 지경이 되면 공산주의가 얼마나 복된 것인지 바로 깨닫고, 다리를 유지하기 위해 우리 각자가 세금으로 내는 푼돈에 대해 불평하지 않을 것이다. 아니, 공산주의가 너무 멋진 아이디어 같아서 다른 모든 것도 다 공산화해야 한다고 생각하게 될지도 모른다.

하지만 그렇게는 안 된다. 다리를 공산화할 수 있는 것은 모든 사람이 다리를 이용하거나 다리로 인해 혜택을 보기 때문이다. 무엇이든 모든 사람이 이용하거나 모든 사람에게 혜택을 주는 것이어야 공산화할 수 있다는 것이 원칙이다. 시골 지역이나 외딴 촌락에서는 사람들이 캄캄한 밤에 전등을 사서 들고 다니고 우물에서 물을 길어다 쓰지만, 도시에서는 도로, 교각, 가로등, 상수도 등을 공산화하는 것이 당연한 일이다. 빵은 공산화하면 안 될 이유가 전혀 없다. 나라에 굶주리는 아이가 사라지고 살림하는 사람이 식구들 빵값을 걱정할 일이 없다면, 그건 모두에게 헤아릴 수 없는 혜택이 될 것이다. 철도도 공산화할 수 있다. 모든 사람에게 혜택을 주는, 따라서 공산화할 수 있고 공산화해야 하는 다른 수많은 서비스를 스스로 생각해 보면서 즐거운 시간을 보내 보자.

단, 모두에게 유용하지 않은 서비스를 공산화할 수는 없다. 물을 공산화하는 것은 당연한 일이다. 하지만 맥주는 어떤가? 술은 입에 대지도 않는 사람더러 이웃 사람들이 실컷 맥주를 마시게 세금을 내라고 하면 어떤 반응을 보일까? 그는 두 가지 이유로 반대할 것이다. 첫째, 그가 이용하지도 않는 것에 대해 돈을 낸다는 점이고 둘째, 맥주는 건강을 해치고 범죄를 야기하고 취태를 보이게 하는 등 전혀 이로운 게 아니라는 점이다. 그런 데 쓰라고 세금을 내느니 차라리 잡아가라고 할 것이다.

그러한 반발을 가장 심하게 불러일으키는 게 교회다. 영국국교회는 대단히 공산주의적인 기관이다. 교회 재산은 신을 위해 존재하고, 성당과 미사는 모두에게 열려 있으며, 주교들은 상원에 의석을 가지고 있다. 그러나 영국국교회의 교리에 전적으로 동의하는 것도 아니고 국교회의 성찬식이 가톨릭교회와 다를 것도 없다고 여기는 사람도 많기 때문에 교회유지세를 강제할 수 없었다. 즉 교회유지세는 내도 되고 내지 않아도 된다. 1902년 교육법이 공금으로 국교회 학교를 지원하려 하자 많은 사람이 납세를 거부했고 한푼이라도 교회로 흘러들어가게 하느니 매년 가구를 내다 파는 편을 택했다. 그러니까 모두가 이용하거나 찬성하는 게 아닌 무언가를 공산화하자고 하면 화를 자초하는 것이다. 우리는 모두 도로와 다리를 이용하고 그것들이 유익하고 필요한 시설이라는 데 동의한다. 하지만 종교나 음주나 연극 구경에 대해서는 저마다 생각이 다르고 그 차이를 놓고 격렬하게 대립한다. 그렇기 때문에 도로와 다리를 공산화하는 것에는 아무런 불만도 없고 조세 저항도 없지만, 특정 종교의식을 공산화하려 들거나 맥주나 양주를 물이나 우유처럼 취급한다면 유권자 대중이 단박에 등을 돌릴 것이다.

이러한 난관은 서로 원하는 게 다른 사람들이 타협함으로써 어느 정도 해소될 수도 있다. 예컨대, 꽃은 좋아하는데 음악에는 취미가 없는 사람들도 있고, 게임을 하고 보트를 타는 것은 좋아하지만 꽃이나 음악에는 영 관심이 없는 사람들이 있다. 하지만 이렇게 생각이 다른 사람들도 꽃밭과 호수와 크리켓 구장과 악단을 갖춘 공원을 유지하기 위한 세금을 내는 데 반대하지 않는다. 로라가 원하는 것을 위해 베아트리스가 돈을 낸다면 베아트리스가 원하는 것을 위해 로라도 돈을 낼 것이다.

그런가 하면, 아주 소수의 사람만 이해하거나 사용하는데도 모두가 그 값을 지불해야 하는 것들도 많다. 그런 것들이 없으면 배움도, 책도, 그림도, 고도의 문명도 있을 수 없기 때문이다. 우리에게는 최고의 그림과 조각을 볼 수 있는 공공 미술관이 있고, 최고의 책을 소장한 공공 도서관이 있고, 천문학자들이 별을 보고 수학자들이 난해한 계산을 하는 공공 천문대가 있고, 과학자들이 우주에 대한 우리의 지식을 확대하고 있는 공공 실험실이 있다. 이 기관들을 유지하는 데 들어가는 엄청난 비용은 우리 모두가 나눠 내야 한다. 엎어지면 코 닿을 곳에 살면서도 미술관이나 박물관이나 도서관에 결코 발걸음을 하지 않는 사람들이 허다하다. 천문학이나 수학이나 물리학에 관심이 있는 사람은 열에 하나도 되지 않는다. 하지만 우리 모두 그런 것들이 필요하다고 보편적으로 인식하고 있어서 거기다 돈을 내는 데 반대하지 않는다.

그런 데다 돈을 내고 있다는 걸 아예 모르고 하늘에서 떨어진 선물인 줄 아는 사람도 많다. 이런 식으로 많은 부분에서 공산주의가 실현됐지만 우리는 인식도 못 하고 있다. 우리가 공산화된 물건을 공짜라고 말하는 걸 보면 알 수 있다. 내셔널갤러리나 영국박물관이나 대성당에 돈을 내지 않고 입장할 수 있기 때문에 그 기관들이 길가의 야생화처럼 저절로 생겨났다고 생각하는 사람들이 더러 있다. 그러나 그 기관들은 매주 우리에게서 엄청난 돈을 가져간다. 영국박물관은 여염집은 댈 것도 아니게 더 많이 쓸고 닦고 광을 내야 한다. 흙 묻은 신발을 신고 수많은 사람이 드나들기 때문이다. 학식 있는 영국박물관 관장의 봉급도 박물관을 청소하고 깨끗하게 유지하는 데 드는 비용에 대면 별것 아니다. 마찬가지로, 공원에는 개인 정원보다 더 많은 정원사가 필요하고 잡초를 뽑고 풀을 베고 물을 주고 씨를 뿌리려면 인건비를 비롯해서 씨앗과 원예 도구를 사는 데 엄청난 비용이 들어간다. 거저 얻을 수 있는 건 아무것도 없다. 우리가 이런 곳에 갈 때마다 돈을 내지 않는 것은 우리가 세금을 내고 있기 때문이다. 찢어지게 가난한 부랑아, 재산세는 낼 일이 없는 노숙자라도 담배를 살 때마다 세금을 낸다. 담배를 재배해서 시장에 내놓는 데 들어가는 원가의 족히 여덟 배를 담뱃값으로 내고 있다. 정부는 그 차액을 가져다가 공공의 목적을 위해 쓰고 그렇게 공산주의를 유지한다. 가장 가난한 여인도 세금이 붙는 식품을 살 때마다 의식하지 못한 채 돈을 내고 있다. 그렇게 허리띠를 졸라매고 살면서 왕실 천문학자의 봉급과 내셔널갤러리의 작품 구입에 돈을 보태고 있다는 사실을 알게 된다면, 그녀는 다음 선거에서 그렇게 하게 한 정부에 반대하는 투표를 할 것이다. 하지만 그런 사실을 전혀 모르므로 그저 식료품값이 비싸다고 투덜대면서 이게

다 작황이 안 좋아서라거나 불경기 때문이라거나 파업 때문이라거나 어찌 됐든 참아야 할 어떤 이유 때문이라고 생각한다. 어쩌면 그 가난한 여인은 자기가 왕실의 경비를 대는 것에는 아무런 유감이 없을지도 모른다. 하지만 의사당이나 다른 근사한 공공건물의 돌계단을 박박 문지르고 있는 수천 명의 청소부 월급을 자기가 대고 있다는 걸 알게 된다면? 자기 앞가림하기도 힘든데 누굴 돕냐고 펄펄 뛸 것이다.

그렇다. 어떤 곳에서는 우리의 동의 없이 공산주의가 실행되고 있다. 우리는 우리가 무슨 일을 하고 있는지도 모르면서 공산주의를 위해 돈을 낸다. 하지만 우리가 그 필요성을 이해할 만큼 교육을 받았는지 여부와 관계없이 대체로 공산주의는 우리 모두가 이용하거나 우리 모두에게 필요한 것들에 적용되고 있다.

자, 타인의 취향에 관한 영역으로 돌아가 보자. 영국국교회의 미사라든가 맥주나 와인이나 양주나 온갖 종류의 중독성 물질 등등이 어떤 사람들에게는 삶에 필수적인 것이고 어떤 사람들에게는 치명적이고 유해한 것이라는 사실을 우리는 이미 살펴봤다. 차를 마시고 고기를 먹는 것에 대해서도 의견이 일치하지 않는다. 그런데 세상에는 아무도 해롭다고 여기지 않더라도 취향이 갈리는 것들이 많이 있다. 어떤 선물을 받고 싶은지 물어보면, 누구는 강아지를 고르고 누구는 축음기를 고른다. 학구적인 소녀가 현미경을 원할 때 활동적인 소녀는 오토바이를 원할 것이다. 집에 있길 좋아하는 사람들은 책과 그림과 피아노를 원하고, 밖에 나가길 좋아하는 사람들은 총과 낚싯대와 말과 자동차를 원한다. 이런 것들을 도로나 다리처럼 공산화하는 것은 어처구니없는 낭비일 뿐이다. 만약 모두에게 공급할 만큼 축음기를 생산하고 모두에게 분양할 만큼 강아지를 길러내거나 모든 소녀에게 줄 만큼 현미경과 오토바이를 생산한다면, 그걸 원하지도 않고 집에 그것들을 둘 자리도 없는 사람들에게 버려지는 물건이 산더미처럼 쌓일 것이다. 그때는 물건을 내다 팔 수도 없다. 그걸 원할 만한 사람들은 이미 다 갖고 있을 테니 결국 쓰레기통 신세가 될 것이다.

제7장 *Seven Ways Proposed*

어떻게 나눌까

누군가는 "각자가 노동해서 생산한 만큼을 갖자"고 한다. 노동계층에게 아주 그럴싸한 분배방식이다. 누군가는 "각자 누릴 자격이 있는 만큼만 누리게 하자"고 한다. 게으르고 방탕하고 약한 사람은 땡전 한 푼 없이 죽어가게 놔두고 선하고 부지런하고 정력적인 사람이 모든 것을 갖고 살아남게 하자는 것이다. 누군가는 "힘 있는 사람이 차지하고 감당할 수 있는 사람이 감당하자"는 단순한 방안을 고수하기도 한다. 하지만 요즘 그런 생각을 입 밖에 내는 사람은 거의 없다. 누군가는 "서민은 하늘이 정해준 분수를 지키며 살아야 하고 나머지는 다 상류층의 몫"이라고 한다. 지금이 무슨 18세기도 아니고 그 또한 공공연하게 말할 만한 의견은 아니다. 누군가는 "계층을 나눠서 계층 안에서는 평등하게 분배하고 계층 간에는 불평등하게 분배하자"고도 한다. 육체노동자는 주급 30실링, 숙련공은 3~4파운드, 주교는 연봉 2,500파운드, 판사는 5,000파운드, 대주교는 15,000파운드를 받고, 그 아내들은 자기 남편들에게서 받아낼 수 있는 만큼을 갖게 하자는 식이다. 누군가는 "그냥 지금처럼 쭉 가자"고 한다.

사회주의자들은 지금까지 말한 방법 중에는 잘 돌아갈 게 전혀 없고 유일하게 실효를 거둘 방안은 "모두에게 똑같은 몫을 주는 거"라고 주장한다. 그 사람이 어떤 사람인지, 몇 살인지, 무슨 일을 하는지, 그의 아버지가 누구이며 무슨 일을 하는지에 상관없이 말이다.

이 방안을 듣고 깜짝 놀라거나 화가 치민다 해도 나를 탓하거나 내 책을 불사르지는 마시라. 나는 그저 지금까지 제시됐거나 실제로 웬만큼 시도됐던 여러 방안을 이야기하는 것뿐이다. 위의 방안 중에 반드시 하나를 골라야 하는 것도 아니다. 여러분이 더 좋은 방안을 고안해낼 수 있다면 얼마든지 자유롭게 제시하면 된다. 다만 이게 남의 일인 것처럼 신경을 끄는 건 안 될 일이다. 이것은 여러분의 의식주가 달린 문제이고 여러분의 삶을 구성하는 부분이다. 여러분이 스스로 이 문제를 해결하지 않아도 대신 처리해주겠다며 굳이 신경쓰지 말라는 사람들이 있을 거다. 그 사람들이 관심 있는 건 자기들 몫이지 여러분 몫이 아니다. 여러분이 그들에게 의존하게 되면 언젠가는 여러분 수중에 아무것도 남지 않았음을 깨닫는 날이 오고 말 것이다.

나는 살아생전에 이미 그런 끔찍한 일이 벌어지는 걸 목격했다. 나는 잉글랜드 끝에서 차로 한 시간 달리면 닿을 수 있는 곳에서 태어났다. 거기서 사회적 지위가 높고 혈통이 좋아서 당장 떵떵거리고 살 수 있다는 이유로 분배는 자기들이 신경 쓸 문제가 아니라고 생각했던 많은 사람이 구빈원에서 가련하게 생을 마감했다. 그들은 그 사태를 몰고 온 사람들을 원망하고 증오했지만 정작 왜 그런 일이 벌어졌는지는 알지 못했다. 애초에 그런 일이 왜 벌어지는지 알았더라면 스스로 몰락을 재촉하는 온갖 짓을 다하는 대신 상황을 바꿀 수 있었을지도 모른다.

  돌아가는 상황에 대해 알려 들지 않으면 여러분도 같은 운명에 처하기 십상이다. 그들은 바위산처럼 확고부동한 세상에 살고 있다고 생각했지만 세상은 급속도로 변한다. 여러분이 사는 세상은 그보다 더 빨리 변하고 있다. 여러분이 이 책을 끝까지 읽는 인내심을 발휘한다면(나도 희곡 대신 이 책을 쓰느라 얼마나 엄청난 인내심을 발휘했는지 모른다!) 세상이 어떻게 변하고 있으며 그에 수반되는 위험과 가능성은 무엇인지 장담컨대 학교 교과서에서 배운 것보다 훨씬 많은 지식을 얻게 될 것이다. 내가 그간 제시된 모든 분배 방안을 하나씩 검토할 때마다 여러분은 각 방안의 장단점에 대해 아주 잘 알게 될 것이다.

제8장

To Each What She Produces

일한 만큼 주자?

첫 번째로 검토할 방안은 모두에게 각자 노동으로 생산한 만큼 주는 것이다. 일견 타당해 보이지만 이 방안을 막상 실행에 옮기려고 보면 두 가지 문제가 있다. 각자 정확히 얼마큼 생산했는지 알아내는 게 불가능하고, 무언가를 생산하는 일만이 아니라 이런저런 서비스를 제공하는 일도 세상일의 상당 부분을 차지한다는 점이다.

농부가 일꾼들을 데리고 밀밭을 일구고 추수했다고 치자. 그들 각각이 얼마큼의 밀을 키웠는지는 아무도 알 수 없다. 공장에서 기계를 돌려 핀을 백만 개씩 생산하는 경우에도 기계를 돌리는 노동자와 그 기계를 처음 발명한 사람, 기계를 실제로 만든 기술자, 그밖에 공장에 고용된 다른 모든 사람이 핀 생산에 각각 얼마큼 기여했는지는 아무도 모른다. 이 세상에서 혼자 힘으로 오랜 기간 고통과 위험을 감수하며 무언가를 생산한다고 볼 수 있는 가장 분명한 일은 여성의 출산이다.

그러나 아기를 생산하는 일로는 먹고살 수 없고 오히려 아기가 그녀의 등골을 빼먹을 뿐이다.

무인도의 로빈슨 크루소는 자연에서 구한 재료로 직접 보트와 은신처와 울타리를 만들었으니 오로지 자기가 노동한 결실이라 주장할 수 있었다. 그러나 그가 문명세계로 돌아오면 그의 손이 닿는 의자나 탁자, 집 등 모든 것에 족히 수십 명은 되는 많은 사람의 노동이 들어가 있다. 나무를 심고 가꾼 사람, 나무를 베어 쓰러뜨린 사람, 나무를 잘라 목재를 만든 사람, 목재를 배에 실어 운반한 사람, 목재를 하역한 사람, 커다란 목재를 톱질해서 널빤지와 각재를 만든 사람, 그것들로 탁자와 의자를 조립한 사람, 거기다가 가죽이나 천을 씌운 사람, 이 모든 과정과 관련된 거래를 진행한 상인들은 물론이고 상점과 선박과 그밖에 필요한 모든 것을 만든 제조업자 등등. 단 몇 분만 생각해 봐도 각자 생산한 만큼 준다는 것은 불가능한 계획임을 알 수 있다. 모든 노동자에게 정확히 각자가 생산한 만큼을 돌려주겠다는 것은 소나기가 쏟아질 때 빗방울 하나가 물탱크를 채우는 데 정확히 얼마나 기여했는지 알아내려고 하는 것과 같다.

각자가 일한 만큼, 즉 노동시간에 따라 소득을 분배할 수는 있다. 시간은 숫자로 셀 수 있잖은가. 두 시간 노동한 사람에게 한 시간 노동한 사람의 두 배를 지급하는 것은 아주 간단하다. 그런데 시간당 6펜스를 받고 일할 사람이 있는가 하면, 18펜스를 받는 사람도 있고, 2기니를 받는 사람도 있다. 시간당 150기니는 받아야 일할 사람도 있다. 해당 업계에서 일자리를 구하는 경쟁자들이 얼마나 많은지 그리고 그 일을 의뢰하는 사람이 부유한지 가난한지에 따라 시간당 노동의 가격이 정해진다. 바느질할 침모나 장작 팰 일꾼을 고용하려면 시간당 1실링을 줘야 한다고 치자. 그런데 만약 실직 상태인 침모나 일꾼이 많아져서 구직 경쟁이 치열해지면, 다른 사람에게 일자리를 빼앗기지 않으려고 입에 풀칠하기 어려운 돈을 받고도 일하려는 사람이 생길 것이다. 인기 여배우는 일주일에 이삼백 파운드를 벌고 유명 오페라 가수는 하룻밤에도 그만큼을 번다. 사람들이 돈을 더 지불하고라도 그녀의 노래를 듣겠다고 하기 때문이다. 유명 외과의는 맹장수술을 하면서 150기니를 받고 유명 변호사도 변론하는 대가로 그 정도 받는다. 그만큼 유명한 외과의나 변호사가 귀하기도 하고, 돈은 달라는 대로 줄 테니 다른 데 가지 말고 자기를 위해 일해 달라고 하는 환자나 의뢰인이 아주 많기 때문이다. 이렇게 수요공급의 원리에 따라 노동의 시간당 단가가 달라진다.

불행하게도 수요공급의 법칙은 바람직하지 않은 결과를 가져온다. 누구는 시간당 1실링을 받고 누구는 3,000실링을 받는 식의 분배는 도덕적인 측면이 전혀 고려되지 않은 것이다. 그냥 그런 일이 벌어지고 있을 뿐이지 결코 바람직한 일은 아니다. 생김새나 하는 짓이 예쁘장하고 연기에도 웬만큼 재능이 있는 아이는 영화에 출연하는 걸로 제 어미가 일반적인 일을 하며 고생스럽게 버는 돈의 백 배를 벌어들일 수도 있다. 더 나쁘게는, 예쁜 외모를 바람직하지 못한 일에 써서 평범한 여자가 정직하게 버는 것보다 훨씬 더 많은 돈을 벌어들일 수도 있다.

노동에 들어간 시간을 측정하는 것이 생각만큼 쉽지도 않다. 일꾼이 두 시간 노동하면 한 시간 노동을 한 것의 두 배만큼 지급하면 된다. 하지만 오페라 가수와 의상 담당자 사이에서 혹은 막일꾼과 의사 사이에서 분배를 해야 한다면, 얼마큼의 시간을 감안해야 할지 알 수 없게 된다. 신체 건강한 사람이라면 오랜 공부나 수련을 거치지 않고도 의상 담당자와 막일꾼은 얼마든지 할 수 있다. 그러나 의사는 공부하고 수련하는 데 6년의 세월을 바쳐야 한다. 제대로 된 교육을 받는 것 외에도 그 일을 할 자격을 갖추는 데 시간이 들어간다. 의사는 환자의 병상에 서 있는 매 순간의 뒤에 자기가 무급으로 보낸 6년의 세월이 깔려 있다고 주장한다. 숙련공도 같은 논리로 자기의 망치질에는 7년간의 도제 생활이 배어 있다고 주장할 것이다. 오페라 가수 역시 자기 파트를 익히는 데 긴 시간을 보내야 한다. 따로 노래를 배운 적이 없는 오페라 가수도 더러 있지만, 그렇다 해도 시간을 들여 자기 파트를 연습하는 건 마찬가지다. 전문가와 그렇지 않은 사람의 차이는 누구나 인정한다. 하지만 시간으로든 돈으로든 정확히 그 차이가 얼마나 되는지는 아무도 알 수 없다.

영리한 사람과 아둔한 사람의 시급을 책정하려 할 때도 똑같은 어려움이 발생한다. 여러분은 영리한 사람의 노동이 더 가치가 있다고 생각할 것이다. 하지만 얼마나 더 가치가 있는지, 정확히 몇 파운드 몇 실링 몇 펜스만큼인지 말해 보라고 하면, 그저 손을 놓고 수요공급의 법칙으로 후퇴하는 수밖에 없으며 그 차이가 돈으로 계산할 수 있는 게 아니라는 걸 인정하게 될 것이다.

지금까지는 물건을 만드는 것과 서비스를 제공하는 것을 뒤섞어 이야기했지만, 이제 둘의 차이를 강조해야겠다. 몰지각한 사람들은 흔히 벽돌제조공만 생산자고 성직자는 생산자가 아닌 줄 안다. 마을의 어느 목수가 소떼로부터 밀밭을 보호하는 울타리를 만들면 농부에게 돈을 받고 팔기 전까지 자기 거라고 주장할 수 있는 구체적인 물건을 손에 쥐고 있는 거다. 하지만 밀밭에서 새떼를 쫓느라고 휘이 소리를 내는 소년은 눈에 보이는 물건을 만들어내지 않는다. 휘이 소리는 울타리와 마찬가지로 꼭 필요한 것인데도 말이다. 우체부는 아무것도 만들지 않는다. 편지와 소포를 배달할 뿐이다. 경찰은 아무것도 만들지 않는다. 군인은 아무것도 만들지 않을뿐더러 오히려 있는 것을 파괴한다. 의사는 가끔 약을 제조하기도 하지만 그게 본업은 아니다. 의사의 본업은 환자에게 언제 약을 먹어야 하고 무슨 약을 먹어야 할지 말해주는 것이다. 변호사는 실질적인 것은 아무것도 만들지 않는다. 성직자도 국회의원도 가정부도(가끔 뭘 깨트리는 경우는 있어도) 여왕도 왕도 배우도 뭘 만드는 사람들은 아니다. 제조업자는 다른 이에게 돈을 받고 넘기기 전까지 배타적으로 소유할 수 있는 뭔가가 있지만, 서비스를 제공하는 사람은 무게를 달거나 크기를 잴 수 있는 뭔가를 손에 쥘 수 없다. 가정부는 가사 서비스에, 점원은 상거래 서비스에, 우체부는 행정 서비스에, 왕은 국정 서비스에 종사한다. 그리고 우리 중에 온전한 양심을 지닌 사람은 모두 (우리 중 일부 사람들의 표현을 빌자면) 신의 조화라는 서비스에 동참하고 있다.

게다가 실제로 물건을 만드는 사람들이 있다면 그 물건을 어떻게 만들어야 할지 알아내는 사람들도 있기 마련이다. 어떤 일을 하는 사람들의 옆에는 그 일을 어떻게, 언제까지, 얼마나 많이 해야 할지 결정하는 사람들이 존재한다. 작은 시골 마을에서는 대장장이든 목수든 건축업자든 간에 물건을 만들고 품을 팔고 생각을 하는 일이 모두 한 사람에 의해 이뤄질 수도 있다. 하지만 큰 도시나 고도의 문명국에서는 일이 그렇게 돌아가지 않는다. 한 무리의 사람들은 물건을 만들거나 일을 해야 하고 다른 한 무리의 사람들은 무엇을 언제 얼마나 많이 누구를 통해서 할 것인지를 생각하고 결정해야 한다.

그렇게 약간의 노동분업만 이뤄져도 우리의 시골 마을들이 더 좋아질 것이다. 시골 생활에서 크게 불리한 점은 농부 한 사람이 너무 많은 일을 해야 한다는 거다. 곡식을 키우고 가축을 기를 뿐만 아니라(일단 이 두 가지 일에도 서로 다른 종류의 기술이 필요하고 둘 중 어느 것 하나 쉽지 않은데) 상인이 되어 복잡한 장부를 정리하고 곡식과 가축을 내다 팔기도 해야 한다(서로 다른 종류의 일이므로 서로 다른 유형의 사람이 해야 할 일이다). 게다가 그것만으로는 충분하지 않다는 듯 시골 농부는 자기가 사는 집마저 일터로 삼아야 한다. 그렇게 그는 전문 직업인과 사업가, 시골 대지주의 역할을 한꺼번에 요구받다가 결국 농사를 망친다. 훌륭한 농부의 자질을 갖춘 사람이라도 사업에 젬병이면 가난해지고, 훌륭한 사업가의 자질을 갖춘 사람이라도 농업에 젬병이면 가난해진다. 그리고 양쪽 다 일과 가정을 분리하지 못하는 건 마찬가지라서 형편없는 남편이 되기 십상이다. 시골 농부는 온갖 근심거리를 집까지 끌고 들어온다. 분업이 이뤄지는 도시의 근무 환경에서는 각자 맡은 일만 하고 퇴근하며 이튿날 아침 다시 출근할 때까지는 일에서 벗어난다. 하지만 온갖 일을 도맡는 시골 농부는 그럴 수가 없다.

똑같은 문제가 여성의 가사노동에서도 발견된다. 가정주부도 너무 많은 다양한 일을 하도록 요구받는다. 집 안을 정돈하는 데는 선수지만 요리에는 젬병인 주부가 있다고 치자. 도시에 살고 있다면 아무 문제도 없을 것이다. 굳이 힘들여 요리하지 않아도 온 식구가 매 끼니를 가까운 식당에서 해결할 수 있기 때문이다. 하지만 시골에 살고 있고 집에 따로 요리사를 둘 형편이 아니라면 집 안 정리와 요리를 주부가 모두 해내야 한다. 집 안 정리와 요리를 다 잘하지만 육아에는 영 서툰 주부도 있을 수 있다. 그러면 또 문제가 발생한다. 능력 있는 보모를 둘 형편이 안 된다면 잘하는 일과 마찬가지로 서툰 일도 떠안아야 하고 결국 삶이 엉망진창으로 망가진다. 공산주의 시설인 학교 덕분에 거의 하루 종일 아이들이 어머니의 손에서 떠나 있게 된 것은 어머니에게나 아이에게나 축복이다. 가사도우미나 식당이나 학교의 도움을 받는 여성이 서로 다른 세 가지 일을 한꺼번에 하도록 요구받는 여성보다 삶에서 더 많은 기회를 얻게 되는 것은 분명하다.

    사람이 국가나 인류를 위해 할 수 있는 가장 위대한 사회사업은 제 가족을 건사하는 것이리라. 그러나 여기서도 또 문제가 발생한다. 가족을 건사하는 일에서는 아무것도 팔 게 생기지 않기 때문에 일반적으로 기혼 여성이 가정을 위해 제공하는 서비스는 아예 일로 취급되지 않는 경향이 있고, 가정주부가 무보수인 것은 당연시된다. 남자들은 부양가족이 딸려 있을 거라는 이유로 여자들보다 더 많은 임금을 받는다. 하지만 남편이 그 돈을 음주나 도박으로 탕진해도 아내는 어떻게 손쓸 도리가 없다. 차라리 그녀가 고용된 가정부라면 자기 임금을 법에 따라 보장받을 수 있을 것이다. 유부남도 똑같은 곤경에 처할 수 있다. 아내가 음주로 생활비를 탕진해도 남편으로서는 어찌할 도리가 없지만, 만약 자기가 고용한 가정부가 똑같은 짓을 한다면 절도죄를 물어 감옥에 보낼 수 있을 것이다.

지금까지 이야기한 사례들을 염두에 두고 생각해 보자. 여자들이 아내로서 보내는 시간의 값어치를 돈으로 어떻게 환산할 수 있을까? 남자들이 이 문제를 사무적으로 바라본다면 아마 이렇게 말할 것이다. "아내가 없으면 가정부와 보모와 요리사와 나와 함께 어울릴 예쁜 숙녀까지 고용해야 할 텐데, 아이쿠 그 비용이 다 얼마야?" 이번에는 여자들이 남편을 마치 택시를 대절하듯 시간 단위로 고용한다고 상상해 보자!

남편들과 아내들 사이에서도 보편적인 방식의 소득분배가 이루어져야 한다. 우리 대다수가 남편이거나 아내이므로 남편과 아내 사이에 적용했을 때 실패하는 분배 방안은 어차피 쓸모없는 것이다. 남자에게 모든 걸 주고 여자는 남자에게서 재주껏 우려내라는 옛날식 분배에 대한 반발로 기혼여성재산법이 제정됐다. 이제 부유한 여자는 결혼해도 자기 재산을 고스란히 움켜쥐고 있을 수 있고 가난한 남편이 부유한 아내의 재산세를 대신 내주지 않아서 감옥에 갈 수도 있다. 하지만 열에 아홉은 재산이랄 게 없다. 대부분의 여자들은 그저 남편이 직장에서 벌어오는 돈을 가지고 최선을 다해 생계를 꾸려야 한다. 여기서 또 일이 이상하게 꼬인다. 주부인 아내는 자기 몫으로 받는 게 아무것도 없고, 제법 자란 아이들은 일주일에 몇 실링씩 벌어온대 봤자 최저 생계비도 못 받기 때문에 여전히 생활비는 아버지의 임금에 기대야 한다. 그러니까 싼 임금으로 어린아이들을 고용하는 사람들은 사실상 그 아버지의 고혈을 짜내고 있는 셈이다. 그 아버지는 이미 자기 고용주에게 어지간히 등골을 뽑히고 있는데 말이다. 이에 대해서는 나중에 더 자세히 다루겠다.

  남녀노소가 각자의 노동으로 얼마나 생산하는지 혹은 각자의 노동시간이 국민소득에 얼마큼 기여하는지를 금액으로 환산해서 분배하려다 보면, 이 분배 방식이 말도 안 되는 것이고 애당초 불가능한 일이라는 걸 깨닫게 된다. 미치지 않은 다음에야 이 방식을 실행에 옮기려는 사람이 어디 있겠나.

제9장　　　　　　　　　　　　　　*To Each What She Deserves*

자질에 따라 주자?

우리가 두 번째로 검토해 볼 방안은 각자의 자질에 따라 주는 것이다. 많은 사람이 특히 풍족하게 사는 사람들은 현재 세상이 그렇게 돌아가고 있다고 생각한다. 근면성실하고 술 한 방울 입에 대지 않고 절약하는 사람들은 절대로 가난할 리 없다며 가난은 그저 게으르거나 흥청망청하거나 술에 절어 있거나 도박을 하거나 불성실한 탓이라고 즉, 됨됨이가 부족한 탓이라고 한다. 행실이 나쁜 노동자는 행실이 좋은 노동자에 비해 일자리를 구하기 어렵고, 노름하고 판돈을 지르고 땅을 저당 잡혀 사치스럽게 사는 농부와 지주는 금세 빈곤의 나락으로 굴러떨어질 거고, 게을러서 사업을 돌보지 않는 사업가는 곧 파산하는 것을 보지 못했냐면서 말이다. 하지만 그런 사례들은 케이크를 먹어치우면 손에 남아 있지 않다는 것을 입증할 뿐이다. 애초에 케이크가 공평하게 분배됐는지를 보여주지는 않는다. 앞서 말한 사실은 우리가 어떠한 악덕이나 잘못 때문에 가난해질 수 있음을 보여주는 것인데, 다른 어떤 악덕은 우리를 부자로 만들기도 한다는 점을 놓치고 있다. 독하고 욕심 많고 이기적이고 잔인하고 언제든 다른 사람을 이용하려고 하는 사람들은 제 꾀에 넘어가지 않을 정도로만 영리하면 아주 부유해진다. 그러나 너그럽고 공공심 넘치고 친절하고 돈 벌 궁리에 정신이 팔리지 않은 사람들이 가난하게 태어나면 아주 특별한 재능이 없는 한 쭉 가난하다. 더구나 누구는 가난하게 태어나고 누구는 은수저를 물고 태어나는 오늘날의 현실에서는 각자의 자질이 드러날 만큼 나이를 먹기도 전에 이미 빈부가 갈린다. 그러니 현재 우리의 제도가 부를 사람의 자질에 따라 분배하고 있다는 것은 대략 웃기는 소리다. 오히려 정반대의 결과가 초래됐다. 게으른 몇몇은 엄청나게 부유하고 열심히 일하는 많은 사람이 가난에 허덕인다.

지금까지 부가 자질에 따라 분배되지 않았다면 앞으로 그렇게 하는 것은 어떨까. 당장 우리의 법을 바꿔서 선한 사람들은 그들의 선함에 비례해서 부자가 되고 악한 사람들은 그들의 악함에 비례해서 가난해지게 해야 한다는 사람들도 있다. 그에 대해서는 여러 반론을 제기할 수 있겠으나 개중 딱 한 가지 문제점만 지적해도 충분하다. 그런 제안은 실행 불가능하다. 누군가의 자질을 어떻게 돈으로 환산한다는 것인가? 여러분이 좋을 대로, 여자든 남자든 아무나 두 명만 택해서 그들의 자질에 따라 각자에게 얼마씩 준다고 정할 수 있는지 생각해보라. 만약 여러분이 시골에 살고 있다면 우선 동네 대장장이와 교구목사를 놓고 생각해 보자. 동네 세탁부와 동네 학교 교장을 놓고 생각해도 좋다. 현재 교구목사는 대장장이보다 보통 보수가 적다. 교구목사가 대장장이보다 더 버는 건 특정 동네에서만 일어나는 일이다. 아무튼 그들이 지금 얼마를 받는지는 신경쓰지 말고, 여러분이 새로운 체계를 마련해서 그들에게 각자 자질에 따라 얼마를 줄지 고민해 보자. 금액까지 산정할 필요는 없지만 그 둘 사이의 비율은 정해야 한다. 대장장이는 교구목사와 똑같이 가져야 할까? 교구목사의 두 배를 가져야 할까? 교구목사의 절반을 가져야 할까? 아니면 얼마나 더 혹은 덜 가져야 할까? 한 사람은 더 가져야 하고 다른 사람은 덜 가져야 한다고 말하는 것은 아무 소용이 없다. 정확히 얼마나 더 혹은 덜 가져야 하는지 비율을 계산할 수 있어야 한다.

    신중하게 생각해 보자. 교구목사는 대학교육을 받았다. 본인이 훌륭해서가 아니라 아버지 덕분에 대학을 가게 됐으니 교구목사가 받은 대학교육에 점수를 줄 필요는 없다. 하지만 그는 대학교육을 받고 그리스어로 된 신약성경을 읽을 수 있게 됐다. 그러니까 교구목사는 대장장이가 하지 못하는 일을 할 수 있다. 한편 대장장이는 말굽에 댈 편자를 만들 수 있는데, 그건 교구목사가 하지 못하는 일이다. 그리스어 성경 몇 구절이 편자 하나의 가치와 같을까? 이런 바보 같은 질문을 계속 던지다 보면 결국 아무도 대답할 수 없는 문제라는 결론에 도달하게 될 것이다.

    각자의 자질을 측정하는 게 소용없는 일이라면 각자의 흠결을 측정해 보는 건 어떤가? 예컨대 대장장이가 입에 욕을 달고 살고 때때로 술에 절어 지내는 사람이라고 한번 가정해보자! 마을에 소문이 나는 건 금방이다. 하지만 교구목사의 약점은 캐내기 쉽지 않다. 교구목사의 아내는 남편의 약점을 알고 있더라도 남편의 평판에 따라 보수가 결정된다는 걸 알면 그 비밀을 털어놓지 않을 것이다. 교구목사 역시 한낱 인간이기에 이러저러한 잘못이 있을 수밖에 없지만 여간해서는 밝혀낼 수가 없는 것이다. 하여간에 교구목사에게 어떤 잘못이 있고 여러분이 그걸 발견했다고 치자! 교구목사가 유감스럽게도 위선자에 속물이고 종교보다는 스포츠와 사교계에 더 마음을 빼앗기고 있다면? 그렇다면 교구목사는 딱 대장장이만큼 나쁜가? 두 배 더 나쁜가? 두 배 하고도 4분의 1만큼 더 나쁜가? 절반만큼 나쁜가? 다시 말해, 대장장이가 1실링을 받는다면, 교구목사도 1실링을 받아야 하나? 아니면 6펜스를 받아야 하나? 5.33펜스를 받아야 하나? 아니면 2실링을 받아야 하나? 누가 봐도 바보스럽기 짝이 없는 질문들이다. 그런 질문들을 통해 도덕적 가치에 값을 매기려고 해보면, 인간의 자질과 돈의 액수 사이에 아무 상관관계가 없다는 사실을 분명하게 알게 된다. 프로 권투선수가 격렬하게 주먹을 날려 상대 선수를 쓰러뜨리고 10초 안에 일어나지 못하게 해서 버는 돈이 캔터베리 대주교가 영국국교회의 수장 노릇을 9개월 동안 해서 버는 돈과 같다는 게 도대체 말도 안 되는 일처럼 보일 수 있다. 하지만 그게 못마땅해서 악을 쓰는 사람들도 그 둘 사이의 차이를 돈으로 더 잘 나타낼 방법이 없기는 마찬가지다. 프로 권투선수가 대주교보다 적게 받아야 한다고 생각하는 사람들도 얼마나 덜 받아야 하는지는 말하지 못한다. 프로 권투선수가 6~7분 시합을 뛰고 받는 돈이면 판사에게 2년치 봉급을 줄 수 있다. 그런 부조리를 생각하면 우리의 분배제도가 분명 잘못된 제도라는 데 모두 동의할 것이다. 그러나 대주교와 판사, 권투선수의 가치를 다시 잘 계산하면 되지 않겠냐고 생각하는 것은 더욱 어리석다. 특정 날짜에 버터 1파운드의 시장가치가 초 몇 자루에 해당하는지는 얼마든지 알아낼 수 있다. 하지만 인간 영혼의 가치를 측정하려고 들면 기껏해야 인간은 신 앞에서 모두 같은 가치를 지닌다는 말밖에 할 수 없을 것이다. 그런 답변은 사람들이 각각 얼마큼의 돈을 가져야 할 것인가 하는 문제를 푸는 데 전혀 도움이 되지 않는다. 그냥 깨끗이 포기하자. 돈을 분배하기 위해 자질을 측정하고 판단하는 것은 불가능하다.

제10장   *To Each What She Can Grab*

세 번째 방안은 모두가 각자 재주껏 움켜쥐게 하는 것이다. 그런 세상에서는 평화와 안녕이 사라지고 만다. 만약 우리가 똑같이 강하고 똑같이 영리하다면 모두 똑같은 기회를 가질 수도 있을 것이다. 하지만 세상에는 어린이와 노인과 병약자가 있고, 나이와 힘에서 밀리지 않는 신체 건강한 성인들이라도 탐욕과 악의의 정도는 천차만별이므로 모두가 똑같은 기회를 가질 리 만무하다. 이 방안으로는 우리가 오래 버티지 못할 것이다. 해적단이나 강도단도 약탈물을 분배하면서 킬케니의 고양이들 *Kilkenny Cats*[1] 처럼 사생결단으로 싸우는 대신 평화롭게 합의 보는 쪽을 택한다.

  우리 사회는 강도짓이나 폭력을 금지하면서도 돈벌이에서만큼은 다른 사람을 아랑곳하지 않고 그저 자기 이익만 좇는 걸 허용하고 있

---

[1] 아일랜드 속담에 나오는 두 고양이로 서로 꼬리만 남을 때까지 싸웠다.

재주껏 챙기게 하자?

다. 상점 주인이나 석탄장수가 소매치기를 하지는 않지만 고객에게 바가지를 씌우는 일은 예사로 한다. 누구나 상거래에서는 고객을 있는 대로 구워삶아 가능한 한 많이 가져가고 가능한 한 조금 내놓으려고 한다. 세입자의 주거 부담이나 넉넉지 못한 형편은 아랑곳하지 않고 집세를 올리기도 한다. 그러한 자유는 끔찍한 결과를 초래했기 때문에 새로운 규제가 계속해서 이루어지고 있다. 자기 돈이며 재산을 각자 가장 유리한 방식으로 사용하는 것이 자유의 필수적인 부분이라 하더라도, 먼저 우리가 돈과 재산을 얼마씩 가질 것인가 하는 문제부터 해결해야 한다. 이러한 분배는 반드시 법에 따라 이뤄져야 한다. 무정부주의(법의 부재)는 답이 아니다. 우리는 지당하고 실행가능한 법을 계속해서 찾아 나가야 한다.

제11장   *Oligarchy*

네 번째 방안을 검토해보자. 열 명 중 한 명은 일하지 않고도 부유하게 살게 하고 다른 아홉 명은 매일같이 뼈 빠지게 일해도 근근이 먹고 살 만큼만 주는 것이다. 그 아홉 명이 길러내는 아이들도 늙어 죽을 때까지 노예처럼 일할 운명에 처한다. 대략 현실에서 벌어지고 있는 일이 이렇다. 10퍼센트의 영국인이 나라 전체 재산의 90퍼센트를 소유한 반면 나머지 90퍼센트의 국민은 대체로 재산이랄 게 없고 한 주 한 주 간신히 벌어먹으며 가난한 삶을 산다. 이 방안의 이점은 상류층 즉, 비싼 교육을 받은 교양 있는 부자들이 생긴다는 것이다. 상류층은 나라를 다스리고 법을 만들고 질서를 유지하며, 국방을 위해 군대를 조직·통솔하고, 학문·과학·예술·문학·철학·종교를 비롯해 위대한 문명을 뒷받침하는 모든 제도를 후원하고 그 명맥을 이어나가며, 멋진 건물을 지어 올리고, 매력적인 옷차림을 선보이고, 통제하기 어려운 사람들을 복종시키고, 훌륭한 예의범절과 근사한 삶의 모범을 제시한다. 무엇보다도 상류층은 필요한 것 이상으로 많이 가지게 되므로 엄청난 여윳돈

소수에게 몰아주자?

을 저축할 수 있다. 그렇게 형성된 자본으로 철도, 광산, 공장 등 부를 대량생산하는 온갖 장치에 투자할 수 있다는 게 사업가들이 중요하게 생각하는 상류층의 존립 근거다.

소수지배라고 하는 이 방안은 재산으로 먹고사는 소수의 부유층과 노동으로 먹고사는 다수의 빈곤층으로 우리를 가르는 영국의 낡은 분배 방식이다. 이 방식은 오랫동안 실행됐고 여전히 작동하고 있다. 부자들의 소득을 빼앗아서 가난한 사람들에게 나눠주는 것은 해결책이 아니다. 가난한 사람들이 조금 덜 가난해질지는 몰라도 저축할 만큼 여유있는 사람이 없어지면 자본의 공급만 중단될 것이다. 시골 저택들은 폐허가 되고 학문과 과학, 예술, 문학 그리고 우리가 문화라고 부르는 온갖 게 다 사라질 것이다. 그래서 그 많은 사람이 지금의 시스템을 지지하는 것이고 가난한 주제에도 변함없이 상류층 편을 드는 것이다. 열 명이 노동해서 각각 연간 110을 생산할 수 있다고 해보자. 흔히 사람들은 열 명이 각각 연간 110을 가지는 것보다 아홉 명은 각 50에 만족하고 남은 한 명에게 연간 540을 몰아 줘서 그 한 명을 지식인이자 권력자이자 통치자로 만드는 것이 더 현명하다고 여긴다. 그 한 명은 사람들을 효과적으로 부려먹을 방법을 궁리할 때 말고는 딱히 일할 의욕을 느끼지 않고 일할 필요도 없다. 물론 우리는 우리가 무슨 일을 벌이는지도 모르고 어쩌다 여기까지 왔지만 설령 우리가 지금 상황을 이해하고 우리에게 최선이라고 생각하는 것을 마음껏 실행할 수 있다고 해도, 모두 똑같이 가난해져 원시적인 육체노동에 매이는 것보다는 상류층을 만들어 이 세상 멋진 것들의 수준을 유지하고 싶을 것이다.

하지만 소수지배의 폐해가 대단히 심각한 나머지 세상이 돌아서고 있다. 우리가 이 방안을 계속 유지하고자 한다면 일단 10퍼센트에 해당하는 사람 즉, 상류층은 누가 될지 정해야 한다. 그건 어떻게 정할까? 처음에는 제비뽑기로 정하고 그 후에는 상류층끼리 결혼하고 장자 상속을 하면서 유지된다. 하지만 그렇게 성립된 상류층이 우리가 돈을 몰아주면서 그들에게 기대하는 바를 행한다는 보장이 없어서 문제다. 선의를 가진 상류층도 나라를 엉망으로 다스린다. 그들은 일반인과 크게 동떨어진 삶을 살고 있어서 일반인의 사정을 이해하지 못한다. 일반인이 더 힘들게 일하고 더 적게 받게 함으로써 상류층만 더욱 부유해지는 데 온 힘을 쏟는다. 상류층은 스포츠와 유흥, 탐식과 과시에 엄청난 돈을 쓰면서 과학과 예술과 학문에는 인색하다. 그들은 생산 분야의 노동력을 빼내 불필요하고 하찮은 일에 낭비함으로써 빈곤을 대량생산한다. 상류층은 병역 의무를 회피하거나 군대를 근사한 수행단쯤으로 여겨 국내에서는 압제의 도구로 사용하고 해외에서는 정복의 수단으로 삼는다. 상류층은 자기들의 잘못을 덮고 미화하기 위해 대학과 학교 교육을 타락시킨다. 교회에도 똑같이 한다. 일반인이 가난과 무지와 노예근성을 벗어나지 못하게 해서 상류층이 없어서는 안 될 존재인 것처럼 만들려고 한다. 결국 상류층이 저버린 의무는 그들 손을 떠나 의회와 행정부, 육군성과 해군성, 지방자치단체, 빈민구제위원, 주의회·교구회·구의회, 유급 직원과 역시 보수를 받는 이사회, 세금 혹은 일반 기부금으로 운영되는 온갖 종류의 집단 및 기관이 떠맡는다.

　이 지경이 되면 상류층을 유지해야 할 문화적·정치적 이유가 전부 사라진다. 실제로 그렇게 됐다. 시골 영지가 도시화되면 언제나 벌어지는 일이다. 도시적인 것이라고는 마을에서 10마일 떨어진 철도역이 전부라서 아직도 삶이 아주 단순하다고 여기는 시골 영지에 사는 귀족부인이 있다. 사람들은 자기들이 하루하루 힘들게 일하는 거로는 얻을 수 없는 모든 것을 그 귀족부인에게 바랄 것이다. 그 귀족부인은 문명의 온갖 화려함과 위대함과 로망을 나타내며 일반인들로서는 어떻게 해야 하는지 모르는 많은 것을 해준다. 이와 마찬가지로 스코틀랜드가 문명화되기 전에 어느 하일랜드 씨족은 줄곧 족장을 두었다. 씨족 구성원들은 그들이 구할 수 있는 땅과 재산 혹은 약탈한 전리품 중에서 가장 좋은 몫을 기꺼이 족장에게 바쳤다. 지도자가 없으면 싸움에서 이길 수 없고 입법자가 없으면 사람들과 더불어 살 수 없기 때문이었다. 그들에게 족장은 고대 히브리인들이 광야 생활을 할 때의 모세와 같은 존재였다. 귀족부인이 그녀의 영지에서 여왕인 것처럼 하일랜드 족장은 그의 씨족 안에서 왕이나 다름없었다. 사람들은 본능적으로 족장에게 충성했다.

　그러나 하일랜드 족장이 도시환경으로 걸어 들어오면 그는 길에서

맨 먼저 만난 순경보다도 힘이 없다. 실제로 족장이 순경에게 체포당하고 나중에 교수형에 처해지는 일이 가끔 벌어지기도 했다. 지방의 귀족부인이 사교철을 맞아 런던에 상경하면 자기가 아는 사람들을 만날 때를 빼고는 그녀는 아무도 아니다. 귀족부인이 시골에서 제 사람들에게 해주던 모든 일을 런던에서는 온갖 종류의 공무원이 봉급을 받고 한다. 행여 귀족부인이 영국의 소득세를 회피하려고 미대륙이나 유럽에 정착한다면 런던에서는 그녀의 부재를 아쉬워할 사람이 아무도 없다. 모든 게 예전과 다름없이 돌아간다. 시골은 시골대로 이제 아무것도 해주는 게 없는 귀족부인이 해외에서 쓸 돈을 벌어대야 하므로 그녀를 도피자, 부재지주라고 욕한다.

그러니 소수지배에 더는 흔쾌히 찬성할 수 없다. 소수지배층이 차지한 돈의 상당 부분은 오늘날 세금과 상속세를 통해 도로 거둬들여진다. 오래된 가문들이 급속도로 일반 시민 수준으로 전락하고 있다. 영지가 사라지면 작위는 우스꽝스러운 것이 될 뿐이다. 현재 우리의 무거운 상속세로 미루어 볼 때 몇 세대만 더 지나면 분명 그렇게 될 것이다. 귀족 가문의 유명한 시골 저택들 중 상당수가 이미 평민 출신의 부유한 상인 가문이나 협동조합으로 넘어가서 요양원 또는 회의나 휴양을 위한 시설, 호텔, 학교, 정신병원 등으로 사용되고 있다.

따라서 우리 같은 문명사회 즉, 인구 대부분이 도시에 살고 철도와 자동차, 우편, 전신, 전화, 축음기, 라디오 등이 도시의 생활방식과 문화를 시골에까지 전파했으며 아주 작은 시골 마을에서도 자치회를 열고 지방 경찰을 두는 세상에서는 소수지배를 옹호할 낡은 이유가 모두 사라졌다. 소수를 아주 부유하게 하고 다른 모든 사람은 힘들게 일해도 근근이 생계나 유지하는 방식은 이제 산간벽지에서조차 먹히지를 않는다.

그렇지만 다수가 희생하더라도 부유층을 유지해야 한다고 주장하는 이유가 또 있다. 소수지배 방식은 쉽게 써버릴 수 없는 많은 돈을 몇몇 사람에게 줘서 자본을 형성한다는 것이다. 사업가들은 그 이유를 가장 크게 생각한다. 소수의 사람은 허리띠를 졸라매지 않아도 돈을 저축할 수 있다(자본은 저축된 돈이다). 그런데 소득을 보다 균등하게 분배해서 다들 고만고만한 몫을 갖게 되면 저축할 여유가 있는 사람이 없어져서 기계를 만들고 공장을 짓고 철도를 건설하고 광산을 캐는 등등의 일을 하는 데 필요한 자본을 마련할 수 없을 거라고들 한다. 문명사회에서 저축으로 자본을 형성하는 것은 분명 필요한 일이지만, 그걸 위해 소수지배를 택하다니 그보다 심한 낭비가 또 있을까.

일단, 충분히 소비하기 전에는 저축을 할 수 없다. 소비가 우선이다. 어린아이들에게 먹일 우유도 충분히 생산하지 못하는 나라에서 증기기관을 만드는 건 어리석은 짓이다. 그러나 소수를 부유하게 하고 다수를 빈곤하게 하는 분배 방식은 우리를 그런 상황으로 몰고 간다. 더구나 우리가 우유보다 증기기관을 우선시한다고 쳐도 증기기관이 만들어진다는 보장이 없다. 설령 증기기관이 만들어진다 해도 이 나라에 설치된다는 보장이 없다. 우리는 예술과 과학을 후원하기를 기대하며 엄청난 돈을 잉글랜드 지방 귀족에게 줬지만 그들은 그 돈을 투계장과 경마장에 날려버렸다. 자본으로 투자되길 기대하면서 우리가 소수지배층에게 준 돈에서 그들이 부화방탕한 생활에 얼마나 탕진했는지 알면 경악을 금치 못할 것이다. 아주 부유한 사람들은 돈을 쓰다 쓰다 더는 쓸 수 없을 때까지 가야 비로소 저축을 시작한다고 봐도 무방하다. 더구나 그들은 100년 전에는 꿈도 못 꿨을 새롭고 값비싼 사치품을 지속적으로 고안해낸다. 그렇게 과소비하고도 돈이 남아돌아서 자본으로 사용할 수밖에 없는 상황이 돼도 부자들은 그 돈을 남미나 남아프리카, 러시아, 중국 등지에 투자해 버린다. 그러면 나라에는 돈이 없어서 우리의 빈민가는 그대로 방치된다. 그런 식으로 매년 수억 파운드가 해외로 빠져나간다. 우리는 무역 경쟁에 대해 불평하면서도 우리 자본가들이 우리 돈을 가져다가 해외에 투자하는 걸 허용한다. 해외에서는 그 돈으로 기계를 돌려서 우리의 산업을 빼앗아 간다.

물론 자본가들은 변명을 늘어놓는다. 다른 나라에 자본을 투자해도 자본에 대한 이자를 회수하기 때문에 우리가 손해볼 일은 없다고 한다. 자본을 해외에 투자하는 건 어디까지나 국내보다 해외에서 더 많은 이익을 얻기 때문이고 그들이 자본을 수출한 덕분에 우리가 사실상 더 부유해진다고 큰소리도 친다. 자기들이 해외에서 벌어온 돈으로 국내에서 더 많은 돈을 쓸 수 있고 영국 노동자들에게 더 많은 일자리를 제공할 수 있다나. 하지만 그들이 그 돈을 국내에서 사용한다는 보장은 없다. 몬테카를로나 마데이라 제도나 이집트나 다른 어디에서 쓸 공산이 크다. 설령 그들이 그 돈을 국내에서 쓰고 우리에게 일자리를 제공한다고 해도 우리는 또 따져 봐야 한다. 과연 어떤 일자리가 창출될까? 우리가 먹고 입을 것들을 직접 만들지 않고 해외에서 수입하면 우리의 농장과 제분소와 직물 공장은 전부 망한다. 자본가들은 이렇게 대꾸할 것이다. 농장 대신 세계에서 가장 좋은 골프 코스가 있지 않느냐고, 제분소와 공장 자리에 이제 화려한 호텔이 들어선다고, 기술자나 조선공, 제빵업자, 목수, 방직공 같은 생산직 노동자는 사라져도 웨이터와 객실 청소원, 주차원, 시녀, 사냥터 관리인, 집사처럼 보수도 좋고 말쑥하게 차려입는 일자리가 제공된다고. 하지만 그건 환영할 일이 아니다. 우리의 노동자들이 게으른 부자들과 마찬가지로 비생산적인 존재가 된다면 나라가 어떻게 될지 생각해 봐야 한다. 해외에 투자한 경우 갑자기 러시아 혁명 같은 사태가 발생하거나 과세를 강화하면 투자 자본도 제대로 회수하지 못하고 해외 투자에 제동이 걸릴 수 있다. 해외 여러 나라가 점점 더 소득세를 확대하고 있는데 이제 우리에게는 무슨 일이 벌어질까? 영국의 종업원들이 부자들의 구두를 반짝반짝 광내는 일에는 세계 최고라고 자부할지 모르겠다. 하지만 억만장자가 재산을 몰수당하거나 세금으로 다 털려 광을 낼 구두도 없는 빈털터리가 된다면 그게 다 무슨 소용인가.

  우리는 앞으로 자본이라는 문제를 보다 면밀하게 살펴봐야 한다. 하지만 여기서는 일단 자본의 형성을 위해 소수에게 몰아주는 분배 방안이 딱 봐도 낭비일 뿐만 아니라 현재 세계 정세의 변화를 감안하면 많은 위험이 도사리고 있는 방법이라는 점만 짚고 넘어가겠다. 자본을 형성할 방법이 그것밖에 없다고들 하겠지만 말도 안 되는 소리다. 정부가 개인의 낭비를 제한하고 우리 소득의 일부를 걷어서 자본으로 사용할 수 있다. 상당 부분 실제로 그렇게 하고 있다. 그편이 소수지배층에게 맡기는 것보다 훨씬 예측 가능하고 더 효율적이다. 정부는 금융을 국유화할 수 있고 우리는 곧 그런 상황을 보게 될 거다. 그러면 소수지배층에게 단 하나의 핑곗거리도 남지 않는다.

제12장　　　　　　　　　　　　　　　*Distribution by Class*

이제 다섯 번째 방안을 보자. 모두가 일을 하되 직업에 따라 다양한 사회 계층으로 나뉘어 계층별로 서로 다른 보수를 받는 것이다. 예컨대, 청소부나 쓰레기 수거인이나 접시닦이나 파출부나 넝마주이는 의사나 성직자나 교사나 오페라 가수나 전문직 전반보다 적게 받고, 이들은 또 판사나 수상이나 왕이나 여왕보다는 적게 받도록 한다.

　현재 우리에게 벌어지고 있는 일이라는 생각이 들 것이다. 어느 정도 그런 일이 벌어지고 있는 것도 사실이다. 하지만 직업에 따라 누구는 더 받고 누구는 덜 받아야 한다는 법 같은 건 없다. 학교 선생이나 성직자나 의사는 교육을 많이 받은 신사숙녀이므로 맨손으로 일해서 주급을 타는 문맹자보다 더 많이 받을 거라고 생각하기 쉽다. 하지만 요즘에는 대학을 나오지 않고 굳이 신사 행세도 하지 않는 기관사가 대다수 성직자나 일부 의사들보다 더 많이 받는다. 학교 선생이나 가정교사는 정말로 아주 운이 좋아야 일류 요리사만큼 넉넉하게 살 수 있다. 최고로 유명한 내과의 중에도 사오십 대가 되기 전까지는 불충분한 수입 때문에 악전고투해야 하는 사람들이 있고, 많은 교구목사

계층에 따라 주자?

가 연간 70파운드의 급료만 가지고 가족을 부양하며 산다. 그러니까 건장한 일꾼이나 타고난 솜씨를 가진 장인보다 귀족과 고학력자에게 더 많은 돈을 지불해야 한다고, 세상이 원래 그런 거라고 착각하는 실수를 저지르지 않도록 주의해야 한다. 아주 학식이 높은 사람들이 돈을 조금 밖에 못 벌거나 아예 못 버는 경우도 종종 있다. 재산이 없으면 귀족 신분은 되려 거추장스러울 뿐이다. 막대한 부를 형성하는 것은 대개 사업가나 금융업자로 개중에는 신분이나 교육의 혜택을 받지 못한 사람들도 많다. 성인이나 천재들이 혹독한 가난을 겪는 일도 많고 그들의 위대함은 사후에나 인정받는다.

또한 직업이나 계층에 따라 먹고사는 비용이 크게 차이가 날 거라는 생각도 털어버려야 한다. (애당초 그런 생각을 하지 않았다면, 여러분이 그럴 거라고 넘겨짚은 나를 부디 용서하시길) 막노동꾼이 건강을 유지할 정도의 음식이라면 그 음식으로 왕도 건강을 유지할 수 있다. 왕보다 더 먹고 마시는 막노동꾼도 많다. 그들의 옷은 왕의 옷보다 빨리 해진다. 요즘 부자들은 왕보다 훨씬 부유하다. 록펠러 씨라면 국왕 폐하를 가난하다고 여길지 모른다. 록펠러는 왕보다 훨씬 더 많은 돈이 있지만 커다란 왕국을 유지해야 할 책임 즉, 그 돈을 다른 사람들에게 써야 할 의무 같은 건 없다. 하지만 왕과 록펠러가 개인적인 욕구와 만족을 위해 쓰는 금액은 꽤 편안한 환경에서 살아가는 여느 두 사람이 쓰는 것과 별반 다를 바 없다. 왕의 용돈을 두 배로 올려 준다고 해도 왕이 두 배로 먹고 마시거나 두 배로 숙면을 취하지는 않는다. 버킹엄궁의 두 배가 되는 새 집을 짓지도 않을 거고 두 번째 왕비를 맞이해서 굳이 두 가정을 꾸리는 일도 없을 거다. 고인이 된 카네기 씨는 재산이 수천에서 수십만으로, 수십만에서 수백만으로 늘어나자 왕창 기부해 버렸다. 그는 이미 원하는 모든 것을 다 가졌기 때문이다. 자기 자신이나 가족을 위해 돈으로 살 수 있는 것이라면 무엇이든.

따라서 이런 질문을 할 법도 하다. 왜 우리는 어떤 사람에게는 필요한 것보다 많이 주고, 또 어떤 사람에게는 필요한 것보다 적게 주는가? 우리가 그렇게 준 게 아니다. 각자의 몫을 정해놓지 않고 그저 되는 대로 흘러가게 했기 때문에 그렇게 된 것이다. 다만, 왕이나 고관대작의 경우 상당한 소득을 얻도록 정해 놓았다. 그들이 특별히 존경과 추앙을 받게 하려는 의도다. 그러나 경험상 알 수 있듯이 권위는 소득과 비례하지 않는다. 유럽에서는 교황이 최고 지엄이지만 교황이 부자여서 그런 게 아니다. 교황의 부모와 형제자매가 몹시 가난한 사람일 때도 있고 교황 자신은 교황의 재단사나 교황에게 식료품을 대는 상인보다 가난하다. 호화 여객선에서 선장과 날마다 같이 밥을 먹는 수십 명의 승객은 선장의 봉급 정도는 아무렇지도 않게 바다에 던져버릴 수 있는 재력가들이다. 그러나 선장의 권위는 절대적이어서 아무리 무례한 승객도 감히 선장에게 함부로 굴지 못한다. 시골 마을 목사의 급료는 농장을 운영하는 신도가 버는 돈의 5분의 1에도 못 미친다. 연대장이 제일 가난하고 그 밑에 있는 중위들이 전부 연대장보다 두 배 이상 많은 소득을 갖고 있을 수도 있다. 그렇다 하더라도 상관은 연대장이다. 권위의 비결은 돈이 아니다.

가장 부유한 사람이 권위를 갖는 게 아니다. 비싼 차를 탄 백만장자도 경찰의 말을 따른다. 우리 사회에서 귀족은 시골 대지주보다 지위가 높고, 시골 대지주는 전문직보다, 전문직은 상인보다, 도매상은 소매상보다, 소매상은 숙련공보다, 숙련공은 막노동꾼보다 지위가 높다. 그러나 만약 사회적 지위가 소득에 따라 결정된다면 이 모든 게 다 뒤집힐 것이다. 상인이 모든 사람을 앞설 테고, 교황과 왕은 양조업자와 양돈업자에게 경의를 표해야 할 것이다.

소위 부자의 권력이라는 것은 다분히 현실적인 부분이다. 부자는 자기 마음에 들지 않는 사람을 해고할 수 있고, 자기한테 무례하게 구는 소매상과 거래를 끊을 수도 있다. 하지만 한 사람이 힘으로 다른 사람을 망하게 하는 식의 권력은 사회의 법과 질서를 유지하기 위해 필요한 권위와는 전혀 다른 성질의 것이다. 노상강도가 머리에 총을 겨누고 돈을 내놓으라고 하면 우리는 시키는 대로 할 것이다. 지주가 계약 해지를 들먹이며 임대료를 더 내라고 하면 역시 시키는 대로 하게 될 것이다. 그런 것은 권위에 대한 복종이 아니고 위협에 굴복하는 것이다. 진정한 권위는 돈과 아무 관계가 없다. 왕에서 시골 순경에 이르기까지 권위를 가진 사람들은 그들의 명령에 복종하는 많은 사람보다 실제로 더 가난하다.

제13장

Laisser-Faire

이대로 놔두자?

자, 그러면 현 상태 그대로 놔두는 건 어떤가?
대부분의 사람들이 찬성하는 방안이다. 사람들은 기존의 것이 마음에 들지 않아도 긁어 부스럼일까 두려워 변화를 꺼린다. 그들은 보수를 자처하지만 제정신이 박힌 보수당 정치인은 절대로 가만히 놔두면 상황이 유지된다고 생각하지 않는다(선거 때는 예외로 하자. 선거철에 진실을 이야기하는 사람이 어디 있나).

   이 방안은 언뜻 간단하고 안전한 것 같지만 사실 불가능하다. 여호수아는 "해야, 기브온 위에, 달아, 아얄론 골짜기 위에 그대로 서 있어라"[1]라고 외치면서 스물네 시간을 벌어보려고 했다. 굳이 흔들어 깨우지만 않으면 세상이 그대로 있을 거라고 상상하는 사람들에 비하면 여호수아는 그래도 나은 편이다. 적어도 자기가 기적을 바란다는 것은 알고 있었다.

---

1 여호수아기 10장 12절

해야, 기브온 위에 그대로 서 있어라
존 마틴 John Martin, 『해에게 명령하는 여호수아』, 1816년

상황이 정말로 나쁘다는 것을 아는 사람은 상황을 그대로 놔두는 것에 동의할 리 없을 것 같지만 현실은 그렇지 않다. 상황이 마음에 들지 않아도 그냥 받아들이기 일쑤다. 딱히 상황을 바꿀 방법이 없어 보이기 때문이다. 그런데 문제는 상황을 건드리지 않으려고 아무리 조심해도 상황은 그대로 있는 법이 없다는 거다. 청소를 안 해도 내년 이맘때 방의 상태가 지금과 같을 수 있을까. 난롯가에 잠든 고양이를 두고 외출했다 돌아와도 고양이가 그 자리에 그대로 있을까.

신중하게 돌보지 않고 그냥 내버려두면 상황은 더 빨리 더 위험하게 변한다. 지난 150년 동안 가장 경악스러운 변화도 우리가 지금 다루고 있는 이 분야(국민소득의 생산과 분배)에서 일어났다. 모두의 책임은 아무의 책임도 아니라는 듯 상황이 제멋대로 흘러가게 내버려둔 탓이다. 기계를 돌리는 데 증기를 사용하다가 나중에는 전기를 쓰게 됐고 가전제품이 수도나 가스처럼 집집마다 보급됐다. 엔진 발명으로 땅에서는 기차가 다니고 바다 위아래로 배가 다닐 뿐만 아니라 사람과 화물이 하늘로 날아다니게 됐다. 그 덕분에 부의 생산력이 증대했고 노동이 쉽고 빨라져서 아무도 가난하지 않아도 되는 세상이 왔다. 가스레인지와 전등, 전화, 진공청소기, 라디오 같은 가전제품을 쓰면서 가사노동의 효율이 좋아진 걸 생각해보면, 자동화 기계를 완비한 현대 공장의 엄청난 생산성은 말해 무엇하겠나. 우리가 전시에 그랬던 것처럼 평상시에도 각자 돌아가며 자기 몫을 다하기만 하면 지금의 절반도 안 되는 노동만 투입해도 필요한 모든 의식주와 전기를 멋지게 생산할 수 있다. 그러면 다른 절반의 노동력은 예술과 과학과 학문과 놀이와 방랑과 실험과 온갖 종류의 취미에 자유롭게 쓰면 된다.

한마디로 새로운 상황이 도래한 것이다. 기존 상태를 그저 유지할 생각으로 있다가 갑자기 맞닥뜨린 변화다. 우리가 국가 차원에서 상황을 돌보고 이끌고 정리하지 않은 결과 실제로 어떤 일이 벌어졌는지 보자. 가난한 사람들은 기계를 쓰지 않던 시절보다 더 가난해졌다. 그에 반해 부자는 별의별 이유로 부유해졌다. 배고픈 사람을 위해 빵을 만들고 헐벗은 사람을 위해 옷을 만들고 집 없는 사람을 위해 집을 지어야 할 노동력이 무위도식하는 부자들에게 사치품과 서비스를 제공하는 데 낭비된다. 더는 신사적이지도 않고 귀족적이지도 않은 부자들이 게으름과 바보짓과 낭비를 일삼으며 도덕적으로 가장 타락한 모습을 보여주고 있다.

그 결과 정치적으로 두 번의 혁명과 절반의 혁명이 일어났다. 사업가들이 상류 지주층을 타도하고, 금융업자들이 사업가들을 타도하고, 노동조합은 금융업자를 절반쯤 타도했다. 나중에 또 상세히 설명하겠지만 그간 노동당이 부상하는 것을 보며 내 말이 무슨 소리인지 충분히 이해했을 것이다. 옛날식 사고를 지닌 수백만의 소심한 유권자가 선거 때마다 현실을 도외시하며 말만 많은 쪽(보수당)에 투표한다고 해서 정치가 변화를 피할 수 있는 것은 아니다.

만약 알프레드 대왕에게 훗날 영국은 게으른 한 가족이 다섯 채의 큰 저택과 증기선을 소유한 반면 열심히 일하는 사람들은 한 방에서 여섯 명이 복작대며 굶주리게 될 거라고 말해줬다면, 신앙심 깊은 앨프레드 대왕은 그렇게 사악한 민족이 어디 있느냐며 그런 일이 벌어지는 걸 신이 놔둘 리 없다고 응수했을 것이다. 글쎄, 신은 모르겠고 우리는 그런 일이 벌어지도록 놔뒀다. 우리가 특별히 사악해서가 아니라 상황이 그대로 있을 줄 알고 그저 내버려둔 탓이다.

그런데 "상황을 가만히 놔둔다"는 옛날식 표현은 이제 잘 쓰지 않는다. 요즘에는 "상황이 흘러간다"고 훨씬 분별 있는 표현을 쓴다. 마침내 우리는 상황이 가만히 있는 것이 아니라 흘러간다는 것을 안 것 같다. 흘러가는 대로 둔다는 건 무책임한 행위라는 느낌을 준다. 그러니까 상황이 그 자리에 머물러 있기를 기대하며 상황을 있는 그대로 둔다는 개념은 완전히 없애버려야 한다. 상황은 절대 그렇게 머물러 있지 않는다. 나태하게 앉아서 앞으로 무슨 일이 생길지 두리번거리고 있을 수만은 없는 노릇이다. 그건 강둑에 앉아서 흘러가는 물을 바라보는 것과는 다르다. 말이 달아나고 있는데 마차 안에 멍청하게 앉아 있는 것과 같다. "그럼 나더러 뭘 어쩌라고요?" 하며 빠져나갈 수는 없다. 여러분이 무능하다고 충돌이 일어나지 않는 게 아니다. 곤경에 처하면 온 힘을 다해 말을 통제할 방법을 짜내야 하고 마차가 도랑에 빠지지 않고 똑바로 가게끔 할 수 있는 모든 것을 다해야 한다.

상황을 그대로 놔두자는 정책, 정부가 실질적으로 사업에 참견하거나 직접 뛰어들면 안 된다는 입장을 경제학자와 정치인들은 자유방임주의라고 부른다. 자유방임주의는 현실에서 완전히 실패해서 이제는 신뢰를 얻지 못하고 있다. 하지만 100년 전에는 정치학에서 대유행했던 생각이고, 공공의 이익은 아랑곳하지 않고 그저 자기들 좋은 대로 돈을 벌게 놔뒀으면 싶은 사업가들과 그 후원자들은 당연히 지금도 자유방임주의를 열렬히 옹호한다.

제14장

How Much Is Enough?

이제 사회주의적 분배 방안을 제외한 모든 안을 다 검토한 것 같다. 사회주의를 본격적으로 다루기에 앞서 지금까지 다룬 분배 방안들을 정리해보자. 우리는 돈을 분배하는 건전한 방안을 찾아내고자 했는데 개인의 성과나 자질, 지위, 뭐가 됐든 개인의 가치에 따라 돈을 분배하자고 제안할 때마다 모순에 부딪혔다. 우리는 노동에 값을 매기려다 실패했다. 돈은 노동과 관련지을 수 없다. 우리는 자질에 값을 매기려다 실패했다. 돈은 자질과 관련지을 수 없다. 우리는 권위를 부여하는 지위에 값을 매기려다 실패했다. 그래서 가망 없는 일로 포기한 채 있는 그대로 상황을 놔두려고 했지만 상황은 그 자리에 머물러 있지 않는다는 것을 알게 됐다.

그렇다면 과연 어떤 분배 방안이 좋을지 잠시 생각해보자. 프란체스코회 수사들처럼 자발적으로 가난하게 사는 사람들이 아닌 다음에야 무조건 가난부터 없애야 한다고 생각할 것이다. 그러면 가난에 대해 알아보자.

불평등이 왜 문제가 될까

　일반적으로 가난은 몹시 불편하고 불행한 일로 여겨진다. 하지만 극심한 굶주림과 혹독한 추위로 고통받는 게 아니라면 가난한 사람들이 부자들보다 딱히 더 불행하지도 않다. 가난한 사람들은 종종 부자들보다 훨씬 행복하다. 환갑이 됐을 때 스무 살 때보다 열 배는 부유해진 사람들을 쉽게 찾아볼 수 있는데 그들 중 누구도 열 배 더 행복해졌다고 하지는 않을 것이다. 생각이 있는 사람이라면 누구나 행복과 불행은 기질에 따른 것이지 돈과는 상관없다고 자신 있게 말할 수 있다. 돈으로 굶주림을 치유할 수는 있지만 불행을 치유할 수는 없다. 음식으로 식욕은 충족되지만 영혼을 충족시킬 수는 없다. 독일의 유명한 사회주의자 페르디난트 라살레는 가난한 사람들이 가난에 맞서 일어서도록 선동하려다 실패했고 그 이유를 가난한 사람들이 욕심이 없다는 데서 찾았다. 물론 가난한 사람들도 불만은 있었지만 자기들의 상황을 바꾸기 위해 심각한 어려움을 무릅쓸 정도는 아니었다. 가난한 여인은 넓은 집에 살면서 여러 하인을 거느리고 수십 벌의 옷과 매력적인 피부와 아름다운 머리 모양으로 치장하는 것을 선망할 것이다. 하지만 이 모든 걸 누리고 있는 부유한 여인은 종종 거친 지역을 여행하면서 윤택한 삶을 벗어나는 데 상당한 시간을 쓴다. 하루에 두세 시간씩 씻고 옷을 입고 머리를 빗고 옷을 갈아입고 시녀의 인형놀이 대상이 돼주는 삶은 군대식으로 표현하면 그런 "사역"에 단 5분만 쓰는 삶보다도 행복해 보이지 않는다. 하인들은 아주 성가셔서 하인들과 거의 아무 말도 하지 않는 귀부인도 많다. 술에 취한 사람은 맨정신인 사람보다 행복하다. 그래서 불행한 사람들이 술을 마시는 거다. 심신을 망가뜨리는 약에 취한 사람도 몰아지경의 행복을 느낄 수 있다. 결국 중요한 것은 행복이 아니라 존엄이다. 우리가 존엄하게 산다면 행복은 저절로 따라온다. 제대로 된 사람이라면 문제가 있는데도 마냥 행복할 수 없다. 하지만 그들은 대단히 건강하고 자기 일에 깊이 몰두하고 있기 때문에 행복에 연연하지 않는다. 현대의 빈곤은 산상수훈에서 축복한 가난이 아니다. 빈곤에 반대하는 이유는 사람이 격하되기 때문이다. 가난해서 미천해진 사람들도 부유해서 존귀해진 사람들과 마찬가지로 행복할 수 있다는 사실은 빈곤 문제를 더 악화시키고 있다.
셰익스피어의 『헨리4세』에서 왕은 다음과 같이 말했다.

자, 행복한 평민이여, 몸을 뉘어라.
왕관을 쓴 머리는 쉽게 잠들지 못한다.

그는 그깟 행복이 비천함을 감내할 이유가 되지 못한다는 것을 잊고 있었다. 우리 안에 내재한 신성은 번쩍 빛을 발하며 우리가 행복 따위에 넘어가 격하를 받아들이는 데 반대한다. 행복은 돼지나 주정뱅이도 느낄 수 있는 것이다.

오늘날 모든 대도시에서 우리가 경험하는 가난은 가난한 사람들을 격하시키고 가난한 사람들의 이웃까지 죄다 격하시킨다. 이웃을 격하시킬 수 있다면 나라와 대륙 나아가 모든 문명 세계를 격하시킬 수 있다. 세계도 결국 거대한 이웃이니까. 빈곤의 악영향에서 부자들도 자유로울 수 없다. 언제나 그렇듯 빈곤 때문에 치명적인 전염병이 발생하면 부자들도 병에 걸리고 아이들이 전염병으로 죽는 꼴을 보게 된다. 빈곤이 범죄와 폭력을 초래하면 부자들은 두려움에 떨며 막대한 비용을 들여 자기들의 신병과 재산을 보호하려 한다. 빈곤의 영향으로 나쁜 행실과 상소리가 만연하게 되면 아무리 신경을 써서 격리하려고 해도 부잣집 아이들도 나쁜 행실과 말버릇을 사용하게 된다. 부잣집 아이들을 격리해서 키워봤자 그 아이들에게 도움이 되기보다는 해를 끼친다. 가난한 집에서 태어난 예쁘고 젊은 여자들이 정직한 노동이 아니라 성매매로 돈을 더 많이 벌 수 있다는 걸 알게 되면, 부잣집 젊은이들의 피에 병균을 옮기게 된다. 이 젊은이들이 결혼하면 아내와 아이들까지 감염시켜 온갖 질병을 앓게 된다. 때로는 외모가 흉하게 변하고 시력을 잃거나 죽음에 이르기도 한다. "남과 어울리지 않고 혼자서" 지낼 수 있다거나, 이웃 혹은 멀리 떨어진 곳에 사는 사람들에게 벌어지는 일의 영향은 받지 않고 살 수 있다는 낡은 생각은 가장 위험한 착각이다. 우리가 서로의 팔다리와 몸통으로 한몸을 이룬다는 말은 교회에서 아무 의미 없이 되풀이되는 단순한 경구가 아니다. 그것은 틀림없는 진실이다. 도시의 부촌에서는 가난한 사람들과 함께 사

에드바르드 뭉크Edvard Munch, 입센의 『고스트Ghosts』를 위한 무대디자인, 1906년
『고스트』의 등장인물 오스왈드는 선천 매독으로 죽어간다. 지역사회에서 존경받는 대지주였으나 뒤에서는 방탕한 생활을 일삼은 오스왈드의 아버지 알빙이 아내와 자식에게 매독을 전파했다.

는 걸 피할 수 있을지 모르지만 전염병이 돌면 가난한 사람과 함께 죽는 걸 피할 길이 없다. 가난이 없어져야 비로소 혼자서도 잘 살 수 있을 것이다. 그런 날이 오기 전까지는 일상에서 가난을 보고 듣고 냄새 맡는 걸 피할 수 없고, 가장 강력한 경찰의 호위를 받는다고 해도 가장 난폭하고 치명적인 해악이 미치지 않으리라 하루도 안심할 수 없을 것이다.

가난이 존재하는 한 가난이 우리 자신을 덮치지 않으리라고 안심할 수도 없다. 남을 빠뜨리려고 판 구멍에 자기가 빠지기도 하고, 절벽에 울타리를 치지 않으면 내 아이가 놀다가 그리로 떨어질지도 모를 일이다. 우리는 아무 죄 없는 훌륭한 가족이 울타리가 없는 가난의 구렁으로 굴러떨어지는 걸 날마다 본다. 다음은 우리 차례가 아니라고 어떻게 장담할 것인가?

감옥에 보낼 수는 없는 잘못을 저지르는 사람들에게 가난을 징벌로 사용하려고 하는 것은 국가가 저지를 수 있는 가장 어리석은 짓일지도 모른다. 게으른 사람을 두고 이렇게 말하는 건 쉽다. "아, 그냥 가난하게 살라고 해. 게으름을 피우더니 꼴좋군. 가난을 겪으면 뭔가 깨닫겠지." 그렇게 말하는 우리야말로 너무 게을러서 생각 없이 법을 내팽개치는 거다. 어쨌거나 우리는 빈민가를 두고볼 수 없다. 그들이 게으르든 근면하든, 술에 절어 있든 맑은 정신이든, 도덕적이든 악랄하든, 검소하든 경솔하든, 현명하든 어리석든, 그런 건 아무 상관없다. 만약 그들이 고통을 겪어 마땅한 자들이라면 뭔가 다른 방식으로 고통을 겪게 하자. 가난한 사람들을 그냥 빈곤으로 내모는 것은 그들의 죄 없는 이웃에게 두 배는 더 해가 된다. 가난은 개인의 불행일 뿐만 아니라 공동체의 골칫거리다. 빈곤을 용인하는 것은 국가적 범죄다.

따라서 모든 사람이 가난으로부터 자신을 지키는 데 충분한 소득을 가져야 한다는 것은 건전한 분배를 위한 필수 조건이다. 완전히 새로운 이야기도 아니다. 엘리자베스 여왕 시절 이후로 누구도 궁핍한 상태에 버려져서는 안 된다는 것이 영국의 법이었다. 아무리 쓸모없는 사람이라도 구빈위원회에 극빈자로 구제 신청을 하면 위원회는 그 사람을 먹이고 입히고 재워야 한다. 그런데 위원회는 불친절한 태도로 마지못해 나서기도 하고, 가장 불쾌하고 모멸적인 조건을 갖다 붙이기도 하고, 극빈자가 신체 건강한 사람이면 데려다가 혐오스럽고 쓸데없는 일을 시키기도 하고, 그 일을 거부하면 감옥에 보내기도 한다. 위원회가 쉼터랍시고 제공하는 끔찍한 구빈원에서는 늙은이와 어린이, 건강한 사람과 병자, 무구한 소년소녀와 후안무치한 창녀와 부랑자가 한데 뒤섞여 서로 닥치는 대로 오염시키는 일이 벌어지기도 한다. 극빈자의 투표권(유권자일 경우)을 박탈해서 구제에 사회적 낙인을 찍고 관공서에 취직하거나 공권력으로 선출되지 못하게 하기도 한다. 한마디로, 도움을 받을 자격이 있는 훌륭한 사람들이 구제를 신청하느니 차라리 극한의 가난을 견디도록 구빈위원회가 내몰고 있다. 하지만 극빈자들이 구제를 신청하면 위원회는 싫든 좋든 구제해야 한다. 그 정도로 영국법은 공산주의에 뿌리를 두고 있다. 법을 집행하면서 자행되는 그 모든 가혹함과 사악함은 커다란 실수다. 가난의 나락에서 나라를 구하는 것이 아니라 가난을 한층 더 끔찍한 것으로 만들고 있기 때문이다. 그래도 여전히 원칙은 존재한다. 엘리자베스 여왕은 아무도 굶주리거나 방치되어 죽는 사람이 없어야 한다고 했다. 빈부를 막론하고 국가 전체에 가난이 미치는 끔찍한 영향을 겪고 나서 우리는 한 걸음 더 나아갔다. 누구도 가난해서는 안 된다. 우리는 날마다 부를 분배하면서 모든 사람이 꽤 품위 있고 넉넉하게 지내기에 충분한 몫을 먼저 떼어 놓아야 한다. 누군가 잘못을 저지르거나 제 할 일을 하지 않아서 그런 삶을 누릴 자격이 없다고 판명되면 다른 범죄자들을 다룰 때와 마찬가지로 어떤 식으로든 그런 짓을 못 하게 하거나 해야 할 일을 하도록 강제하면 된다. 하지만 그들을 가난한 사람으로 만들어 다른 사람까지 죄다 고통받게 하는 일은 없어야 한다.

어떤 경우에도 사람들을 가난하게 하면 안 된다고 했으니, 그러면 사람들을 부자가 되게 하는 건 괜찮은지 생각해 봐야 한다. 가난이 사라지면 사치와 낭비를 용인해도 될까? 퍽 곤란한 질문이다. 가난이 무엇인지 말하기는 쉬워도 사치가 무엇인지 말하기는 어렵다. 어떤 여자가 굶주리고 헐벗고 자기 몸을 뉠 제대로 된 방 하나 가지지 못했다면, 그 여자는 가난으로 고통받는 게 분명하다. 어느 구역의 유아사망률이 다른 구역보다 현저히 높고, 성인의 평균 사망 연령이 성경에서 말하는 70세 수명에 훨씬 못 미치고, 유아기를 지나 살아남은 아동의 평균 체중이 잘 먹고 제대로 보살핌을 받은 아동의 체중을 밑돈다면, 여러분은 그 구역 사람들이 가난으로 고통받고 있다고 확실히 말할 수 있다. 하지만 부자들의 고통은 그리 쉽게 측정되지 않는다. 부유한 사람들이 상당히 고통받는다는 건 부자들의 삶을 잘 알고 있는 사람이라면 누구나 아는 사실이다. 부자들은 건강하지 못해서 늘 이런저런 치료법과 수술을 찾아다닌다. 그들은 진짜로 아프지 않을 때도 자기들이 아프다고 상상한다. 그들은 재산과 하인, 가난한 친척, 투자, 사회적 지위를 유지해야 하는 것 등을 걱정한다. 그들에게 자녀가 있다면 그 아이들이 누리는 것을 성인이 돼서도 누릴 수 있도록 충분한 재산을 남겨줄 수 없다고 걱정한다. 일 년에 5만 파운드의 재산소득이 있는 부부에게 다섯 아이가 있다 치자. 그 부부는 5만 파운드로 아이들을 키우지만 아이들이 장성한 후에는 한 명당 일 년에 1만 파운드의 소득만을 남길 수 있고, 그러면 그 아이들에게는 그만큼의 돈으로 살아가는 세계가 시작된다. 그 아이들이 부유한 배우자와 결혼하지 않는 한 (어떻게 해야 돈이 적게 드는 생활을 할 수 있는지 모르기 때문에) 분수에 넘치는 생활을 하게 되고 결국 빚더미에 올라앉게 될 것이다. 그 아이들은 돈이 많이 드는 습관과 부자 친구들과 빚과 다른 변변찮은 것들을 자기 아이들에게 물려줄 것이다. 그렇게 해서 세대가 내려갈수록 상황은 점점 악화된다. 그래서 자기들의 지위를 유지할 재산이 없는 신사숙녀를 어디에서나 볼 수 있는 거다. 그리고 그들은 가난한 평민보다 훨씬 더 비참하다.

 어쩌면 여러분은 부유함이 아무 문제가 되지 않는 것처럼 보이는 부자들을 알고 있을 것이다. 그런 부자들은 과식하지 않고, 일을 해서 건강을 유지하고, 지위에 연연하지 않으며, 돈을 안전한 투자처에 넣고 낮은 이자율에 만족한다. 아이들에게도 소박한 생활을 하고 쓸모 있는 일을 하도록 가르친다. 그 말인즉, 그들은 전혀 부자처럼 사는 게 아니다. 보통의 소득을 갖고도 충분히 잘살 사람들이다. 일반적인 유형의 부자들은 시간을 어떻게 보내야 할지 몰라서 결국에는 한바탕 사교와 유흥에 빠져들고 만다. 웨스트엔드 장사꾼들의 잇속에 놀아나는 거라고 보면 된다. 그렇게 지내는 건 너무 따분한 일이라 사교시즌이 끝나갈 무렵이 되면 부자들은 자기 집안 하인이나 단골 가게 주인보다 더 지친다. 그들은 스포츠에 취미가 없어도 사회적 지위 때문에 큰 경마 대회에 나가고 사냥을 간다. 음악에 취미가 없어도 오페라 극장과 근사한 연주회에 가야 한다. 그들은 입고 싶은 대로 입지 않고 하고 싶은 걸 하지도 않는다. 그들은 부자이기 때문에 다른 모든 부자가 하는 걸 해야 한다. 노동을 하는 순간 그들은 보통 사람들의 생활로 굴러떨어지는 것이다. 그들은 좋아하는 것을 할 수 없으므로 별수 없이 그들이 하는 걸 좋아해야 한다. 그래서 사실상 지루한 놀이를 하고, 의사에게 속고, 단골 가게에 뜯기고, 자기보다 부유한 사람에게 무시당한 걸 퉁명스레 자기보다 가난한 사람을 무시하는 걸로 풀면서도 애써 멋진 시간을 보내고 있다고 상상한다.

이러한 권태에서 벗어나기 위해 능력이 되고 정력적인 사람들은 의회로 진출하거나 외교를 맡거나 군에 복무한다. 부동산 관리 및 투자를 사무변호사와 증권중개인과 대리인 등에게 맡기지 않고 직접 챙기기도 하고, 엄청난 고생과 위험을 무릅쓰고 미지의 나라를 탐험하기도 한다. 그 결과 그들의 삶은 생계를 위해 그런 일을 해야 하는 사람들의 삶과 다를 바가 없어진다. 그러니까 부가 허비되고 있는 것이다. 우리는 가난의 나락으로 떨어질까 봐 끊임없이 걱정한다. 그런 걱정만 없다면 그들도 많은 재산 때문에 골머리 앓는 일은 거부할 것이다. 다른 사람보다 부유한 데서 특별한 만족감을 느끼는 사람들은 나태함을 즐기는 사람들뿐이다. 그들은 이웃보다 우월하다고 상상하면서 그렇게 대접받고 싶어 한다. 그러나 속물근성을 받아줄 만큼 여유있는 나라는 어디에도 없다. 나태와 허영은 장려할 만한 미덕이 아니고 근절해야 할 해악이다. 더구나 나태하게 게으름을 부리면서 가난한 사람들에게 이래라저래라하고 싶어 하는 욕망은 설령 그 욕망을 충족시키는 게 옳은 일이라 하더라도 그렇게 해줄 가난한 사람들이 사라진다면 결코 충족될 수 없는 욕망이다. 가난한 사람들과 부유한 사람들이 아니라, 그냥 충분히 가진 사람들과 충분한 것보다 조금 더 가진 사람들이 있어야 한다. 그러면 마침내 얽히고설킨 질문이 고개를 든다. 충분하다는 건 뭔가?

셰익스피어의 유명한 희곡에서 리어왕은 그의 딸들과 이 문제를 놓고 언쟁을 벌인다. 리어왕 생각에는 자기를 섬길 기사가 100명은 있어야 충분한 것이다. 그러나 큰딸은 50명이면 충분하다고 생각한다. 둘째 딸은 한술 더 떠서 하인들이 아버지가 원하는 것을 모두 해줄 수 있는데 아버지에게 대체 기사가 왜 필요하냐고 한다. 화가 난 리어왕은 정말로 필요한 것만 가지고 살아야 한다면 그녀의 화려한 옷들도 추위를 막아주지 못하니 다 버려야 하는 거 아니냐며 담요를 두르면 더 따뜻할 거라고 쏘아붙인다. 이에 둘째 딸은 아무 말도 못한다. 아무도 무엇이 충분한 것인지 말할 수 없다. 집시에게 충분한 것이 귀부인에게는 충분하지 않다. 어떤 귀부인에게 충분한 것이 다른 귀부인에게는 몹시 불만족스러울 수 있다. 한번 빈곤선을 넘어서고 나면 굳이 거기서 만족할 이유가 없다. 현대적인 기계의 힘으로 우리는 쾌적하게 먹고 입고 자는 데 필요한 것보다 훨씬 더 많이 생산할 수 있다. 우리는 끝도 없이 새로운 물건들을 사용하는 데 익숙해지고, 이미 사용하던 물건들도 더욱더 좋게 만들고 있다. 우리네 할머니들은 가스레인지나 전깃불이나 자동차나 전화가 없이도 그럭저럭 살아갔다. 하지만 오늘날에는 그런 것들이 신기하거나 사치스러운 물건이 아니다. 당연히 있어야 하는 필수품이고 그것들을 사용하는 사람을 부유하다고 여기지도 않는다.

마찬가지로 교육과 문화의 수준도 높아졌다. 오늘날에는 식사 시중을 드는 하녀가 빅토리아 여왕만큼만 무식해도 정신박약으로 분류되고 말 거다. 하지만 그런 무지에도 불구하고 빅토리아 여왕은 살아가는 데 문제가 없었다. 그러니 하녀가 더 많이 알고 있는 지식이라는 게 문명화된 삶에서 전화만큼 대단하다고 할 수도 없다. 문명화된 삶과 고도로 문명화된 삶은 다르다. 어떤 사람에게 충분한 것이 다른 사람에게는 충분하지 않다. 어설프게 문명화된 소녀를 집에 들인다고 해보자. 고도로 문명화된 소녀보다 더 튼튼하고 더 적극적이고 성격이 좋을지 몰라도 그녀는 섬세하고 정교한 모든 것을 박살낼 것이다. 전보를 받을 줄도 보낼 줄도 모르고, 시계나 욕조나 재봉틀이나 전기난로나 청소기 같은 문명의 이기를 이해하고 사용하기는커녕 물이 흘러넘치지 않도록 수도꼭지를 잠글 수만 있어도 다행일 것이다. 이 모든 일을 믿고 맡길 수 있는 문명화된 하녀라도, 고도로 훈련받은 과학자들이 아주 정교한 기계와 기구들을 사용해서 대단히 위험한 종류의 독극물과 폭발물을 다루고 통제하는 실험실이나 외과의가 손 한 번만 삐끗해도 치명적인 결과를 가져올 수술실에 들어가 마음껏 행동하도록 놔두면 도자기 가게에 난입한 황소처럼 될 수 있다. 만약 실험실과 수술실에서 필요한 섬세한 손놀림과 지식, 인내심을(안타깝게도 그런 곳이라고 해서 늘 그런 자질이 준비되는 건 아니지만) 모든 하녀가 가진다면, 우리네 살림에 더할 나위 없이 멋진 변화가 일어날 수 있다.

우리는 지금 하고 있는 일을 훨씬 더 신속하고 완벽하고 깔끔하게 마칠 수 있을 뿐만 아니라 지금으로서는 불가능하다고 여기는 수많은 일을 할 수 있게 될 것이다.

과학자를 교육하고 훈련하는 것은 하녀를 길러내는 것보다 비용이 많이 들고 하녀를 훈련하는 것은 야만인을 잡아오는 것보다 비용이 많이 든다. 한 경우에 충분한 것이 다른 경우에는 충분하지 않다. 그러므로 덮어놓고 살아가는 데 얼마면 충분하냐고 묻는 건 답할 수 없는 질문을 던지는 거다. 그건 어디까지나 어떤 삶을 살고자 하는지에 달려 있다. 부랑자의 삶에 충분한 것이 고도로 문명화된 삶에는 충분하지 않다. 고도로 문명화된 삶에 수반되는 개인적인 교양과 음악, 미술, 문학, 종교, 과학, 철학과 같은 것들에서 우리는 절대로 만족을 모른다. 언제나 새로운 것들을 발견할 수 있고 오래된 것들을 개선할 수 있다. 한마디로 충분한 문명 같은 건 없다. 특정 시기에 특정 물건, 예컨대 빵이나 부츠 같은 것이 충분하다고 할 수 있을 뿐이다. 가난이라는 게 가진 것보다 더 많이 갖기를 원하고 더 좋은 것을 바라는 상태라면 우리가 얼마나 많은 돈을 가졌든 우리는 늘 가난하다고 느낄 것이다. 어떤 것들을 충분히 가질 수는 있겠지만 모든 것을 충분히 가질 수는 없다. 따라서 어떤 사람에게는 충분히 주고 또 어떤 사람에게는 충분한 것보다 더 주려는 계획은 실패한다. 누구도 만족하기 전에 돈이 바닥날 거다. 다들 방자한 부유층의 삶을 살기 위해 끝도 없이 요구할 것이고 결국 가난한 이웃보다 훨씬 더 불만을 품게 될 것이다.

이 난관을 타개할 유일한 방편은 모두에게 똑같이 주는 것으로, 이것이 분배 문제에 대한 사회주의적 해법이다. 하지만 여러분은 사회주의를 받아들이느니 앞서 말한 난관을 받아들이겠다고 할지도 모른다. 처음에는 다들 그런다. 그러다 우리 주위를 둘러싼 끔찍한 해악과 우리 앞에 도사리고 있는 차마 무시할 수 없는 위험을 발견하고 나서야 생각이 바뀌는 것이다. 소득평등이 조금도 아름답게 보이지 않을 수 있다. 하지만 전혀 이상주의적이지 않은 사람이라도 자신이 매일같이 부딪히는 악의 기원을 거슬러 올라가 보면 불평등의 재앙을 알아보게 된다. 이제 여러분에게 그 관련성을 보여 드리겠다.

제15장 *What We Should Buy First*

돈과 에너지가 낭비된다

불평등한 분배가 국가와 국민의 삶에 어떤 영향을 미치는지 검토하려면 그 나라의 산업을 살펴봐야 한다. 이어서 결혼제도와 사법제도, 의회, 교회, 학교, 언론 등에는 어떤 영향을 미치는지도 고찰해야 한다.

산업부터 살펴보자. 우리는 소위 정치경제라는 것을 떠올릴 때 우리가 아주 잘 알고 있는 가정 살림과는 전혀 다른 것으로 생각한다. 남자들은 정치경제를 딱딱하고 어려운 주제로 여긴다. 그들은 살림을 외면하는 것처럼 정치경제 문제를 회피하려 한다. 그러나 정치경제가 난해하다고 해봐야 살림꾼이 한 집안을 관리하듯 한 나라를 관리하는 기술 그 이상도 이하도 아니다. 남자들이 정치경제 문제에서 꽁무니를 뺀다면 여자들이 나서는 수밖에 없다. 가정경제와 마찬가지로 국가 살림도 정해진 소득으로 꾸려 나가야 하는데, 최대한의 보편적 이익을 위해 그 소득을 어떻게 지출할 것인가가 핵심이다.

살림을 맡은 사람이 제일 먼저 해야 할 일은 가장 절실하게 필요한 게 무엇이고, 여차하면 없이 살아도 되는 게 무엇인지 정하는 일이다. 가계 지출의 우선순위를 정해야 한다는 말이다. 예컨대, 집에 음식이 충분치 않은데 주부가 나가서 향수와 모조 진주 목걸이를 사는 데 가진 돈을 다 써버린다면 허영에 빠진 어리석은 여자이자 몹쓸 엄마라고 손가락질당할 것이다. 하지만 정치인의 관점에서 보자면 그녀는 그저 경제관념이 없는 사람일 뿐이다. 돈을 써야 할 때 우선순위가 무엇이어야 하는지 모르는 사람인 거다. 의식주와 땔감이 먼저이고 향수나 진주 목걸이는 한참 나중이라는 걸 알 정도의 분별력과 자제심이 없는 사람은 집안 살림을 맡기에 적합하지 않다. 보석상 안에서도 유용한 걸로 따지자면 목걸이보다는 손목시계가 먼저다. 예쁜 물건들은 쓸데없다고 말하려는 게 아니다. 적절한 순서가 됐을 때 예쁜 물건을 구입하는 것은 얼마든지 유용하고 올바른 소비다. 그러나 예쁜 물건이 가계 지출의 영순위는 아닌 것이다. 어린이에게 성경책을 주는 것은 아주 괜찮은 선물이 될 수 있지만, 굶주린 아이에게 빵과 우유 대신 성경책을 주는 것은 미친 짓이다. 인간의 정신은 몸보다 훨씬 경이롭다. 그렇지만 몸이 먹지 못하면 정신은 사라진다. 반대로, 몸이 먹으면 정신이 정신도 돌보고 몸도 돌보게 된다. 그러니 음식이 가장 먼저다.

국가 전체를 하나의 커다란 가정으로, 국민 전체를 하나의 대가족으로 생각해 보자. 사실이 그렇다. 이제 무엇이 보이는가? 배고프고, 헐벗고, 끔찍한 주거환경에 방치된 아이들이 도처에 널렸다. 그 아이들을 먹이고 입히고 재우는 데 사용돼야 할 돈이 향수와 진주 목걸이, 애완견, 경주용 자동차, 맛도 없는 한겨울 딸기 등등 온갖 사치품에 흥청망청 지출되고 있다. 이 대가족에는 다 떨어진 신발 때문에 겨우내 코감기를 달고 살면서도 콧물 닦을 손수건 한 장이 없는 자매가 있는가 하면, 40켤레의 하이힐과 수십 장의 손수건을 가진 자매도 있다. 어린 동생은 제대로 먹지를 못해서 끊임없이 조금만 더 달라고 조르다가 제 어미의 마음을 찢어 놓고 인내심의 한계를 시험하는데, 큰형은 고급 호텔에서 만찬을 즐기고 나이트클럽에서 술판을 벌이다가 과음과 과식으로 병원 신세를 진다.

정치경제가 형편없이 망가진 거다. 몰지각한 사람들은 이 상황을 두고 이렇게 말한다. "아, 구두가 40켤레 있는 여자와 나이트클럽에서 술 마시는 남자는 말이에요, 천연고무에 투자해서 큰돈을 번 아버지에게서 재산을 물려받은 거랍니다. 다 떨어진 부츠를 신은 계집애나 제 어미에게 머리통을 얻어맞는 그 애물단지 녀석은 그저 빈민가 쓰레기들인걸요." 그래, 그렇다고 치자. 그러나 그런다고 해서 아기들에게 충분한 우유를 먹이기 전에 샴페인에 돈을 쓰고, 수천 명의 아이가 영양 부족으로 죽어가는데도 실리엄 테리어나 앨세이션 늑대개나 페키니즈에게 개밥부터 챙겨주는 국가는 엉망으로 운영되는 무지한 국가라는 사실이 바뀌지는 않는다. 진주 목걸이와 페키니즈의 수로 부를 측정하면서 모든 애완견이 암수 한 쌍당 여섯 마리씩 새끼를 낳으면 전보다 세 배는 더 부유해지는 거라고 자위함으로써 실상을 은폐하려고 아무리 애써도 그런 국가는 결국 망하고 만다. 한 국가가 부유해지고 번영하는 유일한 길은 살림을 잘하는 것이다. 다시 말해, 중요한 우선순위부터 욕구를 충족시키고 생필품이 완전히 공급되기 전에는 단 한 푼도 사치를 부리는 데 낭비되는 일이 없게 해야 한다.

견주들을 탓하는 건 소용없는 일이다. 이 모든 유해하고 어리석은 상황을 어느 제정신 박힌 사람이 바랐겠는가. 이러한 부조리는 어쩌다 몇몇 가족이 다른 가족들보다 지나치게 많이 부유해지면서 벌어진 상황이다. 부유한 남자는 남편이자 아버지로서 다른 모든 사람처럼 음식과 옷과 가족을 쉬게 할 집을 사는 것으로 시작한다. 가난한 남자도 마찬가지다. 하지만 가난한 남자는 가진 돈이 모자라서 생필품도 다 사지 못한다. 음식은 충분하지 않고, 옷가지는 낡고 더러우며, 단칸방에 살거나 그나마도 다른 사람과 공유하는데 그것만으로도 이미 건강에 적신호다. 그러나 부유한 남자는 먹을 거 먹고 입을 거 입고 최고로 호화롭게 살면서도 여전히 돈이 많이 남아서 취향과 욕망을 마음껏 충족시키고 세상에 여봐란듯이 뽐낼 수 있다. 가난한 남자는 말한다. "빵을 원합니다. 옷이 필요해요. 가족을 위해 더 나은 집도 있어야 하고요. 그런데 그럴 돈이 없습니다." 부유한 남자는 말한다. "나는 자동차 몇 대와 요트, 아내와 딸을 위한 다이아몬드와 진주, 스코틀랜드 사냥터의 오두막집을 원합니다. 돈은 아무래도 상관없어요. 얼마든지 지불할 수 있고, 내가 원하는 것들을 위해 열 배도 더 쓸 수 있답니다." 사업가들은 당연히 여러 대의 자동차와 요트를 만들고, 아프리카에서 다이아몬드를 캐고, 바다에서 진주를 건지고, 사냥터에 오두막을 짓는 일에 돌입한다. 절실한 필요를 호소해도 무일푼인 가난한 남자에게는 아무도 관심을 갖지 않는다.

같은 이야기를 조금 다르게 말해 보자면, 가난한 남자는 자기에게 부족한 물건을 만드는 일 그러니까 빵을 굽고, 옷감을 짜고, 재단하고, 평범한 집을 짓는 일에 투입할 노동력이 필요한 것이다. 하지만 그는 일류 제빵사나 직조공을 고용해서 사업을 일으킬 형편이 못 된다. 반면, 부자는 자기를 기쁘게 하는 데 필요한 모든 일에 넉넉한 보수를 지급할 만큼 충분한 돈이 있다. 부자의 돈을 받는 사람들은 모두 열심히 일할 것이다. 하지만 그들은 너무 적게 가진 사람들을 먹이는 대신 너무 많이 가진 사람들의 버릇을 망치고 있을 뿐이다. 그렇게 노동력이 잘못 사용되고 허비되면서 고작 몇몇을 부유하게 하자고 나라 전체가 가난을 면치 못하고 심지어 더 가난해진다.

그런 상황에서 부자들이 고용을 창출한다는 변명은 통하지 않는다. 살인자도 교수형 집행인의 고용을 창출하고, 아이를 친 운전자도 앰뷸런스 구급대원과 의사, 장의사, 성직자, 상복 재단사, 영구차 운전사, 산역꾼의 고용을 창출한다. 너무 많은 사람이 덕을 봤으니, 살인자나 교통사고 가해자의 동상이라도 세워줘야 할까? 고용 창출만으로는 아무 의미가 없다. 만약 소득이 똑같이 분배된다면, 부자들의 잘못된 고용에 사용되는 돈이 제대로 된 고용을 창출하는 데 쓰일 것이다. 그러면 모든 사람의 의식주가 해결될 때까지 자동차나 다이아몬드를 사는 데 돈을 쓰는 일은 없을 것이고, 쓸모있는 일자리를 놔두고 무위도식자들의 하인이 되겠다는 사람들에게 보수를 제공하는 일도 없을 것이다. 겉치레와 무위도식, 낭비, 쓸데없는 것들이 줄어드는 대신에 음식과 옷은 풍족해지고, 집은 좋아지고, 안전하고 건강하고 도덕적인 사회가 될 것이다. 그게 진짜 번영이다.

제16장

Eugenics

자연스러운 짝짓기가 이뤄지지 않는다

소득이 늘어난다고 서민 대중의 수준이 과연 나아지겠느냐고 묻는 사람들이 있다. 그런 바보 같은 소리를 질문이랍시고 하는 사람을 보면 어깨를 붙잡고 마구 흔들고 싶은 충동이 솟구친다. 배를 곯고 누더기를 걸친 채 너저분한 곳에서 복작대며 살던 가족이 배불리 먹고 남부끄럽지 않게 입고 그럴듯한 집에 살면서 적절한 교육을 받고 교양을 쌓아 조심스럽게 예의를 지키는 가족이 된다면, 그게 나아지는 게 아니고 뭔가?

그런데 화를 가라앉히고 한번 생각해보자. 잘 먹고 깨끗한 옷을 입고 그럴듯한 집에서 지내는 사람은 해충이 들끓는 다락방에서 더러운 옷을 입고 종잇장 같은 베이컨을 먹으며 근근이 사는 사람보다 당연히 더 낫다. 그건 돼지도 마찬가지다. 배불리 먹고 깨끗한 돼지가 굶주리고 더러운 돼지보다 낫다. 하지만 그래봤자 돼지는 돼지일 뿐이고 개꼬리 삼 년 묵는다고 황모 될 리 없다는 것도 다들 알지 않나. 그러니 장차 서민들이 잘먹고 잘살게 돼도 지금의 부유한 귀족들처럼 될 뿐이라면 잘먹고 잘사는 게 다 무슨 소용인가 하는 생각도 들 것이다. 즉, 인간 본성에 대해 회의가 들 수 있다. 그러므로 이번에는 소득평등이 인간 본성에는 어떤 영향을 미칠지 생각해보자.

더 나은 인간 종족을 원한다면 순종마나 혈통 좋은 돼지를 번식시키는 것처럼 정성 들여 인간을 번식시켜야 한다고 주장하는 사람들이 있다. 그런데 여기에는 두 가지 문제가 있다. 첫째, 황소와 암소, 종마와 피마, 수퇘지와 암퇘지를 교배할 때처럼 인간 남녀에게 선택권을 주지 않고 짝짓기를 진행할 수가 없다. 둘째, 설령 강제로 짝짓기를 시킬 수 있다 한들 어떤 남녀를 골라서 조합해야 하는지 모른다. 어떤 종류의 인간을 번식시키고 싶은지 알지 못하기 때문이다. 말이나 돼지라면 문제가 아주 간단하다. 경주용으로 아주 빨리 달리는 말을 원하거나 짐을 나를 용도로 아주 힘센 말을 원할 것이다. 돼지라면 그저 많은 양의 베이컨을 얻을 수 있으면 된다. 간단한 일인 것 같아도, 막상 이 동물을 사육하는 사람들에게 물어보면 그것조차 절대 쉬운 일이 아니라는 것을 알 수 있다.

여러분도 가만히 생각해보면 진짜로 어떤 자녀를 원하는지 알 수 없을 것이다. 기껏해야 원하지 않는 몇 가지를 언급할 수 있을 뿐이다. 여러분의 자녀가 불구나 청각장애, 시각장애, 정신박약, 간질 환자, 술꾼이 되는 것은 원치 않을 것이다. 하지만 그 원치 않는 상황을 피할 방법도 모를뿐더러 그런 불행을 겪는 부모들에게서 딱히 잘못된 점을 찾기도 어렵다. 원치 않는 경우는 놔두고 원하는 것을 말하라고 하면 여러분은 착한 아이들을 원한다고 할지도 모르겠다. 하지만 착한 아이란 단지 부모를 애먹이지 않는 아이일 뿐이다. 아주 훌륭한 사람 중에는 어린 시절 골칫거리였던 이들이 꽤 있다. 혈기 왕성하고 상상력이 풍부하고 모험심이 강하고 용감한 어린이들은 부모의 시각에서 볼 때 나쁜 짓을 하지 않고는 못 배긴다. 천재들은 어른이 돼서도 살아생전에는 거의 사랑받지 못한다. 우리는 교회와 법원의 적법한 재판을 거쳐 소크라테스에게 독배를 마시게 했고, 그리스도를 십자가에 매달았고, 잔다르크를 화형에 처하며 환호했다. 그러한 사실로 미루어 볼 때, 우리에게는 선함을 판단할 능력이 없을뿐더러 선함을 진심으로 좋아하지도 않는 것 같다.

설령 인간 종족을 개선할 목적으로 정부가 우리에게 남편이나 아내를 골라 주는 걸 기꺼이 받아들인다 하더라도, 그 일을 맡은 공무원들은 사람을 어떻게 골라야 하는지 몰라 쩔쩔맬 것이다. 일단 대략적인 생각만 가지고 가족력에 폐결핵이나 정신 이상, 매독, 약물 혹은 알코올 중독 등의 오점이 있는 사람은 결혼을 못하게 할 수 있다. 하지만 그렇게 했다가는 결국 아무도 결혼하지 못할 것이다. 실질적으로 그러한 오점에서 완전히 자유로운 가족은 없기 때문이다. 도덕성에 있어서는 어떤 사람을 바람직하다고 할까? 성 프란체스코, 조지 폭스, 윌리엄 펜, 존 웨슬리, 조지 워싱턴? 아니면, 알렉산더 대왕, 시저, 나폴레옹, 비스마르크? 세상을 구성하기 위해서는 온갖 종류의 사람이 필요하다. 정부 부처가 나서서 얼마나 많은 유형이 필요한지, 유형별로 몇 명이 있어야 하는지 알아내고, 적절한 결혼을 통해 필요한 인간을 번식시키겠다는 생각은 흥미롭지만 실현 불가능한 일이다. 사람들이 각자 알아서 자기 짝을 고르게 하고 자연적으로 좋은 결과가 나타나기를 믿는 수밖에는 달리 어쩔 도리가 없다.

"딱 우리가 지금 하는 대로네요, 뭐." 이렇게 말하는 사람이 있을 것이다. 아니다. 딱 지금처럼 하지 말자는 얘기다. 지금 우리가 배우자를 고를 때 선택지라고 할 만한 게 과연 있는가? 자연이 한 여자의 짝을 점지할 때는 최고의 배필이 될 남자와 첫눈에 사랑에 빠지게 할 것이다. 하지만 그 남자와 그 여자가 소득 수준이 비슷하지 않다면, 그는 그녀와 다른 계층에 속한다. 그녀보다 높은 계층이든 낮은 계층이든 그녀가 만날 수 없는 남자인 것이다. 결국 그녀는 자기가 좋아하는 남자가 아니라 자기가 만날 수 있는 남자(종종 그 둘은 일치하지 않는다)와 결혼하게 된다.

남자 역시 같은 문제를 겪는다. 사랑이 아니라 돈이나 사회적 지위를 보고 하는 결혼이 부자연스럽다는 건 우리 모두 본능적으로 알고 있다. 그러나 어느새 우리는 돈이나 사회적 지위 혹은 둘 다를 보고 결혼하는 사회가 됐다. 스미스 양이나 존스 양에게 이렇게 말하기는 쉽다. "마음의 소리를 따르렴. 청소부랑 결혼하든 공작이랑 결혼하든, 너 좋을 대로 해." 하지만 그녀는 청소부와 결혼할 수 없고 공작도 그녀와 결혼할 수 없다. 그들은 물론 그들의 친척들도 서로 예의범절과 습관이 다르다. 예의범절과 습관이 다른 사람들은 함께 살 수 없다. 예의범절과 습관을 다르게 만든 것이 바로 소득 격차다. 스미스 양과 존스 양은 결국 자기들이 만날 수 있는 남자를 좋아하기로 마음먹는다. 자기들이 좋아하는 남자를 만날 가능성은 희박하기 때문이다. 오늘날 대다수의 결혼은 환경에 의해 결정된다. 짝을 찾는 데 자연이 하는 역할은 거의 없다. 부적절한 결혼과 불행한 가정, 꼴사나운 아이들이 소름 끼칠 정도로 도처에 널리게 된 원인이 여기 있다. 젊은 여성은 나라의 젊은 미혼 남성 전부를 놓고 선택할 수 있어야 하고, 첫 번째 선택에서 서로 끌리는 감정을 느끼지 못한다면 수십 개의 다른 대안이 있어야 한다. 그러나 현실은 그렇지 못하다. 그녀는 자기 계층에 속한 두어 명 중에 골라야 하다 보니 물질적인 애정 표현을 동반한 애무와 유혹에 넘어가든가 아니면 아무래도 상관없다는 식으로 자포자기 상태가 돼서야 개중 덜 싫은 사람을 받아들인다.

그런 환경에서는 절대로 잘 자란 인간 종족을 얻을 수 없고, 그건 모두 소득불평등 탓이다. 만약 모든 가족이 같은 비용으로 길러진다면, 우리는 모두 같은 습관과 예의범절, 문화, 교양을 갖추게 될 것이다. 그러면 청소부의 딸이 공작의 아들과 결혼하는 것도 현재 증권중개인의 아들이 은행지점장의 딸과 결혼하는 것만큼이나 손쉽게 이뤄질 것이다. 아무도 돈을 보고 결혼하지 않을 것이다. 결혼을 통해 돈을 얻거나 잃는 일은 발생하지 않을 테니까. 사랑하는 남자를 가난하다는 이유로 저버리는 일도 없을 것이고, 같은 이유로 외면당하는 여자도 없을 것이다. 모든 실연은 자연스럽고 불가피한 실연이 될 것이고, 실연당한 사람들에게는 수많은 대안과 위로가 기다리고 있을 것이다. 이러한 환경에서도 인류가 개선되지 않는다면 인류는 어떻게 해도 개선될 수 없다. 설령 인류가 개선되지는 못하더라도, 오늘날 벌어지는 비통한 실연을 없애서 얻는 행복만으로도 소득평등은 이룰 만한 가치가 충분하다.

제17장

The Courts of Law

사법 정의가 무너진다

법정에 한번 가보면 소득불평등 상황에서는 정의가 요원한 일임을 극명하게 알 수 있다. 사법 정의의 제일 조건은 사람을 차별하지 않고 공평하게 대하는 것이다. 막노동꾼이든 백만장자든 동등한 대우를 받아야 하고, 자기가 속한 집단 즉, 자기와 대등한 사람들로 구성된 배심원의 평결에 의하지 않고는 어떤 사람도 생명이나 자유를 박탈당하지 않아야 한다. 그런데 지금은 막노동꾼이 자기와 대등한 사람들로 구성된 배심원에게 재판을 받을 수 없다. 배심원은 지방세 납세자(토지 소유자)로 구성되는데 그들은 막노동꾼에 대한 계층 편견이 심하다. 대개 막노동꾼보다는 소득이 높아서 자기들이 더 우월하다고 생각한다. 부자가 보통의 배심원 재판을 받는 경우에도 배심원들이 부자에게 굽실거리거나 반대로 부자를 시기할 수도 있다는 것을 염두에 둬야 한다.

그래서 흔히들 유전무죄 무전유죄 운운하며 부자의 법과 가난한 사람의 법이 다르다고 말한다. 그러나 엄밀히 말해 그건 사실이 아니다. 법은 만인에게 똑같다. 바꿔야 하는 건 소득이다. 민법은 계약을 강제하고, 경찰이 처리하지 않는 명예훼손이나 피해에 대해 정해진 보상을 한다. 다만 민법이 작동하게 하려면 아주 많은 법률 지식과 예술적인 말재주가 필요하다. 법률 지식도 말주변도 없는 평범한 사람이 민법의 도움을 받으려면 비싼 값을 치르고 변호사를 고용하는 수밖에 없다. 돈 많은 사람들이나 소송을 감당할 수 있는 것이다. 그래서 가난한 사람이 부자의 요구를 들어주지 않으면 부자는 법대로 하자며 가난한 사람을 겁박한다. 부자는 가난한 사람의 권리를 묵살하고 못마땅하면 법대로 하라고 을러댄다. 눈앞의 희생양이 가난하고 무지하기 때문에 적절한 법률 상담과 보호를 받지 못하리라는 걸 부자는 너무나 잘 알고 있다. 돈 많은 여자가 가난한 집 남편이 탐나면 조강지처와 헤어지길 종용해서 사실상 그 남자를 사올 수 있다. 버림받은 가난한 아내는 굶주리다 지쳐서 결국 상당한 돈을 받고 남편을 포기한다. 아내에게 위자료 청구권이 있는 미국에서는 이혼 비용이 좀 더 들긴 하겠지만 상황은 마찬가지다. 버림받은 아내가 소송을 걸 여력만 있으면 이번에는 그녀가 자기 남편을 재혼하게 놔주는 대가로 거액을 요구할 수도 있다. 버림받은 남편도 똑같이 아내를 팔 수 있다. 현재 남자든 여자든 그런 마음을 품고 서로를 결혼이라는 올가미에 묶어두고 있어서 미국 몇몇 주에서는 위자료 혹은 이혼수당이라는 말이 아예 공갈을 의미하게 됐을 정도다. 명심해야 한다. 나는 이혼이나 이혼수당을 폄하하는 게 아니다. 돈으로 다른 여자의 남편을 손쉽게 흔들 수 있고 또는 다른 남자의 아내에게 남편은 해줄 수 없는 사치품을 선물해서 환심을 사는 상황이 잘못됐다는 거다. 한마디로, 혼인 계약을 맺거나 해소하는 일에 돈이 개입된다는 게 문제다.

살인사건 공판 기록이 아무리 흥미롭다 해도 형법은 민법보다 덜 중요하다. 결혼하고 계약을 맺는 일은 우리 모두가 하지만 범죄를 저지르는 건 일부 예외적인 사람들이기 때문이다. 게다가 형법은 구제받으려는 피해자에게 소송비용을 청구하지도 않는다. 하지만 범죄자가 돈이 많으면 자기를 변론할 유명 변호사를 고용하고, 전국 아니 사실상 전 세계를 뒤져서 유리한 증거를 찾고, 증인을 매수하거나 겁박하고, 가능한 모든 항소 및 지연 방법을 빠짐없이 쓰는 특혜를 누릴 수 있다. 우리는 곧잘 미국 부자들의 사건을 들먹이며 그들이 가난했다면 교수형이나 전기의자 신세를 면치 못했을 거라고 떠든다. 그러나 변호 비용 몇백 파운드만 쓸 수 있었어도 무죄를 선고받았을 가난한 사람들이 영국 감옥에 얼마나 많은지 아는가.

원체 법률 자체가 부자들에 의해 만들어지기 때문에 이미 오염돼 있다. 명목상 모든 성인 남녀는 충분한 유권자들을 설득해서 자기에게 투표하게 할 수만 있으면 의회에 들어가 법을 만들 자격이 있다. 몇 해 전부터는 가난한 사람들도 하원의원이 되는 것을 생각해볼 수 있게 됐다. 의원들이 급여를 받게 됐고 전에 후보자가 부담해야 했던 선거 비용이 상당 부분 공공 부담이 됐다. 그럼에도 후보 등록하는 데 일단 150파운드를 내야 하고, 선거를 치르면 적어도 500파운드에서 1,000파운드를 쓰게 된다. 선거에 승리하더라도 연봉 400파운드로는 런던에서 살기 빠듯하다. 게다가 의석을 잃으면(다음 선거에서 그렇게 될

지도 모른다) 연금도 없고 아무런 대책도 없다. 이 모든 상황이 부자들에게 몹시 유리하다. 이 나라는 열에 아홉이 가난한 사람들이지만 의회에서 가난한 사람들을 대표하는 의원은 소수다. 그러니 의회에서 무엇이 국민에게 최선인지 논의하고 그에 따라 법안을 의결할 수가 없다. 다수의 부유한 의원은 자기들 계층의 특권을 유지하고 확대하려 하고 소수의 가난한 의원은 그 특권을 축소하거나 폐지하려고 하는 계급 투쟁이 대부분의 시간을 잠식한다. 정말이지 순전한 시간 낭비다.

부자들의 가장 부당하고 해로운 특권은 바로 아무런 법적 처벌을 받지 않고 무위도식을 일삼는 특권이다. 불행히도 부자들이 이 특권을 너무나 확고하게 해놓은 탓에 우리는 그 특권을 당연한 것으로 간주하고 심지어는 진정한 신사숙녀의 표식으로 숭배하기까지 한다. 재화와 서비스를 제공받기만 하고 재화도 서비스도 제공하지 않는 사람은 나라의 도둑놈이나 다름없다는 인식을 하지 못하는 것이다. 실은 그런 행위가 도둑질이다. 우리는 근면한 조상으로부터 연간 수천 파운드가 나오는 재산을 물려받은 사람이라 하더라도 살인, 유괴, 가택침입, 방화, 병역 기피를 저지르는 것은 허용하지 않는다. 하지만 그들의 나태는 용인한다. 십 년 동안 전 세계에서 처벌되는 범죄를 다 합친 것보다도 일 년 동안의 무위도식이 더 유해한데도 말이다. 부자들이 의회 다수석을 이용해 강도나 위조, 횡령, 소매치기, 좀도둑질, 노상강도와 같은 유형의 절도는 무자비할 정도로 가혹하게 처벌하는 반면, 부자들의 나태는 눈감아주고 심지어 대단히 명예로운 생활방식으로 추어올리기까지 하는 탓이다. 그렇게 함으로써 우리 아이들에게 생계를 위해 일하는 것은 열등하고 불명예스러운 것이라고 가르치고 있다. 그래서 게으름뱅이 수벌처럼 타인의 노동과 서비스로 살아가는 사람이 신사 숙녀로 대접받고, 노동과 서비스를 제공해서 나라를 부유하게 하는 사람은 천하고 하찮고 저속하고 비루한 취급을 받는다. 장작 패고 물긷는 일을 하는 사람은 먹여주고 입혀주고 재워주기만 해도 감지덕지하라는 식이다. 이는 자연의 질서를 완전히 뒤엎고, "악이여, 네가 나의 선이 되어라"[1]를 국가의 좌우명으로 삼겠다는 것이나 다름없다. 우리가 이대로를 고집한다면 과거 모든 대제국을 침몰시킨 문명의 붕괴가 또 한 번 찾아오고 말 것이다. 소득이 불평등하게 분배되는 곳에서는 그러한 재앙을 막을 수 없다. 법은 필연적으로 부자들이 만들게 되는데, 부자들은 만인이 노동해야 한다는 법을 최우선 법칙으로 만들 리 없으니까.

---

1 존 밀턴 John Milton 『실낙원 Paradise Lost』 4권의 한 구절

제18장

The Idle Rich

딱한 부유층이 생긴다

놀랄 일도 아니지만, 막대한 불로소득으로 생활하는 사람들이 늘 빈둥 거리거나 축 늘어져 있는 게 절대 아니다. 종종 정력적인 부자들은 너무 무리한 나머지 건강을 회복하기 위해 "휴식 요법"을 취해야 할 정도다. 그들은 인생이 기나긴 휴가나 다름없기 때문에 그 휴가에서 벗어날 휴가를 필요로 한다. 놀고 먹기만 하는 건 매우 비정상적이고 지루한 일이다. 그래서 소위 유한층의 세계에서는 대단히 피곤한 활동이 끊임없이 이뤄진다. 19세기 책에서 흔히 볼 수 있는 빅토리아 시대 상류층 숙녀는 무위도식한다는 비난으로부터 자기를 변호하기 위해 런던 사교계의 일상을 소개하며 자기가 안주인과 손님 역할로 하루하루 얼마나 바쁘게 지내는지 역설한다. 나라면 그런 삶을 사느니 차라리 신발 끈을 팔러 다니겠다. 시골에서는 스포츠를 준비하는 데 열을 올린다. 일 년 내내 달이면 달마다 특별 행사가 열린다. 물고기와 새와

런던 사교시즌의 도래, 『하퍼스바자 Harper's Bazar』, 1860년

짐승은 정성 들여 사육되고 언제든 죽일 수 있도록 관리된다. 위험을 즐기는 사냥은 도시 빈민들은 전혀 알지 못하는 것이지만 시골 별장에서는 으레 당연하게 벌어지는 일들이다. 시골 별장에서 빗장뼈 골절 같은 건 워낙 흔하게 일어나서 사고로 쳐주지도 않는다. 스포츠로 만족할 수 없으면 그다음은 언제나 게임이다. 스키와 터보건, 폴로, 테니스, 인공 얼음판에서 타는 스케이트 등은 기진맥진할 때까지 힘을 빼는 신체 활동이라 가난한 사람들은 대체로 하고 싶어 하지 않는다. 그러나 상류층 젊은이는 하루 종일 그런 운동을 하고도 저녁을 먹고 잠자리에 들기 전까지 춤을 추면서 우체부가 돌아다니는 것보다 더 많이 움직일 것이다. 사실 부자 중에 혐오스러울 정도로 게으른 부류는 이제 막 부자가 된 신흥 부자의 아이들뿐이다. 이 불행한 행운아들은 할 줄 아는 운동도 없고, 오랜 기간 공들여 습득한 상류층의 생활방식을 고수하는 기존 부자들로부터 사교계의 규율을 전수받지도 못했다. 신흥부자의 자녀들은 무엇을 하며 어떻게 시간을 보내야 할지 모른다. 무턱대고 빈둥거리며 초콜릿크림과 담배, 칵테일, 한심한 삼류 잡지나 소비하고, 자동차를 타고 이 호텔 저 호텔을 전전한다. 딱한 인생이다. 그러다 다음 세대가 되면 그들은 도로 가난해진다. 아니면 이제 자기들도 상류층의 일원으로서 상류층과 같은 학교에 다니며 상류층의 교양과 규율, 예법을 익힌다.

지배계층이 생계를 위한 노동은 하지 않고 옛 질서(사내들은 사냥과 전투를 하고 아내들은 집안을 돌보는 따위)가 구축해놓은 역할놀이에만 빠져 있는 것은 아니다. 지배계층은 정치권력을 장악하기 위해 필수적인 공무를 맡아야만 한다. 이런 일은 보수가 없고 있다 해도 너무 적어서 불로소득이 없는 사람은 감당할 수가 없다. 또 비싼 교육을 받고 고등고시를 통과한 사람만 할 수 있어서 이래저래 나랏일은 계속 부자들 손에 맡겨진다. 의원 봉급만으로 자립적인 생활이 가능하도록 충분한 보수를 책정하려고만 하면, 유산계급이 득달같이 반대하고 나서는 이유가 바로 그거다. 자기들이 의회 요직을 독점하려는 것이다. 유산계급은 군대를 통솔하는 일을 도맡고 별의별 짓을 다 해서 군 장교 봉급만으로는 생계를 유지할 수 없게 한다. 유산계급은 모든 의석을 차지하려고 들면서 나랏돈으로 의원들의 보수와 선거비용을 대는 것에 반대한다. 외교 업무는 유산계급의 작은아들들이 독점하면서 연간 400파운드의 불로소득이 없는 젊은이는 외교 업무를 맡을 자격이 없다고 주장한다. 유산계급은 사람들이 나랏일에 종사한 대가로는 먹고살지 못 하게 하려고 기를 써왔다. 충분한 보수를 받으며 나랏일을 할 수 있다면 군사, 정치, 외교 분야의 문호가 무산계급에 개방되고 유산계급의 독점이 무너질 테니 말이다.

어쨌든 누군가는 정부 업무를 수행해야 하고 다른 계급 사람들은 그 일을 못 하게 막았으니 유산계급이 직접 정부 업무를 맡아야 한다. 결국 부자들은 직접 자산을 관리하고 입법과 외교, 군사, 치안판사 및 지자체 업무에 종사하게 된다. 그렇게 일하는 사람들은 놀고먹는 부자들이라고 할 수 없다. 하지만 안타깝게도 정력적인 부자들이 온갖 통치 업무를 수행하는 것은 부유층의 빈둥거릴 특권을 강화하는 경향이 있다. 공공선의 관점에서 보자면, 차라리 그들도 다른 대부분의 부자들처럼 도락이나 즐기고 통치 업무는 충분한 보수를 받는 공무원과 관리들에게 맡겨 국민 전체의 이익을 위해 일하게 하는 편이 훨씬 나을 것이다.

　부유층 여자들은 예전에는 출산과 살림 노동을 하며 건강을 지켰다. 하지만 요즘은 자녀 수나 터울을 조절하려고 피임을 할 뿐만 아니라 아예 아이를 낳으려 하지 않는 경우도 많다. 식사·청소·세탁 서비스가 제공되는 호텔식 생활이나 전문 가정부에게 살림을 일임하는 것이 옛날식 가정 살림을 점점 대체하고 있다. 이러한 변화가 일반적인 노동 분업의 일환으로 여자들의 전문적인 직장 생활을 보장해 주는 것이라면 얼마든지 옹호할 만한 것이다. 집안일에는 취미도 없을뿐더러 남자들만큼이나 주방이나 아이 방에 영 적응하지 못하는 여자들도 상당수다. 하지만 불로소득이 지나치게 많은 여자들을 실제로 만나 보면, 그들에게 많은 기회가 주어지는 만큼 무위도식과 방종에 빠질 가능성도 똑같이 높아진다는 것을 알 수 있다. 많은 부잣집 여자가 아무짝에도 쓸모없는 존재로 지내며 방종을 일삼는 것밖에는 모른다.

　언제나 예외는 있다. 아주 훌륭한 몇몇 남녀는 넉넉한 불로소득이 있어도 생계를 위해 일해야 하는 사람들보다 더 열심히 일하면서 가진 돈의 대부분을 더 나은 세상을 만드는 데 사용한다. 플로렌스 나이팅게일은 집에서 아무것도 하지 않고 편안하게 지낼 수 있을 만큼 재산이 있었다. 하지만 크림 전쟁 당시 야전병원 업무를 체계화했고, 육군 의무대 수녀부를 정신 차리게 했고, 더럽고 위험하고 고된 병동 일을 마다하지 않았다. 존 러스킨은 자기가 한 일과 자기 앞으로 들어오는 상당한 소득의 용처를 일일이 기록한 회계장부를 공개함으로써 적어도 자기는 정직한 노동자였고 국민소득에서 자기 몫으로 떨어진 부분을 허투루 쓰지 않았음을 보여줬다. 사람들은 러스킨을 이해하지 못한 나머지 그가 정신이 나갔다고 생각했다. 훗날 러스킨이 조너선 스위프트와 마찬가지로 자본주의 문명의 사악함과 어리석음에 대한 우울과 분노를 이기지 못하고 정말로 정신병을 얻자 사람들은 진작부터 그럴 줄 알았다며 고소해했다.

요컨대, 놀고먹는 부자들의 면면을 살펴보면 무위도식이란 정말로 아무것도 하지 않는(그건 불가능하다) 게 아니라 쓸모있는 일을 하지 않는다는 것이며 생산없이 줄곧 소비만 한다는 의미다. 아무리 많이 잡아도 인구의 10퍼센트밖에 안 되는 부유층이 빈둥거리기 위해 나머지 90퍼센트의 사람들은 철저한 노예 상태에 얽매이게 된다. 90 퍼센트의 사람들은 노예제 사회의 노예만큼도 보호받지 못하면서 목구멍이 포도청이라 그저 고분고분 말을 듣는다. 더 황당한 것은 부자들 쪽에서 건강한 삶을 살기 위해 조금이라도 일상적인 일을 하려는 움직임만 보이면, 가난한 사람들이 격렬하게 분노한다는 것이다. 가난한 사람들이 보기에는 부자가 일을 하려는 것이 가난한 사람의 일자리를 빼앗는 비열한 짓일 뿐이다.

가장 황당한 부분은 이제부터다. 누군가는 이걸 모순이라 여기지 않고 신의 심판이라 부를지도 모르겠다. 우리는 (완벽한 행복과 완벽한 자유를 주는 거라고 착각하며) 소수에게 많은 돈과 아무것도 하지 않아도 되는 탐나는 특권을 부여했다. 그 결과 몹시 딱하고 비정상적인 계층이 만들어졌다. 부유층은 아무것도 하지 않는 게 아니라 사실상 아무것도 하지 않으면서도 "건강을 유지하기 위해" 늘 뭔가를 하고 있다. 그들이 좋아하는 것을 하는 것도 아니고 그들이 "사교"와 "여흥"이라고 부르는 수고로운 일상에 매인다. 그런 삶을 살라고 하면 식사

시중을 드는 하녀 아이라도 손사래를 칠 것이고, 트라피스트회 수사도 그 따분한 일을 하느니 무신론자로 돌아서겠다고 할 판이다. 개중에 북미 토인의 생활방식을 따라하는 수렵과 전원생활만은 그래도 참아줄 만한데, 그 행위도 계속해서 즐기다 보면 거의 야만인의 삶을 살게 될 것이다. 무위도식자들의 삶이 이렇게 힘들다.

제19장 — Church, School, and Press

부자들은 의회와 법원은 물론이고 교회도 장악하고 있다. 웬만한 교구 목사가 운영하는 시골 학교에서는 정직과 평등을 가르치지 않는다. 교구목사는 부자에 대한 존경심을 충성심과 종교처럼 가르칠 뿐이다. 대지주는 치안판사 노릇을 하며 부자들의 의회가 부자의 이익을 위해 만든 법을 집행하고 그것을 정의라고 내세우고 교구목사는 그런 대지주에게 동조한다. 마을 사람들은 그 밖의 다른 종교나 법을 알지 못하기에 종교와 법에 대한 존경심을 모두 잃고 그저 냉소적인 태도를 보이게 된다. 앞에서는 모자에 손을 대거나 무릎을 굽혀 공손하게 절을 할지 모르지만 뒤에서는 자기들끼리 수군댄다. 대지주는 가난한 사람들을 약탈하고 억압하는 존재이며 교구목사는 위선자라고 말이다. 대지주의 아내가 크리스마스 때 인정 넘치게 베푸는 걸로 때우려고 해봤자 소용없다. 혁명이 일어나면 평소 머리를 조아리던 바로 그 농민들이 시골 저택과 목사관에 불을 지르고 성당으로 몰려가 조각상을 훼손하고 스테인드글라스를 작살내고 오르간을 부순다.

교회와 학교와 언론이 타락한다

물론 목사들이 다 그런 건 아니다. 나도 괜찮은 목사들을 알고 있다. 아무리 불의가 만연하고 현실을 호도해도 언제나 정의를 세우려는 사람들은 있는 법이다. 하지만 그들은 결국 기득권층에게 지탄의 대상이 되고 만다. 우리는 그런 소수의 반역자가 아니라 고분고분한 수백만 백성을 보고 사회를 판단해야 한다.

교구목사가 운영하는 시골 학교뿐만이 아니라 우리네 모든 학교에서 타락이 일어난다. 아이들에게 시민으로서의 기본 의무, 즉 신체 건강한 성인이라면 누구나 노동으로 사회에서 자기 임무를 다해야 하고 그렇지 않은 사람은 범죄자로 색출해야 한다고 가르치는 학교장들은 교직에서 쫓겨나고 선동죄로 기소되기도 한다. 이렇게 기초적인 도덕교육에서부터 대학에서 이뤄지는 가장 심원한 철학교육에 이르기까지 똑같은 타락이 만연해 있다. 과학도 마찬가지다. 가난한 이들에게는 좋은 음식과 위생적인 주거 환경을 주고 부자들에게는 쓸모있는 직업을 갖게 하면 나을 병에 대해 과학은 부자들 소유 회사에서 만들어낸

엉터리 치료법이나 선전하는 신세다. 정치경제학도 뻔뻔한 논리를 늘어놓기 바쁘다. 가난한 이들의 임금은 인상할 수 없고 놀고먹는 부자들이 사라지면 자본과 일자리가 부족해져서 우리가 망할 것이라며 가난한 사람들이 아이를 적게 낳아야 이 끔찍한 세상이 그나마 잘 돌아갈 거라는 해괴한 소리를 한다.

상황이 이렇다 보니 가난한 사람은 무지해서 가난에서 벗어날 수 없고 부잣집에서 태어나 무지를 면했거나 소위 가방끈이 긴 사람들은 터무니없는 거짓말을 너무 많이 배운다. 그들의 잘못된 지식보다 정규교육을 받지 않은 야만인들의 육감에 기대는 편이 더 안전할 판이다. 과거 빌헬름 황제는 자기가 속한 호엔촐레른 왕가의 통치를 지상 최고라고 가르칠 것을 종용했다. 그러한 역사교육, 과학교육, 종교교육을 거부한 교사들은 죄다 학교와 대학에서 추방당했다. 우리는 빌헬름 황제를 욕하면서도 지금 똑같은 짓을 저지르고 있다. 호엔촐레른이라는 특정 가문을 숭배하는 대신 무위도식하는 부자 전반을 숭배하는 것뿐이다. 그나마 호엔촐레른 가의 남자들은 누구나 일반적인 기술을 익히는 등 가문의 전통을 따랐기 때문에 사업으로 어쩌다 큰돈을 만지게 된 톰이나 딕 같은 졸부들보다는 훨씬 책임감이 있었다.

사람들은 대체로 자기들이 읽는 신문을 통해 의견을 형성하므로 만약 언론의 자유가 보장된다면 학교의 타락 따위는 그렇게 큰 문제가 아닐지도 모른다. 하지만 언론도 자유롭지 못하다. 런던에서 일간지를 창간하려면 적어도 25만 파운드는 있어야 하기 때문에 부자가 신문을 소유한다. 그리고 신문사 사주들은 다른 부자들이 제공하는 광고에 의존한다. 부자들의 이해관계에 반하는 의견을 내는 편집자나 신문기

자들은 해고되고 그 자리는 부자에게 고분고분한 사람들에게 돌아간다. 신문은 학교와 대학에서 시작된 세뇌 작업을 이어간다. 스스로 사고할 수 있는 독립적이고 강력한 지성으로 무장하지 않으면 의회와 법정, 교회, 학교, 언론이 결탁해서 끊임없이 설득하고 제안하는 거짓말의 홍수에 휩쓸릴 수밖에 없다. 우리는 모두 반항하지 않고 기꺼이 노예로 남겠다는 틀려먹은 생각을 하도록 길러지는 것이다.

    이러한 사실을 알아내거나 받아들이기 어려운 까닭은 거짓 가르침이 상당히 많은 진실과 혼재돼 있기 때문이다. 어느 지점까지는 부자들의 이해관계가 다른 모든 사람의 이해관계와 일치한다. 속임수가 시작되는 지점은 부자들의 이해관계가 이웃의 이해관계와 달라지는 순간이다. 예를 들면, 부자들도 가난한 사람들만큼 철도 사고가 두렵다. 그러니 철도 사고와 관련된 법, 철도 사고에 관한 설교, 철도 사고에 관한 학교 교육과 신문기사는 모두 상당히 정직하게 철도 사고 예방 목적에 초점을 맞추고 있다. 하지만 누군가가 철도원의 근무 시간을 줄이고 임금을 인상해야 철도 사고가 줄어들 거라고 제안하거나, 철도 주주들과 노동자들의 몫을 나눌 때 주주들이 덜 갖고 노동자들이 더 갖게 해야 한다고 주장하거나, 철도 운영을 우체국이나 전신국처럼 국영사업으로 바꾸면 철도 여행이 더 안전해질 거라고 하면, 언론과 의회는 즉각 격렬하게 반대하면서 그런 제안을 하는 사람들을 볼셰비키라고 규정짓거나 아니면 뭐가 됐든 당시 유행하는 최악의 불명예를 뜻하는 말로 꼬리표를 붙이고 맹렬하게 비난할 것이다.

제20장　　　　　　　　　　　　　　　　　　　　*Why We Put Up With It*

왜 참고 견딜까

이제 여러분은 의아할 것이다. 어째서 부자들뿐만 아니라 가난한 사람들도 이 모든 소득불평등의 해악을 참고 받아들이며 심지어 소득불평등이 무슨 만인에게 이로운 공중도덕이라도 되는 양 열정적으로 옹호하는 것일까. 안 그런 사람도 있기는 하다. 공공심이 충만한 개혁가나 잘못을 두고보지 못하는 사람들은 늘 나서서 소득불평등 문제를 공격해왔다. 하지만 보통 사람들은 소득불평등으로 법과 종교, 교육, 여론이 타락하고 변질되는 방대한 해악은 잘 알아차리지 못하는 반면 그와 관련된 사소한 이득은 손쉽게 파악하고 열정적으로 탐닉한다. 부자들은 잘 베푼다. 그들은 자기들이 소유한 부의 대가를 지불해야 한다는 걸 알고 있다. 산지기나 정원사 혹은 사냥터 관리인을 남편으로 두고 딸들에게 시골 저택의 가정부로 일하는 데 필요한 예절을 가르치는 소박하고 예의 바른 시골 여인의 눈에는 장원 영주가 일자리를 제공하는 친절한 신사로만 보인다. 그 영주의 부인은 옷가지와 담요를 내어주거나 병자를 위로하며 시골 병원의 운영을 맡아 작은 공연이나 스포츠 및 선의로 기획된 온갖 행사를 연다. 부자들이 주최하는 그런 행사들 덕분에 가난한 사람들은 지루한 노동을 견디고 병의 공포도 일부 덜 수 있다. 부자와 가난한 사람들이 서로 알고 지낼 일이 없는 도시에서조차 부자들의 호화로운 씀씀이는 늘 인기가 있다. 부자들의 세계는 사람들이 구경하거나 뒷말하기 좋은 소재를 잔뜩 제공한다. 상인들은 부자 고객을 둔 걸 자랑스러워하고 하인들은 부잣집에서 일하는 걸 자랑스러워한다. 부자들이 즐기는 공연에는 가난한 사람들을 위한 싼 좌석도 마련돼 있다. 생각이 모자라는 평범한 사람들은 이 온갖 화려한 것들을 좋아한다. 그들은 부자들의 세계를 다룬 기사를 탐독하고 신문을 도배하고 있는 사진과 그림을 관심 있게 본다. 5세 미만 유아사망률의 증가나 감소에 관한 기사에는 따분해하며 눈길도 주지 않는다. "이것이 나에게 한순간의 즐거움일 뿐인가 아니면 우리 모두에게 쭉 유익할 일인가?"라고 질문하게 될 때야 비로소 부자의 옷 한 벌 값으로 아기 열 명의 목숨을 살릴 수도 있다는 생각을 하기 시작할 것이다.

혹시 멋지게 차려입은 부자가 사라지면 모두가 초라한 꼴이 되는 건 아닌가 싶어서 걱정되는가? 걱정할 것 없다. 지금은 열에 아홉이 헐벗고 있지만, 합리적으로 소득을 분배하면 열 명 모두 제대로 입고 다니게 될 것이다. 모두가 제대로 된 옷을 입기 전까지는 누구도 다이아몬드를 가지면 안 된다는 게 분별있는 원칙이지만, 다른 사람은 옷을 제대로 입든 헐벗든 자기는 다이아몬드를 갖겠다는 사람에게는 씨알도 안 먹힐 것이다. 그런 사람은 다른 사람의 옷이 자기만 못한 걸 보고 묘한 만족감을 느낄지도 모른다. 하지만 독일어로 샤덴프로이데 *Shadenfreude*라고 하는, 남의 불행을 보고 은밀하게 기쁨을 느끼는 그런 편협한 마음은 러시아에서 그랬듯이 언젠가 혁명을 초래하고 말 것이다.

그러면 다이아몬드를 싸들고 전당포로 가본들 이제는 아무도 다이아몬드를 찾지 않는다며 전당포 주인은 조금의 돈도 융통해주지 않으려 할 것이다. 상류층 숙녀들은 낡은 옷이나 값싸고 조악한 기성복으로 버티다가 결국에는 아무것도 입을 게 없는 신세가 될 것이다. 이런 일이 갑자기 한꺼번에 닥치는 것은 아니기 때문에 생각이 모자란 사람들은 설마하니 경찰이 그렇게 되도록 놔두지는 않을 거라고 철석같이 믿고 있고 속 좁은 사람들은 자기들 살아생전만 아니라면 그런 일이 벌어지든 말든 신경도 쓰지 않는다.

소수에게 상금을 몰아주는 복권 당첨 같은 잘못된 분배방식을 옹호하는 또 다른 이유는 우리도 어쩌다가 부자가 될지 모른다는 꿈을 꾸기 때문이다. 신문을 보면 어느 막노동꾼이나 파출부가 존재도 알지 못했던 호주의 먼 친척으로부터 십만 파운드의 유산을 상속받았다는 이야기가 심심찮게 실린다. 사는 형편이 우리보다 나을 것도 없던 어떤 사람이 경마에서 판돈을 싹쓸이했다는 소문도 들려온다. 소득의 균등한 분배는 그런 꿈을 깰 것이다. 너무 가난해서 경주마에 걸 돈조차 없는 사람들이 더욱 그런 헛된 꿈에 매달린다! 지지리도 운이 없는 수백만 명이 비용을 대서 겨우 한 사람이 한몫 잡는 상황에 목을 매면서 수백만 명의 손실에 대해서는 까맣게 잊어버린다.

도박꾼의 헛된 꿈 따위에 빠질 리 없는 분별력 있는 가난한 여자들은 종종 자식을 교육시키면 가난의 구렁텅이에서 벗어날 수 있으리라는 희망을 품고 자기를 희생한다. 특정 분야에 아주 뛰어난 영리함을 보여 장학금을 받는 이례적인 남자들의 성공 뒤에는 종종 그들의 어머니가 있다. 그러나 그렇게 개천에서 용 나는 이례적인 사례들은 평

오노레 도미에*Honoré Daumier*, 로열 로터리 복권판매소, 『샤리바리*Le Charivari*』, 1836년
하느님 맙소사, 이제 우리 어떻게 되는 거야!
복권이 없어지면 가난한 사람들은 어떡하라고?

1836년 프랑스 정부가 복권 판매를 금지하기로 했다는 소식에 사람들이 모여 걱정하고 있다범한 사람들에게 아무런 희망이 되지 못한다. 세상은 평범한 사람들로 이루어져 있다. 평범하다는 단어의 의미가 바로 그거다. 평범한 부잣집 아이와 평범한 가난한 집 아이는 동일한 지적 능력을 갖추고 태어날 수도 있다. 하지만 그들이 성인이 되어 인생을 시작할 무렵 부잣집 아들은 높은 지위를 얻기 위해 반드시 필요한 언변과 예절, 개인 습관, 문화와 교양을 갖추는 반면, 가난한 집 아들은 품위 있는 사람들과 접촉하는 자리에 어울리는 제반 여건을 갖추지 못한다. 이런 식으로 많은 인재들이 묵히고 낭비된다. 자연은 누가 가난하고 누가 부유한지 조금도 신경을 쓰지 않고 무작위로 재능을 부여하기 때문이다. 자연은 모두에게 관리직에 필요한 능력을 주지 않는다. 아마도 기껏해야 스무 명에 한 명 정도가 그런 능력을 타고날 것이다. 자연은 그 변덕스러운 선물을 부잣집 아이들에게 몰아주지도 않는다. 만약 인구 200명당 스무 명 정도가 부유하다고 하면 관리직에 필요한 능력을 타고나는 아이는 가난한 집에서 아홉 명, 부잣집에서 한 명이 나오게 될 것이다. 그런데 부잣집 아이는 타고난 재능을 개발할 수 있고 가난한 집 아이는 그럴 수 없다면 그 국가는 자연적으로 공급된 관리 감독 능력의 10분의 9를 아깝게 날리는 셈이다. 그러면 부족분을 보충하기 위해 많은 관리직을 꽉 막힌 인간들에게 내줘야 한다. 그런 사람들은 그저 가난한 사람들에게 이래라저래라하도록 길러졌다는 이유만으로 요직을 차지하는 것이다.

제21장

Positive Reasons for Equality

국민을 부자와 가난뱅이로 가르는 소득불평등의 폐단에서 자유로운 국가기관이 하나도 없다. 온갖 군데서 문제가 발생하고 있다. 육군이나 해군 부대에서 부유한 장교들과 가난한 병사들이 갈등을 빚고 있고, 왕실과 국민 대다수의 관계가 결국 부유한 한 집안과 가난한 수백만 집안의 관계가 되어 불충이 걷잡을 수 없이 번지고 있으며, 겉으로는 평화기를 보내는 것 같아도 사실은 부자와 가난한 사람들이 파업이라는 파멸적인 내전을 치르고 있고, 질시와 저항과 계급 분노가 우리의 고질적인 도덕적 병폐가 되고 있다. 하지만 내가 여기서 더 이야기하면 여러분은 곧바로 소리칠 것이다. "아, 제발 모든 걸 다 끄집어내지 마세요. 그러다가는 끝도 없겠어요." 맞는 말이다. 이만큼 얘기했는데도 소득불평등이 왜 나쁜지 모르겠다는 사람이 있다면 그건 아무래도 나를 싫어하기 때문에 괜히 그러는 거라고 생각하겠다.

 이제 평등한 분배라는 사회주의 방안이 왜 좋은지 알아볼 차례다. 사회주의 방안은 내가 가장 선호하는 관심사라는 걸 미리 밝힌다. 그

소득평등은 이미 검증된 분배방식이다

러니까 소득불평등에 반대할 이유에 이어서 소득평등화에 찬성할 이유도 내가 공정하게 다루는지 눈을 크게 뜨고 지켜보기를 바란다.

먼저, 평등한 분배는 실행 가능한 계획일 뿐만 아니라 오랜 기간에 걸쳐 체험으로 검증된 방안이기도 하다. 문명화된 세계에서는 동일한 임금을 받는 집단들이 일상적인 업무의 대부분을 수행하고 있다. 늘 그랬고 앞으로도 그래야 한다. 키가 크든 작든, 피부가 희든 검든, 몸놀림이 빠르든 느리든, 젊든 나이가 지긋하든, 절대금주가든 애주가든, 개신교도든 가톨릭교도든, 기혼이든 독신이든, 성격이 성마르거나 온화하거나, 독실하거나 세속적이거나 상관없이 그들의 임금은 동일하고 서로를 구별하는 차이는 조금도 반영하지 않는다. 모든 업계에는 표준 임금이 있고, 모든 공직에는 표준 급여가 있다. 모든 전문직의 수수료도 정해져 있어서 그 직업에 종사하기로 한 사람은 그 직종 전체에 똑같이 해당하는 일정한 생활 수준을 유지하며 살 수 있게 된다. 경찰, 군인, 우체부의 급료와 막일꾼, 목수, 석수의 임금과 판사, 하원의원의 봉급은 서로 다를 수 있다. 어떤 직업의 수입은 일 년에 1백 파운드도 안 되는가 하면, 어떤 직업의 수입은 5천 파운드나 된다. 하지만 모든 병사가 똑같이 받고, 모든 판사가 똑같이 받고, 모든 하원의원이 똑같이 받는다. 만약 여러분이 어떤 의사에게 진료비가 왜 5실링이냐고, 왜 3기니냐고, 뭐 얼마가 됐든 그만큼을 받는 근거가 무엇인지 따져 묻는다고 해보자. 그러면 그 의사는 자기도 다른 의사들이 청구하는 만큼 청구한 것뿐이고 그 정도는 받아야 자기들 품위를 유지할 수 있다는 소리밖에 못 할 것이다.

따라서 모두에게 똑같은 돈을 준다 해도 일 년도 안 돼서 다시 부자와 가난한 사람으로 나뉠 거라는 지각 없는 소리를 앵무새처럼 반복하는 사람을 만나거든 그에게 주위를 한번 둘러보라고, 수백만 명이 같은 돈을 받으면서 일평생 별 변화 없이 같은 사회적 지위에 머물러 있는 걸 보라고 말해 주면 된다. 가난한 사람이 부자가 되는 건 극히 예외적인 일이다. 부유한 사람이 가난해지는 경우는 비교적 흔한 편이지만 그 역시 사건에 해당하지 평범하고 일상적인 일은 아니다. 일반적으로 같은 직업, 같은 직급에 속하는 노동자들은 똑같은 보수를 받으며 그들의 경제 수준은 좀처럼 내려가지도 올라가지도 않는다. 서로 얼마나 다르든 간에, 같은 임금을 받는 사람들은 결국 같은 경제 수준에 그대로 머무르게 된다. 이따금 여기저기서 대단한 악당이나 대단한 천재가 나타나 다른 사람보다 훨씬 부유해지거나 훨씬 가난해져서 여러분을 놀라게 할 수는 있다. 예수는 "여우들도 굴이 있고 하늘의 새들도 보금자리가 있건만, 사람의 아들은 머리를 기댈 곳조차 없다"고 불평할 정도로 가난했다. 반면 나폴레옹은 황제가 됐다. 그러나 우리가 일반적인 계획을 세울 때는 그런 예외적인 인물들까지 고려할 필요가 없다. 기성복을 만드는 회사가 거인이나 소인을 고려하지 않는 것과 마찬가지다. 만약 우리가 국민 전체에게 소득을 똑같이 분배하는 데 성공하기만 하면, 그 안에서 다시 부유한 사람과 가난한 사람으로 나뉠 가능성은 현재 우체부들이 거지와 백만장자로 나뉠 가능성만큼이나 희박하다. 이는 우리가 체험으로 알게 된 사실이므로 얼마든지 확신을 가져도 좋다. 다만 우체부가 우체국장과 똑같이 받게 되고 우체국장이 다른 누구 못지않게 받게 된다는 것 정도가 새로운 시도라고 할 수 있을 것이다. 모든 판사가 동일한 소득을 얻고 모든 해군 대령이 동일한 소득을 얻는 현 상황에 수긍한다면 판사와 해군 대령의 소득이 달라야 할 이유가 없다는 생각이 들 것이다. 해군 대령은 왜 판사가 자기보다 다섯 배나 더 많이 받는지 의아할 것이다. 만일 여러분이 해군 대령에게 당신이 판사와 똑같이 받아봤자 어차피 일 년도 안 돼 판사보다 가난해질 것이라고 말한다면, 해적들이나 쓰는 상스러운 욕지거리를 듣게 될 것이다. 그러니 그런 말은 조심해야 한다.

요컨대, 평등한 분배는 충분히 가능하고 임시방편으로서가 아니라 영구적으로 실행할 수 있다. 간단하고 이해하기 쉬운 방안이기도 하다. 각자 얼마큼을 가져야 하는가를 놓고 옥신각신 실랑이를 벌일 필요도 없다. 이미 인류의 대부분에게 실행되고 있는 친숙한 방법이다. 게다가 자질에 따라 더 능력 있는 사람들이 승진할 수 있도록 보장해 준다는 어마어마한 이점이 있다.

제22장

Merit and Money

사람들의 진가가 드러난다

 대단히 지적인 여성이라도 21장의 마지막 문장을 읽고 고개를 갸웃거렸을 수 있다. 자질과 돈이 무슨 상관인지 의문을 가져본 적이 없다면 말이다.
 위대한 사람과 하찮은 사람의 차이를 가려버리는 데 소득 격차만 한 것도 없으리라. 공로를 인정받아 나라에서 2만 파운드의 연금을 받게 된 위대한 탐험가, 위대한 발견자 혹은 위대한 군사령관의 경우를 예로 들어보자(여기서 내가 꼽은 사례는 다 남자들이다. 위대한 여자들에게는 그 알량한 금전적 보상도 없고 사후에 동상이나 세워주는 게 전부다). 그는 아내에게 기쁜 소식을 전하러 집으로 달려가는 그 짧은 와중에도, 어쩌다 2만 파운드가 아니라 해마다 2만 파운드가 넘는 수입을 따박따박 챙기는 멍청이나 난봉꾼이나 이도 저도 아닌 평범한 사람들을 마주치게 될 것이다. 위대한 인물의 연금 2만 파운드는 일 년에 고작 천 파운드씩 여러 해에 걸쳐 들어온다. 그는 그 돈으로 근근이 살아간다. 우리 사회에서 그보다 열 배는 부유한 사업가와 자본가, 사기꾼들은 그를 "딱한 인생" 취급한다. 그들이 그렇게나 부유한 것은 일평생 철저한 이기심으로, 때로는 나쁜 짓을 하고 순진한 동포를 속이기도 하면서 돈 버는 일에만 열을 올렸기 때문이다. 질 나쁜 위스키를 유통하고, 밀을 수확기에 매점해서 세 배 가격이 치솟으면 그제야 내다 팔고, 허위 광고를 퍼뜨리려고 바보 같은 신문 잡지를 찍어 내는 등등 천박한 간계로 삼사백만 파운드를 번 작자들은 사람들이 존경하고 따르고 떠받들다 못해 의회로 보내고 마침내 상원에 의석까지 마련해준다. 반면 인류의 지식과 복지의 증진을 위해 고귀한 능력을 발휘하거나 목숨을 걸고 애쓴 사람들은 푼돈밖에 벌지 못하니, 욕심쟁이들이 큰돈을 주무르는 것과 비교되며 무시당하기 일쑤다. 그야말로 통탄을 금치 못할 일이다.

금전적인 평등이 이뤄져야만 각자 타고난 자질의 차이가 부각될 수 있다. 작위나 위엄이나 평판을 돈으로 살 수 있다면 그것들은 이롭기보다는 해로운 것이다. 빅토리아 여왕은 작위를 유지할 돈이 없는 사람에게는 작위를 주지 않겠다고 함으로써 자기에게 현실 감각과 상식이 있다는 걸 과시했다. 하지만 그 결과 작위는 최고의 인물에게 가지 않고 가장 부유한 사람들에게 돌아갔다. 소득이 불평등하면 개인 간의 다른 모든 차이는 뒷전으로 밀려난다. 일 년에 천 파운드의 소득을 올리는 사람이 고작 백 파운드를 버는 사람들보다는 우위에 서게 된다. 고소득자가 다른 사람들보다 한참 덜떨어진 위인이라 해도 상관없다. 고소득자는 자기 아이들에게 번듯한 일자리를 마련해 주는 혜택까지 누린다. 고소득자의 자녀와 같은 수준이거나 어쩌면 더 대단한 능력을 타고났어도 가난한 집 아이들에게는 그런 수준 높은 일자리가 좀처럼 허용되지 않는다.

   소득이 평등하면 개인들 사이에서 자질의 차이를 제외한 다른 사회적 구분은 사라진다. 그러면 돈은 아무것도 아니다. 중요한 것은 품성과 행실, 능력이다. 노동자라고 다 낮은 임금 표준에 맞춰 하향 평준화되거나 부자라고 다 부유층의 소득 표준에 맞게 상향 평준화되는 일 없이 모두가 자연스러운 수준을 찾게 된다. 물론 그때도 위대한 사람과 평범한 사람, 하찮은 사람들이 존재할 것이다. 그러나 그때의 위대한 사람들이란 정말로 위대한 일을 한 사람들이지, 제 어미가 버릇을 망치고 제 아비가 금수저를 물려준 멍청이들은 절대 아닐 것이다. 그리고 그때의 하찮은 사람들이란 편협한 사고와 비열한 성품을 가진 사람들이지, 기회를 가져 보지 못한 가난한 사람들이 아닐 것이다. 바로 그래서 멍청이들은 늘 (자기들이 성공할 유일한 가능성인) 소득불평등을 지지하고, 진짜로 위대한 사람들은 평등을 지지하는 것이다.

제23장   *Incentive*

소득평등화에 대한 반론은 막상 들어보면 별거 없다. 소득을 평등하게 분배하는 데 익숙하지 않다거나 그동안 계급 간 불평등을 너무나 당연한 것으로 여겨왔기 때문에 다른 어떤 상황이 가능하리라고 생각해본 적이 없다는 수준이다. 더구나 우리는 일부 사람들이 다른 사람들보다 훨씬 더 부유하게 살 권리에 대해 의문을 품는 것은 어리석고 사악한 짓이라고 배웠다. 부유한 지배계층의 눈치를 봐야 하는 교사와 설교자들에게 어릴 때부터 주입 교육을 받은 탓이다.

그밖에도 다른 반대 의견들이 있지만 대부분은 우리가 불평등한 분배 방안들을 조사하면서 이미 다뤘다. 그러므로 이제 남은 두 가지 의견만 검토하겠다.

먼저 이번 장에서 다룰 반대 의견은 만약 소득이 평등하다면 누가 열심히 일하려 하겠냐는 것이다.

일단 누구는 더 일하고 누구는 덜 일해도 된다고 생각하는 사람은 아무도 없다. 모두의 생존을 위해 반드시 필요한 노동의 부담은 모든 노동자가 똑같이 나누는 게 바람직하다. 일하지 않으면 좀이 쑤시는

누가 열심히 일하고 누가 궂은일을 하냐고?

사람들은 자기만족을 위해 자기 몫 이상을 할 수도 있지만, 그렇더라도 고통스럽게 희생하는 척하며 보상을 요구하는 것은 안 된다. 남아도는 에너지는 취미 생활로도 얼마든지 해소할 수 있다.

반대로 노동하는 데 일분일초도 쓰기 싫다는 사람들도 아무리 싫어도 자기 몫의 노동은 해야 한다. 누구라도 자기 몫의 노동을 다하지 않으면서 노동으로 생산된 부에서 자기 몫을 다 챙기려고 하는 사람이 있다면 그건 도둑이다. 그런 사람은 우리가 다른 도둑을 처리하는 방식대로 처리해야 한다.

진짜 게으름뱅이는 무조건 일하는 게 싫고 노동하지 않을 수만 있다면 기꺼이 덜 가지겠다고, 가난하고 더럽고 헐벗은 채로 살아도 괜찮다고 우길지도 모른다. 그러나 지금껏 우리가 살펴봤듯이 그런 건 허용될 수 없다. 자발적인 가난도 비자발적 가난과 마찬가지로 사회적 해악이다. 제대로 된 나라라면 국민들에게 제대로 된 삶을 영위하라고 해야 한다. 국가 전체의 노동에서 자기 몫을 다하고, 국가 전체의 소득에서 자기 몫을 온전히 가져가라는 것이다. 자기 몫을 다한 다음에는 마음껏 게으름을 피워도 된다. 자기 일을 마친 후에는 충분한 여가 시간을 갖게 될 거고 벌렁 드러누워 새소리를 듣거나 극성스러운 이웃사람이 스포츠나 탐험, 문학, 예술, 과학, 뭐가 됐든 우리의 물질적 필요가 충족되고 나면 그 자체를 목적으로 추구할 수 있는 온갖 취미에 열을 올리는 걸 구경할 수도 있을 것이다. 하지만 가난과 사회적 무책임만은 금단의 호사다. 안됐지만, 게으름뱅이는 지금과 같은 강제된 가난이 아니라 그가 훨씬 두려워하는 강제된 복지에 굴복해야 할 것이다.

오늘날에는 다른 사람들보다 일을 더하거나 덜할 자유를 갖기도 쉽지 않다. 개인의 노동이 독립적으로 이루어지지 않기 때문이다. 오늘날의 노동은 연계되어 있으며 정해진 시간에 일을 시작하고 끝내는 커다란 공장이나 사무실에서 수행된다. 예컨대 의류 세탁만 해도 예전에는 한 명의 세탁부가 빨래통과 탈수기와 다림판을 가지고 하던 모든 과정을 이제는 증기 세탁소에 여러 세탁부가 모여 기계와 시설을 이용해서 분업을 통해 처리한다. 증기 세탁소의 기계나 설비는 설령 개인이 그것들을 살 돈이 있다 하더라도 단독으로는 사용할 수 없는 것들이고, 증기 발전소를 돌리는 남자들의 도움도 받아야 한다. 그들 중 일부가 한 시간 일찍 출근하거나 두 시간 늦게까지 일하고 초과 수당을 받겠다고 해도 그런 식의 조율은 불가능하다는 답을 들을 것이다. 다른 사람들의 도움 없이는 아무것도 할 수 없기 때문이다. 엔진이 돌지 않으면 기계는 작동하지 않는다. 모두가 일하거나 아무도 일하지 않아야 한다.

한마디로, 우리의 위대한 현대 문명을 가능하게 한 협업과 공장식 분업은 노동자가 저 하고 싶은 대로 아무 때나 일을 시작하고 아무 때나 퇴근하면 불가능해진다. 많은 공장에서 작업 속도는 엔진이 돌아가는 것에 따라 게으른 사람에게나 정력적인 사람에게나 똑같이 정해져 있다. 만약 기관사나 안전요원이 축구 경기를 보러 가겠다고 아무 때나 기차를 멈춘다면 철도 시설은 무용지물이 될 것이다. 현대 산업 현장에서 예측불가능한 사람들은 쓸모가 없다. 남보다 더 오래 더 열심히 일하고 싶어 하는 사람들도 상대적으로 혼자 하는 일을 택하지 않는 이상 그렇게 하는 것은 불가능하다. 심지어 가사노동을 하는 하인도 업계 표준을 따르지 못하면 해고당한다. 게으름뱅이라고 돈을 덜 줄 수 있는 것도 아니지만 돈을 더 준다고 해서 게으름을 고칠 수 있는 것도 아니다.

    일류 노동자가 최고의 실력을 발휘하게 하는 데도 굳이 금전적 보상을 더 얹어줄 필요는 없다. 일류 노동자가 그렇게 일해도 먹고살 만큼도 못 번다는 게 문제다. 현재 일류 노동은 엄청난 방해를 받고 있다. 일류 노동을 하면서 평범한 노동을 하는 만큼의 보수도 받지 못한다. 일류 노동으로 전혀 돈을 벌지 못하면 일류 노동자는 생계를 유지하기 위해 다른 일을 하느라 일류 노동을 위한 시간을 마련할 수가 없다. 사람들은 자기가 할 수만 있으면 더 수준 높은 업무를 맡으려 한다. 사람들이 수준 높은 업무를 마다하는 경우는 그 대가가 너무 형편없거나 자신의 사회적 지위와 맞지 않아 차마 엄두가 나지 않을 때뿐이다. 군에서 부사관이 장교직을 거부하는 경우가 전형적인 사례다. 가끔 그런 군인이 있는데 그건 계급이 높아지면 낮은 계급일 때보다 더 가난해지고 심적 부담도 커지기 때문이다. 만약 부사관이나 장교나 벌이와 씀씀이가 비슷하고 같은 계층에 속한다면, 굳이 돈을 더 주지 않아도 군인이 가장 높은 계급으로의 승진이라는 명예를 거부할 리 없다.

그렇다면 궂은일을 하는데도 금전적 동기부여가 필요없을까? 우리는 지저분한 사람들이 돈도 얼마 못 받고 궂은일 하는 걸 익히 봐온 탓에 궂은일을 수치스럽게 여긴다. 그리고 그 일을 해야만 먹고살 수 있는 비천한 계층이 사라지면 궂은일을 할 사람도 없어질까 봐 걱정한다. 하지만 현실은 그렇지 않다. 세상에서 제일 더러운 일 중에 일부는 고등 교육을 받고, 높은 보수를 받으며, 상류사회로 진입한, 게다가 작위도 있는 외과의와 내과의가 하고 있다. 그들을 보조하는 간호사들은 보통 그들과 교육 수준이 대등하고 때로는 더 높은 집안 출신인 경우도 있다. 간호사가 도시 사무실의 타이피스트보다 더러운 일을 한다고 해서 덜 존중받아야 한다거나 돈을 덜 받아야 한다고 여기는 사람은 아무도 없다. 사체를 해부하고, 생체의 분비물과 배설물을 분석하는 실험실 노동과 해부 노동은 단정한 가정부의 관점에서 보자면 비위가 상할 정도로 더러운 일이지만 전문가 계층이 해야 한다. 그리고 그 깔끔한 가정부도 더러운 일을 하지 않으면 집이 깨끗하게 유지될 수 없다는 걸 안다. 아이를 낳고 기르는 일은 결코 우아한 거실의 즐거움이 아니다. 하지만 감히 아무도 출산과 육아가 최고로 영예로운 일이 아니라고 말하지 못하며, 세상 깔끔하고 고상한 여자도 출산과 육아에 맞닥뜨렸을 때 그 임무를 피하지 않는다.

현재 지저분한 사람들이 상스럽게 해치우기 때문에 더러워 보이는 일들을 얼마든지 깨끗한 사람들이 말끔한 방식으로 처리할 수 있다는 것도 기억해야 한다. 많은 신사 숙녀가 자가용을 손수 관리한다. 그들은 보통의 흐리터분한 하인이 불을 피울 때 주변을 어지르고 자기 몸을 더럽히는 것보다 훨씬 깔끔한 방식으로 차를 정비한다. 대체로 세상에 반드시 필요한 일에 수반되는 더러움은 어느 계층에 속하든 건강한 사람이라면 견딜 수 있는 정도다. 사람들이 그토록 꺼리는 건 궂은일 자체가 아니라 궂은일에 수반되는 가난과 불명예다. 그러니까 자동차 운전을 즐기는 귀족 신사도 운전기사의 제복을 입으라고 하면 강한 반감을 표출하고, 태연하게 방을 정돈하는 귀족 숙녀도 가정부처럼 머릿수건과 앞치마를 두르라고 하면 그러느니 차라리 죽겠다고 하는 거다. 사실 가정부의 앞치마는 다른 모든 제복만큼 명예롭고 놀고먹는 여성의 장신구보다는 훨씬 더 명예롭다. 가정부들이 머릿수건과 앞치마를 거부하기 시작한 것은 그것들이 과거의 굽실거리고 천대받던 상황을 연상시키기 때문이다. 그것은 가정부의 일 자체에 반대하는 것이 아니다. 가정부든 그녀의 고용주(주인마님이라는 표현은 쓰지 않겠다)든 꽃과 동물을 사랑한다면 하루 종일 정원에서 흙을 만지고 개를 씻기고 성심껏 벼룩을 잡아주는 일에 수반되는 더러움은 조금도 개의치 않을 것이고 그런 일로 그들의 존엄이 손상되지도 않을 것이다. 만약 모든 청소부가 귀족이라면 아무도 흙먼지에 거부감을 느끼지 않을 것이다. 현재 귀족들이 신분을 나타내는 보관이 그려진 문장을 편지지에 사용하는 것처럼 청소부도 청소부의 모자 그림을 편지지에 사용할 것이다. 청소부가 친히 왕림해 주기만 한다면 누구나 청소부를 저녁에 초대하는 것을 자랑으로 여길 것이다. 어떤 일이든 일 자체의 성격 때문에 필요한 일을 꺼리는 사람은 아무도 없다. 대체로 하층민이나 흑인 노예들만 한다고 알려진 일을 한다는 게 싫은 거다. 심지어 우리는 자기보다 낮은 계층의 사람들이 잘한다고 알려진 일은 일부러 엉망으로 할 때도 있다. 예컨대, 어느 어리석은 젊은 자산가는 일부러 악필을 자처한다. 서기나 사무원이 글씨를 잘 쓰기 때문이다. 그런가 하면 어떤 공화국에서 온 대사는 궁중에서 무릎까지 오는 반바지와 실크스타킹을 갖춰 입지 않고 그냥 긴바지를 입으려 한다. 반바지와 스타킹이 더 멋져 보이더라도 그것들은 제복이고, 공화주의자들은 제복을 입는 것을 굽실거리는 행위라고 생각하기 때문이다.

우리 머릿속에서 궂은일에 관한 잘못된 선입견을 상당 부분 떨쳐내더라도 여전히 다음과 같은 사실은 남는다. 유용한 일이 모두 똑같이 떳떳할지 몰라도, 유용한 일이라고 해서 모두 똑같이 유쾌하거나 똑같이 힘든 일은 아니다. 우리는 이 사실을 외면하려고 세상에는 남들이 하지 않는 일을 찾아서 하는 아주 특이한 사람들이 있기 마련이라고 주장한다. 자발적인 교수형 집행인을 찾는 건 조금도 어렵지 않다. 몇 달 내내 마음을 졸여야 하는 멀리 떨어진 위험한 바다의 암초 위에서 등대를 지키며 행복해하는 사람들도 있다. 등대는 그래도 땅에나 붙어 있지 등대선은 끊임없이 출렁인다. 등대선의 흔들림을 겪으면 우리 대부분은 차라리 죽고 싶어질 것이다. 하지만 등대선에서 일하는 사람들은 뭍에서 구할 수 있는 좋은 일자리보다 더 나을 것도 없는 급료와 수당을 받는다. 채굴은 끔찍하고 비정상적인 일처럼 보이지만, 인기가 없지 않다. 아이들은 저 좋을 대로 하게 내버려두면 가장 불편하고 불쾌한 일들을 놀이 삼아 한다. 바퀴벌레와 아주 흡사하다. 온 집을 다 돌아다닐 수 있는데도 거실보다는 지하실을 선호한다. "신은 결코 직업을 만들지 않았고 다만 그 일을 할 만한 사람을 만들었다"는 말은 어느 정도 일리가 있다.

그러나 그렇게 별난 구석들을 모조리 인정하더라도 하수도 청소부가 되겠다는 소년보다는 정원사나 기관사가 되겠다는 소년이 많고, 넝마주이가 되겠다는 소녀보다는 영화배우나 전화교환원이 되겠다는 소녀를 더 쉽게 만날 수 있다. 물론 비인기 직종들을 보다 괜찮은 일자리로 만들 방법도 하고많다. 그런 직업 중에는 아예 없앨 수 있는 일도 있다. 그런 일에 혹사당할 몹시 가난하고 거친 사람들이 없었더라면 진작에 사라졌을 일이다. 연기를 마시고 검댕을 묻혀야 하는 일은 얼마든지 없앨 수 있고, 부엌 설거지가 사무직 업무보다 훨씬 기분 좋은 일이 되게 할 수 있으며, 하수도 청소의 불쾌함은 이미 거의 사라졌다. 조류를 이용해 발전하기로 하면 석탄 채굴도 그만둘 수 있다. 현재 기피 직종을 다른 일반적인 노동보다 더 나쁠 게 없도록 만들 방법은 얼마든지 있다. 하지만 그렇게 되기 전에는 아주 특이한 취향을 갖고 있지 않은 한 사람은 누구나 유쾌한 종류의 일을 하고 싶어 할 것이다. 다행스럽게도 서로 다른 직업들의 매력을 같게 만들 방법이 하나 있다. 이 방법은 삶에서 우리가 여가라고 부르는 아주 중요한 부분을 환기한다. 뱃사람들은 그걸 자유라고 부른다.

우리 모두가 갈망하는 한 가지가 있다면, 그건 바로 자유다. 끼니나 생필품에 대한 걱정 없이, 좋아서 하는 일 외에 다른 어떤 일도 하지 않을 자유 말이다. "내 시간은 내 것"이라고 할 수 있을 때만 우리는 자유롭다. 하루에 10시간씩 일하는 노동자들이 8시간 근무를 부르짖을 때 그들이 진정으로 원하는 것은 노동을 10시간에서 8시간으로 줄이는 것이 아니라, 근무하지 않는 시간을 14시간에서 16시간으로 늘리는 것이다. 이 16시간 중에서 8시간은 잠을 자고 또 서너 시간은 먹고 마시거나 옷을 입고 벗거나 씻고 휴식을 취하는 데 쓴다. 따라서 하루에 8시간만 일해도 노동자의 진짜 여가는, 그러니까 적절한 휴식을 취하고 먹고 씻고 좋아하는 취미나 오락이나 모험을 즐길 준비를 한 다음에 노동자들에게 비로소 주어지는 시간은 고작 서너 시간뿐이다. 그나마 이 몇 시간도 겨울에는 해가 짧아서 제값을 못 하고, 교외나 어디가 됐든 자기가 즐기기에 최적의 장소로 이동하는 데 드는 시간을 빼고 나면 남는 것도 없다. 집이 일터인 전업 주부는 노동자들이 일터에서 벗어나고 싶은 것과 꼭 마찬가지로 기분전환을 위해 집에서 벗어나고 싶어 한다. 사실상 꽤 많은 부부 싸움이 남자는 집에서 여가를 보내고 싶어 하고 여자는 해외로 나가고 싶어 하는 데서 비롯된다. 여자들은 호텔을 좋아하지만 남자들은 호텔이 끔찍하다.

그러면 집에서 나와 여가를 보내기로 흔쾌히 합의한 부부의 경우를 살펴보자. 평일에는 남편이 일하는 데 8시간을 쓰고, 잠을 자는 데 8시간, 아침저녁을 먹고 씻고 옷을 입고 휴식을 취하는 데 4시간 이상을 사용한다고 가정하자. 그렇다고 그가 날마다 아내와 함께 보낼 4시간의 여유가 있는 건 아니다. 남는 4시간 중에서 절반은 극장이나 미술전시에서 기다리는 시간으로 날려버리기 일쑤고, 테니스, 골프, 자전거, 물놀이 등등의 야외활동은 주말이나 공휴일을 기약할 수밖에 없다. 결국 그는 늘 더 많은 여가를 갈망한다. 그래서 사람들은 아무리 힘들고 어려운 일자리더라도 자기 마음대로 할 수 있는 얼마간의 시간만 허용된다면 그보다 훨씬 더 편하더라도 자유시간이 전혀 없는 일자리보다 선호한다. 공장이 들어선 도시에서는 일머리가 있는 영리한 가정부를 구할 수가 없을뿐더러 사실상 가정부 자체를 구하는 게 불가능해진다. 가정부가 여공이나 가게 점원보다 더 힘들게 일해야 하거나 더 나쁜 대우를 받기 때문이 아니다. 가정부에게는 자기만의 시간이라고 할 수 있는 게 없다. 설령 여러분이 가정부가 부리나케 뛰어오는 일이 없도록 응접실 초인종 누르기를 삼가더라도 그녀는 늘 대기하고 있다. 그녀를 집에 머물게 하기 위해서는 2주에 한 번은 저녁 외출을 하게 해줘야 한다. 그러다 보면 그게 일주일에 한 번이 되고, 그다음에는 일주일에 한 번은 오후부터 쉬게 해줘야 하고, 그다음에는 일주일에 두 번은 오후부터 쉬게 해줘야 한다. 그러고는 가정부가 친구들과 즐길 수 있도록 거실을 내주고 때에 따라 피아노도 쓸 수 있게 해줘야 한다(그럴 때는 그들에게 방해가 되지 않도록 집을 비워줘야 한다). 그러다 보면 결국에는 그런 조건으로 가정부를 두는 건 전혀 의미 없는 일이라는 것을 깨닫고 노동력을 절감해주는 현대적인 가전제품을 사용해서 직접 가사를 돌보기 시작할 것이다. 하지만 설령 여러분이 저녁 외출과 그 밖의 모든 것을 다 참아주더라도 가정부 아이는 여전히 충분한 해방감을 느끼지 못할 것이다. 가정부가 일없이 밤마다 외박을 원한다는 소리가 아니라 원하면 언제든 그렇게 할 수 있다는 느낌을 가지고 싶어 한다는 것이다. 그게 인간의 본성이다.

 이제 편하고 쉬운 일을 하는 사람과 힘들고 어려운 일을 하는 사람 사이에서 어떤 식으로 보상과 조정을 해야 할지 알게 됐다. 힘들고 어려운 일자리에 더 많은 여가를 주고 은퇴 시기를 앞당기고 더 많은 휴가를 보장하면, 일은 편하고 쉬워도 여가가 적은 일자리만큼이나 사람들이 원하는 일자리가 될 것이다. 화랑에 가보면 잘 차려입은 숙녀가 다른 하는 일 없이 가만히 앉아서 사람들이 물어보면 그림 가격이나 알려주고 들어오는 주문이나 받는 것을 볼 수 있다. 그녀는 수많은 언론인이나 예술가와 유쾌한 대화를 나누고 그러다 지루해지면 소설을 읽기도 한다. 그녀의 안락한 의자는 난롯가 가까이에 놓여 있다. 그런데 화랑은 날마다 쓸고 닦아야 하고 유리창도 말끔하게 청소해야 한다. 누가 봐도 청소부의 일보다 화랑 직원의 일이 훨씬 편하다. 화랑 직원과 청소부 사이에서 균형을 맞추려면 며칠 또는 몇 주에 한 번씩 화랑 사무와 청소를 서로 돌아가면서 맡게 해야 한다. 하지만 제아무리 일류 청소부라도 화랑 직원으로서는 아주 형편없을 수 있고, 대단히 매력적인 화랑 직원이라도 청소부로는 아주 형편없을 수 있다. 그렇다면 힘든 일을 하는 청소부를 책상에서 일하는 화랑 직원보다 일찍 집으로 보내 하루의 남은 시간을 자기 마음대로 보내게 해줘야 한다.

   화랑과 달리 그림을 판매하지 않는 공공 미술관에는 점잖은 제복을 차려입은 안내원들이 있다. 미술관 안내원들은 관람객들이 담배를 피우거나 그림을 훔치거나 작품을 가리킨답시고 우산으로 그림을 뚫어버리는 일이 없도록 살피는 일을 한다. 미술관 안내원의 업무를 강철제련공의 일과 비교해 보자. 강철제련공은 용광로와 펄펄 끓는 쇳물로 둘러싸인 곳에서 어마어마한 힘을 쓰며 일한다. 제철소에 익숙하지 않은 사람들에게는 생지옥처럼 보일 수도 있다! 하지만 강철제련공에게 미술관 안내원 업무를 맡기면 금세 싫증을 내고 그 지루함을 견디기보다는 쇳물이 끓는 용광로로 돌아가려 할 것이다. 그런가 하면 미술관 안내원은 강철제련공의 일을 하기에는 너무 늙었거나 너무 약하거나 너무 게으르거나 혹은 세 가지 다 해당될 수 있다. 하나는 젊은이의 일이고 다른 하나는 늙은이의 일이다. 현재 우리는 강철제련공에게 더 많은 임금을 주는 것으로 균형을 맞추고 있다. 하지만 강철제련공에게 더 많은 여가를 주는 것으로도 더 많은 임금을 주는 것과 같은 효과를 낼 수 있다. 휴가일을 늘릴 수도 있고 근무시간을 단축할 수도 있다. 기회만 닿으면 노동자들이 알아서 그렇게 한다. 시간제가 아니라 작업량으로 보수를 받는 경우에 혹은 가격상승이나 주문 폭주로 평소 벌이의 두 배 이상을 벌 수 있을 때, 그들은 두 배의 임금과 두 배의 여가 사이에서 선택할 수 있다. 노동자들은 보통 두 배의 여가를 선택한다. 전과 같은 액수의 돈을 집에 가져오지만, 월요일부터 수요일까지만 일하고 목요일부터 토요일까지는 휴가로 삼는다. 그들은 더 일하고 싶지도 않고 더 많은 돈을 원하지도 않는다. 다만 같은 일을 하면서 더 많은 여가를 누리길 원한다. 이로써 돈이 일을 하게 할 유일한 동기도, 가장 강력한 동기도 아님을 알 수 있다. 일 자체가 즐거운 경우가 아니라면, 여가 혹은 자유가 훨씬 강력한 동기 부여가 될 것이다.

제24장

The Tyranny of Nature

진정한 여가를 누린다

사람이 말귀를 알아들을 나이가 되면 노동은 피할 수 없는 의무라는 것부터 배워야 한다. 자기 몫의 노동을 하지 않으면 다른 누군가가 그 짐을 질 수밖에 없으므로 노동 의무를 저버리는 것은 법적으로도 허용될 수 없다. 인류가 노동을 멈추면 기근으로 멸망한다는 자연의 법칙에는 일말의 가차도 없다. 우리는 자연이라는 폭군에게서 해방될 수 없다. 그러므로 문제는 우리가 얼마큼의 여가를 누릴 수 있을까 하는 것이다. 일을 하는 동안에는 갤리선 노예처럼 일해야 하더라도, 오늘 하루 자기 몫을 다했다고 자부하며 자리를 털고 일어날 수 있는 때는 언제인가? 그에 대한 답은 한번도 나온 적이 없을뿐더러 너무 많은 노동자가 불필요하고 심지어 유해한 노동에 매여 있는 현 제도 하에서는 결코 답을 낼 수도 없다. 하지만 만약 우리가 소득을 균등하게 분배하고 노동을 공평하게 분담함으로써 해답의 실마리를 찾게 된다면, 우리는 제 몫의 노동을 다함으로써 그만큼의 돈이 아니라 자유를 번다고 생각하게 될 것이다.

또 다른 흥미로운 일도 벌어질 것이다. 지금은 일의 노예가 되는 것에 반발한다. 자연과 필요의 노예가 아니라 고용주와 유산계급의 노예가 되는 기분이 들기 때문이다. 그래서 노동이라면 넌더리를 내고 저주처럼 여긴다. 하지만 만약 노동의 부담과 그에 따른 보상을 모두가 똑같이 나누게 된다면 그런 감정은 사라질 것이다. 자기만 이용당한다는 느낌을 받는 사람도 없을 것이고, 노동이 늘어나면 각자의 몫도 늘어난다는 걸 누구나 알게 될 것이다. 그러면 건초 만들기 외에 다른 일도 얼마든지 할 만하다고 여길 것이다. 공장 노동은 과로하지만 않는다면 사람들과 함께 어울리기 좋은 일이라는 점에서 무척 즐거울 수 있다. 여자아이들이 부엌에 처량하게 앉아있기보다는 귀가 먹먹해지는 소음을 감수하면서 방직 공장에 취직하려는 이유 중 하나가 그거다. 인부들은 중노동을 하지만 야외에서 일한다. 수다 떨고, 티격태격하고, 내기를 하고, 이곳저곳을 돌아다닌다. 그러니까 우중충한 사무실에 틀어박혀 남의 돈이나 세고 장부나 기재하는 사무원의 일보다는 훨씬 더 재미있는 일이다. 업무 환경이 받쳐 줘서 즐거운 노동이 있는가 하면 그 자체가 흥미롭고 즐거운 노동도 있다. 예컨대 철학자나 다양한 분야의 예술가들은 아무 일도 하지 않으니 무보수로라도 일하려 할 것이다. 하지만 소득평등화가 이루어지면 그런 일들은 직업의 산물이 아니라 여가의 산물이 될 공산이 크다.

자, 그러면 일보다 재미있는 거랍시고 우리가 돈 주고 하는 오락을 한번 살펴보자. 유람열차, 해변 숙소, 시시껄렁한 쇼, 음주, 애들처럼 축구나 크리켓에 열을 올리는 것, 재미있고 귀여운 척하지만 바보 같고 상스러울 뿐인 딱한 어릿광대 극단, 그밖에도 겉보기에는 무슨 대단한 이벤트 같지만 주머니는 주머니대로 털리고 귀갓길에 짜증과 우울을 동반하게 되는 따분하고 피곤한 온갖 것들. 간만에 돌아온 공휴일에 온종일 여가를 즐길 수 있게 되면 사람들은 기분 전환을 위해 아무거나 손에 잡히는 대로, 설령 그것이 피곤하고 힘든 일이라도 일단 달려든다. 만약 사람들이 날마다 노동에 시간을 투입하는 것처럼 진정한 여가를 누릴 충분한 시간을 갖게 된다면 정말로 즐겁게 시간을 보내는 법을 알게 될 것이다. 현 상황에서는 사람들이 이 중요한 기술을 제대로 쓸 줄 모른다. 기껏해야 매혹적으로 광고되는 쾌락을 돈 주고 살 뿐이다. 그런 쾌락은 사실상 존재하지 않으며 여가가 결핍된 고된 일상의 단조로움을 그저 잠시 잊어버리는 것 그 이상도 이하도 아니라는 걸 알아차리지 못한다.

참된 기쁨과 거짓 흥밋거리를 구별하고 제대로 살아가는 법을 배울 만큼 충분한 여가를 가지게 되면, 사람들은 자기 일을 즐기는 것을 넘어서 조지 콘월 루이스 경이 한 말에 공감하게 될 것이다. "오락만 없애면 삶은 견딜 만한 것이다." 그는 영리한 사람이라 오락이라는 게 즐겁기는커녕 시간과 돈을 낭비하게 하고 기분을 망쳐 놓는다는 것을 간파했다. 건강한 사람에게 시간을 낭비하는 것만큼 불쾌한 일도 없다. 건강한 어린이들은 지치도록 무슨 일을 하거나 뭔가를 만드는 시늉을 한다! 어린아이들이 모래성을 짓는다면 다 큰 어른들은 진짜 성채를 지어올리며 재미를 느끼는 게 자연스러운 일이다. 그러다 피곤해지면 비로소 일하고 싶은 생각이 사라지고 그러면 아무것도 하지 않다가 잠이 든다. 우리가 제멋대로 일하고 싶어 한다는 이야기가 아니다. 시간을 들이고 육체와 머리를 써서 하는 일에 얼마간의 즐거움과 흥미가 있기를 바라는 거다. 노예들은 지나치게 혹사당하고 존중받지 못하기 때문에 이 말을 이해할 수 없을 것이다. 그들은 끔찍하고 과도한 노동에서 벗어나기만 하면 그에 상응하는 끔찍하고 과도한 악습에 빠져든다. 당장은 노예들을 풀어줘도 오래된 노동의 공포와 뿌리 깊은 악습이 쉬 떨어져 나가지 않을지도 모른다. 그래도 괜찮다. 그 노예 세대는 언젠가 죽어 사라질 거고 그들의 아들딸들은 자유를 누릴 수 있을 것이다. 그 아들딸들은 자유를 만끽하는 방법의 일환으로 다양한 가욋일을 하면서 유용한 것들을 아름답게 하고 좋은 것들을 더 좋게 하며 자연스럽게 나쁜 것들을 제거할 것이다. 세상은 정원과 같다. 씨를 뿌렸으면 잡초도 제거해야 한다. 건설만큼이나 파괴에도 효용과 즐거움이 있다. 둘은 똑같이 필요한 일이다.

　이 문제를 진짜 정확하게 이해하기 위해서는 단지 노동과 여가를 구분하는 것만이 아니라 여가와 휴식을 구별해야 한다. 노동이란 우리가 해야 할 일을 하는 것이다. 여가는 우리가 좋아하는 일을 하는 것이다. 우리의 육체와 정신에 쌓인 피로에서 회복하는 동안 아무것도 하지 않는 것이 휴식이다. 우리는 좋아하는 일을 하면서 종종 우리가 해야 할 일을 할 때만큼 힘을 들인다. 경기장을 전속력으로 달리며 이리저리 공을 차는 경우를 상상해보라! 그런 여가는 필요 때문에 하는 대부분의 노동보다 힘이 더 든다. 책을 쓰는 게 아니라 읽는 것처럼 다른 사람들이 노동한 것을 보는 것도 휴식의 한 방법이다. 우리가 여가의 충분한 몫을 누리게 된다면, 공을 차고 골프채를 휘두르고 사냥이나 사격을 하는 데 그 시간을 송두리째 날려버리지는 않을 것이다. 여가의 상당 부분을 유용한 일에 쓸 것이다. 우리의 의무노동(이것을 소홀히 하는 건 범죄로 취급될 것이다)은 하루 두세 시간으로 줄어들겠지만, 그 대신 여가시간에 우리는 자발적으로 많은 일을 하게 될 것이다. 현재 사랑이나 돈으로도 할 수 없는 엄청난 양의 국가적으로 유익한 일을 재미로 할 것이다. 남편이 흥미로운 일에 몰두하고 있으면 밥 때가 돼도 좀처럼 일에서 떼어내기가 쉽지 않다는 것을 모든 아내는 알고 있다. 이따금 남편의 일에 대한 질투가 가정의 불화를 초래하기도 한다. 아내가 남편이랑 시간을 함께하거나 친구들이랑 대화를 나누기보다 다른 일을 더 흥미롭다고 여겨 골몰해 있을 때도 마찬가지 상황이 벌어진다. 사무실이나 공장에 다니지 않고 혼자 일하는 직업군에서는 건강을 해치거나 과로로 조기사망하는 사람의 수가 너무 많아서 철학자 허버트 스펜서는 기회가 닿을 때마다 일중독의 위험을 경고했다. 일중독은 정확히 알코올중독이 그런 것처럼 우리를 잠식할 수 있다. 일중독의 희생양들은 자기 몸이 상하는 줄도 모르고 득보다 실이 커질 때까지 일하고 또 일한다.

제25장   *The Population Question*

소득평등에 대한 반대 의견 중 그 두 번째를 살펴보자. 소득평등으로 좋아지는 점이 있다고 해봤자 사람들이 애만 많이 낳을 거라는 의견이다. 이런 소리를 하는 사람들은 지금도 이미 인구가 너무 많다고 주장한다. 지구상의 모든 사람을 먹여 살릴 만큼 충분한 식량을 생산하기에는 지구가 너무 비좁아서 현재의 빈곤이 초래됐다는 것이다.

   설령 그들의 말이 사실이라고 해도 평등한 분배에 반대할 의견은 되지 못한다. 먹을 게 부족할수록 평등한 분배는 더욱 중요해진다. 그래야 가급적 더 많은 사람을 먹여살릴 수 있고 결핍의 해악에 불평등까지 더해지는 일을 피할 수 있다. 그런데 지구가 인구과잉이라 빈곤이 초래됐다는 말이 사실도 아니다. 실상은 문명화가 진행되면서 인구 대부분의 상대적 빈곤이 심화한 것이다. 그리고 그 명백한 원인은 부와 여가가 너무 불공평하게 분배돼서 절반 이상의 인구가 생산적인 일을 하지 않고 다른 절반의 인구에 기생한다는 데 있다.

   집안 하인들의 경우를 살펴보자. 사람을 부릴 형편이 되는 집들은 대개 하인 하나를 두는 데 비해 메이페어*Mayfair*의 상류 사회에서 살아가

인구 문제만 심각해진다고?

는 젊은 부부는 돌봐야 할 아이가 태어나기 전에도 아홉 명의 하인을 두지 않고는 도저히 생활을 꾸려 나갈 수가 없다고 한다. 하지만 하인을 단 한 명 혹은 많아야 두 명 두고 있는 부부들이 (하인을 아예 두지 않는 부부들은 당연히) 더욱 편안한 가정생활을 누린다. 안됐지만 메이페어의 젊은 부부는 아래층에 아홉 명의 성인을 위한 방을 마련해야 함은 물론이고 그들이 서로 잘 지내도록 신경도 써야 한다.

아홉 명의 하인은 고용주를 돌보는 게 아니라 사실상 서로를 돌본다. 만약 여러분이 남들도 다 그렇게 하니까 집사와 하인은 반드시 있어야 한다고 생각한다면, 그들의 끼니를 준비하고 잠자리를 돌볼 사람도 고용해야 한다. 가정부와 시녀도 그 집 안주인이 필요로 하는 것만큼이나 가사 서비스를 필요로 하고, 자기 담당이 아닌 일은 엄밀히 따져가며 손도 대지 않으려 한다는 점에서 안주인보다 훨씬 더 까다롭게 군다. 그러니까 겨우 두 사람 시중드는 데 무슨 아홉 명이나 되는 하인이 필요하냐고 하면 안 된다. 그 집에는 돌봐야 할 사람이 총 열한 명이고, 열한 명을 돌보는 일을 아홉 명이 해야 해서 나머지 두 명을 돌볼 손이 부족한 거다. 바로 그렇기 때문에 메이페어의 젊은 부부는 아홉 명의 하인을 두고도 일손이 부족해서 살림을 꾸리기가 여간 어려운 게 아니라고 끊임없이 불평을 늘어놓으며 파출부와 임시직 재봉사와 심부름꾼을 추가로 고용해서 가사 사용인들의 일을 보충하려 한다. 평범한 규모의 가족이 비범한 수입을 가지고 있으면 어느새 서른 명은 되는 하인을 거느리게 된다. 그 서른 명의 하인은 서로를 돌보기 때문에 침실만 있다면 하인의 수는 무한정 늘어날 수 있다. 더 많은 하인을 둘수록 정작 하인들이 고용주의 시중을 드는 시간은 줄어든다. 따라서 여러분이 더 많은 하인을, 아니 하인들이 더 많은 하인을 둘수록, 여러분보다는 하인들을 즐겁게 하는 일이 될 것이다.

이 하인 무리는 경제적으로 자활하고 있지 않다. 하인들을 부양하는 것은 그들의 고용주다. 그런데 고용주가 임대수익과 배당금으로 먹고산다면, 즉 그가 지분을 가지고 있는 공장의 노동자들이나 임차인들의 노동에 기대고 있다면, 하인들이나 고용주나 할 것 없이 그 집안 전체가 경제적으로 자립하지 못한 상태다. 설령 지구가 지금의 열 배로 커진다 해도 그들이 자립하지 못하는 것은 매한가지다. 지구상에 사람이 너무 많은 게 아니고 무위도식자가 너무 많은 게 문제다. 수많은 노동자가 무위도식자들을 부양하느라 귀한 시간을 버리고 있다. 무위도식자들을 없애고 노동자들을 유용한 일에 배치한다면, 당분간 우리는 인구과잉을 걱정할 일이 없을 것이다. 어쩌면 영원히 걱정할 필요가 없을 것이다. 이런 문제는 자연이 알아서 한다.

이걸 산수 문제처럼 설명하면 더 이해하기 쉬울지도 모르겠다. 스무 명의 노동자가 연간 100파운드씩을 생산하는데, 그 중 절반은 합의를 했든 법으로 정해졌든 땅 주인에게 줘야 한다고 가정해보자. 땅 주인은 일을 하지 않아도 땅을 가지고 있다는 이유만으로 연간 1,000파운드를 받는다. 땅 주인이 자기 자신을 위해 연간 500파운드만 써도 스무 명의 노동자보다 열 배는 더 부유한 셈이다. 그는 남는 500파운드로 연봉 75파운드를 받는 장정 여섯 명과 소년 하나를 하인으로 고용해서 행여 스무 명의 노동자 중 누군가가 반기를 들고 50파운드를 내지 않으려 할 때 진압에 나설 무장세력으로도 활용할 수 있다. 여섯 명의 하인은 연간 50파운드를 버는 노동자들의 편을 들지 않는다. 자기들은 75파운드를 벌기 때문이다. 힘을 합쳐 지주를 몰아내고 남 치다꺼리나 하는 대신 모두가 유용한 일에 종사하면 각자 연간 100파운드를 거뜬히 벌 수도 있다는 걸 알 정도로 영리하지 못한 것이다.

    스무 명의 노동자와 예닐곱 명의 하인에 수백만을 곱해 보면 모든 나라가 처해 있는 상황의 밑그림이 그려진다. 지주층이 존재하고, 대규모 경찰력과 군대가 지주층의 재산을 보호하며, 수많은 하인이 지주층의 시중을 들고, 수많은 노동자가 지주층을 위한 사치품을 만드는 데 종사한다. 그러니까 정말로 쓸모있는 일을 하는 노동자들은 스스로 먹고살 뿐만 아니라 다른 모두를 먹여 살리고 있다. 인구 증가가 그 나라를 부유하게 하는지 가난하게 하는지는 토지의 비옥도에 달린 문제가 아니고, 늘어난 인구를 유용한 일에 종사하게 할 수 있는지 아닌지에 달려 있다. 늘어난 인구가 유용한 일에 종사한다면 그 나라는 부유해질 것이다. 그러나 늘어난 인구가 땅 주인의 하인이 되어 비생산적으로 일하거나 재산권의 무장 수호 세력이 되거나 땅 주인만 보살피는 직종에 종사한다면 그 나라는 가난해진다. 유산층은 더욱 부유해지고 다이아몬드와 값비싼 옷과 고급 차량은 더 휘황찬란해지고 하인과 가신들은 할아버지 때보다 더 많은 임금과 더 높은 교육을 받게 될지도 모르지만, 나라는 가난해진다.

　인구가 많아지면 나라가 부유해지는 게 자연의 순리다. 노동 분업의 이득을 보기 때문이다. 로빈슨 크루소처럼 온갖 일을 혼자 도맡을 필요없이 서로 다른 종류의 일은 서로 다른 집단(오직 자기 일에만 매달려 매우 숙련되고 재빠른 사람들)에 각각 맡기는 것이 노동 분업이다. 전체를 지휘하는 일도 관리·감독을 전문으로 하는 사람들에게 맡긴다. 이런 식으로 절약된 시간은 향후 시간과 노동을 더욱 절약해줄 기계와 도로, 온갖 장치들을 만드는 데 사용될 수 있다. 그렇게 해서 스무 명의 노동자가 열 명이 생산하는 것의 두 배 이상 생산할 수 있고, 백 명의 노동자가 스무 명이 생산하는 것의 다섯 배를 훌쩍 넘겨 생산할 수 있는 거다. 노동과 노동으로 생산하는 부가 평등하게 분배된다면, 백 명의 인구는 열 명이 있을 때보다 훨씬 더 잘 살 수 있다. 그런 식으로 따져 보면, 수백만 인구가 모여 사는 현대 사회는 그 옛날 수천 명이 부락을 이루고 살던 때와는 비교도 되지 않을 정도로 엄청난 풍요를 누려야 한다. 그러나 실상은 살림살이가 아주 조금 나아졌을 뿐이고 때로는 더욱 궁색해졌다. 무위도식자들과 그들에게 기생하는 인간들이 우리가 가여운 일벌을 착취하는 것처럼 수백만 인구를 착취하고 있기 때문이다.

　물론 우리가 똑같이 나눈다고 해서 1인당 부가 계속 증가하리라는 법은 없다. 좋은 환경이 주어지면 인류는 아주 빠른 속도로 증식할 수 있다. 남녀 한 쌍은 그 후손이 일을 잘 꾸려 나가서 전쟁이나 전염병,

조기사망 따위를 겪지 않는다면 400년 만에 2천만 명으로 불어날 수 있다. 만약 현존하는 모든 남녀가 그런 속도로 증식한다면 밀을 키울 밭은 고사하고 지상에 발 디딜 공간도 곧 남아나지 않게 될 것이다. 지구가 노동으로 생산할 수 있는 식량의 양에는 한계가 있다. 만약 인구가 무제한적으로 증가한다면, 더 많은 인간을 길러내서 식량을 더 많이 생산하려는 생각을 접고 인구를 줄여야 한다는 결론에 도달하게 될 것이다.

요즘에는 공기에서 질소를 추출해 비료를 만든다.[1] 그렇게 발전된 기술로 식량 문제는 해결한다고 쳐도 인류의 번식에 제동을 걸 요인은 또 있다. 인간은 빵으로만 사는 게 아니다. 사람들이 배불리 먹는 상황에서도 인구과잉은 얼마든지 일어날 수 있다. 전후 영국에는 특별한 식량 부족 현상이 나타나지 않았지만 주택 부족이 심각해졌다. 영국의 도시들은 끔찍할 정도로 초만원이다. 도시에 사는 모든 가족이 편하게 지낼 수 있는 널찍한 집과 정원을 제공하려면 도로들이 교외로 몇 마일이고 뻗어나가야 할 것이다. 이렇게 가다보면 우리 모두가 건강한 삶을 누리기 위해 적정 인구를 정하고 특단의 사유가 없는 한 그 수를 유지하고자 고군분투해야 할지도 모른다.

인구 정책을 세울 때는 아이를 낳는 여자들을 고려해야 한다. 혼자서 스무 명을 낳는 경우도 있고 열다섯 식구는 예사인 지역도 있다지

---

[1] 1909년 독일 과학자 프리츠 하버*Fritz Haber*가 공기 중에서 질소를 분리하는 기술을 발명해 인공비료의 대량생산이 가능해졌다. 하버는 "공기로 빵을*bread from the air*" 만든 사람이라는 수식어와 함께 1919년 노벨화학상을 수상했으나 1차세계대전 때 독가스 개발을 주도해서 "화학무기의 아버지"라는 불명예도 얻게 됐다.

만, 건강한 체질의 여자가 적절한 보살핌을 받으며 별다른 후유증 없이 출산의 부담을 견뎌내고 출산 전과 마찬가지로 튼튼하고 좋은 상태를 유지한다고 하더라도 임신하면 기나긴 입덧과 불편함이 수반되고 일시적인 장애와 심각한 통증, 죽음의 위험까지 감수해야 한다는 사실에는 변함이 없다. 이러한 수고로움에서 빠져나간 아비도 아이들을 키우기 위해서는 돈을 벌어야 한다. 아이들이 일할 수 있는 나이가 되면 수많은 일자리에서 그들을 원할지도 모르겠으나 그러기 전까지는 빵한 덩어리 버터 한 조각도 거저 생기는 법이 없다. 국가와 세계를 이롭게 하는 인구의 증가가 부모에게는 견딜 수 없는 부담이 되기도 하는 것이다. 그래서 피임을 어떻게 하는지 모르거나 피임을 금하는 종교를 믿는 게 아니라면 집집마다 아비가 부양할 수 있는 만큼 혹은 어미가 낳으려는 만큼으로 자녀 수를 조절한다.

이러한 가족계획은 소득의 평등한 분배와 매우 큰 관련이 있다. 이걸 설명하기 위해 이야기를 조금 돌아가겠지만 곧 무슨 말인지 이해할 것이다.

철학자든 농장일꾼이든 직업과 관계없이 모든 노동자가 동일한 소득을 받는다고 하면, 생활비는 다들 비슷하다고 쳐도 직업마다 노동에 들어가는 비용은 천차만별일 텐데 그 문제는 어떻게 할 것인가? 어떤 여자가 일과 중에 소모하는 무명실 한 타래는 몇 펜스에 불과한데, 그녀의 과학자 남편은 1그램당 12,500파운드나 하는 라듐을 몇 그램씩 필요로 할 수도 있다. 플랑드르 전쟁터에서 죽음이나 장애의 위험을 감수하며 싸우는 포병들은 정작 자기를 위해서는 몇 푼 쓰지 않지만 그들이 하루에 써버리는 물질의 비용은 엄청나다. 만약 그들이 써 없애는 대포와 포탄의 비용을 그때그때 급료에서 깐다고 하면 이 세상에서 전쟁이 사라질 것이다.

이러한 노동에 들어가는 비용의 불평등은 어떻게 해도 그러니까 여가시간이나 휴가 일수나 노동자들 간의 그 어떤 특혜의 조율로도 해소될 수 없다. 불평등한 임금으로는 더더구나 해결될 수 없다. 현행 임금 체계를 광적으로 지지하는 사람이라 할지라도 작업 도구의 가격에 따라 임금을 결정해야 한다는 소리는 하지 않을 것이다. 수천 파운드짜리 증기 해머를 돌리는 공장 노동자가 단지 비싼 도구를 쓴다는 이유로 몇 실링 안 하는 커다란 망치를 사용하는 건설 노동자보다 더 많이 받아야 한다는 것은 말이 안 된다. 국가 소득이 노동자에게 균등 분배되더라도 노동자가 일할 때 필요한 재료와 도구의 비용까지 감당할 수는 없을 것이다. 노동자가 재료와 도구를 제공받든지 아니면 노동자가 자기 돈으로 재료와 도구를 마련하고 따로 비용 정산을 받든지 해야 한다.

이걸 출산 노동과 양육에 적용해 보면 출산과 양육 비용을 부모가 부담하면 안 된다는 게 명확해진다. 지금은 그 비용을 출산수당과 자녀 수에 따른 소득세 감면으로 보상하고 있지만 그것만 가지고는 어림없다. 소득의 평등한 분배 체제에서는 각각의 아이가 출생하는 순간부터 자기 몫의 소득에 대한 자격이 생기고 부모는 아이들의 신탁관리인으로서 양육비를 제대로 집행해야 할 공적 의무를 지게 된다. 행여 부모가 의무를 소홀히 하더라도 아이는 자기 몫의 소득을 온전히 누리게 될 것이다. 이렇게 해서 아이를 키우는 가정은 언제나 안정된 상황을 유지하고 여성은 어머니가 되는 일의 천부적 특권과 존엄과 만족감을 느끼며 출산이라는 노동과 위험을 받아들일 수 있게 된다.

그러나 그처럼 흐뭇한 조건 때문에 결혼 시기가 빨라지고 현재의 끔찍한 영아사망률도 없어진다면 인구가 바람직한 수준을 넘어 엄청나게 혹은 급격하게 늘어날 것이다. 역시 곤란하기는 마찬가지다. 증가 속도는 무척 중요하다. 백년 동안 인구가 두 배로 증가하는 것은 바람직할 수 있지만, 오십 년 만에 인구가 두 배가 되는 것은 몹시 달갑지 않을 수 있다. 그런 상황이 오면 인구수를 의도적으로 통제해야 할 텐데, 지금과는 다른 방식이 필요하다.

지금은 어떠한가? 현재의 불평등한 분배가 감당할 수 있는 수준으로 어떻게 인구가 억제되고 있는가? 대개 아주 끔찍하고 사악한 일이 일어나고 있다. 전쟁과 전염병, 빈곤 등으로 인해 많은 아이가 굶주리고 헐벗고 방치되다가 한 살도 못 넘기고 죽어간다. 이렇게 참혹한 일들이 벌어지는가 하면 또 다른 쪽에서는 교육 수준이 높은 부모들이 대대적으로 인공피임법을 사용한다. 인공피임을 하는 식자층과 숙련공 계층에서는 실제로 인구가 심각하게 감소하고 있다. 프랑스 정부는 병력 부족을 우려한 나머지 자국민들에게 아이를 더 많이 낳아서 독일에 비해 2천만 명 적은 인구를 충원해야 한다고 강력히 권고하고 있다. 다른 식으로도 인구 억제가 일어난다. 불법 행위인 낙태가 대단히 만연해 있고 동양에서는 원치 않는 아이 특히 여자아이는 말 그대로 내버리는 다분히 노골적인 영아 살해 풍습이 있다. 인도적인 마호메트조차 아랍인들에게 그 죄악성을 납득시키지 못한 채 심판의 날이 되면 유기된 여자아이들이 깨어나서 "내가 뭘 잘못했어?"라며 따질 거라고 했다. 아시아에서는 여전히 신생아가 유기살해되고 있다. 명목상 기독교 국가들처럼 법으로 영아 유기살해를 막는다 해도 부모가 원치 않는 아이들은 다수가 방치되고 굶주리고 학대당하다 결국 죽고 만다. 그 아이들 역시 심판의 날이 오면 따져 물을지도 모른다. "그럴 바에야 차라리 우리가 태어났을 때 바로 죽이지 그랬어?"

인구를 억제하는 그 모든 방법 중에서 인공피임법 그러니까 수태 예방이 가장 인도적이고 문명화된 방법이며 단연코 가장 덜 타락한 방법이다. 주교와 추기경들은 인공피임이 죄라고 맹비난해 왔지만, 그것은 어디까지나 초기 기독교적 관습을 따르는 것이기에 이제 그 말은 먹히지 않는다. 초기 기독교인들에게 인구 문제 따위는 없었으니까 말이다. 그들은 피임을 하든 말든 결혼 자체가 죄를 짓는 거라고 믿었다. 그래서 우리 신자들은 별수 없이 섹스가 이브의 원죄 때문에 우리에게 내려진 저주라고 가정하고 시작한다. 하지만 우리가 그걸 저주라고 부르거나 애써 무시한다고 해서 실상이 달라지지는 않는다. 우리는 바람직한 산아제한 방법을 찾으면서 우리의 성적 본능이라는 현실도 감안해야 한다. 인류 다수에게 실질적인 문제는 인구를 억제해야 할 것인가 여부가 아니다. 인구를 억제할 방법으로 피임을 택할 것인가 아니면 아이를 가진 후에 낙태와 유기, 기아, 방치, 학대, 전염병, 역병, 기근, 전쟁, 살인, 돌연사 등으로 살육하는 쪽을 택할 것인가다. 그 어떤 주교나 추기경도 감히 후자를 선택할 수는 없다. 성 바오로는 결혼을 꺼렸지만 그래도 "욕정에 불타는 것보다는 혼인하는 편이 낫다"고 했다. 우리네 주교와 추기경들도 피임이 영 꺼려질 것이다(그건 나도 그렇다). 그래도 "지금처럼 아이를 수태한 다음에 죽이는 것보다는, 어떻게든 아이를 갖지 않는 편이 낫다"고 해야 하지 않을까. 성 바오로가 결혼에 대해 한발 물러선 것처럼 말이다.

현재 국민소득의 불평등한 분배 때문에 우리가 성급하게 산아제한을 거론하고 있지만 사실 이 세계에는 공간이 충분히 남아있다. 캐나다와 오스트레일리아의 인구 밀도는 낮아 보인다. 오스트레일리아 사람들이 사람이 살 수 없는 곳이라며 놀리고 있는 땅에 우리 군대가 주둔하고 있지만 않았어도, 인구 과밀인 일본 사람들이 몰려와 "우리가 살겠다"고 나섰을 것이다. 교회의 반대가 격렬한 곳에서도 사람들은 피임을 한다. 피임을 막을 유일한 방법은 피임을 조장하는 인위적인 가난을 폐지하는 것이다. 소득이 평등하게 분배되면 성급한 피임을 막을 수 있다. 피임이 정말 싫어서 마지막 순간까지 미루고 싶은 사람들은 소득평등에 찬성할 마땅한 명분이 생긴 것이다.

상황이 정말 좋아져서 불가피하게 인구 제한을 해야 하는 그 마지막 순간이 오면 어떤 식으로 인구 제한을 하게 될까? 아무도 예측할 수 없다. 자연이 개입해서 인구 문제가 우리 손을 떠나버릴 수도 있다. 인구가 얼마나 필요한지에 따라 태어나는 아이들의 수가 달라진다는 사실을 보면 그럴 것도 같다. 신생아가 위험이나 힘든 환경에 노출돼서 생존율이 아주 낮아지면, 아무런 인위적인 개입 없이도 자연은 어마어마한 수의 아기가 태어나게 해서 인류의 멸종을 막아낸다. 대구는 수백만 개의 알을 낳고 여왕벌은 날마다 4천 개의 알을 낳는다. 인류의 생식능력이 그에 미치지는 못하지만 그 안에서도 자연은 가난하고 영양이 부족하고 미개하고 결함이 있어서 그 자식들이 어린 나이에 떼로 죽어나가는 사람들과 정신적으로나 육체적으로나 잘 계발된 사람들을 뚜렷하게 구분한다. 결함이 있는 쪽에서는 끔찍이도 다산을 하지만 그렇지 않은 쪽에서는 따로 피임하지 않아도 아이를 적게 가진다. 현재 우리 문명의 골칫거리 중 하나는 취약한 무리가 우세한 무리보다 번식력이 좋다는 거다. 여기서 취약한 무리란 정말로 굶어죽게 생긴 빈민가 사람들, 미개할 뿐만 아니라 비참한 환경 때문에 타락한 사람들이다. 우리는 가난을 폐지함으로써 그런 비참한 환경과 거기서 양산되는 취약한 무리를 없애야 한다. 그러면 취약한 무리의 지나친 번식력도 해결될 것이다. 취약한 무리가 지나친 번식력을 가지게 된 것은 어디까지나 그들에게 나타나는 끔찍한 영아사망률을 상쇄하려는 자연의 개입이니까 말이다.

높은 사망률 때문에 종(種)이 절멸하는 것을 막기 위해 자연이 그 종의 번식력을 증대시킬 수 있고 실제로 그렇게 하고 있다면, 과밀 현상 때문에 멸종하는 것을 막기 위해 자연이 번식력을 감소시킬 수도 있고 또 그렇게 하고 있는 것 아닐까? 분명 자연은 우리의 필요에 부응하기 위해서든 스스로 원해서든 신비로운 방식으로 번식력을 조절하고 있다. 자연의 조화를 우리가 이해하지는 못한다. 우리가 사는 환경을 개선하면 이 세상에 인구가 넘쳐날 거라고 말하는 사람들은 단지 자연의 섭리를 이해하는 척하는 것이다. 사회주의 체제에서는 굳이 산아제한을 하지 않아도 자연이 알아서 인구를 조절할 거라고 낙관론을 펼치는 사람들 역시 자연의 섭리를 이해한 척하는 것뿐이다. 세상 환경을 개선하고 어떤 일이 벌어지는지 지켜보는 게 답이다. 선에서 악이 나오지는 않을 거라고 믿는 수밖에. 현재의 인구과잉은 소득의 불평등한 분배 때문에 발생한 인위적인 상황이고 더 나은 분배 방식을 통해 얼마든지 치유될 수 있다. 어차피 나중에 다시 불편해질지도 모른다면서 보다 편안한 삶을 굳이 마다하는 것은 어리석은 짓일 것이다. 태양이 식고 있다는 둥 내년에 세상의 종말이 온다는 둥 인구 증가로 지구상에서 우리가 멸종할 거라는 둥 혹은 흔히 말하듯, 모든 게 헛된 번뇌일 뿐이라는 둥 떠드는 사람들에게 귀 기울인다면, 우리는 아무것도 할 수가 없다. 우리가 내일을 확신할 수만 있다면, "먹고 마시자. 어차피 내일이면 죽을 몸" 같은 소리를 해도 나름 일리는 있을 수 있다. 그러나 "내일이면 죽을 테니 오늘 사는 것이 무의미하다"고 말한다면 그건 어떻게 해도 어리석은 소리가 될 것이다. 나태한 사람들이 제 의무를 게을리하면서 "천년이 가도 어차피 세상은 안 변해" 하고 지껄이는 것과 똑같다. 사실 지구는 현재의 인구를 지금보다 아니 과거 그 어느 때보다 더 쾌적하게 수용할 수 있다. 그러니 우리로서는 인류가 지속하는 동안 최대한 쾌적하게 지내는 게 최선이다.

두 사람이 모이면 한 사람 생산량의 두 배 이상 생산할 수 있고, 이백만 명이 모이면 백만 명일 때 생산량의 두 곱절보다 훨씬 더 많이 생산할 수 있다. 그러니까 지구는 정치경제학자들의 표현으로 수확체증의 법칙 아래 놓이는 것이다. 행여 지구가 먹여 살릴 수 있는 것보다 인구가 많아져서 아기가 더 태어나면 전 세계가 도로 더 가난해지는 지경에 이르렀을 때 그제야 지구는 수확체감의 법칙을 따르게 될 것이다. 만약 웬 신사가 지구는 이미 수확체감의 법칙하에 있다고 여러분을 설득하려 든다면, 여러분은 그가 대학에서 배운 대로 부잣집 자식들만 좋은 소리를 하고 있다고 결론을 내려도 무방하다. 부자의 아들들은 부를 누리고 나머지 사람들은 빈곤에 시달리는 게 변치 않는 자연의 섭리인 양 호도하려는 것이다. 사실 그것은 얼마든지 개선할 수 있는 인재人災 즉, 국민소득의 잘못된 분배 때문에 벌어진 일일 뿐이다.

그럼에도 불구하고, 전세계적으로 봤을 때 여전히 인구 부족인 상황에서도 때때로 인구과잉이 발생할 수 있다는 사실을 간과해서는 안 된다. 망망대해를 표류하는 배 한 척에 열 명의 조난자가 타고 있는데 달랑 물 한 병과 비스킷 한 봉지뿐이라면 심각한 인구과잉 상태다. 주당 30실링을 버는 어느 육체노동자의 작은 오두막에 여덟 명의 아이가 있어도 인구과잉이다. 방 열두 개짜리 공동주택에 50명이 살고 있어도 인구과잉이다. 런던은 지독한 인구과잉이다. 따라서 전세계적으로는 인구과잉이 아니고 수확체증의 법칙하에 있다 하더라도 국지적인 인구과잉으로 여러 곳에서 수확체감이 일어날 수 있다. 소득평등을 실현하면 그런 문제 지역에 속한 불행한 개체들이 수확체감의 노예 상태에서 벗어나 수확체증의 번영을 비로소 누릴 수 있을 것이다.

제26장

The Diagnostic of Socialism

소득평등화에 대해 일반적으로 제기되는 반론들은 모두 검토해봤다. 그러는 동안 사회주의자들이 뭐라고 하는지는 신경도 쓰지 않았고 그 어떤 사회주의 서적도 인용하지 않았다. 사회주의에 대해 전혀 아는 바가 없는 사람이라도 스스로의 판단력과 지식을 바탕으로 분배 방식을 고민하다 보면, 자유 사회에서 영구적 번영의 길은 평등한 분배밖에 없다는 결론에 도달하게 된다. 만약 그보다 더 좋은 방도를 찾아내는 사람이 있다면 가장 위대한 발견자로 칭송받아 마땅하다.

"그러니까 더 좋은 방도를 못 찾겠으면 사회주의자가 되라는 말씀이군요!"

친애하는 여러분께 묻고 싶다. 성 아우구스티누스_{St.Augustine}의 글을 읽어본 적이 있는지? 성 아우구스티누스가 마지못해 인정했듯이 초기

기회의 평등은 헛소리다

기독교인들은 아주 잡스러운 인간들이었으며 그중 일부는 산상수훈의 계율을 이행하기보다는 아내에게 주먹질하고 이교도 신전을 파괴하는 데 열을 올렸다. 사실 우리 현대 기독교인들도 여전히 아주 잡스러운 인간들이고 그중 일부는 차라리 교수형에 처하는 것이 나라에 이롭다. 자, 성 아우구스티누스처럼 나도 솔직하게 인정하겠다. 사회주의자를 표방하는 사람들 역시 아주 잡스러운 인간들이다. 사회주의자라고 해서 무조건 같이 어울리고 함께 차를 마시기에 좋은 사람들은 아니다. 사회주의자들도 다른 사람들과 마찬가지다. 그들 중 일부는 기회가 생기면 티스푼을 훔치려는 사람들이다. 좋은 사람들은 정말 좋지만, 대개는 고만고만하고 더러는 악당들도 섞여 있다. 다른 정당에 가입해 본들 더 나은 무언가를 기대할 수 있을까? 물론 나는 여러분이 천사들과 함께하길 바라지만, 죽기 전에는 불가능한 일이다. 살아 있는 동안에는 보수주의자, 자유주의자, 사회주의자, 개신교도, 가톨릭교도, 비#국교도 그러니까 온갖 잡다한 인간 군상을 그저 참고 받아들여야 한다. 따라서 여러분이 어떤 사람들과 뜻을 함께하기로 할 때는 그 집단에 대한 선입견을 버리고 철저히 모르는 사람을 대할 때처럼 신중해야한다. 칼라일은 온갖 인간을 도매금으로 바보 취급했다. 대체로 인간은 그런 소리를 들어도 싸다. 그걸 누가 부인할까?

어쨌거나 여러분은 지적인 여성이고, 나만큼이나 그런 현실에 대해 잘 알고 있다. 다만 사회주의가 무엇인지 정확하게 알지 못하면서 사회주의자를 자처하는 사람들이 세상에 엄청 많다는 것을 간과해서는 안 된다. 귀족이거나 노동자이거나, 품에 안긴 아기이거나 신체 건강한 성인이거나, 주정뱅이이거나 절대금주자이거나, 대주교이거나 교회지기이거나, 죄인이거나 성인이거나 관계없이 모두에게 국민소득을 공평하게 분배하자고 하면 어설픈 사회주의자들은 깜짝 놀라며 겁을 집어 먹는다. 그런 평등한 분배는 그저 보통 사람의 무지한 망상에 지나지 않는다고, 학식 있는 사회주의자는 아무도 그런 헛소리를 믿지 않는다고 우길 것이다. 그들은 자기들이 원하는 것은 기회의 평등이라고 말한다. 모두가 자본가가 될 기회를 평등하게 가진다면 자본주의는 문제가 되지 않는다는 얘기다. 그렇지만 소득평등 없이 기회의 평등이 어떻게 이뤄질 수 있는지 그들은 설명하지 못한다. 기회의 평등은 불가능하다. 여러분의 아이에게 만년필 한 자루와 종이 묶음을 건네주고, 이제 버나드 쇼와 똑같은 기회를 가졌으니 희곡을 쓰라고 하면 아이가 뭐라고 할 것 같은가! 기회의 평등 같은 소리나 "사회주의가 정말로 사회주의는 아니니까 두려워할 필요가 없다"는 주장에 현혹되지 말자. 그래, 사람들이 말하는 사회주의는 사회주의가 아니다. 사회주의란 곧 소득평등화다. 그 이상도 이하도 아니다. 다른 것들은 단지 사회주의의 조건이나 결과일 뿐이다.

어쩌면 여러분은 사회주의 관련 서적을 모조리 읽었을지도 모르겠다. 토머스 모어 경의 유토피아 사회주의, 잉카족의 신정 사회주의, 생시몽의 공상적 사회주의, 푸리에와 로버트 오웬의 공산주의, 카를 마르크스의 이른바 과학적 사회주의, 킹슬리와 F.D.모리스 목사의 기독교 사회주의, 윌리엄 모리스의 『에코토피아 뉴스*News from Nowhere*』(무조건 읽어야 하는 걸작), 시드니와 베아트리스 웹 부부 그리고 대단히 훌륭한 페이비언협회의 합헌적 사회주의, 그밖에도 아직은 명성을 얻지 못한 젊은이들이 설파하는 오색찬란한 사회주의 이론들을 탐독할 수 있다. 하지만 아무리 번드르르한 이론이라도 소득평등을 이야기하지 않는다면 문명을 구해낼 수 없고 무용지물이다. 호구지책이 마련돼야 비로소 사람답게 살 수 있다는 것은 아리스토텔레스 시절로 거슬러 올라갈 만큼 오래된 원칙이지만, 이 책만큼이나 새로운 이야기이기도 하다. 그리스도와 플라톤과 위대한 종파들의 공산주의는 모두 물질적인 평등, 즉 누구도 먹고사는 문제로 고민하지 않아야 한다는 것을 지상 낙원을 세우기 위한 제1조건으로 여긴다. 어떤 경로를 거치든 그러한 결론에 이르는 사람은 누구나 사회주의자다. 그러한 결론에 도달하지 못한 사람은 제아무리 방방곡곡을 돌아다니며 열정적인 장광설로 사회주의나 공산주의를 부르짖고 그 때문에 박해까지 받더라도 사회주의자가 아닌 것이다.

가이 포크스 인형을 들고 다니는 꼬맹이들
조지 토마스George Thomas, 『전래동화집The National Nursery Book』, 1870년

이제 여러분은 사회주의가 정확히 무엇인지 이해했고, 각계각층의 사려 깊고 경륜이 풍부한 사람들이 그토록 광범위하게 사회주의를 지지하는 까닭도 알았다. 진정한 사회주의자를 알아보는 눈도 생겼다. 기존 체제에 적대적이라는 이유만으로 무정부주의자, 노동조합주의자, 국수주의자, 급진주의자를 비롯한 온갖 불평분자들의 기묘한 조합을 무턱대고 사회주의자나 공산주의자나 볼셰비키라고 부르는 실수를 저지를 일도 없어졌고, 자유당을 침몰하는 배라고 여겨 자유당을 버리고 노동당으로 갈아타는 기회주의자도 단박에 골라낼 수 있게 됐다. 또한, 사회주의에 대해 단 5분도 진지하게 생각해본 적 없는 정치인이나 언론인들이 11월 5일이면 가이 포크스_Guy Fawkes_[1] 인형을 들고 다니는 꼬맹이들처럼 가상의 과격분자에 대해 떠드는 허튼소리도 가볍게 무시할 수 있을 것이다.

---

1 제임스1세의 가톨릭 탄압에 대항해 1605년 11월 5일 의회 의사당을 폭파하고 국왕 암살을 기도한 "화약음모사건" 가담자. 거사 직전 발각되어 공모자들과 함께 극형에 처해졌다. 이후 영국인들은 11월 5일을 가이 포크스 데이_Guy Fawkes Day_로 부르며 가이 포크스의 실패를 기념하거나 혹은 아쉬워하는 축제를 벌여왔다. 가이 포크스 데이에는 영국 전역에서 불꽃놀이가 펼쳐지며 아이들이 가이 포크스 인형을 들고 다니다 불에 태우고 어른들은 가이 포크스의 가면을 쓰고 행진하는 것이 전통처럼 자리잡았다.

제27장   *Personal Righteousness*

사회주의가 무엇인지 알았을 테니 한 가지 경고해 둘 일이 있다. 내가 불필요한 경고를 하는 거라면 미리 사과의 말씀을 전한다. 영국 사람, 특히 영국 여자들은 아주 개인주의적인 교육을 받고 자라기 때문에 무언가가 옳다고 확신하면 곧장 그걸 실천하겠다고 선언하고 자녀나 하인에게도 똑같이 시키려 든다. 뛰어난 지성과 에너지를 타고난 내 지인 중에도 개인의 의로움만으로 세상이 좋아질 수 있다고 믿는 여자들이 있다. 그들은 평등이 옳다고 확신하자 갑자기 하인에게 같은 식탁에서 함께 식사하자고 강요하는 등 기상천외한 바보짓을 거듭했다(하인들이 고마워하기는커녕 극도로 싫어할 거라는 생각은 전혀 하지 못한 듯했다. 고용주의 밥 친구 노릇은 하인의 의무가 아니다). 하인들이 일을 그만두겠다고 통보하고 남편들이 불편해서 못 살겠다며 으름장을 놓고 때로는 진짜로 남편들이 도망간 다음에야 그들은 비로소 바보짓을 멈췄다.

　무지하고 가난한 사람들이 불평등의 원인을 부유한 사람들 탓으로

법제화되지 않으면 십계명도 무용지물

돌리는 것은 어쩌면 자연스러운 일이다. 오히려 놀라운 일은 많은 부유한 여자들이 부잣집에서 태어난 게 자기 잘못은 아니라는 것을 깨닫지 못하고 자기들이 누리는 부에 죄의식을 느끼며 양심의 가책을 덜기 위해 자선활동에 뛰어든다는 것이다. 보통 그들은 사회주의가 가난한 이들을 위한 자선사업인 줄 아는데, 그건 정말이지 큰 착각이다. 사회주의는 가난을 혐오하고 빈민을 없애고자 한다. 엄밀하게 말해서 빈민의 존재에 대해 진심으로 반감을 느끼고 못마땅해하는 것이야말로 훌륭한 평등주의자의 첫 번째 자격 조건이다. 사회주의 체제에서는 사람들이 가난하면 고발당할 것이다. 사람들이 벌거벗고 돌아다니면 신고당하는 것과 마찬가지다. 사회주의는 구호활동을 혐오한다. 구호활동은 극빈자에게는 수치심을, 후원자에게는 사악한 자부심을, 그리고 양쪽 모두에게 증오심을 심어준다. 그런 감상적인 이유가 아니더라도 공정하고 신중하게 운영되는 국가에서는 구호를 바라는 사람도 없고 구호를 행할 일도 없어야 한다. 선한 사마리아인 역할을 좋아하는 사람들은 명심해야 한다. 강도가 없다면 선한 사마리아인도 존재하지 않는다는 것을. 성인전이나 영웅전의 주인공들은 대단히 훌륭한 인물로 묘사될지 모르지만 죄인이나 희생자 없이는 그들도 있을 수 없다. 그들의 존재는 좋지 않은 징후일 뿐이다.

고통을 담보로 하는 미덕을 과연 미덕이라고 할 수 있을까. 병원이나 자선단체, 구호기금 등등의 활동에 푹 빠져 있는 사람들을 종종 볼 수 있는데, 만약 그들이 자선활동을 하지 않아도 된다면 그 에너지를 자기 몸가짐을 똑바로 하고 자기 인생에 신경 쓰는 법을 배우는 데 유익하게 사용할 수도 있을 것이다. 세상은 언제나 절실하게 친절을 필요로 한다. 하지만 친절을 낭비해서는 안 된다. 기아와 질병은 얼마든지 예방할 수 있다. 우리가 동정심이나 표하겠다고 그런 참상을 계속 방치하는 것은 우리 소방대의 용맹함을 보여주겠다고 집에 불을 지르는 것과 마찬가지다. 빈곤을 끝장낼 사람은 가난을 동정하는 사람이 아니다. 가난을 혐오하는 사람이야말로 빈곤을 끝낼 수 있다. 구호활동을 없애면 굶주린 사람들이 폭동을 일으키고 혁명도 불사할 테니 구호활동을 당장 중지할 수는 없는 노릇이다. 그렇지만 구호활동은 악이다. 현재 우리가 실업수당을 지급하는 것도 실업자를 그냥 방치했다가는 굶주린 실업자들이 유리창을 깨고 상점을 털고 주택을 불태울 게 뻔하기 때문에 마지못해 주는 것이다.

실업수당의 3분의 1은 실업자들의 호주머니에서 나온 돈이 맞다. 하지만 그 돈을 실업수당으로 돌려주는 방식은 문제를 일으킨다. 실업자들은 자기들이 일을 하든 말든 어차피 부자들이 몸값을 지불하게 되리라는 걸 알게 된다. 고대 로마의 실업자들은 먹을 빵만 요구한 게 아니라 보고 즐길 검투사 쇼까지 원했다("빵과 서커스를$^{panem\,et\,circenses}$"). 그 결과 일은 조금도 하지 않고 로마의 속주에서 가져온 돈으로 먹고 즐기는 한량들이 잔뜩 생겼다. 고대 로마의 몰락은 그렇게 시작됐다. 우리도 빵과 축구(혹은 권투)를 원하게 될지 모른다. 아닌 게 아니라 실업수당이 우리 입에 빵을 물려 준 지 이미 오래다. 거기서 친절한 축복 따위는 찾아볼 수 없다. 누구나 실업수당을 아까워하고(실업수당은 우리 모두의 호주머니에서 나간다), 그럴 용기만 있으면 당장 내일이라도 실업수당을 없애고 싶어 한다.

소득평등은 개인적인 영역이 아니라 공적인 영역에서 다뤄야 할 문제다. 즉 법제화를 통해 달성해야 한다. 달랑 법 하나 제정한다고 끝날 일이 아니고 관련 법규들을 끊임없이 제정해야 할 것이다. 막연히 "어떻게 해라", "어떻게 하지 말아라" 하는 계율과는 달라야 한다. 십계명은 이스라엘 사람들의 행동지침이자 그들의 법이 따라야 할 원칙이었지만, 그것을 강제할 정교한 법률을 제정하고 시행하기 전까지는 정치적으로 무용지물이었다. 사회주의의 계율은 시작부터 끝까지 "네 이웃보다 많이 가지지도 말고 적게 가지지도 말라"가 될 것이다. 그런데 그 계율이 실현되려면, 수백 개의 법령을 새로 통과시키고 수백 개의 기존 법령을 폐지해야 할 뿐만 아니라 새로운 정부부처를 만들고 조직해야 한다. 수많은 남녀를 공무원으로 고용하고 훈련시켜야 한다. 국정을 새로운 시각으로 바라보게끔 아이들을 교육해야 한다. 그리고 모든 단계에서 무지와 어리석음, 관습, 편견, 기득권의 저항에 맞서 싸워야 한다.

만일 이 책을 여기까지 읽고 확신을 얻은 사람들이 압도적 다수가 되어 선거로 사회주의 정부를 수립하기는 했는데, 그 정부가 변화를 일으킬 준비가 돼 있지 않은 상태라면 어떻게 될까? 그런 사회주의 정부가 굶주리는 여인을 맞닥뜨린 상황을 상상해보자. 그 여인이 말한다. "나는 일자리를 원합니다. 자선을 바라는 게 아니에요." 그녀를 위한 일자리를 마련하지 못한 정부는 이렇게 대꾸한다. "버나드 쇼를 읽어보세요. 이 문제를 이해할 수 있게 될 겁니다." 다시 여인이 말한다. "버나드 쇼가 아무리 유익하고 교훈적인 글을 썼다고 해도 지금은 너무 배가 고파서 책이 눈에 들어오지 않는다고요. 부탁인데, 음식을 좀 주시겠어요? 그리고 내가 그 음식에 대한 대가를 정당하게 치를 수 있도록 일자리도 좀 마련해주세요." 그녀에게 줄 일자리가 마련되지 않았다고 털어놓고 실업수당이나 지급하는 것 외에 정부가 달리 무슨 일을 할 수 있겠는가. 지금과 하나 다를 바 없다.

현재 민간 영역으로 넘어가 있는 고용력을 정부가 완전히 장악하기 전까지는 사회주의를 표방하는 정부도 여느 비사회주의 정부와 마찬가지로 고용주와 지주와 금융업자에게 세금을 걷어 굶주리는 여인에게 원외구호_outdoor relief_[1]를 제공하는 것 말고는 할 수 있는 게 없다. 고용력을 장악하기 위해서는 정부 스스로 국가 지주, 국가 금융업자, 국가 고용주가 되어야 한다. 바꿔 말하면, 민간 소유주 대신 정부가 분배할 국민소득을 가지고 있어야 국민소득을 평등하게 분배할 수 있다. 그렇게 되기 전에는 여러분이 아무리 원한다 해도 사회주의를 실천할 수

---

1 영국 빈민법에서 정하는 빈민구제방법. 빈민을 구빈원_workhouse_에 수용해서 보호하는 것은 원내구호, 거택에서 보호하는 것은 원외구호라고 한다. 근대 이후 구제 대상자의 사생활과 자유를 중시하는 거택보호 원칙으로 발전했다.

없다. 어설프게 시도했다가는 된통 뜨거운 맛을 볼 수도 있다. 소득평등화로 나아가기 위해 적극적인 운동을 벌이거나 표를 던지는 건 할 수 있지만, 여러분의 개인적인 삶에서는 사회적 계급을 유지하고(시쳇말로 분수를 알고) 평상시대로 임금을 주고받으며 수익이 높은 곳에 투자하는 등등 지금 하는 것을 그대로 할 수밖에 별도리가 없다.

그러니까 사회주의의 목표를 이해하는 것과 사회주의를 실현하는 것(혹은 그 방법을 아는 것)은 전혀 별개의 문제다. 예수는 내일 먹을 것과 내일 입을 것을 걱정하지 말라고 한다. 매튜 아놀드$_{Matthew\,Arnold}$[2]는 평등을 택하라고 한다. 하지만 이 계율들을 강제할 법이 없는 현 상황에서 여러분이 그 계율들을 과연 얼마나 따를 수 있을까? 지금 이대로 내일을 걱정하지 않는다면 부랑자가 되기 십상이다. 부랑자들이 현대 문명의 문제를 해결할 것 같지는 않다. 매튜 아놀드의 말대로 평등을 택한다고 치자. 그렇지만 어떻게? 거리를 돌아다니다가 저보다 많이 가진 사람을 만나면 돈을 강탈하고 저보다 적게 가진 사람을 만나면 돈을 준다? 그랬다가는 금세 경찰에게 저지당하고 교도소와 정신병원을 전전하는 신세가 될 것이다. 알다시피 개인에게는 허용되지 않지만 정부는 법의 이름으로 할 수 있는 일들이 있다. 정부는 이렇게 말할 수 있다. "다른 사람을 살해하는 사람은 교수형에 처할 것이다." 하지만 어떤 남자가 "내 아내를 살해하는 사람은 내 손으로 목 졸라 죽일 것"이라고 말한다면, 그는 범죄를 저지르겠다는 협박을 한 것이고 따

---

2 매튜 아놀드(1882~1888): 영국의 시인이자 평론가. 평론집 『교양과 무질서』(1869)에서 빅토리아 시대 영국이 지나치게 물질문명만을 추구하는 경향과 사회에 팽배한 속물근성을 신랄하게 비판했다.

라서 엄벌에 처해질 수 있다. 설령 상대가 아무리 끔찍하고 위험한 사람이더라도 말이다. 미대륙에서는 군중이 범죄자를 법의 수중에서 탈취해 린치를 가하는 일도 이따금 벌어진다. 그러나 영국에서 군중이 그런 시도를 하려고 했다가는 경찰에 의해 해산되거나 군대에 의해 사살될 것이다. 범죄자가 아무리 악랄하고 그가 저지른 범죄에 대한 군중의 분노가 지극히 당연한 것이라고 해도 달라질 건 없다.

문명화된 사람들이 정치적으로 제일 먼저 배워야 할 것은 결코 자의적으로 법을 집행할 수 없다는 것이다. 사회주의는 시작부터 끝까지 법으로 해결해야 할 문제다. 사회주의는 게으름뱅이를 일하게 해야 한다. 하지만 그런 의무를 부과하는 일에 개인들이 나서는 걸 허용해서는 안 된다. 예컨대, 아무리 지적인 여자도 게을러빠진 인간을 상대하다 보면 눈에 보이는 대로 빗자루라도 잡아 들고 마구 소리치고 싶은 강한 충동을 느낄 것이다. "당장 달라붙어서 네 몫의 일을 하지 않으면 온몸에 멍이 들도록 흠씬 두들겨 팰 거야." 지금도 가끔씩 벌어지는 일이다. 하지만 그렇게 협박하는 것은 게으름을 피우는 것보다 더 나쁜 범죄고, 그 협박을 실행에 옮기는 것은 더더욱 심각한 범죄다. 맞아도 싸다 싶을 만큼 돼먹지 못한 인간이라도 그렇게 대하면 안 된다. 해결책은 반드시 법적인 해결책이어야 한다. 못된 인간을 혼쭐내더라도 법의 명령에 따라, 법을 수호하는 경찰관에 의해, 정당한 법의 심판을 거쳐야 한다. 만약 그렇게 하지 않으면 도저히 견딜 수 없는 세상이 되고 말 것이다. 모두가 저 좋을 대로 자의적인 법 집행에 나선다면 아무도 마음 놓고 거리를 활보할 수 없게 된다. 어떤 탐미주의자 놈이 길에서 모자 쓴 여자를 보고 어울리지도 않는 걸 썼다며 모자를 잡아 뜯고 짓밟는 일이 벌어질 수도 있고, 여자의 다리를 외설스럽다고 여기는 어떤 미친놈이 그녀의 실크스타킹에 검은 타르를 처바를 수도 있다. 하물며 그런 놈들이 떼거리로 몰려다닌다면…? 상상만 해도 끔찍한 일이다.

더구나 지적인 여자가 게으른 인간보다 힘이 세란 법도 없다. 게으른 인간이 빗자루를 뺏어 들고 지나치게 부지런한 사람 때문에 게으른 자기들까지 피곤해진다며 지적인 여자를 후려갈길지도 모른다. 지나치게 열성적인 노동조합주의자들이 종종 저질러온 일이다.

굳이 더 길게 말할 필요도 없다. 사회주의자가 된다는 것은 개인의 삶을 바꾸는 것이 아니다. 개인의 삶을 바꿔봤자 사회주의 실현에는 아무런 보탬이 되지 않는다. 신문 지면에서는 사회주의자 수상이 과연 자동차를 보유해도 되는가, 사회주의자 극작가가 자기 연극을 무대에 올리는 것에 대한 대가를 받아도 되는가, 사회주의자 지주 또는 자본가들이 임대료와 이자를 받아도 되는가, 아니 무슨 일을 하든 간에 사회주의자라면 자기가 가진 모든 것을 팔아 가난한 사람들에게 나눠줘야 하지 않는가(이건 정말이지 자기가 가진 것으로 할 수 있는 가장 잘못된 행동이다) 등등을 두고 갑론을박한다. 그런 소리를 하는 사람들은 사회주의는 물론이고 보편적인 문명에 대해 아무것도 아는 게 없다는 것을 만천하에 부끄럽게 드러내고 있을 뿐이다.

제28장 *Capitalism*

자본주의를 이해하지 못하면 자본주의를 사회주의로 바꿀 수도 없거니와 사회주의가 어떻게 작용할지 정확히 알 수도 없다. 그러므로 우리는 사회주의만큼이나 자본주의에 대해서도 주의 깊게 공부해야 한다. 일단 자본주의라는 용어부터 다시 생각해볼 필요가 있다. 지금의 체제는 차라리 무산주의*Proletarianism*로 불러야 마땅하다. 이 체제는 자본을 터무니없이 낭비해서 대다수의 사람을 도탄에 허덕이게 만든다. 이 체제를 자본주의라는 그럴싸한 이름으로 부르며 억지로 명맥을 이어가는 것은 진실을 호도하는 짓이다. 그 바람에 사회주의라고 하면 자본을 파괴하려는 시도라고 오해들을 하고 있다. 사회주의자가 자본이 없어도 되는 줄 아는 멍청이라고들 생각하는 모양이다.

유감스럽게도 언론(신문사 사주들)이 그런 생각을 우리 머릿속에 심어 놓으려 한다. 영국인은 자유롭고 독립적인 민족이므로 (술에 전 불한당이나 러시아인, 상습 선동가가 아닌 다음에야) 결코 무산자(프롤레타리아)로 살지 않을 거라고 우리를 설득하기도 한다. 그런 식으로 그들은 무산주의라는 불쾌한 용어 대신 자본주의라는 있어 보이는 이름을 고수한다. 자본주의자들이 우리에게 필수적인 것, 즉 자본을

자본주의란 무엇인가

옹호한다는 인상을 주는 것은 어디까지나 자본주의라는 말 덕분이다.

하지만 이미 있는 용어를 마음대로 바꿀 수는 없으므로 우리끼리만이라도 확실히 짚고 넘어가자. 우리가 자본주의라고 할 때는 한 국가의 땅에 대한 권리를 국가가 갖지 않고 지주라고 하는 사인私人의 손에 넘겨주어 제멋대로 처분하게 하는 체제를 말한다. 지주들은 그 땅에 사는 사람들을 내쫓을 수도 있고 아무도 그 땅을 이용하지 못하도록 막을 수도 있다. 법적으로는 모든 땅이 국왕 소유여서 땅을 사유재산으로 삼을 수는 없으며 국왕은 언제든 땅을 합법적으로 회수할 수 있다고 한다. 하지만 오늘날 국왕은 토지를 회수하는 일이 없고 지주(부동산 자유보유권자[1])들은 마음대로 여러분을 땅에서 내쫓을 수 있으니 땅에 대한 사유재산권은 법이 정하는 바와 달리 사실상 인정되고 있는 셈이다.

땅에 대한 사유재산권을 옹호하는 사람들은 지주 덕분에 자본이라

---

[1] 영국에서는 토지를 자유보유Freehold하거나 임차보유Leasehold할 수 있다. 봉건시대 왕에게서 받은 제약 없는 봉토Fee Simple Estate가 자유보유 토지Freehold Estate가 됐다. 자유보유권자는 토지와 건물을 영구히 소유하고 상속이나 양도도 할 수 있는 반면, 임차보유권자는 지주(자유보유권자)에게 지대를 내고 정해진 기간만 사용할 수 있다.

고 하는 여윳돈이 축적될 수 있다는 것을 가장 큰 이점으로 내세운다. 이 여윳돈 역시 사유재산이다. 국가의 산업도 사유재산이 된다. 토지와 자본 없이는 산업도 있을 수 없기 때문이다. 그런데 산업에는 노동이 반드시 필요하므로, 자본가들은 자기들이 이익을 얻기 위해 자본이 없는 사람들 즉 프롤레타리아를 고용해야 하고 그들이 생계를 유지하고 결혼해서 노동력을 재생산하는 데 충분한 임금을 제공해야 한다. 물론 그들이 하루하루의 노동을 그만둬도 될 만큼 충분한 돈은 아니다.

이런 식으로 자본가들이 자기본위로 행동하면서 항상 최소의 임금으로 노동력을 고용한다면, 국가 산업은 어떻게든 굴러가고 사람들은 지속적으로 생계를 보장받겠지만 늙고 지쳐 구빈원에 들어가는 날까지 죽도록 일해야 할 것이다. 자본주의 체제를 제대로 파악하고 있는 사람들은 입을 모아 말한다. 자본주의는 엄청난 소득불평등을 양산하고 인구 증가로 인한 노동 가격의 하락은 끔찍한 불만과 고통, 범죄, 질병을 만연하게 하므로 결국에는 폭동이 일어나고 말 것이다. 자본가들이 제공하는 일자리 수준에 맞춰 인구를 제한하지 않는 한 그런 사태를 피할 수는 없을 것이다. 하지만 이에 대한 반론도 제기된다. 인간 본성은 본질적으로 이기적이고 금전적 이득을 제외하고는 다른 어떤 동기에 의해서도 움직이지 않기 때문에 우리에게 위대한 근대 문명을 이룩할 다른 방법은 열려 있지 않다는 주장이다.

이러한 주장을 예전에는 맨체스터학파주의라고 불렀다. 하지만 그 이름은 인기가 없어져서 이제는 그러한 주장을 보통 자본주의로 부른다. 자본주의 정부의 유일한 의무는 토지와 자본을 사유재산으로 수호하는 것이다. 정부는 개인의 이익 추구를 위한 온갖 사적 계약을 강제하기 위해 효과적인 경찰력과 치안을 유지한다. 물론 국내 질서를 유지하고 국방을 위해 해군과 육군을 유지하는 일도 한다.

자본주의에 반대해서 사회주의는 국가의 제일 의무가 소득평등을 지키는 것이라고 주장한다. 따라서 사유재산 즉 토지와 자본에 대한 불가침권은 인정하지 않는다. 사회주의는 모든 계약에 국가를 포함시키며 국민의 복지를 가장 중요한 고려사항으로 여긴다. 누구는 치욕스러운 가난 속에서 명을 단축할 정도로 일하고 누구는 다른 사람의 노동에 기대어 무위도식을 일삼으며 사치스럽게 살게 해주는 그 어떤 계약도 절대 용인하지 않는다. 그러므로 사회주의가 사유재산과 계약의 자유를 폐지한다는 것은 충분히 맞는 말이며 이미 상당 부분을 폐지했다. 실제로 사회주의는 사람들이 알아차리고 있는 것보다 훨씬 더 많이 실행되고 있다. 자본주의와 사회주의 간의 정치적 투쟁은 지난 한 세기 넘게 지속됐다. 자본주의가 야기한 최악의 상황에 대해 공분이 일며 자본주의는 조금씩 수그러들었고 자본주의의 악영향을 완화하기 위해 사회주의가 도입됐다.

여기서 잠깐! 일반적으로 사용하는 사유재산$_{private\,property}$이라는 말을 개인소유$_{personal\,possession}$와 헷갈리는 일은 없길 바란다. 본래 부동산(왕의 재산)은 법적으로 개인재산$_{personal\,property}$과 완전히 다른 개념이었다. 그런데 토지에 대한 재산권을 여타 자본에 대한 재산권처럼 정립하려는 혼란스러운 시도 끝에 1926년 재산법을 제정하면서 사유재산과 개인재산을 혼동하게 된 것이다. 사회주의는 언감생심 개인소유에 반대하는 게 아니다. 개인소유가 불가결한 것임을 잘 알고 있고 개인소유가 크게 증대되길 바란다. 그러나 사회주의와 사유재산은 양립할 수 없다.

개인소유와 사유재산의 차이를 명확히 구별해 보자. 보통 우리는 우산이나 저녁 끼니 같은 것도 사유재산으로 착각하지만 사실 그렇지 않다. 여러분은 어디까지나 공적인 조건하에서 그것들을 보유하는 것이다. 우산이나 저녁식사를 제멋대로 사용할 수는 없다. 자기 우산을 가지고 있다고 해서 그걸로 내 머리를 내려칠 수는 없고 저녁식사에 쥐약을 타서 나를 독살할 수도 없다. 심지어 그걸 여러분이 먹고 죽는 것도 안 된다. 영국법상 자살은 범죄다. 여러분이 우산을 사용하고 저녁식사를 즐길 권리는 개인적인 것이면서도 또한 공적인 조건에 의해 엄격하게 제한된다. 하지만 여러분이 잉글랜드나 스코틀랜드의 토지를 소유하고 있다면, 달리 갈 데도 없는 그곳의 거주민들을 바다로 내몰 수 있다. 갓난아이를 품에 안은 병든 여인을 집에서 끌어내 눈 덮인 도로 위로 내쫓을 수도 있다. 단지 그 땅에 사람을 살게 하는 것보다 양과 사슴을 키우는 게 더 돈이 된다는 이유만으로 얼마든지 그럴 수 있다. 여러분은 기껏해야 보름도 머물지 않는, 어쩌면 몇 해가 지나도록 한 번 가지도 않을 별장의 전망을 망친다는 이유로 강가에 부두를 짓는 걸 막을 수도 있다. 내 마음대로 지어낸 사례들이 아니다. 계속해서 벌어져 온 일들이다. 이런 일들은 여러분이 우산으로 내 머리를 내려치는 것보다 훨씬 질이 나쁜 범죄다. 여러분이 여러분의 우산을 가지고 해서는 안 되는 일을 어째서 지주들은 그들의 땅을 가지고 해도 되는지 따져 물어보자. 그러면 우산은 그저 개인재산일 뿐이지만 토지는 사유재산이라서 그렇다는 답변이 돌아온다. 본래 왕에게 속한 재산이라서 그렇다는 거다. 이제 사회주의자들이 사유재산은 빨리 사라지면 사라질수록 좋다고 말하는 이유를 알겠는가?

자본주의나 사회주의나 인류에게 최고의 복지를 누리게 하는 게 목적이라고 주장한다. 하지만 좋은 정부가 되기 위해 어떻게 할 것인가, 즉 무엇을 실질적인 계명으로 삼고 있는가에서 차이가 난다. 자본주의의 계명은 토지와 자본을 사유재산으로 옹호하고, 계약의 자유를 강조하며, 국가가 질서유지 외에는 시장에 일절 개입하지 않는 것이다. 사회주의의 계명은 소득평등화다. 소득평등화는 사유재산을 개인 재산으로, 사적 계약을 공적인 규제를 받는 계약으로 완전히 대체하고, 평등이 위협당할 경우에는 언제라도 경찰력이 개입해서 산업과 그 생산물이 전적으로 국가의 관리하에 있게 한다.

정치 이론에 관한 한, 그보다 명백한 대립도 없을 것이다. 우리 의회로 눈을 돌려보면 보수당과 노동당이 대략 자본주의와 사회주의를 대변하고 있다. 그러나 정치 교육을 받아야만 국회의원이 되는 것도 아니고, 사실상 아무런 교육을 받지 않아도 의회 입성이 가능하기 때문에 지금 여러분처럼 사회·정치적 문제를 따로 공부하고 소속 정당이 대변하는 원칙을 이해하고 있는 정치인은 아주 소수에 지나지 않는다. 노동당 의원 중에 사회주의자가 아닌 사람도 많다. 보수당 의원 중 토리라고 하는 다수의 봉건귀족은 사회주의자처럼 국가가 모든 국민과 모든 일에 개입하기를 열렬히 바란다. 양쪽 모두 이러저러한 난관에 부딪힐 때마다 되는 대로 어물쩍 넘어가다가 더는 미룰 수 없는 지경이 돼서야 눈앞의 불을 끄기 바쁘지 아무런 원칙이나 체계도 가지고 있지 않다. 보수당에 어쨌거나 정책이라고 할 게 있다면 자본주의적 정책이고, 노동당에 어쨌거나 정책이라고 할 게 있다면 사회주의적 정책이라는 거다. 그러니 여러분이 사회주의에 반대하고 싶으면 보수당에 투표해야 하고, 자본주의에 반대하고 싶으면 노동당에 투표해야 한다. 내가 이런 식으로 말하는 이유는 사람들을 투표장에 나가게 하기 위해서다. 대체로 사람들은 찬성하기 위해서가 아니라 반대하기 위해 투표장에 나간다.

이제 우리는 자본주의를 우리 눈앞에 있는 그대로 검토하는 일에 착수할 준비가 됐다. 우리가 검토를 해나가는 과정에서 내가 여러분의 개인 사정을 알지 못한다는 점은 양해를 구한다. 여러분 중에는 자본가도 있을 것이고 프롤레타리아도 있을 것이다. 일하지 않고도 먹고살 수야 있지만 그 이상으로 자본을 축적할 정도는 못 되는 어중간한 소득을 가진 사람도 있을 수 있다. 그러니 어쩌겠는가. 나는 때로는 여러분을 너무 가난해서 석탄 가격이 몇 실링만 올라도 심각한 타격을 받는 사람으로 대할 것이고, 때로는 여러분을 너무 부유해서 미처 다 쓰지도 못한 수천 파운드를 어떻게 투자할지가 제일 큰 고민거리인 사람으로 대할 것이다.

그렇다고 여러분도 똑같이 나에 대해서 아무것도 모르고 있어야 할 필요는 없다. 여러분이 상대하고 있는 사람이 어떤 사람인지 알아두는 게 좋겠다. 나는 지주이고 자본가이며 너무 부유해서 따로 부유세를 낼 정도다. 게다가 나에게는 저작권이라고 하는 특별한 종류의 재산도 있다. 지주가 자기 땅을 사용하게 해주고 지대를 받는 것처럼 나는 내 작품을 사용하게 해주고 저작권료를 청구한다. 그러니 내가 돈이 없어서 소득불평등에 반대하는 게 아니다. 나는 어지간히 많은 소득을 올리는 사람으로서 소득불평등에 반대한다. 하지만 나는 프롤레타리아로 사는 게 어떤 것인지, 그것도 가난한 프롤레타리아의 삶이 어떤 것인지 잘 알고 있다. 나는 회사를 다닌 적도 있고 작가가 되어서는 수년간 실직 상태로 지냈으며 그중 가장 힘든 시기에는 어머니에게 빌붙기도 했다. 나는 실패와 성공의 양극단을 모두 맛봤다. 나는 모든 계급 중에서도 가장 불행한 계급으로 태어났다. 우리집은 상류층 행세를 하며 온갖 체면치레를 하려 했지만 그럴 만한 재산은 쥐뿔도 없었다. 내가 이런 비밀을 털어놓는 건 그래야 여러분도 내 개인적인 편견을 감안해 줄 수 있을 것이기 때문이다. 부자들은 종종 가난한 이들에 대한 글을 쓰고 가난한 이들도 부자들에 대해 쓰지만, 그들은 정작 자기들이 무엇에 대해 쓰고 있는지 모른다. 나는 진짜 배고픔이 어떤 것인지, 집도 절도 없는 상태가 무엇인지, 그밖에도 누구도 겪어서는 안 될 이러저러한 일들을 개인적인 경험을 통해 익히 알고 있다. 그러니 내가 이건 신 포도야, 라고 외칠 때 그 포도가 혹시 내 손에 닿지 않는 곳에 있어서 그러는 게 아닐까 의심하지 않아도 된다는 말이다. 포도는 무르익은 최상의 상태로 내 손에 그득 들려 있으니까.

    그러면 이제 본격적인 이야기를 시작해볼까.

제29장   *Shopping*

스스로 한번 물어보자. "불평등한 분배가 내 삶의 어떤 부분에 영향을 미치고 있는가?"

간단하게 답할 수 있다. 여러분은 뭔가를 살 때마다 불평등한 분배 구조 때문에 피해를 본다. 양배추 한 통이나, 빵 한 덩이, 양의 앞다리, 맥주 한 병, 석탄 1톤을 살 때마다, 버스나 트램을 탈 때마다, 공연을 보거나 의사에게 진료를 받거나 파출부를 부르거나 변호사의 조언을 들을 때마다, 여러분은 그 비용을 지불할 때 사실상 여러분에게 아무것도 해준 게 없는 사람들에게 돌아갈 추가 요금까지 지불해야 한다.

재화나 용역을 얻기 위해서는 교육, 원료, 노동, 경영, 유통 등등에 들어간 실비를 마땅히 지불해야 한다. 그러나 그러한 불가피한 비용 말고 무위도식자들의 사치와 낭비에 들어가는 돈까지 대주고 있다면 그런 사실을 알고도 기꺼이 돈을 내려는 사람은 없을 것이다. 특히 입에 풀칠하느라 애면글면하는 사람이라면 말이다.

뭘 사든 바가지를 쓸 수밖에 없다

　누구나 필요로 하는 재화는 원가에 구매할 수 있도록 필수재를 생산하는 산업은 국유화하자고 사회주의자들은 제안한다. 사회주의자들의 제안에 겁을 집어먹은 무위도식자들과 그들에게 기생하는 사람들은 신문, 연설, 설교 등 온갖 수단을 동원해서 국유화가 나라를 말아먹을 비정상적인 범죄라고 여러분을 속이려 한다. 다 허튼수작이다. 우리는 이미 많은 부분을 국유화하고 있는데 국유화로 인해 손해를 본 사람은 아무도 없다. 육해군, 행정부처, 우편과 전신과 전화, 도로와 교각, 등대와 왕립 기지창과 무기고 등이 모두 국유화한 서비스다. 국유화가 나라 말아먹는 비정상적인 범죄라고 주장하는 사람이 있다면 "국립"정신병원으로 이송될 일이다.
　그밖에도 아주 많은 영역이 지자체를 통해 국유화돼 있다. 중앙정부가 전 국민을 위해 산업을 소유하고 운영하는 것처럼 지방정부도 지방세 납부자들을 위해 산업을 소유하고 운영한다. 그렇게 우리는 전기와 가스, 수도, 트램, 공중목욕탕, 세탁장, 공중보건사업, 도서관, 미술관, 박물관, 연구소, 공원과 부두, 악단과 무대, 그밖에도 "대영제국"의 존립에 기여하는 수많은 서비스를 공공이 소유하지만 대중은 그런 것에 대해 아무것도 모르고 있다.

위에서 말한 것들 대부분은 민간 영역에서 담당할 수도 있는 일이다. 실제로 많은 사업을 일부는 민간이 맡고 일부는 공공이 맡아서 운영하고 있다. 예컨대, 런던의 한 지역은 민간업체가 전력을 공급하고, 다른 지역들은 자치구 의회가 시영 전력을 공급한다. 다만 민간업체보다 시영 전력 공사의 전기가 더 싸다. 공기업을 정직하고 유능하게 운영하면 민간업체의 공급보다 언제나 더 저렴할 수밖에 없다.

왜 그럴 수밖에 없느냐고? 한마디로 공기업은 자본비용도 적게 들고, 운영비용도 적게 들고, 이윤도 남기지 않기 때문이다. 이 세 가지 이점 덕에 소비자는 저렴한 비용으로 전기를 이용하게 된다. 국유화된 서비스를 예로 민간기업과 공기업을 본격적으로 비교해보자. 우편 업무는 국영기관이 민간업체보다 훨씬 싼 가격에 훨씬 더 넓은 지역을 커버할 수 있고 민간 참여가 사실상 법으로 금지돼 있다. 어째서 그럴까?

편지를 부치는 비용은 편지마다 천양지차다. 같은 동네의 한 집에서 다른 집으로 편지 한 통을 부치는 비용은 돈으로 따지기도 뭣할 정도로 거의 비용이 들지 않는다. 편지를 부치는 비용을 산출하려면, 편지 한 통이 아니라 수천 통을 부치는 비용을 계산해야 할 것이다. 같은 편지라도 와이트섬에서 샌프란시스코로 부치는 비용은 상당하다. 기차로 운반해서 배에 싣고 와이트섬에서 영국 본토 사이의 솔렌트 해협을 건너 사우샘프턴(혹은 한 번 더 기차를 타고 리버풀)으로 간 다음 다른 배에 옮겨 싣고 대서양을 건너간다. 그리고 북미 대륙을 가로질러서 마침내 지구 정 반대편으로 배달된다. 그렇다면 같은 동네로 열두 통의 편지를 부치는 데는 1페니가 들고, 샌프란시스코로 편지 한 통을 보내는 데는 1파운드 정도가 든다고 예상할 수 있다. 하지만 실제로 체신부 장관은 전체 열세 통의 편지를 똑같이 각 3.5펜스에 배달한다. 이 문장이 인쇄될 즈음에는 전쟁 전 요금으로 돌아가 체신부 장관이 편지당 1페니만 청구할 수도 있다. 체신부 장관이 여러분에게 청구하는 금액은 장거리 송달에 드는 비용보다는 적고, 근거리 송달에 드는 비용보다는 많다. 하지만 근거리 편지는 수천 통이고 장거리 편지는 수십 통에 불과하기 때문에 장거리 송달에서 덜 받은 돈을 근거리 송달에서 더 받은 돈으로 채울 수 있다. 그렇게 모든 편지에 같은 요금을 부과하는 것을 경제학자들은 비용평균화라고 한다. 시쳇말로 "회전목마에서 밑져도 그네에서 남는다"는 논리다.

개인이나 민간기업이 편지 배달을 하지 못하게 하는 이유가 뭘까. 만약 민간업체들이 우편 업무에 손대도록 허용하면 근거리 우편물 12통에 3펜스만 받는 업체들이 금세 나타날 것이다. 그러면 체신부 장관은 송달비용이 많이 들어가는 장거리 우편물만 떠안게 된다. 체신부 장관은 어쩔 수 없이 우표 가격을 올릴 것이다. 결국 우리는 근거리 우편물을 좀 더 싸게 부치려다 장거리 우편물을 보낼 때 기존 가격의 두세 배를 내야 하는 불이익을 당하고 그제야 아주 불리한 거래를 했다고 느낄 것이다. 우리 우편 체계를 어지럽힌 민간업체들만 좋은 일 시키는 꼴이다. 우편 체계가 한번 망가지고 나면 민간업체들의 근거리 우편 가격도 네 배 이상 뛸 것이다.

안정적으로 운영되고 있는 국유화 사례를 살펴봤으니, 이제 국유화해도 좋을 분야로 눈을 돌려보자. 이 나라의 모든 주부가 지대한 관심을 가지고 있는 석탄 말이다. 우리나라 기후에서 석탄은 생필품이지만 끔찍하게 비싸다. 내가 이 글을 쓰는 지금은 한여름이라 석탄 가격이 제일 쌀 때인데도, 6월 16일 자 광고 전단을 보면 거실용 석탄은 1톤당 36실링 3펜스, 무연탄은 70실링에 팔고 있다. 석탄의 평균원가보다 훨씬 비싼 수준이다. 내가 왜 그 가격을 지불해야 하는가? 여러분이 왜 그 가격을 지불해야 하는가? 그건 바로 석탄 산업이 아직 국유화되지 않았기 때문이다. 석탄 산업은 사유재산이다.

석탄의 원가는 천차만별이다. 전국 각지로 운반하고 유통하는 비용을 따지지 않는다면, 석탄은 0원일 수도 있고 1톤당 1파운드 혹은 그 이상이 될 수도 있다. 어쩌면 여러분은 석탄을 거저 얻을 수 있다는 말을 믿지 않을지 모르겠다. 하지만 썰물이 질 때 선덜랜드 해변에 가보면 조개껍질이나 해초를 줍듯이 누구나 마음껏 석탄을 주울 수 있다. 사람들이 석탄 줍는 걸 내 눈으로 봤다. 소규모 석탄 행상을 할 요량이든 가정의 석탄저장고를 채울 요량이든 석탄을 넣을 자루와 그걸 지고 나를 등짝만 있으면 된다. 그러나 영국의 다른 해안에서는 석탄 채굴이 어렵다. 수중 갱도를 내고 바닷속 수마일 아래로 탄광을 파고 들어가야 할 정도다. 이 양극단 사이에 온갖 종류의 탄광이 존재한다. 어떤 탄광은 대단히 많은 비용을 쓰고도 아주 적은 양의 석탄만 캘 수 있기 때문에 석탄 가격이 예외적인 수준으로 치솟을 때만 탄광이 가동된다. 그런가 하면 석탄이 풍부해서 손쉽게 채굴할 수 있는 탄광에서는 석탄 가격이 현저히 쌀 때조차 캐기만 하면 이윤이 남는다. 이렇듯 탄광을 운영하는 비용은 350파운드에서부터 백만 파운드에 이르기까지 천차만별이다. 하지만 여러분이 지불해야 하는 가격은 가장 비싼 탄광의 생산비용에 맞춰져 있고 그 이하로는 절대 내려가지 않는다.

왜 그럴까? 가격이 높아지는 것은 희소성 때문이다. 풍부하면 가격이 내려간다. 석탄 가격은 마치 딸기 가격처럼 오르락내리락한다. 석탄이 귀하면 비싸고 풍부하면 싸다.

어떤 물건의 희소성을 높이는 데는 몇 가지 방법이 있다. 한 가지 방법은 물건의 생산을 줄이거나 중단함으로써 시장에서 공급을 감소시키는 것이다. 다른 방법은 그 물건을 사고 싶어 하고 그 물건의 값을 지불할 수 있는 사람들의 수를 늘리는 것이다. 그리고 또 다른 방법으로 물건의 새로운 쓸모를 찾아내는 수가 있다. 석탄이 귀해진 것은 인구 증가 때문만이 아니다. 전에는 부엌에 불을 지필 석탄만 있으면 됐는데 이제는 용광로와 대양 증기선에 들어갈 수천 톤의 석탄이 필요하다. 이런 식으로 희소성이 높아지면서 석탄 가격은 천정부지로 치솟았다. 그러니까 이제는 바닷속에 터널을 뚫고 탄광을 개발할 값어치가 있는 거다. 그런 탄광의 비용은 엄청나다. 석탄 가격이 충분히 올라야만 가동할 수 있는 탄광이다. 만약 이윤이 나지 않을 만큼 석탄 가격이 떨어져서 그 탄광이 작업을 중단하고 문을 닫으면 어떻게 될까? 시장에 석탄 공급이 감소하면서 석탄의 희소성이 다시 높아진다. 석탄 가격도 그간의 조업 중단으로 인한 손실을 만회하고도 그 탄광을 재가동할 수 있을 정도까지 치솟는다.

이렇게 해서 사람들은 늘 생산비용이 가장 높은 탄광의 석탄값을 지불하게 된다. 시장에 공급되는 석탄의 극히 일부만 그런 비싼 탄광에서 나오고 나머지 석탄은 그보다 채굴비용이 훨씬 낮은 탄광에서 공급된다는 사실을 알고 있더라도 상황은 달라지지 않는다. 사람들이 석탄 가격이 비싸다고 항의하면, 어떤 탄광들은 그 가격으로도 운영이 빠듯하다는 답변만 돌아올 뿐이다. 그건 사실이다. 다만 그들이 여러분에게 절대 말하려 하지 않는 게 있다. 여러분이 석탄을 비싸게 사주는 덕분에 생산성이 좋은 탄광들은 폭리를 챙기고 지대도 여러분에게 전가한다는 사실이다.

문제는 또 있다. 여건이 우수한 탄광의 광부들이나 열악한 탄광의 광부들이나 근근이 생계를 유지할 정도의 돈만 받는다는 것이다. 사람은 석탄과 달리 한 탄광에서 다른 탄광으로 이동할 수 있으므로, 가장 돈이 아쉬운 광부가 받아들이는 임금을 모두가 받아들여야 하는 상황이 된다. 모든 광부가 가장 열악한 탄광의 가장 형편없는 임금 수준을 받아들이게 된다. 모든 주부가 언제나 가장 열악한 탄광의 생산비용에 맞춰 비싼 석탄 가격을 치러야 하는 것과 마찬가지다. 불만을 느낀 광부들이 파업을 일으키면 석탄은 전보다 귀해지고 비싸진다. 주부들은 투덜거리지만 가격을 낮출 방법은 없고, 중간상인만 탓한다. 여건이 좋은 탄광의 소유주들 말고는 아무도 만족하지 못한다.

이 상황을 해결할 방법은 바로 비용평균화 정책이다. 석탄 장관이 모든 탄광을 관리하게 되면 여건이 좋은 탄광과 여건이 열악한 탄광의 비용을 상쇄할 수 있을 것이다. 그러면 여건이 가장 열악한 탄광의 비용에 맞춰 석탄을 파는 일 없이, 전체 석탄 공급량의 평균원가에 석탄을 판매할 수 있게 된다. 한번 계산해 보자. 만약 공급량의 절반을 생산하는 데 톤당 20실링의 비용이 들고 나머지 절반은 톤당 2실링 6펜스가 든다면, 석탄을 톤당 20실링이 아니라 톤당 11실링 3펜스에 팔 수 있는 것이다. 민간기업은 모든 탄광을 소유하게 되더라도 그렇게 하지 않는다. 민간기업의 목적은 주주들의 이익을 극대화하는 것이지 여러분을 위해 석탄을 최대한 싸게 공급하는 게 아니기 때문이다. 오직 여러분의 이득을 위해 일하고 다른 이윤을 남기려는 생각이 없는 소유주는 딱 하나다. 바로 정부의 석탄 장관이다. 석탄 장관은 국민을 대리한다. 즉, 여러분과 다른 석탄 소비자들을 대리하는 것이다.

    이제 여러분은 광부들과 똑똑한 석탄 구매자들이 왜 탄광 국유화를 요구하는지 이해했을 것이다. 그리고 모든 탄광 소유주와 석탄 판매상들이 어째서 탄광 국유화에 그토록 반대하는지도 알았을 것이다. 탄광 소유주와 석탄 판매상들은 국유화가 낭비와 부패라는 둥 석탄 가격이 감당할 수 없이 올라갈 거라는 둥 상업과 산업이 붕괴된다는 둥 대영제국의 몰락을 가져올 거라는 둥 아무 말이나 생각나는 대로 지껄이며 그간 우리에게 바가지를 씌워서 취했던 폭리를 잃게 될까 봐 발악한다. 하지만 그들은 국유화의 핵심은 절대 언급하지 않으려고 조심한다. 국유화의 핵심은 모두에게 석탄을 원가에 조달하는 것이다. 대중이 본질에 관심을 두지 못하게 하기 위해, 그들은 국유화가 볼셰비키의 사악한 발명품이라면서 영국 정부는 너무 부패하고 무능해서 통감자구이를 파는 가판대 하나 제대로 투명하게 운영하지 못할 텐데 하물며 탄광을 무슨 수로 운영하겠느냐고 떠들어댄다. 아마도 여러분은 석탄 산업 국유화를 주제로 하원에서 논쟁을 벌이고 신문기사가 쏟아져나오는 것을 보게 되겠지만, 지금 내가 여러분에게 말해준 것과 같이 탄광들의 서로 다른 상황이라든가 비용을 평균화함으로써 석탄 가격이 크게 내려갈 수 있다는 이야기는 접하기 어려울 것이다. 이런 사실이 한번 알려져서 사람들이 이해하게 되면 더는 논쟁의 여지가 없다. 모든 석탄 구매자가 단박에 탄광 국유화를 지지할 것이다. 물론 모든 탄광 소유주는 국유화를 막고 비방하는 데 자기들이 가진 전 재산을 털어 넣겠지만 말이다.

 탄광 산업의 예를 통해 우리가 석탄을 살 때마다 사유재산이 어떤 영향을 미치는지 알았다. 우리가 가위나 나이프·포크 세트나 다리미를 살 때도 사유재산은 정확히 똑같은 방식으로 영향을 미친다. 철광이나 은광도 탄광과 마찬가지로 광산마다 여건이 다르기 때문이다. 빵 한 덩이를 살 때도 사유재산의 영향을 받는다. 탄광처럼 밀 농장도 농장마다 비옥도가 다르기 때문이다. 어떤 농장은 1부셸[1]의 밀을 수확하는 비용이 다른 농장보다 훨씬 많이 든다. 우리가 공장에서 만든 물건을 살 때도 사유재산은 영향을 미친다. 철도, 해협, 항구와 얼마나 멀리 떨어져 있는지 아니면 큰 시장이나 원료의 산지에 인접해 있는지 혹은 기계를 돌릴 수력자원이 풍부한지 등에 따라 공장의 여건이 달라진다. 상품의 판매가격은 언제나 생산성이 가장 떨어지는 탄광이나 공장의 비용을 반영한다. 결코 모든 탄광이나 공장의 평균비용을 반영하는 법이 없다. 그게 바로 진정한 국민 생산비용인데 말이다. 따라서 우리는 부유한 나라에서 가난하게 산다. 우리가 모든 물건을 원가보다 비싸게 사게 되면서 나라의 가장 열악한 탄광(공장)과 가장 우수한 탄광(공장) 사이의 모든 원가 차이가 죄다 개인 소유주의 호주머니로 들어가

---

1 곡물이나 과실의 무게를 재는 단위. 1부셸은 약 28.1226kg.

버리기 때문이다. 이렇게 끔찍한 협잡에서 사람들을 구하기 위해 사회주의자들은 (그리고 자기들이 사회주의자라고는 꿈에도 생각하지 않는 사람들도) 탄광과 공장은 사유재산이 아니라 국가 재산이 돼야 한다고 제안한다. 사회주의자가 아니면서 국유화를 주장하는 사람들은 오로지 석탄을 싸게 얻는 게 목적이지만 사회주의자들은 탄광을 국가 소유로 만들어서 소득불평등의 도구가 되지 못하게 하려는 것이다. 어쨌든 그들은 국유화라는 당면한 현실적 문제에는 의견이 일치한다. 사회주의자임을 공언한 사람이 의회에서 다수를 차지하지 못하더라도, 아니 단 한 명 없이도 사회주의는 그렇게 진전될 수 있는 것이다.

가장 열악한 환경의 가장 높은 생산비와 그보다 나은 환경의 더 낮은 생산비 차이를 경제학자들은 지대라고 한다. 광산 지대(채굴료)와 저작권 및 특허권에 대한 지대는 로열티라고 한다. 대부분의 사람은 집이나 땅에 대해 지불하는 것만 지대라고 부를 것이다. 하지만 지대는 어쨌거나 가격이 붙는 모든 것의 가격에 다 들어 있다. 공산화된 것과 가장 열악한 조건에서 생산되는 것의 가격에만 지대가 포함돼 있지 않다.

제30장

Taxes

세금 내는 게 달갑지 않다

상점에서 물건을 살 때만 돈이 나가는 게 아니다. 지방세, 국세, 통신비, 집세와 지대도 내야 한다. 그런 지출들도 주의 깊게 검토하고 여기서도 계속 부당하게 털리고 있는지 알아보자.

  사람들은 지방세를 내는 것에 대해 불만이 많다. 그 대가로 손에 쥐는 게 없기 때문이다. 설령 얻는 게 있다고 해도 다른 모든 사람과 공유하기 때문에 옷이나 집이나 가구 같은 개인재산을 소유하는 것 같지가 않다. 하지만 가로등이나 포장도로나 치안을 유지해주는 경찰이 없다면? 상수도와 하수도가 없다면? 지방세로 유지되는 온갖 서비스가 없다면? 사람들이 옷이나 가구나 집을 오래도록 평화롭게 소유할 수는 없을 것이다. 이 문제를 공부하기 시작하면 다른 어떤 소비보다 지방세를 내는 것이 더 돈 값어치를 한다는 것을 금세 깨닫게 된다. 지방 선거에 나와 지방세를 폐지 또는 감면하겠다는 공약을 내세우는 후보를 보면 그들이 바보나 사기꾼 아니면 그 둘 다에 해당한다는 것도 바로 알아차릴 것이다(천만다행이게도, 그들이 진짜로 지방세를 폐지하거나 감면하지는 못한다). 그리고 지방정부가 공공서비스를 거의 원가에 제공하고 있다는 것을 알고 만족할 것이다. 지방정부는 시민을 상대로 폭리를 취하는 일도 없을뿐더러 상당한 관리·감독 업무도 무료로 제공한다. 민간에 맡기면 당연히 유료였을 테고, 현재 환경에서는 공공부문에서도 유료로 진행될 수밖에 없는 일이다.

국세도 마찬가지다. 정부가 세금으로 공공서비스를 제공하면서 직접적으로 폭리를 취하는 경우는 없다. 정부는 이문을 남기지 않고 모든 서비스를 원가에 제공한다. 그래서 여러분은 같은 서비스를 민간기업이 제공할 때보다 훨씬 저렴한 가격에 이용할 수 있다.

듣고 보니 우리가 어디서나 바가지 쓰는 일을 피할 수 없지만 적어도 지방세와 국세를 납부할 때만큼은 뜯기지 않는구나 싶을 것이다. 이다음에 세금징수원이 찾아와 문을 두드리면 그 소리를 반갑게 들으며 환하게 빛나는 얼굴로 그를 맞이할 거라는 느낌이 여러분 마음속에 깃들기 시작했을지도 모른다.

기분을 잡쳐서 안됐지만 실상은 이렇다. 자본주의는 상점 주인을 통해서뿐만 아니라 정부와 지방정부와 주의회를 통해서도 여러분을 살뜰하게 약탈한다. 중앙정부와 지방정부는 공공서비스를 수행하기 위해 막대한 양의 재화를 민간 상인에게서 원가보다 비싼 값에 사들이게 된다. 이렇게 과다 청구된 금액은 지방세와 국세를 납부하는 여러분에게 고스란히 전가된다. 그뿐만이 아니다. 정부가 국민을 위한 업무를 하면서도 그 나라의 토지에 대한 사용 허가를 얻기 위해서는 몇몇 개인에게 엄청난 돈을 지불해야 한다. 물론 이렇게 바가지 쓰는 문제를 해결할 방법이 있다. 정부가 나랏일을 하는 데 필요한 토지를 사들이는 것이다. 토지 매입 비용은 지주들만 내는 지대세를 증액해서 충당하거나 불로소득세를 증액해서 조달하면 된다. 이러한 조치로 정부는 완벽한 진짜 원가에 공공서비스를 제공할 수 있고 실제로 그렇게 하기도 한다. 심지어 완전히 무료로 제공하고 그 비용은 부유한 사람들이 대게 할 수도 있다.

하지만 여러분이 내는 지방세와 국세는 만인에게 똑같이 이로운 공공서비스에만 쓰이는 게 아니고 다른 것들을 위해서도 쓰인다. 그래서 부유한 사람들은 부유한 사람들대로 사회주의자들이 가난한 사람들 퍼주려고 죄 돈을 뜯어간다고 불평하고, 가난한 사람들은 가난한 사람들대로 자본가들이 자기 주머니에서 내야 할 돈을 임차인과 납세자들에게 전가한다고 불평하는 것이다.

그런 불평의 근거가 무엇인지 살펴보기로 하자. 먼저 부자들의 입장부터 살펴보자. 부자들은 소득의 4분의 1 내지 3분의 1을 소득세로 내고, 아주 대단한 부자라면 소득의 절반 이상을 정부에 내놓아야 한다. 정부가 어떤 명시적인 공공서비스를 제공하고 그 대가로 과세하는 게 아니라 부자들의 소득에 대해 그 정도까지는 어떠한 보상도 없이 그저 강제적으로 순수하게 국유화(공산화)하는 것이다. 이는 오늘날 지극히 당연한 일로 받아들여지고 있어서 부자들은 그에 대한 보상을 요구하거나 강제 추징당할 때까지 납세를 거부하거나 볼셰비키식 징발이라며 항의하거나 하지 않는다. 사악한 공산주의자들의 상상 속에서나 벌어지는 일이 아니다. 영국에서 매년 1월이면 어김없이 벌어지는 일이고 그 일을 허가하는 법이 매년 4월 통과되고 있다. 재무부 장관은 우리를 안심시키듯 그 법령을 재정예산법이라고 부르지만 사실상 징발령이나 다름없다.

정부가 부자들의 소득을 3분의 1 내지 2분의 1을 몰수하다가 4분의 3이나 10분의 9나 전부를 몰수하더라도 그것을 막을 근거는 법이나 헌법, 관례나 전통이나 의회관습법이나 도덕률 어디서도 찾을 수 없다. 그뿐만 아니다. 아주 부유한 사람이 죽으면, 그가 남긴 재산의 향후 8년 치 소득을 몽땅 정부가 징발해 간다. 상속 재산이 최저 과세 대상에 해당하는 경우에는 10개월 치 재산 소득을 정부에서 가져간다. 나머지는 재산 규모에 비례해서 그 양극단 사이의 기간에 해당하는 소득을 징발한다.

게다가 부자들은 빈자와 똑같이 내는 국세인 간접세도 내야 한다. 특정 식품과 담배 및 주류에 붙는 세금으로 여러분이 상점에서 그것들을 구매할 때 가격에 포함돼 있다. 인지세도 간접세다. 2파운드 이상에 대한 영수증을 발행하면 2펜스, 간단한 서면계약을 작성하면 6펜스, 자산가가 아니면 절대 쓸 일이 없는 특정 서류에 대해서는 수백 파운드의 인지세를 납부해야 한다. 이 세금들은 치안유지세나 수도요금처럼 지정된 서비스에 부과되는 것이 아니다. 그저 개인의 주머니에서 국가의 주머니로 소득이 이전되는 것이고 그런 의미에서 순수하게 공산주의적인 조치다. 식품 따위에 붙는, 모든 계층이 다 내는 간접세를 제외하고도 매일 거의 백만 파운드에 달하는 사유재산이 공산화되고 있었다니 놀랍지 않은가.

부자들은 그 수치에 말문이 막혀 정부가 그 돈으로 대체 무얼 하느냐고 묻게 된다. 보통사람들은 만져보지도 못하는 큰돈을 세금으로 내고 부자들이 얻는 게 무엇인가? 보자, 정부는 국방과 행정, 사법 등의 서비스를 제공한다. 우리가 이미 살펴본 바와 같이 정부는 그러한 서비스를 원가 또는 (그 어떤 민간기업이 할 수 있는 것보다) 원가에 가까운 가격에 제공한다. 하지만 매년 1억 파운드 이상의 세금은 수입이 없거나 적은 불우이웃에게 연금이나 실업수당으로 건네진다.

이런 게 순수한 소득재분배고 진짜 사회주의다. 정부는 부유한 사람들에게서 돈을 걷어서 가난한 사람들에게 준다. 가난한 사람들은 가진 게 부족하고 부유한 사람들은 지나치게 많이 가졌기 때문이다. 여기에 개인의 자질이 끼어들 여지는 없다. 헌법적인 제약도 없다. 전에는 누진소득세라는 게 아예 존재하지 않았다. 소득세가 파운드당 5실링이 아니라 단돈 2펜스였던 시절이 있었고, 글래드스턴 시절에는 그나마도 없애버리려고 했었다. 그 당시에는 과세를 통해 보다 평등한 소득분배를 하겠다는 생각 자체가 없었다. 오늘날에는 평등한 소득분배가 과세의 주요 목적 중 하나다. 지금 추세대로만 간다면 얼마든지 과세를 통해 소득평등을 완수할 수 있을 것이다.

여기까지만 보면 가난한 사람들이 더 이득을 보는 것 같다. 하지만 세금으로 아주 많은 이득을 보는 부자들도 있다. 정부 지출에서 가장 큰 비중을 차지하는 단일 항목은 전쟁 자금으로 끌어 쓴 돈에 대한 연간 사용료, 즉 이자다. 빌린 돈이야 진즉 다 써버렸지만 원금을 상환하기 전까지는 계속해서 이자를 내야 한다. 대부분은 부자들에게서 빌린 돈이다. 빌려줄 여윳돈이 있는 사람들은 부자들뿐이었으니까. 결국 정부는 매년 부유층 전체를 대상으로 막대한 세금을 걷어서 전쟁 자금을 빌려준 부자들에게 이자를 갚는 데 쓰고 있다. 이러한 과정을 거치면서 부자들 사이에서 소득재분배가 일어난다. 그렇게 해서 돈을 잃은 부자는 나랏빚 때문에 힘들다며 소란을 피우지만, 국가 입장에서는 조금도 가난해지는 것이 아니다. 한 영국인의 돈을 가져다가 다른 영국인에게 주는 것이기 때문이다. 그러한 돈의 이동이 좋은 것인지 나쁜 것인지는 그것이 기존의 불평등을 증가시키는지 감소시키는지에 달려 있는데, 불행히도 대개는 불평등을 증가시킨다. 정부가 일부 자본가의 돈을 가져다가 모든 자본가에게 분배하는 것도 아니고, 모든 자본가의 돈을 가져다가 일부 자본가에게 나눠주고 있기 때문이다. 바로 이것이 국가채무―빚이라고 해도, 그것이 자국민에게 빚진 것인 한, 빚이라고 할 수도 없는 것―의 진짜 해악이다. 이해를 돕기 위해 코끼리를 예로 들 수도 있을 것 같다. 코끼리는 짐이 있다고 불평하지 않는다. 어차피 자기 자신의 무게를 네 다리로 지탱해야 하기 때문이다. 하지만 하중이 네 다리에 고르게 분산되지 않고 한쪽 다리에만 실리면 코끼리는 도저히 짐을 운반할 수 없는 상태가 되고 아주 작은 장애물만 만나도 나동그라지고 말 것이다. 이 불평등한 분배 체제하에서 우리가 처한 상황과 아주 흡사하다.

정부에 전쟁 자금을 빌려준 자본가들이 희생을 치렀으니 빌려준 돈에 대한 사용료를 받을 자격이 있다는 소리를 하기도 한다. 나 자신이 정부에 돈을 빌려줬던 자본가 중 한 사람으로서 아무런 악의 없이 말하건대 그건 감상에 빠진 헛소리다. 자본가들은 어떠한 희생도 요구받지 않았던 유일한 부류였다. 도리어 그들은 4퍼센트의 수익을 올리고 있다가 5퍼센트의 수익을 약속하는 황금 투자처를 제안받았다. 진짜 희생자들은 전쟁으로 눈이 멀거나, 불구가 되거나 목숨을 잃은 사람들이다. 진짜로 이 나라를 구한 건 일하고 싸운 사람들이다. 반면에 아무 하는 일 없이 그저 다른 사람들이 만든 국가의 빵 덩어리를 움켜쥐고 크게 한입 베어 물고 나서 남은 부스러기를 병사들에게 건넨 게 전부인 사람들(과 그들의 하인들)은 자기 몫을 조금도 하지 않았다. 그들은 식량 부족을 더 심화시키기만 했을 뿐이다. 우리가 이렇게 말도 안 되게 그들에게 오냐오냐한 것은 그들이 어떤 봉사를 했거나 미덕을 보였기 때문이 아니다. 특정 계층에게 그들이 쓸 수 있는 것보다 더 많이 몰아줘야만 자본이 형성될 수 있다는 생각에 특별히 배려했던 것뿐이다. 나중에 자본의 속성을 조사하며 이 문제를 좀 더 깊이 파고들겠다. 어쨌든 만약 여러분이 공습 때 불행히도 한쪽 눈을 잃었거나 남편 혹은 아들을 여의었거나 전쟁 내내 맹렬하게 "자기 몫"을 다하고 현재 세금을 내고 있다면, 아무리 좋게 생각하려 해도 정부가 그 돈을 가져다가 무위도식하는 어느 귀부인에게 이자를 갚는 것은 아니다 싶을 것이다. 전쟁 자금을 제공한 귀부인이 전쟁터에서 아들을 잃은 어미보다 더 희생했기 때문이라고 한다면 누가 수긍하겠나. 부자에게서 돈을 걷고 빈자에게서 목숨을 걷는 게 정부 입장에서는 더 편했기 때문이라고 한다면 또 모를까.

여러분이 낸 세금이 여러분에게 아무런 서비스도 제공하지 않고 모리배들만 배불리는 데 사용된 예를 하나 더 들어보겠다. 전쟁 초반에는 민간업자들의 영향력이 너무나 강했다. 그들은 정부를 설득해서 국영 공장이 아니라 자기들이 모든 포탄을 제조하기로 허가를 받았다. 그 결과 여러분의 세금으로 고용한 울리치 왕립무기고의 노동자들은 그냥 놀게 되고, 민간업체들이 모든 물량을 쓸어가서 이윤을 꾀했다. 여러분은 민간업자 밑에서 일하는 노동자의 임금도 대고 민간업자들의 이윤도 보장해줬다. 하지만 얼마 지나지 않아 민간업자들은 충분한 포탄을 제조할 수 없다는 사실이 드러났다. 모리배들이 만든 포탄은 쓸데없이 비싸기만 하고 불량투성이였다. 결국 우리 젊은이들이 탄약 부족을 겪으며 참호 속에 거의 무방비 상태로 방치돼 있다가 끔찍한 대량학살을 당하는 일이 플랑드르에서 벌어지고 말았다. 우리가 절멸의 위기에 처하자 마침내 정부가 나섰고 국영 공장(여러분 중에도 그때 그 공장에서 일했던 사람들이 있을 것이다)을 가동해서 전쟁이 끝나고 나서도 처치가 곤란할 정도의 군수품을 생산해냈다. 정부는 폭리업자들도 단속했다. 제대로 된 회계도 할 줄 모르고 물 쓰듯 돈을 낭비하고 있던 그들에게 사업을 가르치고 그들의 이윤을 대폭 제한했다. 국유화 옹호론자들에게는 엄청난 승리였다. 그러나 이러한 경험에도 불구하고, 전쟁이 끝나기가 무섭게 자본주의 신문들은 또다시 말도 안 되고 썩어빠진 주장을 해대기 시작했다. 정부를 무능하고 불성실하고 부패한 탐관오리로 매도하며, 민간기업이 대단히 유능하고 투명하기 때문에 정부는 민간기업이 해서 이윤을 낼 수 있는 일은 아무것도 손대면 안 된다고 떠들었다. 순식간에 모든 국영 공장이 헐값으로 민간업자들의 손에 넘어갔고, 거리로 내몰린 국영 공장 노동자들은 실업수당으로 연명하는 2백만 제대군인과 같은 신세가 됐다.

    이것은 빙산의 일각일 뿐이다. 정부가 직접 나서면 국민을 등쳐먹지 않고 더 잘할 수 있는데 민간 모리배들에게 맡겨서 혈세를 낭비하는 일은 늘 벌어지고 있다.

    그러니까 국세나 지방세를 낼 때도 마음을 놓을 수 없다. 공공서비스의 원가만 청구되는 게 아니기 때문이다. 부당하게 폭리를 취하는 민간업자와 그러한 민간업자에게 토지와 자본을 빌려주는 지주와 자본가, 전시공채 등의 국채보유자 호주머니로 들어가는 어마어마한 금액이 다 여러분에게 청구된다. 물론 여러분은 세금 낸 것의 일부를 연금으로 돌려받을 수도 있고 이러저러한 보조금의 수혜자가 될 수도 있다. 어쩌면 여러분은 전시공채나 국채보유자일 수도 있고, 정부나 지자체와 계약을 맺은 민간기업의 주주일 수도 있다. 그러니 여러분이 돈을 잃을지 딸지 나로서는 알 길이 없지만 모든 것을 감안할 때 여러분은 십중팔구 잃게 돼 있다. 다시 말해, 정부를 통해 부자들이 여러분에게서 가져가는 게 여러분이 부자들에게서 가져오는 것보다 많다. 국세에 대해서는 이쯤 이야기하면 된 것 같다. 그러면 이제 지방세를 살펴보도록 하자.

제31장 *Your Rates*

지방세는 모두가 똑같이 내지 않는다. 중앙정부와 마찬가지로 지방정부도 어떤 사람들은 다른 사람들보다 더 낼 수 있다는 사실을 인식하고 사람들의 형편에 따라 과세한다. 지방정부는 납세자가 보유한 주택이나 사업장의 가치에 근거해 지방세를 산정한다. 어떤 사람이 연간 100파운드의 수입이 나오는 주택이나 가게를 보유하고 있다면 연 수입 20파운드짜리 주택이나 가게를 보유한 사람보다 부유하다고 여기고 그러한 평가에 따라 지방세를 매긴다.

그러니까 지방세도 국세와 마찬가지로 공공서비스에 대한 요금이자 사실상 누진소득세인 것이다. 국채를 발행하듯 지방정부도 지방채를 발행한다. 중앙정부와 마찬가지로 지방정부도 공공이 할 수 있는 일을 민간업자에게 맡기는 식으로 의무 태만과 낭비를 일삼는다. 그 규모만 작아질 뿐이지 국세와 관련해 벌어지는 모든 일이 지방세와 관련해서도 벌어진다.

지방세가 누군가의 공돈이 되고 있다

하지만 지방세 특유의 문제도 있다. 지방세가 제공하는 공공서비스를 살펴보자. 사람들 중에는 몹시 가난한 이도 있고 아주 부유한 이도 있다. 가난한 아기 엄마가 제대로 먹지 못해 갓난쟁이에게 젖도 물리지 못하면서 버킹엄궁 마구간에서 크림색 조랑말을 사육하는 데 돈을 보탤 리는 없다. 슬럼가 단칸방에서 남편과 아이들과 복작대며 사는 사람이라면 감히 가보지도 못한, 꽃이 만발하고 밴드 연주가 울려 퍼지고 드라이브를 즐기거나 호수에서 보트를 탈 수 있는 대도시 공원의 유지비를 내는 것도 대단히 부당하다고 느낄 것이다. 굳이 가난한 여인의 돈까지 요구하지 않아도 그런 공원은 대체로 말이나 자동차가 있는 부유한 사람들이 내는 입장료만으로 얼마든지 유지될 수 있다.

한마디로, 공산주의적 지출은 모두가 함께 부담해야 하는데 모두 같은 소득을 가지지 않는 한 모두의 형편에 맞는 서비스만 제공할 수는 없는 노릇이다. 하지만 그렇다고 공원을 폐쇄하고 크림색 조랑말을 없애 버려야 할까? 가난한 여인의 아들에게 여벌의 옷이 생기기 전에는 영국 왕세자도 단벌 신사로 지내라고 하는 게 과연 해결책이 될 수 있을까? 그런 건 가능하지도 않을뿐더러 괴팍하고 고약한 심술에 불과하다. 만약 우리가 그런 식으로 가장 빈곤한 개인의 수준에 맞춰 공공 지출을 끌어내린다면 우리 삶이 야만인도 견딜 수 없는 지경으로 곤두박질치고 말 것이다. 그러므로 소득평등화가 답이며 그날이 올 때까지는 최선을 다해 기꺼운 마음으로 지방세와 국세를 납부하는 수밖에 없다.

하지만 지방세 납부자가 "착취"당하는 것은 얘기가 다르다. 어떤 사람을 착취한다는 것은 그 사람을 통해 돈을 벌면서 그에 합당한 대가를 지불하지 않는다는 뜻이다. 현재 거의 모든 민간 고용주는 여간해서는 눈치채지 못하는 방식으로 이래저래 지방세 납부자를 착취하고 있다. 민간 고용주가 지방세 납부자를 어떤 식으로 착취하는지 알아보자.

하인들은 대개 정규직으로 고용되지만 몇몇은 임시직이다. 가정부와 요리사는 정규직이지만 보모는 임시직이고 청소부는 일용직 노동자다. 즉, 청소부는 시간제로 잠깐 고용될 뿐 일을 마치고 나면 자기가 알아서 죽을 둥 살 둥 또 다른 시간제 일자리를 찾아나서야 한다. 행여 청소부가 병들어도 고용주는 조금도 신경 쓸 필요가 없다. 부자들이 죽으면 유언장에 하인들 몫도 챙겨주는데 그때도 일용직 노동자인 청소부에게는 유산을 남긴다는 생각을 절대 하지 않는다.

택시를 잡아타듯 한두 시간 사람을 데려다 쓰고 그 이후에는 더 책임질 필요없이 단돈 몇 푼 쥐여서 다시 거리로 내보낼 수 있다니 대단히 편리한 노릇이다. 하지만 일이 그렇게 돌아가면 그 청소부가 병들거나 실직하거나 너무 늙어서 더 젊고 힘 좋은 청소부에게 밀려나게 됐을 때, 노쇠한 청소부를 부양할 누군가가 있어야 한다. 그 누군가가 바로 지방세 납부자다. 지방세는 원외구호와 구빈원의 재원이 되고 국세와 마찬가지로 노령연금과 실업수당도 일부 보조한다. 지방세 납부자가 그런 돈을 대지 않는다고 해보자. 하인을 두는 집들이 청소부를 고용하려면 더 많은 임금을 줘야 할 것이다. 만약 일을 놓게 된 사람들을 지방세 납부자들이 부양하지 않는다면, 정규직 하인들이 늙고 지쳤을 때 지금처럼 퇴직금 없이 내보낼 수는 없을 것이다. 그러니까 하인을 두는 집은 자기 집 가사 비용의 일부를 대개 청소부를 고용하지 않고 지내는 다른 지방세 납세자들에게 전가하고 있는 것이다.

하지만 일용직 청소부는 썩 훌륭한 사례가 아닐 수도 있다. 사람을 좀 써본 여자들은 내게 이렇게 말할지 모른다. "청소부의 처지가 그렇게 나쁘지 않답니다. 청소부 구하기가 얼마나 어려운 줄 아세요? 괜찮은 청소부는 일을 골라서 한다니까요. 쓸 만한 청소부를 구하는 건 하늘의 별 따기예요." 그렇다면 일용직 노동자를 대규모로 고용하는 커다란 산업체를 생각해보자. 부두 회사를 예로 들어 보겠다. 배에서 물건을 싣고 내리는 사람들은 수백 명씩 시간제로 고용된다. 그들은 한 시간짜리 일을 하게 될지 여덟 시간짜리 일을 하게 될지, 또는 일주일에 이틀 일하게 될지 엿새 일하게 될지 전혀 알지 못한다. 시간당 2펜스를 받다가 파업을 통해 시간당 6펜스를 받게 된 것만으로도 그들은 큰 승리로 여겼다. 부두회사는 이윤을 남겨도 노동자와 그 가족들은 거의 늘 지방세에 기대어 살고 있다.

극단적인 예를 들어 보겠다. 지방세 납부자들은 구빈원 운영 비용을 대야 한다. 누군가가 극빈자라며 구빈원을 찾아오면 구빈원은 그 사람을 받아들이고 먹이고 입히고 재워야 한다. 그런데 어떤 남자들은 사지 멀쩡해도 거지 행세를 하며 구빈원에 빌붙어 지내다가 술과 여자가 그리워지는 날이면 방탕한 하룻밤을 보낼 요량으로 아무렇지도 않게 출소를 요구한다. 그들이 나가겠다고 하면 볼일을 보러 가게 내보내줘야 한다. 그러면 그들은 배에서 짐을 내려주는 일을 하고 품삯으로 번 돈을 죄다 흥청망청 써버린다. 그러고는 다음 날 아침이 되면 구빈원으로 돌아와 극빈자 처지를 내세우며 다시금 지방세 납부자들의 비용으로 주거를 해결한다. 여자들도 그런 일자리를 얻으면 똑같은 짓을 할 수 있다. 거듭 말하건대, 이것은 어디까지나 극단적인 사례일 뿐 멀쩡하고 점잖은 노동자들은 그런 짓을 하지 않는다. 하지만 일용직은 사람을 멀쩡하고 점잖게 살도록 놔두지 않는 경향이 있다. 하기야 그렇게 술을 퍼마시고 몸을 망가뜨리고 정신줄까지 놓고 살지 않는다면, 하루 벌어 하루 먹고사는 걱정스럽고 불확실한 상황을 무슨 수로 견디겠나 싶기도 하다.

공교롭게도 부두 노동은 위험하다. 일이 바쁠 때 큰 부두에서는 20분에 한 번꼴로 안전사고가 발생한다. 하지만 부두 회사에서는 부상당한 날품팔이 노동자를 치료하는 병원을 마련하지 않는다. 회사에서 그런 시설을 굳이 마련할 이유가 없다. 지방세로 운영되는 구빈병원이나 자선기금으로 운영되는 병원이 근처에 있잖은가. 사고 피해자를 그런 데로 옮겨서 공공 비용으로 치료받게 하면 부두 회사가 더는 신경 쓸 일도 없다. 그러니 부두 회사의 회장과 이사진이 앞장서서 공공 구호를 열렬히 옹호하는 것도 놀랄 일이 아니다. 그렇게 해서 병들고 아픈 사람들을 돌보는 일은 결국 지방세 납부자들의 몫으로 떠넘겨진다.

지방세는 교도소를 운영하는 데도 들어간다. 교도소를 운영하려면 경찰력과 재판소, 판사, 그밖에도 온갖 값비싼 수행단이 필요하다. 그들이 다루는 범법 행위 중 상당수가 음주 때문에 벌어진 일이다. 주류 사업은 대단히 벌이가 좋다. 돈이 얼마나 많이 벌리는지 잉글랜드에서는 주류 사업이야말로 사업 중의 사업, "진짜 사업"이라고 할 정도다. 그런데 주류 사업이 왜 그렇게 벌이가 좋을까? 주류 회사는 술꾼의 돈만 꿀꺽하고는 술꾼이 어떻게 되든 나 몰라라 한다. 술꾼이 저지를 잘못이나 범죄, 술꾼이나 그 가족이 걸릴 질병, 술꾼이 겪게 될 빈곤 등등에 대한 부담은 전부 지방세 납부자의 몫으로 돌아온다. 술 때문에 벌어진 일에 대한 온갖 수습 비용을 구빈세나 치안세를 걷어 충당하지 않고 주류업자에게 청구한다면, 진짜 사업의 그 대단한 벌이는 한방에 날아갈 것이다.

지금은 주류업자가 매출액을 몽땅 챙기고 지방세 납부자가 손실액을 몽땅 떠안고 있다. 그래서 미국에서 금주법이 시행된 것이다. 술집 문을 닫았더니 얼마 안 가서 상당수의 교도소도 문을 닫을 수 있게 됐다. 만약 지방정부가 나서서 주류 판매사업을 한다면, 다시 말해 지방세로 교도소를 유지하는 것처럼 술집도 운영한다면, 어떻게든 사람들을 취하지 않게 하려고 갖은 노력을 기울일 것이다. 사람들이 술에 취하면 지방정부의 회계장부에 이익이 아니라 손실을 발생시킬 테니 말이다. 지금 실정으로는, 지방세 납부자가 주류업자들에게 극악무도하게 착취당하고 있고, 전 국민이 심신의 건강을 해치면서 한 줌도 안 되는 사람들을 비정상적으로 부유하게 만들고 있다. 그렇게 비정상적으로 부유해진 사람들이 어쩌다 한 번씩 다 허물어져가는 우리네 성당들을 재건해주는 것도 사실이다. 하지만 그들은 그렇게 한 대가로 기사 작위를 바란다. 그런 거래는 아무튼 정신 나간 짓거리일 뿐이다.

정부가 여러분에게 쓰는 속임수가 하나 더 있다. 중앙정부나 지방정부나 모든 서비스를 원가에 제공해야 할 의무를 망각하고 종종 공공연하게 폭리를 취하면서 그렇게 수익이 나는 걸 사업 효율성의 증거라고 자랑까지 한다. 여러분이 서비스를 이용하면서 국세나 지방세가 아니라 해당 서비스 요금을 일일이 지불할 때 보통 그런 착취가 일어난다. 예컨대, 편지 한 통을 부치고 싶다면 우체국 창구를 통해 정부에게 3.5펜스를 지불한다. 지역공사가 전기를 생산하고 공급하는 지역에서는 전기를 사용하면 지방세가 아니라 전기요금을 전력 소비량에 따라 납부한다.

유감스러운 일이지만, 그렇게 일일이 비용을 청구함으로써 체신부장관은 우편물을 부치는 평균 비용보다 더 많은 돈을 여러분에게 요구한다. 그렇게 얻은 이익은 재무부 장관에게 건네지고, 재무부 장관은 그 돈을 소득세를 낮추는 데 쓴다. 소득세 납부자가 덜 내도 되도록 여러분이 더 내는 것이다. 여러분이 내는 푼돈은 백만장자의 호주머니로 들어간다. 물론 여러분이 소득세 납부자라면, 낸 돈에서 아주 조금은 돌려받을 수도 있다. 하지만 소득세를 내는 사람은 얼마 되지 않는 데 반해 우표는 누구나 구매한다. 소득세를 납부하는 소수가 우표를 구매하는 다수를 착취하는 셈이다. 정부가 수익사업을 하겠다는 생각 자체가 잘못이고, 그런 생각을 실천에 옮기면서 나타나는 폐단도 위험천만한 수준이다. 그럼에도 불구하고 정부가 우편에 이어 전보, 전보에 이어 전화, 그리고 무선통신까지 그렇게 운영하는 바람에 정부의 이윤 추구가 성원을 받으며 갈수록 도를 지나치고 있다.

지자체에서 전깃불을 공급하는 경우에 대해 나는 여러분에게 다음과 같은 점을 꼭 말해두고자 한다. 민간업체와 달리 지방정부는 사업비를 빌리는 순간부터 갚아 나가야 하고 일정 기간 안에 전액상환해야 한다. 게다가 민간업체보다 낮은 가격에 전기를 공급하는데도 자기도 모르는 사이에 이윤을 낸다. 지방정부는 그 이윤을 지방세를 감면하는 데 쓰고 지방세 납부자들은 아주 흡족해한다. 지방세 납부자들은 이윤을 내는 사업이 좋은 거라고 으레 생각한다. 그러다 보면 지방정부는 소비자에게 원가보다 많이 청구해서 의도적으로 이윤을 내려 하고 기왕이면 커다란 이윤을 남기고자 한다. 전력 소비자들이 과도한 요금을 지불해서 전기를 사용하지 않는 사람들의 지방세를 일부 내주게 되는 것이다. 모두가 전기를 사용한다고 하더라도 여전히 전력 소비량에 따른 불평등 문제가 생길 수 있다. 고객을 끌기 위해 휘황찬란한 조명을 사용할 수밖에 없는 영세 자영업자가 그저 제 집만 밝히면 되는 훨씬 부유한 사람들보다 훨씬 값비싼 전기요금을 치러야 하는 것이다.

지방세나 국세에 대한 이야기는 이쯤에서 마무리해야 할 것 같다. 만약 세금이 완전히 폐지되고(사람들이 엄청나게 좋아하겠지!) 국가와 지자체가 제공하는 서비스마다 폭리 요금을 청구한다면, 그것은 사회주의 정부가 아니라 자본주의 정부다. 이제 여러분은 일상적인 구매행위를 할 때와 마찬가지로 지방세를 납부하면서도 착취당할 수 있고 실제로 일정 부분 착취당하고 있음을 알았다. 지방세가 누군가의 공돈이 되어서는 안 된다.

제32장

결국 땅주인한테 뜯긴다

세금에서 지대로 넘어가면 여러분이 겪는 부당함이 훨씬 분명해진다. 적어도 나라에 낸 세금은 일정 부분 여러분에게 공공서비스의 형태로 되돌아온다. 나머지 세금은 어디에 쓰는지 여러분에게 일일이 알려주지는 않아도 노년층과 극빈자는 물론이고 지주와 폭리를 취하는 도급업자 등에게 돌아간다. 빈곤한 사람들에게 돌아가는 세금은 소득평등화에 기여하지만 부유한 사람들에게 돌아가는 세금은 불평등을 심화한다. 이렇게 세금은 잘 쓰이기도 하고 잘못 쓰이기도 한다. 반면 지대의 경우는 여러분이 수혜자들에게 직접 돈을 건네고 그들 좋은 일만 시킨다.

여러분이 땅을 한 구획 빌려서 경작하면 그 땅의 지주는 보나 마나 여러분이 번 것으로 먹고살게 된다. 그래도 여러분은 지주를 막을 수 없다. 땅을 사용하게 해준 대가를 지주에게 지불하지 않으면 지주는 법에 보장된 권한으로 얼마든지 여러분을 땅에서 쫓아낼 수 있다.

여러분은 이런 상황에 너무 익숙한 나머지 어떤 개인이 온 땅을 제 소유인 것처럼 주무를 권력을 가져도 그게 공기나 햇빛이나 바다에 대한 소유권을 주장하는 것처럼 미친 짓이라는 생각을 좀처럼 하지 못한다. 아마 여러분은 집세를 내고 있을 것이다. 집을 지은 사람에게 대가를 지불하는 것은 일견 합리적으로 보이지만 여러분이 내는 돈에서 그 집의 값어치라는 게 과연 얼마나 될까? 쉽게 알아볼 방법이 있다. 만약 여러분이 화재보험을 든다면(집주인은 여러분에게 직접 화재보험을 들라고 할 가능성이 아주 높다) 보험가액이 정해지므로 그 집의 가치를 알 수 있다. 그게 아니면, 건축업자에게 비슷한 주택을 짓는 데 비용이 얼마나 드는지 물어보라. 주택을 담보로 그 비용만큼을 대출받았을 때 매년 내야 하는 이자가 바로 (대지를 제외한) 그 주택의 가치다. 이제 눈치챘겠지만 여러분은 주택의 가치를 초과하는 돈을 집세로 내고 있다. 그렇지 않은 경우는 여러분이 지주에게 고용되어 있거나 중세의 고성처럼 주택이 본래 용도에 비추어 쓸모없어졌을 때뿐이다. 런던과 같은 대도시에서는 건물의 가치를 훨씬 초과하는 집세가 형성돼 있기 때문에 둘을 비교하는 게 거의 무의미하다. 외딴곳에서는 집세와 건물 가치가 거의 비슷해서 집을 지어서는 크게 이득 보기 어렵다. 하지만 전국적으로 보면 건물 가치를 초과하는 집세의 총합이 연간 수억 파운드에 달한다. 이것은 주택의 가치가 아니다. 주택이 지어져 있는 내 나라 내 땅 위에서 살아도 좋다는 허가를 받으려고 지주에게 지불하는 돈인 것이다.

영국 사람이 영국 땅에 살기 위해 허가를 받다니! 주거는 사실상 생존의 문제이므로 누군가의 생존을 허가하거나 불허할 권력을 개인이 갖게 하는 것은 말이 안 된다. 그래서 법적으로 토지는 절대적인 사유재산이 될 수 없고 모든 토지를 관할하는 국왕이 필요에 따라 현 지주들로부터 땅을 모두 회수할 수 있게 돼 있다. 하지만 지주들은 수백 년 세월 동안 법을 만들고 왕을 세운 사람들이다. 그들은 왕이 아닌 일반인도 땅을 사유재산으로 소유할 수 있게 만들어버렸다. 법률대리인에게 수수료를 내고 양도증서 및 기타 특수한 법률 서류에 서명만 하면 토지도 얼마든지 사고팔 수 있다. 개인이 땅에 대해 갖는 권력은 그간 너무나 빈번하게 매매되어 왔다. 그래서 정복왕 윌리엄 시절부터 조상 대대로 작은 왕 노릇을 하며 소작인이 번 것으로 먹고살아온 뻔뻔한 부호가 지주일 수도 있고, 가난한 과부가 어렵사리 번 돈을 몽땅 투자해서 지주가 됐을 수도 있다.

어쨌거나 지주와 소작인의 상황에는 변함이 없다. 파렴치한 무위도식자가 경찰을 앞세우고 와서 근면성실한 여인에게 대놓고 "당신 소득에서 4분의 1을 내게 주시오. 그게 싫으면 이 땅에서 나가든가"라고 말할 수 있다. 심지어 지대를 낸다고 해도 그 땅에서 무조건 나가라고 할 수도 있다. 때때로 지주는 정말로 그렇게 한다. 여러분도 기억할 테지만 스코틀랜드의 어부와 농부들은 전부 고향을 떠나 미대륙 산간벽지로 쫓겨갔다. 농부와 어부들을 내보낸 자리에 지주들은 사슴 사냥 숲을 만들고 싶어 했다. 잉글랜드 시골 곳곳에서는 양을 키우겠다고 사람들을 대규모로 쫓아냈다. 사람들이 살게 하는 것보다 양을 키우는 게 지주에게 더 돈이 됐기 때문이다. 런던에 어마어마한 측선 부지를 갖춘 대규모 기차역들이 처음 들어설 때 수많은 인가가 허물어졌고 거기 살던 사람들은 거리로 내몰렸다. 그 결과 기차역 인근은 심한 인구 과밀을 겪었고 런던 전역에 창궐한 질병의 진원지가 됐다. 전쟁 이후 극심한 주택 부족 시기에 도시 세입자들을 보호하기 위해 몇몇 법규가 만들어졌음에도 불구하고 그런 일들은 여전히 벌어지고 있고 언제든 여러분에게도 닥칠 수 있다. 아일랜드에서는 정부가 농토를 사들여서 농부들에게 되팔았다. 그렇게 해서 일시적으로 상황이 진정되는 듯했지만, 장기적으로는 한 무리의 지주들이 또 다른 지주들로 바뀌었을 뿐 도로아미타불이었다.

대도시와 그 인근 지역에서는 지주가 여러분에게서 얼마나 많이 뜯어갈 수 있는지가 여실히 드러난다. 그리고 정말 이상한 일이지만 지주는 저는 쏙 빼고 세입자들의 소득평등을 열렬히 신봉한다. 도심의 지대는 몹시 높다. 여러분이나 여러분 배우자의 일자리가 도심 지역에 있다면 어떻게 할까? 지대가 낮은 교외에 주택을 구하고 트램으로 출퇴근하면 저축을 할 수 있을 것만 같다. 하지만 여러분이 먼 시골로 이사를 가면 지대는 좀 낮아질지 몰라도 철도나 트램 요금 등 교통비가 만만치 않게 발생한다. 결국 여러분이 지불해야 하는 연간 비용은 걸어서 출퇴근하고 장을 볼 수 있을 만큼 도심 가까이에 살 때 내야 하는 지대에 육박하게 된다. 어떻게 해도 여러분은 지주의 손바닥을 벗어날 수가 없다. 여러분이 어떤 식으로 이익을 추구하든 여러분 같은 사람이 한둘이 아닌 이상 지주는 여러분이 얻는 이익을 곧 지대를 통해 낚아채 간다. 바보도 알 수 있는 일이지만, 토지가 몇몇 사람에게만 귀속되면 토지 소유자들은 자기들이 원하는 조건을 나머지 사람들에게 강요할 수 있다. 나머지 사람들도 거주하고 일할 땅이 있어야 한다. 그렇지 않으면 큰길 한복판에서 굶주리거나 바다에 빠져 죽을 수밖에 없다. 토지 소유자들은 나머지 사람들을 탈탈 털어 간다. 나머지 사람들도 입에 풀칠은 하게 해야 토지 소유자들을 위해 계속 돈을 벌어줄 것이고, 나머지 사람들도 자식을 키우게 해야 다음 세대에도 똑같은 짓을 되풀이할 수 있을 테니, 딱 그만큼만 남겨두고 모든 것을 빼앗는다.

이렇게 어리석은 상황이 어떻게 벌어지는지는 쉽게 알 수 있다. 모두에게 드넓은 땅이 주어진다면 토지에 대한 사유재산권은 아무 문제없이 잘 작동한다. 토지 보유자들은 다른 사람이 자기들과 마찬가지로 토지를 소유하는 것을 굳이 막으려 들지 않을 것이며, 뿌리지 않고 거두려는 악당들이 토지 소유자들의 작물이나 땅을 침해하지 못하도록 아주 강력한 법을 제정해야 마음이 편할 것이다. 하지만 인구가 증가하면 이런 상황이 오래가지 못한다. 결국 모든 땅에 주인이 생기면 늦게 온 사람들에게는 돌아갈 땅이 없어진다. 이런 일이 발생하기 훨씬 전부터도 비옥한 땅은 이미 누군가가 다 차지했다. 늦게 온 사람들 입장에서는 남아 있는 척박한 땅을 소유하느니 척박한 땅과 비옥한 땅의 생산량 차이만큼 지대를 내고 비옥한 땅을 경작하는 것이 더 낫다. 그리하여 비옥한 땅을 소유한 사람들은 자기들 땅을 빌려주고 일하지 않고도 지대를 받아 먹고살게 된다. 즉, 다른 사람의 노동에 기대어 사는 것이다. 그들은 이런 상황을 놓고 자기들이 가진 걸로 먹고산다고 말한다.

대도시와 기계공업이 발달하면서 토지의 가치는 어마어마하게 치솟았다. 런던의 경우 주요 도로에 면한 땅뙈기는 에이커 당 백만 파운드에 팔린다. 사업가들은 그런 땅의 그 값어치를 형성하는 막대한 지대를 기어이 지불할 것이다. 40마일 떨어진 곳에 거저나 다름없이 얻을 수 있는 땅이 있다고 해도 말이다. 땅을 빌린 사람은 그 땅을 다른 사람에게 빌려주고 그 사람은 또 다른 사람에게 빌려주고 그렇게 계속 전대차가 일어난다. 그러다 보면 원래 지주가 받는 돈보다 여섯 명의 임차인과 전대차 계약자들이 그 땅에서 받아내는 지대의 총합이 더 많아질 수 있다. 그러면 그 땅을 실질적으로 사용하고 있는 임차인은 그들 모두를 위한 돈을 벌어야 한다. 지난 150년 동안 유럽의 여러 마을 그리고 다른 대륙의 개척지들은 수억 파운드를 벌어들이는 도시로 성장했다. 하지만 그 땅에 거주하면서 그러한 부를 창출해낸 사람들 대부분은 그곳이 에이커 당 1파운드도 안 하던 시절의 마을주민들이나 개척자들보다 형편이 별로 나아지지 않았고 상당수는 확실히 더 가난해졌다. 반면에 지주들은 엄청나게 부유해졌고 일부 지주들은 아무 일도 하지 않으면서 많은 사람이 60년 동안 고되게 일해서 버는 것보다 더 많은 돈을 매일같이 챙기고 있다.

이 모든 상황을 미연에 방지할 수도 있었다. 우리가 분별력과 선견지명을 발휘했다면, 토지를 법이론상으로나 실제로나 국유 재산으로 남겨두고 모든 지대를 국고로 귀속시켜 공공의 목적을 위해 사용할 수도 있었다. 만약 그랬더라면 빈민가가 형성되지 않았을 것이고, 추악한 거리와 건물들이 생겨나지 않았을 것이고, 지방세나 국세도 없었을 것이다. 누구나 지대의 혜택을 누리게 됐을 것이고, 누구나 일을 해서 지대에 기여해야 했을 것이며, 다른 사람의 노동으로 먹고사는 무위도식자는 존재하지 않았을 것이다. 그러면 우리네 대도시의 번영도 모두가 함께 나누는 진정한 번영이었을 것이다. 지금처럼 열에 아홉은 노예 상태로 가난에 시달리고 나머지 한 사람만 무위도식하는 사치스럽고 쓸모없는 존재로 부를 누리는 것은 진정한 번영이 아니다. 그러한 해악은 너무나 확연할뿐더러 제아무리 영악한 지주가 궤변을 늘어놓더라도 도저히 용납될 수 없는 것이어서 사회주의가 태동하기 훨씬 전부터도 지주에게만 과세하고 다른 모든 과세를 폐지해야 한다는 주장이 제기됐었다. 지금도 우리 중에 토지단일세론자라고 하는 사람들은 같은 정책을 설파하고 있다.

제33장   *Capital*

자본이란 무엇인가

토지단일세론자들의 주장은 원칙적으로 틀린 게 아니지만 지금에 와서 보면 시대에 뒤처져 있다. 다른 사람들의 노동에 기대어 먹고살면서 자기는 다른 사람들을 위해 아무것도 해주는 게 없는 무위도식이 토지 소유에서 비롯되긴 했다. 하지만 토지가 소유자에게 지대를 챙겨주는 유일한 재산은 아니다. 여윳돈을 적절히 굴리면 토지와 똑같은 역할을 한다. 여윳돈을 자본이라고 하며 그 소유자를 자본가라고 한다. 그리고 토지와 마찬가지로 나라의 모든 여윳돈을 개인 수중에 넘겨주는 우리네 제도를 자본주의라고 한다. 자본주의를 이해해야 현 사회를 이해할 수 있다. 사람들이 흔히 말하듯 세상은 알 수가 없다. 여러분은 덧없는 희망을 품고 살아가고 자본주의는 최선을 다해 여러분을 덧없는 희망에 빠트리고 있다. 어쩌면 덧없는 희망을 품고 사는 편이 더 행복할 수도 있다. 이제 나는 자본주의에 대해 설명해야 하는데,

행여 이 책을 읽고 불만과 반항심에 차서 붉은 깃발을 들고 거리로 뛰쳐나가는 사람이 있을까 봐 우려된다. 그건 자본주의가 여러분을 바보로 만들어 놓은 것보다 훨씬 더 큰 바보를 자처하는 일이다. 그렇지만 여러분이 자본주의를 제대로 이해하지 못해도 문제다. 조금이라도 가진 게 있는 사람은 가진 돈을 모두 털리기 쉽다. 가진 돈이 전혀 없는 사람도 역시 속아넘어가서 가장 고귀한 미덕을 행한다고 착각하며 온갖 방법으로 자신을 희생해서 돈만 아는 투기꾼과 박애주의를 표방하는 협잡꾼들의 이익에 봉사하는 신세가 될 수 있다. 그래서 나는 큰맘 먹고 여러분이 어떤 처지이며 여러분에게 무슨 일이 벌어지고 있는지를 알려주고자 한다.

주변에서 온갖 빈곤의 참상을 목격하는데 그 타개책을 찾을 수 없다면, 어찌 절망에 빠지지 않을 수 있겠는가. 몹시 편협한 사람이면 또 모르지만, 그런 사람은 이 책을 사서 읽을 리도 없을 테니 논외로 하겠다. 아무튼 다행스럽게도 우리는 자본주의의 실체를 맞닥뜨리는 걸 두려워하지 않아도 된다. 자본주의를 한번 이해하고 나면, 자본주의가 영속적인 것도 아니고 뿌리가 아주 깊은 것도 아님을 알게 될 것이다. 자본주의는 치유 불가능하지도 않고, 과학적으로 접근하면 치유가 그렇게 어려운 일도 아니다. 내가 치유라는 단어를 쓴 것은 자본주의 문명이라는 게 근시안적인 부도덕성에 기인한 하나의 질병이기 때문이다. 천만다행으로 우리가 사회 건설의 주춧돌로 삼은 십계명과 복음, 법학자 및 철학자의 논증은 모두 자본주의 원칙에 단호히 반대한다. 그렇지 않았다면 우리는 자본주의 문명 때문에 진작에 죽어 없어졌을 것이다. 자본주의의 해악은 수많은 고대 문명을 파괴했고, 우리가 조심하지 않으면 우리 문명도 파괴하겠지만, 어쨌거나 비교적 최근에 생겨난 이단이라고 할 수 있다. 자본주의 역사는 아무리 길게 잡아도 200년밖에 되지 않는다. 다만, 자본주의가 세상에 풀어놓고 찬미한 일곱 가지 대죄는 인간의 본성만큼이나 오래됐다.

이제 여러분이 말하는 소리가 내 귓전에 울린다. "나 이거 참, 그 모든 게 평범한 신사숙녀들이 여윳돈을 소유하는 거랑 대체 무슨 상관이란 말이에요? 여윳돈을 소유하는 게 자본주의라면서요?" 다소 생뚱맞게 들릴지도 모르지만, 바로 그렇게 무고해 보이는 지점으로부터 우리가 짊어지고 있는 가난과 빈곤과 음주와 범죄와 해악과 조기사망이라는 거대한 짐이 생겨났다. 소위 자본이라고 불리는 여윳돈이 어떤 상황을 야기하는지 검토하고 나면, 우리가 여윳돈으로 온갖 개선을 이뤄내야 하고 이뤄낼 수 있는 온갖 좋은 것들에도 불구하고 여윳돈이 만악의 근원임을 알게 될 것이다.

여윳돈이란 무엇인가? 여러분이 자기 신분에 맞는 생활을 유지하기 위해 필요한 모든 것을 사고도 남는 돈이 바로 여윳돈이다. 여러분이 만족하는 익숙한 생활방식을 유지하는 데 일주일에 10파운드가 들고 주급으로 15파운드를 받는다면 주말에는 5파운드의 여윳돈이 수중에 남을 것이다. 여러분은 딱 그 돈만큼의 자본가가 된다. 그러니까 여러분이 자본가가 되기 위해서는 먹고사는 데 걱정 없는 수준을 넘어서더 많은 돈을 가져야 한다.

따라서 가난한 사람은 자본가가 될 수 없다. 가난한 사람이란 먹고사는 일이 걱정인 사람이다. 지금보다도 훨씬 혹독하게 궁핍했던 시절 어느 주교가 런던 이스트엔드의 가난한 사람들에게 아끼고 저축해서 자본가가 되라고 훈계하던 일이 떠오른다. 그 주교는 좀 더 분별이 있어야 했다. 그렇게 터무니없이 사악한 설교를 늘어놓다니, 사람들이 다 보는 데서 주교의 무릎덮개와 챙 넓은 셔블모자를 낚아채 짓밟았어야 했다. 돈이 없어서 아이들을 제대로 먹이지도 못하고 깨끗하고 따뜻하게 입히지도 못하는 여인을 한번 떠올려 보자. 어미가 아이들을 더 굶주리고 더 헐벗게 하면서 우체국 은행에 돈을 넣어두고 채권과 주식을 살 만큼 모일 때까지 버텨야 한다는 말인가! 그랬다가는 아이들을 방치한 죄로 고발당한다. 그런 어미는 고발당해도 싸다! 만약 그녀가 주교님이 부추겨서 이렇게 비정상적인 범죄를 저질렀다고 진술한다면, 설마하니 주교가 아이들과 어머니에게 필요한 음식과 옷가지까지 아껴서 저축하라고 했겠냐는 소리를 듣게 될 것이다. 만약 그녀가 주교님은 왜 처음부터 그렇게 말씀하시지 않았냐고 되물었다가는 입 다물라고 제지당하고 감옥에 갇히는 신세가 될 것이다.

　가난한 사람들은 저축을 할 수 없으며 저축하려고 해서도 안 된다. 가장 필요한 일도 지출이고 반드시 해야 할 일도 지출이다. 열에 아홉 사람은 자기와 가족을 위해 쓸 돈이 부족하다. 그런 사람들에게 저축하라고 설교하는 짓은 어리석기만 한 게 아니라 사악하다. 주택담보대출조합이 가난한 학부모들에게 주택 구입을 부추기는 바람에 아이들이 배를 곯고 있다고 교사들은 이미 불평하고 있다. 다행히 가난한 사람들 대부분은 저축을 하지도 않거니와 엄두도 내지 않고 있다. 은행과 주택담보대출조합, 협동조합, 저축채권 등에 투자한 모든 여윳돈을 합산하면 수억 파운드에 달하므로 대단한 거액이 노동계층에서 나온 것처럼 보이지만 전체 투자액에 비하면 정말 미미한 돈이다. 가난한 노동계층이 그 여윳돈을 보통주에 투자해서 큰 소득을 올리려면 부자들이 소유한 자본이 반드시 함께 투입돼야 한다. 영국 자본의 대부분을 형성하는 큰 덩어리는 먹고사는 걱정이 전혀 없는 가진자들의 여윳돈이다. 부자들은 굳이 아껴쓰지 않아도 여윳돈이 모인다. 그렇다면 질문은 하나다. 그 돈을 어디다 쓸까? 궁할 때를 대비해 저장해 둔다. 언젠가 필요할지 모르기 때문이다. 아주 간단한 이야기다. 하지만 만약 그 돈이 저장되지 않는다면! 물론 화폐는 저장할 수 있다. 지폐도 저장할 수 있고, 동전도 저장할 수 있다. 수표책도 저장할 수 있다. 은행 계좌의 입출금 내역도 충분히 안전하게 저장될 수 있다. 하지만 이런 것들은 그저 우리가 필요로 하는 재화에 대한 법적 청구권일 뿐이다. 우리에게 필요한 재화에서 가장 중요한 것은 식량인데, 알다시피 식량은 저장되지 않는다. 식량이 썩어 없어져버리면, 여윳돈이 무슨 소용인가?

　돈이란 사실 그 돈으로 살 수 있는 물건을 의미하고, 이 물건들의 가장 중요한 속성은 결국 사라진다는 것이다. 이 사실을 깨달은 지적인 여성은 여윳돈을 모아두는 것은 불가능함을 알게 된다. 여윳돈은 즉시 써야 한다. 여윳돈을 낡은 양말에 욱여넣거나 마룻바닥 밑에 숨기는 것은 아주 단순한 여자들뿐이다. 그런 여자들은 돈은 언제나 돈이라고 생각한다. 한참 잘못된 생각이다. 금화라면 언제나 그 재료인 금속의 값어치는 한다. 하지만 현재 유럽에서는 금화가 통용되지 않는다. 오직 지폐뿐이다. 최근 몇 년간 우리는 영국 지폐의 가치가 하락해서 1실링의 구매력이 전쟁 이전의 6펜스 수준까지 떨어지는 것을 목도했다. 한편 유럽 대륙에서는 1,000파운드로 우표 한 장 살 수가 없고

50,000파운드어치 지폐 다발을 내밀어도 트램 한 번 타기 힘든 상황이 됐다. 자기 자신과 부양해야 할 자녀의 평생을 생각했던 사람들이 유럽 전역에서 궁핍한 신세가 됐다. 잉글랜드에서는 아버지가 준비해 놓은 보험금을 풍족하게 물려받은 사람들조차 아무리 허리띠를 졸라매도 도무지 생활을 꾸려나갈 수 없는 지경에 처했다. 그들이 돈을 믿었기 때문에 벌어진 결과였다.

돈으로 바꿀 재화가 없는데도 정부가 돈을 무더기로 찍어내는 바람에 저축하는 사람들이 골탕먹는 동안 부유한 몇몇 사업가는 더 엄청나게 부유해졌다. 외상으로 사들였던 물건 대금을 가치가 떨어진 화폐로 치를 수 있었기 때문이다. 당연히 이러한 부자 사업가들은 모든 힘과 영향력을 이용하여 정부가 유명무실한 화폐를 찍어내게 함으로써 상황을 더욱 악화시켰다. 반면에 빚진 돈은 없고 오히려 받을 빚이 있는 다른 부자들은 정반대로 영향력을 행사했다. 그러다 보니 정부는 뭐가 어떻게 돌아가는지 전혀 알지 못했다. 한쪽에서는 돈을 더 많이 찍어내라고 했고 다른 쪽에서는 돈을 그만 풀라고 했다. 그들 중 아무도 자기들이 사람들의 음식을 놓고 장난질을 치고 있다는 걸 알아차리지 못한 것 같았다. 언제나 나쁜 충고가 받아들여졌다. 정부 자체도 빚을 진 쪽이어서 부채를 싸구려 종잇조각으로 갚을 수 있다는 데 만족했던 것이다. 은화의 은 함량을 줄여서 채권자들을 속인 헨리8세의 선례를 따른 것이다.

합리적으로 생각하는 사람이라면 이제 돈을 쌓아두는 것은 안전한 저축 방식이 아니라는 올바른 결론에 도달할 것이다. 돈을 제때제때 쓰지 않는다면 10년 후나 10주 후, 아니 전쟁 중이라면 단 열흘이나

10분 후에도 그 돈이 제 값어치를 할지 장담할 수 없다.

 하지만 여러분은 아마 여윳돈을 다 써버리고 싶지 않다고, 여윳돈을 가지고 있고 싶다고 할 것이다. 돈으로 사고 싶은 게 아직 있다면 여윳돈이 있는 게 아니다. 방금 배부르게 식사를 마친 사람에게는 언제 돈 값어치가 떨어질지 모르니 당장 한 끼를 더 주문해서 먹어치우는 게 좋다고 충고해도 씨알도 안 먹힌다. 그러느니 차라리 창밖으로 던져버리고 싶은 돈, 그게 바로 여윳돈이다. 그 돈을 쓰면서도 가지고 있을 수 있는 방법은 없을까? 그건 불가능하다. 하지만 여윳돈을 써서 소득을 지금보다 늘릴 수는 있다. 그 방법을 알고 싶다면, 다음 장을 읽기 바란다.

제34장

Investment and Enterprise

투자는 자본의 지대를 창출한다

여러분이 이미 밥을 먹고 배가 부른 상태에서 마침 어떤 배고픈 사람을 만났다고 해보자. 그 배고픈 사람이 훗날 이를테면 1년 후에 여러분에게 밥을 사줄 거라는 확신이 선다면, 여러분이 가진 여윳돈으로 그에게 저녁을 사줘도 될 것이다. 그렇게 하면 당장 돈을 쓰면서 내년을 위한 저축도 하는 거라고 볼 수도 있다. 여유식량을 신선할 때 먹어 치우면서도 1년 후에 먹을 신선한 식량도 갖게 된다는 얘기다. 여러분은 단박에 반론을 제기할 것이다. 배고픈 사람이야 수백만 명도 더 찾을 수 있지만, 이듬해에 저녁 식사를 되갚는 것은 고사하고 제 끼니라도 해결할 수 있을 만한 위인이 과연 몇이나 있겠느냐고. 그럴 수 있을 사람들 같으면 지금 굶주리고 있지도 않을 거라고. 뭐, 그것도 맞는 말이다. 하지만 다 방법이 있다. 배고픈 사람 중에서 믿을 만한 사람을 찾는 건 어려울지 몰라도, 은행이나 증권중개인이나 사무변호사는 나중에 먹을 것을 되갚을 만한 사람들을 얼마든지 찾아낸다. 개중에는 어마어마하게 부유하고 이미 배터지게 먹고 있지만 늘 여유식량을 조달하려는 사람들도 있다.

어째서 그들은 여유식량을 원할까? 그 여유식량으로 배고픈 사람들을 먹이겠다는 건데, 굳이 그러는 이유가 뭘까? 배고픈 사람들이 내년에 저녁을 갚을 수도 있다고 기대해서가 아니다. 당장 뭐라도 해서 나중에 돈이 되게 하려는 것이다. 여윳돈을 가진 사람이 충분한 창의력과 일머리까지 갖췄다면, 팔을 걷어붙이고 사업을 벌일 것이다.

커다란 사유지가 딸린 시골 저택을 소유한 부인이 있다고 해보자. 공교롭게도 그녀의 사유지는 주요 도시와 도시를 잇는 최단 거리를 가로막고 있다. 공용도로는 그녀의 사유지를 둘러 가느라 꾸불꾸불 험하게 놓여 있어서 자동차가 다니기 영 위험하다. 그녀는 여유식량으로 배고픈 사람들을 먹이고 그들을 시켜 사유지를 가로지르는 자동차 도로를 건설하기로 한다. 도로 공사가 끝나면 배고픈 사람들이야 다른 일을 찾으라고 내보내면 되고, 그녀는 새로 생긴 자동차 도로를 이용하는 모든 자동차 운전자에게 통행료 1실링을 청구할 수 있게 된다. 자동차 운전자는 시간도 아끼고 위험과 수고로움을 덜기 위해 기꺼이 1실링을 지불할 것이다. 어쩌면 그녀는 배고픈 사람 중 한 명에게 도로 이용료를 징수하는 일을 맡길 수도 있다. 그렇게 그녀는 여유식량을 지속적인 소득으로 바꾼다. 도시의 언어로 말하면, 그녀는 자기 자본으로 도로 건설 사업에 뛰어든 것이다.

도로 교통량이 너무 많아서 그녀의 수중에 쌓이는 돈(이 의미하는 여유식량)이 미처 다 쓸(먹어치울) 수 없을 정도로 빠르게 늘어나면, 새로 들어온 여유식량이 썩어 나가지 않게 하기 위해 새로운 소비 방법을 찾아야 한다. 그녀는 배고픈 사람들을 다시 불러들이고 그들에게 시킬 새로운 일거리를 찾을 것이다. 새로 건설한 도로를 따라 주택들을 지으면 어떨까. 새로 낸 도로를 공용도로로 수용해서 납세자의 세금으로 관리하라고 지방정부에 제안할 수도 있을 것이다. 그리고 도로변의 주택들을 세놓아서 엄청난 소득 증대를 맛본다. 이렇게 해서 전보다 훨씬 많은 여윳돈을 얻으면, 그녀는 세입자들의 직장이 있거나 자기 하인들의 주거지가 있는 이웃 도시들을 연결하는 버스 운수업을 시작할 수도 있다. 집집이 공급할 전기 배전소와 가스 공장을 세울 수도 있다. 그녀의 저택을 호텔로 바꿀 수도 있고, 모든 걸 싹 허물고 새로운 주택과 도로를 건설할 수도 있다. 배고픈 사람들이 그녀를 위해 그 모든 일을 해줄 것이다. 그녀는 그저 배고픈 사람들에게 필요한 지시를 내리고 그들이 일하는 동안 그녀의 여유식량을 제공해 그들이 먹고살게 해주면 된다.

하지만 여러분이 또 이렇게 반박할지 모르겠다. 대단히 능력 있고 부지런한 사업가나 돼야 그 모든 것을 계획하고 관리 감독하고 실행할 수 있지 않겠느냐고. 만약 너무 어리숙하고 게을러서 이런 일들을 생각할 수도 없는 사람이라면? 아니, 천재라 하더라도 예술이나 과학이나 종교나 정치에 뜻을 두고 있다면? 글쎄, 그런 건 전혀 문제가 되지 않는다. 여윳돈만 있다면, 필요한 능력을 갖춘 배고픈 사람들이 찾아와서 사유지를 개발하자고 제안하면서 땅과 여윳돈을 사용하는 대가로 일 년에 얼마씩을 주겠다고 할 것이다. 이 모든 것은 사무변호사가 알아서 정리해줄 것이고, 어쩌다 서류에 서명하는 것 말고는 손 하나 까딱하지 않아도 된다. 사업의 언어로 말하면, 자기 자본을 투자해서 사유지를 개발할 수 있다는 얘기다.

자, 그럼 이제 저축액을 투자하고 시골의 사유지를 개발하는 걸 넘어서 사업이 어디까지 진행될 수 있을지 한번 생각해보자. 저마다의 재력에 따라 금액이 크든 작든 사업에 끼어들고 싶어 하는 사람들이 전국 각지에 널려 있다. 큰 회사들은 그 사람들의 여윳돈 수백만 파운드를 모아서 배고픈 사람들을 동원해 바다 밑으로 탄광을 파고 석탄이 나올 때까지 20년은 족히 걸리는 작업을 진행시킬 수 있다. 철도를 놓고 거대한 증기선을 만들 수 있으며, 수천 명을 고용할 공장을 짓고 기계 설비를 갖출 수 있다. 대양을 가로지르는 해저 케이블도 부설할 수 있다. 준비가 끝나고 사업이 스스로 굴러갈 때까지 배고픈 사람들에게 줄 여유식량을 빌릴 수 있는 한, 큰 회사들이 할 수 있는 일에는 한계도 없고 끝도 없다.

때로는 계획이 실패해서 여유식량을 그냥 날리기도 한다. 그럼에도 투자자들이 위험을 감수하는 까닭은 어차피 식량은 썩어 없어지므로, 투자를 하지 않아도 잃을 식량이기 때문이다. 따라서 사업계의 거물이나 큰 회사들은 언제나 여윳돈을 마련할 수 있다. 그렇게 해서 다수의 빈자와 극소수의 부자가 존재하는 기이한 우리 문명은 모든 것의 근간인 식량을 파종하고 추수할 뿐만 아니라 우리가 보는 바와 같이 상점과 공장, 철도, 탄광, 원양 여객선, 비행기, 전화, 궁궐, 저택, 연립주택, 단독주택 등을 만들어낸다.

자본이라고 하는 여윳돈이 부리는 마법이다. 그런 식으로 땅과 여윳돈을 가진 무위도식자들이 뭐가 어떻게 돌아가는지도 모르면서 어마어마한 부자가 되고 요람에 누운 어린 자식까지 어마어마한 부자로 만드는 것이다. 반면에 땅도 없고 돈도 없는 사람들은 새벽부터 밤까지 노예처럼 일해서 그 모든 것을 이뤄내고도 일이 끝나고 나면 처음과 똑같이 가난한 상태에 놓이게 된다.

제35장

Limitations of Capitalism

투자를 민간에 맡기면 무슨 일이 벌어지나

자본주의의 성과에 지나치게 매료된 나머지 자본주의 타도가 곧 문명 파괴인 줄 아는 사람이 많다. 그들에게는 자본주의가 필수불가결해 보이는 것이다. 그렇다면 우리 한번 생각해보자. 토지와 자본을 개인의 수중에 맡기는 자본주의 방식은 과연 괜찮은가? 다른 방법은 없을까?

어찌됐든 자본은 필수불가결한 것이다. 대규모 인원이 몇 주나 몇 달, 몇 년에 걸쳐 작업을 해야 수지를 맞출 수 있는 사업들은 하나같이 막대한 여윳돈(여유식량)을 필요로 한다. 항구 건설에 10년이 걸리고 탄광 건설에 20년이 걸린다고 해보자. 그 동안 항구나 탄광 건설에 투입된 사람들은 엄청나게 먹어치우기만 할 것이다. 여윳돈이 있는 누군가가 당장의 대가를 바라지 않고 그들에게 의식주를 제공할 수밖에 없다. 부모가 자라나는 아이들을 부양해야 하는 것과 같은 이치다. 이 점은 우리가 자본주의를 지지하든 사회주의를 지지하든 마찬가지다. 자연스럽고 불가피한 과정이며, 그 어떤 정치 혁명이나 사회 조직 방법으로도 바꿀 수 없는 일이다.

대규모 사업을 벌이기 위해서는 온갖 사치품을 넘치도록 사고도 돈이 남아도는 갑부들과 유사시에 대비해 신중하게 저축하는 어지간한 자산가들의 여윳돈을 끌어다 써야 한다. 그러나 그러한 사업을 굳이 사기업이 할 필요는 없다.

일단 사기업은 사회적으로 반드시 필요한 일도 하지 않는 경우가 허다하다. 돈이 되지 않으면 사기업은 절대로 달려들지 않는다. 예컨대 등대를 보자. 만약 등대가 없다면, 우리는 바다로 나갈 엄두조차 내지 못한다. 아무리 천천히 조심스럽게 운항해도 많은 무역선이 난파되고 말 것이다. 그러면 무역선으로 실어 나르는 물건의 가격이 지금보다 훨씬 비싸진다. 그러니까 우리는 누구나, 지금껏 한 번도 바다를 본 적이 없고 앞으로도 바다에 가볼 일이 없는 사람들까지도 등대의 덕을 단단히 보고 있는 것이다. 하지만 자본가들은 등대를 건설하려 들지 않는다. 만약 등대 앞을 지나가는 배마다 요금을 걷을 수 있다면, 자본가들은 신속하게 등대를 건설해서 모든 해안을 브라이튼 해변처럼 밝힐 것이다. 하지만 그렇게 돈을 걷을 수도 없고 돈을 낸 사람에게만 등대를 비출 수도 없기 때문에 자본가들은 해안을 암흑 속에 남겨둔다. 결국 등대는 정부가 선박들로부터 등대세의 형태로 여윳돈을 모아 건설한다(등대의 혜택은 모두에게 돌아가므로 선박들만 등대세를 내는 것은 공평하다고 하기 어렵다). 우리 같은 (해운 활동을 하지 못하면 굶어 죽을 운명인) 해양국가에서 제일 중요한 시설을 자본주의는 절대 공급하지 않는다. 우리는 공산주의로 등대를 공급하고 그 비용을 선주들에게 과세하고 있다.

사회적으로 반드시 필요한 일 중에 돈을 벌 수 있는 일인데도 자본주의가 여전히 외면하는 일들도 꽤 있다. 등대 이야기를 꺼내고 보니 항구가 떠오른다. 항구도 꼭 필요한 시설이다. 항구에 들어오는 모든 배는 항구세를 내니까 항구를 만들면 돈을 벌 수 있다. 하지만 바다에 방파제와 부두를 만들어야 하는 큰 항구들은 건설하는 데만 몇 년씩 걸리고, 공사 중에 폭풍우 피해를 당하거나 파괴되기 십상이며, 항구세를 무작정 많이 걷을 수도 없다. 항구세가 너무 비싸면 배들이 더 싼 항구를 찾아 떠나버릴 것이다. 그래서 민간 자본은 항구 건설에 등을 돌린다. 들어가는 비용이 좀 더 명확하고, 작업이 덜 지연되고, 더 많은 돈을 벌 수 있는 사업으로 가버리는 것이다. 예를 들어, 주류 산업은 큰 이문을 남긴다. 양조장을 건설하고 설비를 갖추는 비용은 불확실할 게 없고, 위스키는 날개 돋친 듯이 팔릴 게 보장돼 있다. 큰 양조장을 짓는 비용은 많이 들어봤자 수백 파운드 내에서 해결되지만, 큰 항구를 짓는 비용은 수백만 파운드가 왔다갔다 한다. 정부는 국익을 위해 양조장이 더 필요한지 항구가 더 필요한지만 고려한다. 하지만 민간 자본은 국익을 책임지지 않는다. 그들은 오로지 자기 자신과 가족만 생각할 뿐이고 그러다 보면 가장 안전하고 이윤이 많이 남는 쪽으로 여윳돈을 투자하는 방법을 택한다. 결국 그들은 주류 산업을 선택한다. 만약 우리가 전적으로 민간 자본에만 의존한다면, 위스키 시장이 포화 상태에 이르도록 수많은 양조장이 생기는 동안 이 나라에 항구는 없을 것이다. 더구나 양조장이 완공되고 나면 그들은 막대한 돈을 광고에 쏟아 부어 자기네 위스키가 다른 양조장에서 만든 위스키보다 훌륭하고, 건강에 좋고, 숙성 기간이 길고, 더 유명하며, 모두가 날마다 위스키를 마셔야 한다고 대중을 설득하려 들 것이다. 하나도

토머스 나스트 *Thomas Nast*, 자유 흡연 *Free Smoke*, 『퍽*Puck*』, 1875년
담배사업가와 공무원으로 추정되는 사람이 비밀스러운 대화를 나누고 있다. 흡연과 건강 문제가 사회적 이슈로 떠오르면서 담배산업을 규제하자는 당시 사회 분위기가 엿보인다.

맞는 말이 아니다. 국가의 관점에서 보자면 그런 헛소리를 광고하는 것은 부의 낭비이자 노동의 왜곡이며 악독한 거짓말 유포 행위다.

민간 자본은 가장 많은 돈을 벌 뿐 아니라 가장 적은 수고로 돈을 벌 수 있는 사업을 택한다. 즉, 품을 최소한으로 들이려 한다. 그들은 재화나 용역을 판매할 때 가능하면 싸게 팔기는커녕 가능한 한 비싸게 받는다. 잘 모르는 사람들은 값이 싸야 많이 팔리고 많이 팔려야 이문이 더 크게 남는다고 여긴다. 많은 경우 가격이 낮아지면 판매가 늘어나는 건 사실이다. 그러나 판매가 는다고 반드시 이문이 커지는 것은 아니다. 가격을 여섯 가지로 매기더라도(당연히 매출은 달라지겠지만) 이윤은 다 똑같을 수 있다.

외국으로 메시지를 보내기 위해 대양을 가로질러 부설된 해저 케이블의 경우를 보자. 케이블 회사는 단어당 얼마를 청구할까? 요금이 단어당 1파운드라면 메시지를 보낼 수 있는 사람이 거의 없을 것이다. 단어당 1페니라면 케이블은 밤낮없이 메시지를 전달하느라 불이 날 것이다. 어쨌거나 이윤은 같다. 그렇다면 1페니짜리 240단어보다 1파운드짜리 한 단어를 전송하는 편이 품이 적게 들 것이다.

같은 일이 일상적인 전보 서비스에서도 벌어진다. 전보 서비스를 민간 회사가 장악하고 있던 시절에는 서비스가 제한적이고 가격도 비쌌다. 정부가 전보 서비스를 인수하고 나서야, 외딴곳 어디에나 전신선이 연결됐고 서비스 가격도 낮아졌다. 정부는 이윤을 추구하지 않았다. 실제로 정부가 전보 서비스를 운영한 방식은 민간 자본가들의 시각에서는 손해를 본 것이다. 정부가 그렇게 한 까닭은 저렴한 전보 서비스가 전체 공동체, 즉 날마다 열두 통씩 전보를 보내는 사람들은 물론이고 단 한 번도 전보를 보낸 적이 없는 사람들한테도 매우 유익해서 그 자체로 국가에 도움이 되므로 전보 이용자가 내는 요금을 서비스에 들어간 비용 이하로 깎아주는 편이 더 타당하다고 봤기 때문이다. 차액은 모두가 내는 세금으로 메꿨다.

이렇게 아주 바람직한 조율이 민간 자본주의에서는 절대 이뤄질 수 없다. 민간 자본주의는 최대한의 이윤을 얻기 위해 가격을 최대한 높게 책정한다. 사업의 혜택을 사회 전체가 누리더라도, 비용은 직접 물건을 사거나 서비스를 이용한 사람들이 전부 부담하게 한다. 민간 자본주의는 혜택을 누리는 사회구성원 모두가 비용을 나눠 내게 할 권한이 없기 때문이다. 사업가들이야 전보나 전화 비용을 그들이 파는 물건 가격에 얹어 소비자에게 부담을 전가할 수도 있겠지만, 전보 및 전화 서비스 이용자의 상당수는 사업가가 아니라서 그 비용을 다른 사람에게 전가할 수 없다. 전보나 전화 비용을 전부 세금으로 충당하는 것에 반대하는 이유는 딱 하나다. 알맞은 현금을 지불하게 해야 편지로 해도 충분할 일을 굳이 전보로 하거나 전보 메시지를 끝낼 때마다 "사랑하는 제인 이모에게 아기의 뽀뽀와 함께 모두의 안부 인사를 전하며" 따위를 붙이는 일이 없을 것이다. 길이 무제한의 전보를 죄다 보낼 수 있다면 전보선에 과부하가 걸려서 결국 전보를 아예 보낼 수 없는 지경이 되고 말 것이다. 전화는 또 어떤가. 전화를 아무리 써도 호주머니 사정이 달라지지 않는다면, 어떤 사람들은 온종일 전화기를 붙들고 있을지도 모른다. 지금도 적게 쓴다고 돈을 덜 내는 것도 아니니까 여섯 단어로 충분할 메시지를 부러 열두 단어로 늘리는 사람들 때문에 상당한 양의 불필요한 작업이 전보 서비스에 투입된다. 쓸데없이 단어를 늘리는 바람에 세금이 올라가는 것은 물론이고 자기들의 시간과 공무원들의 시간이 낭비된다는 생각은 하지 못한다. 이게 사소한 일처럼 보일지도 모르지만, 사소한 일이 그 나라 사람들의 수만큼 수백만 이상으로 곱해져서 공적 업무를 구성하는 것이다. 그 정도 규모로 확대되면 사소한 일이 더는 사소한 일이 아니게 된다. 멍청이들은 별 뜻 없이 그런 짓을 시작하겠지만 지각 있는 사람들이 양심적으로 자제하지 않는다면 눈덩이처럼 불어난 편지들이 우리 우편제도를 좌초시키고 말 것이다.

이러한 일들은 아주 명확하게 이해할 필요가 있다. 사람들 대부분은 큰 사업이 어떻게 돌아가는지에 대해 너무 무지하고 어리석다 보니, 자본주의는 이윤을 내니까 성공하고 공공서비스(공산주의)는 이윤을 내지 못하니까 실패한다는 자본가들의 혹세무민에 그렇게 속아 넘어가는 것이다. 무지하고 어리석은 사람들은 까맣게 잊어버리고 있지만, 그 이윤은 바로 자기들 호주머니에서 나온 돈이다. 그러니까 자본가들이 더 많이 가져가면 소비자들이 그만큼 덜 가져가는 것이고, 그런 이윤이 사라져야 우리가 바가지 쓰는 일도 없어진다.

제36장

The Industrial Revolution

반쪽짜리 축복에 그친 산업혁명

앞서 살펴봤듯이 민간 자본에 의존해서는 국가를 운영할 수 없다. 도시의 하수도부터 등대에 이르기까지 꼭 필요한 게 한둘이 아닌데, 민간 자본은 그것들을 전혀 제공하지 않기 때문이다. 더구나 민간 자본은 재화와 용역의 공급 순서를 엉망으로 만든다. 주류 시장이 포화 상태에 이를 때까지 수없이 양조장을 지어대면서도 항구는 짓지 않는다. 단 한 명의 부자를 위해 호화저택 다섯 채가 지어지는 동안 수많은 아이가 빈민가에서 인구 과밀로 죽어간다.

한마디로 자본주의하에서는 민간 자본이 가장 필요한 일을 먼저 하기는커녕 엉뚱한 곳에다 첫 단추를 끼운다. 잘못된 곳에서 시작해 온갖 잘못을 다 저지르고 더 저지를 잘못이 없어지면 그제야 옳은 방향을 택한다. 우리네 잘난 자본가들이 상황에 떠밀려 어쩔 수 없이 취하게 된 입장이 바로 그것이다. 독한 술로 가난한 사람들의 호주머니를 탈탈 털고 경마용 마사와 온갖 진주 목걸이로 부자와 귀부인들의 재산을 거덜 낸 다음에야 비로소 자본가들은 자본을 투입해서 보다 필요한 물건을 생산한다.

배고픈 사람들을 데려다 제분소를 짓고 거기서 사용할 기계도 만든다고 해보자. 그러려면 그 전에 누군가가 그 기계를 발명해야 한다. 한 여자가 기계를 발명한다. 그녀의 발명은 자본가들에게 팔린다. 발명가가 사업 수완이 좋은 경우는 거의 없지만 만약 그녀가 사업 수완이 좋다면 그녀 자신을 자본가로 만들어줄 만큼의 돈을 자본가들에게 요구할 것이다. 하지만 대개 발명가는 아주 형편없는 거래를 한다. 그녀는 견본품을 만들어 시험해 볼 돈을 마련하려고 자기 발명에서 알짜 부분을 단돈 몇 파운드에 넘겨주고 만다. 기계를 발명한 사람이 창의적인 경영 능력까지 갖춘 경우 자본을 주무를 기회가 생긴 것은 오늘날 대기업 시대가 되고 나서의 일이다. 발명가에게 경영 능력까지 있다면, 대기업이 골치 아프게 특허권이나 사려고 하지는 않을 것이다. 아주 많은 돈을 주고 발명가를 데려와서 회사 요직에 앉힐 것이다. 하지만 어수룩한 발명자에게는 그런 행운이 찾아올 리 없다. 자본가들은 어떤 발명이든 14년 후에는 국유화되는 공산주의적인 법을 만들었고, 그 기간만 지나면 발명가에게 아무것도 지불하지 않고 특허기술을 사용할 수 있다.[1] 얼마 지나지 않아 자본가들은 그 기계들을 자기들이 발명했고 그 창의력에 대한 보상으로 부를 누리는 것이라고 스스로를 속인다. 아니, 적어도 다른 사람들이 그렇게 믿도록 만든다. 그리고 제법 많은 사람이 그 말을 믿는다.

그런 식으로 거대 자본가들은 소상공인들은 엄두도 못 내는 기계장치를 장만한다. 그리고 소상공인들을 지구상에서 쓸어버리기 시작

---

[1] 1990년대 중반 이후 한국과 영국을 포함한 세계 주요국은 특허권 보호기간을 특허출원일 이후 20년까지로 늘렸다.

한다. 커다란 공장에서 증기로 돌리는 값비싼 기계 베틀을 잔뜩 갖춘 거대 자본가들은 소상공인들이 가내 수공업으로 하던 일감을 싹쓸이해서 훨씬 싸게 작업한다. 거대 자본가들은 풍차나 물레방아로 작업하는 구식 제분소의 일을 빼앗아서 쇠 롤러와 강력한 엔진이 돌아가는 커다란 건물에서 작업한다. 거대 자본가들은 불과 대장간의 신 불카누스Vulcanus 천 명이 몰려와도 당해낼 수 없는 나스미스Nasmyth 증기 해머와 쇠막대도 손쉽게 끊어내는 철판 절단용 가위로 무장하고 대장장이들을 위협한다. 그 옛날 콜럼버스를 위해 배를 만든 조선공들이 오늘날 거대 자본가들이 진수하는 어마어마한 강선을 봤다면, 필시 악마가 조화를 부렸다고 할 것이다. 거대 자본가들이 강철과 콘크리트로 백 채의 주택을 차곡차곡 쌓아 올려 마천루를 건설하자 하나의 수평선이 있던 자리에 이제 수많은 수직선이 존재하게 됐다. 기계로 레이스를 짜면 만 명의 여자가 손으로 짜는 것보다 더 많은 양을 하루에 생산할 수 있다. 기계로 장화를 만들고, 기계로 시계를 만들고, 기계로 핀과 바늘을 만든다. 거대 자본가들은 여러분에게 가정에서 사용할 기계도 판다. 진공청소기가 청소용 솔을 대체한다. 거대 자본가들은 공장에서 사용하는 전력과 수력을 여러분의 집에 물이나 가스처럼 제공한다. 그 전력이나 수력을 이용해서 집을 밝히고, 난방을 하고, 지하실에서 다락방까지 계단을 오르내리는 수고 없이 엘리베이터를 타고 이동할 수 있다. 찻물을 끓이고 저녁을 요리할 수 있다. 심지어 토스트도 만들 수 있다. 그렇게 하라고 타이머가 장착된 작은 오븐도 판다. 그 기계는 토스트가 다 타버리기 전에 알아서 빵을 튕겨 낸다.

처음에는 기계로 생산된 물건이 수제에 비해 품질이 떨어질지 몰라도 나중에는 더 품질이 좋거나 혹은 가성비가 좋은 물건이 된다. 그러면 우리는 늘 기계 생산된 물건만 쓰게 될 것이다. 결국에는 우리가 손으로 물건을 만드는 법을 잊어버리고, 오래된 수공예의 명맥을 이어가려는 소규모 장인들 대신 대규모 기계 산업에 의존하게 될 것이다. 위대한 예술가이자 장인이었던 윌리엄 모리스가 쓴 이야기를 보면, 갈퀴 손잡이가 빠진 걸 고칠 줄 아는 사람이 마을에 한 사람도 없어서 런던에 가서 큰 기계와 여덟 명의 기술자를 불러오는 내용이 나온다. 앤 여왕 시절이라면 어떻게 그런 일이 벌어지느냐고 어이없어했을 테지만 이제는 그렇게 터무니없는 이야기도 아니다. 그래도 이게 다 나쁜 것만은 아니다. 만약 망가진 갈퀴를 고쳐 쓰느니 버리고 새 걸 쓰는 게 나을 정도로 갈퀴를 싸게 만들 수 있다면 잃는 것보다 얻는 게 더 크지 않은가. 기계를 도입한 덕분에 예전의 손재주 좋은 사람들이 누렸던 것보다 기계를 돌리는 사람들이 더 나은 삶을 영위하게 된다면 그것은 좋은 변화다.

    하지만 지금 우리는 그러한 이점을 온전히 누리지 못하고 있다. 우리 대부분이 형편없는 싸구려 물건을 사용하고 있고, 형편없는 싸구려 인생을 살고 있다. 그것은 기계나 대규모 공장의 잘못도 아니고, 공장과 기계를 들이는 데 투입된 여윳돈의 잘못도 아니다. 잘못은 기계화로 노동을 절감해서 얻은 여가와 부를 불평등하게 분배한 데 있다.

    애당초 여윳돈을 개인 수중에 넘겨주지 않았더라면 그런 불평등한 분배가 벌어질 일도 없었을 것이다. 여윳돈을 국가나 지자체가 관리하며 우리 모두를 위해 사용하도록 통제했더라면 대규모 자본 투자는 그저 오롯한 축복이 됐을 테지만, 현재로서는 이런저런 저주로 얼룩진

반쪽짜리 축복에 그치고 말았다. 오죽하면 새뮤얼 버틀러~Samuel Butler~의 유명한 유토피아 『에레혼~Erewhon~』에서는 기계를 만드는 것은 물론이고 기계를 보유하기만 해도 범죄로 처벌받는다.

    사회주의를 반대하는 사람들 중에 아주 영리하다는 사람들이 18세기 초엽으로 즉, 기계와 공장이 들어서기 이전으로 돌아가자는 소리를 하기도 한다. 그것은 인구를 당시 수준으로 줄어들게 하겠다는 소리와 다름없다. 옛날 방식으로는 지금 우리 4천2백만 인구가 먹고살 만큼 충분히 생산할 수 없다. 대규모 투자는 이미 뿌리를 내렸다. 백만 파운드의 여윳돈을 투자한 결과 단돈 4펜스로 무명실 한 타래를 살 수 있게 됐다. 거기다 사회주의가 확대되면, 그 백만 파운드가 사유재산이 아닌 공공재산이 될 것이고 무명실 한 타래의 가격은 2펜스보다 더 저렴해질 것이다. 간단히 말해서, 자본투자와 자본주의는 전혀 별개다. 우리가 주인이 되어 자본을 부리는 한 자본투자는 우리를 해치지 않는다. 그러나 자본주의 하에서는 필연적으로 자본이 주인이 되어 우리를 지배하고, 우리는 공동체의 일꾼이 아니라 개인의 노예로 전락한다.

18~19세기에 걸친 가내수공업에서 공장제 기계공업으로의 일대 전환은 사회를 근본적으로 바꿔 놓았고, 경제학자와 역사학자들은 이에 산업혁명이라는 이름을 붙였다.

제37장

Sending Capital Out Of The Country

자본에는 애국심이 없다

지금까지는 자본주의의 발달을 국내에서 벌어지는 일처럼 이야기했지만, 자본에는 국적이 없다. 더 정확히 말하자면 자본은 어느 나라든 제 홈그라운드로 삼을 수 있다. 참으로 얄궂은 사실이 있다. 사회주의자와 공산주의자는 국제주의자를 자처하며 붉은 깃발(만국의 노동자 깃발)을 들고, 자본주의자는 으레 애국자를 자처하며 틈만 나면 유니언 잭(영국 국기)을 흔든다. 그런데 각종 선전구호에 가려진 실상을 들여다보자. 영국 사회주의자들은 모든 실질적인 조치를 동원해 영국 자본이 국내에 남아 국내 상황을 개선하는 데 사용되도록 하는 반면, 영국 자본주의자들은 매년 수억 파운드의 영국 자본을 해외로 반출하고 있다. 만약 영국 자본가들이 가진 영국의 모든 여윳돈을 영국이라는 섬나라 안에서만 사용하도록 강제한다면, 아니 강제하지 않더라도 애국심이나 공공심 혹은 섬나라 특유의 배타적인 성향 때문에 그들이 여윳돈을 영국 안에서만 굴린다면, 그들이 스스로 애국자입네 하는 걸 어느 정도는 눈감아 줄 수 있다. 그러나 불행히도 우리는 그들이 내키는 곳에 자본을 쓰도록 허용하고 있고, 여태 봐 왔듯이 그들은 오로지 가장 큰돈을 벌 수 있는 나라가 어디인지에만 관심이 있다. 결국 그들은 국내에서 첫 단추를 잘못 끼우고 저지를 수 있는 모든 잘못을 다 저지른 후에도 올바른 방향으로 돌아가지 않고 이번에는 해외에서 저지를 수 있는 온갖 잘못을 저지르기 시작한다.

　대단히 수익성이 높다는 이유로 엉뚱한 곳에 자본을 투입하는 가장 명백한 사례로 주류 산업을 들 수 있다.

　잉글랜드 정부는 주류 산업에 자본주의를 방치했다가는 나라가 망하겠다 싶어서 개입하지 않을 수 없었다. 증류주는 아주 싼값으로 만들 수 있다. 사람들이 "동전 한 푼만 있어도 얼근하게 마시고 두 푼이 있으면 고주망태가 되게" 할 수 있고 그렇게 해서 큰 이윤을 내는 게 얼마든지 가능하다. 그런 게 허용되니까 자본가들은 가차없이 그렇게 했고 상업적인 이윤 외에는 아무것도 고려하지 않았다. 수많은 사람이 싸구려 진$_{gin}$으로 자기 자신을 해치고 망가뜨리고 스스로 미쳐갔다. 그래서 정부가 사태를 파악하고 새로운 법을 만들었다. 법에 따라 모든 증류주 회사는 독주 1갤런을 생산할 때마다 소정의 금액을 정부에 내야 했고, 증류주 회사 입장에서는 이 세금을 주류 가격에 포함시키지 않으면 이윤을 낼 수 없었다. 주류 가격이 몹시 비싸졌다. 지나치게 술에 절어 있는 사람들은 여전히 넘쳐났고 노동자 가정의 여자들은 남편들의 술값으로 전보다 더 많은 돈을 지출해야 하는 고통을 겪었다. 그러나 노동계층 사람들은 더 이상 호가스*William Hogarth*가 『진 골목*Gin Lane*』[1]을 그렸던 시절만큼 무모하고 파괴적으로 술을 마실 수는 없게 됐다.

주류 거래로 국민들이 타락하는 것을 막으려는 정부의 의지는 미국이 훨씬 더 컸다. 독주에 세금을 매기는 것만으로는 지나친 음주를 근절할 수 없음을 알고, 주류 산업을 완전히 없애버리자는 결의안을 내놓는 주들이 하나하나 생겨났다. 마침내 여러 주에서 주류 산업이 금지되자 미국 내 어디에서도 주류 판매는 물론이고 소지도 금지하는 연방법이 제정되기에 이르렀다. 이러한 조치로 아주 즉각적이고 대단한 효과가 나타났다. 이제 밀수꾼(주류밀매업자)에게 무시로 술을 사는 사람들조차 금주법을 지지한다. 그리고 금주법으로 어마어마한 이윤을 보게 된 주류밀매업자들도 당연히 금주법을 지지한다. 조만간 모든 자본주의 국가는 술을 팔아 막대한 이윤을 챙기려는 사기업의 파괴적인 영향을 막기 위해 금주법을 고려할 수밖에 없을 것이다. 그게 아니면 주류 산업을 공영화하는 것이 유일한 대안이다. 즉, 사회주의 말이다.

우리네 주류회사 모리배들과 그 고객들은 미국에서 금주법이 실패하고 있다는 둥, 미국인들이 위스키를 살 수 없어서 약에 손을 댄다는 둥, 미국인들이 위스키를 그 어느 때보다 더 많이 마신다는 둥 하는 기

---

[1] 값이 저렴한 술인 진 중독자가 증가하면서 많은 사회 문제를 야기하자 1736년 영국 정부는 진 소비를 억제하기 위해 1729년, 1736년에 이어 1751년 세 번째 진조령*Gin Act*을 공포한다. 1751 진조령을 지지하기 위해 호가스는 진 술집이 전체의 4분의 1을 차지하던 세인트자일스*St. Giles* 지역을 배경으로 『진 골목』을 제작한다. 술해 취해 아이를 떨어뜨리는 여인의 모습과 대조적으로 술집, 장의사, 전당포 사업은 번창하는 충격적인 장면을 통해 진 중독의 사회적 위험성을 알렸다.

사로 신문지면을 도배한다. 한술 더 떠서 피터버러 전(前)주교는 맨정신인 잉글랜드보다는 자유로운 잉글랜드를 원한다고도 했다(술주정뱅이가 경찰한테만 안 잡히면 자유라는 건지, 원). 신문이 그런 당찮은 소리를 실어 나를 때 여러분은 신문에서 전혀 언급하지 않는 사실을 기억해야 한다. 평생 술에 취해 본 적이 없는 미국인은 물론이고 적당한 음주는 괜찮다고 여겨온 수백만 명의 미국인도 자기 나라의 보편적인 선과 인간의 존엄과 문명을 위해 술에 대한 탐닉을 포기하는 데 투표하고 있다. 영국의 주류회사들이 밀수에 연루돼 있다는 것도 기억해야 한다. 실제로 그들은 미국 정부가 밀수를 막으려 하자 미국이 영국의 자유를 공격한다는 식으로 매도했다. 만약 미국이 1840년 아편전쟁 때의 중국처럼 군사적으로 취약했다면, 그 모리배들은 미국에 위스키를 들이붓기 위해 전쟁에 돌입하자고 분위기를 몰고 갔을 것이다.

금주법이 주류 산업의 파렴치한 폭리를 방지할 강력하고 효과적인 방법이라고 해서 금주법이 음주 문제를 해결할 이상적인 방법이라고 성급하게 결론짓지는 말자. 우리가 주류 산업에서 자본주의를 척결한다고 해서 음주 문제가 발생하지 않는다는 보장은 없다. 그 부분은 차차 또 생각하기로 하고, 지금 우리의 논점은 자본에는 양심도 없고 국적도 없다는 것이다. 문명국에서 금주법의 철퇴를 맞은 자본주의는 자본을 해외로 내보낼 수도 있다. 저 하고 싶은 대로 다 할 수 있는 비문명권으로 자본을 보내는 것이다. 우리네 자본가들은 값싼 술로 수많은 아프리카인을 죽음에 이르게 했다. 같은 짓을 자기 동포에게 저지르는 게 법으로 금지되자 벌어진 일이다. 아프리카인들을 술에 절게 하는 것보다 노예로 파는 게 더 짭짤하다는 데까지 우리네 자본가들의 셈법이 미치지 않았다면, 아프리카는 주정뱅이들의 백골이 나뒹구는 사막이 됐을 것이다. 주류 무역도 돈이 됐지만 노예무역은 더 큰돈이 됐다. 배로 한가득 납치한 흑인들을 노예로 팔면 어마어마한 이윤이 남았다. 브리스톨 같은 도시들은 그런 검은돈으로 건설됐다. 백인 여왕들이 거기에 돈을 댔다. 노예무역을 법으로 금지하지 않았다면 영국은 여전히 노예무역을 벌이고 있을 것이다. 영국 박애주의자들이 법으로 노예무역을 금지하기 위해 애쓰는 동안에도 영국 공장에서는 영국 어린이들이 여전히 미국 대농장의 흑인 어린이들과 마찬가지로 혹독하게 매맞고 착취당하고 있었다.

　이 끔찍한 일들을 읽으면서 이성의 끈을 놓치지 않도록 주의하기 바란다. 비분강개는 강력한 자극제이긴 하지만, 위험한 요법이다. 오래된 격언을 명심하자. 분노와 상의하는 것은 좋지 않다. 분노는 형편없는 조언자다. 우리네 자본가들이 처음부터 그렇게 비뚤어지고 사악한 사람들이었던 게 아니다. 그들은 그런 일로 손을 더럽히는 사람들이 아니었다. 보통은 고상하고 자애롭고 교양 있는 상류층 숙녀들이었고 단지 여윳돈을 투자해서 가장 큰 수익을 벌어들이려 했고 그렇게 할 수 있었던 것뿐이다. 만약 진보다 우유에 투자하는 게 더 돈이 됐다면, 혹은 흑인들을 노예로 만드는 것보다 기독교로 개종시키는 게 더 돈이 됐다면, 그들이 진과 노예를 팔았던 것처럼 우유와 성경을 팔았을 것이다. 기꺼이 그랬을 것이고 별다른 뾰족한 수도 없었을 것이다.

　진 무역에서 단물을 다 빨아먹고 노예무역도 금지당하자 자본가들은 평범한 산업으로 눈을 돌렸다. 노예를 고용해도 노예를 납치해서 파는 것과 마찬가지로 이윤을 낼 수 있었다. 그들은 정치력을 발휘해서 영국 정부를 꼬드겼다. 아프리카의 광활한 지역을 합병해서 아프리카인에게 세금을 부과하게 했다. 아프리카 사람들은 그 세금을 내기 위해 영국 노동자들처럼 자본가를 위해 일해야 했다. 그러나 그들이 받는 임금은 영국 노동자에 미치지 못했고 영국 공장법과 영국 여론의 보호도 받지 못했다. 그런 식으로 영국은 어마어마한 부를 축적했고 제국은 확대됐다. 자본가들은 "국기가 나부끼는 곳에는 무역이 따라간다"고 말했지만, 그 말의 진짜 의미는 먼저 무역이 이뤄지면 국기가 나부끼고 그다음에 더 많은 무역이 뒤따른다는 것이다. 영국 자본은 (영국만 빼고) 세계 도처를 개발했고, 신문에서는 대단히 멋진 일처럼 추어올렸고, 로버츠 경 같은 장군들은 세상의 4분의 3을 우리네 사립학교 출신의 젊은 신사들이 통치해야 한다는 소신을 표출했다. 그런데 그 사립학교 학생들은 제 나라 사람들을 약탈해서 해외를 개발하는 게 자기들이 속한 소수 지배층에 당장 이득이 된다는 것만 배울 뿐이지 그게 진짜로 어떤 결과를 가져오는지 알지 못한다.

우리 정치 역사를 통틀어 이렇게 끔찍한 일은 없었다. 우리는 영국의 여윳돈을 생각없이 낭비하고 있다. 우리의 생산력을 극대화하고 부끄러운 빈민가와 사회 부패상을 척결하기 위해서는 여윳돈이 필요하다. 그런데 우리는 그 절실한 돈을 매년 2억 파운드씩이나 해외로 내보낸다. 그런 경솔한 짓 때문에 어떤 일이 벌어졌는가. 우리나라에는 실업자가 넘쳐나게 됐고, 이민으로 사람들이 빠져나갔다. 해외 시장을 지키기 위해 어마어마한 군사력과 해군력을 키워야 했고 그 바람에 덩달아 강화된 외국 군대가 우리를 위협하게 됐다. 그뿐인가. 우리가 우리 힘으로 할 수 있고 또 해야 할 일을 해외 설비 투자를 통해 외국에 넘겨줌으로써 우리의 자급 능력을 파괴했다. 우리네 자본가들이 남미에 철도와 광산과 공장을 짓는다고 가져가버린 영국의 여윳돈 중 다만 얼마라도 우리의 도시와 항구를 잇는 도로를 놓고 스코틀랜드와 아일랜드의 거친 해안에서 조류와 급류가 만들어내는 방대한 수력을 활용하는 데 썼더라면! 혹은 잉글랜드 시골 마을에서 생산된 농산물이 잉글랜드의 다른 마을에서 소비되기 위해 터무니없이 미대륙을 거쳐야 하는 자본주의의 모순을 없애는 데 썼더라면! 우리의 여윳돈으로 개발된 국가들이 우리 상인들보다 싼 가격에 물건을 파는 바람에 우리 노동자들이 공공 구호에 의존하면서 일자리를 구하러 다니는 신세가 됐다고 우리가 여기서 불평하는 일은 없었을 것이다.

제38장   *Doles, Depopulation and Parasitic Paradise*

 앞장 마지막 부분에서 내 말투가 살짝 웅변조로 변했다. 나처럼 공개 연설이 몸에 밴 사회주의자들은 곧잘 그런다. 내가 여러분의 분노를 끌어올렸다 하더라도 치밀어 오르는 분노 때문에 다음 사실을 간과하는 일은 없길 바란다. 해외 투자로 그 모든 끔찍한 일이 벌어지고는 있지만, 해외에 투자한 자본의 수익이 조공처럼 국내로 들어오고 있으며, 자본가들이 그 수익을 국내에서 소비하면서 고용이 창출되고 있다. 즉, 자본은 나갔지만 수익이 들어온다는 말이다. 그렇다면 의문이 생긴다. 우리가 다른 나라의 노동에 기대어 방자하게 먹고살게 되는 게 과연 더 나쁜 것인가? 만약 자본으로 나간 것보다 더 많은 돈이 수익으로 들어온다면, 우리가 더 잘살게 되는 것 아닌가?
 얼토당토않은 소리 말라고 단박에 일축해야 한다. 같은 돈을 국내에 투자했어도 외국에서 가져오는 만큼의 수익, 아니 어쩌면 더 많은 수익을 낼 수도 있었다. 물론 자본가들이 챙기는 몫은 줄었을 것이다.

기생 국가로 전락한다

만약 세금을 걷어서 자본을 마련하고 그 자본을 대규모 공공사업, 이를테면 빈민가 철거나 강둑 쌓기, 도로 건설, 매연 저감 사업, 무상교육, 그밖에도 따로 요금을 걷지 않는 여러 공공재를 제공하는 일에 투자했다면 자본가들이 손에 쥐는 수익은 없었을 수도 있다. 그러나 자본의 해외 유출은 수익성만 따질 문제도 아니다.

여러분이 공장 노동자라고 한번 상상해보자. 어느 공업도시의 가난한 동네에서 비슷한 사람들과 어울려 사는 숙련된 방직공이라고 말이다. 그런데 하루아침에 공장이 문을 닫고 해고당하는 신세가 된다. 해당 산업이 알 수 없는 이유로 해외로 가버렸기 때문이다. 이제 아무 데서도 공장 일손은 구하지 않는다. 그 대신 다른 일자리는 넘쳐난다. 귀부인의 시녀나 고급 상점의 판매원, 주말 여행객을 상대하는 호텔 웨이트리스, 호화 여객선의 승무원, 재단사, 세탁부, (셰프_chef_로 불리며 주방에 숨어 지내는) 일류 요리사, 그밖에도 무위도식하는 부자들이 요구하는 온갖 서비스를 제공할 일손은 늘 부족하다. 하지만 여러분에게는 아무 소용이 없다. 그런 일은 알지도 못하고, 그런 부류에 속하지도 않으며, 그런 일에 적합한 말씨나 옷차림이나 매너도 갖추고 있지 않기 때문이다. 그렇게 한참을 굶주리고 자포자기하며 보내다가 초콜릿크림 공장에 들어가거나 잼과 피클을 만드는 곳에 취직하거나 청소부가 될 것이다. 그리고 여러분에게 딸이 있다면 그 아이를 초콜릿크림 회사 직원이나 귀부인의 시녀로 키우지, 방직공으로 키우지는 않을 것이다.

결국 여러분의 딸은 여러분이 예전에 공장에서 일하던 때보다 돈도 더 많이 받고, 더 잘 차려입고, 더 부드러운 말씨를 쓰고, 더 귀부인처럼 보이게 될 수도 있다. 여러분은 참 다행스러운 일이라고 기뻐할지 모른다. 전에 여러분이 하던 일을 인도인이나 중국인이나 흑인이나 아무튼 외국의 노동자들이 하는 덕분에 여러분의 딸은 좀 더 고상한 듯하고 보수가 더 높으며 사회적으로도 더 대접받는 일을 하게 됐다고 말이다. 여러분의 아들은 경주마 조련사가 되어 철강 제련공이었던 아버지보다 더 잘 살 수도 있고, 훨씬 더 신사적인 사람이 될 수도 있다. 여러분이 오래오래 살다 보면, 언젠가는 맨체스터와 셰필드와 버밍엄 지역의 보기 싫은 공업도시와 포터리즈의 도자기 제조 마을들은 사라지고 그 자리에 본머스와 첼트넘과 몰번 같은 휴양지나 쾌적한 주택 도시들이 들어서는 걸 보게 될 것이다. 어쩌면 사우스웨일스밸리 일대가 광산촌이 들어서기 이전의 아름다움을 되찾는 걸 보게 될지도 모른다. 그러니 여러분이 그러한 변화를 번영이라고 부르며 지지할 만도 하다. 만약 누군가가 그러한 변화는 단지 그 나라가 전속력으로 결딴나고 있다는 것을 의미할 뿐이라고, 다른 나라 노동자들에게 빌붙어 사는 기생충 같은 존재가 된 것이라고 경고한다면, 당연히 그 사람이 진심으로 혐오스러울 것이다.

그래도 그런 경고가 절실히 필요하다. 만약 어떤 나라가 그 나라의 거친 공장 노동자들을 "제대로 교육받고 잘 차려입고 교양 있게 말하는 귀부인 같은" 공장 관리가 되게 해서 그에 걸맞은 대우를 하고 그들이 생산한 부에서 공정한 몫을 가져가게 한다면, 그러한 변화는 나라를 더욱 부강하고 행복하고 신성하게 만들 것이다. 그런데 만약 그 나라가 공장 노동자들을 귀부인의 시녀 혹은 값비싼 모자 가게 점원으로 바꿔 놓는다면, 스스로 자기 척추를 부러뜨리고 영광스러운 역사의 페이지를 『제국의 몰락 The Ruins of Empires』[1]의 한 장과 맞바꾸는 셈이다. 그 나라는 지나치게 게으르고 사치스러워져서 나중에는 다른 나라들에 조공을 강제할 힘도 없게 될 것이다. 다른 나라들이 조공을 중단하면 이미 자급 기능을 상실한 그 나라는 우아한 화려함 속에서 허무하게 무너질 것이다.

다른 나라의 노동에 의존함으로써 귀부인처럼 편안한 기생 생활에 안주하려는 나라에 닥칠 우울한 미래를 간단히 그려봤지만, 그게 다가 아니다. 만약 신데렐라의 대모 할머니가 요술 지팡이를 한번 휘둘러서 우리네 공장에서 일하는 모든 현장 주임이 전부 수석 웨이터로 변신할

---

[1] 볼니 Volney라는 이름으로 잘 알려진 프랑스의 계몽주의 사상가 콘스탄틴 프랑수와 샤세뵈프 Constantin François de Chasseboeuf가 1791년에 발표한 책. 이집트, 페르시아, 그리스, 로마 문명에 관한 연구를 통해 제국이 몰락하는 원인을 밝히고자 했다. 미국의 제3대 대통령 토마스 제퍼슨이 이 책의 영향을 많이 받은 것으로 알려져 있다.

수 있다면 현장 주임들도 반대하지 않고 그 아내들도 싫어하지 않을 것이다. 하지만 일이 그렇게 돌아가질 않는다. 공장 현장 주임의 아들은 나중에 커서 웨이터가 될 수도 있지만 현장 주임 자신은 당장 실업자가 된다. 만약 그가 자기에게 맞는 새로운 일자리를 찾지 못하고, 새로운 것을 배우기엔 나이가 너무 많고, 그가 몸담았던 산업이 그저 늘 있어온 침체기를 지나고 있는 게 아니라 그 나라를 아예 떠나버린 거라면, 그는 영구히 실업자가 되고 결국 굶주리게 된다. 굶주린 사람은 위험하다. 암만 점잖은 정치적 견해를 가진 사람이라도 배를 곯으면 위험해진다. 끼니 걱정을 해본 일이 없는 사람은 절대 혁명가가 되지 않는다. 배를 곯지 않는 사람의 정치는 오로지 말 뿐이다. 그러나 배를 곯는 사람들의 수가 경찰이 제압할 수 없을 정도로 많아지면 그들은 굶어 죽느니 폭동을 일으키고 끝내는 부자들의 집에 불을 지르고 약탈한다. 정부를 전복하고 문명을 파괴하는 것이다. 배를 곯는 여자들은 아이들이 굶는 꼴을 보느니 남자들이 폭동을 일으키도록 부추긴다. 이걸 그들의 잘못이라고 할 수는 없다.

자본가들이 본국에서 지속적인 고용을 창출하는 데 자본을 쓰지 않고 해외로 유출하는 바람에 본국에는 마땅한 일자리를 찾을 수 없어서 자포자기한 사람들이 잔뜩 생겼다. 자본가들이 그 실업자들을 거저 먹이지 않으면 혁명이 일어날 판이었다. 그래서 실업수당이라는 게 도입됐다. 실업수당은 비록 얼마 되지 않을지라도 먹고살기에는 충분해야 한다. 만약 한 집에서 두세 명이 실업수당을 받는다면, 그들은 차츰 구직에 시들해지고 신사숙녀들처럼 삶에 대한 취향을 개발한다. 아무것도 벌어들이지 않고 다른 사람을 희생해서 자기들의 즐거움을 추구하는 것이다. 우리는 그런 일들 때문에 고대 로마가 쇠퇴하고 몰락한 거라고 설교하곤 했지만, 이미 오래전부터 우리 자신도 쇠망의 길에 들어서 있으며 전쟁으로 그 길을 재촉했다. 전쟁이 끝나자 자본가들은 2백만 명에 달하는 제대 군인에게 고용을 제공하는 데 실패했다. 전쟁이 치러지는 4년간 잘 먹고 입고 무기 취급 훈련도 받았지만 동시에 살육과 방화와 파괴를 일삼으며 죽을 고비에 수없이 처했던 사람들이다. 만약 이 사람들이 먹고살 돈을 받지 못했더라면 무력으로 탈취했을 것이다. 그래서 정부는 자본가들로부터 여윳돈 수백만 파운드를 받아내서 제대 군인에게 줘야 했고, 지금도 여전히 그러고 있다. 자본가들은 울며 겨자 먹기로 동조한다. 몹시 불평은 하지만, 그렇게 하지 않았다가는 모든 것을 잃을까 두려운 것이다.

이에 다급해진 자본주의는 아주 공공연하게 실업자들을 없애려는 시도에 매달리게 된다. 즉, 인구과잉이라며 그 나라의 인구 일부를 덜어내고자 한다. 그런 일은 어떻게 이뤄질 수 있을까? 실업자들이 마냥 앉아서 굶어 죽을 리 없고, 순순히 가스실에 들어가거나 독살되거나 총살당할 리도 없다(만약 그런 게 가능했다면, 자본주의 논리에 부합하는 타개책은 됐을 것이다). 하지만 정부가 뱃삯을 대준다든가 실업자들이 제힘으로 모을 수 없을 만큼의 돈을 지원하면, 실업자들이 그 나라를 떠나 다른 곳에서 자기 운을 시험해 보도록 유도할 수 있을 것이다. 내가 지금 이 글을 쓰는 동안 정부는 잉글랜드 사람 누구든 잉글랜드를 떠나 세계 반대편에 가서 살 생각이 있으면 인당 3파운드만 내면 된다고, 총 비용은 그 다섯 배지만 차액 12파운드는 정부가 제공하겠다고 발표하고 있다. 만약 이 책이 인쇄되기 전에 정부의 제안을 덥

포드 매덕스 브라운 *Ford Madox Brown*, 『잉글랜드를 떠나며』, 1855년

석 받아들이는 사람이 충분치 않으면, 정부는 사람들을 쫓아 보내기 위해 비용을 전액 무료로 하고 새로운 나라에서의 정착금으로 10파운드까지 얹어주겠다고 할지 모른다. 그렇게 한다 해도 그들에게 실업수당을 주며 국내에 머물게 하는 것보다는 싸게 먹힐 것이다.

그러니까 자본주의는 놀랍고도 비현실적인 결과를 가져왔다. 사람들이 제 나라에 걸림돌이 된다는 이유로 해충처럼 제거돼야 하는 존재가 되는 것이다. (점잖은 사람들은 이 과정을 "해외이민지원"이라고 부른다!) 결국 자본가와 지주와 그 더부살이들만 남아 수입식량과 수입품으로 우아하게 살아가면서 신사숙녀가 꿈꾸는 나라를 실현한다. 사치스러운 소비가 이뤄지지만 생산은 하지 않고, 으리으리한 공원과 궁궐 같은 주택만 있을 뿐 공장이나 광산이나 굴뚝이나 빈민가나 아무튼 불쾌한 것들은 막대한 공돈을 들여 없애버리고, 인구가 더 증가하는 것을 막기 위해 피임이 대대적으로 실시되는 나라 말이다.

여러분은 분명, 만약 자본주의가 그런 세상을 만든다면 지상낙원을 실현하는 게 아니냐고 할 것이다. 그런 지상낙원이 실현된다 한들 거짓 행복에 불과하지 않느냐는 반론은 일단 접어 두겠다(유감스럽게도 우리 모두 그런 상태를 인간 사회의 이상향으로 간주하도록 길러졌으니까). 또한 몬테카를로에서 글렌이글즈, 글렌이글즈에서 팜비치에 이르기까지 수많은 곳에서 얼치기로나마 그런 지상낙원이 실현됐다는 것도 받아들이겠다. 그렇다 해도 나라 전체가 그렇게 될 수는 없는 법이다. 지나치게 그런 상태로 가다가 로마나 스페인 같은 강력한 제국이 무기력하고 허약해져서 그들이 의존했던 외국 세력에게 약탈당하고 멸망하는 일은 종종 있었다. 그러나 안정된 기생 국가는 건설된 적도 없고 건설될 수도 없다. 기생 국가가 안정적이라면 모든 노동자가 자본가와 부를 공유하면서 행복과 만족을 누릴 것이다. 안정된 기생 국가의 자본가들은 빈민가나 누더기를 걸친 추한 사람들이나 그들로부터 전염병이 옮을 위험을 그냥 두고 보지 않을 정도의 양식은 있기 때문에 모든 노동자의 건강과 복지를 챙길 것이다. 그러나 자본가들이 제 눈앞에서 당장 불쾌한 일을 겪지 않더라도 공동체 전체의 안녕과 행복에 신경을 쓸 만큼 충분히 지적인 사람들이라면, 그들은 사회주의자가 된다. 자본가가 하인과 거래처 상인들을 마치 내 가족인 것처럼 살뜰하게 돌봐야 한다면(이는 수입을 그들과 나눈다는 뜻이다) 자본가가 되는 것이 전혀 흥미롭지 않을 것이기 때문이다. 취향과 양심이 그 정도로 발달했다면, 견디기 힘든 막중한 책임감을 느낄 것이다. 다른 사람들에 대한 생각을 멈출 수 없기 때문이다. 나의 활동이나 편의가 다른 사람들의 그것과 비정하게 충돌하지 않도록 살피는 마땅하고 적절한 수준을 넘어, 오지랖 넓게 다른 사람들을 위한 생각을 도맡아 하는 부적절하고 무리한 수준에 이르게 된다. 자기를 위한 생각은 각자 스스로 해야 하고 또 자유롭게 그럴 수 있어야 하는 게 마땅하지 않은가. 흔히 인도적 이유는 차치하고라도 하인들을 사람대접하지 않으면 무례하고 불성실하고 무능한 하인이 되기 때문에 그들에게 잘 대해줄 수밖에 없다고들 한다. 하지만 여러분이 자기 자신을 대하듯 하인을 대한다는 것은 결국 여러분 자신에게 쓰는 돈 만큼을 하인에게도 쓴다는 뜻인데, 그렇다면 하인을 두는 게 무슨 소용인가? 하인들은 확실히 부담스러운 존재가 되고 여러분은 마치 지상에 내려온 신과 같은 역할을 떠맡게 될 것이다. 여러분은 하루의 절반은 그들을 생각하며 보내고 나머지 절반은 그들에 대해 이야기하며 보낼 것이다. 그렇게 자기 영혼도 마음대로 하지 못하는 상태가 하인들을 마음대로 부리는 것으로 보상이 되겠는가. 바로 그러니까 여러분이 안락한 집에서 도망쳐 나와 (여유만 되면) 호텔에서 사는 것이다. 청구된 숙박비를 내고 웨이터와 객실 메이드의 팁까지 주고 나면 그들과는 더 볼일이 없고 그들에게 가모장 같은 역할을 해줄 필요도 없기 때문이다.

어쨌거나 여러분의 시중을 드는 사람들 대부분은 여러분과 개인적으로 접촉하지 않는다. 그들은 여러분이 거래하는 상인에게 고용된 사람들이다. 그런데 그 상인이 자본주의적으로 거래하기 때문에 소득불평등과 실업, 착취, 사회의 계급 분열이 나타나고 그 결과 최적의 결혼 상대를 찾는 데 제약을 받게 되고 온갖 악이 발생해서 자본주의 사회의 평화로운 영속을 가로막는다. 전시 독일은 전투에서 승리했지만 보급로를 차단당하자 바로 굴복했다. 그나마 자급자족하는 자본주의라면 그럴 걱정은 없겠지만, 철저히 기생적인 자본주의는 제아무리 번드르르해도 언제 무너져도 이상할 게 없다.

제39장   *Foreign Trade and The Flag*

자국에서는 물건을 팔아도 남는 게 없고 아예 팔리지도 않게 되면 자본가와 사업가는 자본을 해외로 유출하고 그 바람에 실직자가 된 사람들을 제거하려고 세금으로 이민 지원금을 대줘야 하는 상황이 된다. 더구나 자본주의는 그 정도에서 멈추지 않는다.

  이미 투자된 자본은 해외로 내보낼 수 없다는 건 분명하다. 투자된 자본은 노동자들이 다 먹어 치웠고 그 자리에는 공장과 철도와 광산 등등이 남았다. 고정된 산업시설은 배에 실어 아프리카로 보낼 도리가 없다. 나라 밖으로 내보낼 수 있는 것은 갓 수확한 자본뿐이다. 갓 수확한 자본은 우리가 살펴본 바와 같이 뭉텅이로 해외로 나가고 있다. 하지만 영국 사업가가 영국 땅을 장기 임대해서 공장이나 시설을 짓는 데 자본을 다 써 버린 경우에도 해외로 내보내야 할 재고가 발생한다. 영국 내 수요가 한번 소진되면 다시 수요가 발생할 때까지 공장문

어쩌다 제국주의

을 닫고 마냥 기다릴 수도 없기에(지주가 기다려주지 않는다) 파산하지 않으려면 남아도는 물건을 다른 어딘가에 팔아야 한다는 말이다.

남아도는 재고를 문명국에 내다 파는 것은 쉽지 않다. 문명국들은 보호무역을 실시하고 수입품에 중과세(관세)를 부과하기 때문이다. 비문명국들은 보호무역을 하지 않는다. 게다가 그곳 원주민들에게는 색깔 요란한 옥양목과 번쩍거리는 싸구려 놋그릇을 황홀한 신상품으로 팔 수 있어서 해외 시장으로 첫발을 떼기에 아주 제격이다.

그러나 무역을 하려면 이방인들의 노략질을 진압할 안정된 정부가 필요하다. 소박한 현지 부족들은 그런 노략질을 하지 않는다. 그들은 우호적이고 정직하다. 그런 노략질은 어디까지나 무법지대를 만난 문명인들의 소행이다. 아주 최근까지도 영국 해안에서 배가 난파되면 굉장히 위험했다. 구난 작업이라는 명목으로 우리 해안 여러 곳에서 거리낌없이 시행된 사업의 실상을 보면, 난파된 배를 그저 약탈하기만 할 뿐 굳이 선원들의 목숨을 구하려는 수고는 조금도 하지 않았다. 중국인들은 아직도 기억한다. 영국 고위층 부인들이 중국에서 딱히 법적 구속을 받지 않을 때 값을 매길 수도 없는 귀한 예술품들을 낚아채려고 얼마나 경악스러운 약탈 행위를 일삼았는지. 단 한 척의 배로 원주민과 처음 교역을 틀 때는 반발하는 원주민이 있더라도 배에 싣고 간 대포와 단검이면 기선을 제압하기에 충분하다. 차츰 너무 많은 배가 몰려들고 백인들의 작은 무역 기지가 커지면서 진짜 어려움은 시작된다. 법과 질서의 압박으로 문명사회에서 퇴출당한 백인 놈팡이와 폭력배들의 먹잇감이 되는 것이다. 바로 그 인간쓰레기들 때문에 무역 기지는 금세 아수라장이 된다. 선교사들이 살해되고 무역상들이 약탈당하는 지옥 같은 곳으로 변해버린다. 본국 정부는 그런 상황을 해결해달라는 요청을 받는다. 포함이 출동하고 조사가 이뤄진다. 조사가 끝나면 보고서가 작성된다. 현지에 문명화된 정부를 수립하고, 우체국을 두고, 경찰과 군대를 배치하고, 앞바다에는 해군을 주둔시켜야 한다는 내용이다. 한마디로, 문명화된 제국이 그곳을 합병하는 것이다. 그리고 문명국의 납세자들은 땡전 한푼 얻는 것 없이 그 제반 비용을 지불하게 된다.

거기서 끝이 아니다. 비상사태를 일으켰던 인간쓰레기들은 합병된 영토 바깥으로 쫓겨나지만 국경 바로 인근에 둥지를 튼다. 원주민들의 구매력이 소진되어 무역상들이 새로운 소비자를 찾아 전진할 때가 되면 그 인간쓰레기들이 커다란 골칫거리로 재등장한다. 무역상들은 더 넓은 지역을 문명화해야 한다고 본국 정부에 또다시 요청한다. 그런 식으로 본국 납세자들을 등치며 문명 제국은 야금야금 커진다. 납세자들의 의향을 묻거나 동의를 구한 적도 없다. 납세자들은 참된 애국심으로 자국민에게 초점을 맞추어 오로지 자국 영토와 자국 통치자와 자기들의 신앙을 돌보려 하지만, 결국 그들이 사랑하는 왕국의 중심은 지구 반대편으로 이동하고 만다. 그렇게 영국의 중심은 런던에서 수에즈 운하로 이동했다. 이제 우리가 끝까지 피 흘리며 지켜내야 할 영국 교포 중에 백인, 아니 하다못해 기독교인의 비율은 100명당 겨우 11명밖에 되지 않는다. 이에 당황한 어떤 사람들은 제국을 부담스러워하며 실수를 저지른 거라고 말한다. 반면에 제국을 큰 업적으로 여기며 자랑스러워하는 사람들도 있다. 우리가 지금 그 문제를 놓고 그들과 논쟁을 벌일 필요는 없을 것 같다. 과실인지 자랑거리인지를 따지기에 앞서 우리가 당장 주목할 부분은 영국제국의 탄생이 별생각 없이 어쩌다가 벌어진 일이라는 점이다. 신중하게 숙고하며 정치 발전으로 꾀했어야 할 일인데, 자본가들이 투기적 모험을 벌이게 놔두다가 제국이라는 부담을 떠안고 말았다. 이게 다 자국에 필요한 것을 십 분의 일도 충족시키기 전에 외국 소비자들에서 눈을 돌리는 자본주의 체제 때문에 벌어진 일이다.

제40장

Empires in Collision

만약 영국제국이 지구상에 존재하는 유일한 국가라면, (치안 유지를 위한 경찰권은 행사하겠지만) 전 지구가 평화롭게 영국 국기 아래 문명화될 수도 있을 것이다. 그것이 영국 제국주의의 꿈이다. 하지만 현실은 그렇지 않다. 크고 작은 다른 국가들이 존재하고 제국주의 몽상가들과 잇속만 차리는 상인들이 해외 시장을 노리고 있으며 그들을 지원하고 해외 시장을 합병하기 위해 해군과 육군이 대기하고 있다. 열강은 아프리카와 아시아로 자기 영역을 넓히고 있기 때문에 이내 서로 부딪힌다. 우리 영국도 프랑스와 그렇게 충돌해서 전쟁을 벌일 뻔했다 (이른바 파쇼다 사건). 다행히 당시 프랑스는 우리와 싸울 준비가 돼 있지 않았다. 프랑스가 한발 물러서는 것으로 사태는 일단락됐지만, 어쨌거나 프랑스와 영국은 수단 전체를 나눠서 점령했다. 그 일이 있기 전에 프랑스는 알제리를 (사실상 튀니지까지) 합병했고, 스페인은 모로코에 진출했다. 행여 제 몫이 남지 않을까 봐 정신이 번쩍 든 이탈리아는 트리폴리를 단숨에 합병해버렸다. 영국은 인도에 이어 이집트도 접수했다.

아프리카로 떠난 첫 번째 무역선에서 1차세계대전까지

여기서 잠깐, 여러분이 독일 상인의 입장이 돼 보자. 여러분은 독일 국내에서 다 못 팔 정도로 많은 재고를 가지고 있다. 공장문을 닫고 가만히 앉아서 망할 수는 없는 노릇이니 아프리카에서 판로를 찾아야 할 것이다. 이제 아프리카 지도를 들여다보자. 알짜 중의 알짜인 지중해 연안 전체를 영국과 이탈리아와 프랑스와 스페인이 이미 나눠먹었다. 배후 내륙지역은 영국과 프랑스가 차지했다. 영국의 수에즈 운하를 뚫고 가거나 희망봉을 돌아서 저 아래 남쪽 끄트머리로 향하지 않는 한 아프리카 아무 데도 들어갈 수가 없는 것이다. 독일을 위한 "양지바른 땅"이 하나도 남아있지 않다고 불평한 카이저(황제) 빌헬름2세가 어떤 심정이었을지 이해되는가? 1914년에서 1918년까지 벌어진 그 끔찍한 1차세계대전의 본질은 영국, 프랑스, 이탈리아 자본가들과 독일 자본가들이 아프리카 시장에 대한 지배권을 놓고 다툼을 벌인 것이다. 표면상으로는 물론 다른 이유들이 있었다. 오스트리아가 프란츠 페르디난트 대공이 암살당한 것을 구실로 세르비아를 침공했고, 이를 저지하기 위해 러시아가 오스트리아를 상대로 군사를 동원했고, 오스트리아와 러시아의 싸움에 오스트리아의 동맹국인 독일이 휘말렸고, 그 반대편에서는 러시아와 동맹국인 프랑스가 싸움에 휘말렸고, 독일군은 러시아군이 도착하기 전에 프랑스군을 물리치려고 결사 항전을 해야만 했고, 영국은 영국대로 프랑스 및 러시아와 동맹을 맺고 있어서 독일을 공격해야 했고, 독일군은 단지 지름길로 가기 위해 벨기에를 통과했지만, 벨기에와 영국이 비밀 협정을 맺어 독일이 벨기에를 침공하면 영국이 원정대를 파견해 벨기에를 방어하기로 했다는 사실을 독일은 까맣게 모르고 있었다는, 뭐 그런 일들 말이다. 첫 번째 총성이 울렸던 그 당시에는 영국인과 벨기에인, 독일인, 프랑스인, 오스트리아인, 러시아인 모두 흥분한 양 떼가 되어 온갖 낭만적인 이유를 주워섬기며 싸우려 들었다. 우리가 그들을 죽이지 않으면 그들이 우리를 죽이게 생겼다는 현실적인 주장만 했던 게 아니다. 살상이 시작되고 얼마 지나지 않아 최초의 싸움과는 전혀 무관한 터키와 불가리아, 일본, 미국, 그 밖의 국가들도 참전해서 맹렬하게 싸웠다. 전 세계가 미쳐 돌아갔다. 시장 얘기는 쏙 들어갔다. 시장이 거론되는 경우는 양지바른 땅을 요구했던 카이저 빌헬름을 조롱할 때뿐이었다.

    동맹국만 없었어도 전쟁은 일어나지 않았을 것이다. 동맹국들이 자기네 해외 시장과 국경을 지킨다며 군비를 확장하지 않았더라면, 특히 독일이 해군을 키우지만 않았다면, 그런 싸움은 벌어질 수 없었을 것이다. 안도감을 얻으려고 시작한 군비 확장이 공포감만 조성하고 말았다. 그 어떤 나라도 감히 비무장 상태로 있을 엄두를 내지 못했다. 간혹 나라가 너무 작아서 열강에 대적할 가망이 아예 없다거나, 열강의 상호 견제를 틈타 어부지리로 강대국의 점령을 모면하는 경우가 있었을 뿐이다. 조바심이 나서 무장을 시작한 나라들은 얼마 못 가서 더욱 겁을 집어먹었다. 차마 홀로 있을 수가 없었다. 그들은 동맹을 결성해야 했고, 마치 도둑 소굴에 들어가는 경찰처럼 둘씩 셋씩 함께했다. 한쪽에서는 독일과 오스트리아가 편을 먹었고, 다른 쪽에서는 영국과 프랑스와 러시아가 편을 먹었다. 양편 모두 이탈리아와 터키와 미국을 자기편으로 끌어들이려고 했다. 그들이 서로 대립하는 것은 상대국 때문이 아니었다. 독일 해군이 포츠머스를 폭격하려고 창설된 것도 아니고, 영국 해군이 브레머하펜을 폭격하려고 창설된 것도 아니다. 원래 독일 해군은 북아프리카를 목표로 창설됐다. 하지만 독일 해군이 북아프리카에 나타났을 때 프랑스와 영국 해군은 좋은 시장을 뺏기지 않으려고 독일 해군을 을러서 내쫓았다. 이때 프랑스와 영국의 자본주의자 외교관들은 독일과 시장을 놓고 협상하는 대신 어떻게든 프랑스와 영국 해군이 연합해서 독일 해군을 침몰시키려고 했다(반대편도 마찬가지였다). 육지에서 싸울 군대가 뒷받침되지 않으면 바다에서 싸우는 함대가 무용지물이므로 해군처럼 육군도 확대됐다. 군비 경쟁은 더비 경마처럼 익숙한 것이 됐다. 문명화된 백인 민족들이 서로에게 보이던 모든 정상적이고 우호적인 감정은 거센 공포로 변했고, 그런 공포 속에서 증오와 적개심과 잔혹성이 자라났다. 결국 그것들이 한데 뒤섞여 폭발함으로써 수백만 명의 목숨을 앗아갔다. 아프리카 시장을 둘러싸고 폭발한 것도 아니었다. 오스트리아와 세르비아 사이의 별것 아닌 다툼이 화약고에 불을 댕겼다. 만약 열강이 상호 경쟁적인 자본주의적 관계가 아니라 인도적인 관계를 맺고 있었다면 피 한 방울 흘리지 않고 아주 손쉽게 해결할 수도 있는 문제였다.

여기서 다음과 같은 사실을 간과하지 않길 바란다. 자본주의 초기에는 자본가들이 자기네 시장을 확보하는 싸움에 우리를 직접 끌어들이지 않았다. 독일에서는 농노를 영국에서는 자발적인 직업군인을 고용했다. 하지만 지금은 그들이 벌이는 전쟁의 규모가 너무 커지는 바람에 모든 여인이 남편이나 아버지, 아들, 형제, 연인을 전쟁터로 보내게 생겼다. 소총을 들 체력과 나이만 되면 누구나 도살장에 끌려가는 소 떼처럼 속절없이 처자식과 가정과 일을 내팽개치고 참호 안으로 기어들어야 하고, 정상적인 도덕과 인간성을 저버리는 행위를 하면서 마치 이름이 길이 남을 영광스럽고 영웅적인 행위를 하는 것처럼 군다. 하지만 그들도 전쟁을 엄청나게 두려워하고 있을 것이다. 제 가족을 지키겠다고 적에게 총부리를 겨누고 있으나 적군 병사들도 그들과 똑같은 처지임을 너무나 잘 알고 있을 것이다. 만약 해외 시장 개척에 대한 압박이 양쪽 진영에서 모두 사라진다면, 적군 병사나 그 가족을 해치겠다는 생각은 감히 아무도 하지 않을 것이다.

　내가 굳이 전쟁 이야기를 꺼낸 것은 여러분이 전쟁에 대해 양심의 가책을 심하게 받고 있기 때문이다. 여러분은 유럽인들이 가장 끔찍한 방법으로 수백만 명을 서로 학살하는 것을 목격했다. 어쩌면 여러분의 아들은 비행기를 타고 날아가서 모두가 잠든 마을에 폭탄을 떨어뜨려 어린아이들을 산산조각내고 그 부모들을 죽이거나 불구로 만드는 일을 감행했다고 무공 십자훈장을 받았을 수도 있다. 군국주의나 민족주의나 이기적인 애국주의 관점에서는 그런 짓을 영예로운 공훈으로 여길지도 모르지만, 보편타당한 도덕의 관점 그러니까 영국인과 독일인, 프랑스인과 터키인을 막론하고 모두의 아버지인 신의 관점으로 보면 가장 극악무도한 만행이다. 그런 만행 때문에 우리 중 많은 이가 인간 본성에 절망하게 됐다. 신랄한 냉소주의에 이어 공격적인 증오가 팽배했다. 지금은 모두가, 답 없는 인간들과 전쟁열에 들떠서 영혼이 평생 불구가 된 불치병자 몇몇을 제외하고는 누구나 그때 일을 진심으로 부끄러워한다. 여러분도 그 참담한 환멸에서 차마 벗어나지 못했을 것이다. 여러분이 지적일 뿐만 아니라 인간미도 갖추고 있다면 여러분의 종족에 대해 느끼는 감정이 『걸리버 여행기』의 거인국 왕이 인간 종족에 대해 느낀 감정과 대단히 흡사할 것이다(마치 어린아이가 장난감 병정을 가지고 놀 듯 걸리버를 손에 올려놓은 거인국 왕은 걸리버가 우쭐대며 애국적인 어조로 고국의 영광스러운 전쟁사를 읊조리는 걸 듣고는 인간 종족이야말로 세상에서 가장 악독한 종자라는 결론을 내렸다).

어쩌면 여러분의 마음을 좀 달래줄 수도 있을 것 같다. 우리가 지금껏 공부해온 바에 비추어 이 사안을 살펴보자면, 잘못은 우리의 기질에 있다기보다 자본주의 체제에 있다. 자본주의 체제가 우리 삶을 지배하게 놔둔 결과 자본주의는 자본가들도 통제하지 못하는 눈먼 괴물이 되고 말았다. 설마하니 유럽의 젊은이들이 서로를 죽이기 위해 참호를 찾아다니며 폭탄을 던져 넣어 서로의 살점을 찢고 싶어 했겠는가? 자기 역시 참호에 들어가서 이에게 피를 빨리고 썩어 나뒹구는 시신 옆에서 구역질하며 말도 못 할 불편과 지겨움과 때때로 찾아오는 극심한 공포를 감수해야 하는 상황을 원했겠는가? 설마하니 어느 어미가 자기 아들이 다른 여인의 자식을 죽이고 훈장을 받는 걸 보면서 교회에 갈 때처럼 좋은 옷을 차려입고 기뻐하고 싶었겠는가? 절대 그럴 리 없다. 그러나 자본가와 자본주의 신문은 우리가 그런 사람들이고 앞으로도 그럴 거라고 여러분을 세뇌하고 스스로를 속이려 든다. 우리가 주고받는 모든 성탄절 카드와 우리가 만든 국제연맹을 떠올려 보라. 자본주의 신문에서 떠드는 말은 조금도 사실이 아니다. 전쟁의 참상에 관한 충격적인 진실은 우리가 그런 짓을 저지를 생각도 없었고 그런 짓을 혐오하며 끔찍하게 생각했음에도 불구하고 그런 짓을 저지르도록 강요당했다는 것이다. 마침내 전쟁이 돌연 끝났을 때 그 대단하신 영웅 놀음은 바람에 날아간 모자처럼 순식간에 우리에게서 떨어져 나갔다. 우리는 미친 듯이 기뻐하며 몇 날 며칠을 거리에서 춤췄다. 결국 경찰이 나서서 우리를 제지하고 교통 정리를 해야 했다. 우리가 지금도 전국적으로 2분 동안 묵념을 하며 기억하는 날은 찬란한 개전일이 아니라 그 끔찍한 일을 끝낸 종전일이다. 우리가 그토록 걷잡을 수 없이 가여울 정도로 춤을 추며 기념한 것은 승리가 아니었다. 우리는 속절없이 승리를 위해 싸웠고 속절없이 승리를 주워섬기다 내던졌다. 우리가 정말로 기념한 것은 휴전, 전투의 중단, 불구가 된 사람들을 영국 해협 철도 종점에서 실어 나르던 적십자 화물칸의 가슴 아픈 운행을 더는 보지 않아도 되는 것이었다. 하늘 아래 분명한 게 있다면, 관동 대지진이 우리 잘못이 아니듯 전쟁에 대한 직접적인 책임도 우리에게 물을 수 없다는 것이다. 우리를 비롯해 프랑스인, 독일인, 터키인, 나머지 사람들 모두 끔찍한 살육 시합에 징집당했다. 우리를 파멸시키고 문명을 파괴하는 살육 시합이었다. 자본가들도 몹시 두려워했다. 런던 금융가가 전쟁을 치르게 하려면 법적으로 모든 금전 채무의 이행을 일정 기간 유예시키는 수밖에 없었다(이른바 모라토리엄 선언). 자원입대한 의용병들로 전쟁을 치러내려는 시도는 실패했다. 의용병만으로는 충분치 않았다. 나머지는 군대에 가도록 강요당했기 때문에 갔고, 싸우도록 강요당했기 때문에 싸웠다. 여자들은 왜 남자들을 군대로 보냈을까? 달리 어쩔 도리가 없어서 보내기도 했고, 더러는 남자들만큼이나 호전적이기도 했고, (독자들에게 진실을 말하지 않는) 신문을 읽기도 했다. 그러나 대부분은 너무 가난해서 남편이 집에 있는 것보다 남편을 참호에서 지내게 하면서 수당을 받는 편이 살림살이에 더 도움이 됐기 때문이다.

 그들은 어쩌다 그 지경이 됐을까? 그야 애초에 "온 세상 *all people that on earth do dwell*"의 마땅한 번영을 추구하지 않고 그저 자본가의 이윤 추구에 따라 국가가 지배되는 꼴을 두고 본 탓이다. 국내에서는 물건이 팔리지 않아서 아프리카 원주민에게 팔아보겠다고 아프리카로 떠났던 첫 번째 무역선이 이 전쟁만 일으킨 게 아니다. 우리의 삶과 도덕을 계속해서 자본주의의 지배에 맡긴다면 앞으로 더 심각한 다른 전쟁들도 일으킬 것이다. 사소하고 무해하게 보이는 곳에서 모든 끔찍한 해악이 시작된다. 어떤 나라가 5실링을 분배하면서 A와 B에게 각각 2.5실링씩을 일해서 벌게 하는 대신 A에게 4실링을 주고 B에게는 1실링만 준다면, 그것은 만악의 씨를 뿌리는 것이다. 바로 그 때문에 오늘날 사려 깊고 선견지명이 있는 사람들은 우리네 자본주의 문명을 축복이 아니라 병폐라고 하는 것이다.

제41장   The Sorcerer's Apprentice

페르디난트 바트 *Ferdinand Barth*, 마법사의 제자, 『괴테 작품집』, 1882년

마법사의 제자[1]

 그렇다고 국제 무역을 나쁘게 보면 안된다. 무역 자체는 잘못이 없다. 무역을 하지 않으면 우리는 금을 얻을 수 없다. 금은 쓸모가 많고 아름답기도 아름답다. 무역을 하지 않으면 찻잎도 얻을 수 없겠지만, 그 얘기는 그만두겠다. 중국차에 한번 맛을 들이면 도통 헤어나질 못하니 그런 건 아예 모르고 사는 편이 더 나을 수도 있다. 에스키모들이 한층 가혹한 환경에서도 식량을 자급자족하듯 어떤 나라든 제 나라에서 나는 것을 먹고 마시며 사는 게 안전할 뿐만 아니라 건강에도 좋을 것이다. 하지만 높은 수준의 문명국에 꼭 있어야 하는 수많은 물건이 다 제 나라 안에서 구해지는 것은 아니므로 국가들은 서로에게서 물건을 사야 한다. 우리는 세계 각지를 여행하고 교역하면서 서로를 알아가야 할 것이다. 국가를 조직한 것과 마찬가지로 국제기구를 수립해야

---

1 마법사의 제자*Der Zauberlehrling*: 1797년 발표된 괴테의 유명한 시. 마법사가 자리를 비우자 제자는 평소 배운 마법으로 유령을 불러내서 일을 시키고 느긋하게 있다가 유령을 돌려보내는 주문을 몰라서 낭패를 본다는 내용이다.

한다. 통상 조약과 우편 협정, 저작권 협정에서 시작해서 국제연맹으로 나아가야 한다. 여행 및 교역의 필요성과 예술, 문학, 과학의 업적과 발견에 대한 만국 공통의 관심 때문에 각국은 국제 협정과 조약들을 체결했다. 그렇게 우리는 "남과 어울리지 않고 혼자 지내는 상태"에 마침표를 찍었고 외국인이나 이방인에게 벽돌을 깨서 던지는 짓도 하지 않게 됐다. 공정한 국제 무역이 이루어졌다면 우리는 아무 문제도 없었을 것이다.

　작은 국가들이 커다란 연합이나 연방을 결성하는 것도 나쁠 리가 없다. 나쁘기는커녕, 국경은 적을수록 좋다. 그런데 우리가 문명이 발달하지 않은 지역에 법과 질서를 세운 것은 어째서 미움받는 일이 됐을까? 그것은 환영받아야 마땅한 일이었고, "처음에는" 종종 환영받기도 했다. 영국 국기 아래 다른 국가들을 합병한 것이 꼭 필요한 일이었다면, 합병 지역 주민들도 반가운 특권이나 협력 강화로 받아들였을 것이다. 사실 우리는 그때 상황은 진짜 그랬다고, 우리가 외국에 주재한 것도 다 그곳 주민을 위한 것이었다고 늘 우겨왔다. 하지만 안타깝게도 그런 거짓말이 오래가지는 못했다. 우리네 제국주의 몽상가들이 얼마나 고매한 뜻을 품었든 간에 자본주의 상인들이 거기까지 간 것은 어디까지나 거기 주민들에게서 최대한 수익을 올리려 한 것이지 다른 이유는 없었다. 그들이 고국을 버리고 떠난 것은 고국에서는 더 이상 수익을 낼 수 없거나 수익이 많이 줄어들었기 때문이다. 그러니까 그들이 외국 해안에 상륙했을 때 장삿속을 차리지 않고 고매하게 행동하길 기대하는 것은 무리다. 그들은 나라 밖으로 나가지 않으려는 사람들Stay-at-homes과 영토확장 반대자와 소小영국주의자를 가리켜 "만국의 친구 노릇을 하지만 정작 고국의 친구는 아니"라고 비난했다. 하지만 자본주의 사업가들이야말로 고국의 적인 것은 물론이요, 그들에게 갈 몫을 벌어주려고 땀 흘리는 노동자가 존재하는 모든 나라의 적이었다. 그들은 식민지의 문명화를 "백인이 져야 할 짐"이라고 표현하며 자기들에게 부여된 신성한 의무라 어쩔 수 없이 다른 나라를 다스리는 피곤한 일을 떠맡은 타이탄 족 행세를 했다. 하지만 식민지 주민들이 충분히 문명화되어 얼마든지 스스로 통치할 준비가 됐다고 선언했을 때 자본가들은 마치 먹이를 움켜쥔 독수리처럼 시장을 움켜쥐고 놓지 않았다. 사도의 가면은 훌렁 벗어 던지고 한번 차지한 땅을 도로 빼앗기지 않으려고 총칼을 꺼내 들었다. 그들은 "제국의 영토 보전"을 위해 마지막 피 한 방울까지 흘리겠다고 하면서 실제로는 수천 명의 배고픈 사람들을 돈으로 사서 목숨을 내놓고 싸우게 했다. 그럼에도 전쟁이 끝나자 북미의 절반이 떨어져 나갔다. 전쟁이 남긴 활화산 같은 증오는 미국 독립 이후 한 세기가 지나도록 여전히 부글부글 끓어오르며 시카고 선거판을 잠식하고 있다. 가톨릭 아일랜드와 남아프리카와 이집트는 우리에게서 자치권을 따냈다. 인도도 같은 전철을 밟고 있다. 하지만 그들은 우리에게 고마워하지 않는다. 우리네 자본주의가 얼마나 그들을 놓아주기 싫어하는지 익히 알고 있기 때문이다.

한편, 오스트레일리아와 뉴질랜드와 캐나다의 경우를 보자. 우리는 북미에서 실패한 이후로 감히 이 나라들에는 복종을 강요하지 못했다. 오히려 많은 돈이 드는 해군 함대를 거저 파견해서 그들의 해안을 지켜주고 있다. 우리는 그들에게 무역 특혜를 제공하는데 그들이 우리에게 무거운 보호 관세를 매긴다. 우리는 그들이 국제회의 석상에서 독립 국가 행세를 하는 것을 허용한다. 심지어 그들이 런던의 내각을 통하지 않고 독립적으로 왕에게 접근하는 것도 허용한다. 그랬더니 그들은 우리에게 과도한 애착을 보이며 매달리고 마치 미국인이 성조기를 흔드는 것처럼 혼신의 힘을 다해 유니언잭을 흔든다. 그들이 우리와 동족이라서 그러는 게 아니다. 오히려 동족이었던 미국인들은 우리에게서 떨어져 나갔다. 아일랜드 국민과 그 지도자들도 마찬가지다. 그런데 다 같은 인간이라는 것 말고는 우리와 동족으로 묶일 이유가 전혀 없는 프랑스계 캐나다인들이 우리에게 딱 달라붙어 있다. 그들 모두 어찌나 뱃심 좋게 우리가 치르는 전쟁에 뛰어드는지 언젠가는 우리를 아예 전쟁에 끼워 주지도 않는 날이 올 것 같은 생각마저 든다. 영국제국을 지켜내기 위한 싸움에 가장 미온적일 나라는 영국 본토와 북아일랜드일 것이다. 그리고 영국의 제국주의 경쟁국들을 뒷배로 둔 아일랜드자유국 *Irish Free State*[1]도 그 싸움에 나설 리 없다.

하지만 그 모든 화해와 신의의 관계도 자본주의 앞에서는 소용없게 되어 있다. 정말이지 이제 우리는 식민지를 착취하지 않는다. 그저 식민지가 자본주의 체제하에서 스스로를 착취하면서 그 행위를 "자치"라고 부르게 놔둘 뿐이다. 우리가 식민 지배를 하는 동안에는 자본주의가 식민지에 초래한 모든 해악에 대한 비난이 죄 우리에게 돌아왔다. 우리가 식민지를 떠나면서 그들에게 알아서 통치하라고 했더니 우리를 향한 적대감도 점차 줄어들었다. 하지만 자치 이후로 그들은 영락없이 더 가난해지고 무질서해졌다. 그들이 우리 탓이라고 했던 자본주의적 해악은 여전히 그들을 짓누르고 있다. 그들의 자치 정부는 식

---

[1] 아일랜드 공화국의 옛 이름(1922년~1937년)

민지 본국 정부가 감히 엄두를 내지 못할 정도로 자유를 억압한다. 또한 자치국이 제국과 맺는 새로운 대외 관계는 과거 식민지와 식민지 본국의 관계보다 훨씬 위험한 긴장을 형성한다. 1913년 아일랜드와 영국의 관계보다 독일과 영국의 관계가 훨씬 위태위태했던 것과 마찬가지다. 자치 정부가 최대한의 자유를 허용하더라도 자본가들이 시장을 놓고 경쟁하는 한 긴장과 불안은 지속될 수밖에 없다. 민족주의는 프랑스인과 영국인, 영국인과 아일랜드인을 서로 야만스러운 적이 되게 할 수 있다. 프랑스인과 아일랜드인은 영국에게 지배당하지 않으려다 자기 나라를 황폐하게 만들었다. 하지만 자본주의는 인종이나 피부색, 종교와 관계없이 모든 사람이 언제나 적이 되게 만든다. 모든 국가가 해방을 맞이하더라도 우리가 어리석게 방관한다면 자본주의 때문에 모두가 그 어느 때보다 더 격렬하게 싸우게 될 것이다.

루퍼트 왕자의 눈물이라고 하는 신기한 물건을 본 적이 있는지 모르겠다. 올챙이처럼 생긴 유리구슬인데 내부 압력이 엄청나서 올챙이 꼬리처럼 생긴 끝부분을 톡 하고 부러뜨리면 구슬 전체가 폭발하듯 산산조각 날아가버린다. 1914년에 유럽이 딱 그랬다. 겨우 몇 명의 세르비아 사람이 살인을 저질렀는데, 그다음 순간 유럽 절반이 나머지 절반을 죽이고 있었다. 이렇게 무시무시한 내적 긴장과 불안은 인간 본성이 초래한 결과가 아니다. 거듭 말하지만, 인간 본성은 그런 상태를 몹시 혐오한다. 다만 극에 달한 공포를 더는 견딜 수 없는 지경에 이른 것뿐이다. 이는 죽음의 공포를 더는 견디지 못하고 자살하는 경우와 같다. 이런 긴장과 공포는 자본주의가 초래한 것이다. 여러분은 자본주의의 본바탕이 욕망이고 욕망은 인간 본성이 아니냐고 할 것이다.

알버트 한 Albert Hahn sr., "허기"와 "자본주의", 『더 매세스 The Masses』 Vol.1, 1911년

맞는 말이다. 하지만 욕망이 인간 본성의 전부는 아니다. 욕망은 인간 본성의 일부분일 뿐이고, 밥을 먹으면 배고픔이 사라지는 것처럼 부족함이 채워지면 풀리는 마음이다. 그 정도의 욕망은 건강하고 또 필요하다. 하지만 자본주의 체제에서 욕망은 가난에 대한 공포와 노예 상태에 대한 두려움으로 변질된다. 그런 욕망은 건강하지도 않고 불필요한 것이다. 우리가 봐서 알듯이, 자본은 그 속성상 인간의 욕망이나 양심으로 통제되지 않는다. 자본은 맹목적이고 기계적으로 움직일 뿐이다. 결국 우리는 어떤 지경에 처하게 됐나? 한편에서는 인류 다수가 빈곤에 허덕이는데 그 빈곤은 끔찍한 유혈 사태라도 벌어지지 않는 한 좀처럼 나아질 기미가 없다. 다른 한편에서는 지나치게 비대해진 한 줌의 자본가들이 계속 불어나는 돈을 주체하지 못해서 막대한 돈을 마구 퍼주는 필사적인 시도를 하고 있다. 그냥 바다에 돈을 던져 버렸다가는 미치광이 취급을 받고 유치장 신세를 질 수도 있으니 안전하게 자본을 없앨 방법을 택한다. 록펠러 연구소나 카네기 도서관, 병원, 대학교, 학교, 교회 등을 설립함으로써 자본주의의 불평등을 조금이라도 상쇄하려는 것이다. 이 불행한 억만장자들은 지극히 평범하게 생겼을 뿐만 아니라 재산을 그렇게 어마어마하게 토해내는데 우리가 그들을 욕망의 괴물이라고 부르는 게 말이 되는가? 사실 그들은 마법사의 제자에 비견될 만하다. 마법사의 제자는 스승이 출타한 사이에 빗자루에 어설픈 마법을 부려 자기 대신 물을 길어오게 한다. 빗자루가 끝도 없이 물을 길어 와서 온통 물바다를 만들어도 마법사의 제자는 빗자루를 멈추는 방법을 몰라서 익사할 위험에 처한다.

제42장 *How Wealth Accumulates And Men Decay*

우리가 속한 체제가 우리의 지식과 통제를 넘어서면 누구라도 마법사의 제자처럼 속수무책이 되고 만다. 제국이니 전쟁이니 하는 큰일들은 잠시 제쳐놓고 좀 더 피부에 와 닿는 작고 익숙한 것들로 예를 들어보자. 핀이 좋겠다! 내 아내는 마치 핀 없이는 살 수 없는 사람처럼 손이 닿는 곳에 핀 상자를 잔뜩 쟁여놓고 지내기 때문에 핀을 거의 사용하지 않는 나로서는 영문도 알지 못하면서 핀이 여자들에게 특별히 요긴한 물건이려니 짐작할 뿐이다.

옛날에는 핀 장인들이 알아서 원자재를 구매하고, 재료를 성형하고, 핀 대가리와 뾰족한 끝부분을 만들고, 장식을 하고, 시장에 내가거나 집집이 찾아다니며 판매까지 할 수 있었다. 한 사람이 구매와 제조와 판매라는 세 가지 업무를 다 알아야 했고, 제조 과정에서 단계별로 요구되는 기술도 보유했다. 혼자서 처음부터 끝까지 업무 전반을 이해하는 것은 물론이고 직접 실행할 수도 있었던 것이다. 하지만 옛 장

마법은 어떻게 시작됐나

인들의 방식으로는 핀 한 봉지의 단가를 1파딩 수준으로 낮출 수 없었다. 핀이 꽤 비싸서 여자들이 옷가지를 사는 데 쓰는 용돈을 통틀어 핀 머니$_{pin\,money}$라고 불렀을 정도다.

18세기 말엽에 이르자 애덤 스미스는 열여덟 명을 투입해서 핀을 만드는 방식을 자랑처럼 얘기했다. 열여덟 명이 각각 핀 제조 과정의 일부분만 맡아서 작업하고 다음 사람에게 넘기는 것이다. 그들 중 온전히 혼자서 핀 하나를 만들거나 원자재를 구매하거나 완성된 핀을 판매할 수 있는 사람은 없었다. 기껏해야 핀이 어떻게 만들어지는지 대강 짐작이나 할 뿐 아무도 실제로 핀을 만들지 못했다. 그러니까 그 열여덟 명의 노동자는 예전 핀 장인들보다 역량도 달리고 지식도 부족한 것이다. 이처럼 노동자의 질적 저하를 야기한 게 분명한데도 어째서 애덤 스미스는 분업이 문명의 승리라고 큰소리친 것일까? 각 사람에게 제조 과정의 아주 작은 부분만을 맡기고 오로지 그 일만 반복하게 했더니 각자의 작업 속도가 아주 빨라졌기 때문이다. 노동자 한 명당 하루에 약 5,000개의 핀을 만들어낼 수 있었다고 한다. 그렇게 해서 핀을 싼값에 대량생산할 수 있게 됐다. 더 많은 핀을 갖게 됐으니 국가도 더 부유해진 것 아니냐고 하겠지만, 그 바람에 유능했던 사람들이 한낱 기계에 불과한 존재로 전락해버렸다. 석탄과 석유로 움직이는 엔진처럼 자본가들의 여유식량을 먹으며 주어진 일만 하는 아무것도 모르는 또 하나의 기계 말이다. 그래서 시인이자 선견지명이 있는 경제학자였던 골드스미스는 "부가 축적되면 인간은 퇴보한다"고 한탄했다.

애덤 스미스가 언급했던 열여덟 명의 노동자는 디플로도쿠스처럼 오늘날 멸종됐다. 피와 살을 가진 열여덟 대의 기계는 핀을 천만 개씩 쏟아내는 강철 기계로 대체됐다. 분홍색 종이봉투에 핀을 담아 포장하는 작업마저 기계가 한다. 결국 그런 기계를 발명해낸 몇몇 사람을 제외하면 아무도 핀을 만들 줄 모르고 핀이 어떻게 만들어지는지도 모른다. 다시 말해 현대식 핀 제조공장에서 일하는 노동자들에게 요구되는 지식이나 기술이나 수행력은 옛날 핀 장인들의 십 분의 일에도 못 미친다. 이러한 퇴보를 감수하고 우리가 얻게 된 것이라고는 핀 한 개에 얼마라고 할 수도 없을 정도로 핀이 아주 싼 물건이 됐다는 것뿐이다. 원가에 더해서 상당한 이문도 붙어있지만 핀 한 봉짓값은 고작 1파딩에 불과하다. 핀이 워낙 부주의하게 버려지고 낭비되는 통에, 아이들에게 핀 하나를 훔치는 것도 죄가 된다고 일러주는 노래가 나오기도 했다(물론 효과는 없었다).

주요 사상가들, 이를테면 존 러스킨이나 윌리엄 모리스도 일찍이 골드스미스가 그랬던 것처럼 이 문제로 몹시 골머리를 앓았고, 수천 톤의 핀을 낭비할 수 있는 상태에 도달하려고 우리의 기술을 잃어버리고 노동자의 질을 저하하는 것이 과연 더 부유해진 것일까 하는 의문을 제기했다. 그렇다고 옛날 방식으로 돌아가는 것이 이 문제의 해법일 수는 없다. 앞으로 여가의 분배 문제를 고찰하면서 살펴보겠지만, 만약 우리가 기계화로 절약된 시간을 똑같이 나눠 가지게 된다면? 우리 모두 핀 제조 따위보다 더 나은 일에 자유롭게 몰두할 수 있지 않을까. 하지만 그렇게 되기 전까지는 핀 공장 노동자들이 혼자서는 아무것도 만들지 못하고 자기들끼리는 작은 일조차 분담하지 못한다는 게 사실이다. 그들은 무지하고 무능하다. 고용주가 그날그날 해야 할 일을 일일이 정해줄 때까지 그들은 손가락 하나 까딱 않는다. 고용주도 자기가 사들인 기계를 이해하지 못하기는 매한가지다. 그저 기계 제조사의 지시에 따라 기계를 돌리도록 다른 사람들에게 돈을 주고 시킬 뿐이다.

옷 만드는 일도 사정은 마찬가지다. 예전에 시골에서는 양털을 깎는 것부터 시작해서 바로 입을 수 있게끔 완성된 옷을 세탁해서 내놓는 것까지 의류 제작의 전 과정이 가내수공업으로, 특히 여자들에 의해 이뤄졌다. 그래서 지금도 독신녀를 물레질하는 여자_spinster_라고 부르는 것이다. 요즘은 그 모든 과정에서 양털 깎는 일만 남았는데, 그마저도 우유 짜는 일처럼 기계가 대체하고 있다. 바느질도 그렇다. 오늘날 어떤 여자에게 양 한 마리를 갖다주면서 모직 옷을 한 벌 만들어 달라고 부탁한다면? 그녀는 모직 옷을 만들기는커녕 양이 옷이랑 무슨 관계가 있는지도 알지 못할 것이다. 그러면 그녀는 옷을 어떻게 얻을까? 가게에 가서 산다. 그녀는 모직과 면직과 비단의 차이를 알고, 플란넬과 메리노울을 구별하고, 어쩌면 메리야스뜨기와 다른 가로뜨기 편물을 구분할 수도 있다. 하지만 어떻게 옷을 만드는지, 무엇으로 옷을 만드는지, 어떤 과정을 거쳐서 옷이 구매 가능한 상품으로 옷 가게에 진열되는지에 관해서는 거의 아는 게 없다. 그녀에게 옷을 파는 점원도 모르기는 마찬가지다. 옷을 만드는 일에 종사하는 사람들은 아마 더 모를 것이다. 자기 옷을 살 때 원단을 따질 정도로 형편이 넉넉한 사람은 별로 없기 때문이다.

이렇듯 자본주의 체제는 물건이 어떻게 만들어지고 일이 어떻게 돌아가는지에 대해 거의 모든 사람을 깜깜이로 만들면서도 동시에 재화와 용역의 어마어마한 대량 생산을 초래했다. 우리가 온종일 하는 일이 무엇인지 알려면 책이나 백과사전을 들여다봐야 할 판이다. 그런데 그런 책의 저자들은 실제로 그 일을 하고 있는 사람들이 아니라서 다른 책들을 참고하고 정보를 얻는다. 그러니까 그 저자들이 우리에게 말해주는 내용은 20년이나 50년씩 시대에 뒤처진 정보로 실정에 맞질 않는다. 더구나 일하다 지쳐서 집에 돌아왔을 때 그런 책은 읽고 싶지도 않다. 그럴 때 우리에게 필요한 것은 일 생각을 털어버리고 상상력을 충족시켜 줄 영화나 오락거리다.

우리가 사는 자본주의 세상은 웃긴 곳이다. 무지와 무능이 놀라운 속도로 번지고 있는데도, 교육과 계몽이 확산될 거라고 줄곧 호언장담한다. 수천 명의 부동산 보유자와 수백만 명의 임금 노동자가 존재하지만, 개중에 무엇을 만들 수 있는 사람은 아무도 없다. 다른 누군가가 뭐라고 일러주기 전에는 아무도 해야 할 일을 알지 못하고, 돈이 어디서 어떻게 나오고 그 돈으로 사는 물건들은 어떻게 만들어지고 유통되는지에 대해 최소한의 개념도 가지고 있지 않다. 여행을 하다가 스스로 모든 것을 만들어야 하는 야만인이나 에스키모나 촌사람들을 만나면, 그들이 우리보다 더 똑똑하고 재주가 좋다는 것을 알고 깜짝 놀란다! 그게 어떻게 놀랄 일인가? 그림으로 도배된 신문이나 소설, 연극, 영화 등을 보면서 낭만적인 헛소리라도 머리에 집어넣지 않는다면 우리는 두뇌를 너무 사용하지 않아서 지적 능력 부족으로 죽고 말 것이다. 그런 무의미한 허구 덕분에 우리가 목숨을 부지하는지는 몰라도, 그로 인해 우리는 모든 것을 터무니없이 왜곡해서 바라보게 됐고 현실 세계에서 다소 위험한 미치광이가 되고 말았다.

내가 이런 식으로 말하는 것을 용서하기 바란다. 하지만 나는 책을 내고 희곡을 쓰는 작가로서 책이나 연극의 어리석음과 위험에 대해 여러분보다 잘 알고 있다. 눈먼 자본주의는 하필 우리의 무지와 무능, 망상, 어리석음이 최고조에 달한 지금 이 순간을 만인에게 투표권을 확대할 순간으로 삼았다. 그 바람에 과연 정치의식이라고 할 게 있는지도 의문이고 그나마도 영화를 통해 형성했을 수천 명에게 한 줌의 현명한 사람들이 속수무책으로 휘둘리는 상황을 보면서, 나는 당분간 희곡 집필을 중단하고라도 들을 귀가 있는 지적인 사람들과 정치 및 사회 현실에 대해 논하기 위해 이 책을 쓰기로 한 것이다.

제43장   *Disablement Above And Below*

방금 한 말 때문에 내가 사람들이 즐기는 꼴을 못 본다고 생각하면 곤란하다. 나는 사람들을 즐겁게 하는 일로 돈을 번 사람이다. 사람이 너무 일만 하고 놀지 않으면 바보가 된다는 것은 물론이고, 사람이 일을 하는 이유는 단지 굶주림과 추위를 피하는 것 외에도 삶을 향유하려고 하는 것임을 누구보다 잘 알고 있다. 사람은 임금뿐 아니라 여가도 욕망하고 필요로 한다. 하지만 관광버스나 영화보다는 빵이 우선이다. 삶의 사치를 누릴 수만 있다면 생필품은 기꺼이 포기할 수도 있다고 했던 어느 프랑스 신사에게 나는 크게 공감한다. 그러나 안타깝게도 자연은 우리 생각과 달라서 빵을 최우선시하지 않으면 가차없이 죽음으로 몰고 간다. 그 프랑스 신사보다는 하루 8시간 노동을 보장하라고 요구하는 여자들의 말이 더 일리가 있다. 사실 그들이 요구하는 것은 휴식과 수면과 요리와 식사와 설거지를 하는 시간 외에 여가를 몇 시간 더 달라는 것이지만, 그 몇 시간의 여가를 벌기 위해서는 반드시 일을 해야 한다는 것을 그들은 알고 있다. 남에게 일을 떠넘겨서 그의 여

상류층도 하류층도 무능해지다

가를 갉아먹지 않는 한 그 누구도 자기 몫의 노동을 회피할 수는 없다. 자본주의 때문에 우리는 노동자로서 생산력 측면에서 극도로 무능하고 무지한 상태에 처하게 됐다. 이 말에 반박하는 사람도 있을 것이다. 방직 기계 돌아가는 소리 때문에 서로 말하는 게 들리지 않는 방직 공장에서도 여공들은 입술 움직임을 읽어내는 법을 터득해서 수다를 떨 정도로 재주가 좋고, 무도회와 관광버스 여행과 휘스트 게임과 몸단장과 라디오 콘서트를 즐기며, 엄청난 양의 과자와 초콜릿을 소비하고, 지나친 돌봄에 얽매이지 않으려고 가족계획을 세우는 등 그네들의 할머니 시절에는 상상도 할 수 없었던 삶을 누리고 있다는 것이다. 하지만 그 모든 것은 생산이 아닌 소비다. 그들이 그런 오락을 생산하는 과정에 참여할 때는, 이를테면 매표소에서 티켓을 팔거나, 관광버스 제조 과정의 일부를 담당하거나, 방송용 전선을 돌돌 감는 일을 할 때는 그들은 한낱 기계에 불과하다. 앞뒤로 무슨 일이 일어나는지 조금도 알지 못한 채 그저 기계적으로 작업을 거들고 있을 뿐이다.

자본주의는 법이 허용하는 한에서 한쪽에는 모든 일을 몰아주고 다른 쪽에는 모든 여가를 몰아줘서 빈자와 마찬가지로 부자도 철저히 망가뜨렸다. 부자들은 다른 사람들에게 땅을 임대하고 여윳돈(자본)을 빌려주면서 손가락 하나 까딱 않고 막대한 식량과 재미를 얻는다. 임대료를 수금해서 은행에 넣는 일도 부자들 대신 대리인들이 한다. 부자들의 여윳돈을 빌린 회사들도 알아서 부자들에게 반기半期 사용료(배당금)를 입금한다. 비스마르크는 부자들이 하는 일이라고는 가위를 들고 채권의 이자표를 잘라내는 일밖에 없다고 했지만 그 말도 틀렸다. 은행이 부자들을 위해 그마저도 해준다. 사실상 부자들이 하는 일이라고는 수표에 서명하는 것뿐이다. 수표로 무엇이든 살 수 있다. 부자들은 아무것도 할 필요가 없고 그저 즐기기만 하면 된다. 그것조차 하지 않더라도 그들은 변함없이 수입을 얻는다. 그러면서 자기네 조상이 열심히 일한 덕분이라고 변명한다. 그러면 뭐 다른 사람의 조상은 열심히 일하지 않았다는 소리인가? 아니 백번 양보해서, 조상이 열심히 일했으면 후손은 놀고먹어도 된다는 말인가? 할머니들이 열심히 일했다고 우리의 먹고사는 문제가 해결되는 것은 아니다. 우리 할머니들은 자기 땅을 직접 경작하는 것은 물론이고 자기 여윳돈을 땅에 투입해서 더욱 부유해질 방법을 찾아냈다. 하지만 그런 성가신 일을 남에게 떠넘길 수 있다는 걸 알게 된 후손들은 그냥 땅을 빌려주고 여윳돈으로 투자나 하기로 했다.

일부 대지주의 땅은 봉건시대부터 내려오는 것이다. 봉건시대에는 공장도 없고 철도도 없었으며, 마을이 워낙 작아서 오늘날 정원에 울타리를 치듯 마을 주변에 담을 쌓았다. 그 시절에는 왕을 비롯한 지주들이 자비로 군대를 일으키고 나라를 지켰다. 그들은 법을 제정하고 집행해야 했고, 군사 업무와 치안 업무와 온갖 행정 업무를 도맡았다. 헨리4세가 과로사한 걸 보면 그 시절에는 정말로 우리 가운데 가장 힘 있는 자가 나머지 모든 사람에게 봉사해야 했음을 알 수 있다. 요즘은 그 반대다. 가장 힘 있는 자에게 다른 모든 사람이 봉사한다. 봉건 제후들이 도맡았던 온갖 잡무와 의무가 이제는 월급을 받고 일하는 공무원들 차지가 됐다. 시골 영지 같은 데서는 아직도 치안판사가 무보수로 재판을 맡고, 그 아들들이 장교로 군 복무하는 것을 당연하게 여기는 전통이 남아 있다. 그들 중 상당수는 사무변호사와 대리인들의 도움을 받아 그들이 실제로 살고 있는 영지를 직접 관리하기도 하고 아내들에게 관리를 맡기기도 한다. 하지만 이렇게 지나간 옛 질서의 흔적을 붙들고 있는 것은 대체로 그 땅을 사들인 부자들로, 시골 영지의 귀족으로 인정받기 위해 기꺼이 작은 수고를 감수하려는 것이다. 한동안 이런 허영에 빠지는 신흥 부유층은 언제나 있기 마련이다. 그들은 진짜 시골 귀족의 영지를 사들임으로써 시골 귀족의 지위를 물려받으려 한다. 하지만 지주 계층은, 대대로 내려오는 지주든 돈을 주고 영지를 사들이든 지주든 간에, 하시라도 시골 저택과 정원을 팔아 버리고 문명 세계 어디든 자기가 원하는 곳에서 어떤 사회적 의무나 책임도 지지 않고 살 수 있다. 조만간 그들은 다들 그렇게 살면서 이름과 작위를 제외하고 옛 봉건 귀족과 그들을 묶는 유일한 고리를 끊어 버릴 것이다. 오늘날에는 사실상 봉건 귀족이 존재하지 않는다. 봉건 귀족은 산업 자본가 계층과 교제하고 혼인관계를 맺으며 자연스럽게 통합됐다. 돈이 모든 차이를 지워버린다. 그런 부유층들의 지배를 굳이 이름

한다면 금권정치라고 해야 할 것이다. 금권정치하에서는 가장 오래된 귀족의 영지나 최근에 사업으로 벌어들인 재산이나 오로지 자본의 한 형태일 뿐이고, 그 소유주에게 아무런 사회적 의무도 지우지 않는다.

　금권세력에게는 마냥 좋기만 한 상황이 아니냐고 하는 사람들이 있을 것이다. 지나치게 과로하고 충분히 즐기지 못하는 사람들의 관점에서는 기나긴 휴일 같은 삶보다 더 좋은 걸 떠올릴 수가 없다. 하지만 금권세력은 그렇게 살다 갑자기 스스로 생계를 벌어야 하는 상황에 부닥치면 아기처럼 무능한 존재가 돼 버린다. 다들 알다시피 타고난 귀부인에 뼛속까지 신사였던 사람들이 갑자기 재산을 잃게 되면 건강한 사람 중에서 세상 제일 딱한 처지가 된다. 그런데 그들의 재산을 그들 손에 맡기고 알아서 하도록 내버려둬도 그들은 똑같이 세상 딱한 꼴을 면치 못한다. 그들은 자기 땅을 경작할 줄도 모르고, 자기 광산이나 철도에서 작업할 줄도 모르고, 자기 배로 항해할 줄도 모를 것이다. 그들은 존슨 박사가 "인간의 탐욕이 꿈꿀 수 있는 것 이상으로 부유해질 가능성"이라고 했던 것들에 둘러싸인 채 멸망할 것이다. 배고픈 사람들을 고용할 수 없다면 그들은 이런 소리나 늘어놓을 것이다. "땅을 파자니 힘에 부치고, 빌어먹자니(그것도 할 줄은 모르지만) 창피한 노릇이다." 배고픈 사람들은 그들 없이도 지낼 수 있고 그들이 없으면 훨씬 더 잘 지낼 수 있을 테지만, 그들은 배고픈 사람들 없이는 지낼 수가 없다.

　그러나 대부분의 배고픈 사람들도 자기들끼리 놔두면 금권세력과 마찬가지로 무능하기 짝이 없다. 하녀의 경우를 예로 들어보자. 아무리 일을 잘하는 하녀라도 능력을 발휘하기 위해서는 먼저 여러분이 그녀에게 집을 제공하고 해야 할 일을 정해줘야 한다. 아주 우수한 하녀들이 막상 결혼을 하면 자기 살림은 제대로 건사하지 못하는 경우가 많다. 그들에게 수십 명의 메이드가 일하고 있는 큰 호텔을 관리할 것을 요청하면 손사래를 치며 도망갈 것이다. 영국은행 수위에게 은행 경영을 맡길 수는 없다. 벽돌 쌓는 인부가 아무리 솜씨가 좋다 하더라도 전체 집을 지을 수는 없다. 심지어 그는 자기가 쌓고 있는 벽돌도 만들지도 못한다. 개울을 건너기 좋게 널빤지를 가로질러 놓거나 징검다리를 만드는 것은 여느 인부라도 할 수 있다. 하지만 가장 단순한 형태의 운하교도 좋고 포스브리지_Forth Bridge_같은 거대한 구조물도 좋으니 뭐라도 제대로 된 다리를 건설해달라고 요청한다면! 아기에게 직접 침대를 만들고 스웨터를 떠 입으라고 하거나, 요리사에게 취사용 화구와 상수도 시설을 설계하고 설치하라고 요구하는 것과 마찬가지다.

    이러한 무능은 문명이 진보할수록 더욱 심화된다. 시골 마을에서는 여전히 물건을 만들 줄 아는 목수와 대장장이를 만날 수 있다. 심지어 그들은 자기가 사용할 재료를 선택하고 구매하는 일도 할 수 있고, 완성된 제품을 판매도 할 수 있다. 하지만 우리 존재의 기반인 도시에서 만날 수 있는 노동자 대중과 금권세력은 아무것도 만들 줄 모르고, 물건이 어떻게 만들어지는지도 알지 못하며, 구매와 판매에도 젬병이라 정찰제 상점이 없다면 아마 멸종하고 말 것이다.

제44장

The Middle Station In Life

지주와 자본가는 뭘 만들어낼 줄도 모르고 그렇다고 다른 사람에게 만드는 방법을 알려줄 수 있는 사람도 아니다. 노동자들은 누군가 할 일을 알려주지 않으면 아무것도 못 한다. 그렇다면 어떻게 세상이 굴러가는 것일까? 한쪽에 유산계급이 있고 다른 한쪽에 무산계급이 있다면, 지주와 자본가에게 빌린 땅과 자본을 기반으로 노동자들에게 할 일을 알려주는 제3의 계급도 존재해야 할 것이다.

실제로 그런 계급이 있다. 국가의 모든 업무를 관리·지시·결정하고 학계와 문화예술계를 실질적으로 이끌어 나가는 중간계급에 대해 알아보자. 이러한 중간계급이 어떻게 부상하게 됐으며, 자본가 집안 출신들이 계속 중간계급으로 유입된 이유가 무엇인지 살펴보겠다.

자본가들이 소유만 하는 것은 아니다. 그들도 결혼하고 아이를 낳는다. 둘이 살 때는 충분했던 소득이 자식이 서넛이 되면 넉넉지 않을 수 있다. 자손이 그 두세 배로 늘면 더 말할 것도 없다. 서너 명의 자식

사업가 전성시대가 되다

이 자라서 결혼하고 각자 서너 명의 자식을 또 낳으면 조부모가 부자였더라도 손주들은 가난해질 수 있다.

그러한 사태를 피하기 위해 지주 집안은 맏아들에게만 재산을 물려주고 작은아들들은 자립자활하게 했으며 딸들은 되도록이면 재산가와 혼인시켰다. 이게 바로 장자상속제다. 장자상속제는 1926년까지 잉글랜드 국법이었다. 토지소유자가 그 법을 거스르는 유언을 남기지 않는 한 반드시 따라야 했다. 그런 법이 따로 없고 프랑스 소자작농 집안처럼 모든 자녀가 부모의 재산을 동등하게 물려받는 곳에서도 자발적으로 장자상속제 비슷한 방식을 따른다. 그러지 않고 유산을 팔아서 각자 몇 파운드씩 나눠 가지면 그 돈이 오래 갈 리가 없기 때문이다. 그래서 웬만한 집안은 장자상속제를 따르면서 장남이 토지를 소유·경작하고 나머지 형제는 없이 사는 사람들처럼 일해서 먹고살기로 합의를 본다. 재산이 토지가 아니고 자본이라서 가족 모두가 그 자본의 이자 수입에 기대어 살고 있는 경우에는 부모가 유언장을 통해 자본의 대부분을 한 아들에게 물려줄 수도 있겠으나 보통은 그렇게 하지 않는다. 부모의 재산은 자녀와 친인척에게 두루 분배되고 쪼개져서 결과적으로는 상속자들이 유산에 기대어 살 수 없게 된다.

그렇게 알아서 먹고살도록 세상에 내던져진 "유산계급의 작은아들들"은 재산은 없지만 부자들의 취향과 습관, 말투, 외모, 교양을 갖추고 있다. 시쳇말로 그들은 연줄이 든든하다. 귀족 상원의원을 가까운 친척으로 둔 사람도 있고, 이튼이나 해로우를 나와 옥스포드나 케임브리지에서 학위를 받은 사람도 있다. 연줄이 그렇게까지 좋지 않더라도 부모나 조부모가 사업으로 돈을 번 경우에는 굳이 이튼을 가지 않아도 대도시 학교나 통학 학교를 나와 민주적인 신생 대학을 가기도 하고 아예 대학 진학을 하지 않아도 상관없다. 친척 중에 가장 높은 사람은 시장이나 부시장쯤 될 것이다. 어쨌든 그들도 중등학교에서 초등교육과는 차별화된 교육을 받는다. 상류층 행세를 하지는 않지만 자본가들의 예절과 외모, 말투, 습관을 갖추고 있기 때문에 평소 사람들에게 신사로 대접받으며 "누구누구 씨"가 아니라 "누구누구 귀하"라고 쓰인 편지를 받는다.

하지만 자산 없는 작은아들들은 유산계급의 생활방식과 문화에 아무리 익숙하더라도 자기 재주로 먹고살아야 한다. 그들은 육해군 장교가 되거나 고위 공무원이 된다. 성직자, 의사, 변호사, 작가, 배우, 화가, 조각가, 건축가, 교사, 대학교수, 천문학자가 되기도 하며 이른바 전문가 집단을 형성한다. 사회적으로도 특별한 대우를 받는다. 하지만 지식이나 재능, 인격, 공공심 면에서 그들보다 나을 게 없는 사업가들이 돈은 훨씬 많이 번다. 최고 수준의 지적 작업은 돈이 안 될 때가 많아서 그런 일을 생업으로 삼기는 어렵다. 먹고살기 위해 스피노자는 안경알을 깎았고, 루소는 악보를 필사했다. 아인슈타인은 교수직으로 생계를 유지하고 있다. 뉴턴은 중력과 미분법을 발견해서가 아니라 조폐국장을 한 덕에 먹고살았다. 조폐국장은 다른 사람들도 얼마든지 잘 해낼 수 있는 일이다. 비교적 수익성이 좋아서 인기 있는 전문직의 경우에도 수입에 한계가 있을 수밖에 없다. 전문가는 처음부터 끝까지 직접 일해야 하기 때문이다. 비누 회사 사장은 부하 직원을 천 명씩 고용해서 백만 명의 고객을 상대할 수 있지만, 외과 의사가 조수를 천 명씩 두고 환자 백만 명을 보겠다고 할 수는 없다. 왕립아카데미 회장은 2천 기니짜리 초상화 고객을 비서에게 넘길 수 없다. 전문가들은 대개 빈약한 수입으로 오랫동안 근근이 버틴 후에야 성공을 누린다. 문학계의 가장 수익성 좋은 분야에서 눈에 띄게 성공한 나조차도 서른이 되기 전에는 글을 써서 입에 풀칠하기도 힘들었다. 서른여덟 즈음에야 주당 6~7파운드를 벌었고 이제 부자가 되겠거니 생각했다. 그런데 일흔이 된 지금 내 일로 거둘 수 있는 상업적 성공은 다 거두었음에도, 신문 부고란만 펼치면 평생 사업가 남편에 기대 먹고살았던 어느 귀부인이 내 수입은 댈 것도 아니게 막대한 유산을 남기고 사망했다는 소식이 연일 올라온다.

그래서 전문가와 공무원들도 상업이 집안의 품격을 떨어뜨린다고 믿는 구제불능의 구시대적 속물이 아니라면, 전문직에 딱히 소질이 없다 싶은 자식에게는 사업을 해보라고 강하게 권유한다. 사업가는 자비로 동상을 세우면 모를까 자신의 동상이 서는 걸 볼 가능성이 거의 없다. 사업은 돈이 불어나는 재미를 빼면 본질적으로는 지루한 일이다. 하지만 사업가는 외과 의사나 화가와 달리 자기 노동으로 돈을 벌지 않아도 다른 수많은 사람의 노동을 이용해서 돈을 벌 수 있다. 그러면 사업가의 일은 더 이상 지루하지 않다. 현대의 사업은 웬만한 전문직보다 더욱 재미있고 중요하며 심지어 더 과학적이기까지 하다. 활동 범위도 넓다. 실제로 여러 종류의 사업을 통솔하는 현대의 거물 기업가들은 보통의 전문가들보다 더 많이 배우고 더 발전된 사고를 한다. 유능한 학자와 공무원을 데려다가 회사 관리자가 아니라 연구원, 교섭가, 상업 과학자의 지위를 부여하고 사업에 끌어들이는 법도 배운다. 아직 산업이 덜 발달된 나라에서나 전문가가 가장 잘 배우고 지적인 사람이지, 오늘날 유럽 중심지에서는 전문가들보다 사업가들이 수준 높은 교양인으로 통한다. 공무원 혹은 전문직 종사자가 자기 자식에게 공무원은 가망 없는 직업이고 야간 호출에 달려가야 하는 의사는 개와 다름없는 삶을 사는 거라며 그와 대조적으로 사업가에게는 무한한 가능성이 있다고 얘기할 때는, 아버지보다 더 잘 되라고 조언하는 것이지 자식의 사회적 지위를 떨어뜨리려는 게 아니잖은가.

그렇다면 이른바 사업이란 무엇인가? 그것은 지주와 자본가에게서 땅과 여윳돈을 빌려 배고픈 사람들을 고용하고 생계유지를 위한 임금을 지불하면서도 이윤을 남길 만큼 충분한 돈을 지속적으로 벌어들이려는 활동이다. 금전 감각이 탁월하고 사업 수완이 좋은 사람이 끈기와 결정력까지 갖추고 있다면 그런 식으로 입이 떡 벌어질 만한 재산을 모은다. 때로는 사업가가 어쩌다 생각해낸 것이 대중에게 인기를 끌면서 어마어마한 수익을 내기도 한다. 웰스의 소설 『토노 번기』*Tono-*

Bungay』에서처럼 사람들의 건강에 도움이 되기는커녕 해롭기만 한 약이 수백만 파운드를 벌어들이는가 하면, 아무리 발라도 효과가 없는 발모제도 날개 돋힌 듯이 팔린다. 아무 쓸모없는 제품과 피곤함과 지루함만 유발하는 값비싼 가짜 쾌락이 반복적으로 광고되는 바람에 사람들은 그런 것들 없이는 살 수 없다고 착각하게 된다.

하지만 식량을 재배하고 주택을 건설하고 옷을 만들고 삽과 재봉틀을 제작하는 일에서부터 전세계에 케이블을 깔고 거대한 선박과 비행기를 만들어 대양이나 하늘을 고속도로로 바꿔버리는 일에 이르기까지 주요 사업들은 훌륭하고 유익하다. 그런 사업들을 수행하려면 계획하고 관리하고 지시할 사람이 필요하다. 따라서 물려받은 재산은 없지만 교육을 받아서 유산계급의 교양을 갖춘 유능하고 정력적인 사람들이 일할 기회를 얻는다. 교육은 받았으나 유능하지도 정력적이지도 않고 전문직도 아니라면 유능한 사람들이 경영하는 사업체에서 사무직으로 일할 수 있다. 그들과 같은 계급의 여자들은 결혼을 통해 살길을 모색한다.

이렇게 탄생한 중간계급은 유산계급과 배고픈 대중 사이에서 일종의 신의 섭리처럼 작용한다. 중간계급은 자산가들의 토지를 경작하고 자산가들의 여윳돈을 활용해서 손 하나 까딱하지 않는 자산가들에게 지대와 이자를 챙겨준다. 배고픈 사람들에게는 아무것도 신경쓰거나 결정할 필요없이 시키는 일만 하면 생계유지에 필요한 임금을 받을 수 있게 한다. 배고픈 사람들은 재료를 구매하거나 상품을 판매하거나 서비스를 조직하거나 시장을 개척하지 않아도 된다. 아이처럼 시키는 대로 일하는 동안에는 넉넉하게는 아니더라도 먹고 입고 자는 것에 대한 걱정을 하지 않아도 된다. 최악의 경우라도 입에 풀칠은 하며 언젠가 쓸모없어질 자신들을 대체할 배고픈 인력을 재생산한다.

유산계급과 배고픈 대중 사이에서 그런 식으로 사업을 일으키는 사람들 중에는 유산계급의 후손만이 아니라 찢어지게 가난한 집안 출신들도 언제나 존재한다. 그런 사람들은 천재다. 남들은 배워서 아는 걸 스스로 터득하고 필요한 것들을 알아서 깨친다. 하지만 그런 사람들은 극히 드물기 때문에 논외로 해도 된다. 중요한 사회 문제를 다룰 때 우리가 고려해야 하는 것은 평범한 시민의 능력, 즉 병약자와 심신장애인을 제외한 모든 사람에게 기대할 수 있는 능력이지 천 명 중 한 명이 가진 능력이 아니다. 가난과 무지 속에서 태어난 사람이 엄청난 부자나 유명한 철학자, 탐험가, 작가, 심지어는 왕국의 지배자가 되기도 하지만, 그건 어디까지나 예외일 뿐이다. 읽기와 쓰기, 여행과 회계를 모르거나 유산계급처럼 말하고 행동하고 옷 입고 돈을 쓰고 다룰 줄 모르는 사람들이 사업가나 전문가가 될 가능성은 거의 없다고 봐야 할 것이다.

바꿔 말하면 이렇다. 약 50년 전만 해도 주급을 받는 노동자 대다수는 사업이나 전문직에 진출할 방법이 없었다. 감히 그럴 엄두도 내지 못했다. 전에 내 아버지 회사에서 제분공으로 일했던 사람이 기억난다. 그는 읽고 쓰는 것은 물론이고 종이에 숫자를 써가며 계산하는 법도 몰랐다. 하지만 타고난 암산 능력이 워낙 뛰어나서 작업 중 발생하는 모든 산술적 문제들을 즉시 풀어냈다. 예컨대, 밀가루 한 부대에 얼마씩 담으면 총 몇 부대가 나올 것인가 하는 문제에 거의 즉각적으로 답할 수 있었으며, 그런 면에서는 우리 아버지나 다른 직원들보다 훨씬 유능했다. 하지만 철자를 몰라 서류를 작성하지 못했고 말투와 예절, 습관, 옷차림이 대기업이나 법률사무소, 병원, 교회 같은 데 취직하기에는 적절하지 않았기 때문에 중간계급으로 진출하기는커녕 내 아버지와 사회적으로 동등하게 대접해달라는 요구 한 번 해보지 못하고 평생 가난한 피고용인으로 살다 죽었다. 반면, 내 아버지는 애초에 자산가도 아니고 중간계급 공무원을 하다가 사업가가 됐는데도 중간계급의 일원인 것을 전혀 자랑스러워하지 않고 되레 억울해했다. 아버지는 귀족의 작은아들의 후손으로서 자기 재주로 먹고사느라 크게 성공하지도 못하는 불행한 처지였지만 자기는 뼈대 있는 가문 출신이자 신사라며 유산계급에 대한 유대감을 잃지 않았다.

하지만 이는 60년 전 이야기다. 그후로 우리는 교육 분야에서 공산주의를 달성했다. 내 아버지 회사에서 일했던 제분공이 요새 태어났다면 그가 어떤 부모 밑에서 태어났든 공동체 전체가 비용을 대는 의무교육을 9년 동안 받아야 한다. 그러면 수학적 재능 덕에 장학금을 받고 고등학교에 진학해서 또 다시 장학금을 받아 대학에 가고 전문직에 진출할 가능성이 크다. 최소한 경리나 은행원은 될 수 있을 것이다. 어찌됐든 그는 중간계급의 일을 할 만한 자격을 갖추고 중간계급의 일원이 될 것이다.

이게 사회적으로 어떤 의미일까. 과거에는 중간계급을 유산계급의 작은아들들과 그 후손이 독점했지만 이제는 노동계급 출신도 중간계급에 진출하게 됐다는 얘기다. 그러한 노동계급 출신들은 신사인 척하는 허튼짓을 하지 않으며, 형편없는 중간계급 학교를 나온 사람들보다 교육을 잘 받은 것은 물론이고 현실 대처 훈련도 더 잘돼 있다. 말투나 옷차림, 예절에서 드러나던 계급적 차이도 예전처럼 크게 두드러지지 않는다. 노동계급이 중간계급의 예절을 익히는 것이 추세이기도 하지만, 그보다도 중간계급에 진출한 노동계급 출신들이 자신들의 예절과 말투를 중간계급의 표준으로 만들고 있기 때문이다. 이제 신사 지위를 유지할 만한 재산도 없으면서 신사계급 출신이랍시고 상인이 된 것을 수치스러워하는 내 아버지 같은 사람들은 토지와 자본과 공무원 자리를 놓고 벌이는 경쟁에서 옛날 같으면 그와 감히 겸상할 생각도 못하던 사람들의 손자들에게 처참히 깨질 것이다. 디킨스가 묘사한 공무원처럼 무능하고 무례하고 무일푼인 신사는 이제 중간계급 일자리를 얻지 못한다. 그들은 불만스럽고, 행복하지 않으며, 궁핍하고, 허깨비 같은 지위에 매달리며, 친척들에게 돈을 빌린다(사실상 구걸한다). 자기들이 유산계급에서는 떨어져 나왔어도 약간의 교육과 예절이 요구되는 일자리를 독식하는 중간계급은 된 줄 알지만, 실상은 배고픈 삶을 견딜 준비 없이 배고픈 계급으로 곧장 추락한 처지라는 것을 깨닫지 못하거나 인정하지 않으려고 한다.

그렇다면 유산계급의 딸들은 어떠한가? 그들에게는 결혼이 사업이다. 그들에게는 결혼 말고 다른 어떤 희망도 없던 때가 있었다. 남편감을 찾는 데 실패하고 별다른 지원도 받지 못하면, 가정교사나 학교 선생, "말동무" 혹은 고상한 거지나 다름없는 천덕꾸러기가 돼야 했다. 그들은 일하는 것은 숙녀답지 않고 남자에게 구혼하는 것은 더욱 숙녀답지 않다고 여겼다. 그렇게 느끼도록 교묘하게 세뇌당했다. 그들에게 전문직의 문은 닫혀 있었다. 대학 문도 닫혀 있었다. 사무직의 문도 닫혀 있었다. 그들은 가난해서 유산계급과 단절됐지만, 여전히 숙녀인 척하느라 사실상 형편이 비슷한 노동계급과 결혼하기도 어려웠다. 그들에게 사는 건 끔찍한 일이었다.

요즘에는 여자들이 할 수 있는 일이 훨씬 많아졌다. 변호사도 되고 의사도 된다. 교회 문은 아직까지도 닫혀 있는 게 사실이지만 그래 봤자 교회만 손해. 교회에서 흔히 볼 수 있는 쓰레기 같은 남자 성직자 대신 유창하게 설교하고 교구 관리도 잘할 유능한 여자들이 얼마든지 있기 때문이다. 그렇지만 이제 여자들은 공직에도 진출할 수 있는데 굳이 성직에 종사해야 할 이유가 있을까. 여자들에게 참전 기회를 주지 않는 것은 사회적으로 바람직한 일이다. 출산에 전쟁까지 더해서 목숨을 위태롭게 하기에 여성은 너무나도 중요한 존재다. 젊은 남성 100명 중 90명이 죽으면 그 손실은 보전할 수 있지만, 젊은 여성 100명 중 90명이 죽으면 나라가 끝장난다. 그러니까 전쟁터에 국한되지 않고 민간인 남녀에게까지 무차별적으로 고성능 폭탄과 독가스를 투하하는 현대의 전쟁은 과거의 어떤 전쟁보다도 훨씬 더 위험하다 .

여자들은 남자들과 교육 수준도 비슷해졌다. 능력만 되면 대학에도 가고 기술 학교에도 간다. 가사 활동은 전문대학에서 가르치는 과목이 되어 여자들은 법조계나 의료계, 회계나 보험 관련 직종은 물론이고 호텔 관리자가 되기 위한 수업도 받을 수 있다. 요컨대, 이제 여자들이 사업 혹은 전문직에 진출하지 못하게 가로막는 것은 편견과 미신, 시대에 뒤처진 부모, 수줍음, 속물근성, 현 시대에 대한 무지, 온갖 종류의 우둔함뿐이다. 그런 것들은 현대적인 사고와 강인한 성품으로 타파해야 한다. 100년 전의 사고방식으로 오늘의 세상을 살려는 것은 부질없는 짓이다. 100년 전에는 천재가 아닌 이상 귀족 여성이 자립하는 것은 사실상 불법이었다. 귀족 여성이 상점을 운영하면 아니 상점을 운영하는 여성과 어울리기만 해도 그녀는 더 이상 귀족이 아니었다. 과거의 그 나쁜 전통이 여전히 상류층 독신 여성의 삶을 좀먹고 있다(이점은 아마 여러분보다도 나이 많은 내가 더 잘 알 것이다). 개탄스러운 일이다. 하지만 그럼에도 불구하고, 집을 벗어나 사업을 하거나 전문직에 진출하거나 카메라를 둘러메고 위험한 탐험이나 모험도 마다하지 않는 상류층 여성은 매년 증가하는 추세다.

그러한 추세는 자본주의의 대량생산으로 가속화되고 있다. 가사활동이 얼마나 간소화됐는가. 과거에는 집에서 직접 빵을 굽고 술을 담그고 실을 잣고 옷감을 짰는데, 어느 순간 상점을 돌며 물건을 구매하기 시작하더니, 급기야 대형 백화점에 전화 한 통만 하면 된다. 그게 어떻게 성급한 인구조절과 중간계급 가정의 출생률 저하로 이어졌는지는 다른 장에서 이미 살펴봤다. 중간계급 여자들은 과거 집안일은 끝이 없다고 토로했고 그건 사실이었다. 이제는 전보다 하인 구하기가 더 어려워졌는데도 여자들이 집안일을 훨씬 덜 하게 됐다. 여자들은 이미 공직에서 남자들을 많이 밀어냈고, 앞으로 중간계급의 수많은 일자리에서 남자들을 밀어낼 것으로 기대된다. 우리는 사업과 전문직을 남자의 일로 여기던 습관을 버리는 중이다.

그렇지만 남자들은 사업과 전문 분야에서 여전히 다수를 차지하고 있고 가족 내 역할 분담에 변화가 일어나지 않는 한 계속 그 상태가 유지될 것이다. 출산과 양육 분야는 여자들이 도맡는 구조이기 때문이다. 여자들은 인류의 모든 일을 통틀어 가장 중요한 일인 출산과 양육을 통해 다른 어떤 직업을 통해서도 얻을 수 없는 권력과 중요성을 부여받는다. 남자들은 그러한 권력과 중요성을 절대로 얻을 수 없다. 출산과 양육을 노예 노동이라고 한다면, 그것은 자연에 예속된 것이지 남성에게 예속된 것이 아니다. 오히려 출산과 양육은 여자들이 남자들을 예속할 수단으로 남자들에게 남성의 역할 문제를 제기하는 근거가 된다. 그런데 이 문제가 매우 엉뚱하게도 여성의 역할 문제로 호도되고 있다. 아내이자 어머니로서 여성은 우리가 이 장에서 다루고 있는 사회 변화와 관련이 없다. 유산계급에서 전문가와 사업가로 이루어진 중간계급이 발흥한 것은 성별과 무관하게 일어난 변화다. 유산계급의 결혼 안 한 딸들이 의사나 변호사, 자유교회 목사, 경영자, 회계사, 소매상인, 속기사 등이 되는 것은 작은아들들의 경우와 마찬가지다. 사업과 전문 분야에서는 남녀가 따로 없다. 경제적으로는 그들 모두 중성이나 마찬가지다. 여자가 남자와의 경쟁에서 유일하게 불리한 점은, 남자는 자기 일에 성공하지 않으면 인생에서 완전히 실패하는데 여자에게는 결혼이라는 차선책이 있다는 것이다. 괜찮은 남편감을 구하기 전까지 일시적인 생계수단으로 직업을 택한 젊은 여자는 (선택의 여지가 없는 남자들은 최선을 다해 성공하려는 데 반해) 자기 일에서 성공하려는 노력을 하지 않을 테니 말이다.

제45장

Decline of The Employer

사업가가 없으면 자본가든 노동자든 아무것도 할 수가 없으니 우리 사회에서 가장 힘 있는 계급은 사업가들이 아닌가 하는 생각이 들 것이다. 100년 전에는 실제로 그랬다. 그 시절의 지배자는 자본가도 지주도 노동자도 아니고 자본과 토지와 노동을 활용할 줄 아는 사업가였다. 그 시절 사업가들은 말단사원으로 시작했다. 당시에는 사업 규모가 대체로 작았기 때문에 아버지 회사나 다른 회사의 말단으로 일하며 사업의 기본을 익힌 중간계급 종업원이 몇백 파운드만 모으면 다른 성실한 직원과 동업해서 어떤 회사든 차리고 사업가가 될 수 있었다.

그러나 여윳돈, 즉 자본의 증가로 기업이 발달하고 사업의 규모가 점점 커지면서 기존의 소규모 회사들은 대기업이나 주식회사에 고객을 빼앗기게 됐다. 대기업과 주식회사들은 엄청난 자본과 생산설비를 이용해 상품을 싸게 공급하면서도 막대한 이익을 실현했다. 여자들은 쇼핑하면서 그러한 변화를 목격한다. 전에는 우산가게에서 우산을, 부

뛰는 사업가 위에 나는 금융업자

츠가게에서 부츠를, 서점에서 책을 사고, 식당에서 점심을 먹었다. 요즘에는 그 모든 걸 한 곳에서 해결한다. 셀프리지와 화이틀리 같은 대형 백화점이나 체인점에 가지 않으면 뭘 사기도 힘들다. 대형 상점이 작은 가게의 고객을 빼앗아 가면서 가게 주인들이 파산하고 있다. 파산한 가게 주인들이 그러한 변화를 받아들이기에 너무 늦은 나이만 아니라면 백화점이나 체인점에 매장관리자나 직원으로 취직하기만 해도 감지덕지할 것이다.

반드시 여기저기 작은 가게를 둬야 하는 소매업 분야에서는 그러한 변화가 잘 드러나지 않는다. 예컨대, 주유소나 주점, 담뱃가게는 여전히 소규모 개인 사업장처럼 보인다. 하지만 실제로는 양조회사들이 주점을 몇십 개씩 소유하고 있고 트러스트로 불리는 대기업이 주유소나 담뱃가게를 몇백 개씩 소유하고 있다. 몇 명이 몇백 파운드의 자본을 모아서 차린 소규모 회사들이 수천 파운드의 자본을 굴리는 회사들에 굴복하더니, 이제는 수천 파운드를 굴리는 회사들이 수백만 파운드를 굴리는 거대 기업에 흡수될 운명에 처해 있다.

이러한 변화는 정치적으로 중요한 의미가 있는 또 다른 변화를 일으켰다. 과거 사업가가 각자 자기 방식대로 사업을 하던 시절에는 사업 규모가 크지 않아서 자본을 조달하는 데 어려움이 없었다. 여유자금을 굴리는 은행가들이 사업가들에게 적극적으로 자본을 댔다. 거만한 방직왕과 거상의 시대였다. 사업가는 지주에게 지대를, 자본가(종종 사업가 본인)에게 이자를, 직원들에게 임금을 지불하고 나면 계산대에 남은 돈을 싹 쓸어갔다. 유능한 사람은 그런 식으로 돈을 벌어서 부자가 되고 마음만 먹으면 의회에도 진출할 수 있었다. 잘하면 귀족 지위도 살 수 있었다. 사업가가 없으면 자본과 노동은 쓸모없었다. 어느 미국 경제학자의 말대로, 사업가는 "상황의 지배자"였다.

하지만 과거 은행업과 보험업에서나 볼 수 있었던 주식회사들이 점차 일반화되면서 사업가들의 입지도 달라지기 시작했다. 주식회사는 한두 명의 자본가가 아니라 주주로 불리는 수백 명의 자본가가 각자 형편껏 여윳돈을 대서 자본을 마련한다. 주식은 100파운드짜리에서 시작해 10파운드짜리와 1파운드짜리까지 생겼다. 그래서 오늘날에는 하나의 사업체를 수많은 자본가가 소유하며, 그 자본가 중 다수는 기업이 없던 시절의 자본가들보다 훨씬 가난하다. 이는 두 가지 결과를 낳았다. 일단, 여윳돈이 5파운드밖에 없는 사람도 주주가 되고 회사가 수익을 내는 한 매년 5실링의 배당소득을 기대할 수 있게 됐다. 막대한 여윳돈을 가진 부자는 물론이고 가난한 사람까지도 산업자산의 소유주가 되면서 자본주의는 더욱 강력해졌다. 반면, 사업가들은 힘이 약해져서 마침내 지배력을 잃고 피고용인이 되기에 이르렀다. 그 과정을 보다 구체적으로 살펴보자. 주식회사 제도는 기존 회사들은 상상할 수 없었던 대규모 자본 조달을 가능하게 했다. 1천 파운드를 투자한 사업가가 기계와 생산설비에 2만 파운드를 투자한 사업가와의 경쟁에서 밀리고 시장에서 낙오될 수 있다는 건 뻔한 일이었다. 사업으로 수익을 낼 수 있다는 인상만 줄 수 있으면 여전히 2만 파운드 정도는 쉽게 빌릴 수 있었지만, 자본금이 수십만 파운드에 달하는 회사들이 등장하고 그 회사들이 결합해 수백만 파운드 규모의 대기업이 되자 개인 사업가들은 무력해지기 시작했다. 지인들을 동원해서는 그렇게 큰돈을 모을 수 없었다. 그들의 예금을 훨씬 초과하는 자금을 빌려주겠다는 은행도 없었다. 더 많은 자본을 확보하기 위해서는 주식회사로 눈을 돌리는 수밖에 없었다.

간단한 일처럼 들려도 그리 간단한 일이 아니었다. 여러분은 신생 기업의 투자설명서에서 소위 괜찮은 이름이 보이지 않으면, 그러니까 여러분이 보기에 부유하고 믿을 만하고 사업 감각이 있고 책임있는 사회적 지위에 있는 사람 여러 명이 먼저 투자자로 이름을 올린 회사가 아니라면, 그 회사 주식을 사지 않을 것이다. 그러는 게 좋다. 무턱대고 샀다가는 구빈원에서 후회하는 날이 올 수도 있다. 하지만 사업가들은 대체로 명성있는 사람들에게 접근해 투자를 받아내는 기술이 형편없이 부족하다. 그래서 사업가가 현대적인 규모로 자본을 조달하고 싶을 때는 그런 일을 전문으로 하는 사람들, 즉 어디를 찾아가서 무엇을 어떻게 해야 할지에 훤한 전문가를 찾아가야 한다. 소위 프로모터라고 하는 사람들이다. 자칭 금융업자라는 그 사람들은 자기들이 제공하는 서비스에 대해 높은 수수료를 청구한다. 그들의 신뢰를 높여주는 회계사며 변호사도 덩달아 몸값을 비싸게 부른다. 이 금융업자와 회계사 변호사 무리는 자본을 크게 일으킬수록 큰돈을 벌기 때문에 작은 돈에는 관심이 없다. 그래서 사업가들이 작은 돈보다 큰돈을 조달하기가 더 쉬운 기이한 상황이 벌어진다. 2만 파운드가 필요한 사업가는 프로모터와 금융업자들이 무시하며 거들떠보지도 않는다. 그렇게 작은 돈을 조달하는 것은 그들의 관심 밖이다. 하지만 사업가가 10만 파운드가 필요하다고 하면 짐짓 거만하게 듣고 있던 프로모터와 금융업자들이 선뜻 자금을 조달해줄 것이다. 그러면 사업가는 10만 파운드와 그에 대한 이자를 빚지고 실제 손에 쥐는 돈이 7만 파운드도 안 된다. 프로모터와 금융업자들이 이름값과 수고비로 3만 파운드 넘는 돈을 떼어가 자기들끼리 나눠 가지기 때문이다. 사업가들은 속수무책이다. 그러한 조건을 거부하면 자금을 구할 수가 없다. 그러니까 이제는 금융업자와 그 비슷한 중개자들이 상황의 지배자가 된 것이다. 빅토리아 시대였으면 대단한 거상이 됐을 국가의 산업을 실제로 수행하고 호령하는 사람들이 이제는 산업 노동자를 고용해본 적도 없고 평생 공장이나 광산에 들어가 본 적도 없고 그럴 생각조차 없는 사람들의 손아귀에 놀아나게 됐다.

 그뿐만이 아니다. 사업가가 자신의 회사를 주식회사로 전환하면 그는 피고용인 즉 종업원이 된다. 아마도 종업원들의 우두머리로서 다른 종업원에게 지시를 내리고 고용과 해고에도 관여할 것이다. 하지만 종업원이라는 사실에는 변함이 없다. 그가 하는 일에 비해 임금을 너무 많이 받는다 싶으면 주주들이 그를 해고하고 다른 사람을 경영자로 앉힐 것이다. 그럴 가능성을 차단하기 위해 그는 회사를 팔아서 다른 모든 주주를 표결에서 이길 만큼의 주식을 대가로 받고 보통 그런 식으로 경영권을 방어한다. 그러면 어쨌든 회사의 성공을 일궈낸 사장으로서, 혹은 적어도 그렇다고 믿게끔 주주들을 설득한 장본인으로서 굳건한 자리를 지키게 된다. 하지만 그는 영원하지 않다. 그가 죽거나 은퇴하면 새로운 경영자를 찾아야 한다. 그 자리는 상속되는 것이 아니라 언제든 해고될 수 있는 또 다른 종업원에게로 넘어간다. 후임자는 봉급과 회사 수익의 일부를 받는 조건으로 경영을 맡는다.

현재 회사에 고용된 유능한 전문경영인들은 높은 임금을 받고 상당한 권력도 갖는다. 쓰임새가 다하기 전까지는 필요한 존재로 간주된다. 하지만 예전 사업가들만큼 대접받는 것은 아니다. 예전 사업가들은 자기만의 방식을 스스로 개발했고 "자기만의 영업 비밀"도 가지고 있었다. 그런데 시간이 지나며 그들의 경영 방식은 회사의 일상업무에 녹아들어 가서 모든 종업원이 별생각 없이 따라할 수 있게 됐다. 진짜 영업 비밀이라고 부를 만한 것은 새로운 기계뿐이었지만 사실 그마저도 비밀이라고 할 수 없었다. 모든 대단한 기계 발명은 머잖아 공산화되도록 법으로 정해져 있기 때문이다. 즉, 기계를 발명한 사람이 영원히 그 기계를 사유화하고 사용자들에게서 매번 로열티를 받는 대신 특허권을 통해 14년 동안만 로열티를 받고 그 이후에는 누구나 마음대로 사용할 수 있다.

그 결과 어떻게 됐을지는 짐작할 수 있을 것이다. 예컨대, 증기기관을 발명하는 데는 천재가 필요하지만 일단 발명되고 나면 평범한 일꾼들도 사용할 수 있다. 웬만한 기술회사들은 증기기관이 낡아서 못 쓰게 되면 베껴서 만든 똑같은 기계로 대체할 수 있다. 마찬가지로, 새로운 사업을 시작하려면 특별한 재능과 진취성, 에너지, 집중력이 필요하지만, 일단 일의 순서와 방법이 정해지고 나면 평범한 사람들 즉, 기계적 절차를 습득하고 "무엇을 해야 할지 모르겠으면 가장 직전에 한 일을 알아보고 그걸 그대로 다시 한다"가 원칙인 사람들도 회사가 굴러가게 할 수 있다. 그래서 아주 영리한 사람은 대단한 기업을 일구고 자신의 사후에 평범한 자기 아들이 사업을 이어가게 한다. 그 아들은 아버지만큼 사업을 이해하지는 못해도 그럭저럭 잘 해나갈 것이다. 아버지가 딸에게 회사를 물려줄 수도 있다. 그 유명한 독일 크루프 사의 소유주도 여자다. 설령 딸이 직접 경영할 능력이나 의지가 없더라도, 봉급에 회사 수익의 일부를 얹어주면 기꺼이 경영을 맡아서 하겠다는 사람을 쉽게 고용할 수 있을 것이다. 경영 능력이 시장에 남아도는 물건처럼 값어치가 떨어졌다고 말하려는 것은 아니다. 하지만 이제 작은 회사의 경영자들은 숙련된 종업원만큼도 벌지 못하는 경우가 종종 있다. 19세기처럼 자본가이자 사업가가 사업 기술을 독점하고 상황을 지배하던 시대는 완전히 저물었다. 오늘날 사업가는 자본가도 아니고 경영 능력을 독점하고 있지도 않다. 그들의 선배들이 누리던 정치사회 권력은 수백만 파운드 규모의 자본 조달 능력을 독점한 금융업자와 은행가들에게로 넘어갔다. 그러한 독점도 때가 되면 (우리가 앞으로 살펴볼) 은행의 공산화를 통해 깨질 것이다.

이제 여러분은 머릿속으로 그 모든 변화를 종합해 보며 중간계급을 제대로 이해할 수 있게 됐다. 유산계급 가정에서 교육은 받았지만 재산은 물려받지 못한 작은아들들에게서 비롯된 중간계급은 전문직에 종사하거나 유산계급의 사업을 경영해서 먹고살았다. 중간계급이 부와 권력의 정점에 올라설 수 있었던 배경은 무엇인가. 현대적인 기계의 발전(산업혁명)으로 사업 규모가 커지고 복잡해지면서 유산계급도 노동계급도 산업을 제대로 이해하지 못하자 유일하게 산업을 이해하는 중간계급이 상황의 지배자가 된 것이다. 그렇게 1세대 사업가들이 사업을 일으키고 일의 순서와 방법을 확립해서 글을 읽을 줄 아는 사람은 누구나 배워서 일할 수 있게 해놓자, 기업의 규모는 점점 더 커졌고 그에 상응하는 자본을 조달하는 일이 무엇보다 중요해졌다. 그리하여 사업가들이 차지했던 패권은 금융업자들에게로 넘어갔고 그 상황은 지금까지 이어지고 있다. 결국 사업가의 지위에 변화가 생겼다. 과거 사업가는 유산계급으로부터 토지와 자본을 빌려 지대와 이자를 고정적으로 지불하고 남은 수익은 전부 자기가 차지했는데, 이제는 회사나 거대 기업의 경영직에 단순히 고용되는 처지가 됐다. 지대와 (경영자를 포함한 종업원들의) 임금을 지불하고 남은 수익은 전부 주주들에게 간다. 전문경영인 자리를 놓고 중간계급은 이제 같은 중간계급 출신들뿐만 아니라 노동계급의 똑똑한 자식들과도 경쟁을 벌인다. 우리의 장학금 제도가 대학교나 기술학교로의 진학을 돕는 사다리 역할을 하면서 노동계급의 자녀들도 공공비용으로 중간계급에 진입할 수 있게 됐기 때문이다. 그러한 경쟁은 경영직보다도 그 밑의 사무직에서 더욱 치열하다. 과거 사무직은 중간계급에서 포부가 크지 않은 아들들이 독점했는데, 누구나 학교에 가게 되면서 읽기와 쓰기 산수를 중간계급이 독점하는 시대도 끝났다. 이제는 오히려 숙련된 육체노동자들이 귀해졌고 사무원보다 돈을 더 잘 번다. 하녀들이 누리는 의식주 수

조지 크룩섕크George Cruikshank, 젊은 크루소와 그의 아버지, 『로빈슨 크루소의 생애와 모험』, 1831년

준은 웬만한 타자수들이 부러워할 정도다.

　중간계급에 대해 대니얼 디포가 『로빈슨 크루소』에서 늘어놓은 찬사는 더 이상 설득력이 없다. 로빈슨 크루소의 아버지는 로빈슨 크루소가 이른바 중류층이라면서 "마음먹고 부지런하기만 하면 쉽게 자리잡고 돈도 잘 벌 수 있는데 왜 굳이 집과 나라 밖으로 나가려고 하는지" 묻는다. 중류층으로 살면 "육체 노동하는 계층의 불행과 고충, 고역과 고통을 겪지 않아도 되고, 상류층의 자존심과 사치, 야망, 질투로 난처해질 일도 없다"면서, 중류층이 인간 행복에 부합하는 최고의 신분이라고 말한다. 하지만 돈 되는 재능이 딱히 없는 사람들에게는 이제 중간계급이 가장 버티기 힘든 계급이다.

제46장 *The Proletariat*

이제 중간계급 아래로 눈을 돌려보자. 배고픈 사람들, 노동계급, 대중, 민중 등 다양한 이름으로 불리는 계층이다. 고대 로마에서는 토지와 자본, 즉 자산이 없어서 취업을 통해 생계를 이어가야 하는 사람들을 가리켜 국적, 인종, 성별, 종파, 사회적 허세와 상관없이 프롤레타리아라고 불렀다. 프롤레타리아를 대변하는 가장 유명한 투사 카를 마르크스는 1818년 독일에서 태어났고 영국으로 건너가 34년간 자본주의 발달에 대해 연구하다가 1883년 런던에서 생을 마감했다. 그는 프롤레타리아가 문명사회의 참된 근간이며 구체제와 유산계급은 결국 프롤레타리아에게 굴복할 것이라고 했다. 마르크스의 유명한 슬로건 "만국의 프롤레타리아여, 단결하라"는 노동을 팔거나 빌려줘서 먹고사는 사람들이 모두 단결해서 토지·자본의 사유재산제도를 타파하자는 제안이다. 세상 누구나 자기 몫의 노동을 다하게 하고 그 생산물을 무위도식자들에게 뜯기는 일 없이 다함께 나누기 위함이다.

프롤레타리아가 조직화하다

하지만 당시 프롤레타리아에게 사업가들은 없어서는 안 되는 존재였고 강하고 부유하고 독립적이고 능수능란했다. 그들은 상당한 토지와 자본을 소유하면서 은퇴하면 지주 귀족이 되려고 했다. 그러던 그들이 마르크스에게 귀를 기울이게 된 것은 그들 자신이 봉급을 받는 프롤레타리아 계급으로 떨어졌기 때문이다. 알다시피, 그들은 지대와 배당금이 나오는 사유재산과는 멀어졌고, 육체노동이나 정신노동을 제공하고 지주와 자본가에게서 얼마나 받아낼 수 있을지에만 관심을 가지게 되었다. 노동자에게 되도록 적게 주고 많이 뽑아내려 한다거나 재산에 미련을 갖는 대신 스스로 돈을 더 많이 받을 수 있는 일자리를 좇게 되었다. 숙련된 육체노동자는 물론이고 막노동자까지도 경리와 관리직, 전문직보다 벌이가 좋아지고 있었다.

가난하면서 다른 사람보다 잘난 척하는 것은 소용없다. 없는 돈으로 품위 유지하려다 가랑이만 찢어지고 자식을 외톨이로 만들 뿐이다.

여러분이 그러는 동안 다른 집에서는 아이들에게 가난한 여러분의 아이들과 어울리지 말라고 하고 있을 것이다. 부모들은 그런 허세가 소용없다는 것을 알지 못해도 아이들은 안다. 어릴 적 나는 도매상이던 아버지가 스스로를 자기 재단사보다 사회적으로 우월하다고 여기는 것을 보고 바보 같다고 생각했다. 그 재단사는 내 아버지가 얼마나 가난한지 잘 알고 있었다. 여름에 우리는 남는 방이 있는 친구네 해변 별장에 놀러 갔는데 재단사는 거기에 관상용 정원과 요트가 갖추어진 훌륭한 저택을 가지고 있었다. 더블린 그래프턴 가 상점 주인들은 그 재단사는 저리 가라 할 만한 엄청난 자산가들이었다. 그들의 자식들은 나보다 훨씬 더 비싼 교육을 받았을 뿐만 아니라 나는 꿈도 꿀 수 없는 사치를 누렸다. 아버지는 그 아이들의 신분이 너무 낮아서 나와 어울릴 수 없다고 생각했지만, 사실은 내가 너무 가난해서 그들과 어울릴 수 없었다. 아버지가 어떤 허황된 근거에 기대어 그렇게 생각했는지 모르겠는데, 내가 보기에는 되도 않는 속물적 편견이었다. 살면서 나는 그 아이들이 낡은 신분의 장벽을 전혀 개의치 않고 아일랜드 총독이며 귀족들과 스스럼없이 어울리는 것을 보았다. 아일랜드 귀족들도 기꺼이 그들과 어울리고 싶어 했다. 이제 그 상점들은 차츰 대형 체인점으로 바뀌었으며 그 체인점들은 월급쟁이 관리자들이 운영하게 됐다. 그 관리자들이 귀족계층과 어울릴 기회는 예전에 통감자구이 노점상이 왕을 대접할 기회보다도 드물어졌다.

내 아버지 시절에는 요즘 대기업의 2주 치 우푯값도 안 되는 알량한 자본금으로도 사업가가 될 수 있었다. 하지만 내가 사회생활을 했을 때 아버지처럼 사업가가 되는 것은 이미 불가능한 일이었다. 열다섯 살에 점원이 되어야만 했던 나는 명백히 프롤레타리아였고 정치에 관심을 가지기 시작했을 때 보수당에 가입하지 않았다. 보수당은 지주들의 정당이고 나는 지주가 아니었다. 자유당에 가입하지도 않았다. 자유당은 사업가들의 정당이고 나는 종업원이었다. 아버지는 보수당이나 자유당에 내키는 대로 투표했고 다른 당이 존재할 수 있다는 생각은 하지도 못했다. 하지만 나는 프롤레타리아 정당을 원했다. 때마침 카를 마르크스의 슬로건이 유럽 전역에서 울려 퍼지고 프롤레타리아 정치 집단들이 우후죽순 생겨났다. 그들은 계급 편견과 불로소득에 반대하며 사회 전체의 복지를 목표로 한다는 뜻에서 사회주의 단체로 불렸다. 당연히 나는 그 단체 중 하나에 가입해서 사회주의자로 불렸고 나 스스로도 사회주의자인 것이 자랑스러웠다.

그런데 내가 가입했던 사회주의 단체는 특이하게도 구성원 전부가 중간계급이었다. 실제로 그 단체의 간부들은 이른바 상위 중간계급에 속했다. 단순 사무직이었다가 문학계 인사가 된 나를 비롯해 모두가 전문직이거나 고위 공직자였다. 그들 중 몇몇은 신념을 지키고 사회주의 단체 활동을 계속하면서도 크게 출세했다. 50년 전 보수당과 자유당밖에 몰랐던 부모, 이모, 삼촌들에게는 사회주의자가 되는 것이 놀랍고 경악스럽고 듣도보도 못한 일이자 인생의 성공 기회를 모조리 날려버리는 길이었겠지만, 지금은 사회주의자가 되는 것이 아주 자연스럽고 피할 수 없는 일이 됐다. 카를 마르크스는 가난한 노동자가 아니었다. 부유한 유대인 변호사의 아들로 태어나 고등교육을 받았다. 그의 유명한 동료 프리드리히 엥겔스는 부유한 사업가였다. 그들은 페이비언협회(고전 교육을 받은 사람만이 지을 수 있는 이름이 아닌가!)의

내 동료들처럼 인문 교양 교육을 받았고, 물건을 생산하는 육체노동을 반복하는 대신 물건이 어떻게 생산되는지를 생각하도록 길러졌기 때문에 자본주의가 자신들의 계급을 프롤레타리아의 상태로 격하시키고 있다는 것을 가장 먼저 알아차렸다. 거대 자본가와 전문가, 사업가 중 특출난 일부를 제외하면 모두가 노예 상태에 놓여있고, 그러한 상황에서 벗어날 유일한 길은 계급과 지역을 초월해 모든 프롤레타리아가 힘을 합쳐 자본주의를 끝장내는 것이라고 생각했다. 우리 문명의 공산주의적인 측면을 발전시키고 공산주의가 사회의 주된 원리가 되게 해서 남의 노동으로 먹고사는 무위도식을 불명예스럽고 불가능한 일로 만들자는 것이었다. 혹은 우리 성직자들이 흔히 하는 말로 "마몬을 버리고 진정한 신을 섬기자"는 것이었다. 공산주의는 가톨릭의 세속 버전이고 사실상 같은 말이다. 공산주의에 사제가 부족했던 적은 한 번도 없었다.

    1884년에 설립된 페이비언협회와 런던에서 함께 활동했던 두 사회주의 단체에 대해서도 언급해야겠다. 다만 그들은 페이비언과는 달리 노동계급 단체를 표방했는데, 정작 단체를 이끈 사람들은 노동계급이 아니었다. 둘 중 한 단체는 어느 갑부의 아들이 이끌었다. 그 갑부 아버지는 일류 교육을 받은 아들들뿐만 아니라 종교기관에도 막대한 재산을 남겼다. 또 다른 단체는 19세기 최고 유명인에게 전적으로 의지하고 있었다. 그 유명인은 가구 및 장식 분야에서 성공한 사업가이자 탁월한 공예 디자이너였고 중세 미술 전문가였으며 위대한 영국 시인이자 작가였다. 두 단체의 지도자 중 전자는 헨리 메이어 하인드먼이고 후자는 윌리엄 모리스다. 그들은 노동계급 프롤레타리아에게 사회주의 연설가로서 강한 영향을 미쳤다. 하지만 상위 중간계급 출신이 신사숙녀의 리더십과 언어로 노동계급 사회주의 정당을 조직하려는 시도는 실패로 끝났다. 노동계급의 언어는 신사숙녀의 언어와 다르다. 노동계급은 이미 그들만의 방식으로, 즉 그들만의 지도자를 세우고 그들만의 언어로 스스로를 조직화하고 있었다. 페이비언협회가 성공한 것은 자기들이 속한 중간계급부터 설득했기 때문이다. 모두를 위한 사회주의 체제를 설계하는 두뇌 작업을 하자면서, 기존 정치 체제를 뒤엎으려 하기보다는 인정하고 인류를 위한 사회주의라는 개념이 스며들게 했다.

노동계급은 사회주의가 아니라 노동조합주의를 따라 조직화했다. 노동조합주의는 프롤레타리아 자본주의다. 노동조합주의는 아주 중요해서 따로 설명이 필요하다. 노동조합주의가 너무 강력해져서 사람들이 몇 주씩 석탄이나 정기 열차가 없이 지내야 하는 상황이다. 그렇지만 노동조합주의를 이해하려면 먼저 노동시장에 대해 알아야 한다. 앞으로 여러 장에 걸쳐 노동시장을 다룰 텐데, 여성 노동자의 특수한 위치에 대한 다소 암울한 내용도 포함될 것이다.

제47장   The Labor Market And The Factory Acts

무언가를 팔고 그 값으로 먹고살아야 한다는 것은 노동자도 고용주도 마찬가지다. 노동자가 파는 것은 노동이다. 노동의 값을 많이 받을수록 더 잘 살 수 있고, 적게 받을수록 못 살게 된다. 노동의 값이 0이면 굶어 죽거나 극빈자가 된다. 남편이 주급 노동자일 수도 있다. 남편이 밖에서 벌어온 돈으로 주부에게 가사노동 비용을 지불해야 하는 환경에서는 그들 둘 다 남편의 임금 수준에 민감할 수밖에 없다. 그들은 고용주에게 받아들여지는 선에서 노동 가격은 최대한 올리고 노동은 최소한으로 줄이고자 한다. 즉, 되도록 높은 임금을 받으면서 되도록 짧은 시간만 일하고 싶어 한다. 유달리 사려 깊고 공공심 있는 사람들이 아닌 한 그 이상의 생각은 하기 힘들다.

    고용주의 사정도 마찬가지다. 다만 고용주가 파는 것은 노동이 아니라 재화와 서비스다. 고용주는 재화와 서비스를 생산하기 위해 노동을 사야 하는 입장이다. 대부분의 사람은 특별히 사려 깊거나 공공심이 있지 않으므로 고용주 역시 팔 때는 되도록 비싸게 팔고 살 때는 되도록 싸게 사려고 할 것이다. 노동을 살 때도 임금은 되도록 적게 주고

아동노동금지법을 부모들은 왜 반대했나?

일은 되도록 많이 시키려 할 것이다. 즉 노동자와 정반대의 입장이다.
 이렇게 고용주와 피고용인 사이의 이해와 감정이 상충하면서 소위 계급전쟁이라고 불리는 불행하고 위험한 충돌이 야기됐을 뿐만 아니라 문명화된 사람들의 소행이라고는 믿기 어려운 사회악이 극에 달했다. 노동시장에서 최소한의 인간성이 지켜지도록 정부는 계속해서 노동시장에 개입해야만 했다. 고용주들은 노동만 제공받으면 된다. 그 노동을 아이가 하든, 여자가 하든, 남자가 하든 상관없다. 누구의 노동이 됐든 가장 싼 것을 산다. 노동이 피고용인의 건강과 정신에 미치는 결과에 대해서도 고용주는 자신의 이익에 영향을 미치지 않는 한 신경도 안 쓴다. 노동자들의 복지와 자신의 이익을 조화시키려고 하기보다 인간적인 선의를 철저히 외면해버리는 편이 자기에게 더 이익이라고 판단한다.
 런던에서 말이 트램을 끌고 미국 농장에서 흑인 노예들이 일했던 때를 떠올려보자. 런던의 트램 관리인들은 말을 어떻게 다루어야 돈을 가장 많이 벌 수 있을지 고민했다. 과로시키지 않고 잘 보살핀 말은 20

런던트램웨이컴퍼니의 말이 끄는 트램, 1890년

년 넘게 살고 웰링턴 공작의 말처럼 40년까지도 거뜬히 산다. 반면 조심하지 않고 마구 부린 말은, 어디 말뿐이겠냐마는, 1년도 못 가서 죽는다. 만일 말이 공짜고 죽은 말을 대체할 새로운 말을 언제든 구할 수 있다면, 말을 잘 돌보고 18세 무렵 초원으로 은퇴시켜 주기보다는 6개월 동안 죽도록 부려먹는 것이 사업상 더 이득일 것이다. 하지만 말을 사는 데는 돈이 든다. 트램 관리인들은 말을 너무 빨리 혹사시키면 본전도 못 찾는다는 것을 알게 됐다. 그리고 말을 4년 동안 부리는 게 가장 많은 수익을 올린다는 결론에 도달했다. 똑같은 계산이 미국 농장에서도 이루어졌다. 말처럼 노예도 돈을 주고 사야 했다. 노예가 일하다가 너무 빨리 죽어버리면 농장주에게는 손실이었다. 사업에 능한 농장주는 노예를 7년 동안 부리는 것이 비용 면에서 가장 좋은 방법이라는 결론을 내렸고 그에 따라 노예 감독관들에게 목표치를 정해주었다.

여러분은 놀라서 소리칠 것이다. "회사의 말이나 노예의 처지란 얼마나 끔찍한가!" 하지만 잠깐, 말과 노예는 가격이라도 있다. 새것을 구하려면 돈이 든다는 것이다. 하지만 말이나 노예와 달리 "공짜인" 아이나 여자, 남자들을 고용하면 내키는 대로 가혹하게 부려먹다 빨리 죽게 해도 무방하다. 그들이 사는 동네에는 거저 데려다 쓸 수 있는 사람들이 차고 넘치기 때문이다. 더구나 노예들은 몇 주씩 일이 없을 때도 돌봐줘야 하는데 자유민들은 그렇게 해 줄 필요가 없다. 주 단위로 고용할 수 있으니 사업이 부진하고 일이 없으면 바로 해고해버리고 굶어 죽거나 알아서 먹고살도록 내버려두면 그만이다. 자본주의가 절정에 달했을 때는 그런 식의 노동 착취가 비일비재했고 그것을 규제할 법이 없었다. 당시 어린아이들은 채찍을 맞으며 죽을 때까지 일했다.

북부 지역의 공장주들이 노동자의 씨를 말리고 있다는 이야기가 공공연하게 돌았다. 여자들은 사우스캐롤라이나의 흑인 노예도 경악할 만한 열악한 탄광에서 일했다. 남자들의 삶은 야만인만도 못한 수준으로 떨어졌다. 이런 불행한 사람들이 사는 곳들을 보면 말문이 막혔다. 콜레라, 천연두 같은 전염병이 시시때때로 그 지역을 휩쓸었고, 발진티푸스는 오늘날의 홍역보다도 더 흔했다. 노동계급에는 음주와 야만적인 폭력이 두껍고 질긴 코트와 굳은살 박인 손만큼이나 당연한 것이었다. 노동자들을 착취해서 부유해진 유산계급과 중간계급은 점잖고 근사한 모습으로 공포의 심연을 덮었다. 마르크스는 『자본론』이라는 가공할 책을 통해 그 심연의 덮개를 걷어내고 분노한 인류가 자본주의에 맞서 대혁명을 일으킬 것이라고 예언했다. 그렇게 감정적인 사회주의 운동이 촉발됐다. 그러나 우리의 관심사는 감정적인 사회주의가 아니라 지적인 사회주의다. 그러니 침착하자. 분노는 형편없는 조언자다.

마르크스의 책이 출판되기 훨씬 전부터 정부는 노동시장에 개입하지 않을 수가 없었다. 탄광과 여타 산업을 규제하는 이른바 공장법이 연달아 통과됐다. 공장법은 일정 연령 미만 아동의 고용을 금지했으며 여성과 청소년의 고용을 감독하고 공장 운영시간을 제한했다. 기계 주위에 울타리 치는 것을 의무화함으로써 기계를 청소하는 노동자들이 서두르거나 깜빡하다가 기계에 말려들어가서 사지가 찢기는 일이 없도록 했다. 고용주가 자신이 소유한 상점에서만 쓸 수 있는 상품권을 임금으로 지급해서 형편없는 옷과 음식을 비싼 가격에 강매하던 관행을 금지하고 현금으로 임금을 지급하게 하고, 위생적인 환경을 제공하게 하고, 공장벽을 자주 회칠하게 했다. 노동자가 공장에서 일하는 도중에 끼니를 때울 수 없게 하고 점심시간에 식당에서 식사를 하게 했다. 이런 법들을 일단 피하고 보려는 고용주들의 편법 행위를 단속하고 감시할 공장조사관들도 임명했다. 이러한 공장법은 사회주의자들이 아니라 독실한 보수당 귀족인 샤프츠베리 경이 앞장서서 이루어낸 성과다. 자본주의 이론은 신과 인간의 모든 법도를 저버리더라도 상업적 이익을 낼 수만 있다면 보편적 복지를 달성할 수 있다고 주장하지만, 샤프츠베리 경은 성경에서 자본주의를 위한 어떤 근거도 발견하지 못했다. 이 놀라운 자본주의 이론을 탐욕스러운 자들은 실행에 옮겼고, (스스로를 맨체스터학파로 부르는) 정치와 경제, 법학 분야의 성실하고 진지한 교수들은 책으로 정리했으며, 존 브라이트처럼 도덕적이고 고매한 제조업자들도 공개 연설을 통해 공장법에 반대했다. 여전히 우리 대학들은 자본주의를 주류 정치경제학으로 가르치고 있다. 그 결과 대학교육을 받은 성직자의 도덕적 권위가 무너졌고, 대학교육을 받은 정치인이 지적인 자기만족에 빠진 무능력자로 전락했다. 인류 역사를 돌아보면 선하고 논리적인 사람들이 합리주의적 신념을 따른다며 극악무도한 악행에 가담하는 일이 비일비재했는데, 그 중 최악은 아마 자본주의일 것이다.

얼핏 모든 고용주는 공장법을 반대하고 모든 노동자는 공장법을 지지했을 거라고 생각하기 쉽다. 하지만 나쁜 고용주들이 있는 것처럼 좋은 고용주들이 있고, 현명한 노동자들이 있는가 하면 무지하고 생각이 짧은 노동자들도 있다. 고용주가 따뜻한 마음씨를 지녔거나 자신이 하는 일에 대한 책임을 스스로 지고 자본주의 정치경제학 교수들 탓을 하지 않으려는 사람이라면 노동자가 처한 상황을 보며 괴로워했다. 그 고용주들은 왜 노동자들의 처우를 개선하지 않았는가. 노동자들의 처우를 개선했다가는 업계에서 퇴출되거나 악덕 고용주들 때문에 망할 게 뻔했기 때문이다.

왜 그럴지 한번 살펴보자. 노동을 싸게 얻으면 수익이 커질 뿐만 아니라 상품 가격도 낮출 수 있다. 좋은 고용주는 일꾼들에게 괜찮은 임금을 지불하고 하루 12~16시간이 아니라 8시간만 일하게 하려고 상품 가격을 충분히 높게 책정했다. 하지만 나쁜 고용주가 똑같은 상품을 더 싼 가격에 공급해서 좋은 고용주의 고객들을 모조리 빼앗아 갔다. 그러니 좋은 고용주들은 샤프츠베리 경과 뜻을 함께하며 모든 고용주가 똑같이 더 나은 행위를 하도록 법으로 강제해달라고 요구해야 했다. 법으로 강제하지 않으면 좋은 고용주도 나쁜 고용주처럼 노동자들을 쥐어짤 수밖에 없고 안 그러면 업계에서 퇴출되기 때문에 상황을 더 악화시킬 수 있었다. 개인의 의로움에 기대어서는 사회 문제를 해결할 수 없으며, 자본주의 하에서는 도덕을 법과 제도로 강제하지 않으면 제아무리 선한 사람도 도덕적으로 행동할 수 없다.

어떻게 보면, 공장법에 대한 고용주들의 반대를 극복하는 것보다 노동자들의 반대를 극복하는 것이 더 어려운 일이었다. 공장법의 규제를 받으며 새로운 실험을 하게 된 고용주들은 노동자들을 극도로 착취하는 것은 황금알을 낳는 거위를 죽이는 꼴이라서 이익 창출을 위한 최상의 방법이 아니라는 것을 알게 됐다. 공장법이 강제하는 아주 온당한 요구사항들을 준수하느라 든 비용은 조금만 머리를 쓰면 금세 충당하고도 남았다. 심지어 어리석은 고용주들조차도 기계 속도를 올려서 노동자들이 정신을 바짝 차리고 더 열심히 일하게 하면 12시간 만에 얻을 것을 10시간 만에 얻을 수 있다는 걸 알게 됐다. 여행을 다녀본 사람이라면, 영업시간 규제법이 없는 나라에서 하루 종일 문을 열어두는 가게들을 봤을 것이다. 그런 가게에서 일하는 사람들은 밤 9시에도 런던의 큰 상점에서 6시까지 일하는 점원들보다 쌩쌩하다. 불가능한 것처럼 들리겠지만 공장법이 도입되기 전 봄베이의 조면 공장에서는 아이들이 하루에 몇 시간이 아니라 몇달 내내 공장에서 먹고자고 하면서 일했다. 주간 근무자, 야간 근무자를 정해두지 않고 밤낮으로 열어두는 이탈리아 카페 같은 곳들이 있다. 그런 곳의 종업원들은 여건이 될 때 낮잠을 잔다. 그렇게 태평스럽게 사업을 하면 노동자들에게 크게 해가 되지 않을 수 있다. 하지만 현대적이고 과학적인 경영방식은 노동자들에게 높은 임금을 지급하고 하루에 8시간만 일하게 하더라도 업무 강도가 세서 노동자들을 쥐어짠다. 그래서 한창 때인 사람이나 일할 수 있고, 한창 때인 사람이라도 몇달 연속으로 일하는 것은 불가능해진다.

고용주들에게는 기계 도입이라는 또 다른 대안도 있었다. 고용주들은 값싼 노동을 충분히 구할 수 있으면 기계를 들여놓지 않는다. 기계는 설치하기가 번거로운 데다 몇 사람의 몫을 한다고 해도 비용이 더 들 수 있다. 1925년 현재 리스본에서는 증기선에 석탄을 공급하는 아주 거칠고 더러운 일을 기계로 할 수 있고 실제로 기계가 대기 중이다. 하지만 그 일은 여자들이 하고 있다. 여자들을 쓰는 것이 더 싸게 먹히고 여성 고용을 금지하는 법도 없기 때문이다. 만일 포르투갈에서 그런 일에 여성을 고용하는 것을 금지, 제한 혹은 규제하는 공장법이 통과된다면(아마 여자들을 위해서가 아니라 남자들의 일자리 보호를 위해서겠지만) 기계가 바로 가동될 것이다. 기계는 빠르게 개선되고 보급되어 결국에는 필수가 될 것이다. 하지만 그 전에 일자리를 잃게 생긴 여자들이 고용주들보다 훨씬 더 큰소리로 공장법에 반대할 것이다.

고용주들은 공장법으로 모두가 망하게 생겼다며 반대했지만 막상 겪고 보니 기우임을 알게 됐다. 더 나은 경영과 더 좋은 기계들로 일하는 속도가 빨라져서 되려 전보다 더 많은 수익을 얻었다. 그들이 스스로를 평가하는 것의 반만큼이라도 똑똑했다면 공장법이 강제될 때까지 기다리지 않고 자발적으로 실천했을 것이다. 하지만 사리사욕만 채워서는 인간의 정신이 발전하지 않는다. 진보는 공익을 추구할 때 이루어진다. 산업계의 가장 위대한 진보는 고용주들에게 무조건 따르도록 강제한 결과였다. 고용주들은 사업체 운영이 불가능하다는 등 영국 경제가 몰락할 거라는 등 딱한 변명을 늘어놓으며 진보에 저항했다.

충격적인 것은 노동자들이 먼저 나서서 공장법에 저항했다는 것이다. 노동을 하기에는 너무 어린 아이들을 혹사하거나 학대하지 못 하도록 공장법이 가로막았다는 게 그 이유였다. 자본주의가 규제를 받지 않던 시절 첫 희생양은 구빈위원회에서 노예로 팔아넘긴 어린 올리버 트위스트들이었다. 그 다음 세대에는 노동자의 자식들이 희생양이 됐다. 가난하고 더러운 환경에서 근근히 생계를 이어가던 노동자들에게 아이들의 벌이는 보탬이 됐다. 몹시 가난한 사람에게 주당 1실링은 백만장자에게 주당 500파운드보다 크다. 그 1실링이 끊긴다는 것은 가정을 건사하며 주말이면 수입과 지출을 맞추려고 전전긍긍하는 주부에게는 감당할 수 없는 일이었다. 나름 먹고살만한 사람들은 "어린 자식을 그런 비인간적인 환경으로 내몰면 쓰나", 혹은 "그런 몹쓸 짓을 사라지게 할 공장법을 환영해야지"라고 쉽게 말한다. 하지만 당장 공장법 때문에 아이들의 절반이 굶어 죽다가 4분의 3이 굶어 죽을 판이라면 그런 위선적인 충고들은 분노만 불러일으킬 뿐이다. 공장법이 차례로 통과되어 공장에서 고용할 수 있는 아동의 연령이 14세로, 16세로 점점 올라가고 일정 연령 이하의 아이들이 반나절은 학교에서 시간을 보내게 되자, 슬프게도 부모들이 공장법을 격렬하게 반대했다. 그 부모들이 참정권을 얻고 의회에 직접적인 영향을 미칠 수 있게 되자, 아동노동 규제법에 반대하지 않는 정치인은 공장 지역에서 당선되는 것을 포기해야 했다. 부모는 아이들의 이익을 가장 소중하게 여기는 사람들이라는 상식은 부모가 어떤 사람인지뿐만 아니라 부모가 부모로서 타고난 천성을 발휘할 수 있도록 충분히 잘 사는지에도 달려있다. 극빈층도 아닌데 일부러 아이들을 도둑과 매춘부로 키우는 부모는 극히 일부다. 그렇지만 죽어라 일해도 아이들이 벌어오는 몇 푼 없이는 먹고살 수 없다면 어떤 부모도 아이들에게 일을 시킬 것이고 실제로 그럴 수밖에 없다.

　노동자 부모들이 무정할 수밖에 없는 상황을 이해한 여러분은 그렇다면 애초에 부모들은 왜 그렇게 낮은 임금을 받아들여서 아이들마저 고용주의 탐욕에 희생되게 만들었는지 의아할 것이다. 인구 증가로 유산계급의 작은아들들이 하나의 계급(중간계급)을 형성했듯, 육체 노동으로 근근이 사는 노동자들 역시 늘어났기 때문이다. 이제 육체 노동은 생선이나 아스파라거스와 마찬가지로 희소할 때는 비싸고 풍부할 때는 싸다. 재산이 없는 육체 노동자의 수가 수천에서 수백만

호주 하이드파크 병영에서 여성 이민자 채용이 이루어지는 모습
『타운앤카운티저널』 *Australian Town and Country Journal*, 1879년

으로 점점 늘어나면서 노동 가격은 계속 하락했다. 19세기에는 영국과 아일랜드보다 미국과 호주에서 임금이 더 높았다. 미국과 호주에는 노동력이 부족해서 그 나라들로 많이들 이민을 갔다. 아일랜드 인구의 절반이 미국으로 갔고, 미국은 노동력이 너무 부족해서 전세계에서 이민 오는 것을 환영했다. 오늘날 미국은 이민자들로 넘쳐나서 매년 국가별로 이민자를 제한하고 있다. 호주는 산아제한을 실시하고 중국인이나 일본인은 무조건 거부하고 있다. 미국 역시 일본인은 거부한다. 하지만 (고용주들이 갖가지 꼼수를 부리던 초창기를 지나) 공장법이 효력을 발휘하게 됐을 무렵만 해도 영국에서 이민나가는 것에 규제가 없었고 이주 자금이 있는 사람들은 엄청나게 이민을 갔다.

이는 우리의 노동시장이 공급 과잉 상태라는 것을 의미한다. 수산시장은 공급 과잉일 때 생선을 바다에 던진다. 이민은 결국 다른 나라에 도착할 가능성과 함께 남녀를 배에 태워 바다에 던지는 것이나 다름없다. 노동시장에서 희소성이 있는 일을 할 능력이 없다면 남자든 여자든 가치가 전혀 없었다. 영국에서 의사와 치과의사, 변호사, 목사는 (유감스럽게도 목사들의 가치는 매우 낮은 편이라 가족이 있는 부목사도 일 년에 70파운드를 버는 게 고작이었지만) 여전히 어떤 가치가 있었다. 기술이 특출나거나 아주 힘센 노동자는 가난한 성직자보다 더 많이 벌 수 있었다. 하지만 육체 노동자의 다수는 지시가 없으면 아무 것도 할 수 없고 지시를 받더라도 당장 배울 수 있는 일이 아니면 하지 못 했기 때문에 가치가 없었다. 간신히 먹고살고 근근이 아이들을 키울 수 있을 정도의 돈만 지불하면 노동력을 얻을 수 있었다. 스팀엔진이 과잉 생산됐을 때 누구나 스팀엔진을 공짜로 얻었던 것과 같다. 공짜 스팀엔진에도 석탄과 기름은 들어간다. 하지만 유지 비용이 든다고 해서 스팀엔진이 어떤 가치를 가진다거나 적절한 보살핌을 받는다거나 양질의 석탄과 기름을 제공받는다는 뜻은 아니다.

이제 알겠지만 무산자들은 시장 가격에 자기를 팔아서 먹고살아야 한다. 노동의 가격이 0으로 떨어지면 그저 밥만 먹여줘도 일을 해야 했다. 그들은 땅이 없고 땅을 살 능력도 안된다. 심지어 땅이 생겨도 어떻게 경작하는지 아는 사람이 거의 없다. 그들은 자본가가 될 수 없다. 자본은 여윳돈인데 그들에게는 남는 돈이 없기 때문이다. 돈을 빌려 자기 사업을 시작할 수도 없다. 아무도 그들에게 돈을 빌려주지 않기 때문이다. 설령 누군가 돈을 빌려주더라도 그들은 필요한 교육과 훈련을 받지 못했기 때문에 돈을 전부 날리고 파산할 것이다. 그들은 남 밑에서 일하지 않으면 굶어 죽는다. 그들이 고작 한두 푼이라도 더 받아보겠다고 흥정을 시도하면, 입에 풀칠만 시켜줘도 일할 사람은 널렸다는 매몰차지만 너무도 현실적인 얘기를 듣게 될 뿐이다.

거저나 다름없이 노동을 제공한다고 해서 고용이 다 되는 것도 아니다. 맨체스터학파의 교수들은 자본주의를 옹호하면서 적어도 자본주의는 노동자들에게 호구지책은 되는 일자리를 항상 제공한다고 했다. 하지만 자본주의는 그러한 전망을 실현한 적도 없고 자본주의 옹호론이 맞다는 것을 입증한 적도 없다. 고용주들은 사실 실업자 예비군을 둬야만 했다. 경기가 좋을 때는 일손들을 데려다 쓰고 나쁠 때는 거리에 내던지려는 속셈이었다. 거리로 내몰린 노동자들은 일자리가 있을 때 모아두었던 비상금을 써버리고, 옷과 가구를 팔거나 저당을 잡히고, 결국 정부 보조를 받는 극빈자로 전락한다. 지방세 납세자의 입장에서는 고용주들이 시도때도 없이 해고해서 생기는 실직자들을 부양하는 것에 당연히 반대할 수밖에 없다. 그래서 자본주의 경제 규모가 점점 더 커지자 지방세 납세자들은 정부 보조금을 수치스럽고, 잔인하고, 모멸적인 것으로 만들었다. 점잖은 노동계급 가족이라면 보조금에 의지하기보다는 비참한 가난을 택했다. 우리는 굶고있는 가족을 둔 실직자 가장에게 이렇게 말했다. "빈민구제법에 따라 궁핍한 당신과 당신 아이들을 먹여살리겠소. 단, 자식들과 구빈원에 들어와 술꾼, 매춘부, 부랑자, 멍청이, 간질환자, 늙은 죄수, 그 밖의 인간 쓰레기들과 함께 지내야 하오. 아마 동료들 사이에서 다시는 머리를 들고 다닐 수 없을 것이오." 실직 가장은 이렇게 말할 수밖에 없었다. "고맙지만 아이들이 굶어 죽는 걸 보는 편이 낫겠소." 그리고는 경기가 살아나서 남의 밑에 들어가 다시 일할 때까지 최대한 버텼다. 그리고 그 일자리를 얻기 위해서 입에 풀칠할 정도의 푼돈도 기꺼이 받아들였다. 만약 아이들이 공장에서 조금이라도 벌어올 수 있으면, 아이들의 벌이까지 보태야만 가족이 겨우 먹고살 수 있는 수준의 임금도 그는 덥석 받아들였다. 그렇기 때문에 아이들을 일하러 밖으로 내보내도 가족의 형편은 나아지지 않았다. 아이들의 벌이는 가장의 임금을 깎는 데 이용됐다. 처음에는 조금의 가욋돈을 벌기 위해 아이들을 공장에 보냈는데, 결국에는 가장의 임금만으로는 먹고 살기 어려워져서 아이들을 공장에 보내야 했다. 그래서 공장법이 노예상태의 아이들을 구하려고 했을 때, 아이들이 얼마라도 벌지않고 학교에 가버리면 어떻게 살아야할지 막막해진 부모들은 공장법에 반대할 수밖에 없었다.

제48장　　　　　　　　　　　　　　　Women In The Labor Market

노예의 노예

자본주의 노동시장에서 여자들의 상황은 남자들보다 더 심각했다. 어느 산업현장에서나 같은 돈이면 남자를 고용하려고 해서 여자는 남자보다 더 적게 받겠다고 해야만 고용될 수 있었다. 여자들은 남자들보다 낮은 임금을 어쩔 수 없이 받아들였다. 남자들의 임금은 최저임금일 때조차도 처자식을 부양한다는 가정하에 책정됐기 때문이다. 처자식을 먹여살려서 젊은 노동자를 공급하는 일은 자본주의 체제를 유지하는 데 몹시 중요했다. 그래서 남자들의 임금이 최저 수준으로 떨어졌을 때도 미혼 여성은 그보다 더 적은 돈을 받아들였고, 그렇게 해도 부양가족이 없으므로 이웃가족보다 더 쪼들리지는 않았다. 이런 식으로 여자가 남자보다 덜 받는 게 당연해졌다. 여자들이 "동일 노동, 동일 임금"을 외치며 남자들과 임금을 똑같이 달라고 항의하기라도 하면 고용주는 두 가지 이유를 대며 여자들의 입을 다물게 했다. "남자보다 적게 받고 일하겠다는 여자들은 당신 아니어도 많아." "남자만큼 줘야 한다면 남자를 고용하고 말지."

출산과 양육, 가사 노동과 같이 가장 중요하고도 필수적인 일을 수행하는 것에 대한 보수는 결코 여자들에게 직접 지급되지 않고 언제나 남자들을 통해서 지급됐다. 그래서 수많은 어리석은 사람들이 출산과 양육, 가사가 노동이라는 사실을 까맣게 잊고 밥벌이를 하는 사람은 남자라고 말했다. 말 같지 않은 소리였다. 가정에서 여성이 하는 일은 처음부터 끝까지 사회의 존속에 꼭 필요한 일이었다. 반면 수백만 남성은 처자식을 먹여살린다는 명분으로 소모적이거나 명백히 해를 끼치는 일만 하고 있었다. 하지만 남자들은 자만하거나 경솔하기도 했고, 대개는 부인이 자신의 진가를 알면 고분고분하지 않고 가정의 우두머리가 되겠다고 나설 것을 두려워한 탓에, 여자들은 아무것도 벌지 못하고 남자들이 다 버는 구조를 만들었으며 부인에게 생활비 청구권조차 주지 않으려고 했다. 결혼하면 여자가 가진 모든 것은 법적으로 남편 소유였다. 남편의 재산권 남용이 심각해지자 유산계급은 부부 재산권에 관한 법을 교묘하게 손봐서 결혼 전 여자의 재산권이 아직 태어나지도 않은 상속인에게 넘어가게 했다. 그렇게 하면 여자는 재산소득을 평생 누리더라도 재산 소유권자는 아니기 때문에 남편이 털어먹을 수 없었다. 그 후 중간계급은 의회에 진출해서 중간계급 여자들을 위한 기혼여성 재산법을 제정했다. 그 법은 여전히 유지되고 있다. 법의 취지와 달리 남자들이 역차별당하는 경우도 생겼지만, 그건 또 다른 문제다. 여기서 중요한 것은 자본주의 체제에서 여자들이 남자들보다 더 못살게 됐다는 것이다. 자본주의는 남자를 노예로 만들고 그 노예를 통해 여자들에게 돈을 줌으로써 여자를 남자의 노예가 되게 했다. 결국 여자는 노예의 노예, 최악의 노예가 됐다.

이러한 상황이 어떤 고용주들에게는 매우 유리하다. 은연중에 다른 고용주들에게 부담을 전가할 수 있기 때문이다. 어떻게 그럴 수 있는지 보자. 실직 기간을 감안할 때 시골의 남성 노동자는 주급 29실링으로, 도시나 그 근교의 남성 노동자는 30에서 70실링으로 가족을 부양한다. 일주일에 30실링으로 근근이 살아가는 가족에게 5실링의 추가 수입은 엄청난 차이다. 백만장자에게 500파운드의 추가 수입보다 훨씬 큰 것이다. 일주일에 15실링 내지 1파운드의 추가 수입이 생기면 막노동꾼 가족의 생활 수준은 숙련공 가족의 생활 수준으로 올라간다. 그러한 추가 수입이 어떻게 가능한가? 다 큰 자식들이 나가서 매주 5실링을 벌어오는 것이다. 딸 하나면 5실링, 둘이면 10실링, 셋이면 15실링의 추가 수입을 의미했다. 주당 4실링 6펜스~7실링 6펜스, 대개는 5실링을 주고 여자아이들을 수백 명씩 고용하는 큰 공장들이 갑자기 생겨났다. 그 정도 주급은 겨우 굶어 죽지 않을 정도의 임금, 즉 기아임금이었다. 그렇지만 그 아이들은 추가 벌이를 하는 것이라서 혼자 벌어서 먹고사는 여자들보다는 더 잘 먹고 더 즐겁고 더 건강했다. 덕분에 몇몇 사업체는 큰돈을 벌었다. 예를 들어 아버지 혹은 다른 부양자와 함께 사는 여자아이들을 5실링에 고용하는 성냥 공장은 큰돈을 벌었다. 그러니까 원래 지불해야 할 인건비의 4분의 3을 아버지들에게 전가한 것이다. 그 아버지가 양조 회사에서 일한다면 성냥 제조업자는 양조 회사 덕분에 인건비의 4분의 3을 절약한 셈이다. 이런 식으로 어떤 산업은 다른 산업을 착취한다. 공장의 여자아이들이 고양이도 먹여살리기 힘든 임금을 받으면서도 통통하고 쾌활하고 의욕적이고 소란스러울 수 있는 것은 그 때문이다. 반면 혼자 벌이로 어린 자녀까지 부양해야 하는 성인 여성 노동자들은 그 정도 임금에 만족할 수 없었다. 하지만 그런 의사를 표출해 봤자, 그 돈에도 기꺼이 일하려는 힘 좋은 여자아이들은 얼마든지 있다는 이야기나 듣게 된다.

노동자의 딸들뿐 아니라 아내들 역시 그런 식으로 여성의 임금을 끌어내렸다. 결혼한 지 얼마 안 되어 애 볼 일이 없고 집이 좁아 청소할 것도 없는 도시의 젊은 여자들은 주당 5실링만 받아도 하루 한 시간씩 청소부 일을 기꺼이 하려고 했다. 청소 일을 하며 설거지까지 해 주고 몇 푼 더 벌기도 했다. 그런 여자들은 딱히 집에서 할 일이 없는 데다 5실링 정도만 살림에 보태면 남편과 나름 쪼들리지 않고 살 수 있었기 때문에 굳이 다른 일을 찾을 생각도 없고 그렇게 청소 일을 하는 시간은 쉽게 반나절로 늘어났다. 이제 그 5실링도 10실링 이상으로 올랐지만, 그 돈으로 살 수 있는 것은 전혀 늘어나지 않아서 그들의 형편은 전혀 나아지지 않았다.

이런 식으로 노동시장에는 기꺼이 푼돈 벌이에 나서는 아내와 딸들이 넘쳐난다. 독신여성이나 과부는 그 돈으로 최저 생활 수준도 유지하기 힘들다. 따라서 여성에게 결혼은 필수가 됐다. 독신으로 살며 극빈자가 되기보다 남편을 통해 무엇이든 얻어야만 하는 것이다. 어떤 여자들은 쉽게 결혼하지만 덜 매력적이거나 덜 사랑스러운 여자들은 남자를 결혼으로 옭아매기 위해 가능한 모든 수단과 방법을 써야 한다. 그런 계략은 여성의 자존감에 좋지 않을뿐더러 남자들이 "자신들이 이용당했다는 것"을 깨닫게 되면 행복한 결혼은 물 건너간다.

아주 안 좋은 상황이다. 하지만 더 밑바닥이 있다. 결혼하지 않고서 남자의 임금에 기대어 사는 것이다. 모양새가 좋지는 않지만 충분히 있을 수 있는 일이다. 어떤 남자가 궁핍한 여자에게 "죽음이 우리를 갈라놓을 때까지, 좋을 때나 나쁠 때나 아플 때나 건강할 때나 당신과 함께 하지는 않을 거고 당신을 내 법적인 아내로 받아들이지도 않을 거요. 하지만 나와 오늘밤을 함께한다면 여기 6펜스와 술 한 잔을 대접하겠소. 잘하면 6펜스가 1실링, 1파운드, 10파운드가 될 수도 있고 진주목걸이나 흑담비 망토, 자동차, 심지어 집이 될 수도 있소."라고 제안하면 항상 거절당하는 것은 아니다. 여성에게 올바르게 행동하라고 말하기는 쉽다. 하지만 바른 행실에는 굶주림이, 부덕한 행실에는 즉각적인 금전적 보상이 뒤따른다면, 어떻게 덕을 행하라고 할 수 있겠는가. 성냥 공장에서 시간당 2.5펜스를 받고 일하면서 인산 중독으로 악골 괴사에 걸릴 것인가, 아니면 부유한 독신 남자의 보호 아래 즐겁고 만족스러운 시간을 보낼 것인가, 예쁜 여자는 그중에서 택하라는 제안을 받는다. 악마가 이길 게 뻔한 이런 제안은 빅토리아 시대에만 있던 일이 아니다. 사회주의법이 도입되지 않은 세계 곳곳에서 여전히 벌어지고 있는 일이다. 여자들은 정당하게 일해서 돈을 벌기보다 차라리 남자에게 쾌락을 파는 편이 폭넓은 지식과 경험을 얻는 데 도움이 되거나 상류사회의 고상하고 우아한 생활에 편입될 수 있다고 여기게 된다. 아름다움은 영원히 지속되지 않는다고 경고하면 그녀는 공장에서는 "스물넷만 돼도" 어린 여자애들에게 밀려나는데, 공장에 다니지 않고 외모 관리만 잘하면 스물넷에도 먹고살 수 있다고 속으로 코웃음칠 것이다. 사회 통념에 어긋나는 직업보다 떳떳한 직업이 실제로 고용 안정성이 더 떨어진다. 노동을 파는 여자들은 불황 때 실업자가 되기 십상이지만 즐거움을 파는 여자들은 요령만 있고 아주 혐오스럽지만 않으면 고객이 없어 쩔쩔맬 일이 별로 없다. 그런 말을 듣고 여자들이 더 타락할까 봐 따끔하게 경고한답시고 음주나 약물 중독, 나약한 성격으로 인한 일반적인 타락의 사례들을 늘어놓는데, 그렇게 타락하기 쉬운 사람은 괜찮은 결혼을 하거나 엄격한 독신 생활을 해도 마찬가지로 타락한다. 성병에 걸릴 위험도 결혼을 한다고 피할 수 있는 것이 아니다. 정부情夫 때문이 아니라 남편 때문에 성병에 감염되는 여자가 더 많다. 자본주의 논리대로 가장 비싸게 자신을 팔고자 하는 여자라면, 노동 착취를 당하기보다 부덕이라는 죄를 짓고 돈을 벌 것이다.

 때로는 결혼하지 않는 것이 더 득이 되기도 한다. 자본주의 체제에서는 불륜이 만연한 나머지 국가가 나서서 혼외자 문제를 정리해야 했다. 이제 혼외자를 출산한 미혼 여성은 아이가 16세가 되어 생활비를 벌 수 있게 될 때까지는 아이 아버지에게 주당 7실링 6펜스의 양육비를 요구할 수 있는 법적 권리가 있다. 양육비를 받더라도 아이의 친권은 남자가 아니라 여자가 가진다(그들이 결혼했다면 남자가 가질 것이다). 남자를 위해 집을 치우는 등 집안일을 해 줄 의무도 없다. 남자는 문제를 법정으로 끌고 가기보다는 군말 없이 돈을 지불할 것이다. 경제적으로 여유있고 괜찮은 사람이라면 법적으로 지불해야만 하는 것보다 더 많이 지불하는 경우도 종종 있다. 그 결과 거리낌없이 다섯 명의 사생아를 낳은, 주도면밀하고 영리하고 당찬 여자가 법적으로 매주 37실링 6펜스의 수입을 지속적으로 보장받으면서 따로 자기 일도 해서 추가로 돈을 버는 사례도 보게 됐다. 다섯 명의 적자를 둔 홀어미보다 훨씬 유리한 형편이었다. 국가는 몇 세기가 지나서야 그러한 사실을 인지하고 홀어미에게도 보조금을 주기 시작했다.

요컨대, 자본주의는 여자가 결혼을 하든 안 하든 돈을 위해 성적인 관계를 맺도록 계속 유인한다. 자본주의의 유혹에는 맞서 이길 수가 없다. 자본주의는 전통적인 가치마저도 가난으로 무자비하게 파괴하고 있다. 이따금 종교나 타고난 명예심만이 정신에 요새를 짓고 저항할 뿐이다.

종교와 전통과 명예가 이긴다고 우겨봐야 소용없다. 시인 올리버 골드스미스가 우리에게 "오랫동안 상업이 지배한 곳에서는 명예가 사라진다"라고 경고한 이래 150년이 흘렀다. 자본주의가 여자들을 유혹하며 가하는 경제적인 압박은 더욱 거세졌다. 앞서 우리는 가계 소득에 조금이나마 보탬이 되게 하려고 어린 자식들을 일터로 보낸 부모들을 살펴봤다. 부모의 임금은 점점 떨어져서 나중에는 부모와 아이들의 벌이를 합쳐야 겨우 전에 부모가 벌던 것만큼 벌 수 있었다. 결국에는 어린 자식들을 일터로 내몰아야 살 수 있는 상황에 처한 것이다. 마찬가지로 이따금 부도덕한 관계를 맺고 약간의 가욋돈을 벌던 여자들도 점점 더 낮은 임금을 제시해야만 일자리를 얻을 수 있고 생계를 유지할 수 있게 됐다. 명예를 지키는 여자들은 임금 삭감에 직면하자 그 돈을 받고는 일할 수 없다고 말했다. 그러나 늘 같은 대답만 돌아올 뿐이었다. 그 돈에도 일할 사람은 많다. 다들 하는데 너라고 받아들이지 않을 이유가 뭐냐.

특정 직업에서는 매춘을 하지 않으면 도저히 먹고살 수 없는 상황이 벌어졌다. 후드의 시 『셔츠의 노래 Song of the Shirt』에 나오는 누더기를 걸친 여인은 굶어 죽기를 각오하고 매춘을 거부한 것이거나 늙고 추해서 남자들에게 빌붙을 수 없게 된 것이다. 매춘을 피할 수 없는 일들이라는 게 그렇게 절망적이거나 딱해 보이는 직업이 아니다. 별다른 기술 없이 외모가 좋은 여자들이 옷을 잘 차려입고 사람들의 이목을 끌어야 하는 일에서 매춘이 요구된다. 그런 직업을 가진 여자들은 임금만으로는 직장에서 요구하는 외모를 유지할 수 없다. 일주일에 고작 30실링을 받는 젊은 여자들이 비싼 자동차를 타고 다니고 진짜는 아니더라도 최상급의 모조 진주목걸이를 차야 한다. 겨우 이 돈으로 어떻게 옷을 잘 차려입냐고 항의라도 하면 "당신 아니어도 일할 사람은 많아"라는 뻔한 대답을 듣게 된다. 무대나 레스토랑, 카운터나 쇼룸 같은 곳에서 매력을 광고하게 해주고 덤으로 30실링까지 주는데 운이 좋은 줄 알라는 식이다. 물론 모든 극장과 레스토랑, 쇼룸 등이 이런 식으로 매춘을 이용해 영업하는 것은 아니다. 대부분은 훌륭하고 일 잘하는 여자들을 정직원으로 고용해서 정상적으로 운영한다. 자동차와 모피와 보석을 제공하는 젊은 신사들의 값비싼 구애가 항상 성공하는 것도 아니다. 아서 피네로 경의 『페인트 조심하세요 Mind the Paint』는 그러한 현실을 교훈적이고 사실적으로 그렸다. 하지만 신사들이 돈을 뜯기고 있다는 것을 보여준다고 해서 그런 관계들을 바로잡을 수 있는 것은 아니다. 특별한 기술을 요하는 일이 아니라 여자들이 외모로 고객을 끄는 일을 하게 되면, 임금을 깎으려는 고용주들이 꼭 있다. 좀 더 양심적인 고용주들도 있지만, 가격 경쟁에 치이다 보면 결국 그들도 시장에서 밀려나지 않기 위해 악덕 고용주들과 똑같이 되기 십상이다.

남자들은 그 지경으로까지 내몰리지는 않는다. 물론 리비에라 지역에서는 똑똑한 여자들이 하룻저녁에 50프랑을 지불하고 댄스 파트너를 고용하기도 한다. 하지만 이런 거래가 이루어지고 있다고 해서 자본주의가 남자에게 "벌이가 충분하지 않으면 거리로 나가서 쾌락을 팔아라"고 말하는 지경까지 왔다고 볼 수는 없다. 대체로 남자는 쾌락의 구매자이지 판매자가 아니다. 즉 자본주의 체제의 가장 밑바닥에서 고통받는 것은 남자가 아니라 여자다. 그래서 수많은 양심적인 여자들이 자본주의를 사회주의로 바꾸는 데 헌신하고 있다.

하지만 자본주의하에서는 남자들 역시 매춘에서 자유롭지 않다. 몸을 팔지는 않더라도 영혼을 팔게 된다. 법정에서 "악의도 선의로 포장하려고" 애쓰는 변호사를 흔히 돈을 위해 사실을 왜곡하는 모리배의 표본으로 거론한다. 그러나 이는 부당한 평가다. 공정하고 사심 없는 진술이라는 것은 어차피 불가능하다. 어떤 일에 대한 진실을 알 수 있는 가장 좋은 방법은 양쪽을 대표하는 노련한 변호사들의 변호를 듣는 것이다. 변호인은 설사 의뢰인이 잘못했다고 믿더라도 의뢰인에게 유리한 판결이 나오도록 최선을 다할 의무가 있다. 의사가 절대 살리고 싶지 않은 환자의 생명도 최선을 다해 구해야 할 의무가 있는 것과 마찬가지다. 변호인은 그저 자기 일을 했을 뿐인데 억울하게도 대표로 욕을 먹고 있다. 나쁜 글을 좋은 글인 척 거짓 광고를 하는 작가와 출판업자들, 고객에게 사기 치는 상인, 약 장사와 술 장사, 숫자를 속이는 사무원, 통화위조범, 무게를 속이는 상인, 뼛속까지 자유주의자이면서 사회주의 신문사에서 일하거나 무정부주의자면서 보수당 신문사에서 일하는 언론인, 당이 옳든 그르든 당에 충성하는 직업 정치인, 건강염려증 환자에게 "적게 먹고 몸을 움직이라"고 조언하면 될 것을 쓸데없이 왕진하고 가짜 약을 처방하는 의사, 가난한 자들을 억압하는 부자들을 위해서 법을 이용하는 변호사, 원수의 나라를 위해서도 싸우

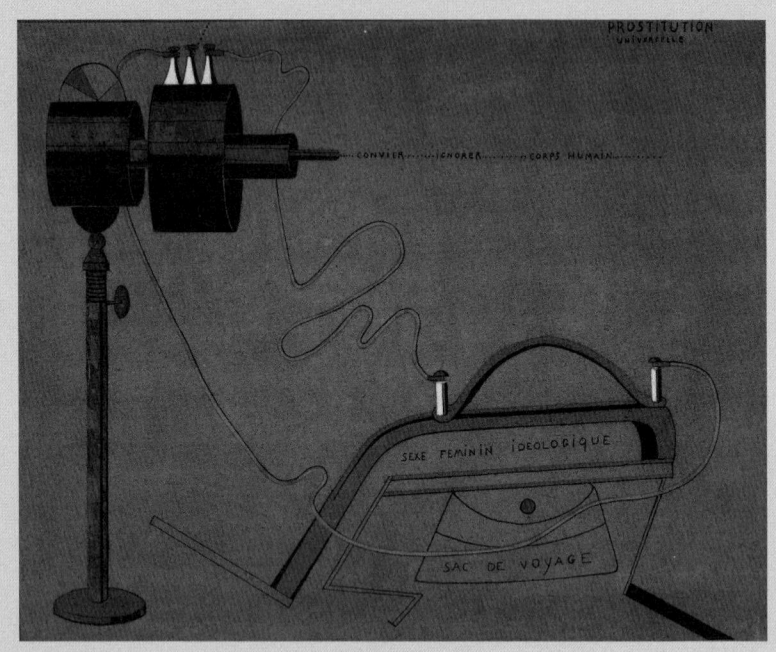

프랑시스 피카비아 Francis Picabia, 『보편적인 매춘 Prostitution Universelle』, 1916~1917년

는 용병, 마지막으로 부자에게 비굴하고 빈자에게 오만하게 구는 모든 사람, 이들은 성경의 예언자들이 매춘과 우상숭배만큼이나 격렬하게 비난했던 남성 매춘의 몇 가지 예시일 뿐이다. 자본주의는 남자들에게 매일 그러한 매춘을 강요한다.

    매춘을 비난할 때 남자나 여자 그 누구도 감히 먼저 돌을 던질 수 없다. 자본주의하에서는 둘 다 매춘으로 더럽혀졌기 때문이다. 여성의 입장에서는 이렇게 주장할 수도 있다. 육체의 매춘은 반드시 육체를 잘못 쓴다고 할 수 없지만, 정신의 매춘은 우리에게 부여된 신성한 힘을 완전히 잘못 쓰는 더욱 악의적인 것이다. 그래서 자기 몸을 팔았던 넬 귄보다 영혼을 판 유다가 더 비난받는다. 하지만 숯이 검정 나무라는 격이다. 남자와 여자의 매춘은 관념적으로는 차이가 없다. 다만 물리적인 차이는 간과할 수 없다. 몸을 침해하는 행위는 몹시 잔악무도한 짓이다. 육체에 대한 침해와 정신에 대한 침해를 구분하지 않으면 명백히 존재하는 인간의 감수성을 무시하게 된다. 예를 들어 장원 영주는 비국교도들에게 자녀를 영국국교회 학교에 보내라고 강제할 수 있었고 실제로 그렇게 했다. 영주들은 신부와 첫날밤을 같이 보낼 권리를 신랑보다 먼저 행할 수 있는 특별한 권력(초야권)도 가지고 있었고 그 권력을 행사하지 않는 대가로 돈을 받기도 했다. 국교회 학교에 자녀를 보내야 하는 문제를 초야권 문제와 똑같이 받아들일 수 있는 여자가 과연 있을까? 남자도 그럴 수는 없다. 두 문제는 질적으로 매우 다르다. 종교교육 문제는 다음 총선으로 해결되길 바라며 기다려볼 수 있지만, 초야권은 생각해 보고 자시고 할 문제가 아니다. 그럼에도 그 문제는 여전히 해결되지 않고 있다.

제49장 — *Trade Union Capitalism*

이제 프롤레타리아가 자본가들에게 맞선 저항의 역사를 들여다봐야 한다. 우선 누구든 단독으로 고용주들에게 맞설 수 없다는 것은 분명했다. 절박한 노동자가 좀 더 나은 임금과 합당한 노동시간을 바라며 홀로 협상에 나서봤자 자본가에게 씨알도 먹히지 않았다. 어차피 일할 사람은 많으니 주는 대로 받고 시키는 대로 하라는 면박이나 당했다. 저항이 성공하려면 노동자들이 어떤 식으로든 연합을 결성해 다함께 맞서야 하지만 대체로 불가능한 일이었다. 서로 알지도 못하는 노동자들이 함께 모여 공동 행동을 결의하기는 쉽지 않았다. 예를 들어 하인들은 전국 곳곳의 주방에 매여 있어서 조합을 결성할 수 없었다. 삼사십 명씩 함께 일하는 부잣집 하인들을 제외하면 대개는 혼자 일했고 많아야 두세 명이었다. 농촌 노동자들도 마찬가지다. 조합을 조직하는 것도 어렵지만 조합을 유지하는 것은 더 어렵다. 그들은 너무 멀리 흩어져 있다. 공장, 광산, 철도 노동자를 제외하고 사실 거의 모든 분야의 노동자가 그런 상황이다.

어떤 직종에서는 노동자들이 임금과 사회적 지위상의 격차 때문에

프롤레타리아의 자본주의, 노조가 부상하다

함께 있어도 서로 어울리지 않으려고 한다. 무대 위의 배우들을 보자. 높은 지위의 신사가 햄릿을 연기하고, 귀족부인이 포시아를 연기할 수 있다. 그 둘은 매주 수백 파운드를 받는다. 그 신사숙녀와 함께 매일 저녁 무대에 서지만 대사 한마디 없는 배우들도 있다. 신사숙녀처럼 차려입을 수는 있어도 신사숙녀처럼 말할 수는 없어서 대사가 없는 그 배우들은 무대 설치를 담당하는 목수보다도 임금을 적게 받는다. 곡예사나 광대는 햄릿보다 더 높은 임금을 받기도 하지만 그런 배우들은 문맹이거나 식사예절이 끔찍해서 햄릿 역을 맡은 배우와 식사자리에서 대화를 이어나갈 수도, 함께 어울릴 수도 없다. 그래서 배우 조합은 생기기 어렵다. 계급 간 분열이 불가피하다. 조합이 가능하려면 사는 동네가 같고, 같은 계급에 속해 있으며, 임금 수준이 비슷한 사람들이 함께 일하는 큰 조직체여야 한다. 처음으로 강력하고 오래 가는 조합을 만든 것은 탄광촌의 광부들, 랭커셔 공장 도시의 면직공들, 미들랜드의 금속 제련공과 설비 기술자들이었다. 건축업에 종사하는 벽돌공, 석공, 목수, 소목장들 역시 일찌감치 조합주의를 시도했다. 일터에서 견디기 힘든 압박을 받으면 그들은 한데 뭉쳐 고용주에게 자신들의 입장을 알렸다. 주장을 관철하는 데 성공 혹은 실패하고 난 다음에는 흩어졌다가 또 다른 비상상황이 발생하면 다시 모이곤 했다. 그러다 그들은 실업에 대비한 보험 기금을 조성하기 시작했다. 돈을 걷으니 조합이 유지될 수 있었다. 이렇게 조합은 일시적인 저항에서 출발해 우리가 알고 있는 형태의 영속적인 노동조합으로 성장했다.

그렇다면 자본주의에 계속 잠식당하고 있는 노동자의 삶을 지키기 위해 노동조합은 과연 어떤 일을 할 수 있을까? 첫째, 조합이 충분히 제구실을 할 수 있다면 조합원들은 고용주가 다른 사람들을 고용하면 어쩌나 하는 걱정없이 고용주에게 대항할 수 있다. 도시의 거의 모든 벽돌공이 하나의 조합을 결성해 매주 조합비를 걷어 만일에 대비한 기금을 조성한다면, 고용주가 임금을 깎으려고 할 때 노동을 거부하고, 기금에 의지해 생활하면서 기금의 규모에 따라 몇 주에서 몇 달 동안 고용주의 사업장을 문닫게 할 수 있다. 이것이 파업이다. 임금 삭감뿐만 아니라 근무시간의 증가나 감소, 그밖에 고용주와 입장이 다른 어떤 사안에 대해서도 파업을 할 수 있다. 파업의 성공 여부는 고용주의 사업 상태에 달려있다. 고용주들은 사실 마음만 먹으면 파업 기금이 고갈되어 노동자들이 굶주리다 항복할 때까지 기다릴 수 있다. 마침 시장이 호황이라면 고용주가 먼저 항복할 것이다. 사업을 중단하느니 노동자들의 요구를 들어주는 게 더 이득이기 때문이다.

하지만 고용주는 때를 기다리다 반격할 것이다. 사업이 다시 불황에 빠지면, 즉 한동안 사업장을 폐쇄해도 잃을 것이 별로 없으면, 임금을 삭감하고 임금 삭감을 거부하는 노동자들이 사업장에 들어오지 못하게 한다. 그래서 고용주의 파업을 로크아웃(사업장 폐쇄)이라고 부르는 것이다. 보통 사람들은 파업이라고 하면 고용주보다는 노동자 탓을 하기 때문에 신문에서는 파업이든 로크아웃이든 무조건 파업이라고 부른다. 하지만 대규모 파업으로 알려진 것 중 일부는 로크아웃이었다. 호황기에는 항상 파업이 일어났고 대체로 성공했다. 불황기에는 연달아 로크아웃이 일어났고 역시 대체로 성공했다. 파업과 로크아웃은 음울한 시소 타기처럼 상대편의 성공을 무효로 만들었다. 전쟁 이후 엄청난 호황에 이어 끔찍한 불황이 뒤따랐고 파업과 사업장 폐쇄가 차례로 발생했다. 이러한 내전을 직접 겪은 여러분은 파업과 로크아웃이 잘 정돈된 공동체에서는 일어날 수 없는 공공의 재앙이라고 확신하게 됐을 것이다. 하지만 이 부분은 일단 접어두자. 우리는 아직 노동조합주의의 기초적인 내용도 제대로 살펴보지 못했다. 노동조합주의로 노동자들이 돈을 모아 파업을 일으킨 것까지만 살펴봤을 뿐이다.

파업이 제대로 되려면 먼저 같은 업계에 있는 사람들이 전부 조합에 가입해야 했다. 그러지 않으면 고용주들이 비노조원들에게 일을 맡김으로써 파업을 무력화시킬 수 있었다. 그래서 노조에 가입하려 하지 않는 사람들은 점점 더 미움을 샀다. 파업불참자scabs, 파업방해자들blacklegs로 불리면서 조합원들에게 온갖 방식으로 배척당했다. 하지만 욕설과 따돌림으로 파업불참을 막기는 역부족이었다. 파업을 선언한 조합은 사업장 입구에 노조원들을 배치해 파업불참자들을 설득하려고 했다. 물론 말이 설득이지 현장에서 경찰력이 강력하게 제지하지 않았다면 파업불참자들이 뼈도 못 추릴 만한 분위기였다. 셰필드와 맨체스터에서는 용광로에서 일하는 파업불참자들이 폭탄에 산산조각났고, 노조원들이 미리 기계와 도구에 손을 써놓은 탓에(고의파손) 일하러 나온 사람들이 위험해졌으며, 멋모르는 대체 인력이 위험물질을 다루는 바람에 수은기폭제 같은 폭발물이 터지며 공장 굴뚝이 날아갔다. 가해자들을 벌하는 것은 소용없었고 고용주들이 직접 노동자들을 달래는 것이 더 효과적이었다. 예를 들어 셰필드의 톱 연삭기공은 철가루가 절반인 공기를 들이마시며 평생 고통에 시달리다 일찍 죽었는데, 이 문제는 치명적인 먼지를 흡입하는 팬을 설치하면 간단히 해결될 수 있었다. 하지만 고용주들은 흡입팬을 설치하지 않으려 했다. 흡입팬 설치로 추가비용이 들어가면 가격경쟁에서 밀려날 수 있기 때문이다. 당시 셰필드의 50세 철강노동자는 그 나이까지 살아있다는 것만으로도 운이 좋은 셈이었으며 허약하고 병든 17세 사내애처럼 보였다. 백 년 동안 지속된 살인적인 노동 상황에 맞서 노동자들이 분노를 표출한 것은 당연했다. 결국 정부가 나서서 모든 고용주에게 흡입팬 설치를 강제해야 했다. 이제 셰필드 노동자들의 폐는 보통 사람들 수준은 되고 법의 세심한 보호를 받지 못하는 수많은 사람의 폐보다 건강하다.

노조의 관점에서는 낮은 임금을 수용하려는 파업불참자만이 문제가 아니었다. 특출난 고성과자도 문제였다. 임금 인상을 해봐야 특출나게 높은 성과를 올리는 사람에 맞춰 작업량이 정해지면 아무 소용이 없기 때문이다. 요즘 자본주의 신문들은 벽돌공이 노조의 지시를 받고 하루에 벽돌 세 장만 놓는다고 떠들어대지만, 벽돌공이 벽돌 세 장만 놓고도 일당을 청구하는 것은 벽돌공을 고용한 건축업자가 최대한 비싼 값에 집을 팔려는 것과 같은 이치다. 둘 중 어느 쪽이라도 비난한다면 자본주의 체제를 비난하는 볼셰비키와 같은 소리를 하는 것이다.

벽돌 세 장에 대한 농담은 우스꽝스럽게 과장되기는 했지만 실제로 일어나고 있는 일이다. 고용주들은 한 사람이 할 수 있는 노동의 최대치를 알아내기 위해 특출나게 손이 빠르고 쉽게 지치지 않는 슬로거_slogger_를 뽑는다. 그리고 슬로거가 하루에 해내는 양을 모든 노동자에게 부과하려 한다. 당연히 조합은 조합원들에게 딱 잘리지 않을 만큼만 일하라고 한다. 이렇게 일을 가능한 한 적게 하려는 의도적 행위가 바로 태업이다. 고용주들은 하나같이 태업을 문제 삼지만, 이른바 생산량 제한을 통해 물건을 최대한 비싸게 팔아먹으려는 그들의 행위도 태업과 다르지 않다. 최소한을 투입해서 최대한을 뽑아내려는 것이야말로 자본주의 체제가 내세우는 명백한 원칙이다.

그러니까 자본주의는 고용주가 노동자를 최대한 착취하고 노동자가 고용주를 위해 최소한의 일만 하도록 유도한다. 그런데도 언제나 양쪽 모두에게서 최선을 이끌어내는 동기가 되고 있다고 자랑한다! 여러분은 교착상태에 빠져 끝장날 것처럼 보이는 자본주의가 어떻게 지속되고 있는지 의아할 것이다. 사실 하루에도 두어 번은 교착상태가 발생하고 있다. 이제 왕은 의회 개회식에서 연설할 때마다 노동자와 고용주에게 각자의 이해만 앞세우다 국가의 산업을 마비시키지 말고 사이좋게 지내달라고 호소한다. 자본주의 체제가 여러 곳에서 고장이 나서 몇 달씩 멈췄다가도 이제까지 계속해서 작동해 온 이유는 아직 자본주의가 인간의 본성을 완벽하게 정복하지 못했기 때문이다. 철저히 자본주의 원칙대로 움직이는 사람은 여전히 일부다. 노동자 대다수는 고용주의 제안을 고분고분 잘 따르고 최대한 열심히 일했다. 그러면서 신이 자신에게 부여한 소명을 다하고 있다고 믿었다. 그게 아

우도 케플러 *Udo Keppler*, 비슷한 둘, 『퍽*Puck*』, 1902년
사업자연합과 노동자연합 사이에 낀 소비자

니라도 주어진 상황을 날씨처럼 받아들이며 순순히 감내해왔다. 19세기 후반에는 임금 노동자가 1,400만 명에 달했지만 그중 단지 150만 명만이 노동조합에 가입했다. 고작 150만 명만 체계적인 자본주의 논리에 따라 움직였다는 뜻이다. 20세기 들어서는 약 450만 명의 노동자가 자본주의로 전향해 전투적인 노조에 가입했다. 일 년에 600에서 700회에 달하는 노사 분규가 벌어져서 국가 차원의 근로손실일수가 천만 일이 넘기도 한다. 이 문제는 너무 심각하다. 사람들이 자본주의가 화근이라는 것을 몰라보고 엉뚱하게 사회주의 탓을 하는 우스꽝스러운 현실을 그저 웃어넘길 수가 없다. 지주들이 땅을 가지고, 자본가들이 자본을 가지고, 사업가들이 사업 지식을 가지고, 금융업자가 투자유치 기술을 가지고 돈을 최대한 많이 벌려고 하는 것처럼, 임금 노동자들도 가난을 신의 뜻으로 받아들이기를 거부하고 스스로 조합을 조직해 노동으로 한푼이라도 더 벌려고 하면, 우리 경제는 양극단의 주도권 경쟁에 의해 점점 더 빠르게 굴러떨어질 것이다. 자본가와 노동자가 교착상태를 이루면 경제는 마비되고, 자본가 측에서 주도권을 잡아 노동자를 노골적인 노예 상태로 몰고가거나 노동자가 이겨야 그 상황을 벗어날 것이다. 그동안 상황의 주도권은 지주에서 사업가로, 사업가에서 주식회사로, 주식회사에서 독점기업으로, 마지막에는 산업자본가에서 금융자본가에게로 넘어왔고, 이렇게 가다가는 결국 자본주의화 된 노동자 즉, 노조로 넘어갈 것이다. 이 주도권을 향한 전투는 이미 시작됐고, 지금 그 전투가 한창이다. 영국은 파업과 로크아웃으로 피폐해졌고 거대한 실직자 무리를 양산했다. 신사숙녀는 그게 다 노동자 탓이라고 하고, 노동자들은 신사숙녀 탓이라고 한다. 좀 더 현명한 노동자들은 자본주의 체제가 문제라고 결론 내리고 사회주의로 방향을 튼다. 사회주의를 이해해서라기보다 사회주의에서 확실한 탈출구를 봤기 때문이다.

이 전쟁의 초창기에는 의회를 장악한 고용주들이 노조를 범죄로 규정했다. 노조는 범죄공모집단으로 분류됐고 누구든 조합에 가입하면 공모자로 처벌받았다. 그러나 이러한 조치는 노조를 저지하지 못했고, "그들을 지하로 몰았을" 뿐이다. 노동조합은 비밀조직이 되어 훨씬 강경하고 무법적인 지도자들에게 장악당했다. 결국 정부는 강경책을 포기해야 했다. 강경한 법 집행은 순교자를 낳았고 대중 소요를 부추겨서 노동조합주의가 사그라들기는커녕 더 치열해졌기 때문이다.

그러자 고용주들은 자기들이 직접 할 수 있는 일을 시도했다. 조합원 고용을 거부한 것이다. 하지만 소용없었다. 비조합원만으로는 당장 필요한 노동을 충분히 얻을 수 없었고, 어쩔 수 없이 고용한 조합원들은 비조합원들과 일하지 않으려 했다. 그래서 고용주들은 노조를 인정하지 않기로 했다. 노조위원장과 임금 협상하기를 거부하고 노동자를 한 명씩 개별적으로 상대하겠다는 뜻이었다. 이 역시 실패했다. 가정집에서 하인을 고용하거나 상점에서 점원이나 창고관리인을 고용하는 경우에는 개별 협상을 할 수 있다. 하지만 백 명, 천 명 단위로 사람을 고용하는 경우에는 개별 협상이 불가능하다. 큰 회사의 고용주가 개별 협상을 제안한다면 협상할 생각이 전혀 없다는 뜻이다. 노동자들은 회사가 주는 대로 받고 주제넘게 따질 수 없었다. 노조가 결성되어 노동자들이 협상력을 갖자 큰 회사의 고용주들은 시간 낭비를 막기 위해서라도 협상 경험이 있고 사업을 논의할 만한 자질을 갖춘 단일 대표,

즉 노조위원장과 일을 처리하겠다고 했다. 고용주들은 노조에 대해 더는 불평하지 않았으며 노조를 인정하는 것을 넘어 반드시 필요한 부분으로 여기게 됐다. 결국 노조는 합법화됐다. 하지만 이번에도 기혼여성재산법처럼 없던 법을 새로 만드는 과정에서 노동자들의 권리를 보호하려다가 살짝 도가 지나쳤다. 다른 단체들은 누리지 못하는 특권과 면책특권을 노조에 부여한 것이다. 그러한 노조에 대항해 고용주들도 단체 행동이 필요하다는 것을 인식하고 경영자연합이라는 그들만의 조합을 만들었다. 자본가와 노동자의 전쟁은 이제 경영자연합과 노동조합의 전쟁이 됐다. 그들의 전쟁 혹은 대치 상태는 로크아웃과 파업으로 나타나며 현대의 군사전과 마찬가지로 몇 달이고 지속된다.

노조 활동에 적극적인 노동자를 해고하거나 파업 후 파업주동자의 복직을 거부하는 등 고용주의 부당한 괴롭힘 때문에 벌어지는 전투도 있지만, 근본적으로 모든 노사분규는 임금과 노동시간 때문에 벌어진다. 임금에는 두 가지 종류가 있다. 시간임금과 성과임금이다. 시간임금은 업무량의 많고 적음에 관계없이 노동시간에 따라 월급 주급 시급 단위로 지급된다. 성과임금은 업무량 혹은 생산량에 따라 지급된다.

그렇다면 노동자는 시간임금을, 고용주는 성과임금을 선호할 거라는 생각이 들 것이다. 초반에는 대부분 그랬다. 하지만 기계 도입으로 상황이 바뀌었다. 사실 성과임금은 노동자들이 게으름피우지 못하도록 고안된 시간임금일 뿐이다. 성과임금을 채택하면 노동자는 열심히 일할 수밖에 없다. (한 시간이든 하루든 일주일이든) 정해진 시간 내 노동자가 생산할 수 있는 양에 근거해 성과임금이 책정되기 때문에 성과임금 노동자는 열심히 일해도 전보다 살림살이가 절대 나아지지 않는다. 이제 기계의 발명으로 어느 노동자의 하루 생산량이 전의 두 배가 됐다고 가정해보자. 전에는 토요일까지 일해야 벌 수 있었던 만큼을 수요일 저녁까지만 일해도 벌 수 있는 것이다. 그는 어떻게 할까? 평소처럼 일주일 내내 일하고 돈을 두 배로 벌어와서 부인을 기쁘게 할까? 사람이란 게 그렇지가 않다. 그는 1실링을 더 벌어서 빵이나 치즈, 부인을 위한 선물을 사기보다는 1실링만큼의 여가를 즐기고 싶어 한다. 그래서 전에 벌던 만큼만 부인에게 갖다주고 목요일, 금요일, 토요일은 휴가를 낸다. 고용주가 일손 부족에 시달리든 정해진 날짜에 끝내야 하는 긴급한 계약이 있든 그는 상관하지 않는다. 노동자를 일주일 내내 일하게 하려면 고용주는 "임금 단가를 낮춰야" 한다. 즉, 성과임금을 절반으로 삭감해야 한다. 그러면 돌이킬 수 없는 일이 벌어진다. 노동조합은 임금 삭감에 격렬하게 저항하고 새로운 기계 도입으로 노동자들이 얻는 이익이 없으면 기계를 돌리지 않겠다고 위협한다. 기계 도입으로 폭동이 일어나고 분노한 수공업자들이 신식 기계설비를 파괴하던 시절이 있었다. 노동조합이 분노한 노동자들을 대신하게 되자 새로운 기계의 도입은 파업과 로크아웃으로 이어졌다. 그래도 초창기에는 성마른 고용주들과 분개한 노동자들이 지나치게 격렬한 싸움을 벌였는데, 이제는 과거 수차례 유사한 어려움들을 해결해 본 경험이 있는 노련한 경영자연합의 대표와 마찬가지로 노련한 노동조합의 대표가 냉정한 협상을 벌인다. 그 과정에서 성과임금을 재조정해 기계의 혜택을 노동자와 고용주가 나누는 것이 관행으로 자리잡게 됐다. 다만 문제는 각각 얼마를 주장할 것인가였다.

시간임금을 받는 노동자는 기계가 도입돼도 아무런 혜택을 받지 못한다. 노동 생산량은 100배로 증가해도 노동자는 여전히 가난할 것이다. 그래서 많은 산업에서 노동자들이 성과임금을 요구한다. 반면 고용주들은 시간임금을 반긴다. 기계가 도입되면 인간이 기계를 부리는 게 아니라 기계가 인간을 부리게 되어 노동자들이 게으름을 피울 수 없고 게으름을 피우면 바로 알아차릴 수 있기 때문이다.

하지만 시간임금을 받든 성과임금을 받든 노동자는 임금 문제에 대해 입도 뻥긋 못할 때가 많다. 이유는 단순하다. 기계를 도입하면 고용주는 노동자를 무더기로 해고하고 간단한 기계 조작만 할 줄 아는 젊은 여자들로 그 자리를 채울 수 있다. 앞서 살펴봤듯이, 부녀자의 노동은 임금을 떨어뜨리는 결과를 초래한다. 게다가 대부분의 여성 노동자는 노동조합주의에 대한 관심이 덜하다. 직장을 결혼할 때까지만 잠시 거쳐가는 호구지책쯤으로 여기기 때문이다. 반면, 자기들이 평생 노동자로 살아야 한다는 것을 알고 있는 남자들은 노조 가입을 준엄한 의무로 여긴다. 랭커셔 방직공장에서 일하는 여자들은 결혼해도 일을 그만두지 않기 때문에 남성 노조만큼 강력한 노조를 결성한다.

결국 기계화가 진행되면 고용주들이 노동자들보다 훨씬 이득을 본다. 지난 세기 중반 존 스튜어트 밀은 기계 도입으로 임금 노동자들이 얻은 이익은 전혀 없다고 했다. 이제는 전혀 없다고까지는 할 수 없지만, 기계 도입으로 엄청나게 증가하는 국민소득에 비하면 노동자들이 얻는 것은 거의 없다. 노동자들은 자본가들에게 밀린 정도가 아니라 완패했다.

제50장   *Divide and Govern*

노동조합주의의 약점은 호경기에 노동자들이 고용주를 압박해서 얻어낸 것들을 불경기가 되면 도로 빼앗긴다는 점이었다. 온 나라의 여윳돈을 장악하고 있는 고용주들은 여차하면 사업장 문을 닫아버리고 노동자들이 항복할 때까지 버티면 그만이었다. 노동조합은 파업을 통해 쟁취한 것들을 로크아웃으로 도로 빼앗기지 않으려면 법제화가 필요하다는 것을 알게 됐다. 마침 의회는 1833년 공장법으로 공장의 아동 착취를 영원히 금지했다. 그걸 본 노조원들은 비록 가난 때문에 그 법에는 반대하는 입장이었음에도 의회가 의지만 있다면 어떤 개혁안도 법으로 확고히 밀어붙일 수 있고 그러면 고용주들도 어떻게 하지 못한다는 것을 확인했다. 노동조합은 살인적인 공장 노동시간을 단축하고 그 내용을 법으로 못박기를 원했다. 노동시간을 8시간으로 단축하자는 요구가 시작됐다. 지금도 완전히 실현된 것은 아니지만 처음에는 아예 실현불가능한 이상이나 다름없었다. 여성과 미성년자가 하루 10시간만 일하게 하는 것은 합리적이고 가능한 일로 받아들여졌지만

프롤레타리아는 어떻게 의회를 움직였나

(1848년 공장법), 독립적인 성인 남성이 일하고 싶은 만큼 일하겠다는 것을 가로막는 것은 영국인의 자유를 침해하는 것이라고들 했다. 하지만 기계를 켜고 끄는 여자와 아이들이 퇴근하면 엔진도 멈췄다. 엔진이 멈추면 남자들도 작업을 멈추고 집으로 돌아가야 했다. 결국 "여자들의 치맛자락 뒤에서" 남자들의 법정 노동시간도 단축됐다.

그런데 당시 투표권도 없던 노동자들이 어떻게 의회를 움직인 걸까? 의회를 독차지한 지주와 자본가, 고용주들은 대체 어쩌다가 노동자를 고용주로부터 보호하는 그 자애로운 법을 통과시키게 됐을까?

공장법이 순수한 양심의 발로였다고 해도 요즘 그 말을 곧이 믿을 사람은 아무도 없다. 자본주의는 사람이 사익추구 말고 다른 이유로는 움직일 리 없다는 냉소적인 생각이 만연하게 했다. 그렇지만 사람은 자기 이해가 걸린 일에는 비양심적으로 굴다가도 남의 일에는 핏대를 세우며 도덕군자 행세를 하는 법이다. 100년 전만 해도 지주와 사업가는 서로 직업과 관습, 사회적 지위에 너무 차이가 나서 의회에서 이해관계가 일치한다는 것을 미처 깨닫지 못 했다. 그때는 이런 책도 없었다. 지주 귀족은 사업가를 천박한 장사꾼이라며 노골적으로 무시했고 사업가는 사업가대로 귀족을 우습게 봤다. 사업가는 능력이 있어야 성공할 수 있지만, 운 좋게 귀족 집안에서 태어나면 바보 멍청이도 상원의원이나 지주 귀족이 될 수 있었다. 사업가는 많은 땅을 소유하는 귀족의 특권을 없애기로 마음먹었다. 그렇게 1789년 프랑스에서는 혁명이 일어났다. 영국에서도 사업가들이 비슷한 혁명을 일으키려 했고 오랜 대중 선동 끝에 1832년 마침내 왕과 귀족이 그 유명한 선거법개정안을 통과시키게 만들었다. 그리고 세습 지주 귀족이 장악했던 의회의 입법 권력을 사실상 넘겨받았다.

대중 선동이 뭔가. 티끌 만한 논리로 상대에 대한 혐오를 부추기는 것이다. 1832년 이전 선거법 하에서는 귀족이 소유한 집 두어 채가 전부인 지역에도 지역구 의원이 있는데, 버밍엄 같은 도시는 지역을 대표하는 의원을 한 명도 선출할 수 없었다. 그럼에도 사업가들은 기존 선거법의 불합리함을 지적할 엄두도 내지 못 했다. 대부분의 사람들은 귀족 동네가 그런 특권을 누리는 것을 아주 당연하게 생각했고 버밍엄에 대해서는 전혀 신경쓰지 않았다. 버밍엄이라고 하면 동전이나 위조하는 지저분한 곳으로 알고 있었다. 그래서 사업가들은 대중이 지주 귀족에 대한 반감을 갖도록 부추겼다. 귀족들의 악행을 낱낱이 까발린 것이다. 귀족들은 영지에서 양이나 사슴을 기르겠다며 주민들을 내쫓았고, 수렵법을 무자비하게 집행해서 토끼나 꿩 몇 마리를 잡은 사람들도 가장 악독한 흉악범들과 똑같이 취급했다. 영지 내 일꾼들의 처지는 끔찍했고 임금은 형편없었다. 비국교도들은 부당하게 박해받았다. 영지 내에는 영국국교회 외에 다른 종교 시설이 허용되지 않았고, 귀족이 고용한 교구목사는 마을 아이들에게 "이교도는 모두 저주받았고 내세에서도 저주받을 운명"이라고 가르쳤다. 귀족들은 선거에서 자기들이 내세운 후보에게 감히 반대표를 던지려는 마을 상인들에게도 부당한 압박을 가했다. 그 외에도 수많은 가혹 행위들을 저질렀다. 그 시절에는 심지어 사업가들 사이에서도 "영주의 심기를 거스르면 죽은 목숨이다"라는 말이 공공연히 나돌았다. 사업가들은 그러한 불만들을 계속 읊어댔고 마침내 지주 귀족에 대한 반발심으로 여론이 들끓게 만들었다. 프랑스처럼 혁명이 일어날지 모른다는 두려움이 고조되자 선거법개정에 대한 반대 여론은 수그러들었다. 사업가들은 윌리엄4세의 빚을 갚아주고 의회에서 선거법개정안이 순조롭게 통과되게 했다. 이로써 빅토리아 여왕 시절에 중간계급의 금권정치가 본격적으로 시작됐다.

당연히 대지주들은 앉아서 당하고 있지만은 않았다. 그들은 샤프츠베리 경 *Lord Shaftsbury*[1]의 공장법 운동에 가담하고 사업가들의 만행을 폭로하는 것으로 사업가들에게 복수했다. 사업가의 새끼손가락이 지주 귀족의 허리보다 더 굵다[2]고 비난하며 영국의 공장 노동자들은 미국과

---

1 제7대 샤프츠베리 백작(1801~1885): 정치가, 사회개혁가이자 자선사업가. 1826년 하원의원이 되어 1832년 선거법개정에 반대했으며 공장법 운동을 주도하고 1848년 공장법(일명 10시간 노동법)을 통과시켰다. 노동계층과 아동 복지에 관심을 기울여서 "가난한 자들의 백작*Poor man's Earl*"으로 알려졌다.

2 성경에서 차용한 표현. 열왕기상 12장 15절에서 르하브암 임금은 이스라엘 백성에게 이렇게 말한다. "내 새끼손가락이 내 아버지의 허리보다 굵소. 내 아버지께서는 그대들에게 무거운 멍에를 메우셨는데, 나는 그대들의 멍에를 더 무겁게 하겠소. 내 아버지께서는 그대들을 가죽 채찍으로 징벌하셨지만, 나는 갈고리 채찍으로 할 것이오."

서인도 제도의 농장 노예들만도 못하고, 대지주 영지 내 소작농의 오두막이 아무리 열악해도 공장 도시의 과밀한 빈민가보다는 쾌적하다고 주장했다. 또한 사업가들이 종교를 따지지 않고 노동자를 고용하는 것은 하느님이 아니라 마몬을 신봉하기 때문이며 투표권도 없는 노동자를 정치적으로 탄압할 일은 없겠지만 노조활동을 하는 노조원들은 감옥에 보낼 정도로 철저하게 탄압할 거라고 했다. 지주와 소작농의 인간적이고 친밀한 관계, 저택 살림을 돌보는 여인들의 예절과 솜씨, 시골 영지에서 노약자에게 베푸는 친절함이 전부 사라지고, 불결함과 비참함, 야만스러움과 불경스러움, 인구 과밀로 끔찍한 전염병이 도는 탄광과 공장만이 남았다고 한탄하며, 사업가들의 탐욕이 영국인의 삶을 그렇게 만든 것이라고 했다.

    사업가들에 대한 지주들의 비난은 전부 사실이었지만, 사돈 남 말 하는 격이었다. 지주 귀족들은 탄광과 공장에서 나오는 배당금을 따박따박 받아 챙겼고, 자신들의 영지에 공장과 슬럼이 들어오는 것을 거부하지 않았다. 사업가들 역시 큰돈을 벌면 주저없이 영지를 매입했고, 귀족의 전통을 엄격하게 따르는 가문을 세웠으며, 조상의 계급을 기억하는 세대가 죽고 나면 상업을 천시했다. 그런데도 지주 귀족과 사업가는 서로 대립했기 때문에 프롤레타리아에게 투표권이 없을 때였는데도 공장법이 통과될 수 있었던 것이다. 공장법은 사업가들이 통과시킨 1차 선거법개정에 대한 대지주들의 반격이었다.

    여기에는 일부 가난한 사람들이 갖고 있는 투표권도 영향을 미쳤다. 예전부터 부동산세를 연간 40실링 이상 내는 자유보유권자들은 투표권이 있었지만, 이런저런 이상한 기준에 따라 투표권을 부여하는 선거구들이 남아 있어서 가난한 유권자들의 영향력도 아예 무시할 정도는 아니었다. 가난한 사람들은 자신들의 대표를 의회로 보낼 만큼 세력이 있는 것은 아니었지만(그때는 노동당을 상상도 못 했다), 지주들의 보수당과 고용주들의 자유당이 팽팽하게 대립할 때 이따금 한쪽에 힘을 실어줄 수는 있었다. 만약 보수당과 자유당이 서로 정치적 이해가 같다는 것을 인식하고 노동당에 맞서 단결하기로 했다면 노동자들은 혁명 말고는 희망이 없었을 것이다. 하지만 보수당과 자유당은 자기들의 이해관계를 제대로 파악하지 못 했다. 보수당 지주들은 낡은 특권에 맹목적으로 매달렸고 자유당 고용주들은 여우를 뒤쫓는 사냥개처럼 경솔하게 새로운 수익을 올릴 기회만 쫓았다. 어쨌거나 양쪽 모두 의회에 진출하고자 했다. 하원의원이 되면 영향력이 생기고 하원 맨 앞자리의 각료를 거쳐 세습 귀족으로 가는 길이 열렸기 때문이다. 자유당은 선거법개정을 주도했기 때문에 스스로 개혁당이라고 생각했고 개혁이라면 뭐든 환장하는 노동자들이 당연히 자유당에 투표할 것으로 여겼다.

 이런 착각 속에서 자유당 정부는 노동계급에 투표권을 부여함으로써 대중의 지지를 확보하려고 했다. 이에 보수당은 아주 격렬하게 반대하며 다음 선거에서 투표권 확대를 주장하는 자유당 의원들을 몰아냈다. 하지만 아주 영리한 보수당 지도자 벤자민 디즈레일리(훗날 1대 비콘스필드 백작이 되는 그는 유대인으로서 처음에는 카를 마르크스처럼 프롤레타리아를 위한 투사로서 정치를 시작했다)가 지방에서는 자유당보다 보수당이 더 인기가 있다는 것을 간파하고 보수당으로 하여금 그전까지 반대하던 2차 선거법개정안(1867년)을 통과시키도록 설득했다. 이렇게 투표권을 얻은 노동자들은 당연히 그 투표권을 사용해 더 많은 투표권을 얻으려 했으며 결국에는 모두가 한 표를 행사하게 됐다. 여자들도 오랜 시간 격렬한 투쟁을 벌인 끝에 투표권을 쟁취했다. 1차세계대전 동안 부재중인 남자들을 대신해 나라를 지탱한 여자들에게 국가는 미안해서라도 투표권을 부여할 수밖에 없었다.

전에 보수당과 자유당 사이에서 국면 전환 역할만 했던 프롤레타리아 유권자들이 이제는 보수당과 자유당을 모두 내쫓고 자기들만의 후보를 뽑을 수 있게 된 것이다. 하지만 프롤레타리아 유권자는 그러한 사실을 미처 깨닫지 못 했다(아직도 완전히 깨달은 것은 아니다). 그래서 처음에는 노동당을 만들 생각을 하지 못하고 자유당 내에서 노동계급 출신 의원 12명을 당선시키는 것에 만족했다. 그 바람에 공장법과 대중교육에 관심이 있을 것 같은 온건한 중간계급 출신 교수에게 별 볼 일 없는 각료 자리를 하나 내주고 허수아비로 세우는 것이 자유당 정부의 관행이 됐다.

그 사이 자본주의의 해악에 대한 카를 마르크스의 폭로에 귀 기울이고 헨리 조지의 『진보와 빈곤』을 탐독한 사람들 사이에서 사회주의 단체들이 성장하고 있었다. 헨리 조지는 살아생전에 토지·자본 사유화로 미국 사회가 겪은 폐단을 목격했다. 미국의 마을들은 비참할 정도로 가난하지도, 나태할 정도로 부유하지도 않았지만 토지·자본의 사유화로 도시화가 진행되고 사회가 소수의 백만장자와 대다수의 빈곤층으로 양분되는 심각한 양극화를 겪게 됐다. 사회주의 단체들은 노동자를 의식화함으로써 노동자들이 자유당의 울타리를 벗어나게 했다. 마르크스가 말한 의식화는 신문에서 여러 번 접했겠지만 아마 여러분도 기자들도 무슨 말인지 명확히 알지 못할 것이다. 과거 유권자들은 정치판에는 보수당과 자유당(혹은 토리와 휘그)이라는 딱 두 개의 당만이 존재하며, 그 두 당이 국교도 대 비국교도라는 두 종교 세력과 시골 지주와 소작농 대 도시자본가와 사업가라는 두 경제 세력을 대표한다고 알고 있었다. 이제는 보수당과 자유당 어느 쪽을 선택하든 노동자의 관점에서 보면 손해이기 때문에 그 두 정당 중에 선택하는 것은 말도 안 되는 일이며, 진짜 대립 관계에 있는 두 정당은 유산계급 정당과 무산계급 정당, 즉 자본가 정당과 노동자 정당이라는 것을 알게 됐다. 자유당의 글래드스턴이 수상이 되든 보수당의 디즈레일리가 수상이 되든 그건 중요한 문제가 아니었다. 의식화된 프롤레타리아에게는 보수당이나 자유당이나 그게 그거다. 정말로 세상을 움직이는 것은 토지와 자본(생산수단)의 소유를 놓고 벌이는 유산자와 무산자의 계급 투쟁 혹은 계급 전쟁이다. 이러한 내용을 깨우치면 의식화된 것이다. 물론 의식화니 계급 전쟁이니 하는 용어들은 모든 프롤레타리아가 한편이고 모든 부르주아가 또 한편인 것처럼 호도하는데, 이 책을 이만큼 읽은 지적인 여성이라면 무슨 말인지 알 테니 일단은 넘어가겠다.

　사회주의 단체들은 잘못된 출발을 했다. 의회를 적들의 본진으로 간주했고, 교회를 노동자를 속여서 자본주의에 굴복하게 만드는 장치라며 거부했으며, 노동조합과 협동조합은 해결책이 될 수 없다고 비난했다. 마르크스와 엥겔스, 모리스와 하인드먼이 주창한 사회주의는 중간계급의 저항 운동이었다. 인도적인 지식인들은 부당하고 냉혹한 자본주의를, 말하자면 고귀한 일을 하면서 일상적으로 느낄 수 있는 인간적인 행복과 아름다움이 자본주의에 의해 말살되는 것을 차마 두고 볼 수 없었다(모리스에게는 이 부분이 특히 중요했다). 이런 식의 강렬하고 고귀한 양심은 주급 노동자의 역사와 생활상에 대해 잘 모르고 그들과 완전히 동떨어져 있어도 얼마든지 생길 수 있는 것이었다. 실제로 노동계급에 가장 헌신적인 중간계급 투사들은 가정부와 정원사와 기차 짐꾼과 심부름꾼 소년과 우체부의 처지에 대해서나 알았지, 공장 일꾼, 광부, 부두 노동자들의 실상에 대해서는 동화 속 이야기처럼 막연하게 느낄 뿐이었다.

부당하게 착취당하는 사람들을 보면 그들을 잘 알지도 못하면서 동정심에 울컥해 고결한 분노를 표출하게 된다. 착취하는 사람들은 무조건 악당이고 착취당하는 사람들은 무조건 좋은 사람들이라고 말이다. 하지만 까놓고 말해서 착취당하는 사람들이 정당한 대우를 받는 사람들보다 더 형편없다. 바로 이것이 그 누구도 착취당하게 내버려둬서는 안 되는 근본적인 이유다. 누군가를 학대해서는 결코 더 나은 사람을 만들 수 없다. 우리는 가난이 무슨 사회제도인 양 참고 견디는 것을 거부해야 한다. 가난한 사람들은 "세상의 소금"이 아니고, "빈민층은 위험"하기 때문이다. 이는 가난한 사람들이 제일 잘 알고 있다. 런던의 초기 사회주의 운동은 조지 보로_George Borrow_를 읽은 예술·문학 애호가들과 열정적인 고교회파 성직자들의 어조를 띠면서 떠돌이를 성인으로 받들고 프란체스코 성인의 삶을 동경했다. (얼핏 보면 떠돌이 성인들이 많이 모여있는 듯한) 대중에게는 사회주의를 가르치기만 하면 된다는 식이었다. 대중은 전인미답의 비옥한 땅과 다름없으니 좋은 씨를 뿌리고 그저 내버려둬도 자연스럽게 결실을 거둘 거라고 여긴 것이다. 하지만 프롤레타리아라는 토양은 전인미답도 아니었고 비옥하지도 않았다. 대중은 가난한 성인 같은 존재가 아니다. 각자 자기 자신에 대해서는 낭만적인 환상을 가지고 있을지 몰라도 서로에 대해서는 그런 환상이 전혀 없다. 존 스튜어트 밀이 웨스트민스터 하원 의원 선거에 출마했을 때, 그의 경쟁자는 밀을 공격하기 위해 사람들에게 밀의 과거 발언을 상기시켰다. 밀은 영국의 노동자들이 전혀 진실하지도, 제정신이지도, 정직하지도 않고 도박에 대한 분별력도 부족하다고 했다. 즉, 정치인들이 노동자들에게 "신사 여러분"이라고 외치면서 표를 구걸할 때 밀은 노동자들을 신사라고 부를만한 사람들이 아니라고 단언한 것이다. 밀은 과거 자신이 말한 것을 부인하기는커녕 단호하게 재확인했고, 아마도 그랬기 때문에 선거에서 이겼을 것이다. 임금 노동자들은 다른 사람들만큼이나 아첨을 좋아하고 정치인들이 입에 발린 소리로 하는 아첨은 얼마든지 받아들인다. 하지만 가난한 사람을 비운의 천사로 여길 만큼 멍청하고 지나치게 순진한 신사숙녀는 도저히 참아주지 못한다.

1880년대에 이르러 사회주의자들은 자신들의 실수를 파악했다. 페이비언협회는 협회 내 무정부주의자들과 조지 보로 신봉자들을 제거하고 의회를 통한 합헌적 사회주의를 선보였다. 점잖고 독실한 보통의 시민이 당당하게 보수주의자를 자처하며 합법적인 단체에 가입하듯 당당하게 사회주의자를 자처하며 사회주의 단체에도 가입할 수 있게 했다. 페이비언협회의 지도자인 베아트리스와 시드니 웹 부부는 직접 노동계급의 실상을 연구하고 협동조합에 관한 책을 출간했다. 그들은 최초로 노동조합주의의 역사를 과학적으로 기술했고 그 결과 임금 노동자들의 정치적 역사에 대한 자부심을 고취시켰으며(마르크스가 말한 의식화의 아주 중요한 단계), 중간계급 출신 사회주의자들이 노동계와 관련된 정책을 세울 때 노동자들이 자발적으로 결성한 조직을 고고한 태도로 무시할 수 있다고 여기는 게 얼마나 어리석은지 확인시켜줬다. 기존 노조에 사회주의를 접목시키는 것만이 사회주의를 강력한 프롤레타리아 운동으로 만드는 유일한 방법이었다.

그런데도 자유당은 여전히 스스로를 진보정당이라고 믿고 있었고, 자기들이 모든 진보적인 운동을 흡수하고 지원한다고 생각했다. 그러다 충격받을 만한 일이 벌어졌다. 페이비언협회가 입헌 의회주의를 채택하고 첫 유효타를 날린 상대가 자유당 정부였던 것이다. 페이비언협회는 저명한 잡지에 논평을 실어 당시 자유당 정부는 보수당보다 더 반동적이고 임금 노동자들에게도 더 적대적이라고 공격했다. 자유당원들은 너무 놀라고 분개해서 페이비언협회가 보수당에 뇌물을 받고 자유당을 배반한 것 아니냐고 의심했다. 하지만 얼마 안 가 그들의 놀란 눈은 더 커졌다. 페이비언협회가 보수당과 자유당을 똑같이 반대하며 노동당 창당을 제안한 것이다. 전에 광부였던 노동계급 지도자 키어 하디는 그 제안을 실행에 옮기기 위해 독립노동당을 만들었다. 이 새로운 단체의 지도자 중에는 페이비언협회 출신인 램지 맥도널드도 있었다. 그는 노동계 바깥 세계에 대한 지식과 교양을 갖춘 인물로 의회에서 지도자로 성공하기에 키어 하디보다 더 적합했다. 사회주의 단체들과 노동조합이 연합하면서 독립노동당은 더욱 강력한 노동당으로 거듭났다. 노동당 지도부는 노조와 사회주의 단체의 대표들로 구성됐다. 노조와의 연합은 결정적이었다. 당시 노조원은 누구나 매주 1페니씩 회비를 납부했기 때문에 총 325,000파운드(지금은 그 세 배다)의 정치자금이 확보되는 셈이었다. 1906년 선거에서 노동당은 원내 정당을 구성하기에 충분한 인원을 당선시켰다. 노동당은 하원을 점점 잠식해서 1923년에는 자유당도 보수당도 의회에서 다수당이 되지 못 했다. 램지 맥도널드는 내각을 구성해서 노동당이 통치할 수 있다는 것을 보여줘야 했다. 그는 도전을 받아들였고 사회주의자와 노조주의자들의 내각을 이끄는 수상이 됐다. 노동당 정부는 앞선 보수당 정부보다 유능했다. 노동당 각료들은 순전히 개인의 능력으로 가난과 무명을 딛고 명성을 얻은 사람들로 격식에 얽매이지 않았을 뿐만 아니라 세상 돌아가는 현실을 제대로 볼 수 있었기 때문이다. 반면 보수당은 가장 똑똑하다는 지도자들조차 빅토리아 시대의 사고에서 완전히 벗어나지 못한 채 봉건 귀족이 쇠퇴하고 면직 귀족이 부상하고 있다고 여겼으며 노동계급은 여전히 굶주리고 무지하고 속수무책의 노예상태에 머물러 있다고 착각했다. 그런 상황은 빅토리아 시대에 이미 끝났는데 말이다. 사실 그들보다 노동당 지도자들이 교육 수준이나 경력 면에서 월등했다. 기존 정당의 지도자들은 실용 학문을 가르치는 학교를 나오는 것보다 두 귀족 대학을 졸업한 부자들이 더 잘 배웠다는 착각에 빠져 있었다.

자유당과 보수당은 노동당의 선전이 거북했다. 무능한 노동당 정부를 예상하며 조롱하듯 기회를 줬는데, 정반대의 결과가 나오자 땅을 치며 후회했다. 1924년 두 당은 힘을 합쳐 맥도널드를 9개월 만에 수상 자리에서 쫓아냈다. 경험이 일천한 노동당 출신은 외교를 못할 거라고 장담한 금권정치 세력의 예상을 뒤엎고 맥도널드가 외교까지 잘하며 위협적인 존재로 성공하자, 금권정치 세력은 맥도널드가 러시아 공산당 정권과 내통한다며 과도한 공격을 해댔다. 선거가 끝날 때까지 공격이 계속됐다. 하지만 선거에서 정작 타격을 입은 쪽은 노동당이 아니었다. 자유당이었다.

갑자기 총선을 치르면 평소에는 아무도 제정신으로 여기지 않을 미치광이 정치인들이 나라가 망하게 생겼다고 소리쳐서 당선되고 건전한 후보자들은 불명예스럽게 패하는 위험에 처한다. 중국 노동력의 유입에 놀라 급히 치러진 1906년 총선에서도 자유당 삼류 후보들이 보수당 일류 후보들을 큰 표차로 누르고 당선됐다. 1924년 총선에서는 러시아 공산당에 대한 공포를 조장해서 보수당 삼류 의원들이 자유당 일류 의원들을 몰아냈다. 두 경우 모두 승리한 당이 심각한 질적 저하를 겪었다. 선거 직후 이집트에 있던 우리 측 군사령관이 불행히도 암살당했을 때 승리에 취해 있던 보수당 의원들이 암살자들을 혼내주겠다고 이집트에 물 공급 차단이라는 말도 안 되는 위협을 가했지만 보수당의 볼드윈 수상은 그들을 내버려뒀다. 이러한 도를 지나친 처사에 유럽의 모든 나라가 놀랐고 맥도널드가 수상이었다면 그런 짓을 하지 않았을 것이라고 여겼다. 그 위협은 실행할 수 없는 것이었고 국내외를 막론하고 사방에서 비난받는 것 말고는 얻을 게 아무것도 없다는 것을 알고는 보수당 정부는 비굴하게 꽁무니를 뺐다. 유감스러운 얘기지만, 정부가 아무리 막무가내로 사악한 행동을 하더라도 피해 보는 것은 외국인들이라면 대체로 사람들에게 인기가 있고 지지를 받는다. 하지만 정부가 꽁지를 내리고 후퇴할 때는 기세 좋게 공격할 때와 비례해서 인기를 잃게 된다. 결국 보수당 정부는 러시아에 대한 공포를 조장해서 획득한 지지를 이집트에 대한 헛발질로 다 까먹었다. 설상가상으로 노동조합의 총파업이라는 광적인 위협 앞에서 또 다시 분별력을 잃었다. 노조가 러시아에서 상당한 액수의 파업 자금을 지원받자 영국 정부는 지레 겁을 먹고 노조를 불법으로 규정하며 쓸데없이 민심을 자극했고 런던의 러시아무역사무소ARCOS을 급습한 후 러시아와 외교를 단절했다. 그 사이 노동당은 선거의 여파를 극복하고 의회에서 제1야당으로 자리잡았다.

지금(1927년)까지의 이야기를 요약해 보자. 프롤레타리아는 스스로 노동조합을 조직함으로써 계급 전쟁에서 방어전을 시작했고 쟁취한 이익을 지키려면 반드시 입법화해야 한다는 것을 깨달아 직접 자기들을 대표하는 정당인 노동당을 창설했다. 그리고 선거에서 의미있는 승리를 거두었다. 자칭 보수당과 자유당이라는 두 자본가 정당이 자리와 이권, 명예와 영광을 두고 티격태격하던 하원은 이제 프롤레타리아와 자본가가 일련의 문제에 대해 얼굴을 맞대고 다투는 활동무대로 바뀌었다. 프롤레타리아와 자본가는 의회에서 크게 두 가지 문제를 놓고 싸운다. 첫째, 국가의 토지와 자본, 산업을 국민을 위해 국민이 소유하고 지배할 것인가 아니면 몇몇 개인이 마음대로 주무르게 놔둘 것인가. 둘째, 자본주의 체제가 지속되는 동안 자본 제공자와 노동 제공자 중 누구 손을 들어줄 것인가. 첫 번째 문제는 사회주의자에게 중요하다. 정부가 토지와 자본, 산업에 대한 통제권을 갖지 않으면 소득도 노동도 평등하게 분배할 수 없기 때문이다.

두 번째 문제는 노동조합주의자에게 중요하다. 노동당에는 소득평등을 목표로 하는 사회주의자들만 있는 게 아니다. 노동자가 가장 큰 몫을 차지하기만 한다면 자본주의적 사업 방식이 지속되는 것에 전혀 반대하지 않을 노동조합주의자들도 있다. 프롤레타리아가 가장 큰 몫을 가지고 지주, 자본가, 사업가들이 상대적으로 덜 가지게 하면 자본주의를 유지하기도 더 쉬울 것이다. 노동자와 기술자와 그들의 가족이 국민의 10분의 9를 차지하기 때문이다. 열에 아홉이 불만족스럽기보다는 열에 하나만 불만족스러운 상태가 확실히 더 안전하고 오래 간다. 즉, 정부가 유권자 90퍼센트의 지지를 받아 지주와 자본가에게서 소득세와 부가세를 걷고 결국 지주와 자본가가 소작인이나 종업원과 비슷한 수준으로 살게 하는 것이 지주와 자본가가 불로소득으로 사치스럽게 살게 하는 것보다는 더 순조로운 방식이다. 다리나 성당, 궁전을 설계하는 건축가는 그들의 설계를 실행하는 리벳공, 설비 기술자, 석공, 벽돌공, 도장공들보다 보수를 적게 받는 상황을 무리없이 받아들일 것이다. 건설 노동자가 없으면 건축가 혼자 아무것도 할 수 없고 건축가가 없으면 건설 노동자도 필요없다. 하지만 사람이 재능 있으면 리벳을 박고 벽돌을 쌓는 일을 하며 돈을 더 받기보다는 돈을 덜 받더라도 자신의 재능을 살리려 하므로 특별한 재능이 없는 사람들이 임금 협상에서는 더 유리하다. 재능 있는 사람들은 일하는 즐거움을 위해서라면 어떤 조건도 받아들이고 다른 일은 하고 싶지 않아 할 것이다. 반면 마지못해 일하는 노동자는 공짜로는 일하지 않고 푼돈을 쥐어주면 일하는 시늉만 할 것이다.

 그래서 노동조합주의 정부가 다수를 등에 업으면 불로소득에 대한 무자비한 과세로, 공장법으로, 임금위원회로, 가격결정위원회로, 저임금 기업에 대한 지원 정책으로 국민소득을 재분배해서 현재의 부자들은 가난하게 하고 노동자들이 대장이 되게 할 수 있다(이미 관련 법들이 있다). 그렇게 하면 다수는 가난하고 소수만 부자인 지금보다 상황도 훨씬 더 안정될 것이다. 자산가들이 세금으로 다 뜯기느니 지대와 이자를 아예 포기하겠다고 하지 않는 한 불로소득에 대한 과세는 계속될 것이다. 정부가 자산가의 소득에서 25퍼센트를 세금으로 걷는다면, 자산가들은 소득의 75퍼센트만을 정부가 허용한다고 느낄 것이다. 그런데 만약 정부가 자산가의 소득에서 25퍼센트만 허용하기로 한다면? 속절없이 75퍼센트의 소득을 정부에 낼 수밖에 없을 것이다. 자산가들이 의회를 장악했을 때 권력을 이용해 노동자들을 최대한 갈취했던 것처럼 노동자들 역시 의회를 장악하면 유산계급을 최대한 갈취할 수 있고 아마 그렇게 할 것이다. 그러한 사태를 막을 유일한 방법은 모두를 위한 공평한 분배가 헌법의 근본 원칙이 되게 하는 것이다. 현재 유산계급은 사회주의를 저지하기 위해 노조에 기대를 걸고 있지만, 머잖아 자본주의화 된 노동자들 즉 노조 자본주의로부터 자신들을 구해달라며 사회주의를 강력히 부르짖을 때가 올 것이다. 이미 미국에서는 노동조합주의가 대기업과 맞물리면서 투자자들을 쥐어짜고 있다. 그 얘기는 차차 하기로 하자.

제51장   *Domestic Capital*

지금까지 자본주의를 전체적으로 자세히 살펴봤으니 이제부터는 자본주의가 개인에게 어떤 영향을 미치는지 보자. 여기 자본이 좀 있는 사람이 있다. 자본이 있는 개인이라 함은 자신이 속한 계층의 생활방식을 충분히 누리면서도 돈이 남아서 미래소득을 위해 투자할 수 있는 사람이다. 그녀가 다른 사람을 고용하지 않고 자기 노동으로 돈을 번다고 하자.

그녀는 계산하거나(회계사), 뭘 쓰거나(작가나 서기), 환자를 직접 찾아다니는 일(왕진 의사)을 할 수 있다. 만일 그녀에게 여윳돈이 좀 있어서 계산기나 타자기나 자동차를 산다면, 그런 기계들이 없을 때보다 돈을 더 벌 수 있을 것이다. 대부분의 사람이 경제를 논할 때 그런 기계들을 생각없이 자본이라고 부르고 혼란에 빠진다. 하지만 그 기계들은 자본이 아니다. 기계를 사려고 모았던 돈이 자본이다. 기계 대금으로 치른 자본은 기계를 만든 노동자들을 먹여살리고 더는 존재하지 않는다. 남은 것은 기계다. 기계는 점점 마모되기 때문에 일단 중고가 되면 절대 신제품 가격은 받을 수 없다. 기계의 가치는 해마다 떨

국가의 자본을 어떻게 계산할 것인가

어지고 결국에는 고철값만 남는다.

이제 그녀가 하던 일을 관두고 전업 주부가 됐다거나 세상에 전차와 택시가 많아져서 원하는 곳은 어디든 자가용으로 가는 것보다 훨씬 싸고 편하게 갈 수 있다고 가정해보자. 그러면 계산기나 타자기나 자동차를 뭐에 쓰겠는가? 그것들은 먹을 수도 없고 입을 수도 없다. 다림질하는 데 쓸 수 있기를 하나, 요리하는 데 쓸 수 있기를 하나, 하다못해 먼지 터는 데도 쓸 수가 없다. 자동차가 아무리 대단해도 아이를 씻기는 데는 아무 쓸모가 없다.

잇속에 밝은 사업가입네 하는 사람들은 곧바로 나를 아무것도 모르는 어린애 취급할 것이다. 계산기를 먹을 수 있고, 타자기로 가구의 먼지를 털 수 있고, 자동차로 아기 백 명도 씻길 수 있다면서 말이다. 계산기를 팔아 음식을 사고, 타자기를 팔아 청소기를 사고, 자동차를 팔아 욕조와 비누, 수건을 산 후 유모 몇 명도 고용할 수 있다고 주장한다. 그 말도 맞다. 여러분은 분명 그렇게 할 수도 있을 것이다. 다른 사람들도 똑같이 하겠다고 한꺼번에 덤벼들지만 않는다면 말이다.

사업가처럼 잇속을 따지는 사람들은 항상 그와 같은 전제를 까먹는 바람에 정치적으로 구제불능의 바보가 된다. 계산기를 판 돈으로 음식을 샀다고 해서 계산기가 음식이 된 것은 아니다. 계산기는 어떻게 해도 먹을 수 없다. 타조라고 해도 계산기를 씹어 삼키지는 못할 것이다. 실제로는 무슨 일이 일어나는가? 여러분은 아무 소용이 없어진 계산기를 갖고 있고 배가 고프다. 그래서 남아도는 음식을 갖고 있으면서 계산기가 필요한 사람을 찾는다. 그렇게 둘의 교환이 이루어지는 것이다. 아주 간단하다.

하지만 명심하자. 거래를 하려면 일단 둘이 있어야 하고 서로가 상대의 물건을 원해야 한다. 둘이 똑같은 것을 원하거나 똑같은 것을 없애고 싶어 하면 거래는 일어나지 않는다. 자, 이제 사업가들처럼 생각하는 재무부 장관이 소득이 아닌 자본에 세금을 부과하기로 했다고 가정해보자. 그는 수천 명이 개당 5파운드에 팔 수 있는 계산기라는 자본을 갖고 있으니 각각 3파운드의 세금을 낼 수 있다고 말한다. 그가 실제로 하원을 움직여 자본세와 같은 그럴싸한 헛소리로 계산기에 세금을 부과한다면? 그래서 계산기를 가진 여자들이 세금을 내기 위해 전부 자신의 계산기를 팔아야 한다면? 그러면 어떤 일이 벌어질까? 계산기를 팔려고 보니 전부 계산기를 팔고 싶어 하지 사고 싶어 하는 사람은 아무도 없다는 것을 알게 될 것이다. 어쩌면 계산기를 팔아 고철값으로 1실링 정도는 받을 수 있을지 몰라도 그걸로는 세금을 낼 수 없다. 돈을 받지 못한 세금징수원은 물건을 압류할 것이다. 즉, 계산기를 가져갈 것이다. 하지만 계산기는 여전히 시장에서 팔리지 않고 세금징수원은 계산기를 그대로 재무부 장관에게 넘겨서 재무부 장관은 기대하던 수천 파운드 대신 팔리지 않는 수천 개의 계산기에 둘러싸이게 될 것이다. 재무부 장관은 돈을 못 걷고 사람들은 계산기만 잃게 된다. 이 모든 게 계산기가 빵이 될 수 있다는 사업가들의 논리를 따른 재무부 장관 때문에 벌어진 일이다.

조금만 생각해보면, 국가의 일은 개인의 일과 다르다는 것을 알 수 있다. 개인의 일은 사람들이 따로따로 그리고 어쩌다 한 번씩 하는 것이지만, 국가의 일은 우리 모두에게 법으로 동시에 강제되는 것이다. 여러분이 집에서는 개인으로서 개인의 일을 처리하더라도 의회나 내각에서는 정치인으로서 국가의 일을 처리해야 한다. 개인일 때는 "내가 그것을 해야 하는가"만 고민하면 되는데 정치인일 때는 "모두가 그것을 해야 하는가"를 고민해야 한다. 이른바 칸트의 테스트다.

여러분이 재무부 장관이 된다고 해보자. 개인적인 경험에 기반해 여러분은 집에 있는 계산기가 현금 5파운드와 같다는 착각은 하지 않을 것이다. 하지만 그렇게 개인적인 경험에 기반해서만 판단한다면 연수입 5파운드를 현금 100파운드와 똑같이 생각할 수 있다. 증권중개인에게 연수입 5파운드의 권리를 팔고 현금 100파운드를 받아본 경험이 있기 때문이다. 그러다 보니 연수입 5파운드의 권리를 가진 모든 사람에게 30파운드의 세금을 부과하면 재무부 장관에게는 30파운드가 생기고 납세자에게는 70파운드가 남는다는 생각을 하는 것이다. 하지만 개인에게는 연수입 5파운드의 권리가 현금 100파운드일 수 있어도, 재무부 장관에게는 연수입 5파운드가 연수입 5파운드일 뿐이다. 왜 그럴까?

앞서 저축이 불가능하다는 것을 이야기하면서, 저축처럼 보이고 저축이라 불리는 어떤 일상적인 거래가 있을 뿐 실제로는 저축이 아니라고 지적했다. 마찬가지로, 실제로는 계산기를 팔아서 그 돈으로 음식을 사먹는 것을 그냥 계산기를 먹을 수 있다고 주장하는 것일 뿐이다. 굳이 기억해내려고 애쓸 필요없도록 한 번 더 이야기하겠다. 여러분이 100파운드의 여윳돈을 저축하고 싶다고 가정해보자. 그 말인즉슨, 지금 당장 돈을 쓰지 않고 미래에 쓰겠다는 것이다! 그건 불가능하다. 돈이라는 것은 본질적으로 물건(식량)에 대한 권리증서일 뿐이고 식량은 당장 쓰지 않으면 썩어 없어지기 때문이다. 그런데 여러분의 이웃 중에 연수입 5파운드가 나오는 유산을 물려받은 여자가 있다고 하자. 그녀는 그 소득만 가지고는 살아갈 수 없다. 하지만 현금 100파운드가 있으면 이민을 가거나 속기사 사무실을 열거나 작은 가게에 물건을 대거나 돈 버는 기술을 배우거나 괜찮은 옷을 사 입고 괜찮은 직장에서 면접을 보는 등 가난한 여자들이 돈만 좀 있으면 할 수 있다고 여기는 것을 다 할 수 있다. 그렇다면 이제 100파운드를 가진 여러분은 이웃여자와 거래만 하면 되는 것 아닌가. 이웃여자는 매년 5파운드를 받을 권리를 여러분에게 주고, 여러분은 당장 쓸 수 있는 100파운드를 그녀에게 주는 것이다. 증권사나 은행이 둘을 연결해준다. 여러분은 증권사나 은행에 가서 100파운드를 투자해 5퍼센트의 수익을 올리고 싶다고 말한다. 이웃여자는 연수입 5파운드짜리 권리를 팔아서 현금 100파운드를 얻고 싶다고 말한다. 증권중개인이나 은행은 약간의 수수료를 받고 거래를 성사시킨다. 하지만 그 거래는 (의사의 처방전이 알고 보면 물과 빵부스러기인 것처럼) 그럴싸한 이름들로 위장하고 있어서 여러분이나 이웃여자는 실제로 무슨 일이 일어났는지 잘 모른다. 사람들은 여러분이 "100파운드를 투자했다"고, "100파운드의 재산이 있다"고, "100파운드를 국가 자본에 보탰다"고들 한다. 이웃여자는 "자본을 현금화했다"고 한다. 하지만 실제로 일어난 일이라고는 여러분의 100파운드가 이웃여자에게 가고, 여러분은 일하지 않고 매년 국민소득에서 5파운드를 가져갈 권리가 생긴 것뿐이다. 만일 여러분이 형편이 어려워지면 여러분도 이웃여자처럼 현금 100파운드를 받고 그 권리를 다른 사람에게 팔 것이다.

　이제 나라에서 연수입 5파운드가 나오는 자산에 30파운드의 세금을 매긴다고 가정해보자! 연수입 5파운드짜리 권리는 통상 100파운드에 팔린다는 것을 경험으로 알고 있는 잇속에 밝은 사업가가 보수당 정부를 이끌고 그러한 과세 정책을 실시한다면! 혹은 개인에게서 자본을 빼앗아 국가에 귀속시킬 생각에 사로잡힌 노동당 정부가 그런다면! 그들은 30퍼센트의 자본세를 부과한다고 할 것이다. 그리고 그들 대부분이 그게 정말 무슨 의미인지도 모르는 채 찬성할 것이다. 반대자들 역시 문제의 본질을 모르기는 마찬가지다. 그들의 논쟁을 이해하는 사람은 아무도 없을 것이다. 무슨 일이 일어날까? 연수입이 5파운드인 사람이 무슨 수로 30파운드의 세금을 내겠는가? 그녀는 연수입 5파운드짜리 자산을 100파운드에 팔아서 세금을 내고, 남은 70파운드를 다시 어딘가에 투자하려 할 것이다. 하지만 그 자산이 100파운드에 팔릴 리가 없다. 세금은 그 한 사람뿐만 아니라 모든 자본가에게 부과되기 때문이다. 시장에는 미래소득에 대한 권리를 팔아서 현금을 마련하려는 사람만 넘쳐나지, 미래소득에 대한 권리를 사려는 사람은 아무도 없게 된다. 아까 계산기를 살 사람이 아무도 없었던 것과 마찬가지다. 연수입이 5파운드인 사람은 도저히 세금을 낼 수 없으니 세금징수원에게 가구라도 가져가든지, 아니면 꺼지라고 할 것이다(지적인 여성도 그런 상황에서는 거리낌 없이 센 언어를 사용한다). 하지만 세금징수원은 가구는 받아줄 수 없다고 할 것이다. 자본가들은 죄다 가구를 팔고 있고 가구를 사려는 사람은 너무 가난해서 자본세를 낼 일이 없는 사람들뿐이라고 할 것이다. 치펀데일 의자 12개가 1실링으로, 식탁은 5실링으로 가격이 내려가서 그 가격이면 가구를 팔아도 남는 게 없다. 정부는 그녀의 연수입 5파운드는 실제이지만, 그녀의 자본은 허상이라는 것을 깨닫는다. 세금징수원은 빈손으로 돌아가고, 정부는 자본가의 연수입 5파운드짜리 자산을 6년 4개월 동안 압류하는 수밖에 없을 것이다(4개월 치는 연체이자다).

만일 자본세를 소득세처럼 매년 부과한다면 그마저도 하기 힘들 것이다. 연수입 5파운드인 사람이 매년 30파운드의 세금을 내야 한다면 빚을 지게 되고, 6년이 지나도 빚만 180파운드로 늘어날 뿐이다. 결국 연수입 5파운드를 포기하고 그냥 노동으로 먹고살려고 할 것이다. 그러니까 정부는 자본에 세금을 부과하는 것은 불가능하다는 것을 인정해야만 한다. 자본은 투자되어 이미 누군가가 먹어치워버렸다.

그렇지만 자본세는 현실에 존재한다. 그래서 자본세가 가능하다는 증거로 종종 언급된다. 상속세는 죽은 사람이 남긴 재산의 가치를 어림해서 부과하는 자본세다. 상속세가 어떤 식으로든 유지되고 있는 이유는 우리가 다 같이 동시에 죽는 게 아니기 때문이다. 매년 1,000명 중 20명 꼴로 조금씩 죽는다. 그 20명 중에서도 자본이 있는 사람은 기껏해야 2명 정도다. 상속자들은 세금을 내기 위해 재산의 일부를 팔아서 현금을 마련할 수 있다고 생각한다. 당장은 상속세 낼 일이 없는 자본가들이 구매에 나서리라고 기대하는 것이다. 하지만 정부는 상속세를 받기까지 오래 기다리기 일쑤다. 상속세는 바보짓이다. 재산의 일부를 몰수해 국가에 귀속시키는 것을 문제 삼는 게 아니다. (그러면 안 될 게 뭔가?) 상속세가 잔인하고 부당하게 작동한다는 게 문제다. 100년 동안 3대에 걸쳐 상속이 이루어진다면 상속자들이 상속세로 타격을 입지 않는다. 그러나 1년 만에 세 번이나 상속이 이루어지면 (전쟁 중이나 전염병이 돌 때는 흔한 일이다) 상속세로 재산이 흔적도 없이 사라지고 부유했던 상속자들도 궁핍해진다. 가난한 사람에게 재산을 물려주는 것은 신중하게 생각해야 한다. 가난한 사람이 상속받으면 상속세를 감당하지 못하고 세금을 내기 위해 유산을 팔아야 한다.

    이런 문제는 이해하는 사람이 드물다. 전쟁 중에는 국가의 자본을 100억 파운드로 추정하던 사람들이 전쟁이 끝난 후에는 (마치 나라가 전쟁으로 부유해졌다는 듯) 국가의 자본이 300억 파운드가 됐다는 미친 소리를 아무렇지도 않게 한다. 그리고 그 300억 파운드에 세금을 부과해서 전쟁 비용을 청산하자고 실제로 하원에서 제안까지 했다. 케이크를 먹어치우면 케이크가 남아있을 수 없다. 그런데 우리가 끔찍한 전쟁에 70억 파운드를 쓰고 탄광과 철도와 공장에 200억 파운드 이상 쏟아부으며 그 수치를 잉글랜드 은행의 회계장부와 기업들의 대차대조표에 기록해 놓았더니, 그들은 그 돈이 여전히 존재한다고 착각하고 있다. 국민 대다수가 수치스러울 정도로 가난에 허덕이고 있는데 우리는 우리가 대단히 부유한 나라라고 생각하는 것이다.

제52장

The Money Market

금융시장에서는 여윳돈과 연수입을 교환한다

여러분이 어느 정도 재력을 지녔다면 필시 금융시장에서 돈을 굴리고 있을 것이다. 금융시장이라는 수수께끼를 푸는 것은 여러분에게도 도움이 될 테니 이제 금융시장에 대해 알아보도록 하자. 금융시장은 변동성이라는 만성질환을 앓고 있어서 금방이라도 여러분의 수입을 크게 늘려주기도 하고 알 수 없는 이유로 여러분의 돈을 홀랑 집어삼키기도 한다. 어떻게 그런 일이 일어나는지는 금융업계 종사자들도 잘 설명하지 못한다.

　돈을 사고파는 시장이라니 말이 안 되는 것 같다. "연어 5실링어치 주세요"는 말이 된다. 하지만 "돈 5실링어치 주세요"라고 말하는 건 우스꽝스럽다. 돈 5실링어치는 그냥 5실링이다. 뭣 하러 5실링을 5실링으로 바꾸겠는가? 해외에 나가는 사람들에게 외화를 파는 환전상이라면 모를까 아무도 돈으로 돈을 사지 않는다.

돈으로 돈을 사려는 사람은 없지만 돈을 꾸려는 사람은 많다. 혹은 돈을 빌린다고도 한다. 하지만 꾸는 것과 빌리는 것이 반드시 같은 의미는 아니다. 이웃에게 프라이팬을 빌리면 돌려주면서 고맙다고 인사하면 된다. 반면 금융시장에서 돈을 빌리면 그저 고맙다는 말로는 안 되고 거래할 때마다 반드시 대가를 주고받아야 한다. 빌린 것을 곧바로 소비해버려서 고대로 돌려줄 수 없다면 그것은 꾸는 것이다. 여러분이 이웃에게서 빵과 양초를 빌리면 빵은 먹고 초는 태우고 나중에 새 빵과 새 양초로 갚는다. 돈을 빌린다고 할 때도 실제로 빌리는 것은 그 돈으로 살 수 있는 것들, 즉 빵과 양초처럼 곧바로 소비할 수 있는 온갖 물질들이다. 여러분이 1실링을 빌릴 때는 당장 1실링어치의 무언가를 사서 소비하려는 것이다. 여러분이 산 것으로 빌린 1실링을 갚을 수는 없다. 일을 하고 1실링을 벌어서 갚아야 한다. (물론 다른 사람에게서 1실링을 빌릴 수도 있고 구걸하거나 훔칠 수도 있겠지만 점잖은 사람이 할 짓은 아니다.) 아무튼 여러분이 1실링을 갚을 때까지 여러분에게 돈을 빌려준 사람은 그 1실링어치의 무언가를 소비할 수가 없다. 그러니까 여러분은 그 사람에게 소비를 유보해준 것에 대한 대가(이자)를 지불하며 돈을 꾸는 것이다.

이자를 낸다면 돈을 빌려준 사람에게 신세 지고 있는 게 아니다. 서로서로 보탬이 되고 있기 때문이다. 이게 무슨 말인지 생각해보자. 빌려주는 돈은 필연적으로 여윳돈이다. 먹고사는 데 필요한 돈을 다 쓰고 난 다음에야 비로소 돈을 빌려줄 여유가 생기기 때문이다. 즉 여윳돈은 여유식량처럼 곧바로 소비되지 않으면 썩어 없어져버리는 것들에 대한 일종의 권리증이다. 여러분의 이웃이 일주일 치 식량에서 빵 한 덩이를 남기면 여러분이 그 남은 빵을 먹고 다음 주에 여러분의 이웃에게 새 빵 한 덩이를 주기로 약속할 수 있다. 그 이웃이 자기 가족을 다 먹이고도 빵이 많이 남는다면 여러분에게 "이 빵을 한 덩이 가져가시고 다음 주에 새 빵 반 덩이만 주세요"라고 할 수도 있다. 그냥 두면 썩어져서 빵 하나를 통으로 날릴 판이니 나중에 그 절반만이라도 건지게 해주면 나머지 반은 대가로 제공하겠다는 얘기다.

경제학자들은 이것을 역금리^{마이너스 금리}라고 부른다. 역금리는 여윳돈을 맡기면서 돈을 내야 한다는 뜻이다. 반대로 여윳돈을 맡기고 돈을 받는 것은 정금리^{플러스 금리}다. 둘 다 얼마든지 일어날 수 있는 일이다. 하지만 현재로서는 여윳돈을 빌려주고 돈을 내는 사람은 아무도 없는 반면 여윳돈을 빌리는 사람은 누구나 돈을 내고 있다. 그 이유는 딴 게 아니다. 우리의 제도가 소득을 불평등하게 분배하기 때문에 우리 중 빌려줄 여윳돈을 가진 사람은 극히 일부고 대다수는 당장 먹고살 것도 부족한 상태에 놓인다. 그래서 여윳돈을 빌려주기만 하면 나중에 그것을 갓 수확한 식량(을 살 수 있는 돈)으로 바꿔줄 뿐만 아니라 돈을 꿔준 기간에 대한 대가(이자)까지 지불하겠다는 사람이 언제나 넘쳐난다. 경제학자들은 이자를 금욕에 대한 보상으로 부르기도 하지만, 말도 안 되는 소리다. 누구도 저녁을 두 번 먹지 않고, 한 번에 옷을 여섯 벌 입지도 않고, 열두 채의 집에서 살 수도 없다. 그러지 않는다고 해서 그게 어떻게 보상받을 일인가. 돈을 꿔주는 사람은 오히려 자기에게 남아도는 것들을 사용해주고 추가로 이자까지 주겠다는 사람에게 고마워해야 한다. 만일 지금과 정반대로 부유한 사람이 다수이고 가난한 사람이 소수라면 은행은 여윳돈을 맡아주면서 아주 높은 비용을 청

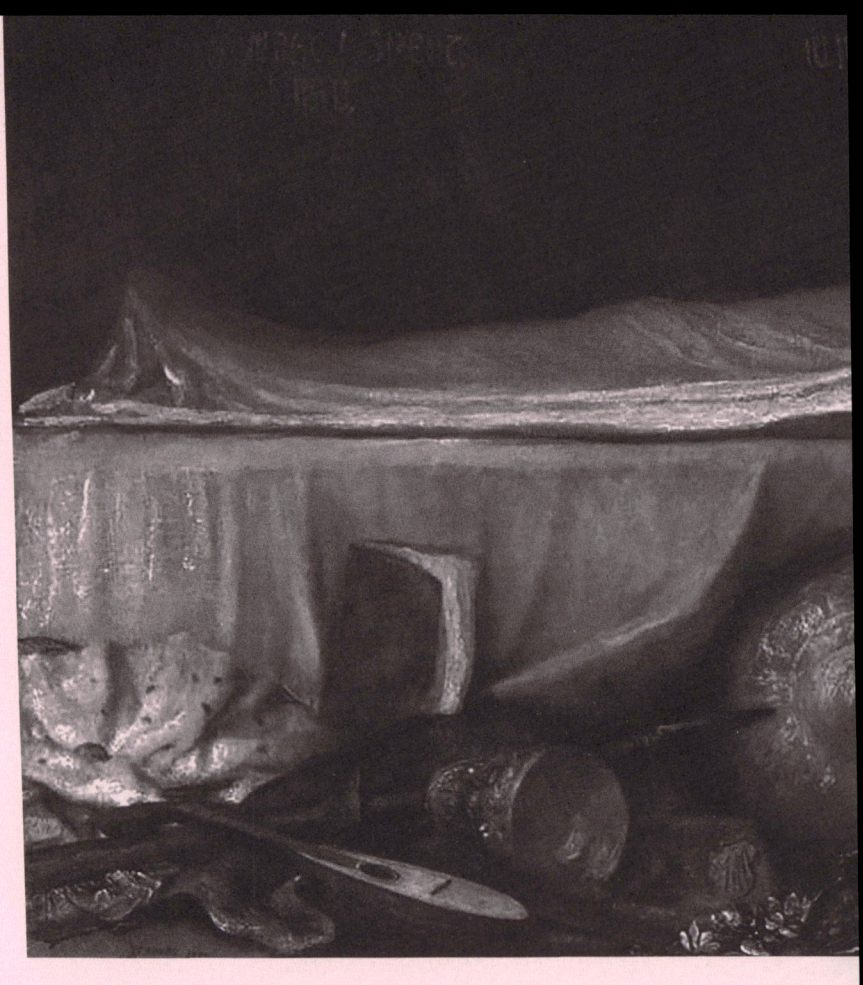

쓴 것은 한때 내 것이었고, 아끼고 모은 것은 사라졌으며, 준 것만 남았다
What I spent, I had, What I saved, I lost, What I gave, I have
프레데릭 와츠G. Frederic Watts, 『그렇게 사라진다』, 1891~1892년

구할 것이고, 프레데릭 와츠의 그림 『그렇게 사라진다_Sic Transit_』에서 죽은 기사 옆에 적힌 "아끼고 모은 것은 사라졌다"는 말은 정신적으로나 물리적으로나 현실이 될 것이다. 여러분에게 100파운드의 여윳돈이 생겨서 저축하려고 은행에 가져가면 은행원은 이렇게 말할 것이다. "유감입니다만 부인, 원금을 그대로 돌려드리지는 못합니다. 1년 후 최대 70파운드까지밖에 보장해드릴 수가 없네요. 안 그래도 시중에 여윳돈

이 넘쳐나는데 그 정도 받으면 운이 좋은 겁니다. 사실 웬만하면 저축하지 않고 지출을 늘리는 게 좋아요. 살 수 있는 것들이 사라지기 전에 돈을 쓰세요. 은행에 맡긴다고 예전 같지 않아요."

자본주의하에서는 그런 일이 일어날 리 없다. 다수가 가난해지고 소수만 엄청나게 부유해지도록 국민소득을 분배하기 때문이다. 그래서 자본주의 사회에 사는 우리는 여윳돈 전부를 빌려줄(투자할) 수도 있고 돈을 돌려받을 때까지 기다려준 대가를 청구할 수도 있다고 여긴다. 돈을 꿔주고 기다린 것에 대한 대가가 이자다. 성경에서 고리대금이라고 한 것에 비하면 이자는 점잖은 말이다. 돈을 빌리는 사람은 대가를 지불하고 여러분의 여윳돈을 대신 소비하는 것이다. 이 거래는 도덕적으로 나쁠 것도 없고 부끄러울 일도 아니다. 여러분은 여윳돈(자본)을 누군가에게 빌려주고, 채무자는 원금을 상환할 때까지 매년 혹은 매달 혹은 매주 소득의 일부를 여러분에게 지불하기로 약속하는 것이다.

금융시장은 여윳돈을 일시불로 지불하고 매년 정기적으로 들어올 소득(연수입)을 사들이는 곳이다. 여러분이 100파운드의 여윳돈(이 수치를 기준으로 하자)으로 얼마짜리 연수입을 살 수 있는지는 그날그날 금융시장에 거래되는 여윳돈과 연수입의 많고 적음에 따라 달라진다. 또한 연수입의 안정성과 연간 변동 폭에 따라 달라진다. 주식중개인에게 100파운드를 투자해달라고 하면(즉, 금융시장에서 연수입을 받기 위해 100파운드를 꿔주겠다고 하면) 내가 이 글을 쓰고 있는 1926년의 주식중개인은 연간 4파운드 10실링의 수입을 보장할 것이다. 여러분이 원금이 조금 늘어나거나 줄어들 가능성을 받아들인다면 연간 6파운드의 수입을, 원금이 전부 날아갈 가능성을 받아들인다면 연간 10파운드의 수입을 보장할 것이다.

가난한 사람들은 이런 공식적인 금융시장에 끼지 못한다. 그들이 돈을 빌릴 수 있는 곳은 전당포뿐이고 담보로 잡힐 것이라고는 자기들 벌이에서 매주 얼마큼씩 떼어 갚겠다는 약속뿐이다. 그러한 약속은 증권이나 등기권리증보다 훨씬 더 불확실하기 때문에 그들이 돈을 빌릴 때는 상대적으로 엄청난 비용을 지불해야 한다. 예를 들어 가난한 여성 노동자는 1실링을 빌리기 위해 보통 주당 1페니의 이자를 내야 한다. 가난해서 담보가 없는 사람들은 그 정도를 당연하게 여긴다. 하지만 그들이 내는 이자는 정부가 돈을 빌릴 때 내는 이자보다 86배나 비싸다. 100파운드를 빌리면 일 년에 433파운드 10실링의 이자를 지불해야 하는 셈으로, 이자율이 무려 433.5퍼센트이다. 부자는 상상도 하지 못할 이율이다. 가난하면 가난할수록 이자를 더 많이 낸다. 돈을 갚지 못할 위험이 더 크기 때문이다. 그러니까 신문에서 영국의 중앙은행인 영란은행이 대출이자를 5퍼센트에 고정했다느니 4.5퍼센트로 인하했다느니 6퍼센트로 올렸다느니 할 때, 누구나 그 이율(중앙은행금리 혹은 기준금리)에 돈을 빌릴 수 있다고 생각해서는 안 된다. 그것은 정부와 대형 은행과 대기업처럼 돈을 확실하게 갚을 수 있는 사람들이 그 이율로 빌릴 수 있다는 것을 의미할 뿐이다. 기준금리는 그들의 상환능력이 아니라 금융시장에서 대출 가능한 여윳돈의 양에 따라 결정되는 것이다. 기준금리가 아무리 떨어지더라도 가난한 여성 청소노동자는 여전히 433.5퍼센트의 이자를 지불해야한다. 그녀가 돈을 못 갚을 위험이 높기 때문이기도 하고, 푼돈을 대출해주고 매주 이자

런던증권거래소 LSE
토머스 롤랜드슨 *Thomas Rowlandson*, 『축소판 런던 *Microcosm of London*』, 1810년

를 걷는 일이 거액을 대출해주고 반년에 한 번 이자를 걷는 일보다 비용이 훨씬 많이 들기 때문이기도 하며, 딱하게도 무지한 청소 노동자는 어려울 때 돈을 빌려주는 고리대금업자를 가장 좋은 친구로 여기고 그가 백만장자보다 그녀에게 더 비싼 이자를 청구한다는 사실을 모르고 있기 때문이기도 하다.

돈의 가격은 빌려준 돈이 어디에 쓰이느냐에 따라서도 달라진다. 금융시장에서 여러분은 아마도 빌려주는 입장일 것이다. 대부업자 취급한다고 펄쩍 뛸 필요는 없다. 다시 말하지만 그런 거래는 부끄러운 일이 아니다. 게다가 아무도 여러분의 투자를 대출이라고 부르지 않을 것이다. 하지만 투자도 결국 대출이다. 다만, 개인이 아니라 주식회사에 특정 조건을 전제로 대출해주는 것이다. 도시의 사업가들은 항상 주식회사를 만들고 거창한 사업을 한다면서 돈을 빌려달라고 한다. 시내의 상점이든, 시내버스 운영이든, 안데스산맥을 관통하는 터널이나 태평양 연안의 항구, 페루의 금광, 말레이반도의 고무 공장 등등 사업가들은 돈이 되겠다 싶은 온갖 사업에 뛰어든다. 하지만 그들은 빌린 돈을 다 갚을 때까지 이자를 지불한다는 단순한 조건으로 돈을 빌리는 것이 아니다. 그들은 돈을 빌려주는 사람(주주)에게 회사의 소유권을 주겠다고 제안한다. 그래서 회사가 이익을 내기 시작하면 주주들은 각자 빌려준 액수에 따라 이익을 배당받는다. 반대로 회사가 이익을 내지 못하면 주주들은 돈을 잃는다. 그나마 빌려준 돈 이상으로는 잃지 않는다는 것이 유일하게 안심할 만한 부분이다. 회사가 주주들에게 빌린 돈보다 초과 지출을 했다고 하더라도 주주에게 회사의 빚을 갚으라고 요구할 수는 없게 돼 있다. 주주의 법적 책임은 이른바 유한하다.

빅토리아와 테네시 클래플린 자매 *Victoria and Tennessee Claflin*
『뉴욕이브닝텔레그래프 *The New York Evening Telegraph*』, 1870년
증권중개회사를 설립해 월스트리트에서 주식중개인으로 활약한 최초의 여성

이런 거래는 불확실하다. 그래서 만약 여러분이 소심하게 나오면 (혹은 신중하다고 할까?) 그 회사들은 여러분에게 6 내지 7퍼센트의 고정금리를 제시하며 돈을 빌려달라고 설득할 수도 있다. 이 경우 여러분은 일반적인 자금공급자(주주)에 우선해 이자를 받게 되지만, 회사가 아무리 큰 이익을 내도 정해진 이자 이상은 받을 수 없다. 이런 제안을 받아들인다면 여러분은 회사채나 우선주를 보유하는 것이고 그렇지 않은 다른 사람들은 보통주를 보유하는 것이다. 우선주와 보통주에도 여러 종류가 있다. 이 모든 것은 여윳돈을 꾸기 위한 방편들이다. 여윳돈을 꿔달라면서 제시하는 조건만 다를 뿐이다.

여러분이 어떤 주식을 사서 연수입을 얻고 있는데 갑자기 목돈 써야 할 일이 생긴다면 언제든지 그 주식을 팔 수 있다. 여윳돈을 "저축"한답시고 연수입으로 교환하려는 다른 누군가가 시장가격으로 그 주식을 살 것이다. 이런 식으로 주식이 매매되는 금융시장을 증권거래소라고 한다. 주식을 팔려면 여러분을 대리하는 주식중개인*stockbroker*을 고용해야 한다. 주식중개인은 여러분의 주식을 증권거래소로 가져가서 주식중개인만 상대하는 장내중매인*stockjobber*에게 "값을 매겨보라"고 요청한다. 그러면 장내중매인은 그 회사의 전망과 수익, 주식을 매수하기 위해 유입된 여윳돈의 양, 매도하려고 내놓은 주식의 수를 근거로 그 주식의 가치가 얼마인지를 평가한다. 장내중매인을 우습게 여기면 안 된다. 그들은 매우 중요한 사람들이며 자기들이 금융업계에서 주식중개인들보다 훨씬 고수라고 생각한다.

증권거래소에서의 합법적인 거래는 이미 설립된 회사들의 주식을 사고파는 것이다. 그 거래의 상당 부분은 갖고 있지도 않은 주식을 팔고 내지도 않을 값을 부르는, 투기라고 하는 이상한 게임이 차지하고 있다. 하지만 그보다 먼저 지적해야 할 주식시장의 문제는 이미 설립된 회사의 주식만 거래된다는 점이다. 국가적으로 보면, 여윳돈은 기존 회사의 주식을 구입하는 데 쓰이기보다는 새로운 회사를 설립하거나 생산을 확대하는 데 쓰이는 것이 바람직하다. 그런데 증권거래소에서 이뤄지는 거래는 새로운 회사의 설립이나 생산 확대와 별로 관련이 없다. 예를 들어, 여러분이 여윳돈 5만 파운드를 모두 철도 주식에 투자한다고 가정해보자! 그렇게 한다고 철로가 1야드 더 깔리거나 열차 한 칸이 더 생기거나 기존 차량에 난방이 보강되는 것은 아니다. 여러분의 돈은 철도에 어떤 영향도 주지 않을 것이다. 주주 명부에 있던 다른 사람의 이름이 여러분 이름으로 교체되고 그 다른 사람에게 갔던 연수입이 앞으로는 여러분에게 배당될 뿐이다. 여러분에게 주식을 판 사람은 5만 파운드를 받고 자기가 하고 싶은 일을 할 것이다. 몬테카를로의 도박판이나 영국의 경마장에서 써버릴 수도 있고 노동당에 기부할 수도 있다. 여러분이 도박에 완강히 반대하거나 노동당을 싫어하는 사람이라면 이렇게 말할지도 모른다. "내 돈이 그렇게 쓰일 줄 알았다면, 내 돈이 어디에 쓰일지 상관도 안 하는 양심 없고 사악한 중개인에게서 주식을 사지 않았을 겁니다. 원칙을 지키며 돈을 어리석게 써버리지 않을 믿을 만한 사람에게서 개인적으로 주식을 샀겠죠." 하지만 그렇게 항변해도 소용없다. 현실적으로 증권거래소에서는 기존 회사들의 주식을 살 수밖에 없고, 여러분이 투자한 돈은 그 회사들로 흘러가지 않으며, 그 돈이 어디로 갈지는 완전히 여러분의 통제 밖에 있다. 증권거래소가 명목상으로는 나라의 산업 자본에 매일 여윳돈 수십만 파운드를 보태는 아주 고마운 일을 하고 있다지만, 실제로는 과도한 사치나 파괴적인 악행에 돈을 낭비하고 있을 수 있다. 그 돈이 해외로 빠져나가 다른 나라 회사를 설립하는 데 쓰인다면 언젠가 여러분이 주주인 국내 회사를 밀어내고 여러분을 극빈층으로 끌어내릴 수도 있다.

이러한 내막을 알게 된 여러분은 신경 써서 신규 회사의 신규 발행 주식만 사겠다고 할 수도 있다. 투자 설명서에 동봉된 양식에 따라 돈을 직접 신규 회사의 은행으로 보내서 주식중개인이나 장내중매인이 끼어들 여지를 없애면 여러분의 돈이 신규 사업을 일으키는 데 사용되고 국가 생산에 보탬이 될 거라고 확신하면서 말이다. 순진한 독자 여러분! 여러분이 돈 문제에 아주 밝은 것도 아니고 대단히 조심스러운 것도 아니고 가능한 위험을 제대로 파악하지도 못한다면, 결국 돈을 죄다 잃고 말 것이다. 유감스럽게도 투자자를 상대로 하는 회사 홍보는 구린 데가 있는 매우 교활한 사업이다. 사기꾼들이 거창한 목표를 내세우며 회사를 설립하는 것을 막기 위해 의회는 수차례 관련 법을 통과시켰지만 별 효과는 없었다. 사기꾼들은 주식을 발행해 최대한 많은 돈을 끌어모은 다음, 처음에 내세웠던 목표를 이루려는 시도는 전혀 하지 않고, 그저 사무실을 얻어서 물건을 주문하고, 모든 주문에 대해 커미션을 받고, 자기들끼리 이사며 관리자며 비서 등의 자리를 임명하고 월급을 나눠갖는다. 이런 식으로 (완전히 합법적으로) 등쳐먹은 돈을 나누고 난 다음에는 회사를 폐업해버린다. 이 경우 여러분이 할 수 있는 일이라고는 주주 모임에 가서 소동을 일으키는 것뿐인데, 그럴 때도 사기꾼을 사기꾼으로 부르지 않도록 아주 조심해야 한다. 그랬다가는 명예훼손으로 고소당하고 벌금을 물게 될 수도 있다. 소동을 일으킨다고 돈을 되찾을 수 있는 것도 아니다. 매년 이런 식으로 돈을 뜯기는 순진한 사람들의 피해규모가 어마어마하다. 가짜 버스 회사 사기가 금 채굴 회사 사기만큼 많았다. 금 채굴 회사는 딱 봐도 수상쩍지만, 버스 회사는 사기가 아니었다면 합리적이고 공익적인 투자처가 됐을 것이다.

사기를 치려고 세운 회사가 예기치 않게 성공하는 바람에 사기꾼들도 (도둑질하려고 들어간 집에서 정중히 저녁 초대를 받은 것처럼) 어리둥절하고 여러분은 얼떨결에 사기를 피하게 되는 경우도 있다. 그런데 사기꾼 회사가 아니라 진짜 열정적인 사람들이 설립한 회사에 걸려 넘어질 수가 있다. 열정적인 사람들은 자신들의 계획을 확신하고 결국 인정받으며 모든 여윳돈과 엄청난 노력을 그 확신에 쏟아붓는다. 하지만 그들은 항상 비용을 너무 과소평가한다. 처음 하는 일이라 길잡이 삼을 만한 경험은 없고 잘못된 길로 인도할 수 있는 열정만 있다. 그들이 성공의 절반쯤 다다르면 자본금은 바닥난다. 결국 자신들을 이용만 할 게 분명한 새로운 회사에 그간 이룬 모든 것을 헐값에 팔아야만 한다. 가끔 이 두 번째 회사는 첫 번째 회사와 같은 길을 걷다 세 번째 회사에 팔린다. 마침내 성공하는 회사들을 보면 전에 공장을 완성하려다가 현금이 동이나 주저앉은 회사 서너 개의 업적을 딛고 일어난 경우가 많다. 금융시장에서 잔뼈가 굵은 사람들은 그러한 사실을 알고 마지막 성공의 순간이 다가올 때까지 잠자코 기다린다. 혹자는 "세 번째 회사에 들어가면 돈을 번다"고 했다. 그런 사람들은 투자에 성공한다. 반면, 그 사업의 성공을 예견할 만한 안목을 가지고 진취적으로 사업을 시작했던 원래 주주들은 빈털터리가 된다. 자신들의 희망이 실현되는 것을 구빈원 창문 너머로 내다보며 자신들의 판단이 옳았다는 것을 알게 되겠지만 그래봤자 후배 투자자들에게 반면교사가 될 뿐이다.

여러분이 그런 위험을 피하기 위해서는 새로운 회사를 멀리하고 주식중개인에게 탄탄한 기존 회사의 주식을 사달라고 해야 한다. 그러면 어찌 됐든 사기꾼 회사나 초기 자본이 부족해서 헐값에 팔릴 회사들은 피하게 될 것이다. 진취성을 경계해야 한다. 공공심이나 양심 경영, 미래에 대한 장밋빛 전망에 속아 넘어가지 말아야 한다. 안전성을 노려라. 수익성이 낮아도 되도록 정부나 지방정부에 돈을 빌려주는 게 좋다. 공동체에 투자하는 것만큼 안전하고 유용한 투자는 없다. 방금 내가 조심하라고 한 진취성 등등을 언론에서는 자본주의의 미덕으로 찬양하곤 한다. 그런 헛소리를 하는 언론인을 보면 『잉골즈비의 전설 The Ingoldsby Legends』에 나오는 성구관리인처럼 엄지로 코를 누르며 놀리고 싶겠지만 점잖지 못한 행동이니 자제하도록 하자.

성구관리인 Sacristan
아서 래컴 Arthur Rackham, 『잉골즈비의 전설』, 1840년

제53장　　　　　　　　　　　　　　　　　　　　　　　*Speculation*

앞장에서 금융시장에서 자본이 거래되는 이야기를 다뤘다. 이번에는 금융시장에서 어떻게 도박판이 벌어지는지 알아보자. 설령 여러분이 도박을 끔찍하게 싫어하더라도 도박이 어떤 식으로 이루어지는지 아는 것은 현대 사회를 살아가는 데 반드시 필요하다. 그런 지식이 없으면 도박꾼과 결혼하게 될 수도 있다. 여러분의 배우자가 카드를 치거나 룰렛테이블에 앉거나 경마에 돈을 거는 사람이 절대 아니라는 사실을 기껏 힘들게 알아내도 소용없다. 그가 증권거래소를 들락거리는 남자라면 돈을 물 쓰듯 쓰다가도 그다음 주가 되면 새로운 모자 하나도 사줄 여유가 없다고 할 수 있다. 한마디로 여러분은 도박꾼 기질이 전혀 없는데 도박꾼의 아내가 되는 비극을 겪는 것이다.

　증권거래소에서는 투기라고 하는 게임이 벌어진다. 투기는 갖고 있지도 않은 주식을 팔고 내지도 않을 값을 제시하는 게임이다. 지금부터 이 게임에 대해 설명할 것이다. 이 게임에 빠질지 말지는 여러분

투기란 무엇인가

의 성향과 양심에 맡기겠다. 투기는 지금까지 자본주의가 낳은 도박 중 가장 흥미롭고 보편화된 형태다.

투기를 이해하기 위해 먼저 알아야 할 것이 있다. 런던증권거래소에서는 돈이 없어도 주식을 살 수 있고, 주식이 없어도 주식을 팔 수 있다. 결산일이 2주마다 돌아오기 때문이다.[1] 뭐가 문제인지 모르겠는가? 2주는 엄청나게 많은 일이 일어날 수 있는 기간이다. 금융시장에서 연수입과 여윳돈의 가격이 시시각각 변한다는 사실을 떠올려보자. 농산물을 비롯해 고무, 석유, 석탄, 구리의 산출량이 좋으냐 나쁘냐에 따라 관련 산업의 전망이 밝거나 어두워지고 주식회사들의 실적이 좋

---

[1] 이렇게 지정된 날짜에 결산이 이루어지는 방식을 어카운트 결제 Account Settlement라고 한다. 런던증권거래소가 어카운트 결제를 기반으로 할 때는 결산일까지 최대 14일의 거래기간이 보장됐으나 1995년 연속 결제 Rolling Settlement 방식으로 바뀐 뒤에는 각각의 거래일을 기준으로 결산일이 정해지게 됐다. 처음에는 T+5일, 즉 거래일로부터 5일 후에 결산하도록 했고 1998년 T+3일을 거쳐 2001년부터는 T+2일 결제 제도를 도입해 시행해왔다.

거나 나빠지면서 희망 혹은 두려움이 시장에 퍼진다. 한마디로, 주주들에게 배당할 연수입과 주식시장에 유입되는 여윳돈의 양이 계속 달라질 수 있다. 주식 가격은 매년, 매일, 매시는 물론이고 주식시장이 과열되면 분 단위로 변한다. 수년 전 혹은 수세기 전에 100파운드였던 신생 회사의 주식이 주주에게 5,000파운드의 연수입을 안겨줄 수도, 겨우 30실링만 안겨줄 수도, 배당을 전혀 못 받게 할 수도 있으며, 세 경우가 차례로 일어날 수도 있다. 원래 100파운드짜리였던 주식이 어느 순간 10만 파운드에 팔릴 수 있고, 30파운드에 팔릴 수도 있으며, 전혀 팔리지 않을 수도 있는 것이다. 아침에 신문 경제면을 펼치며 어제 주식 가격을 보고 오늘 얼마나 부유해졌는지를 확인하는데, 한 주 동안 보유 주식의 가격이 똑같이 유지되는 경우는 좀처럼 볼 수 없을 것이다. 정부나 지방정부에 (공동체를 담보로) 돈을 빌려주는 신중한 투자를 한 것이 아니라면 말이다.

    이제 주식 가격은 끊임없이 변동한다는 사실과 결산일 이전에는 현금이나 증권 없이도 주식 매매를 할 수 있다는 런던 증권거래소의 규칙을 함께 고려해보자. 여러분은 수중에 여윳돈이 한푼도 없고 연수입이 나오는 주식도 전혀 없는데, 이런 저런 이유에서 A회사의 주가는 며칠 안에 오르고 B회사의 주가는 떨어질 것이라고 믿고 있다! 여러분의 추측이 옳다고 치자. 이제 A회사의 주식을 사고 B회사의 주식을 팔면 돈을 버는 것이다. 돈이 없는데 어떻게 주식을 사고, 증권이 없는데 어떻게 주식을 파느냐? 간단하다. 결산일 전까지는 돈이나 증권을 넘길 필요가 없다. 결산일이 돌아오기 전에, 신용으로 구입한 A회사의 주식을 매수한 가격보다 높은 가격에 매도하고, 갖고 있지도 않으면서 판 B회사 주식을 매도한 가격보다 낮은 가격에 매수하면 되는 것이다. 결산일에 처음에 공매수한 A주식의 대금을 치르고 공매도한 B주식의 증권을 넘겨주고 나면, 매매일과 결산일 사이의 주가 차이만큼 돈을 벌게 된다. 아주 간단하지 않은가?

이것이 바로 투기라는 게임이다. 투기에 뛰어든다고 여러분을 비난할 사람은 아무도 없다. 다만, 증권거래소에서는 오를 것 같은 A주식을 공매수하려는 사람을 황소bull로, 떨어질 것 같은 B주식을 공매도하려는 사람을 곰bear으로 부른다. 약간의 보증금만 지불하고 신생 회사의 주식을 배정받은 다음 제 값을 다 치르기도 전에 이익을 남기고 팔아버리는 사람은 숫사슴stag이라고 한다. 왜 암소나 암사슴으로 부르지 않냐고? 증권거래소는 남자들이 남자들을 위해 만든 것이라서 용어도 죄다 남성 위주다.

물론 여러분의 추측은 틀릴 수 있다. 오를 것 같던 A 주가가 내려가고, 내려갈 것 같던 B 주가가 올라갈 수 있다! 그런 일은 종종 일어난다. 예측하지 못한 사건이 일어나서 그 회사들에 영향을 미칠 수도 있고 아니면 단순히 여러분의 예측이 틀릴 수도 있다. 하지만 그런 가능성에 너무 겁먹을 필요는 없다. 돈을 잃어봤자 주가의 차이만큼 잃을 뿐이다. 투자금 100파운드당 끽해야 5 내지 10파운드 잃는 정도일 테니 옷과 가구를 전당포에 맡기고 게임을 다시 시작할 수도 있다. 심지어 다음 결산일까지 지불을 한 번 미뤄도 된다. 황소주식매수자는 결제유예금contango을, 곰주식매도자은 인도유예금backwardation을 지불하고 다음 2주 동안 운이 바뀌길 기대할 수 있다.

그렇지만 주의해야 할 점이 있다. 만일 하락장을 예상한 곰들이 너무 많아서 갖고 있지도 않은 주식을 엄청나게 팔아버리면 곰들은 "궁지에 몰릴" 수 있다. 실제 존재하는 주식보다 더 많이 팔아버리거나 공매도한 주식을 아주 비싸게 사서 메워야 하는 상황에 부닥치는 것이다.[2] 약삭빠른 황소들은 그런 상황을 예측하고 공매도로 나온 주식을 다 사들여서 곰들의 돈을 털어먹는다. 곰을 궁지에 모는 것도 투기라는 게임의 일부다.

이러한 게임은 운뿐만 아니라 지식과 기술, 성향(혹은 무성향)에 좌우되기 때문에 예측을 잘하는 사람이나 주가에 영향을 줄 만한 내부 정보를 가진 사람이 투기로 돈을 번다. 투기꾼들은 엄청나게 돈을 벌기도 하고 엄청나게 잃기도 했다. 경마에 돈을 걸듯이 투기에 뛰어드는 사람들이 있다. 개중에는 투기를 잘 이해하고 정식으로 주식중개인을 통해 거래하는 사람도 있지만, 광고만 보고 혹해서 뜨내기 중개소Bucket Shop를 찾는 사람들도 있다. 여러분에게 뜨내기 중개소가 무엇인지 알려줘야 할 것 같다.

알다시피 투기꾼은 주식 매수에 건 돈을 전부 날리는 게 아니다. 잃어봤자 매수 시점의 주가와 지불 시점의 주가 차액만큼이다. 투기꾼이 그 차액을 감당할 수 있다면 파산은 면한다. 그 차액을 커버Cover라고 한다. 뜨내기 중개인은 그 차액만 받고 기꺼이 대신 투기해주겠다는 사람이다. 그의 광고 전단에는 실제로 이렇게 적혀있다. "10파운드만 맡겨보세요. 최악의 경우에도 10파운드를 잃는 게 다랍니다. 저

---

2 이처럼 주가 하락을 기대하며 공매도한 사람들short sellers이 예상치 못한 상승장에 황급히 주식을 매수하면서 점점 더 비싼 주식을 사서 갚아야 하는 상황에 처하는 현상을 쇼트스퀴즈short squeeze라고 한다.

한테 맡기시면 그 돈을 두 배, 아니 몇 배로도 불릴 수 있습니다. 저에게 10파운드를 맡기고 50파운드 혹은 100파운드를 가져가신 분들이 많아요." 그런 사업에 대한 이해가 전혀 없는 사람은 뜨내기 중개인에게 10파운드를 보냈다가 전부 잃을 가능성이 매우 높다. 만약 수중에 10파운드가 더 있다면 그 돈도 걸어서 본전을 되찾으려 할 것이다. 물론 운이 좋으면 딸 수도 있다. 고객들을 가끔은 따게 해야 뜨내기 중개소도 유지되기 때문이다. 하지만 언제든 마음만 먹으면 여러분이 돈을 따지 못하게 할 수 있다. 가격이 폭락한 주식을 보여주면서 여러분의 판돈이 날아갔다고 하거나 주식 몇 개를 싸게 팔아서 여러분이 손실을 봤다고 눈속임한다. 게다가 그들은 여러분의 돈을 떼어먹고 고소를 당한다고 해도 도박법을 통해 빠져나간다. 증권거래위원회는 그들에게 벌금을 부과하거나 퇴출시키지 않는다. 그들은 증권거래소 일원이 아니고 주식을 중개한 적도 없기 때문이다. 마권업자가 반드시 야바위꾼인 것은 아니듯 뜨내기 중개인이 반드시 사기꾼인 것은 아니다. 하지만 뜨내기 중개인이 사기를 치면 여러분은 속수무책으로 당할 수밖에 없다. 반면 주식중개인이 여러분을 속였다가는 밥줄이 끊길 것이다.

여러분이 정식으로 주식중개인을 통해 투기할 때는 주식중개인을 순전히 투자만 해주는 사람으로 여겨야 한다. 즉 실제로 여윳돈이 있는 고객에게 주식을 사주고, 정말로 주식을 가지고 있는 고객의 주식을 팔아주는 사람으로 간주해야 한다. 5파운드를 들고 뜨내기 중개소에 가서 "전 재산이 5파운드인데, 이 돈으로 50파운드짜리 주식에 투자해줄 수 있나요?"라고 말한다면, 뜨내기 중개인은 기꺼이 여러분의 청을 들어줄 것이다. 하지만 주식중개인에게 똑같이 말한다면 그는 여

아래로 깊은 구렁을 내려다보니 뜨내기 중개소 도박꾼들의 영혼이 보인다
아트 영 Art Young, 뜨내기 중개소의 도박꾼들 The bucket-shop gamblers
『힐라 헌트와 함께 지옥 구경』 제41곡, 1901년

러분을 밖으로 내쫓을 것이다. 여러분은 주식중개인에게 여러분이 정말 여윳돈이 있고 정말 매도할 주식이 있다는 믿음을 줘야 한다. 아니면 그런 인상이라도 줘야 한다.

이제 런던증권거래소에서 어떤 도박이 벌어지고 있는지 이해할 것이다. 그 도박은 옵션이니 더블 옵션이니 종류도 다양해서 사람들이 다양한 칸이 존재하는 룰렛테이블에 끌리는 것처럼 손쉽게 판에 뛰어든다. 다른 나라 증권거래소에서는 공매도 하기가 쉽지 않다. 하지만 규제의 정도 차이가 게임의 본질을 바꾸지는 않는다. 런던의 카펠코트에서, 뉴욕의 월스트리트에서, 파리의 부어스에서 매일 수백만 파운드 규모로 투기가 이루어지고 있다. 그야말로 어마어마한 액수다. 돈 없는 매수자들과 팔 것 없는 매도자들이 빈손으로 거래한다. 이런 거래는 나라를 부유하게 하지 않는다. 몬테카를로의 도박판이나 경마장에서 돈이 아무리 오간다고 해도 나라가 부유해지지 않는 것과 같다. 하지만 인간이 투기에 낭비하는 에너지와 배짱, 잔꾀를 잘만 쓰면 자본주의가 오랜 시간에 걸쳐 양산한 빈민가와 전염병과 감옥을 빠르게 없애버릴 수 있다.

제54장   *Banking*

증권거래소는 금융시장의 한 축일 뿐이다. 사업 자본을 꾸기 위해 일반적으로 찾는 곳은 은행이다. 은행원은 여러분이 나중에 돈을 갚을 거라는 확신이 들면 돈을 빌려준다. 그게 바로 은행원의 진짜 업무다. 은행원은 여러분이 잔고를 초과해 돈을 인출할 수 있게 해준다. 또한 여러분이 거래처에서 받은 어음(미래의 어느 시점에 돈을 지불하겠다는 각서)이 믿을 만하다고 판단하면 어음에 적힌 금액을 바로 내준다. 다만, 그 거래처에서 돈을 갚기 전에 여러분에게 미리 돈을 쓸 수 있게 해준 대가로 일정 금액을 차감하는데 이를 어음할인이라고 한다. 초과인출이든 어음할인이든 결국 은행에서 돈을 꾸는 것이다. 신문 경제면에서 돈이 싸다 혹은 비싸다고 하는 것은 은행에서 여윳돈을 꿀 때 지불하는 돈의 사용료(금리)가 낮거나 높다는 의미다.

    중앙은행인 영란은행이 금리를 인상 또는 인하하면 야단법석이 일어나곤 한다. 금리를 인상 혹은 인하한다는 것은 영란은행이 어음할인을 할 때 돈의 사용료를 더 많이 혹은 더 적게 청구하겠다는 의미다.

은행은 언제 위험해지는가?

그건 여윳돈이 비싸지거나 싸졌기 때문이다. 다시 말해, 여유식량이 부족해지거나 풍족해졌기 때문이다. 여러분이 은행 잔고를 초과해 돈을 끌어다 썼는데 금리가 인상되면 은행에서 더는 대출을 해줄 수 없다며 되도록 빨리 돈을 갚으라고 할 것이다. 그 말은 시장에 여윳돈(여유식량)이 귀해졌으니 더 빌릴 생각 말고 이미 빌려 간 것이나 갚으라는 뜻이다. 그러면 여러분은 곤란을 겪게 되고 사업 확장을 못하게 될 수도 있다. 그래서 사업가들은 기준금리가 오르면 한탄하고 내리면 환호한다. 영란은행에서 여윳돈 사용료가 오르면 다른 모든 곳에서도 여윳돈 사용료가 올라가기 때문에 기준금리는 일반적인 여윳돈 사용료의 지표가 된다.

그런데 도대체 은행은 그 많은 여윳돈이 전부 어디서 나는 것일까? 사업을 하지 않고 대출이나 어음할인을 받을 일이 없는 사람은 은행이 공짜로 수표를 발행해주고 돈을 안전하게 보관해주는 곳인 줄로만 안다. 하지만 은행이 하는 일은 그게 다가 아니다. 은행은 돈을 예치한 고객, 즉 계좌에 여윳돈을 넣어두고 일정 기간 찾지 않기로 약속한 고객의 돈을 꾸기도 한다. 대체 은행이 무슨 돈으로 그렇게 호화로운 건물을 사용하고 점잖고 친절한 점장과 잘 차려입은 직원을 통해 이런저런 서비스를 제공하는지 의문을 가져본 적이 있을 것이다.

은행에는 항상 돈이 쌓이기 마련이다. 사람들이 은행에 넣어둔 돈을 전부 인출하는 일이 드물고 심지어 전부 인출하더라도 얼마 동안은 은행이 돈을 갖고 있기 때문이다. 월요일에 은행에 100파운드를 맡겨놓고 토요일에 수표를 쓸 생각이라고 하자. 토요일에 쓴 수표는 다음 월요일이나 돼야 은행에서 현금화될 것이다. 결국 은행은 여러분의 100파운드를 일주일이나 보유하면서 그 일주일 동안 100파운드를 꿔주고 몇 실링의 이자를 챙길 수 있다.

게다가 은행은 대체로 그보다는 남는 장사를 한다. 매주 딱 쓸 만큼만 돈을 입금해 놓고 그만큼을 수표로 다 써버리는 사람은 거의 없다. 대부분의 사람은 일 년 내내 은행 계좌를 열어 두고 돈이 필요할 때 언제든지 꺼내 쓸 수 있게 상당한 액수를 계좌에 넣어둔다. 너무 가난해서 은행 계좌를 유지하기조차 힘든 사람도 통장을 탈탈 털어 쓰는 경우는 잘 없다. 잔고가 거의 바닥나면 얼른 1~2파운드라도 더 입금하려고 한다. 그 정도 소액 거래를 어느 은행에서나 할 수 있는 것도 아니다. 만약 영란은행에서 겨우 그만한 계좌를 열겠다고 한다면 바로 경비에게 붙들려 쫓겨날 것이다. 은행 고객들은 그들의 사업 규모나 생활 수준에 따라 20파운드, 100파운드, 1,000파운드, 수천 파운드를 계좌에 넣어두고 언제든지 꺼내 쓸 수 있는 사람들이다. 은행에 얼마를 넣고 빼든 항상 일정한 잔고를 유지한다는 말이다. 그러한 잔고들을 다 합하면 은행은 어마어마한 여윳돈을 손에 쥐게 되며 그 돈을 꿔주고서 막대한 이윤을 얻는다. 그러니까 은행은 여러분을 얼마든지 융숭하게 대접할 수 있다.

은행 계좌에 항상 일정 금액 이상 잔고를 유지하는 사람이라면 놀라서 질문할지도 모른다. 은행이 언제든 고객의 돈을 내어줄 수 있도록 잔고를 항시 보관하지 않고 그 돈을 다른 사람들에게 빌려준다는 말인가? 그렇다. 사실 그게 은행이 하는 일이고 은행은 그런 일을 하기 위해 설립된 것이다. 그렇다면 고객이 잔고 전액을 인출하려고 할 때 은행이 돈을 내주지 못할 수도 있다는 말인가? 다른 모든 고객도 같은 날 잔고 전액을 인출하려 한다면 당연히 그런 일이 벌어질 것이다. 하지만 모든 고객이 한날한시에 그럴 일은 없다. 만에 하나 그럴 수 있는 거 아니냐고? 신경쓸 필요없다. 만에 하나 일어날지도 모를 일에 대해서는 은행도 신경쓰지 않는다. 은행은 통상 일어나는 일에만 관심이 있다. 통상적으로 고객이 맡긴 돈 1파운드당 3실링 정도만 보관하면 은행은 곤란해질 일이 없다.

다만 은행 고객은 괜히 이 사실을 알려서 다른 사람들을 겁주는 일이 없도록 주의해야 한다. 사람들이 겁을 먹으면 모두 은행으로 달려가 잔고를 인출할 것이다. 그러면 은행은 파운드당 3실링씩 보관하던 것을 싹싹 그러모아서 먼저 온 고객의 돈부터 내어주다가 가진 돈이 다 떨어지면 지급을 멈추고 문을 닫을 것이다. 특정 은행이 불안하다는 소문이 퍼지면 그런 일이 진짜로 일어난다. 무언가 혹은 누군가가 공포를 일으킬 수 있다. 뱅크런*Bank Run*, 즉 예금인출사태가 벌어지고 은행은 파산한다. 고객들은 매우 화가 나서 은행 임원들을 고소하고 감옥에 보내라고 소리친다. 하지만 그것은 부당하다. 애초에 은행은 고객들이 같은 날 잔고를 전부 인출하지 않는다는 조건하에 존재할 수 있고 그 모든 서비스도 공짜로 제공할 수 있다. 은행 고객은 그 점을 알고 있어야 한다.

그런 조건만 지켜진다면 자신의 잔고를 전부 인출하는 데 그치지 않고 초과인출까지 해서 은행에 늘 빚을 지는 사람들이 있어도 문제 될 게 없다. 은행은 그런 사람에게 다른 고객의 돈을 빌려주고 이자를 청구한다. 그런 거래야말로 수익성이 매우 좋다.

이제 은행이 무슨 일을 하며, 사람들에게 빌려주는 여윳돈은 어떻게 마련하는지 알게 됐다. 그 여윳돈이란 사실 여유식량이고 당장 먹어치우지 않으면 대부분 썩어 없어져버린다는 것을 기억하는가. 오늘날 가장 큰 사회적인 위험 중 하나는 은행이 그 사실을 모른다는 것이다. 자기들이 직접 현물을 다루거나 저장해본 적이 없어서 그렇다. 그들은 여유식량을 먹어치울 권리를 팔면서 신용 대출이라는 그럴듯한 말을 붙였고, 그러다 보니 신용이 곧 먹을 것이자 마실 것이자 입을 것이고, 집, 철길, 공장이나 다름없다는 생각을 갖게 됐다. 사실 신용이란 채무자의 상환능력에 대한 채권자의 의견일 뿐인데 말이다.

채권자의 의견만으로는 일꾼들을 먹일 수도 없고 집을 지을 수도 없다. 신용으로 먹고살거나 집을 짓거나 차를 산다고들 말하지만 우리는 실제 음식을 먹고살고, 실제 음식으로 배를 채운 일꾼들에게 회반죽과 벽돌로 집을 짓게 하고, 강철로 만든 차에 휘발유를 가득 채워서 다닌다. 신용으로 먹고산다는 건 여러분이 아닌 다른 누군가가 만들거나 대가를 지불한 것들을 여러분이 대신 누린다는 것이고, 그렇게 여러분이 지금 꾼 것들을 미래의 어느 시점에 고스란히 갚을 것이며 그때까지 은행이 기다려준 것에 대한 비용도 지불할 것임을 은행에서 믿어줬다는 얘기다. 그렇다고 은행에 가서 음식과 벽돌과 차를 꿔달라고 하지는 않는다. 사람들은 "신용 대출을 원한다"고 한다. 은행도 음식과 벽돌과 차가 아니라 그런 것들과 바꿀 수 있는 권리증인 돈을 내주고 "신용 대출을 해준다"고 한다. 그러다 보니 모든 은행가와 잇속에 밝은 사업가들은 신용을 먹거나 마실 수 있고 실재하는 어떤 것으로 여기게 된다. 또한 은행에서 채무자의 상환 능력을 낙관 혹은 비관하는 정도에 따라 (그들 표현대로 하면, 신용을 창출 혹은 제한하는 정도에 따라) 부를 늘리거나 줄일 수도 있다고 믿는다. 신문의 경제 기사나 연례 주주총회 시 은행장들의 연설, 의회의 재정 토론은 신용 창출, 제한, 규제에 대한 말도 안되는 소리로 가득하다. 마치 땅을 파면 신용이 나오는 것처럼 말한다. 약삭빠른 사람들은 번지르르한 계획을 내놓는다. 은행이 여유식량 5천 파운드를 꿔주며 채무자에게 5천 파운드의 신용이 있다고 하니까, 5천 파운드의 여유식량에 5천 파운드의 신용을 더해 총 1만 파운드가 생겼다고 계산하면서 말이다. 그렇게 비상하게 잔머리를 굴리는 사람들이 가까운 정신병원에 붙들려 가도 모자랄 판에 오히려 의회와 금융계에서 추종자들을 거느리고 있다. 그들은 신용으로 우리의 산업을 확장(배와 공장과 철도 엔진 같은 것들을 제조)하자고 제안한다. 숫자의 맨 앞자리를 2에서 4로 바꾸면 나라의 재화를 두 배로 늘릴 수 있다고 믿는다. 여유식량이 귀해져서 중앙은행이 어쩔 수 없이 금리를 올리면, 그들은 마치 은행이 금리를 아무 때나 떨어뜨릴 수 있다는 듯 책임자들이 더러운 속임수를 쓰며 사업가들을 방해한다고 비난한다. 그들은 자기들이 "잇속에 밝은 사업가들"이기 때문에 뭘 좀 안다고 생각한다. 하지만 국가의 관점에서 보면 그들은 위험한 망상에 빠진 미치광이들이며 그들의 제안을 받아들이는 정부는 얼마 안 가 파산에 직면할 것이다.

그렇다면 은행에서 돈을 꾸는 사람은 얼마를 내야하고, 은행에 예금을 하거나 기업의 주식을 매수하거나 정부 채권을 매수함으로써 돈을 꿔주는 사람은 얼마를 받는지가 실제로는 어떻게 결정될까? 그러니까 여윳돈의 사용료 혹은 여윳돈의 가격을 결정하는 것은 무엇인가? 더 나아가 증권거래소에서 여윳돈으로 사는 연수입의 가격은 어떻게 결정될까?

그것은 시장에서 꿔줄 준비가 된 여윳돈("저축"된 돈)이 얼마나 되는지와 돈이 필요한 사람들이 돈을 꾸는 대가로 기꺼이 얼마를 지불할 수 있는지에 달려있다. 한편에는 수입보다 지출이 적어서 여윳돈(여유식량)을 썩기 전에 처분하고 싶어 하는 자산가들이 있다. 다른 한편에는 사업을 시작하거나 확장하는 데 필요한 노동자를 먹여살리기 위해 자산가들의 여윳돈을 원하는 사업가들이 있다. 그들 말고도 돈을 헤프게 쓰는 자산가들도 있다. 그들은 수입보다 지출이 훨씬 많아서 빚을 갚기 위해 연수입(이 나오는 자산)을 일부라도 팔아서 현금을 마련해야 한다. 세 부류 사이에서 여윳돈과 연수입의 수요와 공급이 발생하고 가격이 결정된다. 공급이 부족하거나 수요가 급증하면 가격이 오른다. 공급이 늘어나거나 수요가 줄어들면 가격은 내려간다.

수요와 공급이라는 말이 나왔으니 말인데, 금융시장에서는 그저 원하는 것을 수요라고 하지 않는다. 대가를 지불할 수 있는 사람이 원하는 것만 수요라고 한다. 배고픈 아이는 매우 요란하게 음식에 대한 수요를 표출하지만 아이 엄마가 음식 살 돈을 가지고 있지 않다면 시장에서는 수요로 인정되지 않는다. 이렇게 다소 비인간적인 의미를 내포한 공급과 수요(이른바 유효수요)가 모든 것의 가격을 정한다.

고객이 예치한 돈을 분별력 있게 빌려주기만 한다면 은행은 안전하다. 은행이 투자를 잘못하거나 사람을 잘못 판단하거나 투기를 한다면 은행은 물론이고 고객까지 파멸시킬 수 있다. 은행이 많을 때는 종종 그런 일이 일어났다. 하지만 큰 은행이 작은 은행을 집어삼키면서 이제 몇 개 되지 않는 은행이 너무 비대해졌기 때문에 은행의 파산을 다른 은행은 물론이고 정부조차 두고볼 수 없게 됐다. 그러니까 큰 은행에는 돈을 맡겨도 괜찮다. 여러분의 주식중개인 역할을 하거나 여러분에게 돈을 빌리고 이자를 주거나 높은 이자를 받고 돈을 빌려주는 등 은행이 제공하는 갖가지 서비스를 이용하며 불편한 마음을 가질 필요도 전혀 없다.

이제 우리는 돈을 꿀 때의 조건이 시시각각 달라지는 이유를 알게 됐다. 지금부터는 정부가 잇속에 밝은 사업가나 초짜 정치인들의 말에 현혹돼 자본뿐 아니라 신용에까지 세금을 부과하면 은행에서 무슨 일이 일어날지 재미 삼아 따져보자. 이를테면 자본에 300억 파운드의 세금을 부과하면서 신용에도 300억 파운드의 세금을 부과하는 것이다.

신용에도 세금을 매기기로 하면 모든 신용 거래가 단박에 중단될 것이다. 어제까지만 해도 손쉽게 6~7퍼센트 이율로 100만 파운드를 조달할 수 있었던 금융계 거물이 단돈 5실링도 꾸기 어려워질 수 있다. 그의 집사가 옛정을 생각해서 돌려받을 기대없이 5실링을 그냥 내

준다면 몰라도 말이다.

신용세를 내기 위해 자본가들은 은행에 넣어둔 돈을 남김없이 인출해야만 하고 주식중개인을 통해 주식과 채권을 모두 팔아야 할 것이다. 그러면 현금에 대한 수요가 폭증해서 영란은행의 총재와 이사들이 11시에 만나 잠시 주저하다 기준금리를 10퍼센트로 대폭 인상하게 될 것이다. 불과 한두 시간 만에 100퍼센트까지 또 올려야 할 수도 있다. 그런데 이 충격적인 결정을 공지하기도 전에 그들은 그럴 필요가 없어졌다는 것을 알게 될 것이다. 모든 은행이 파운드당 3실링씩 보관해둔 지급준비금을 몽땅 소진하자 문을 닫아버렸기 때문이다. 은행은 투자금을 회수해서, 즉 대출금을 회수하고 주식과 채권을 처분해서 나머지 고객의 돈을 지급할 수 있게 되기를 바란다는 안내문을 내건다. 하지만 주식시장에서 모든 주식은 휴지조각이 될 것이다. 파는 사람만 있고 사는 사람은 없는 시장의 가격은 "0"이다.

세금징수원이 독촉하면 납세자는 이렇게 말할 수밖에 없다. "세금 낼 돈이 없습니다. 그러니 자본세가 아니라 그냥 자본을 가져가세요. 여기 증권 한 다발을 드릴게요. 폐지상에게 팔면 몇 푼 건질 수 있을지도 몰라요. 여기 채권도 한 묶음 있는데, 이것도 가져가보세요. 또 압니까? 이 채권의 이자쿠폰(이표)이 몇 년 후면 희귀한 옛날 우표처럼 값이 나갈지? 그리고 이 양도증서를 가져가면 영란은행이 전시공채에 있는 내 이름을 지우고 당신 이름으로 바꿔줄 겁니다. 이 모든 게 많은 도움이 됐으면 좋겠군요! 제가 직접 배웅해드리겠습니다. 임금 줄 돈이 없어서 하인들을 내보냈거든요. 사실 야회복을 저당잡히지 않았다면 저도 오늘 굶을 뻔했어요. 전당포에 야회복이 산더미처럼 쌓여있어서 얼마 받지는 못했지만요. 그럼 안녕히 가세요."

여러분은 그래서 뭐 문제 될 게 있냐고 물을 수도 있다. 열에 아홉은 소위 자본도 신용도 없어서(즉, 가게에 일주일 외상을 그을 수는 있어도 은행에서는 동전 한 푼 빌릴 수 없는 처지라서) "부자들도 한번 우리처럼 빈털털이가 돼 보라지"라고 외치며 고소해 할 것이다. 하지만 부자에 기대어 사는 수많은 가난한 사람들, 하인들, 사치 산업의 고용주와 노동자들, 부유층을 상대하는 의사와 변호사들은 어떻게 되겠나? 생산적인 산업의 경우도 마찬가지다. 은행은 파산한 마당에 정부가 모두 가져가버려서 임금도 못 주고 수표도 못 쓰고 어음할인도 안 된다면 어떻게 되겠는가? 정부가 당장 나라의 모든 사업을 장악하고 관리할 준비가 돼 있지 않다면, 즉 마른 하늘에 날벼락 같은 상황이 닥쳤을 때 산업의 완벽한 국유화를 이룰 준비가 돼 있지 않다면, 파산과 기아에 이어 폭동과 약탈이 벌어지고 폭동과 약탈은 상황을 더욱 악화시킬 것이다. 그 난리통에서 간신히 살아남은 사람들이 있다고 해도 그들은 혼란과 무질서에서 벗어날 수만 있다면 나폴레옹이나 무솔리니처럼 폭도를 조직해 구체제를 재건하려는 인물이나 무자비한 독재자가 휘두르는 군대 앞에서 기꺼이 무릎을 꿇을 것이다.

제55장

Money

정직하지 못한 정부가 돈의 가치를 떨어뜨린다

여러분은 이제 금융시장에 대해 웬만한 사람들보다는 잘 알게 됐다. 하지만 주식과 채권 같은 여윳돈의 가치가 매일매일 어떻게 결정되는지를 아는 것만으로는 충분하지 않다. 돈이 다 여윳돈은 아니다. 의식주를 충분히 해결하고 또 그만큼의 돈이 남아서 주식에 투자할 수 있는 사람은 극히 드물다. 대개는 여윳돈이 없어서 주식 투자라고 하면 스코틀랜드에 별장을 소유하는 것만큼이나 꿈같은 얘기로 여긴다. 그렇지만 다들 돈을 쓰고 산다. 만약 세상에 여윳돈이라는 게 없다면 돈의 가치는 무엇으로 결정될까? 돈이란 무엇인가?

금화를 예로 들어보자. 1차세계대전을 치르며 금화는 씨가 말라버렸고 법정통화라고 하는 종잇조각이 그 자리를 대신하게 됐다. 언젠가 금화가 다시 쓰일 날이 있을지도 모른다. 금화가 뭘까? 금화는 물건을 사기 위한 도구다. 은수저가 달걀을 먹는 데 필요한 도구인 것과 마찬가지다. 매매를 하려면 금화 같은 도구가 필요하다. 만약 그런 도구가 존재하지 않는다면? 여러분이 버스로 어딘가에 가려는데 가지고 다닐 수 있는 재산은 오리 스무 마리와 당나귀 한 마리뿐이라면? 그러면 버스 운전사에게 당나귀를 요금으로 내고 토마토를 잔돈으로 거슬러 달라고 하거나 오리를 요금으로 내고 달걀을 거슬러 달라고 해야 할 것이다. 버스를 타는 데 그렇게 번거롭고 오래 걸리는 거래를 해야 한다면 차라리 당나귀를 타겠다고들 할 것이다. 결국 아무도 버스를 타려고 하지 않아 버스는 사라질 것이다. 버스가 공산화되어 무료로 탈 수 있게 된다면 몰라도.

   당나귀를 타고 다니는 것도 번거롭기는 마찬가지다. 그보다 당나귀만큼의 가치가 있는 금을 가지고 다니는 것이 훨씬 편하다. 그래서 정부는 매매에 사용하기 편리하도록 개당 무게가 약 123그레인[1]인 표준 금조각, 즉 금화를 만든다. 금화씩이나 동원할 필요가 없는 소액 거래를 위해 동화와 은화도 제공하고 그러한 동전이 몇 개가 모이면 금화 한 개의 가치가 되는지를 법으로 정한다. 그러면 사고파는 것이 매우 쉬워진다. 버스 운전사에게 당나귀를 들이밀 필요가 없다. 당나귀를 동전으로 교환하고 그 동전들을 주머니에 넣고 다니면 여러분은 2초 만에 버스비를 지불할 수 있다.

   그러니까 돈은 매매에 필요한 도구이면서 가치의 척도이기도 하다. 돈을 사용하면서 우리는 당나귀 한 마리가 오리 몇 마리 혹은 말 반 마리의 가치가 있다고 말하는 대신 몇 파운드 혹은 몇 실링의 가치

---

1 그레인*grain*: 탄환이나 화약, 화살 등의 무게를 측정할 때 쓰는 단위. 표시 기호는 gr이다. 1그레인은 64.79891밀리그램이며 123그레인은 약 7.97그램에 해당한다.

가 있다고 말하게 됐으며 장부를 쓰고 상거래도 할 수 있게 됐다.

여기까지는 어려울 게 전혀 없다. 문제는 당나귀가 어째서 금화 4분의 3만큼(15실링)의 가치인지, 즉 15실링이 어째서 당나귀 한 마리 가치인지를 설명하는 것이다. 이렇게 말할 수 있을 뿐이다. 당나귀 구매자는 자신이 가진 15실링보다 당나귀를 더 원하고, 판매자는 자신이 가진 당나귀보다 15실링을 더 원하기 때문에 그 가격에 당나귀가 거래되는 것이다. 구매자는 당나귀를 원하지만 15실링 이상 낼 생각이 전혀 없고 판매자는 돈을 원하지만 15실링보다 덜 받고 팔 생각이 전혀 없다. 그래서 그들은 15실링에 교환을 한다. 양쪽의 요구가 15실링에서 균형을 이룬다.

당나귀는 당나귀일 뿐 다른 그 무엇도 아니다. 하지만 15실링은 15실링으로 살 수 있는 무엇이든 될 수 있다. 음료나 음식이 될 수도 있고 싸구려 우산이 될 수도 있다. 모든 돈은 먹고사는 데 필요한 것들로 바꿀 수 있다. 하지만 지폐와 주화를 직접 먹고 마시고 입을 수는 없다. 이 사실을 잊으면 안 된다. 2실링이 있으면 버터 한 덩이를 살 수 있으니 2실링이 곧 버터 한 덩이라는 생각이 들겠지만, 다리미가 고양이가 아닌 것처럼 2실링짜리 동전은 버터가 아니다. 만약 버터가 동이 나면 수백만 실링이 있어도 맨빵만 먹어야 할 것이다.

게다가 버터가 항상 2실링인 것도 아니다. 2실링 2펜스가 되기도 하고 2실링 6펜스가 되기도 한다. 요즘에는 질 좋고 신선한 버터 한 덩이를 고작 4펜스에 사는데도 비싸다고들 불평한다. 버터가 풍족할 때는 싸고 희소할 때는 비싸기 마련이다. 그런데 버터값을 결정하는 요인이 과연 그뿐일까? 월요일에는 1파운드(금화 한 닢)였던 버터가 토요일에는 1파운드 5실링이 된다면, 버터가 귀해진 것일까? 금이 많아진 것일까?

전자일 수도 있고, 후자일 수도 있고, 그 둘 다일 수도 있다. 정부가 조폐국을 통해 새 금화를 찍어내서 시중에 유통되는 금화의 양을 두 배로 늘리면, 버터값이 금화 한 닢에서 금화 두 닢으로 오를 것이다. 버터가 부족해진 게 아니고 금이 너무 많아진 탓이다. 하지만 이런 일이 일어날 위험은 없다. 금은 매우 귀하고 손에 넣기 어려워서 정부가 상거래에 필요한 것보다 더 많은 금화를 찍어내면 사람들은 법을 어겨서라도 여분의 금화를 녹여 금시계든 금팔찌든 다른 목적에 금을 쓸 것이다. 그러다 보면 시중에 유통되는 금화량이 줄어들고 금화의 값어치가 다시 금시계나 금팔찌보다 커질 것이다. 금화는 매매를 위한 도구가 아니더라도 다른 여러 가지로 쓰일 수 있다. 그래서 사람들은 금화를 안전하다고 여기는 것이다. 만에 하나 영국이 화성에 합병되어 화성 화폐만 통용되더라도 금화는 화폐가 아닌 금조각으로써 전처럼 버터나 그 밖의 것들을 교환하는 데 쓰일 수 있다. 결국 영국 금화를 가지고도 같은 무게의 화성 금화로 살 수 있는 만큼을 여전히 살 수 있다는 말이다.

그런데 만일 정직하지 못한 정부가 들어선다면? 도둑놈 같은 왕이 국가와 조폐국을 다스린다면? 그 왕이 엄청난 빚을 지고 있어서 채권자들을 속이고 싶어 한다면? 그는 진짜 금화처럼 보일 정도로만 금을 쓰고 나머지는 납을 써서 금화를 만들고 그 금화로 빚을 갚을지도 모른다. 헨리8세는 은화의 무게를 줄이는 교묘한 방법을 썼고, 돈이 쪼들릴 때 그와 같은 속임수를 썼던 통치자는 헨리8세 말고도 많았다.

그런 사기가 드러나면 물가가 오르고 임금도 따라 오른다. 그런 상황에서 이득을 보는 건 헨리8세처럼 무거운 돈을 빌렸는데 가벼운 돈으로 값을 치른 사람들뿐이었다. 그들이 이득을 본 만큼 채권자들은 손해를 봤다. 그것은 비열한 책략이었다. 영국의 모든 채무자를 왕의 사기 행위에 깊이 가담시켜서 왕실의 신용은 물론이고 나라를 위태롭게 했다.

정직하지 못한 통치자야말로 국민이 두려워해야 할 가장 큰 위험이다. 멋모르는 사람들은 헨리8세가 결혼을 여섯 번이나 했고 그 끝이 대부분 안 좋았으며 귀족들의 교회 약탈을 방치했다고 공연히 법석을 떤다. 하지만 오늘날의 관점에서는 함부로 화폐 가치를 떨어뜨린 것이 더 큰 잘못이다. 그런 문제는 오늘날에도 벌어지기 때문이다. 이제 헨리8세의 속임수는 다수의 프롤레타리아 유권자가 선출한 공화국 정부도 저지르고 있다. 그래서 부모가 수년 동안 근검절약하며 부은 보험만 믿고 있던 사람들은 굶어죽을지도 모르는 처지가 된다. 평생 열심히 일한 대가로 받는 연금의 가치가 떨어져서 연금수급자들은 바다에 떠다니는 조난자처럼 불안에 떨며 살아야 한다. 아무 한 일이 없는 A, B, C가 거대한 부를 쌓는 동안 아무 잘못 없는 X, Y, Z는 파산한다. 이 문제는 너무 심각하고 위협적이라 내가 이 문제를 자세하게 설명하는 동안 여러분은 모든 인내심을 끌어모아야 할 것이다.

1927년 현재 우리는 금화를 사용하지 않는다. 더럽고 냄새나기 일쑤인 종이쪼가리를 사용한다. 종이 앞면에는 큰 글씨로 1파운드*One Pound*라고 적혀있고 뒷면에는 의회 그림이 있다. 이 종이가 조지5세 치세 4~5년 의회제정법 14조에 의거한 법정통화라는 문구도 인쇄되어 있

1927년 당시 통용된 1파운드 지폐
1914~1915년 발행

다. 여러분이 누군가에게 1파운드를 빚지고 있다면 이 종이를 건네주고 빚을 갚을 수 있으며 그것으로 빚이 완전히 청산됐음을 상대도 좋든 싫든 인정해야만 한다.

이 1파운드짜리 지폐는 종이로서는 별 가치가 없다. 너무 작고 그림과 글이 가득해서 쓸모없는 종이다. 그런데 이 종이가 1파운드 가치를 보장하는 증서로 쓰인다. 심지어 1파운드짜리 지폐 1,000장으로 담배 한 개비 살 수 없는 상황이 되더라도, 정부가 1파운드 지폐를 77억 장을 찍어서 국내 채권자들에게 진 빚 77억 파운드를 갚는 것은 법적으로 아무 문제가 되지 않는다.

설마 그렇게 끔찍한 일이 일어나겠냐 싶겠지만, 그런 일은 실제로 일어났고 그것도 아주 최근 일이었다. 내가 그 피해자다. 전쟁이 끝나고 복수심에 눈이 먼 승전국들은 독일인들에게 막대한 전쟁배상금을 고집스레 요구했다. 없는 돈을 내놔야 하는 상황에 내몰리자, 독일 정부는 돈을 마구 찍어냈다. 오스트리아 정부도 그랬고, 러시아 정부도 그랬다. 나는 이들 나라로부터 평생 쓰고도 남을 거액을 받기로 되어 있었는데 그 40억 파운드어치를 그들 지폐로 받았더니 영국돈으로 정확히 2.5펜스가 됐다. 영국 정부는 독일이 전쟁의 대가를 치르고 있다고 생각했다. 하지만 정작 피해를 본 쪽은 독일로부터 받을 돈이 있었던 나 같은 채권자들이다. 나는 외국인이었고 적이었으니 독일은 별로 미안한 감정도 없었을 것이다. 하지만 독일인 채권자들도 나와 같은 일을 당했다. 6개월짜리 어음을 주고 물건을 산 상인들은 6개월 후에 가치가 폭락한 종이 마르크화로 어음 대금을 치러서 공짜로 물건을 얻은 셈이 됐다. 토지·주택 담보대출을 비롯해 온갖 채무가 그런 식으로

토마스 테오도르 하이네/Thomas Theodor Heine, 인플레이션, 『짐플리치시무스Simplicissimus』, 1922년

청산됐다. 그 결과 예상치 못한 상황이 벌어졌다. 영국 사업가들과 달리 담보대출과 채무의 짐을 벗어 던진 독일 사업가들이 영국 시장에서도 물건을 싸게 팔 수 있게 된 것이다. 온갖 예사롭지 않은 일들이 일어났다. 아무도 저축하지 않았다. 돈의 가치가 계속 떨어졌기 때문이다. 주문할 때는 5백만 마르크였던 점심값이 식사 후 계산할 때는 7백만 마르크로 올라 있었다. 사람들은 돈이 생기면 즉시 가게로 달려가 무언가를 샀다. 물건은 사두면 쓸모가 있지만 돈은 그다음 날이 되면 휴지조각이 됐다. 천만 마르크를 갖고 있느니 천만 마르크를 주고 프라이팬을 사는 게 더 나았다. 집에 이미 프라이팬이 두 개나 있더라도 말이다. 프라이팬은 뭐라도 튀겨서 프라이팬의 가치를 하겠지만, 천만 마르크는 반나절 만에 전차요금도 치르지 못할 정도로 가치가 떨어졌다.

사실 그때 독일에서는 살 수만 있다면 주식을 사두는 편이 더 나았다. 공장과 철도도 프라이팬과 마찬가지로 어디 가는 게 아니기 때문이다. 그래서 독일인들은 정신없이 돈을 쓰기도 했지만 정신없이 투자하기도 했다. 즉 돈을 자본으로 사용했다. 빵 한 덩이 가격이 5만 배가 되는 바람에 국가 자본이 늘어난 것처럼 보이는 착시효과도 있었지만, 사람들이 소비하기보다 투자하려고 해서 실제로 자본은 증가했다. 어쨌거나 사람들의 목적은 돈을 얼른 써 없애는 것이었다. 돈을 주고 가치가 변하지 않는 어떤 것으로 바꾸려 했다. 독일인들은 곧 외국 돈(대개 미국 달러화)을 사용하기 시작했다. 그뿐만 아니라 화폐 없이 거래할 수 있는 온갖 방법을 다 동원해서 근근이 버텼다. 결국 독일 정부는 새로운 금 태환 화폐를 도입했고 이전 지폐들은 쓰레기통에 처박혔다. 어쩌면 프랑스 혁명 정부가 발행했던 그 유명한 아시냐 화폐처럼 50년 후에 골동품으로 팔릴지도 모를 일이다.

이처럼 채권자들을 등치려는 정부 때문에 돈의 가치가 하락하는 현상을 우리는 인플레이션이라는 어렵고 고상한 이름으로 부른다. 반대로 돈이 다시 귀해지는 현상은 디플레이션이라고 부른다. 문제는 인플레이션이나 디플레이션이라는 질병도 괴롭지만 그걸 치료하는 과정도 만만치 않게 고통스럽다는 것이다. 인플레이션으로 물가가 오르면 채무자가 채권자를 등칠 수 있고, 디플레이션으로 물가가 내리면 채권자가 채무자를 등칠 수 있게 된다. 그러므로 돈의 가치를 일정하게 유지하는 것은 정부의 최우선 책무다. 정부가 돈의 가치로 꼼수를 부릴 수도 있기 때문에 돈의 속성을 완벽하게 이해하는 정직한 사람들로 정부 관료를 구성하는 것은 매우 중요하다.

현재 그러한 조건에 전적으로 부합하는 정부는 세상에 존재하지 않는다. 전쟁을 핑계로 금화를 지폐로 대체한 우리 정부나, 지폐를 마구 발행해서 지폐 한 트럭으로 우표 한 장도 살 수 없게 만든 독일·러시아 정부나 결국 한 끗 차이다. 우리 정부는 정직하고 독일·러시아 정부는 정직하지 않았던 게 아니다. 영국이 처한 상황과 독일·러시아가 처한 상황이 달랐고 그 상황에 따른 압박의 강도가 달랐던 것뿐이다. 만약 우리가 엄청난 전쟁배상금을 물어야 하는 패전국이었거나 차르 체제 몰락 직후 러시아와 같은 상황에 처했다면, 우리도 별수 없었을 것이다. 영국에서 물가가 두 배로 뛴 것은 지폐의 과도한 발행 때문이 아니라 재화와 노동력 부족 탓이었다. 그렇지만 인플레이션을 일으켜서 산업 자본을 공급하자는 사람들이 영국 재무부의 요직을 장악하고 있는 실정이다. 지폐를 두 배로 찍어내면 우리의 부도 두 배로 증가

한다고 그들이 정말로 믿는 건지, 아니면 자기들의 과도한 빚을 가치가 뚝 떨어진 지폐로 청산하려는 속셈인지 알 도리가 없다. 그래도 인플레이션에 찬동하는 정치인을 만나거든 바보와 사기꾼 중 어느 쪽이냐고 한번 물어보자. 그게 비록 숙녀답지 못한 행동일지라도 정치인은 유익한 충격을 받을 것이고 1페니를 2페니라고 부르기만 하면 나라가 부유해질 거라는 환상에서 벗어나 다시 생각해볼 기회를 가질 것이다.

그러니까 돈의 가치를 항상 거의 같은 수준으로 유지하는 것은 정부의 의무다. 그렇다면 "어떤 수준을 유지해야 할까?" 어림잡아 말하자면, 기존 수준을 유지하면 된다. 만일 돈의 가치가 왜곡되고 불안정한 상태라면 "불안정해지기 이전 수준을 유지하면 된다." 하지만 이런 주먹구구식 대답이 아니라 진짜 설명을 원한다면, 동전과 지폐를 유용한 소지품으로 생각해야 한다. 동전이나 지폐가 없으면 버스나 택시, 기차를 탈 수 없고 빵 한 쪽도 살 수 없기 때문이다. 화폐는 모든 거래가 원활하게 이루어질 만큼 충분히 공급돼야 한다. 결국 화폐도 바늘이나 삽과 같은 것이고 가치가 정해지는 원리도 같다. 제조업자들이 시중에 필요한 바늘보다 열 배나 더 많은 바늘을 공급하면 바늘값은 사실상 똥값이 될 것이다. 바늘이 남아도는데 누가 바늘값을 지불하겠나. 쓸모없는 바늘들은 모아서 철필이든 뭐든 다른 것으로 만들고 그런 식으로 남아도는 바늘이 없어지면 바늘이 적어도 제조원가에는 팔릴 것이다. 바늘을 쓰기 위해 그 정도 값은 기꺼이 지불하려는 사람들이 있다. 지적인 사회라면 바늘 가격을 그 비슷한 수준으로 유지하기 위해 공급을 조절할 것이다. 그에 반해 자본주의 사회에서는 바늘로 최대의 수익을 올리기 위해 공급을 조절할 것이다. 어쨌든 바늘 가격은 공급에 따라 결정된다.

바늘이 바느질을 위해 존재하는 것처럼 동전과 지폐도 매매 수단으로 쓰이기 위해 존재한다. 그리고 하나의 바늘이 많은 손수건의 끝단 처리에 쓰이듯 하나의 동전도 여러 손을 거치며 수많은 거래에 쓰인다. 그래서 바늘이나 동전은 수요를 파악하기가 매우 어렵다. "이 나라에는 끝단 처리를 해야 할 손수건이 많습니다. 그러니 손수건 하나당 바늘 하나를 만듭시다." 혹은 "매일 아침 수없이 많은 빵이 팔립니다. 그러니 모든 빵의 가격만큼 화폐를 발행합시다."라고 할 수는 없다. 바늘이나 동전이 몇 개 있어야 충분한지는 어떤 개인이나 정부도 미리 알기 어렵다. 먹여야 하는 입이 몇 개인지, 그들을 배불리 먹이는 데 필요한 빵이 몇 개인지는 말할 수 있다. 빵 한 덩이는 한 번만 먹을 수 있고 먹으면 없어지기 때문이다. 하지만 바늘이나 금화나 지폐는 계속 재사용될 수 있다. 어떤 1파운드는 집세를 낼 때까지 낡은 양말 속에 처박혀 있는가 하면 또 다른 1파운드는 하루에 50번씩 주인을 바꿔가며 거래에 이용될 수 있다. 그렇다면 동전과 지폐를 얼마나 발행할지 정부는 어떻게 결정할까? 바늘을 얼마나 많이 만들지 바늘 제조업자는 어떻게 결정할까?

방법은 하나다. 바늘 제조업자는 계속 비싼 가격에 바늘을 내놓다가 어느 순간 가격을 내리지 않으면 바늘을 다 팔기가 어렵다는 것을 알게 된다. 그래서 가격을 내리기 시작하고 가격이 내려가면 바늘은 더 많이 팔린다. 그러나 가격이 너무 낮아져서 수익이 감소할 수 있는 시점에 이르면 더 이상 공급을 늘리지 않고 가격을 딱 그 수준으로 유지한다. 정부도 바늘 제조업자처럼 해야 한다. 처음에는 금이 다른 어떤 것일 때보다 금화일 때 훨씬 유용하므로 금화 1온스가 그냥 금 1온스(골드바 혹은 금괴)보다 더 가치가 있을 것이다. 그런데 정부가 거래에 필요한 것보다 금화를 더 많이 발행하면 금화의 공급이 수요를 초과해서 금화 1온스가 금괴 1온스보다 가치가 떨어지게 된다. 즉, 골드바와 금괴를 포함해 모든 물가가 일제히 오르게 된다. 그러면 금화를 녹여 금시계나 금팔찌, 그 밖의 다른 금붙이로 만드는 것이 더 남는 장사가 될 것이다. 하지만 사람들이 금화를 녹이면 금화의 수가 줄어들면서 어느 순간 금화는 다시 가치가 오르고 다른 금붙이들만큼 귀해질 것이다. 이런 식으로 금화는 금보다 가치가 떨어지면 용해되어 다른 금붙이로 사용되기 마련이라 그 가치가 자동으로 정해지고 유지된다. 금화 용해를 금지하는 멍청한 영국법이 암스테르담의 금세공업자가 영국의 금화를 녹이는 것까지 막을 수는 없다.

이렇게 금화의 가치가 결정되고, 금이 모든 가격의 기준이 되어 1페니는 1파운드짜리 금화의 240분의 1로, 반 크라운은 금화의 8분의 1로 정한다고 하더라도, 우리가 금으로 1페니나 6펜스짜리까지 만들 수는 없는 노릇이다. 사용이 어려울 정도로 금조각이 너무 작아지기 때문이다. 그런가 하면 금화로 5천 파운드는 도저히 들고 다닐 수 없는 무게다. 그래서 우리는 잔돈의 번거로움은 동화(페니)나 은화(실링)를 사용해서 해결하고, 5천 파운드처럼 큰돈의 부담은 영란은행에서 발행하는 5파운드, 10파운드, 100파운드짜리 약속어음(지폐)으로 해결한다. 그 약속어음은 은행에서 즉시 금으로 바꿔준다. 사람들은 약속어음을 금으로 바꿀 수 있다는 것을 알기 때문에 거래에 사용한다. 스코틀랜드와 아일랜드의 몇몇 은행도 그러한 어음을 발행할 수 있는 특권이 있다. 다만, 어음을 즉시 결제해줄 수 있을 만한 금을 금고에 보관해야 하고, 자체 발행한 어음으로 자기들이 진 빚을 갚는 것은 금지된다.

이리하여 우리는 동화와 은화에 이어 지폐에도 익숙해졌다. 워터마크가 찍힌 종이쪼가리를 금화 5파운드처럼, 은 함량이 절반밖에 안 되는 은화를 순은덩이처럼, 동화 240개를 금화 1파운드처럼 여기게 된 것이다. 이런 값싼 대체물들이 금화만큼이나 제 기능을 다하는 것을 보면, 금화 없이도 잘 지낼 수 있을 것 같고 굳이 금화를 쓸 이유가 있을까 싶다. 지폐도 교환 수단으로 금화만큼 유용하며 금보다 훨씬 가벼워서 들고다니기도 좋다. 우리는 가치 측정도 금의 양을 기준으로 한다. 집에 맥주가 없을 때도 파인트와 쿼트로 액체의 양을 측정하는 것처럼 실제 금이 없어도 금을 기준으로 가격을 정할 수 있다. 정부를 신뢰할 수만 있다면 굳이 금화를 사용할 이유가 없을 것이다. 평범한 옷핀과 단추 대신 금으로 된 옷핀과 다이아몬드 단추를 사용할 때처럼 금화는 순전히 사치가 될 수도 있다.

하지만 그것은 어디까지나 정부를 신뢰할 수 있을 때 얘기다. 진짜 금으로 된 통화는 그 가치가 정부 신뢰도에 좌우되지 않는다. 정부가 필요 이상으로 금화를 많이 발행하면 금화는 귀금속으로서 여전히 가치가 있기 때문에 매매 수단 말고도 얼마든지 다른 용도로 쓰일 것이다. 하지만 정부가 지폐를 필요 이상으로 발행하면 지폐는 가치가 없어질 수 있다. 만일 금화라는 기준이 사라진다면 정부는 뭘 보고 지폐 발행을 멈춰야 할까? 앞서 살펴봤듯이, 전반적인 물가 상승의 징후가 보이면 정부는 지폐 발행을 중단해야 한다. 전반적인 물가 상승은 오직 돈의 가치 하락 때문이다. 생산혁신으로 특정 물건의 가격이 싸질 수도 있고, 흉작으로 어떤 농작물이 비싸질 수도 있으며, 유행에 따라 헐값이 되는 물건이 있을 수도 있다. 하지만 모든 물가가 한꺼번에 오르는 것은 다른 이유 때문이 아니다. 뭐는 오르고 뭐는 떨어지는 것이 아니라 모든 물가가 동시에 오르거나 떨어질 때는 돈의 가치가 변한 것이다. 지폐를 쓸 때는 정부가 물가 변동을 주의해서 살펴야 한다. 모든 물가가 일제히 오르면 물가가 떨어질 때까지 시중에 유통되는 지폐를 회수해야 한다. 모든 물가가 일제히 떨어지면 물가가 다시 오를 때까지 새 지폐를 발행해야 한다. 나라에서 일어나는 모든 현금 거래를 원활하게 할 만큼의 돈이 필요한 것이다. 돈이 모자라게 발행되면 돈은 희소성을 가진다. 장을 볼 때 같은 돈으로 살 수 있는 식료품이 더 많아진다(물가 하락). 돈이 지나치게 발행되면 같은 돈으로 살 수 있는 물건이 더 적어진다(물가 상승). 정직하고 지각 있는 정부는 수요에 맞춰 공급을 조절하면서 돈의 가치를 안정적으로 유지한다. 정직하지 않거나 무지하거나 그 둘 다인 정부라면 통화가 귀금속이 아닌 이상 결코 안심할 수 없다.

그런데 이제 은행은 동전이나 지폐 없이도 엄청난 규모의 돈거래를 한다. A와 B가 사업을 한다고 가정해보자. A가 B에게 500파운드어치의 물품을 팔고 동시에 B에게서 500파운드 1페니어치의 물품을 산다고 가정하자. 그들은 1,000파운드 1페니 규모의 사업을 벌이고 있다. 그렇지만 그들의 거래에 필요한 돈은 1페니뿐이다. 그들이 같은 은행에 계좌를 가지고 있다면 1페니마저도 필요없다. 은행직원이 1페니를 A의 계좌에서 B의 계좌로 옮기면 끝이다. 사업하는 사람들은 거

거래가 6분 안에 이루어지는 곳
뉴욕의 어음교환소, 1853년경

래처에 물품 대금을 현금으로 주지 않는다. 은행에서 그만큼의 돈을 찾을 수 있는 수표를 준다. 그러면 거래처는 그 사업가가 거래하는 은행에 가는 대신 자기가 거래하는 은행에 수표를 주고 수금하게 한다. 그렇게 모든 은행은 매일같이 수표를 제시하는 다른 은행에 한 무더기의 돈을 지급해야 하는 동시에 다른 은행들로부터 한 무더기의 돈을 수금해야 하는 상황에 처하게 됐다. 이런 수표를 모두 합치면 수십만 파운드에 달할 것이다. 하지만 수표 지급액과 수금액의 차이는 단지 몇 파운드조차도 되지 않을 수 있다. 그래서 은행들은 어음교환소라는 기관을 설립해서 모든 수표를 한데 모으고 각자 얼마를 받아야 할지 맞춰보기 시작했다. 주고받아야 하는 돈의 액수가 줄어들었다. 거액이 오고갈 거래도 은행 간에는 단돈 1파운드를 이체하는 것으로 끝날 수 있었다. 은행들은 곧 그것조차 필요없는 방법을 생각해냈다. 은행들이 모두 같은 은행에 계좌를 트는 것이다. 은행들은 중앙은행인 영란은행에 계좌를 열었고, 이제 은행 간 정산은 영란은행 장부에 몇 자 적기만 하면 끝난다. 수백만 파운드 규모의 거래가 동전이나 지폐 없이 순전히 숫자만으로 이루어진다. 우리가 모두 은행에 계좌를 가지게 되면, 현금은 서로 이름과 주소를 모르는 타인 간의 소액 거래에만 이용되고 전부 사라질 것이다. 예를 들어 단골가게에서 주문을 하면 수표로 지불한다. 상품에 하자가 있으면 여러분이 가게 주인에게 연락할 수 있듯이 수표에 문제가 있으면 가게 주인이 여러분에게 연락할 수 있다. 하지만 택시 운전기사는 수표를 받아주지 않을 것이다. 택시 운전사와 승객은 서로 모르는 사이이므로 택시 요금은 현금으로 지불한다.

 공산주의를 확대하면 잔돈이 필요한 상황을 크게 줄일 수 있다. 도로와 다리를 이용할 때마다 요금을 지불해야 해서 모든 통행자가 현금을 가지고 다녀야만 하는 시절이 있었다. 이제는 도로와 다리가 공산화되어 차량등록증 발급 시 그 비용이 부과되기 때문에 런던에서 애버딘까지 차로 여행가면서 통행료를 내려고 주머니에 손을 넣을 일이 전혀 없다. 호텔비도 수표로 지불할 수 있으니 현금은 팁 줄 때나 필요하다. 공산주의를 확대한다면 그러한 팁 문화도 사라질 것이다. 판사에게 선물하던 관행이 사라진 것처럼 말이다. 말 그대로 돈 한푼 가지고 다니지 않아도 대단히 호화로운 자동차 여행을 할 수 있게 될 것이다. 이런 식으로 계좌 속 금액이 점점 더 실제 돈을 대체하고 있다. 우리는 수백 파운드를 벌고, 수백 파운드를 쓰고, 수백 파운드짜리의 가구와 옷, 자동차를 소유하지만 주머니 속에 몇 파운드 이상 넣고 다닐 일이 없다. 영국에서는 전체 거래 규모는 늘고 있지만 거래에 필요한 동전과 지폐는 점점 더 줄어들고 있다.

금속 화폐가 모두 사라지면 물가가 몇 파운드 몇 실링 몇 페니 단위냐 수천만 파운드 단위냐는 중요하지 않을 것이다. 독일인들이 트램 요금과 우푯값으로 수백만 마르크를 지불해야 했을 때, 독일인들은 어마무시해진 액면가 때문에 피해 본 게 아니었다. 가난한 사람들은 여전히 트램을 타고 편지를 보낼 수 있었다. 앞으로도 물가가 그대로일 거라고 믿을 수만 있었다면, 그래서 가난뱅이나 부자나 자신의 백만 마르크 지폐로 내일도 오늘만큼, 내년에도 올해만큼 살 수 있다는 확신을 가질 수만 있었다면, 예전의 동화 한 닢이 백만 마르크 지폐가 된 것은 아무 문제도 되지 않았을 것이다. 독일은 전처럼 영국돈 1파운드당 20마르크로 환율을 고정함으로써 통화를 안정시킬 수 있었다. 액면가가 달라진 것 말고 가게 주인이 느낀 변화는 전혀 없었다. 가격이 수백만 단위가 되면, 계산대에서 0 여섯 개를 빼고 말하는 것에 곧 익숙해진다. 우리가 백만 마르크를 가지고 다니는 노숙자와 수십억 파운드짜리 맥주에 익숙하지 않아서 그런 가격이 터무니없게 느껴지는 것이다. 우리는 몇 파운드로 버터 5킬로그램를 살 수 있는 지금 버터값에 익숙하다. 하지만 몇 파운드로 콩알만 한 버터밖에 사지 못하든 버터 10톤을 살 수 있든, 가격이 안정적이기만 하다면 그리고 돈이 계좌에서 계좌로만 이동한다거나 본연의 가치가 전혀 없는 지폐로만 존재한다면 아무 문제가 없다. 기차표의 가격이 백만 파운드에 달하더라도 백만 파운드가 동화 한 닢보다도 가치가 없는 지폐 다발에 불과하다면 기차 요금은 1페니일 때보다 싸진 것이다.

요컨대, 돈은 안정성을 유지하는 것이 가장 중요하다. 1파운드로 오늘 살 수 있는 만큼을 1년이 지나도, 혹은 50년이 지나도 살 수 있다고 여길 수 있어야 한다. 지폐의 안정성을 유지하는 것은 정부의 몫이다. 금화는 스스로 가치를 유지한다. 새로운 광산이 발견되어 금의 공급량이 갑자기 증가해도 금에 대한 세상의 수요는 무한하다는 특이한 사실 때문에 그 안정성이 유지된다. 유권자로서 여러분은 통화 안정성을 위해서 금에 기댈 것인지 정부 구성원들의 정직과 지혜에 기댈 것인지 선택해야 한다. 정부 각료들에게는 미안한 말이지만, 자본주의 시스템이 지속되는 한 금에 투표하라고 하고 싶다.

제56장　　　　　　　　　　　　　　　　*Nationalization of Banking*

조폐국처럼 은행은 국유화해야 한다

이제 문명사회에서 은행이 하는 일이나 화폐를 제조하는 일이 얼마나 중요한지 이해할 것이다. 은행업과 화폐 제조업(조폐업)은 특권적 사업이다. 은행은 단지 돈을 넣어둘 금고와 장부를 정리할 은행원을 제공한다는 이유로 엄청난 자본을 주무른다. 조폐업은 화폐 가치를 정부가 보증하고 화폐 위조를 심각한 범죄로 다스리는 법이 뒷받침하기 때문에 의미가 있다.

그러한 보증이나 법적 지원은 개인이나 기업이 할 수 없다. 그래서 화폐는 국가가 제조한다. 신발이라면 누구나 만들 수 있고 제화점은 거리마다 보이지만 모든 돈은 조폐국 한군데서 만들고 조폐국은 정부가 돈을 만드는 공장이다. 예전의 은화가 전쟁 이후 백통화로 대체된 것이 마음에 안 들어서 행여 여러분이 직접 동전을 만든다면 정부보다 훨씬 근사하고 가치있는 동전을 만든다 하더라도 화폐위조죄로 감옥에 갈 것이다. 조폐국에 금을 가져가서 소정의 비용(화폐주조세)만 지불하면 왕의 얼굴이 새겨진 금화로 바꿀 수 있는 시절도 있었지만, 그때도 자기가 직접 금화를 만드는 것은 허용되지 않았다. 이제는 조폐국의 금화 제조 서비스마저 중단됐다. 금이 있으면 그 값어치만큼을 은행에서 돈으로 바꾸는 것이 일반화됐기 때문이다. 그러니까 조폐업은 우정사업처럼 처음부터 끝까지 철저하게 국유화돼 있다. 여러분이 알고 있는지 모르겠지만, 우체국을 통하지 않고 직접 사람을 사서 편지를 전해달라고 하는 것은 불법이다. 마찬가지로 화폐를 직접 만들거나 훼손해도 불법이다. 이에 대해서는 누구도 반대하지 않는다. 탄광과 철도를 국유화하자고 하면 국유화는 강도짓이고 산업을 망하게 한다며 악을 쓰는 사람들조차 조폐국 국유화에는 어찌나 만족하는지 그게 국유화됐다는 사실조차 알아차리지 못하고 있다. 쯧쯧!

그렇지만 정부 통화를 위조하지만 않는다면 개인들도 자신의 통화를 발행할 수 있다. 이를테면 수표나 환어음을 발행해서 얼마든지 지폐처럼 사용할 수 있다. 첫째, 여러분의 은행 계좌에 수표를 바꿔줄 충분한 돈이 있고 둘째, 수표 혹은 환어음이 법정통화를 모방하지만 않는다면, 여러분이 수표나 어음을 발행해도 경찰에게 잡혀가지 않는다. 오늘날에는 수표와 환어음 같은 개인 통화의 거래 규모가 엄청나다. 하지만 수표나 환어음은 화폐가 아니다. 법정화폐가 재화에 대한 권리증이라면 수표나 환어음은 법정화폐에 대한 권리증일 뿐이다. 식료품점 주인은 여러분의 수표를 거절할 수 있다. 하지만 여러분이 법정통화를 제시하면 그는 좋든 싫든 받아들여야 한다. 제조업자에게 물건을 구입하면서 여섯 달 후에 대금을 치르겠다고 약속하는 어음을 제시하면, 제조업자는 그 어음을 거부할 수도 있다. 하지만 정부가 보증하는 돈은 거부하지 못한다. "법정통화"의 힘이란 그런 것이다.

알다시피 돈은 가치의 척도이기도 한데, 수표와 어음은 그렇지 않다. 수표와 어음은 파운드, 실링, 펜스로 금액이 표시되지 않으면 아무 소용없다. 만약 파운드나 실링, 펜스 같은 화폐가 없다면 수표에 이렇게 써야 할 것이다. "엠마 월킨스에게 약간 올이 풀린 중고 스타킹 두 켤레와 우리 가족의 반려견에 대한 내 지분, 달걀 반 개를 지급하시오." 이런 종류의 수표를 처리해줄 은행은 없다. 국유화된 화폐가 있어서 수표도 은행도 존재할 수 있는 것이다.

은행 역시 언젠가는 국유화될 것이다.[1] 사람들이 국유화가 유익하다는 것을 이해하면 탄광 국유화는 물론 은행 국유화에도 찬성할 것이다. 난방을 하려면 석탄이 필요한 것처럼 사업을 시작하고 확장하기 위해서는 자본이 필요하다. 알다시피 사업가들은 수십만 파운드를 조달하기 위해 금융업자들에게 어마어마한 수수료를 지불한다. 금융업자들은 그런 막대한 이익에만 눈이 멀어 소규모 사업은 거들떠보지도 않는다. 수만 파운드가 필요한 중소 사업가는 대출을 거절당하기 일쑤고, 소소하게 수백 파운드를 빌리려는 사람들은 대개 고리대금업자를 찾아야 한다. 은행원이 보기에는 대출해줘봤자 은행에 도움이 안 되는 사람들이기 때문이다. 만약 고객을 돈벌이로만 여기는 은행에 질린 사람들이 국익을 위해 운영되는 은행, 즉 크든 작든 돈이 필요한 모든 사업체에 최대한 싸게 자본을 제공하는 은행을 보게 된다면, 그들은 폭리를 취하는 금융업자들을 지탄하고 새로운 은행으로 몰려갈 것이다.

---

1 1694년 설립 이래 영국의 중앙은행 역할을 해왔던 영란은행 Bank of England은 원래 주식회사 형태의 민간기업이었으나 1946년 노동당 정부하에서 국유화됐다.

부인, 타실래요? 됐다니까!
버나드 파트리지Bernard Partridge, 『펀치Punch』, 1935년
노동당 당수 애틀리가 스레드니들 부인(영란은행)에게 은행국유화를 권하는 모습

국영 혹은 시영 은행이 바로 그런 은행이 될 수 있다. 금융 장사치들은 사라지고 자본 가격은 내려갈 것이다. 탄광을 국유화하면 석탄 가격이 내려가는 것과 같은 이치다. 자본을 싸게 구할 수 있으므로 (돈놀이로 폭리를 취하는 금융업자만 제외하고) 결국에는 모든 장사치가 은행 국유화를 지지할 것이다. 원래 남들에게서 가능한 한 많이 남겨먹으려는 사람이 남이 많이 남겨먹는 꼴은 못 보는 법이다.

따라서 중간계급에 은행 국유화의 필요성을 알릴 때는 굳이 사회주의를 들먹일 필요도 없다. 노동당 정부나 보수당 정부나 결국에는 은행을 국유화할 것이다. 실제로 지역구 의원 12명 중 11명이 강성 보수당인 버밍엄에서 첫 시영 은행이 탄생했다. 버밍엄 시영 은행은 매우 수월하게 성공 궤도에 들어섰다. 금융업자들 손에 놀아나는 언론이 국영 은행 설립을 방해하지만 않는다면, 버밍엄은 물론이고 전국의 모든 제조업 도시에서 시영 은행이 발달하게 될 것이다.

이 와중에 은행가와 금융업자들은 금융은 신기할 정도로 어려운 일이라서 정부나 지방정부가 자신들을 대신할 수는 없다고 계속해서 주장하고 있다. 금융이 신기하기는 하다. 금융업자들도 자기들이 하는 일을 반도 이해하지 못하고 고객들은 전혀 이해하지 못하고 있으니 말이다. 하지만 이제 웬만한 은행가보다 금융업을 잘 이해하게 된 여러분은 금융이 어렵다는 얘기가 전혀 말이 안 되는 소리임을 알 것이다. 은행이 하는 일을 다시 살펴보자.

은행은 단지 사람들의 돈을 안전하게 보관해주고, 수표를 가져오는 사람에게 돈을 내어주고, 그러기 위해 현금 계좌를 유지해줄 뿐인데 엄청난 현금을 손에 넣게 된다. 은행은 고객이 맡긴 돈을 고스란히 보관한다고 하지만, 잔고를 늘 일정하게 유지하는 고객들 덕분에 고객 돈 1파운드당 16실링 정도는 대출해줘도 별문제가 없다는 것을 경험상 알고 있다. 여기까지는 어려울 것도 신기할 것도 없다. 전국의 우체국과 저축은행이 우표와 우편환의 발행과 유통을 포함한 소소한 은행 업무를 잘 해내고 있듯이 국영 혹은 시영 은행도 그 정도는 충분히 잘 해낼 수 있다. 은행 업무 중 유일하게 쉽지 않은 부분은 돈을 대출해주는 일이다. 판단력이 떨어지는 은행원이 가망 없는 상인들에게 대출을 해주면 은행은 곤궁에 빠진다. 시장의 변화를 따라가지 못하는 상인도 있고, 너무 정직하거나 충분히 정직하지 못하거나 사치스럽거나 술에 의존하거나 게으르거나 사업에 재능이 없거나 아무튼 성공하기 힘든 본인의 성격 탓에 망하는 상인도 있다. 하지만 그렇다고 은행원이 너무 조심스럽게 굴면서 아무에게도 돈을 빌려주지 않는다면 훨씬 더 끔찍한 결과를 초래할 것이다. 여윳돈이 대표하는 것들은 그대로 유지되지 않는다는 사실을 기억하자. 그 해 수확된 500억 파운드어치의 여유식량이 미래 식량 확보를 위해 일하는 노동자들을 먹이는 데 쓰이지 않고 그냥 은행에 남아 있다면, 완전한 손실이자 낭비가 될 것이다. 은행원은 돈을 꿔줄 사람을 선택할 수 있다. 하지만 아예 꿔주지 않는 것은 선택지가 아니다. 하루 장사를 마칠 무렵에도 빵집에 빵이 남아 있다면 외상으로 주든지 그냥 버려야 한다.

다만 제빵사는 합리적인 수요 예측에 근거해 팔릴 만큼만 빵을 만들면 되지만, 은행은 그럴 수 없다. 여윳돈은 남아돌 수도 있고 부족할 수도 있다. 꿔줄 만한 사람에게 다 꿔주고도 여윳돈이 남아돌면 은행은 돈을 꿔주면서 모험을 해야 할 뿐만 아니라 낮은 이자에 돈을 꿔주겠다고 사업가들을 유인해야 한다(신문의 경제면에서는 "은행이 공짜로 돈을 대출해준다"고 표현한다). 반면 여윳돈이 부족할 때는 누구에게 돈을 꿔줄지 신중하게 선택하고 높은 이자를 부과할 것이다(역시 신문에서는 "은행이 대출을 제한한다"고 한다). 한마디로, 빵집 경영보다 은행 경영에 더 많은 지식과 비판적인 판단력이 필요하다.

그래서 은행가들은 돈을 꿔주는 어려운 일은 정부에 맡길 수 없고 유일하게 그 일을 이해하는 자기들이 맡아야 한다고 우긴다. 실은 자기들이 누리는 막대한 이익이 사라질까 봐 은행 국유화에 반대하면서 말이다. 은행가들은 은행업을 제대로 이해하지도 못할뿐더러 일을 직접 하지도 않는다. 전후 유럽 국가들이 줄지어 파산한 것은 은행가들의 잘못된 조언 탓이다. 그들은 자기들이 하는 사업의 기본도 이해하지 못했다. 이미 써버린 자본을 여전히 존재하는 것으로 여기고, 신용을 먹고 마시고 입을 수 있는 실물처럼 취급했다. 은행에 모인 여윳돈이 사업에 쓰이도록 돈 꿔주는 일을 성공적으로 해내고 있는 사람들은 사실상 은행가가 아니라 노동자인 은행원들이다. 은행원은 임금이나 사회적 지위를 비롯해 많은 점에서 고위 공무원만 못하다. 사기업 노동자에서 공무원으로 지위가 바뀐다면 그들도 기뻐할 것이다. 소규모 대출 업무는 몰라도 대규모 투자 사업은 은행의 최상위 업무로서 재무부나 정부 기관은 감당할 수 없다는 주장 역시 말도 안 되는 소리다. 런던미들랜드앤스코틀랜드 철도회사가 전직 공무원에게 기꺼이 회장직을 맡기듯 영란은행도 전직 재무부 공무원들을 환영하고 있다.

제57장

Compensation for Nationalization

국유화하려면 반드시 보상해야 한다

은행 주식을 갖고 있는 사람이라면 앞장에서 내가 은행 국유화의 필요성을 얘기할 때 아무 것도 귀에 들어오지 않고 그저 주식 걱정만 했을지도 모르겠다. 나도 아내가 은행 주주이기 때문에 이 문제에서 자유롭지 않다. 모두가 국영 혹은 시영 은행에 가고 내 아내의 은행을 찾지 않는다면 우리는 씀씀이를 줄여야 할 것이다. 사실 은행이 국유화되면 사설 우편업이나 조폐업이 불법인 것처럼 민간 은행도 불법이 될 가능성이 크다. 그러니 정부가 은행을 국유화하려고 하면 우리 부부는 기존 주주의 주식을 매입하라고 요구할 것이다.

정부는 기꺼이 주식을 매입할 것이다. 어차피 주식 살 돈은 모든 자본가의 소득에 세금을 부과해서 마련할 것이기 때문이다. 만일 내 아내가 나라의 유일한 자본가라면 거래하는 시늉만 하고 말 것이다. 정부는 왼손으로 돈을 빼앗아 오른손으로 돌려줄 것이다. 하지만 내 아내에게는 다행스럽게도, 이 나라에는 세금을 낼 다른 자본가들이 많다. 정부의 주식 매입 자금을 내 아내가 전부 대지 않아도 된다. 내 아내는 아주 일부만 내고 다른 자본가들이 나머지를 내면서 결과적으로 다른 자본가들의 돈이 그녀의 호주머니로 들어오게 될 것이다. 그래서 이 거래를 보상이라고 한다.

매우 공정하고 무난해 보이지만 이 과정은 기묘한 구석이 있다는 것을 알아차려야 한다. 정부는 보상을 하면서도 정말로 보상하는 게 아니다. 말이 보상이지 국가는 돈 한 푼 들이지 않기 때문에 사실상 몰수나 다름없다. 생각해 보자. 정부가 세금을 걷어 땅이나 철도, 은행, 광산을 사들인다면 정부는 그것들을 공짜로 얻는 셈이다. 값을 치르는 쪽은 납세자들이다. 즉, 소득세를 내는 얼마 되지 않는 국민과 재산세를 내는 극소수의 자본가들뿐이다. 결국 정부는 자본가 계급이 저희 중 한 자본가의 재산을 사들여서 아무런 보상도 받지 않고 국가에 바치도록 강요하는 것이다. 땅이든 주식이든 국가에 재산을 넘기는 자본가에게는 정부가 보상을 한다고 하지만 실제로는 특정 자본가가 독박을 쓰지 않고 자본가 계급 전체가 분담하도록 조정하는 것에 불과하다. 보상을 받는 자본가라도 자기 몫의 세금은 내야 하고 그렇게 몰수당하는 세금에 대해서는 아무런 보상을 받지 못한다.

숫자를 대입한 사례를 보면 보다 분명하게 알 수 있다. 정부가 시가 1,000파운드짜리 땅을 원한다고 하자! 정부는 그 1,000파운드를 마련하기 위해 전 국민에게 세금을 부과하는 게 아니라 그 땅 소유자를 포함해 부유한 지주 100명에게만 소득세 10파운드씩 부과한다! 그리고는 땅 주인에게 근엄하게 1,000파운드를 내밀고 그 땅을 차지한다. 1917년 러시아 볼셰비키처럼 땅을 강탈하는 게 아니라 시장가격을 다 쳐줬으니 군말 없이 받아들이라면서 말이다. 이보다 더 합리적이고 합법적이고 무난한 방법도 없다. 가장 보수적인 정부도 그 방법을 쓸 것이고 실제로도 그렇게 해왔다(물론 지주 100명이 아니라 지주 전부를 대상으로 과세했다). 그런 식의 거래를 통해 땅이 개인에게서 국가로 넘어갔고 지주들의 연수입은 매년 조금씩 줄어들었다. 정부가 그런 거래를 반복한다면 결국 모든 땅을 정부가 소유하게 될 것이고 시장가격을 다 쳐주고 땅을 수용하더라도 지주들의 소득은 점점 줄어들다가 완전히 없어질 것이다. 이 과정은 땅만큼 주식에도 쉽게 적용될 수 있다.

거듭 말하지만, 이것은 어쩌면 할 수 있는 일이 아니라 이미 해봤고 하고 있는 일이다. 그렇게 엄청난 사유재산이 정부와 지방정부 소유가 됐다. 즉 국유화됐다. 그러는 사이 세금도 꾸준히 올랐다. 부자들은 이제 1파운드가 있어도 13실링 4펜스밖에 없다고 여겨야 한다. 6실링 8펜스는 정부가 소득세와 부가세로 걷어갈 것이기 때문이다. 심지어 13실링 4펜스도 온전하기 어렵다. 부자들이 모여 사는 곳(부자들은 보통 두 채에서 다섯 채의 집을 소유한다)의 지방정부는 철저히 공산주의적으로 주택소유자에게 상당한 지방세를 부과하고 있다. 기존 부자들은 세계대전과 전후 인플레이션으로 큰 재미를 본 투기꾼과 토건업자들에게 정신없이 집을 팔고 있다. 하지만 집을 사들이고 있는 신흥 부자들도 언젠가는 서로의 재산을 사줘야만 하는 입장이 될 것이다. 이제 벼락거지 신세가 된 기존 부자들이 그랬던 것처럼.

그러므로 사유재산을 국유화할 때는 소유자에게 시장가격 이상을 지불하고 그 비용은 재산소득에 세금을 매겨서 마련한다는 것이 원칙이다(물론 세금에 대한 보상은 없다). 유권자들은 보상 없는 국유화를 외치는 후보는 사회주의자든 자유주의자든 절대로 뽑으면 안 된다는 것을 원칙으로 삼아야 한다. 사회주의자 혹은 공산주의자를 자처하는 사람이 보상 없는 국유화를 외친다면 분명 자기가 뭘 하는지도 모르고 있는 것이다. 자유주의자를 자처하는 사람이 그런다면 자유주의자가 대개 그렇듯 덤터기 씌울 대상을 찾는 것뿐이다. 지주들을 인류의 적으로 매도하고 사람들의 분노를 자극해 지주들을 매장하려는 것이다. 하지만 자유주의자들은 자기들 머릿속 봉건지주들과 세금징수원에게나 적대적이지 자본가 계층에는 결코 적대적이지 않다. 보수주의자들도 지주들에게 보상하자는 데 늘 찬성한다. 그들이 보상의 수법을 간파하고 그러는 것은 아니지만, 어쨌든 그게 맞다.

국유화하면서 보상을 하지 말자는 후보에게는 절대 투표하면 안 된다. 보상에 한푼도 쓰지 말고 보복적인 국유화를 하자고 외치는 것이야말로 국유화를 저지할 가장 확실한 방법이다. 그런 사실을 간파하고 국유화를 막기 위해 일부러 그러는 사람일 수 있다.

보상을 통해 국유화할 게 아니라면, 정부가 국유화하고 싶은 산업에 직접 뛰어드는 방법도 있다. 대형 유통업체가 박리다매를 비롯한 온갖 상술을 동원해 작은 가게들을 몰아내는 것처럼 정부도 국영 기업을 세워 경쟁업체들을 몰아내도 되는 것 아닌가? 버밍엄 지방정부는 민간 은행들을 전혀 신경쓰지 않고 그냥 은행업을 시작했다. 우체국이 문을 열 때도 민간 운송업체들에 아무 보상도 하지 않았다. 우체국은 수금 대행 서비스를 시작하면서 중간 상인들의 역할까지 대신했지만 그들에게 어떤 보상도 하지 않았다. 민간 고용주들은 늘 그렇게 경쟁적으로 사업을 벌이는데 정부라고 그러면 안 될 까닭이 있을까?

정부가 경쟁적인 방식을 취하는 것은 너무 소모적이라서 안 된다. 빵집이 하나면 충분한 구역에 두 개가 들어서거나 한 골목에 우유배달 차가 두 대나 다니면 서로 상대방의 고객을 뺏는 데만 몰두하게 된다. 괜히 하나 더 운영하는 비용만 낭비하는 셈이다. 어떤 여자가 유행하는 새 모자를 사려고 하는데, 그 여자에게 모자를 팔기 위해 무려 50개의 업체가 난립한다면 과잉 생산이 일어나고 실업이 뒤따를 것이다.

　경쟁적인 방식으로 철도를 국유화한다고 해보자. 정부가 그레이트 웨스턴 철도와 나란히 국영 철도를 건설하고 런던에서 펜잔스로 가는 사람들이 기존 철도나 새로운 국영 철도 중 하나를 골라 탈 수 있게 한다. 그런 다음 우편요금을 1페니로 낮춘 페니 우편을 본떠 기차 요금을 대대적으로 낮춰서 민간 철도 회사의 손님을 전부 빼앗아 온다. 이런 게 바로 경쟁적인 방식이다. 펜잔스와 서소, 브리스톨, 크로머 등 행선지가 어디든 두 개의 철도가 놓일 것이다. 그리고 국영 철도가 거의 모든 승객을 실어나르는 동안 민영 철도는 몇 안 되는 남은 승객과 휴일 초과 수요만 바라보고 운행하다가 결국 망하게 될 것이다.

　이보다 더 멍청하고 소모적인 방법이 있을까? 국영 철도를 만들어 다른 철도와 경쟁하는 것은 비용이 어마어마하게 들 뿐만 아니라 쓸데없는 짓이다. 민영 철도가 망하면 엄청난 돈을 들여 만든 유용한 운송 수단이 아깝게 파괴되는 것이다. 민영 철도가 깔린 땅도 낭비하게 된다. 그러니 제정신인 정부라면 수용이라는 좋은 방식을 놔두고 굳이 그런 방식을 쓰지 않을 것이다. 앞서 설명한 대로 주주들에게 보상하면 정부는 돈 한푼 안 들이고 유산계급에 비용을 분담시키면서 얼마든지 기존 철도를 국유화할 수 있다.

은행 국유화도 기존 은행을 인수하는 식으로 진행해야 한다. 버밍엄 모델을 따르면 시영 은행이 기존 은행들과 경쟁하는 구도에 놓일 뿐이지만, 기존 은행들을 국유화하면 통합된 국영 은행 체제를 수립할 수 있다.

경쟁적인 방식으로 국유화하는 것을 반대하는 이유는 또 있다. 국가가 민간과 경쟁하려고 하면 국영 기업과 경쟁하는 사기업도 허용해야 하는데 그렇게 하면 국유화의 이점을 온전히 누릴 수 없다. 우체국이 전국 방방곡곡에 우편 서비스와 전화 전신 서비스를 제공할 수 있는 것은 쉽고 돈 되는 사업만 하려는 택배 장사치들의 진출을 허용하지 않기 때문이다. 장사치들 같았으면 할 리도 없고 할 수도 없는 일들을 우체국은 국민을 위해서 하는데, 그러려면 반드시 독점을 원칙으로 해야 한다.

국영 은행도 독점을 원칙으로 해야 한다. "독점 아니면 안 합니다. 영리한 유대인 은행가와 그 밑에서 훈련받은 탐욕스러운 기독교인이 노른자만 빼먹도록 놔두지는 않을 겁니다." 국영 은행은 민영 은행이라면 간이 출장소조차 내지 않을 곳까지 포함해 적어도 수백 개의 지점을 세울 것이다.

그렇다고 국가가 모든 사업을 독점할 것으로 결론 내려서는 안 된다. 은행 국유화는 모든 방면에서 민간 활동을 더욱 장려할 것이다. 다만, 수익이 나든 손해가 나든 사실상 모든 곳에 제공해야 하는 대규모 공공서비스는 민간업체와의 경쟁에서 보호해야 한다. 그렇게 하지 않으면 현재 지방정부가 건설 사업을 하며 겪는 문제를 그대로 겪을 수밖에 없다. 부자들의 집과 자본가의 사무실, 교회, 학교, 병원 같은 수익성 좋은 계약은 전부 민간업자들이 차지하는 탓에 지방정부는 손해를 보며 가난한 사람들을 위한 주택만 짓고 지방세 납세자에게 그러한 손해를 숨기기 위해 지가를 조작한다. 결국 지방정부의 건설 사업은 항상 파산한다. 지방정부가 건설 사업을 독점한다면 모든 도시와 마을이 지방세 납세자들과 세입자들이 살맛 나는 곳이 될 텐데 말이다.

그러니까 산업이든 서비스든 국유화를 할 때는 반드시 토지도 국유화해야 한다는 것을 기억하자. 물론 토지 국유화도 항상 구매와 보상을 통해 해야 한다. 토지를 그냥 빌려서 쓰면(유감이지만 가끔 그런 경우가 있다) 임대료만큼 공공요금을 올려야 하고 국유화로 얻을 수 있는 모든 금전적 이익이 지주들에게 돌아가고 만다.

국가가 보상을 통해 수용하지 않고 경쟁적인 방식으로 산업을 장악할 경우 벌어질 가장 잔인한 결과는 경쟁에서 밀려난 사람들이 빈곤과 파산으로 내몰린다는 것이다. "각자 알아서 살길을 찾아라. 뒤처지면 끝장이다!" 이는 자본주의의 냉혹한 원칙이다. 하지만 국가는 승자뿐 아니라 패자도 챙겨야 한다. 누구도 가난으로 내몰아서는 안 되고, 패자를 방치해서도 안 된다. 구매와 보상을 통한 국유화만이 답이다.

제58장 *Preliminaries to Nationalization*

어설픈 국유화는 안 하느니만 못하다

국유화는 우리 모두에게 필요한 재화와 서비스의 가격을 낮추는 수단으로 매우 바람직하다. 그래서 사회주의라면 치를 떠는 정권도 그간 여러 산업을 국유화해왔고 앞으로도 그렇게 할 것이다. 보수당 지지자들도 그 정도는 익히 알고 있다. 개인 탄광을 수용하는 비용이 무서워서 탄광 국유화를 할 수 없다는 정부 석탄위원회의 주장은 엄살에 지나지 않는다. 탄광주들(나도 그중 하나다)에게 충분히 보상을 해주면서 그 비용을 유산계급 전체가 불로소득으로 분담하게 하면 나라는 오히려 더 부유해진다. 여기까지는 아무 문제 없다. 국유화는 이론적으로는 매우 탄탄하다.

하지만 실제로 국유화하는 것은 보통 어려운 일이 아니다. 이런저런 산업을 국유화하겠다는 선언만으로는 아무것도 할 수 없고 산업이 멈추기만 할 것이다. 어떤 산업이든 실질적으로 국유화하기 위해서는 국유화를 수행할 행정부처부터 신설해야 한다. 육군성이 존재해야 군대도 존재하고 군인에게 임금, 군복, 무기도 지급할 것 아닌가. 체신부와 체신부 장관이 있어야 아침에 편지를 받을 수 있다. 조폐국과 조폐국장이 있어야 돈을 찍을 수 있다. 런던경찰국과 공안위원회가 있어야 경찰도 있다. 지금도 그렇고 앞으로도 마찬가지다. 재무부를 확장해야 은행 국유화를 할 수 있고, 지금의 산림청보다 더 큰 규모로 탄광청을 만들어야 탄광 국유화를 할 수 있으며, 체신부와 체신부 장관만큼 철도부와 철도부 장관의 권한이 강화돼야 철도 국유화를 할 수 있다.

그런 기관들은 안정되고 고도로 조직화한 국가에서만 운영할 수 있다. 우리는 정치적 경험으로 알고 있다. 혁명 정부나 느닷없이 들어선 독재 정부는 그런 기관을 운영할 능력이 없고, 일반적인 국가라 하더라도 미국처럼 공직을 정치적 전리품으로 여겨 정권이 바뀔 때마다 관료 조직이 싹 물갈이되는 곳에서는 그런 기관이 제대로 정착하기 어렵다. 혁명은 국유화에 반대하는 세력을 정치적으로 와해시킬 수 있을 뿐, 혁명만으로는 국유화할 수 없다. 새로운 혁명 정부가 무능하면 이미 국유화되어 있는 서비스조차 도로 사기업에 넘겨줘야 할 것이다.

국유화를 추진하는 정부는 재정적으로 투명해야 하고 국유화를 달성하려는 의지도 확고해야 한다. 정부 수입을 늘리겠다며 강탈하듯 국유화해서는 안 되고, 국유화에 먹칠을 해서 모리배들에게 민영화의 빌미를 줘서도 안 된다. 국영 철도는 최악의 국유화 사례로 잊을 만하면 한 번씩 거론돼 왔다. 정부는 철도 사업으로 벌어들인 돈을 철도를 적절히 유지보수하는 데 쓰지 않고 멋대로 세금을 깎아주는 데 썼다. 결국 철도역과 차량은 낙후되고 사람들은 영국 철도가 세계 최악이라며 철도 민영화를 강하게 요구하기에 이르렀다. 사실 폭리를 취하는 사기업들도 그런 식으로, 아니 그보다 더한 짓을 하다가 망해나갔다. 하지만 사기업의 책임은 제한적이어서 사기업의 실패와 사기는 크게 주목받지 않고 지나갔다. 반면 국가의 실패와 사기는 거대한 공분을 일으켰고 심지어 혁명을 유발했다. 정부의 잘못은 공공연하고 눈에 잘 띄지만 사기업의 잘못은 잘 보이지 않아서 정부보다는 민간이 더 믿을 수 있고 효율적이라는 착각을 하기 쉽다. 정말 착각이다. 민영사업이든 국영사업이든 정직과 신뢰를 바탕으로 굴러간다. 우리 영국의 국영 서비스는 건실함의 표본으로 일컬어질 정도다. 하지만 체신부가 우편 요금에 바가지를 씌워 거둔 이익으로 소득세를 감면해서 부자들의 호주머니를 불려주는 일도 일어나고 있다. 그렇게 세금을 깎아주는 바람에 해군까지 곪고 있다. 그런 식으로 새는 돈이 얼마 안 된다 할지 모르지만 유권자들이 바짝 경계하고 예의주시하지 않으면 국영사업의 앞날이 어떻게 될지는 짐작하고도 남을 일이다.

제59장　　　　　　　　　　　　*Confiscation Without Compensation*

보상 없이 몰수하자고?

앞장에서 우리는 국유화하면서 충분히 보상하고 그 비용은 여럿이 분담하는 방식을 검토했다. 이제 생으로 재산을 빼앗기면 어쩌나 하는 걱정은 덜었을 것이다. 하지만 자유주의의 혁명 전통에 사로잡혀서 의분을 터뜨리며 보상에 반대하는 정치 집단이 늘 있다. 그들은 말한다. 사유재산으로 불로소득을 얻는 것이 도둑질이나 다름없다면 국유화는 도둑에게 개과천선할 기회를 주는 것인데 왜 보상까지 해줘야 하는가? 자본가 계급 전체에 세금을 부과해서 탄광을 국유화할 수 있다면 나머지 재산도 세금을 부과해서 국유화하면 되는 것 아닌가? 주주가 바뀌어도 주식회사는 문제없이 굴러간다. 사실 주식시장에서는 끊임없이 손바뀜이 일어나고 있다. 영국의 모든 철도 주식이 월요일에는 파크레인의 부자들 소유였다가 화요일에는 영국 정부 소유가 되더라도 철도는 똑같이 운영될 것이다. 다른 대규모 서비스도 마찬가지다. 지주가 농장 여섯 개와 도심 주택의 땅문서를 재무부에 넘기더라도 농

새뮤얼 에드먼드 월러 Samuel Edmund Waller, 『세금징수원』, 1883년

부들은 계속해서 농사를 짓고 도시 세입자들은 살던 곳에서 계속 살 것이다. 공작이나 귀족에게 내던 임대료를 정부에 내게 될 뿐이다. 은행 소유주들이 은행 주식을 재무부 장관에게 넘기더라도 은행은 전과 다름없이 잘 굴러갈 것이다. 그렇다면 모든 자본가의 재산을 한꺼번에 국유화할 정도로 세금을 많이 부과해도 되는 것 아닌가? 자본가들이 세금 낼 돈을 마련하기 위해 재산을 팔겠다고 나서면 주식시장에 팔려는 사람만 있고 사려는 사람이 없어서 주가가 순식간에 폭락할 것이고 현금을 마련하지 못한 자본가들은 결국 주식이며 전시공채며 부동산 권리증을 정부에 넘길 것이다. 그러면 정부는 폭락한 주식의 액면가를 인정해주고 세금 대신 받아도 될 것이다. 주식이든 부동산이든 가격이 폭락해도 여전히 미래 수입에 대한 권리를 보장하기 때문에 정부가 그 수입을 국민을 위해 쓸 준비만 돼 있다면 아무 문제 될 게 없다.

심지어 정부는 자본가에게 짐짓 관대하게 굴 수도 있다. "세금 1,000파운드를 체납하셨네요. 세금 내려고 굳이 전 재산을 처분하지 않으셔도 됩니다. 액면가 100파운드짜리 증권 열 장으로 대신 받겠습니다. 지금 그 증권을 팔려고 해봤자 2펜스도 받기 어렵다는 건 아시죠?" 궁지에 몰린 자본가는 외친다. "그러면 내 배당소득은요? 나는 어떻게 살라는 말입니까?" 정부가 대답한다. "일해서 먹고사세요. 다른 사람들도 다 그런답니다." 요컨대, 사회주의자들은 소득뿐 아니라 소득이 나오는 재산에도 세금을 부여하자며, 그러한 자본과세로 현금을 마련할 수는 없지만 토지와 광산과 철도를 비롯해 자본가들의 모든 사유재산을 보상 없이 국유화할 수는 있다고 주장한다. 언뜻 듣기에는 제법 그럴듯한 얘기다.

제60장

Revolt of the Parasitic Proletariat

기생충의 기생충들이 저항한다

하지만 길 가다 마주치는 아무것도 모르는 사람들을 붙잡고 물어보자. 그들은 "부자들이 일자리를 주지 않냐"며 부자의 재산을 빼앗아서는 안 된다고 할 것이다. 아무런 생산을 하지 않는 부자가 일자리를 제공한다는 것은 정신병자가 간병인에게 일자리를 제공한다는 소리만큼이나 말 같잖은 소리다. 무위도식하는 부자가 생산적인 일자리를 제공할 수는 없다. 무위도식하는 부자가 제공하는 고용은 소모적이다. 일자리를 제공하고 임금을 지불해서 영국에서 가장 정직하게 번 돈과 다름없이 노동자들을 먹이고 입히지만, 그 돈은 부자들이 직접 번 돈이 아니다. 무위도식자는 기생충이다. 그러니까 그 무위도식자를 위해 일하는 노동자는 아무리 근면해봤자 기생충에 붙어사는 또 다른 기생충인 것이다. 무위도식자들의 재산을 몰수해버리면 무위도식자에게 기생하는 노동자들도 궁핍한 상황으로 내몰리고 만다. 그 노동자들에게 생산적인 일자리를 마련해주지 않으면 굶어죽거나 도둑질하거나 폭동을 일으킬 것이다. 맥없이 굶어죽으려고 하지는 않을 것이기 때문에 도둑질이나 폭동을 일삼다가 정부를 전복할 정도로 그 수가 많아질 수 있다. 사실 그들의 수는 매우 많다. 전적으로든 부분적으로든 기생적인 직종에 종사하는 주급노동자들이 총선 때마다 보수당에 던지는 표를 세어보면 알 수 있다. 그들은 프롤레타리아를 약탈하는 자본가들과 상당 부분 이해가 일치한다. 자본가들이 프롤레타리아를 약탈할 수 없게 되면 본드 가의 미술상과 보석상은 물론이고 본머스의 심부름꾼까지 자본가 고객을 상대하는 중간계급과 프롤레타리아도 먹고살 수 없게 된다. 그렇기 때문에 본드 가나 본머스나 아무리 설득해봤자 보상 없는 국유화에는 찬성표를 던지지 않을 것이며 투표로 안 되면 싸움도 불사할 것이다.

그러니까 문제는 국유화된 산업이 아니라 다른 산업에서 발생한다는 얘기다. 광산이며 은행이며 철도며 주식회사 형태로 운영되는 산업들은 주주들이 지분을 정부에 몽땅 넘겨야 할 만큼 세금을 크게 올려서 국유화하고 주식에서 나오는 수입을 전부 주주들 호주머니가 아니라 정부 호주머니로 들어가게 할 수 있다. 그러면 주주들의 구매력이 정부로 넘어가면서 기존 주주들의 소비에 의존하던 상점과 공장들이 문을 닫고 직원들은 해고될 것이다. 주주들의 자본력도 정부로 넘어가서 신규 사업이나 기존 사업 투자에 필요한 여윳돈을 공급하는 일을 정부가 도맡아야 할 것이다. 이러한 구매력과 자본력은 한순간도 방해받지 않고 계속해서 작용해야 하며 그러려면 우리의 소득이 끊임없이 소비되고 투자돼야 한다.

정부는 그 모든 돈을 가져가서 뭘 할 수 있을까? 국고에 넣어두고 그냥 방치했다가는 대부분 썩어 없어질 것이다. 많은 사람이 죽어나가고 파산과 실직이 전염병처럼 번질 것이다. 그러한 재앙의 조류에 휩쓸리면 어떤 정부도 무사할 수 없다. 결국에는 독재를 선포하고 인구의 3분의 1을 고용해 다른 3분의 1을 쏴버리고 그 비용은 나머지 일하는 3분의 1에게 대라고 하는 지경에 이를 것이다. 그런 상황으로 가지 않기 위해 정부가 뭘 할 수 있을까? 바보짓을 했다고 사과하며 몰수한 재산을 원래 소유주들에게 돌려주는 수밖에 없는 걸까?

제61장   Safety Valves

   정부는 몰수한 돈을 어떻게 분배할 수 있을까? 실업수당으로 나눠줄 수도 있겠지만 그렇게 하면 몰수를 통해 근절하려던 불로소득이라는 해악을 다시 퍼뜨리는 것밖에 안 된다. 실업수당보다 훨씬 건전한 방안이 있다(5파운드를 은행에 넣기보다 거지에게 주고 싶다는 생각이 든다면 이 방안을 떠올리도록 하자). 몰수한 돈을 재원으로 국영 은행에서 사업가들에게 유례없이 싼 이자로 대출을 해주는 것이다. 또는 국영 산업의 임금 수준을 크게 올리는 방안도 있다. 절대로 일어나지 말아야 하지만 심심찮게 일어나는 일로 전쟁을 일으키는 방안도 있다. 금권세력에게 낭비하던 돈을 군인에게 낭비하는 것이다.
   이러한 방안들은 섞어 쓸 수도 있다. 실업수당, 저금리 대출, 고임금 정책을 병행하면서 구매력과 자본력을 재분배하는 것이다. 실업수당과 연금을 지급하면 파산한 부자들과 부잣집에서 일하다 실직한 하인들이 다른 일을 구하지 못하더라도 여생을 꾸릴 수 있다. 국영 은행을 통해 자본을 싸게 공급하면 사업가들이 새로운 사업을 시작하거나 기존 사업을 재정비할 수 있다. 임금 인상으로 노동자들의 구매력이 증가하면 생산이 확대되고 본머스나 본드 가의 실직자들에게도 일자

안전밸브가 작동하지 않는다

리가 제공될 것이다. 미술상들은 국공립 미술관을 상대로 그림을 팔면 된다. 위기는 있을 것이다. 하지만 위기는 늘 있었다. 자본주의 체제에서도 수많은 시민이 걸핏하면 구매력을 박탈당하고 생계에 어려움을 겪었다. 실직자들이 폭동을 일으키고 창문을 깨기 시작하면 보일러의 안전밸브를 열어 압력을 낮추듯 실업수당 등을 풀어서 사회적 긴장을 완화했다. 그렇게 늘 해오던 대로 하면 되는 것 아닌가?

뭐 그럴 수도 있다. 하지만 정부가 아무런 준비없이 유산계급의 재산을 전부 몰수하면 자본주의 체제에서 겪은 최악의 위기보다도 훨씬 더 큰 충격을 겪게 될 것이다. 유산계급은 사실상 몇 명 되지 않으니 그렇다 쳐도 사치품을 생산하며 유산계급에 기생하는 프롤레타리아의 수는 엄청나다. 그들 전부가 하루아침에 밥벌이를 잃게 되면 그 파장은 매우 클 것이다. 그런 상황에서 안전밸브들이 과연 신속하고 충분하게 작동할까? 좀 더 자세히 알아보자.

살아있는 동물은 혈액 순환이 잘 돼야 하는 것처럼 문명국가는 돈의 순환이 잘 돼야 한다. 사유재산과 불로소득을 전면 몰수하면 영국 각지에서 전례없이 많은 돈이 재무부가 있는 런던으로 몰릴 것이다.

그래서 정부가 그 쌓인 돈을 곧바로 나라 구석구석까지 돌게 하는 것은 생사를 좌우한다. 더구나 자본주의 체제일 때보다 훨씬 많은 자본이 쌓일 것이다. 재산을 몰수하면 자본가들이 저축하던 돈뿐만 아니라 소비하던 어마어마한 돈까지 국고로 들어올 것이기 때문이다.

이제 안전밸브를 살펴보자. 재무부로 몰리는 돈의 대부분은 국유화된 전국의 토지에서 거둬들이는 지대가 될 것이다. 현재는 지주들이 지대를 자기들 마음대로 쓴다. 지역 주민들이 일해서 번 돈을 받아다가 그 지역에서 쓰는 지주는 잘 없다. 비아리츠 프랑스 서남부 휴양도시에서 살 수도 있는데 굳이 부틀 영국 리버풀 인접 공업도시에서 살려고 하지는 않는다. 부자들은 부틀이 아니라 런던 웨스트엔드나 전 세계의 쾌적한 휴양지, 경기장에서 돈을 쓴다. 부틀에서 고가의 부츠와 승마바지와 폴로채를 제조하는 공장이 있다면 모를까 부자의 돈은 전혀 부틀 주민에게 가지 않는다. 부틀 주민이 누리는 혜택의 상당 부분은 지방정부가 제공하고 있다. 어디까지나 주민들이 지방세를 낸 덕분이며 이제 지방세는 어느 지역에서나 가혹하다 싶을 정도로 부담이 되고 있다. 정부가 지방정부에 교부금이라는 것을 주지 않는다면 지방세는 훨씬 과중해질 것이다.

따라서 재무부가 교부금 지출을 크게 늘려서 지방세를 없애는 방안은 납세자들에게 환영받는 확실한 안전밸브가 될 수 있다. 여러분이 내고 있는 지방세를 앞으로는 땅 주인이 내겠다고 한다면 여러분은 그만큼 쓸 돈이 늘어나서 기쁠 것이다. 그 얘기를 재무부 장관이 한다고 해도 마찬가지일 것이다. 교부금이라는 안전밸브는 재무부에 적체된 돈을 풀어 심장부에서 말단으로 돈이 다시 흐르게 할 것이다.

국영 은행을 통해 자본을 싸게 공급하는 한편 국영 산업의 임금을 인상하는 방안도 있다. 임금을 인상하면 그만큼 배당수익이 줄어서 재무부로 들어가는 돈도 줄어든다. 자본을 싸게 공급하면 신규 사업이 일어나고 기존 사업 재정비가 활발해져서 임금 인상과 지방세 면제로 늘어난 소비 수요에 부응할 수 있게 된다.

그리고 공공지출을 요하는 사업은 언제나 많다. 도로, 간척, 조림, 수력발전, 도시정비사업 등 자본주의 같으면 수익이 나지 않는다고 손도 대지 않을 수백 가지 일들이 기다리고 있다. 그런 공공사업을 일으킨다면 재산 몰수로 실직자가 된 사람들에게 일자리를 제공할 수 있다. 연금과 실업수당은 고령자와 고용불능자에게만 지급해도 된다. 물론 아이들에게는 지금보다 더 많은 돈을 써야 하고 쓸 수 있을 것이다. 다음 세대는 공익에 기반한 더 큰 혜택을 누릴 것이다.

이런 얘기를 들으면 안심이 되고 말로는 어려울 게 없을 것 같다. 하지만 좀 더 들여다보면 모든 기대를 접게 된다. 기존의 모든 주식과 부동산이 보상도 없이 한꺼번에 정부로 넘어가면 과연 안전밸브들이 앞서 말한 것처럼 신속하고 정확하게 작동할까? 지방정부에 교부금을 배분하려면 보건부가 대규모 예산편성을 해야 하고 의회는 예산안을 심사하며 몇 달이고 언쟁을 벌일 것이다. 기존 은행 시스템을 통해 돈을 과잉 공급하고 정부가 아무런 개입을 하지 않으면, 경쟁업체들이 난립하고 자본 과잉과 과잉 생산이 일어나고 가망없는 기업들이 연명하고 경험이 없거나 어리석거나 무모한 사람들까지 사업에 뛰어드는 등 엉망진창이 될 것이다. 즉, 호황 뒤에 불황이 오고 실직, 파산 등이 일상이 될 것이다. 자본을 싸게 공급하는 방안을 제대로 실행에 옮기기 위해서는 지금의 약탈적인 은행 이사회를 대체할 정부 조직을 신설해야 한다. 그리고 우체국처럼 곳곳에 은행을 열고 특별히 훈련된 공무원을 은행원으로 배치해야 한다. 이 모든 일이 다 이루어지기 전에 파산한 시민은 굶어 죽을 것이다.

정부가 국고로 들어오는 수입을 최소화하기 위해 임금을 인상하고 물가를 인하하는 것도 방법일 텐데 지금까지 기업 관리자들은 정확히 그 반대로 할 줄밖에 모르니 기업 관리자들도 공무원으로 교체해야 한다. 그러려면 오랜 숙고를 거쳐 정교하게 계획하고 정부부처를 대대적으로 신설하는 것을 포함해 실질적인 준비 작업이 선행되어야 한다.

공공사업 역시 즉흥적으로 할 수 있는 일이 아니다. 니콜라이1세는 모스크바에서 상트페테르부르크까지 가는 철도 노선을 정하며 지도 위에 자를 대고 모스크바부터 네바까지 직선을 그었다. 만일 니콜라이1세가 영국에서처럼 의회를 통해 결정해야 했다면 조력 발전소 하나를 건설하려고 해도 웨일스 의원들은 서번강에 스코틀랜드 의원들은 게일해협에 건설하자며 박터지게 싸우는 통에 수개월을 허송세월하고 나서도 인부들이 첫 삽을 뜨는 것을 볼 수 없었을 것이다.

더 예를 들어봐야 피곤할 뿐이다. 보상하지 않고 한꺼번에 국유화하면 대참사가 벌어진다. 치료의 효과가 나타나기도 전에 환자가 죽는다. 기계에 비유하자면, 안전밸브가 먹통이 되면서 보일러가 폭발한다. 섣부르게 국유화를 시도하면 혁명으로 번질 수 있다. 이렇게 말하는 사람이 있을지도 모른다. "그러면 안 되나요? 이 책을 읽으니 혁명이라도 일어났으면 싶은데요. 혁명을 일으키면 좋은 거 아닌가요?"

그런 생각이 들 만도 하다. 전부터 그렇게 생각하는 선량한 시민이 많았다. 하지만 문제를 철저히 들여다보면 혁명으로는 아무것도 국유화할 수 없다는 것을 알게 된다. 혁명은 국유화를 더 어렵게 만들 뿐이다. 사람들이 정치경제 교육을 조금만 받으면 혁명 없이도 국유화를 얼마든지 할 수 있다. 어설픈 사회주의자들이 (물론 지금 정당들은 죄다 위험할 정도로 어설프지만) 시끄럽고 답 없는 자본주의 정당에 맞서 혁명을 일으킨다면, 진보는커녕 반발만 부르고 자본주의의 수명만 연장시킬 것이다. 사회주의라는 말만 들어도 사람들이 손사래 치는 상황이 한 세대는 계속될 것이다. 모든 사유재산을 한 번에 국유화하려고 시도하면 바로 그런 혁명으로 이어질 수 있다. 그러므로 아무런 보상과 준비없이 한꺼번에 국유화할 것인지, 세심한 준비와 보상을 통해 하나씩 국유화할 것인지의 기로에서 혁명은 무조건 배제해야 한다.

혁명으로 할 수 있는 것과 할 수 없는 것에 대해 나중에 좀 더 자세히 설명할 것이다. 일단, 모든 국유화는 준비와 보상을 통해 이루어져야 한다는 국유화의 준칙에 주목하자(경제학자들은 규칙을 준칙으로 부르길 좋아한다). 이 준칙은 단번에 너무 많은 것을 국유화하려는 시도를 효과적으로 방어한다. 심지어 국유화는 한 번에 하나씩 해야 한다고 할 수도 있다. 다만 지금의 산업은 너무 많은 산업과 결합하는 추세라서 한 산업을 국유화하려면 그와 밀접한 대여섯 개의 산업도 국유화해야 하며 그러지 않고는 국유화가 실질적으로 불가능하다. 철도회사가 기차 운영 외에 다른 일을 얼마나 많이 하는지 알면 깜짝 놀랄 것이다. 대형 여객선을 타 본 사람은 여객선 사업이 대체 조선업인지 호텔업인지 엔지니어링업인지 궁금했던 적도 있을 것이다.

제62장 *Why Confiscation Has Succeeded Hitherto*

지금까지 몰수가 잘 이루어진 까닭은?

사유재산을 국유화할 때는 반드시 돈을 주고 사야지 세금으로 그냥 빼앗으면 안 된다는 게 국유화의 대원칙이라고 누차 강조했다. 그런데 현실은 그러한 원칙과 동떨어져 있다. 사유재산에 대한 직접적인 공격 즉, 정부가 자본가들의 돈을 빼앗아 국고에 넣어버리는 일이 자행되고 있는데 아무런 반발이나 혁명도 일어나지 않고 있다. 보수당 정권이든 자유당 정권이든 마찬가지다. 글래드스턴 같은 19세기 정치인들이 봤다면 해괴하고 도저히 있을 수 없는 일이라고 했을 것이다. 그 어떤 사회주의 방식이나 공산주의 방식도 이름만 잘 갖다 붙이면 영국에 도입할 수 있을 성싶다. 부자들의 소득을 사회주의적으로 몰수하자고 제안한다면 볼셰비키를 몰아내라고 온 나라가 들고 일어날 것이다. 하지만 같은 제안에 소득세와 부가세surtax, 상속세 등의 이름을 붙이면, 유산계급의 주머니에서 수억 파운드도 거뜬히 알겨낼 수 있다. 소련이 배 아파할 노릇이다.

구체적인 사례를 들어보자. 글래드스턴은 재무부 장관 시절 소득세를 파운드당 2펜스로 줄인 것을 대단한 성과로 생각했고 가능하면 소득세를 완전히 없애고 싶어 했다. 그러나 소득세는 폐지되기는커녕 1920년에 파운드당 6실링으로 올랐다. 그나마 거기서 멈춘 것은 고소득에 대해 추가적인 세금을 부과하고(누진소득세) 상속제도를 손봐서 죽은 사람의 재산을 국가가 상당 부분 가져가도록 했기 때문이다. 만일 사회주의자 수상이 그와 똑같이 재산을 몰수하면서 선지자 마르크스의 공산주의 원칙에 따라 몰수니 징발이니 국유화니 하는 말들을 입에 올렸다면 사람들이 얼마나 호들갑을 떨고 난리를 피웠을지 안 봐도 뻔하다. 하지만 세금으로 재산을 몰수당하는 것은 그저 순순히 받아들였다.

어떻게 지금의 과세제도에 이르게 된 것일까? 재무부 장관은 나라의 살림을 책임지는 수장으로서 살림 비용을 마련하기 위해 주저하는 하원을 설득해 과세에 대한 동의를 이끌어내야 한다. 전쟁 동안 정부 보조로 겨우 버틴 십여 개 회사와 수에즈 운하의 지분에서 나오는 알량한 수익 외에는 영국 정부의 자산 수입이 없기 때문이다. 누구에게 과세할지는 누가 의회를 구성하고 있는지에 달려있다. 의원들이 승인하지 않으면 재무부 장관의 예산안 즉 과세 계획은 법제화될 수 없고, 법제화되지 않으면 아무에게도 세금을 물릴 수 없다. 글래드스턴 시절에는 의회를 지주와 자본가와 사업가들이 장악했다. 노동계급 출신 의원들은 한 줌도 되지 않아서 의회 표결 때마다 다른 세 집단에 속수무책으로 당했다. 지주와 자본가와 사업가들은 저마다 서로 다른 집단에 세금 부담을 떠넘기지 못해 안달했지만, 셋 다 한마음으로 의견 일치를 보는 지점이 있었다. 다음 선거에서 노동계급의 표가 이탈하지 않는 선에서 최대한 노동계급에 과세하자는 것이었다. 따라서 그들이 끝까지 승인을 미루고 싶은 세금이 바로 소득세였다. 웬만한 임금 노동자들은 소득세를 피해 가지만 지주와 자본가, 사업가는 죄다 꼼짝없이 소득세를 내야 했기 때문이다. 그렇게 소득세는 마지막 수단이 됐다. 다른 방법을 다 동원해도 돈이 모자라면 그제야 어쩔 수 없이 맞닥뜨리는 악이었다. 글래드스턴이 소득세를 파운드당 6펜스에서 4펜스로, 4펜스에서 2펜스로 끌어내리고 결국에는 완전히 없앨 생각임을 밝혔을 때 실제로 그는 진짜 위대한 재무부 장관으로 추앙받았다. 그는 소득세를 인하한 만큼 다른 데서 돈을 거둬들여야 했다. 음식과 주류, 담배는 물론이고 영수증, 수표, 계약서, 환어음, 증권, 혼전계약서, 임대차계약서 등등 온갖 법률 서류에 세금을 매겼다. 수입품에 대한 관세도 부과했다. 산업자본가들은 원자재를 다량 수입했고 식량값이 싸지길 바랐다. 임금 부담을 줄이려면 식료품 가격이 싸야 했다. 그래서 "수입품에 세금을 매기지 말고 지주들에게 과세하라"고 했다. 그러자 시골 지주들은 "수입품 특히 옥수수에 과세하라, 그래야 우리 농업이 산다"고 했다. 이는 엄청난 자유무역 논쟁으로 번졌고 보수당과 자유당은 수년 동안 싸웠다. 하지만 두 당 모두 소득세는 마지막까지 건드려서는 안 되고 부과하더라도 최소화해야 한다는 데 항상 동의했다.

프롤레타리아를 대변하는 신생 정당인 노동당을 통해 페이비언 사회주의가 의회에 영향을 미치기 시작하면서 의회의 예산 편성도 새로운 국면을 맞았다. 노동당은 자본가 계층부터 세금을 내야 하고 근로소득보다 불로소득에 더 많이 과세해야 한다고 주장했다. 정부 지출과 과세를 줄이는 것만이 능사는 아니라고도 했다. 과세를 통해 불로소득을 거둬들이고 학교와 주택, 도시환경을 개선하고 온갖 공공서비스를 제공함으로써 그 돈을 진짜로 번 사람들에게 돌려준다면 세금을 걷을수록 나라는 살기 좋아질 것이다. 글래드스턴은 "소득세 납세자들에게 세금을 백만 파운드나 깎아줬습니다. 만세!"라고 외쳤지만, 노동당 출신 재무부 장관은 이렇게 외칠 것이다. "불로소득자들에게서 부유세로 백만 파운드를 더 걷어 국민의 복지를 위해 썼습니다! 만만세!"

그리하여 지난 15년 동안 의회에서는 자본가 정당과 노동자 정당 간의 다툼이 계속돼 왔다. 소득세, 부유세, 상속세와 전반적인 공공지출을 줄이려는 게 자본가 정당의 입장이고 반대로 늘리려는 게 노동자 정당의 입장이다. (대놓고 그렇게 말하는 사람은 드물어도) 매년 예산안을 놓고 벌이는 토론에서 쟁점은 결국 그거였다. 자본가들은 조금씩 계속 밀려났다. 글래드스턴 시대에 파운드당 2펜스이던 소득세는 1920년대에 들어선 지금 파운드당 4~6실링에 이르렀고 소득이 연 2,000파운드를 초과하면 최소 18펜스에서 최대 6실링까지 부가세도 내게 됐다. 또한, 상속재산의 자본가치를 추산해서 100파운드 정도의 재산은 1퍼센트, 2백만 파운드를 넘는 재산은 40퍼센트를 상속세로 정부에 낸다.

여러분이 삼촌에게서 연소득 5파운드가 나오는 100파운드 가치의 자산을 상속받는다면 정부에 1파운드 즉, 73일 치의 소득을 상속세로 내야 한다. 연소득 10만 파운드가 나오는 2백만 파운드 가치의 자산을 상속받는다면 8년 치 소득을 정부에 내야 하니, 미래소득을 저당잡혀 목돈을 마련하지 못하면 8년간은 손가락만 빨아야 한다. 아니면 상속세 물 것을 대비해 고액의 생명보험이라도 들어야 할 판이다.

　이제 그 연소득 10만 파운드가 나오는 200만 파운드어치의 재산이 가문의 특성상 장교로 군복무를 해야 하는 어느 귀족 집안의 것이라고 가정해보자. 전시에는 미혼의 자산가와 그의 두 형제까지 몇 달 새 연달아 전쟁터에서 목숨을 잃을 수도 있다. 지난 1차세계대전 때도 종종 일어났던 일이다. 상속세가 연거푸 세 번 부과되면 연소득 10만 파운드에서 무려 7만8천 파운드를 정부가 가져가는 셈이니, 그 귀족 집안이 그런 일을 당했다면 연소득은 2만2천 파운드밖에 남지 않게 된다. 이런 경우에는 반드시 특별면제를 해줘야 한다. 그러나 사고나 돌림병으로 줄초상을 치러도 상속세 특별면제는 해주지 않는 실정이다. 만약 우리가 『모닝포스트』에서 소비에트 정부가 보상금 한푼 지불하지 않고 어느 가족에게서 연소득 7만8천 파운드를 몰수했다는 기사를 읽었다면, 그런 끔찍한 일이 일어나는 나라에 살고 있지 않아서 다행이라고 여길 것이다. 하지만 사회주의에 반대하는 영국 정부야말로 사회주의적인 몰수를 일상적으로 저지르고 있다. 자유당 정부든 보수당 정부든 마찬가지다. 그러면서 입으로만 사회주의적인 몰수에 반대하고 러시아가 아니고서야 누가 그런 짓을 하겠냐고 핏대를 세운다.

　우리가 그런 식이다. 늘 공산주의를 범죄로 여기며 비난하지만 가로등이며 도로, 수도, 경찰만 봐도 공산주의 없이 우리는 일주일도 못 버틴다는 것을 알 수 있다. 부자들의 소득을 몰수하는 사회주의는 강도나 다름없고 결국 붉은 혁명을 야기할 거라고 외치지만 사실 안정된 국가 중에 우리만큼 소득을 많이 몰수하는 나라도 없다. 그래서 이 나라의 수많은 자본가가 일 년 중 7개월을 남프랑스에 나가 사는 것이다. 그들은 세금을 회피하려고 리비에라 해안에 살면서도 일요일마다 영어로 예배를 드리는 중에 잉글랜드 국가를 불러제끼고 고국에 대한 변함없는 충성심을 다짐한다. 그 시각 고국의 재무부 장관은 "그들의 교활한 꼼수를 막아달라"고 기도하며 세금 회피를 막을 법적 수단을 강구한다.

 빅토리아 시대의 관점에서 보자면 우리가 깜짝 놀랄 정도로 부자들에게서 세금을 많이 걷고 있기는 하지만, 부자들이 자산 소득으로 감당할 수 없거나 정부가 즉시 지출하고 유통시킬 수 없을 정도로 많이 걷은 적은 없다. 세금으로 부자의 구매력이 가난한 사람에게로 이전되는 과정에서 이런저런 산업이 소소한 타격을 입었고 부자였던 사람들이 가난뱅이로 전락하기도 했다. 하지만 그동안 자본주의 역시 비약적으로 발전하면서 그 어느 때보다 부자들이 더 많아지고 더 부유해졌다. 사치 산업은 축소되기는커녕 더 확장됐고 관련 일자리도 그만큼 늘어났다. 세금으로 거둬들인 돈을 즉시 재분배할 수 있으면 재산 소득은 얼마든지 몰수해도 괜찮다는 사실이 드러난 것이다. 하지만 세금 한 번으로 재산소득을 모조리 몰수해버리겠다는 생각은 곤란하다. 충돌을 일으키지 않는 선에서 어떤 범위까지 어느 정도의 속도로 거둬들일지를 항상 고민해야 한다. 정부는 거둬들인 돈을 즉시 사용할 준비가 돼 있지 않으면 절대 과세해서는 안 된다. 이는 어떤 경우에도 반드시 지켜야 할 대원칙이다. 기존 산업이나 서비스를 국유화하는 데 돈을 쓰려는 정부는 그 사업을 맡아서 할 정부부처부터 신설하고 기존 소유주들에게 제대로 보상해야 한다. 이것 또한 예외없이 지켜야 한다. 국유화까지는 아니고 자본주의 체제하에서 단순히 소득을 재분배

한다면, 즉 부유한 사람들에게서 가난한 사람들에게로 구매력을 이전해서 사치 산업보다는 필수 산업 쪽으로 수요를 이동시킬 목적이라면, 부유층을 위한 상점들이 그러한 변화에 적응할 수 있도록 천천히 진행돼야 한다. 그렇지 않으면 파산이 줄을 잇고 곧바로 다음 선거에서 정권이 교체될 것이다.

다음 장에서는 불로소득이라는 막대한 짐을 더 불어나게 만든 기가 막힌 사건을 살펴보자. 그 불로소득에 대해 국민 상당수가 매우 분개하고 있어서 노동당 정부든 보수당 정부든 불로소득을 재분배하라는 요청을 계속 모른 척할 수는 없을 것이다.

제63장 *How The War Was Paid For*

1914년 우리는 전쟁에 돌입했다. 전쟁은 소름 끼칠 정도로 돈이 많이 들고 무섭게 파괴적이다. 금전적으로 전쟁은 완전한 손실이다. 더구나 당장 비용을 지불해야 할 것 천지다. 약속어음이나 담보나 국채로는 독일인들을 죽일 수 없다. 식료품과 옷, 무기 등의 군수품은 물론이고 전투에 나가고 간호하고 운전하고 군수품을 만들 사람들이 아주 많이 필요하다. 군대가 엄청난 피를 흘리며 옷과 식량과 탄약을 다 소진하고 나면 먹고 마시고 입을 게 아무것도 남지 않는다. 보고 만질 수 있는 것은 죄다 사라지고 황량한 폐허만 남는다. 1차세계대전을 치르는 동안 정부는 군수물자를 공급하기 위해 엄청난 빚을 졌다. 그 와중에 젊은이들의 피와 수고는 당연시했다. 그들의 의사와 관계없이 군복무를 강요했고 하던 일을 그만두게 하면서 아무런 보상도 해주지 않았다. 하지만 자본주의 정부답게 자본가의 돈을 취하는 것은 당연하게 여기지 않았다. 전쟁자금의 일부만 세금을 걷어서 마련하고 대부분은

전쟁에 쓸 돈이 있으면 그만큼 몰수도 가능하다?

전시공채를 발행해 자본가들에게서 꿨다.
 가난한 사람들의 목숨과 일상과 팔다리는 가차없이 징발하면서 부자들의 돈은 보상을 약속하며 꾸는 것에 대해 노동당은 강력히 항의했지만 바로 묵살당했다. 정부는 전쟁에 나간 군인과 노동자들을 먹여살리는 데 필요한 여유식량을 일부만 세금으로 조달하고 대부분을 자본가에게 돈을 꿔서 조달했다. 여윳돈을 정부에 꿔준 자본가는 그 돈을 전액 돌려받을 때까지 매년 5퍼센트의 이율로 불로소득을 챙길 권리가 생겼다.
 그 결과 1914년 대략 6억6천만 파운드였던 국가채무가 전쟁 이후 70억 파운드를 넘어섰다. 현재 육해공군을 포함한 모든 국가기관이 공공서비스를 수행하며 한 해에 3억 파운드쯤 쓰고 있는데, 국가 예산보다 많은 3억 5천만 파운드가량을 매년 채권자들에게 이자로 지급하게 생긴 것이다. 이제 재무부 장관은 하루에 2백만 파운드가 넘는 예산을 짜야 하고 어떻게든 국민한테서 그 돈을 거둬들여야 한다. 프롤레타리아에게는 세금을 물려봤자 소용없다. 실직자가 백만 명이 넘어서 오히려 세금을 들여 부양해야 할 판이다. 세금은 자본가들에게 물리는 수밖에 없다. 자본가들이 소득세와 부유세, 상속세로 한 해에 3억8천만 파운드 이상을 토해내게 해야 한다. 하루에 105만 파운드, 즉 전체 세금의 절반이 넘는 엄청난 돈을 몰수해야 한다.

뭔가 이상하지 않은가? 정부는 국내 자본가들에게서 70억 파운드에 달하는 돈을 꾸면서 매년 3억2천5백만 파운드를 이자로 주겠다고 약속했다. 그런데 그 돈과 해외 채권자들에게 줄 이자비용을 마련하기 위해 국내 자본가들에게 매년 3억8천2백만 파운드의 세금을 부과하고 있는 것이다. 국내 자본가 계급은 매년 이자로 받는 것보다 5천만여 파운드를 더 내는 손해를 보고 있다. 정부가 왼손으로 준 것을 오른손으로 도로 빼앗아 가면서 17퍼센트의 이자까지 붙이는 셈이다. 자본가들은 어째서 이런 상황을 순순히 받아들이고 있을까?

이유는 단순하다. 만일 정부가 전시공채 채권자들에게 지급한 이자를 고스란히 세금으로 물리면서 거기다 17퍼센트를 더 가져간다면, 모든 채권자가 곧바로 손사래를 칠 것이다. "아이고 됐네요. 차라리 빚을 탕감해드리죠. 그게 낫겠습니다." 하지만 현실에서는 그런 일이 벌어지지 않는다. 전시공채 채권자는 자본가 중 일부에 불과한데 세금은 모든 자본가에게 부과하기 때문이다. 자본가는 누구나 소득세와 상속세를 내고 소득이 2천 파운드를 초과하면 부유세도 내야 한다. 전쟁 때 정부에 돈을 빌려주지 않은 자본가들은 정부로부터 아무것도 받지 못한다. 연간 3억2천5백만 파운드의 전시공채 이자는 정부에 돈을 빌려준 자본가들이 받는 것이다. 하지만 그 이자 비용은 모든 자본가가 세금으로 공동 부담한다. 따라서 자본가 계급 전체로 보면 돈을 잃어도 전시공채를 가진 자본가들은 그렇지 않은 다른 자본가들의 주머니에서 돈을 가져오는 셈이다. 정부는 자본가 폴에게 줄 돈을 자본가 피터에게서 뜯어낼 뿐만 아니라 폴에게 줘야 할 것보다 더 많은 돈을 피터와 폴 모두에게서 뜯어낸다. 피터와 폴은 합쳐놓고 보면 더 가난해지는데 폴만 놓고 보면 더 부유해진다. 그래서 피터가 세금 때문에 못 살겠다고 불평해도 폴은 정부 방식을 지지하는 것이다.

이해를 돕도록 실례를 들어보겠다. 우리 부부는 둘 다 자본가이지만 나는 전시공채를 가지고 있고 내 아내의 돈은 전부 은행과 철도 등의 주식에 들어가 있다. 정부는 전시공채의 이자를 마련하기 위해 우리 둘에게 똑같이 세금을 부과한다. 하지만 전시공채 이자는 나에게만 지급하기 때문에 나는 돈을 벌고 아내는 돈을 잃게 된다. 그나마 우리가 부부이기에 망정이지 남남이면 그러한 정부 방식에 대해 절대 동의할 수 없을 것이다. 대부분의 자본가는 내막을 잘 몰라서 사실상 사기를 당하고 있다. 하지만 자본가들이 내막을 알게 되더라도 서로 입장이 달라서 만장일치로 저항할 일은 없을 것이며 선거 때 문제 삼아 봤자 득표에도 도움이 되지 않을 것이다.

이렇게 이상한 상황이다 보니 노동당은 차라리 국가채무를 없던 일로 하면 자본가 계급에도 이익이고 국가가 사실상 스스로에게 진 빚 때문에 힘들다고 불평하는 부조리도 끝낼 수 있지 않겠냐고 주장하게 됐다. (외국에 진 빚을 제외하고) 국가채무를 장부에서 지워버리면 국가는 비용 한푼 들이지 않고 간단하게 소득재분배를 하는 셈이다.

직접 세금을 물려 돈을 징발하는 게 아니라 자본가들에게서 돈을 빌려서 공금을 마련하면 기금 조성이라고 한다. 전에는 정부에 돈을 빌려주면서 "국가기금에 돈을 넣는다"고 했다. 계약 조건상 돈을 빌려주는 사람은 돈을 돌려받을 때까지 기다리는 대가로 아무 일 안 해도 이자를 받는다. 그러다 보니 채권자가 돈을 빨리 돌려받지 않으려고 하는 묘한 상황이 벌어진다. 정부가 돈을 빌리려면 일정 기간 돈을 갚지 않겠다는 약속을 해야 하는 것이다. 거치 기간은 길수록 더 좋다. 자본주의 윤리에 따르면, 이자(기다림에 대한 보상)로 먹고살지 않고 자본을 헐어 쓰며 사는 사람은 씀씀이가 헤프고 낭비하는 것이다. 자본가는 여유식량을 자기가 직접 소비하면 안 된다. 배고플 때를 대비해 남겨둘 법한 식량이라도 그냥 쥐고 있으면 안 된다는 게 자본가들의 불문율이다. 자본가는 여유식량 즉 여윳돈을 불로소득을 사는 데 써야 한다. 여윳돈을 꿔주고 불로소득을 받아 챙기다가 꿔준 돈을 전부 돌려받게 됐을 때도 자본가는 그 돈을 소비하면 안 되고 즉시 다른 불로소득을 사는 데 써야 한다. 한마디로, 투자해야 한다.

투자가 단순히 절약에 관한 문제는 아니다. 투자는 필요에 관한 문제다. 투자는 다른 사람이 자본을 소비하게 하는 것이고 투자자는 자본을 원상태 그대로 돌려받을 수 없다. 알다시피 자본 투자란 철도나 공장과 같이 소득을 창출할 사업체를 세우기 위해 노동자들을 고용하고 먹여살리는 것이다. 한번 소비된 자본은 어떻게 해도 되살릴 수 없다. 여러분이 올해 거둔 여유식량을 개인이나 회사나 정부에게 쓰게 해주고 20년 후에 그만큼의 여유식량과 그때까지 기다려준 것에 대한 이자를 받을 수는 있다. 하지만 여러분이 그들에게 빌려준 것을 그대로 돌려받는 것은 불가능하다.

　전쟁은 우리의 여윳돈을 생산하는 일이 아니라 파괴하는 일에 써 버렸다. 중앙은행의 장부에는 70억 파운드 자본의 주인으로 수많은 자본가의 이름이 적혀있다. 보통의 대화에서는 계정에 "70억 파운드어치의 자본이 있다"고들 한다. 하지만 사실 아무 "자본"도 남아있지 않다. 그 70억 파운드는 전 세계 전쟁터에서 먹고 마시고 입는 데 쓰였고 다른 많은 귀중한 재산과 소중한 목숨들과 함께 산산조각 나버린 지 오래다. 우리는 나라에 70억 파운드어치의 자산이 생겨서 부유해진 척하고 있지만, 실제로는 나라를 위해서 일 한번 해보지 않은 사람들 즉 아무것도 생산하지 않으면서 거대한 부를 소비하고 있는 사람들에게 연간 3억5천만 파운드라는 생돈을 이자로 갖다바치느라 나라가 가난해지는 우스꽝스러운 상황에 처해 있다. 마치 파산한 사람이 "돈을 물 쓰듯 써서 가진 재산은 없지만 부채는 어마어마하죠"라고 거들먹거리는 꼴이다. 중앙은행 장부에 채권자들 소유로 되어있는 70억 자본은 부가 아니라 빚이다. 국채 상환을 거부하면 나라는 일 년에 3억5천만 파운드만큼 더 부유해질 것이다. 거기에 이자 소득이 끊긴 채권자들이 먹고살기 위해 일을 하게 되면 나라는 그만큼 또 부유해질 것이다. 국채 상환을 거부해도 나라는 가난해지지 않는다. 국채 상환을 거부하지 못하는 이유는 계약 위반으로 비쳐서 이후 다시는 아무도 정부에 돈을 빌려주지 않을 수 있기 때문이다. 게다가 미국은 우리에게 빌려준 10억 파운드만큼을 무력으로 압류하려고 들 수도 있다. 그래서 우리 정부는 그런 이기적이고 비양심적인 행위는 절대 하지 않는다고 공언한다. 하지만 국내 채권자들을 대할 때만큼은 한 손으로는 정직하게 이자를 치르면서 다른 한 손으로는 17퍼센트의 웃돈을 얹어 그 돈을 도로 빼앗아 오고 있다.

앞서 제시한 수치들이 부정확하다며 내 얘기를 신뢰할 수 없다고 주장하는 사람이 있을 수 있으니 몇 가지 사실은 분명히 해둬야겠다. 이 장에서 내가 언급한 수치들은 대략적인 것이다. 그 수치들은 채무 청산과 가치 변동에 따라 매년 달라진다. 우리는 미국에서 10억 파운드를 빌려 우리의 동맹국들에 빌려줬는데, 몇몇 동맹국은 갚을 능력이 전혀 없고 갚을 능력이 있는 동맹국들도 어떻게든 돈을 갚지 않을 궁리만 하고 있다. 나머지 전쟁자금은 은행을 통해 조달했는데, 그 바람에 우리의 채무액이 실제로 우리가 쓴 원금의 거의 두 배가 됐다며 분개하는 통계학자들도 있다. 전쟁 채무 상환을 위해 세금을 걷었지만 자본가들은 가난해지지 않았다. 여윳돈의 시장가격 즉 금리가 올라서 오히려 더 부유해졌다. 백 가지 부차적인 것들을 들먹이면 단순한 상황도 복잡해질 수 있다. 그래서 나는 곁가지를 걷어내고 알맹이를 보여주고자 했다.

전쟁으로 어마어마한 자본을 허비했다는 것이 핵심이다. 자본을 쏟아부었지만 공장과 통신수단처럼 부를 생산하는 시설을 늘리기는커녕 대량으로 파괴했고 분배할 소득을 이전보다 감소시켰다. 전쟁으로 제국 세 개가 무너지고 왕정이 공화정으로 바뀌면서 유럽이 미국처럼 공화정 대륙이 됐다는 것만으로도 전쟁이 돈 가치를 했다는 느낌이 들 수 있다. 아니면 영국이고 다른 교전국들이고 할 것 없이 예상치 못한 곤경에 처했다는 느낌이 들 수도 있다. 하지만 그것은 경제가 아니라 감정에 대한 얘기다. 여러분이 전쟁 이후 정치적인 결과에 대해 만족하든 실망하든 전쟁의 비용은 고스란히 남는다. 그리고 우리가 전쟁 비용을 정산하는 방식은 우리의 소득분배 구조에 아무런 영향도 미치지 않고 있다. 5퍼센트의 이자(안정성을 고려하면 높은 이자다)를 노리고 전시공채에 투자한 자본가들에게 날마다 백만 파운드의 불로소득을 안겨주느라 우리 모두 과중한 세금을 물고 있다. 물론 우리는 자본가 집단 전체에 과세해서 그 이상을 받아낸다. 그래서 실제로는 자본가들 사이에서 소득재분배가 일어날 뿐이다. 프롤레타리아에게 그 콩고물이 떨어질지는 모르겠지만 소득이 평등해지거나 무위도식이 배척되는 것은 아니다. 그러나 전쟁비용을 치르는 과정에서 우리는 중요한 사실 하나를 알게 됐다. 정부가 남녀 노동자들에게 즉시 무한정으로 제공할 일자리만 있다면 심지어 전쟁 같은 파괴적인 일을 하더라도 자본을 수십억 파운드까지 몰수하는 것이 가능하다는 것. 유혈사태만 빼면 좋은 시절이 아니었던가.

제64장   *National Debt Redemption Levies*

자본과세는 바보 같은 짓이지만 절대로 일어나지 않는 일은 아니다. 정부가 현금이 필요하면 자산이 아닌 소득에 과세해야 한다. 그러나 때로는 현금이 아닌 것을 징수하기도 하고, 소득뿐 아니라 소득의 원천인 자산에 과세하기도 한다. 여러분이 실제로 경험할 가능성이 아주 높은 이야기를 해보겠다. 우리 정부가 조만간 국가 채무(혹은 그 일부)를 아예 갚지 않기로 마음먹는다고 가정해보자. 보수당 정부는 국채 이자 때문에 자본가들에게 부과하는 세금 부담을 덜어주기 위해서 그럴 것이고, 사회주의 정부는 더욱 평등한 소득재분배를 위해서 그럴 것이다. 미국이나 다른 나라들에서 꾼 빚을 갚으려면 현금이 있어야 한다. 대외채무를 한방에 털어버릴 요량으로 상환을 거부했다가는 대외 신용이 떨어지고 압류 전쟁에 휘말리고 말 것이다. 하지만 우리가 우리 자신에게 진 빚 즉, 대내채무는 현금 한푼 없이도 청산할 수 있다. (해마다 걷는 경상세가 아니라 임시세 형식으로) 자본세를 부과하면 된다. 전쟁으로 인한 대내채무를 청산하는 시나리오를 살펴보자. 이야기를 간단하게 하기 위해, 정부가 전쟁으로 자국민에게 진 빚을 메리 한 사람에게서 100파운드를 꾼 것으로 가정하자. 당연히 그 100

기습 과세는 나쁘다

파운드는 오래전에 흔적도 없이 사라졌지만 여전히 정부는 세금을 걷어 매년 5파운드를 메리에게 이자로 지급해야 한다. 이 나라에 딱 한 명 더 있는 자본가 사라는 연간 5파운드의 소득이 발생하는 100파운드 가치의 주식과 토지를 보유하고 있다. 그러니까 사라는 나라의 산업을 전부 소유하고 있고 메리는 국채를 전부 소유하고 있는 셈이다. 이제 재무부 장관이 자본에 100퍼센트의 세금을 매기기로 하고 사라에게도 100파운드, 메리에게도 100파운드의 자본세를 요구한다. 둘 다 연소득은 5파운드뿐이므로 세금 100파운드를 현금으로 납부할 수는 없다. 다만 사라는 주식과 토지 전부, 메리는 100파운드어치의 전시공채로 대신 납부할 수 있을 것이다. 빈털터리가 된 메리와 사라는 생계를 위해 노동을 해야 하고 나라의 모든 산업은 정부 소유가 된다. 즉, 국유화된다.

이 과정에서 물리적으로 불가능한 부분은 없다. 시장에 여윳돈이 없으니 팔리지도 않을 주식을 거래할 일도 없고 금리가 치솟을 일도 없다. 그저 세금으로 재산을 징발한 것뿐이다. 앞에서 가정한 200파운드가 현실에서는 수십억 파운드에 이르고 수없이 많은 메리와 사라들이 존재하기 때문에 몰수의 규모는 달라지겠지만 결과는 마찬가지다. 그런 일은 얼마든지 일어날 수 있다. 갑작스럽고 전면적인 몰수가 엄청난 소요를 일으키겠다 싶으면 바람직한 규모로 나누어 진행할 수 있다. 자본세 100퍼센트가 아니라 50퍼센트나 5퍼센트나 2.5퍼센트로 해서 10년에 한 번씩 부과할 수도 있다. 예컨대, 자본세 100퍼센트는 재앙이고(아마도 그럴 것이다) 10퍼센트는 그저 압박이 될 정도라면, 정부는 압박하는 수준에서 만족할 것이다.

정부가 그런 자본과세를 실시하면 다른 세금을 감면할 수 있게 된다. 자국민에게 지급할 전시공채 이자를 마련하려고 걷던 세금을 더는 걷을 필요가 없고, 미국에서 빌린 돈의 이자는 몰수한 주식에서 나온 배당금으로 치르면 되니까 대외채무 이자 때문에 걷던 세금도 걷을 필요가 없어진다. 보수당 정부라면 소득세, 부유세, 초과이윤세, 상속세, 기타 재산세, 법인세 등을 감면해줄 것이다. 노동당 정부라면 그런 세금은 건드리지 않고 식품에 부과된 세금을 감면하거나 실직자를 위한 기금 출연을 확대하고 지방정부에 주는 공공사업 지원 교부금을 늘리는 등 프롤레타리아에게 혜택을 주고 소득평등을 도모할 것이다. 그러니까 자본과세로 전반적인 복지 수준을 끌어올릴 수도 있지만 부자를 더 부유하게 만들 수도 있다. 노동당 정부나 보수당 정부나 임시 자본세로 전쟁 채무를 (상환 거부라는 말이 어감이 안 좋으니까) 청산하려고 들 이유가 충분하지 않은가?

이렇게 얼마든지 실행가능한 자본과세에 대해 특히 반대하는 이유는 사유재산을 질서 있게 점진적으로 국유화하지 않고 기습 강탈하기 때문이다. 사유재산을 갑자기 강탈하면 여윳돈을 가진 사람들이 안

심하고 투자할 수 없어서 돈을 흥청망청 써버리게 된다. 불안은 저축할 수 있는 사람들의 저축에 대한 의지를 꺾고 무분별한 지출을 부추긴다. 여윳돈 1,000파운드를 투자하면 50파운드의 연수입이 나오고 그에 대한 소득세만 내면 된다는 게 확실하면 여러분은 그 돈을 투자할 것이다. 반면 여윳돈을 투자해봤자 정부가 국채상환 임시세라는 구실로 그 돈을 전부 혹은 상당 부분 뺏어갈 게 뻔하면 돈이 수중에 있을 때 써버리는 게 낫다고 판단할 것이다. 정부가 재산을 가져가더라도 시장 가격을 다 쳐주고 사가거나 적어도 보상을 제대로 해준다는 확신을 주는 것이 여러분을 위해서나 나라를 위해서나 훨씬 바람직하다. 누가 봐도 관례로 자리잡은 보상이라는 방식도 알고 보면 자본과세만큼이나 몰수적인 성격이 있다. 정부가 자본가들에게서 세금을 걷어서 보상금을 마련하기 때문이다. 자본가는 다른 자본가들의 세금으로 보상받는 것이므로 자본가 계급 전체로 보면 전혀 보상받는다고 할 수 없다. 그래도 보상은 사람들을 혼란스럽게 하지 않지만 기습 과세는 불안감을 조성한다. 투키디데스가 아테네의 전염병에 관해 쓴 글을 읽는다면 그 느낌을 이해할 수 있을 것이다. 병리학적 전염병이든 재정적인 전염병이든 모든 전염병은 마찬가지다. 전염병은 삶의 안정감을 파괴한다. 사람들이 며칠 안에 죽을지도 모른다고 느끼면 하룻밤 쾌락에 모든 걸 내던진다. 마찬가지로 자본가들도 돈이 더는 안전하지 않다고 느끼면 돈을 마구 써버린다. 매년 소득세를 부과하는 것과 달리 갑자기 재산을 강탈하는 것은 이런 의미에서 전염병과 같다. 나쁜 선례로 남아서 툭하면 징발하는 습관을 만든다. 그러므로 국채상환을 위한 임시 자본세는 실행은 할 수 있지만 매우 부적절한 것이다.

제65장

The Constructive Problem Solved

천국으로 가는 길은 알았다

이제 한숨 돌릴 수 있다. 마침내 여러분은 사회주의의 목적이 다름 아 닌 소득평등화라는 것과 그 목적을 달성할 방법까지 알게 됐다. 왜 탄광과 은행을 국유화해야 하는지, 탄광주와 은행가에게 어떤 식으로 보상해야 국유화로 개인에게 부당한 손해를 입히지 않고 안심하고 여윳돈을 계속 투자하게 할 수 있는지도 안다. 이렇게 탄광과 은행, 즉 힘든 육체노동을 수반하는 재료 산업과 주로 앉아서 정신노동을 하는 서비스 산업에 대한 국유화 공식을 터득했으니 사실상 모든 산업 분야에 대한 국유화 공식을 갖춘 셈이다. 그리고 과세를 통해 탄광주와 은행가에게 보상해주는 방법을 알았으니 땅이든 주식이든 모든 사유재산을 국유화하는 공식을 알게 된 셈이다. 산업을 국유화하는 방법을 알면 산업으로 생산된 국민소득의 분배를 정부가 도맡을 수 있다. 우리는 국유화 공식을 알아냈고 기존 제도 안에서 충분히 시험했기 때문에 내년도 예산안만큼이나 무리없이 적용할 수 있다고 확신한다. 따라서 소득의 평등한 분배를 위한 "실질적인 해법"이 있냐는 질문에 대해서는 시원하게 대답할 수 있다. 오히려 놀라운 점은 그러한 해법에 새로운 게 하나도 없다는 사실이다. 사람들의 생각과 달리 국유화를 실행에 옮기는 것은 새삼스러울 것도 없고 어렵지도 않다. 아주 순탄한 과정이다. 문제는 국유화의 형이상학적인 부분, 즉 평등을 향한 의지다. 우리는 자본가들이 장악하고 있는 소득 분배를 정부가 담당하도록 할 방법을 알고 있다. 하지만 정부가 기존의 불평등을 타파하는 게 아니라 오히려 불평등한 분배를 할 생각이라면 그렇게도 할 수 있다. 특권층 무위도식자들이 막대한 불로소득을 누리게 놔두고 그들의 소득을 국가가 나서서 보호할 수도 있다는 말이다.

그래서 사회주의에 가장 완고하게 반대하는 자들도 국유화며 몰수적 과세며 온갖 사회주의 정책을 소득재분배의 수단으로 지지하려 들고 이미 어느 정도는 지지하고 있는 것이다. 그들이 의도한 재분배는 평등한 분배가 아니라 국가가 보증하는 불평등한 분배다. 괴짜지만 심오한 통찰력을 지닌 존 버니언이 일찍이 지적했듯이, 천국의 입구에서 출발해도 지옥으로 갈 수 있고 그러니까 천국으로 가는 길이 지옥으로 가는 길이 될 수도 있으며 그렇게 지옥으로 가는 자의 이름은 "무지"다. 우리가 사회주의로 가는 길을 무지한 상태로 따라가다 보면 국가자본주의에 도달할 수 있다. 사회주의와 국가자본주의는 어느 정도까지는 같은 길로 갈 수밖에 없다. 버니언보다 통찰력이 부족했던 레닌은 그러한 사실을 몰라보고 페이비언 사회주의를 국가자본주의라며 비난했다. 사회주의와 마찬가지로 국가자본주의나 자본주의독재(파시즘)도 현 상황의 가장 골치 아픈 문제들을 해결하며 사람들에게 인정받으려 한다. 임금을 인상하고, 사망률을 낮추고, 인재를 등용하고, 비효율성을 무자비하게 척결한다. 하지만 국가자본주의나 자본주의 독재는 결국 뿌리 깊은 불평등에 굴복한다. 불평등의 해악은 어떤 문명도 끝장내고 만다.

그래서 이 책이 아직 한참 남은 것이다. 여러분이 사회주의 실현 계획과 실질적인 해법, 합법적인 절차를 완벽하게 답할 수 있더라도 국가자본주의 같은 가짜 사회주의나 쓸데없는 걱정으로 불안을 조장하는 사람들을 상대하려면 아직도 알아야 할 것이 많다. 쓸데없이 걱정이 많은 사람들은 실질적인 해법을 현명하게 고민하기보다는 붉은 띠를 두른 더러운 러시아인과 석유통을 든 지저분한 여자들이 하루아침에 세상을 뒤집을까 봐 전전긍긍한다. 이렇게 겁먹은 딱한 자들은 사회주의가 우리의 모든 제도를 뒤엎고 양 떼 같은 사람들을 미친개 떼로 바꿀 거라면서 그러면 혁명이나 결혼, 아이, 섹스 같은 것은 어떻게 되느냐고 물을 것이다. 그냥 무시하기에는 그렇게 극단적으로 생각하는 사람들이 의외로 너무 많다. 여러분의 아주 지각 있는 친구들도 사회주의가 혁명이니 결혼이니 하는 문제에 어떤 영향을 미칠지 이야기하고 싶어 할 것이고 여러분도 마찬가지일 것이다. 사회주의의 목표와 실현 방법에 대한 이야기는 이미 다 했다. 지금부터는 일상적인 대화에서 사회주의를 어떻게 이야기할 수 있는지 알아보도록 하자.

제66장   Sham Socialism

세금으로 퍼주기는 가짜 사회주의다

소득평등화나 국유화에 대한 의지가 전혀 없는 정부도 어떤 시민들의 소득을 몰수해 다른 시민들에게 돌아가게 하는 일은 얼마든지 할 수 있다. 앞서 우리 정부가 전쟁 비용을 치르는 과정만 떠올려 봐도 알 수 있다. 특정 계층이나 직업군, 파벌이 의회와 정부를 장악하면 권력을 이용해 다른 계층과 산업, 파벌은 물론 국가 전체를 약탈하고 자기들의 이익만 도모한다. 물론 그렇게 작당 모의를 하면서도 겉으로는 언제나 개혁이며 정치적 과제를 수행하는 척한다. 실제로는 이기적인 목적을 위해 국가를 이용해먹으려는 것뿐이지만 사람들이 좋아할 개혁을 미끼로 내걸어서 딱히 반대에 부딪히지 않고 원하는 법안을 무난히 통과시킨다. 어떤 개혁이든 누군가에게는 돈이 된다. 예컨대, 도시개발과 공공사업은 도시의 지주들에게 열렬한 지지를 받는다. 주민과 관광객들에게 매력적인 도시가 되면 임대료가 올라서 지주들이 개발 이익을 고스란히 누릴 수 있다. 공원이 생기면 공원 조망 주택의 임대료가 일제히 오른다. 학생들의 학비 부담을 덜어줄 요량으로 독지가가 명문 사립학교에 재산을 기부해도 주변 집값부터 치솟는다. 무엇을 개선하든 그 혜택은 결국 지주들이 임대료로 가져가게 돼 있다. 어쨌거나 개선은 개선이다. 베드퍼드가 다른 지역보다 집값이 비싼 이유가 기부금을 받는 학교들 때문이라고 해서 그 학교들을 없애버리자는 사람은 없다. 파우스트가 메피스토펠레스에게 정체가 뭐냐고 물었을 때 메피스토펠레스는 "항상 악한 의도로 선을 행하는 힘의 일부"라고 대답했다. 우리네 지주와 자본가들은 항상 악한 의도로 행동하지도 않고, 항상 선을 행하는 것도 아니다. 그런데도 자본주의 체제는 인간을 늘 이기적인 동기에 따라 움직이는 존재로 상정하고 그런 인간에게 선을 행할 이기적 동기를 제공한다고 자기합리화를 하면서 보편적인 경제원칙으로 인정받았다. 선한 일을 하는 동기도 선하다면 얼마나 좋겠는가. 누구 말마따나 신의 더 큰 은총이라든지 더 나은 삶과 인류를 바라는 마음에서 선한 일을 할 수도 있을 것이다. 하지만 정부나 의회가 어떤 선한 일을 하기를 바란다면 선한 동기를 가진 이상주의자들을 부추기기보다는 모리배들에게 이기적 동기를 제공하는 것이 더 효과적이다. 자기한테 생기는 게 없으면 아무것도 하지 않는 사람들을 모리배라는 다소 불쾌한 이름으로 불렀지만 그들은 종종 매우 효율적인 행동가들이다. 반면, 이상주의자들은 입만 살아서 일을 벌여놓기만 하고 책임은 다음 세대의 행동가들이 지게 한다.

사기업이 공익사업을 벌이면 으레 정부가 경제적 지원을 하는 것이 자본주의의 수법이 된 지 이미 오래다. 그렇게 해서 개선이 이루어지기도 했다. 일례로 우리의 현대적인 전원도시와 교외도 정부가 건설

회사에 대규모 자본 대출을 해주지 않았다면 건설되지 못했을 것이다. 건설회사가 정부로부터 큰돈을 빌리기 위해서는 주주 1인당 출자금액을 200파운드 이하로 제한해서 서민들도 주주가 될 수 있게 한 산업공제조합법만 지키면 됐다. 하지만 그러한 법 규정은 유명무실했다. 건설회사들이 주식 발행으로는 개인에게서 200파운드 이상 투자받지 못하지만 전환사채를 발행하면 개인당 2억 파운드도 빌릴 수 있으니 말이다. 전원도시 사업은 훌륭했지만 결국 부유한 자본가들의 재산이 되고 말았다. 나도 그 자본가 중 한 사람으로서 우리 자본가들은 애초에 돈을 벌려는 목적이 아니라 좋은 일을 하겠다는 취지로 공공심을 갖고 전원도시에 투자한 것이라고 말하고 싶다. 하지만 우리가 불사신도 아니고 우리 재산은 조만간 누군가가 물려받을 텐데 그 상속인이 우리의 공공심까지 물려받을 거라는 보장은 못하겠다. 움직일 수 없는 사실은 그 재산의 상당 부분이 공금, 즉 국민 세금으로 건설됐다는 것이며, 그럼에도 국가는 전원도시의 주인이 아니고 하다못해 주주도 아니라는 것이다. 정부는 그저 채권자일 뿐이고 언젠가 빌려준 돈을 돌려받으면 도시는 고스란히 자본가의 수중으로 넘어간다. 전원도시의 임차인들은 개발이익의 수혜를 입을 거라 기대하겠지만 그러한 초과이익은 항상 새로운 투자자들을 위한 사업에 쓰인다. 전원도시는 민간이 독자적으로 건설한 제조업 도시보다 훨씬 발전된 형태다. 하지만 땅 주인들 입장에서는 전원도시가 슬럼보다 딱히 수익성이 좋지도 않기 때문에 미래의 땅 주인들은 언젠가 녹지공간을 없애버리고 다시 빽빽하게 집을 지어 슬럼을 만들지도 모른다. 개선된 환경을 유지하려면 정부가 전원도시의 주식을 사들여 최대 주주가 돼야 한다. 물론 그렇게 해도 정부가 나중에 자본주의 원칙에 따라 도시를 최고 입찰자에게 팔아버린다면 말짱 도루묵이겠지만.

자본주의와 노동조합주의가 발달하면서 국가를 이용해먹는 수법도 점점 더 교묘해졌다. 1925년 정부는 파업을 막기 위해 탄광 소유주들에게 천만 파운드의 보조금을 지불하기에 이른다. 광부들은 임금을 올려주지 않으면 일하지 않겠다고 했고, 탄광주들은 광부들이 기존 임금을 받아들이지 않으면 탄광을 유지할 수 없다고 했다. 그리고 언론에서는 다른 때 같으면 호황이라고 떠들 만한 경제상황이었는데도 과도한 임금 때문에 나라가 파산하기 직전이라고 대대적으로 선전했다. 결국 정부는 국가 경제를 마비시키는 파업을 막기 위해 세금을 걷어서 노동자들이 요구한 임금을 맞춰주거나 탄광을 국유화해야 했다. 어떤 것도 국유화하지 않기로 맹세한 자본주의 정부는 세금으로 임금을 보조하는 쪽을 선택했다. 하지만 천만 파운드의 보조금이 소진되자 문제가 재발했다. 정부는 보조금을 재지급하지 않겠다고 했다. 탄광주들은 정부 보조금이 없으면 광부들의 노동시간을 하루 7시간에서 8시간으로 늘려야 한다고 했다. 광부들은 더 일하지도 덜 받지도 않겠다고 했다. 대대적인 파업이 발생했다. 다른 산업의 노동자들까지도 동정파업 sympathetic strike[1]을 일으켜 노동조합기금이 바닥날 때까지 파업을 지속했다. 그런 상황이 되자 많은 점잖은 사람들도 겁을 집어먹고 어쩔 줄 몰라하며 곧 혁명이 일어날 거라고 믿었다. 그럴 만도 했다. 자본주의 문명이 극에 달하면 항상 혁명 직전의 상태가 되기 때문이다. 우리는

---

1 파업 중인 노동자를 지원하기 위해 다른 직장의 노동자들도 자신들의 고용주를 상대로 파업을 일으키는 것.

베수비오 화산 위에 저택을 짓고 사는 셈이다.

파업 기간에 탄광주들에게는 세금을 뜯기지 않아도 됐지만 노동자들에게 세금을 뜯기게 됐다. 파업으로 수입이 끊긴 노동자의 아내와 아이들은 원외구호를 받을 수 있기 때문이다. 그러니까 결혼해서 두 아이를 둔 광부는 일하기를 거부하는 동안에도 지방세 납부자들 덕에 주당 1파운드를 받을 수 있는 것이다. 이렇게 지방정부 주도로 지역 공산주의가 발달하면 자본주의의 근간이 흔들린다. 자본주의는 일하지 않는 프롤레타리아는 굶어죽거나 구빈원에 끌려가는 무자비한 상황에 의존해 굴러가기 때문이다. 자본가들이 중앙정부를 장악해 국세 납부자들의 돈(천만 파운드의 보조금)을 뜯어냈다면 프롤레타리아는 지방정부를 장악해 지방세 납부자들의 돈(원외구호)을 뜯어냈다.

모든 실직자에게 원외구호로 최저 생계 수준은 보장하겠다는 빈민구제위원회의 선언도 런던 포플러 지구처럼 프롤레타리아 유권자가 밀집한 지역에서 처음 나왔다. 원외구호 덕에 노동자들은 "굶주림의 채찍"에서 해방되어 직장에서 임금 협상을 하며 버틸 수 있게 됐다. 1926년 탄광 파업이 일어나면서 탄광 지역의 지방정부들도 원외구호를 제공하기 시작했다. 그러자 중앙정부가 지방정부의 권한에 이의를 제기하고 빈민구제위원회의 업무를 중앙의 보건부 소관으로 가져가려 했다. 보건부가 회계감사를 실시해서 원외구호가 과하게 이루어진 부분에 대해 빈민구제위원회에 벌금을 부과했고, 빈민구제위원회가 벌금을 못 내자 기다렸다는 듯 빈민구제법 집행 권한을 중앙정부로 가져왔다. 한마디로 프롤레타리아 지방정부가 자본가들 손에서 빼앗아간 굶주림의 채찍을 자본주의 중앙정부가 되찾으려는 시도였다. 하지만 순전히 자본주의적인 구호 원칙이 통하던 시대는 이미 지났다. 그것은 사람들이 굶어죽는 것을 당연하게 여기던 19세기 일이다. 오늘날의 구호는 아무리 형편없더라도 디킨스 소설에 등장하는 그래드그라인드나 바운더비 같은 19세기 자본가들 눈에는 터무니없이 사치스럽고 도덕적 해이를 조장하는 것으로 보일 것이다.

도덕적 해이를 조장한다는 게 틀린 말은 아니다. 탄광주든 다른 어떤 사업주든 게으르거나 무지하거나 너무 욕심이 많거나 시대에 뒤처져서 어려움에 부닥쳤을 때 정부가 세금으로 자신들에게 보조금을 줄 것을 알면 그들은 점점 더 구제불능이 될 것이다. 광부든 다른 어떤 노동자든 게으름을 피워도 지방정부가 지방세를 걷어 자기들을 먹여살릴 것을 알면 일해서 먹고살려는 의지가 해이해질 것이다. 그렇다고 보조금이나 원외구호를 그냥 없애버리는 것은 해결책이 아니다. 국가가 산업을 국유화할 게 아니라면, 잘하든 못하든 민간이 계속할 수 있게 해야 한다. 고용주들이 최저임금도 지불하지 않으려고 한다면 국가가 지불해야 한다. 국가는 아이들이 굶거나 국력과 군사력이 약해지는 걸 두고 보면 안 되기 때문이다. 국가가 그래도 된다고 여길 정도로 어리석으면 빅토리아 시대로 돌아가는 것이다. 어쨌든 보조금과 실업수당을 주면 고용주나 프롤레타리아나 도덕적으로 해이해진다. 그런데도 사람들은 거지근성보다 사회주의를 더 나쁜 것으로 여기고 피하고 있다. 도대체 왜들 그러는지!

사실 정부가 보조금을 줄 때 주더라도 그렇게 대책없이 퍼주기를 할 필요는 없다. 1차세계대전을 겪으며 영국 정부는 사기업들에 보조금을 줘 버릇했다. 전쟁 중에는 수익이 나든 안 나든 반드시 굴러가야 할 필수불가결한 기업들이 있기 때문이다. 보조금은 자본주의 원칙에 철저히 위배되는 것이었다. 하지만 전쟁이 터지면 경제 원칙은 기독교 원칙과 마찬가지로 헌신짝처럼 내던져진다. 그리고 전쟁 중에 들인 버릇은 휴전이 됐다고 바로 사라질 리 없다. 1925년 정부가 세금(나와 여러분의 주머니에서 나간 돈)으로 천만 파운드의 보조금을 지급하며 탄광주들에게 속절없이 돈을 뜯겼을 때, 적어도 우리 돈이 들어간 만큼의 탄광 지분은 확보할 수 있었다. 탄광주들에게 탄광을 담보로 잡히라고 할 수도 있었다. 돈을 빌리려면 담보를 잡히는 게 통상적인 시장 원리 아닌가. 정부 보조금에 대해 광부들이 책임감을 느낄 필요는 없었다. 탄광주들이 갱도 버팀목을 사듯이 시장에서 노동력을 샀기 때문이다. 갱도 버팀목 판매상들에게 정부 보조금에 대한 책임을 물을 수 없듯이 광부들에게도 보조금을 갚으라고 요구할 수는 없는 노릇이었다. 자본주의 원칙을 따르는 정부라면 노사문제에 개입하기를 거부하고 기준 노동시간에 따라 기준 임금도 주지 못하는 적자 탄광은 그냥 망하게 내버려둬야 했다. 그게 아니라 수백만 파운드를 빌려줄 요량이면 탄광을 담보로 대출을 해줘야 했고, 담보를 잡을 거면 돈 갚을 능력도 없는 형편없는 탄광이 아니라 모든 탄광을 담보로 잡아야 했다. 그래야 상태가 좋은 탄광들이 국가에 대출 이자를 지불하고 상태 나쁜 탄광들의 적자를 부득이 메워줄 것이다. 혹여 이자를 갚지 못하면 정부는 담보권을 행사해서 탄광 국유화를 할 수 있다. 굳이 돈을 들여 사지 않고도 압류를 통해 국유화할 수 있다는 얘기다.

  하지만 자본가들이 국가와 거래할 때는 절대로 자기들에게 자본주의 원칙을 적용하려 하지 않는다. 더구나 흑자 탄광주는 적자 탄광주

보조금 받는 탄광주야말로 비루한 거지! *The Subsidized Mineowner-Poor Beggar!*
『노동조합단체 매거진 *Trade Union Unity Magazine*』, 1925년

의 보증을 서 줄 이유가 없다. 정부가 열악한 탄광에 보조금을 주기로 한다면 열악한 탄광이나 담보로 잡으라고 할 것이다. 결국 정부는 탄광주들에게 천만 파운드를 그냥 갖다바쳤다. 탄광주들은 그 돈으로 광부들에게 임금을 줄 생각이었고 실제로도 어느 정도 그렇게 했다. 하지만 보조금의 수혜자가 광부들이든 탄광주든 아니면 둘 다든 간에 납세자 일반에게서 몰수한 돈을 일부 선택받은 사람들에게 구호금으로 건네준 것이다.

보조금을 깎아내리려는 의도에서든 부추기려는 의도에서든 보조금이 사회주의라는 건 말도 안 되는 소리다. 보조금이 사회주의면 찰스2세가 자기 사생아들에게 평생 연금을 준 것도 사회주의란 말인가? 보조금은 파산한 자본주의와 그에 기댄 프롤레타리아가 납세자들을 대놓고 착취하는 것이다. 그런 보조금에 반대하며 사회주의 선동가들은 이렇게 외칠 것이다. "여러분, 우리가 광부들의 임금을 보조해줘도 탄광 수익은 전부 탄광주에게 갑니다. 이런 일을 참는다면 온갖 꼴을 다 참아야 할 것입니다. 우리는 국유화할 비용을 다 대면서 국유화도 못하고 있습니다. 부자들에게 임대료며 배당금을 벌어주고 그들이 쓰고 버린 실직자들에게 실업수당을 주는 것도 모자라 엄청난 원외구호 비용까지 부담하고 있습니다. 토지, 자본, 노동력 이 모든 것을 약탈한 자본가들이 이제는 재무부를 약탈하고 있습니다. 자본가들이 여러분에게 물건을 팔며 바가지를 씌우는 데 그치지 않고 정부를 등에 업고 여러분에게서 세금까지 뜯어내고 있단 말입니다. 그 뜯어낸 돈의 일부가 노동자들에게 임금으로 가기 때문에 노동조합은 보조금이 의회에서 통과되도록 노동당을 움직이고 있습니다."

원외구호와 같은 빈민구제책에 대해서는 사방에서 비난이 쏟아진다. "지방정부가 빈민구제책을 빌미로 여러분이 힘들게 번 돈을 뜯어가고 있습니다. 집값 1파운드당 24실링씩이나 세금으로 뜯어가고 있어요. 그러니까 사지 멀쩡한 노동자들이 일 안 하고 놀면서 돈을 펑펑 쓰잖아요."

다소 선동적이기는 하지만 그 모든 주장은 사실이다. 실패한 체제를 어떻게든 유지해보겠다고 보조금과 빈민구제책을 실시하는 것은 초를 양 끝에서 태우는 격으로 국가 경제를 파산에 이르게 하는 길이다. 하지만 현명한 여러분은 분노를 위한 분노에 힘을 낭비하지 않을 것이다. 자본가들은 의식적으로 여러분을 약탈하는 게 아니다. 그들은 말꼬리에 붙어서 천 리를 가는 파리처럼 자본주의 체제에 올라타 있을 뿐이다. 이 책을 읽기 전의 여러분보다도 자본주의에 대해 더 모른다. 그들이 아는 거라고는 노조가 득세하면서 자기들이 소비자들에게 바가지를 씌워 뜯어낸 돈이 점점 더 자기들의 이윤이 아니라 노동자들의 임금으로 가고 있다는 것이다. 그래서 자본가들은 정부더러 자기들을 구해달라고 한다. 정부는 여러분 돈으로 그들을 구해준다. 정부는 대규모 파업이 두렵기도 하고, 웬만하면 국유화를 미루고 싶기도 하고, 다음 총선 때 프롤레타리아의 표도 의식해야 한다. 무엇보다도 정부는 생각할 시간도 거의 없고, 어쩌다 생각할 시간이 나도 더 나은 대안을 고민하지도 않는다. 영국 자본가와 영국 노동조합과 영국 정부는 아무 생각이 없다. 지금껏 그저 되는 대로 해온 것뿐이다. 그러니 그들에게 화내느라 힘 뺄 필요도 없다. 하지만 내가 세 번이나 반복한 "영국"이라는 단어와 "지금껏"이라고 한 표현에 주목하자. 미국의 사업가와 은행가들은 영국의 사업가와 노동자와는 비교할 수 없을 정도로 자신들의 상황을 잘 파악하고 있으며 자기들이 터득한 방법을 우리 영국인들에게 가르치고 있다. 현대 과학의 발전으로 엄청난 생산 증대가 가능해졌다. 세상을 움직이는 것은 결국 일하는 사람들이므로 육체노동이든 정신노동이든 일하는 사람들이 힘을 합친다면 무위도식하는 무능한 지주와 자본가들이 너무 많이 가져가는 것을 얼마든지 막을 수 있다. 다만 일하는 사람들끼리는 머리를 맞대봤자 엄청난 생산 증대를 이룰 수도 없고 제대로 힘을 합쳐 실력을 행사할 수도 없다는 것을 알고는 자기들 대신 머리 쓰는 일을 전담하게 할 인재를 거액을 주고 고용하기 시작했다. 가령 여러분이 거대 기업의 경영자인데 노조를 용인할 생각이 없다고 해보자. 그래서 노동자들에게 노조가 아쉽지 않을 정도로 대접을 잘해주려고 한다. 영국에서는 "쥐새끼 회사"라는 소리를 듣겠지만 미국에서는 그냥 무노조 회사로 불릴 것이다. 이제 자타가 공인하는 유능한 사람 특유의 여유있는 태도를 지닌 숙녀나 신사가 여러분을 찾아올 수 있다. 그 사람은 높은 임금을 받고 채용된 노조 연합의 대표로서 여러분 회사에서 노동자의 노조 가입을 의무화해달라고 제안하러 왔다. 여러분은 숨이 턱 막혀서 그 사람에게 썩 나가라고 하고 싶겠지만 우월하고 자신감이 넘치는 사람을 문밖으로 내쫓기는 쉽지 않다. 여러분이 그 사람을 쳐다보고 있는 동안 그가 설명을 이어간다. 노조는 여러분에게도 유익할 것이라고 한다. 노조가 여러분 회사에 얼마간의 자본을 투자할 수도 있고, 여러분이 기를 쓰고 반대하는 이런저런 규제와 관련해 우호적으로 타협하겠다고 한다. 노동자들이 열심히 일해서 번 돈으로 놀고먹는 주주들의 배당금을 늘려주는 대신 주주들에게는 그냥 주던 대로 주고 나머지 이윤은 (여러분을 포함해) 진짜로 일하는 노동자들의 처우 개선에 사용한다면, 회사가 신선한 동력을 얻고 여러분을 비롯해 정말로 능력있는 사람들이 더 많은 돈을 벌 것이라고 한다. 그렇게 그 사람은 여러분이 생각지도 못했던 방법을 제안한다. 어리석은 보수주의에 사로잡히지 않고서야 그런 제안을 거절할 이유가 있을까?

이것은 상상 속 장면이 아니다. 미국에서 노동조합이 노동자 십여 명의 급여와 맞먹는 돈을 아낌없이 주고 자기들 편에서 생각해 줄 일류 인재를 고용한 결과 실제로 일어난 일이다. 영국 대기업이 미국화되고 있듯이 영국 노조도 미국화되면 미국 노조와 똑같이 할 것이다. 영국 대기업은 이미 학계와 공직사회의 우수 인재를 채용해 노사문제를 전담하게 하고 있다. 머지않아 대기업과 숙련노동자들은 과거의 방식을 답습하며 서로 물고 늘어지는 대신 체계적으로 일을 처리하게 될 것이다. 그렇게 해서 조직화하지 않은 비숙련 노동자들과 돈 버는 재주가 없는 중간계급 출신들을 노예로 만들 것이다. 정부도 노예로 만들 것이다. 그 과정에서 소득재분배라는 사회주의적인 방식을 동원해 많은 사람의 삶을 눈에 띄게 개선할 것이기 때문에 대기업과 노조에 반대하는 게 오히려 못 할 짓으로 비칠 것이다. 귀족 노조의 숙련노동자들은 슬럼이 아니라 포트선라이트, 본빌, 가든시티 같은 곳에서 살 것이다. 포드, 리버흄, 케드베리 같은 사업가들은 예외가 아니라 기준이 될 것이다. 대기업에 무력하게 의존하는 경향이 커지고 개인의 모험심은 점점 사라질 것이다. 지방세를 올려서 건강한 도시를 만들자는 공동체의 오래된 구호는 사라지고 임금을 올리고 이윤은 더 올리자는 포드의 외침만 울려퍼질 것이다.

  그렇게 되면 지속적인 번영은 불가능하다. 수익의 불평등한 분배는 수익을 내던 체제를 망가뜨리고 나라를 도탄에 빠뜨린다. 그러니까 사업 효율성 증대로 얻은 성과가 겉으로 아무리 대단해 보여도 사회주의자들은 소득 분배의 공적 통제와 소득평등화를 계속 주장해야 한다. 그렇게 하지 않으면 대기업 자본주의가 귀족 노조주의와 작당해 정부를 조종하고 사리사욕을 채울 것이다. 여러분이 유권자로서 진짜 사회주의와 가짜 사회주의를 구분하기가 어려울 수 있는데, 진짜 사회주의는 우리의 산업을 사유재산에서 공유재산으로 바꾼다. 반면, 일부 시민들의 돈을 보상 없이 몰수해서 다른 일부 시민들에게 넘겨주고 우리의 소득을 더 평등하게 하는 게 아니라 이미 많이 가진 자들을 더 부유하게 하는 것은 가짜 사회주의다.

제67장　　　　　　　　　　　　　　*Capitalism in Perpetual Motion*

보수주의는 자본주의에 잡아먹힌다

자, 현명한 독자 여러분! 여기까지 읽었으면 여러분이 웬만한 자본주의자 수상보다 국내외 당면한 사회문제나 역사적 사실에 대해 더 많이 아는 셈이다. 그럼 이제 눈치채셨는가? 우리 모두의 의식주를 해결하고 심지어 개중 몇몇은 무위도식하게 해주는 이 부단한 활동이 이뤄지는 가운데 고정불변인 것은 아무것도 없다. 인간 사회는 빙하와도 같다. 고정불변의 빙원처럼 보이지만 실제로는 강물처럼 흐른다. 투명하고 단단해 보여도 쉼없이 움직이며 균열이 생기고 있어서 언제든 위험해질 수 있다. 하얀 눈이 빙하를 아름답게 뒤덮기라도 하면 더더욱 위험해진다. 아버지나 남편 혹은 여러분 본인의 파산은 작은 균열이라면, 커다란 균열은 제국 전체를 통째로 집어삼키기도 한다. 1918년 제국 세 개가 그렇게 사라져버렸다. 어쩌면 여러분은 이 세상에 영속적인 정부와 안정적인 제도와 변치않는 신념이 존재한다고 믿었을지 모르겠다. 모든 점잖은 사람이 믿고 따르는 정부와 제도가 있고, 마그나카르타와 인신보호법, 사도신경, 십계명에 기반한 만고불변의 신념이 있다고 믿으며 자랐을 수 있다. 하지만 이제껏 살펴본 대로 사회질서는 지속적으로 변화하며 예기치 않게 역주행하기도 한다. 한 계급에서 다른 계급으로 권력이 이동하는 변화만 있었던 게 아니다. 19세기 초에는 번영과 명예와 경건함의 표상이었던 행위가 19세기 말이 되자 탐욕스러운 악행으로 비난받기도 했고, 조지4세 치하에서 범죄 모의로 기소됐던 행위가 조지5세 때는 합법적인 연합 행위가 되기도 했다. 그렇다면 이 책을 읽는 동안에도 모든 게 달라질 텐데, 이 모든 이야기와 설명이 다 무슨 소용이냐고? 장담컨대, 과거의 변화를 이해하는 것만이 현재 일어나는 변화를 이해하는 길이다. 변화를 이해하지 못해서 자신의 삶을 망치고 자녀까지 끔찍한 구렁텅이로 이끈 사람이 어디 한 둘인가.

더구나 이제까지 설명한 것들이 다 지나간 일도 아니다. 구시대적인 귀족은 여전히 존재한다. 그들은 조상이 수백 년 동안 해온 것처럼 때로는 자애롭게 군림하지만 때로는 양을 키우거나 사슴 사냥터를 마련한다며 영지에 살던 사람들을 내쫓는다. 대농과 소농도 여전히 존재한다. 자영업자나 2~3인 규모 사업체를 운영하는 영세 사업가들도 여전히 존재한다. 독과점 기업에 합병되지 않은 주식회사도 여전히 존재한다. 노동조합에 속하지 않은 노동자, 누더기를 걸치고 『셔츠의 노래』를 부르던 여인처럼 지독하게 착취당하는 노동자들도 여전히 엄청나게 많다. 공장법의 사각지대에서 청년과 아이들은 지금도 잔인하게 혹사당한다. 이 세상에 런던이나 파리나 뉴욕 같은 대도시만 있는 게 아니다. 가스와 전기, 수도, 배수 시설이 9세기 알프레드 왕 시절만도 못한 원시적인 지역들도 있다. 우리의 유명 대학과 도서관, 미술관은 야만인이나 식인 부족, 미개 왕국들로부터 그리 멀리 떨어져 있지 않다. 주위를 둘러보면 자본주의의 발달 과정을 단계별로 보여주는 살아있는 표본들을 어렵잖게 만날 수 있다. 실제로 여러분이나 여러분의 부모가 귀족의 둘째 아들 집안이나 자식이 열두 명도 더 되는 집안의 출신이라면, 멀리 갈 것도 없이 여러분의 부모와 형제자매, 삼촌과 숙모, 조카들 그리고 아마도 여러분 자신에게서 지난 200년 동안 자본주의가 여러분 계급에 몰고 온 변화를 단계별로 확인할 수 있을 것이다. 대부분의 여자, 특히 점잖은 여자들은 시대에 뒤처져 있어서 중세 초반의 모습이 엿보일 정도다.

세상의 변화를 따라가고 있는 사람과 이미 변화된 사람이 있는가 하면 아직 변화되지 않은 사람도 있다. 일상에서 우리는 그 세 유형을 모두 상대해야 한다. 이미 변화된 사람들에게 무슨 일이 일어났는지 이해한다면 아직 변화되지 않은 사람들에게 무슨 일이 일어날지도 가늠할 수 있고, 선한 의도로 해로운 변화를 일으키거나 이로운 변화를 가로막는 실수를 피할 수도 있다. 그런데 우리가 변화에 대한 지침을 얻겠다고 광고주 눈치를 보는 신문이나 정치인들의 연설, 정치적으로 무지하고 계층적 편견에 사로잡힌 이웃이나 친척과의 수다에만 귀를 기울인다면 결국 길을 잃고 분노하거나 타락하게 될 것이다.

지금까지 자본주의가 이익 추구를 위해 어떤 모험을 벌였는지부터 알아보자. 이미 37장과 몇 장에 걸쳐 설명한 내용이다. 책이나 신문에서 자본주의의 모험을 묘사할 때면 항상 영국인(프랑스에서는 프랑스 국민, 독일에서는 위대한 게르만인, 이탈리아에서는 라틴 혈통)이 빛

나는 미덕과 재능을 대담하게 발휘해서 자국의 문명을 발전시키고 해외 이교도들 사이에 문명을 건설한 역사라고 한다. 신문에서 접하는 자본주의는 대단하다. 자본주의에 대한 환상에서 벗어났다고 해서 자본주의를 무작정 혐오하고 냉소적으로 불신하지 않도록 주의하자. 신문 칼럼에서 영국인들끼리 자화자찬하고 감탄하며 흥분하는 것을 단순한 사기로 치부해서는 안 된다. 위대한 발견자와 발명가, 탐험가, 창시자, 기술자, 군인, 강인하고 저돌적인 뱃사람, 위대한 화학자와 수학자, 헌신적인 선교사와 필사적인 모험가가 있었던 것은 사실이다. 그들이 없었다면 영국 자본가들이 티베트나 그린란드 자본가들보다 딱히 더 부유해지지도 않았을 것이다. 하지만 자본가들을 더 부유하게 해준 뛰어난 인물들은 정작 자본가가 되지 못했다. 최고로 뛰어난 인물들도 성과가 즉각적인 수익으로 이어지지 않아서 자본가들로부터 지원을 받지도 못했다. 뛰어난 인물 대다수는 가난했고 박해를 당하기도 했으며 그것은 지금도 마찬가지다. 보통 그들의 발견과 업적은 대개 그들이 죽고 나서야 상용화되며, 그 일은 돈이 아쉬운 배고픈 사람들이 도맡는다. 자본가들은 그저 여유식량을 제공할 뿐이다. 자본가들이 직접 씨를 뿌리고 거두고 빵을 굽고 차를 끓여 내놓는다는 게 아니다. 배고픈 사람들이 일군 것을 자본주의 입법자들이 만든 법에 따라서 지대와 이자로 거둬들여 자본으로 활용한다는 얘기다. 영국의 두뇌, 천재적 재능과 용기, 결단력 있는 사람들이 영국의 명성을 드높였다. 다른 나라에서도 그러한 자질을 가진 사람들이 그 나라의 명성을 드높였다. 하지만 "그냥 자본가들"은 그러한 자질 중 어떤 것도 제공한 적이 없다. 천재들이 먹고살 여유식량을 제공했을 뿐이다. 자본가들은 그마저도 직접 생산하지 않았다. 배고픈 사람들이 생산해서 배고픈 사람들이 소비하도록 식량이 가는 도중에 끼어들어 그걸 가로챘을 뿐이다.

내가 "그냥 자본가들"이라고 한 것에 주의하자. 거지 중에 천재가 있듯이 자본가 중에도 천재가 있기 때문이다. 자연은 돈을 따지지 않는다. 자본가로 태어난 사람(막대한 재산 상속자) 중에 천재가 드문 것은 천재로 태어나는 사람 자체가 드물기 때문이다. 천재는 워낙 드물다. 그렇지만 왕자 중에 천재가 있듯 자본가 중에도 천재가 있다. 엘리자베스 여왕은 자기가 맨몸으로 거리로 내쫓겨도 누구보다 잘살 수 있다고 내각 대신들 앞에서 큰소리쳤다. 반면 같은 시기 스코틀랜드의 메리 여왕은 돈 수억 파운드에 5만 명의 군인이 있어도 모든 것을 엉망으로 만들고 불명예스러운 결말을 맞이했다. 그러한 차이는 개인의 자질 차에서 비롯된 것이지 그들이 왕이라는 사실과는 아무 관계없다. 마찬가지로, 똑같이 자본가로 태어났는데 누구는 천재이고 누구는 쓸모없는 사람이라면 그 차이는 자본에서 비롯된 것이 아니다. 자본을 없애도 그들은 마찬가지일 것이며 그들의 자본을 두 배로 늘린다고 그들의 재능이나 멍청함이 두 배로 늘어나지도 않을 것이다. 나라에서 제일 어리석은 사람이 최고 부자일 수도 있고, 가장 현명하고 훌륭한 사람이 당장 끼니를 걱정할 수도 있다. 다시 말하지만, 그냥 자본가에게는 특별한 재능이 필요없고 재능이 부족하다고 딱히 손해볼 것도 없다. 자본가들이 노동자 피터를 먹여살리는 것처럼 보이겠지만 자본가들은 농부 폴에게서 식량을 가져왔을 뿐이다. 사실 그조차도 직접 하지 않았다. 관리인인 매튜에게 돈을 주고 그 일을 시켰고, 매튜에게 줄 돈은 상점 주인인 마크에게서 받아냈다. 피터가 인부가 되고, 폴이 기술자가 되고, 매튜가 전문경영인이 되고, 마크가 은행가가 돼도 본질은 달라지지 않는다. 이러나저러나 일은 피터와 폴, 매튜와 마크가 다 한다. 자본가는 별로 하는 일 없이 배고픈 사람들이 생산하는 것을 최대한 많이 가져간다. 그래도 황금알을 낳는 거위의 배를 가를 수는 없으니 배고픈 사람들이 입에 풀칠할 정도는 남겨준다.

그러니까 여러분은 우리 역사의 모든 영광을 자본가의 미덕과 재능이 맺은 결실로 보는 자본주의 신문이나 우리 역사의 모든 수치와 불명예를 자본가의 탐욕 탓으로 돌리는 반자본주의 신문이나 똑같이 무시해도 된다. 감탄도 분노도 낭비하지 말자. 자본주의 체제를 제대로 파악할수록 더욱 분명해지는 사실이 있다. 제아무리 의로운 뜻을 세우더라도 개인의 힘으로는 자본주의에서 벗어날 수 없다. 나라 전체가 자본주의에서 벗어날 정치적 변화가 있어야 한다.

자본가는 투자 말고 하는 일이 없지만 자본주의는 어쨌든 많은 일을 한다. 임금 생활자들이 소비할 일상용품과 부자들을 위한 화려한 사치품들로 내수 시장이 포화상태에 이르면, 새롭게 축적된 여유자금으로 전보다 이례적이고 위험한 투자처를 찾아 나선다. 이때부터 자본주의는 모험적이고 실험적이 된다. 배고픈 발명가와 화학자, 기술자들의 계획을 듣고, 전화와 버스, 항공운수업, 라디오 음악회 등등 새로운 산업과 서비스에 뛰어들고 항구 건설과 같은 어려운 사업도 고려하기 시작한다. 양조장이나 지어 쉽게 돈을 벌 수 있을 것 같으면 어려운 사업은 시작도 하지 않는다. 어느 영국기업이 포르투갈령 섬에 백만 파운드를 투자해 항구를 건설하고 항만사용료를 받지 않겠다고 하는데 그것도 내막을 알고 보면 다 관세징수권을 노리고 벌인 사업이다.

자본가들은 배고픈 사람들이 정부에 도움을 요구하면 매우 격분하면서 자기들은 당연하다는 듯 정부에 도움을 요구한다. 철도회사들은 정부에 배당금을 보장해달라고 하고, 항공사는 항공기를 유지하고 수익을 낼 수 있게 해달라고 정부에 엄청난 지원금을 요구하며, 광산소유주와 광부들은 파업을 피하고 싶으면 보조금을 달라고 정부를 협박한다. 정부는 산업융자법 Trades Facilities Acts[1]에 따라 민간 자본가들의 빚보증을 서주면서도 기업의 지분을 전혀 확보하지 않았다. 결국 자본을 싸게 공급해주고도 상품과 서비스를 계속 비싼 가격에 구매하게 됐다. 그러니 자본주의는 이것저것 거의 모든 사업에 손을 댄다. 여유자금만 확보되면 어떤 사업에든 뛰어들어 배당금을 뽑아내고 여유자금을 구할 수 없으면 정부에 손을 벌린다. 사람들이 세금으로 낸 돈을 뜯어가는 것이다. 정부는 국민을 위해 할 줄 아는 게 아무것도 없어서 일은 언제나 자본가들이 도맡아야 하고 그 대가로 자본가들이 상당한 수익과 배당금, 지대를 가져가야 한다는 게 자본주의 논리다. 자본주의 기업은 규모가 엄청나서 자국 영토의 크기와 개념도 바꿔버린다. 영국의 무역회사들은 최대한의 이익을 얻기 위해 보르네오처럼 인구 많은 큰 섬이나 인도 같은 제국, 로디지아(현現 짐바브웨)처럼 드넓은 지역까지 점령하고 정부를 움직여 군대를 주둔시켰다. 자본주의 기업들은 주도면밀하게 영국 국기를 앞세웠고 국민 세금으로 운영되는 영국 육해군을

---

[1] 1차세계대전 후 영국에서 대량 실업 문제를 완화하기 위해 제정한 법. 1921년, 1922년, 1924년, 1925년 네 차례에 걸쳐 통과됐다. 기업이 정부 보증으로 돈을 빌려 사업할 수 있게 한 제도다.

이용해서 그들의 시장을 지켰다. 영연방은 자본가들이 져야 할 책임을 떠안게 됐고 그들이 점령한 섬과 나라들을 이른바 영국제국에 추가해야 했다. 영국인들의 의도와 전혀 상관없이 영국제국의 중심이 영국에서 동쪽으로 이동하고 영국인이라고 하는 사람 중에 백인이나 기독교인은 100명당 11명도 안 되는 기이한 상황이 된 것이다. 요컨대, 자본주의는 국내외를 막론하고 우리가 관심도 없고 통제할 수도 없는 온갖 종류의 사업에 우리를 끌어들인다. 그 사업들이 전부 나쁘다고는 할 수 없다. 더러 괜찮은 일도 있다. 하지만 자본주의는 주주들에게 돈을 벌어다주기만 하면 이로운 사업이든 해로운 사업이든 가리지 않는다. 우리는 자본주의가 무슨 일을 벌일지 종잡을 수 없다. 더구나 켕기는 사실이 있을 때 자본주의 신문이 떠드는 말은 하나도 믿을 수가 없다.

어느 날 아침 신문에서 영국 왕실과 의회가 콘스탄티노플이나 바그다드나 잔지바르로 이미 이사했고 이 별 볼 일 없는 섬은 기상관측소나 조류보호지나 미국인 관광객을 위한 순례지 정도로 남게 될 거라는 소식을 접하게 된들 우리가 뭘 어쩌겠는가? 믿기 어렵겠지만, 자본주의 논리에 따르면 얼마든지 일어날 수도 있는 일이다. 그 대단한 로마제국도 로마에서 콘스탄티노플로 수도를 옮겼잖은가. 대세를 따르고 싶다면, 혹은 대도시에서 사업을 해야 한다면, 여러분은 왕과 의회를 따라 동쪽으로 가야 할 것이다. 그게 아니면 영국인이기를 포기하고 미국이 있는 서쪽으로 가든가.

아직은 짐을 싸지 않아도 된다. 하지만 여러분이 익숙하게 여기는 오래된 방식과 관습을 고수하려는 보수적인 태도로 자본주의에 대항할 수 있을 거라는 생각은 버려야 한다. 자본주의는 남는 빵이 썩기 전에 배고픈 사람을 찾아내야 하기 때문에 끊임없이 투자처를 물색한다. 모든 장벽을 뚫고 모든 경계지역에 난입하며 방해가 되는 모든 관습을 무너뜨리고 모든 종교를 삼켜버린다. 그리고 마치 그 자리에 은행을 세우고 전선을 설치하듯 자본주의를 위한 윤리적 기반을 마련한다. 그러면 여러분은 그것을 인정하고 따를 수밖에 없다. 그러지 않았다가는 신세를 망치게 된다. 어쩌면 옥살이하고 처형도 당할 수 있다.

제68장　　　　　　　　　　　*The Runaway Car of Capitalism*

폭주하는 자본주의는 통제가 필요하다

자본주의는 우리를 끊임없이 움직이게 한다. 움직임 자체는 나쁜 게 아니다. 움직임은 곧 살아있음이며 그 반대편에는 정체, 마비, 죽음이 있다. 움직임은 새로움이며 단조롭지 않음이다. 우리에게 새로움은 필수다. 음식이든 음악이든 책이든 지성이든 변함없이 최고인 그 무엇도 충분히 오래 누리다 보면 결국에는 싫증나기 마련이다. 단조로운 여자보다는 때로 몹시 불쾌하더라도 변덕을 부리는 여자가 차라리 견딜 만하다. 변덕이 심한 여자들은 치정 사건의 희생자가 되는 경우는 있어도 상대에게 차이는 일은 거의 없다. 결혼 생활은 기복이 있어서 견딜 만한 것이다. 쉴 새 없이 변화하는 시대에 살고 있다며 고개를 젓는 사람들도 변화 없이 정체된 시대에 살고 싶으냐고 물어보면 절대 아니라고 할 것이다. 자동차를 사고 "느릴수록 더 좋다"고 말하는 사람은 없다. 통제하고 방향을 잡고 위험하다 싶을 때 멈출 수만 있다면 움직임은 즐거운 것이다.

통제되지 않는 움직임은 끔찍하다. 방향을 바꿀 줄도 멈출 줄도 모르는데 연료 탱크에 기름이 끝도 없이 공급되는 차를 타고 사방이 낭떠러지인 바위투성이 섬에서 폭주하고 있다면! 자본주의를 제대로 알게 되면 자본주의 사회에서 살아가는 게 딱 그런 느낌이다. 자본이 우리를 태우고 질주한다. 과거 그러한 질주의 끝은 언제나 낭떠러지였고 제국의 몰락이었다. 그러한 움직임을 제어하는 것이 바로 현재 모든 정부가 당면한 문제다. 안전하게 달릴 수 있는 고속도로를 깔고 그 도로를 따라 운전할 수 있게 해야 한다. 잠시 움직임을 멈추고 생각할 시간을 가질 수만 있다면 얼마나 좋겠는가! 하지만 그럴 수가 없다. 자본주의라는 차는 멈추려 하지 않는다. 자본과 인구가 늘어나면 오히려 더 빠르게 달린다. 정치인들은 잇달아 운전대를 잡고 운전을 시도한다. 왕에서 독재자로, 민주적으로 집권한 수상들로, 위원회와 소비에트(평의회)로 운전대가 넘어간다. 그러면 우리는 잠시 희망에 차서 그들을 본다. 그들은 우리더러 가만히 있기만 하면 다 괜찮을 거라고 위엄있게 얘기하고 우리는 그들이 알아서 운전을 잘하겠거니 기대한다. 하지만 누가 운전대를 잡든 결국에는 자본에 휘둘리고 만다. 우리는 제어되지 않는 차에 몸을 싣고 조마조마해하면서 차가 어쩌다 계곡에 들어서면 안도하고 벼랑 끝에서 으르렁거리는 파도 소리가 가까워진다 싶으면 절망하기를 반복한다. 그런 상황에서는 멋모르고 생각없는 자들이 축복받은 사람들이다. 그들에게 인생은 신나는 폭주일 뿐 크고 작은 사고는 대수롭지 않다. 그런 사람이 최고의 통치자가 될 때도 있다. 자기가 져야할 책임에 대해 생각하지 않고 그저 천하태평인 사람이 최고의 철도 신호수가 될 수도 있다. 하지만 길게 보면 자본주의와 함께 폭주하는 세력들을 지적으로 통제해야 문명을 지속할 수 있을 것이다. 따라서 우리는 그 세력들을 제대로 파악해야 한다. 활력과 기개가 아무리 좋다지만 지성과 지식이 뒷받침되지 않은 활력과 기개는 단연코 해롭다.

현재 우리의 문제는 지성과 지식을 갖춘 사람이 거의 없다는 것이다. 언론에 무시당하고 괴짜로 폄하되면서도 광야에서 소리치는 어느 선지자와 남들은 읽지 않는 책을 읽고 깨치려는 소수의 독자를 제외하면 자본주의를 제대로 이해하고 있는 사람이 드물다. 이 나라 통치자들은 연수입 5파운드를 100파운드 가치로 계산하며 금융시장의 환상에 젖어 있다. 이 나라 유권자들은 그 단계까지 가지도 못했다. 열에 아홉은 자본을 만져본 적이 없어서 제 몸에서 털을 생산하고도 양모공장에 대해서는 아무것도 알지 못하는 양이나 다를 바 없다.

통치하는 정부와 통치받는 국민은 통치에 대한 인식이 크게 다르고 그러한 차이는 문제를 더욱 심각하게 만든다. 정부는 어떻게 통치해야 하는지는 알지 못하더라도 통치가 필요하고 통치에 돈이 든다는 것은 알고 있다. 국민은 통치를 개인의 자유를 억압하는 것으로, 과세는 시민 개인을 수탈하는 것으로 여긴다. 전에는 국민이 그렇게 생각해도 크게 문제 되지 않았다. 국민에게 투표권이 없었기 때문이다. 엘리자베스 여왕은 평민은 물론이고 배심원들과 당시 의회 구성원이었던 기사들에게도 "나랏일은 너희가 알 바 아니며 나랏일에 대해 왈가왈부하는 건 지독히도 무엄한 짓"이라고 일렀다. 자기와 논쟁이라도 벌이려는 자들이 있으면 바로 감옥으로 보냈다. 물론 그런 엘리자베스 여왕도 성공적인 통치를 위해 필요한 세금을 충분히 걷을 수는 없었다. 엘리자베스 여왕은 평민과 기사들이 무능하다는 것을 간파해서 다른 군주들처럼 세금으로 상비군을 강화하지 않았는데도 본인의 유능함으로 백성들의 충성심을 얻었다. 그녀의 후임들은 통치도 제대로 못하면서 그녀와 똑같이 전제정치를 했다가 한 명은 참수당하고 다른 한 명은 추방당했다. 크롬웰은 능력 면에서 엘리자베스 여왕과 맞먹었지만 자신이 의회 출신이면서도 의회정치를 실현하지 못하고 결국 폭력으로 의회를 장악해 군사독재로 가고 말았다.

얼마 전까지만 해도 평민은 가난하고 정치적으로 무지하므로 나랏일에 참여하기에 적합하지 않다는 인식이 있었다. 내 아버지 살아생전에는 웰링턴 공작 같은 보수주의자는 물론이고 시인 셸리 같은 극단적 혁명론자도 모든 시민에게 투표권을 부여하는 것은 어리석고 위험천만한 일로 여겼다. 윈스턴 처칠이 노동당은 통치할 능력이 안 된다고 했던 게 오래전 일이 아니다.

어쩌면 여러분은 엘리자베스 여왕이나 크롬웰, 웰링턴, 셸리, 윈스턴 처칠의 생각에 동의할지도 모르겠다. 그렇다면 여러분이 옳다. 램지 맥도널드Ramsay MacDonald[1]는 노동당 정부가 아무리 정치를 못 해도 자유당이나 보수당만큼은 할 거라고 국민을 설득했지만 결과적으로는 어떤 정당도 통치할 줄 모른다는 사실만 드러났다. 누가 정권을 잡든 자본주의는 폭주한다. 남성 노동자에 이어 여성에 이르기까지 사실상 모든 성인에게 참정권을 확대하며 희망을 걸었지만 자본주의를 통제하

---

[1] 램지 맥도널드(1866~1937): 영국 노동당 창당 멤버. 영국의 56, 58대 총리. 1924년 총선으로 영국 역사상 최초로 노동당 내각이 출범하면서 노동당이 배출한 첫 번째 총리가 됐다. 대학을 나오지 않은 최초의 노동자 출신 총리이기도 하다.

기는커녕 실망만 남겼다. 여자들은 처음 얻은 투표권으로 램지 맥도널드를 의회에서 쫓아내고, "카이저(빌헬름2세)의 목을 매달고 독일에 전쟁 비용을 물리자"는 후보에게 표를 던졌다. 카이저의 목을 매다는 것이나 독일에 전쟁 비용을 물리는 것이나 애당초 투표로 결정할 수 없는 가망없는 일들이었다. 여자들은 자기들도 남자들만큼 정치적 역량이 있다는 것을 주된 근거로 내세우며 투표권을 얻어냈다. 하지만 막상 투표권을 얻자 여자들도 남자들만큼이나 정치적 역량이 없다는 사실만 증명하고 말았다. 맥도널드를 낙선시켜서 여자들이 얻은 게 있다면 여자들은 잘생긴 남자한테 투표할 거라는 여성참정권 반대론자들의 주장이 틀렸음을 보여준 것뿐이다.

이른바 민주주의로 정치권력을 모두에게로 분산하자 정부와 과세에 대한 대중의 저항만 더 커졌다. 게라사의 돼지 떼[2]처럼 나락으로 뛰어드는 자본주의를 통제하려면 정부와 과세를 확대하는 것 말고는 방법이 없는 시점에 하필 그런 분위기가 형성된 것이다. 결과적으로 참정권을 확대하자던 사람들이 전혀 예상하지 못한, 결코 반길 수 없는 상황이 발생했다. (다수의 국민은 정치적 견해랄 것도 없으니 그렇다 치고) 정치적으로 의식 있고 주관이 뚜렷하다는 사람들이 의회 정치를 포기하자고 외치는 지경이 된 것이다. 사람들은 강한 독재자를 앞세워 약탈적인 자본가와 인플레이션을 조장하는 금융업자와 부패한 속물 관료들을 몰아내자고 했다. 미몽에서 깨어난 민주주의자들은 채찍질이 필요하다고 부르짖었다. 프랑스 국민은 푸앵카레 대통령이 나

---

2 게라사의 돼지 떼 *Gadarene rush* : 마르코 복음 5장과 루카 복음 8장에 등장하는 돼지 떼. 마귀 들려 갈릴리 호수를 향해 뛰어든다.

랏빛의 80퍼센트를 그냥 안 갚겠다고 하는데도 그를 지지한다. 그가 프랑스에서 가장 독단적인 인물이기 때문이다. 이탈리아 국민은 의회를 무시하고 무솔리니 총통에게 채찍을 쥐여줘서 그가 질서와 효율성을 위해 이탈리아 민주주의와 관료주의를 후려갈길 수 있게 했다. 스페인에서는 왕과 군 총사령관이 민주주의라는 헛소리를 더는 받아들일 수 없다며 법을 자기들 마음대로 주무르고 있다. 러시아에서는 소수의 열혈 마르크스주의자가 소작농들의 완강한 저항을 무시하고 우격다짐으로 정부를 운영하고 있다. 영국에서도 제2의 크롬웰을 고대하고 있지만 두 가지 문제가 우리를 가로막고 있다. 첫째, 크롬웰 같은 인물이 없다. 둘째, 역사에서 알 수 있듯 크롬웰 같은 사람이 나타나더라도 의회를 통해 온갖 노력을 다해보다 결국 무력 정치를 하게 되면 몇 년 못 가 지쳐 나가떨어지거나 사망하고 만다. 그러면 우리는 다시 진흙탕에서 뒹구는 돼지 신세가 되고, 통치자가 살아있을 때는 찍소리도 못하던 모리배들이 다시 득세해서 과로사한 통치자의 시체에 대고 끔찍한 저주를 퍼붓는 꼴을 지켜봐야 할 것이다.[3] 그러니까 우리는 스스로 통치하지 못해서 엄청난 혼란에 빠지면 강력한 누군가가 나타나 상황을 수습하기를 바라며 무턱대고 통치를 맡긴다. 그래 놓고 통치당하기는 또 싫어서 크롬웰이나 무솔리니 같은 독재자를 참을 수 없는 폭군으로 여기며 저항하다가 독재자가 버림받거나 무덤에 들어갈 때쯤에는 『천로역정 Pilgrim Progress』에서 도움을 거절하는 세 사람(어리석음,

---

[3] 17세기 의회파와 왕당파 간의 내전을 끝내고 청교도혁명의 주역이 된 올리버 크롬웰은 엄청난 인기를 누리며 호국경에 올랐으나 5년간 강력한 독재정치를 펼치다 국민의 원성을 샀고 사후 부관참시를 당했다.

게으름, 교만)의 단계로 되돌아간다. 무정부 상태로 고통을 겪을 때는 강력한 통치를 요구하다가 막상 그러한 통치가 실행되면 법과 질서를 가혹하게 적용한다며 자유를 달라고 외친다. 이쪽 끝에서 저쪽 끝으로 맹목적으로 돌진하며 목욕물 버리려다 아기까지 버리고 만다. 경험에서 아무것도 배우지 못하고 권력을 남용하거나 자유를 무서워한다. 이쯤 되면 권력과 자유의 한계를 정해야 하는 것 아닌가.

　인간은 정치적으로 가망 없는 존재라며 포기해버리기 전에 통치와 자유 사이의 문제는 정말 해결할 수 없는 것인지 살펴보자.

제69장

The Natural Limit To Liberty

자본주의 사회에서는 누가 자유를 누리는가

•

 분명히 말하지만, 우리는 자유롭게 태어나지도 않고 절대로 자유로워질 수도 없다. 인간 폭군이 전부 살해당하거나 쫓겨나더라도 최강 폭군은 결코 살해당하지도 쫓겨나지도 않고 건재하다. 그 폭군은 바로 자연이다. 자연이 더없이 관대해서 햇볕이 따사롭고 먹을거리가 널린 남태평양 제도에서도 오두막은 손수 지어야 한다. 여자들은 아이를 낳아 기르는 고통과 수고를 감내해야 한다. 게다가 성관계를 하는 것 말고는 딱히 할 일이 없는 건장하고 울뚝불뚝한 사내들이 운동 겸 스포츠로 서로 죽이는 것을 일삼기 때문에 자기 보호도 알아서 해야 한다.

 영국처럼 위도가 높은 곳에서는 자연이 관대하기는커녕 냉혹한 주인이다. 원시 상태에서 우리는 하루 종일 고되게 일해야 겨우 의식주를 해결하고 기후의 혹독함을 이겨낼 수 있었다. 기아와 홍수, 늑대들, 불시에 들이닥치는 비와 태풍에 나가떨어지기 일쑤였고 죽어나가는 아이들이 태반이라 그만큼 아이도 많이 낳아야 했다. 여자들은 가족의 옷을 짓고 빵을 굽고 음식도 준비했다. 요즘 여자들처럼 여가를 누리는 것은 아예 불가능한 일이었다. 공동체의 우두머리는 입법자, 행정가, 치안책임자로서 권력과 특권을 지키기 위해 열심히 일해야 했고 아무리 귀애하는 아내라도 지금의 상류층 여자들처럼 무위도식하면 엄지손가락 굵기의 회초리로 행동을 바로잡았다. 그렇게 해도 비난받기는커녕 적극적이고 모범적으로 사회적 의무를 다했다는 소리를 들었다. 여자들도 딸들에게 사회적 의무를 다하는 모범을 보여야 했다. 빅토리아 시대 귀부인들이 그랬던 것처럼 일을 하면 격이 떨어지니 꼭 해야 할 일이 있으면 하인을 시켜야지 절대 직접 하면 안 된다고 딸들에게 가르치는 일 따위는 일어나지 않았다.

　자연이 부여한 과제를 더 적은 노동력으로 해내는 방법을 개발하면서 상업 문명의 발달이 이루어졌다. 과학자들은 자연의 비밀을 알아내고 싶어서 발명을 하지만, 활과 창, 삽과 쟁기, 바퀴와 활 같은 대중적인 발명품은 야외 작업을 더욱 수월하게 하려는 욕구에서 생겨난 것이다. 실내에서는 물레와 베틀, 프라이팬과 부지깽이, 솔과 비누, 바늘과 옷핀 같은 발명품으로 집안일이 한결 수월해졌다. 어떤 발명은 일의 난이도를 높이기는 했어도 짧은 시간 안에 지능적으로 할 수 있게 해주거나 전에는 불가능했던 일을 가능하게 해준다. 알파벳, 아라비아 숫자, 계산 조견표, 대수 등이 대표적인 예다. 사람이 직접 하던 일을 짐승이 대신하고 그마저도 증기와 화석연료와 전기가 대신하기에 이르면 사람들이 지나치게 일을 안 할 수도 있다. 그쯤 되면 일을 줄이는 게 아니라 늘리는 게 사람들에게 더 유익할지 모른다. 바늘은 재봉틀로, 빗자루는 진공청소기로 대체되고 있고 둘 다 벽에 있는 스위치를 통해 멀리 떨어진 곳에서 전력을 공급받는다. 42장에서는 우리가 어쩌다 오래된 손기술이며 자재, 구매, 영업에 관한 지식을 상실하게 됐는지 살펴봤다. 처음에는 노동분업(이라는 매우 중요한 발명) 때문이었고 나중에는 기계화가 원인이었다. 최첨단 가전제품도 능숙하게 잘 다루는 가사도우미를 고용해서 시골 별장에 데려갔는데 그 가사도우미가 엘리베이터나 에스컬레이터만 이용할 줄 알았지 계단은 오르내리지 못하는 걸 보게 될 날도 머지않았지 싶다. 그렇게 되면 시골 별장에서는 고도로 문명화된 하인 대신 원시적인 인근 마을 소녀를 고용해야 할 것이다. 물론 근처에 원시적인 마을이 남아있을 때 얘기지만.

일단 여기서는 그 모든 변화가 놀고먹는 계급이 툭하면 입에 올리는 개인의 자유에 어떤 영향을 미치는지 살펴보자.

∙∙

자유란 무엇인가? 여가다. 여가는 무엇인가? 자유다. 여러분이 하루 중 어느 때건 "앞으로 한 시간은 내가 하고 싶은 대로 할 거야"라고 말할 수 있다면, 그 한 시간 동안은 자유로운 것이다. 하지만 여러분이 "앞으로 한 시간은 좋든 싫든 이런이런 일을 해야 해"라고 말한다면, 마그나카르타며 인권선언이며 자유에 대한 그 모든 권리증서에도 불구하고 한 시간 동안은 자유롭지 못한 것이다.

내가 여러분의 하루 일과를 줄잡아 쭉 한번 읊어보겠다. 여러분은 좋든 싫든 아침에 일어난다. 하인이 깨워줄 수도 있고 정신 사납고 혐오스러운 알람 시계 소리에 깰 수도 있다. 어쨌든 일어나서 불을 지피고 씻고 옷을 입고 아침을 차려 먹어야 한다. 여기까지 자유는 없다.

그냥 해야 한다. 그다음에는 침대를 정리하고, 아침 먹은 것을 치우고, 집안을 정돈하고, 밖에 나가서 식료품이니 여타 필요한 것들을 사고 돌아다녀도 흉하지는 않을 정도로 몸단장을 해야 한다. 매 끼니 요리와 설거지 같은 부수적인 일도 해야 한다. 그러면서 여기저기 왔다갔다해야 하고 집 안에만 머무르더라도 계단은 수차례 오르내려야 할 것이다. 중간 중간에는 잠깐씩이라도 쉬어야 한다. 그리고 마지막으로 8시간 정도는 자야 한다.

 이 모든 활동에 더해 여러분은 집세와 세금을 내고 물건 살 돈도 벌어야 한다. 그러기 위해 여러분이 선택할 수 있는 길은 대략 두 가지다. 일자리를 구해 출퇴근하며 하루 여덟 시간 이상 일하거나, 결혼해서 남편과 아이들을 위해 식사 준비를 하고, 장을 보고, 아이들이 어느 정도 자랄 때까지 자녀를 씻기고 입히고, 가계 소득의 대부분을 관리하고 운용하며, 아내이자 엄마로서 해야 할 그 밖의 모든 일을 담당하는 것이다. 어떤 길을 택하건, 여러분이 반드시 써야 하는 시간을 전부 더한 다음 자연이 여러분에게 허락한 24시간에서 그 시간을 빼고 나면 남는 시간이 바로 여러분의 하루치 여가다. 그게 여러분의 자유다. 역사가와 저널리스트와 정치 연설가들은 무적함대 격파나 찰스 왕 참수, 스코틀랜드의 제임스가 아닌 네덜란드 윌리엄의 왕위 등극, 기혼여성 재산법 통과, 여성참정권 운동가들의 성공 같은 일들이 여러분을 자유롭게 해줬다고 설득할 것이다. 그러한 설득에 고무된 여러분은 순간 흥분해서 영국인은 결코 노예가 되지 않으리_Britons never will be slaves_를 열창할 수도 있다. 하지만 그와 같은 사건들이 (일어나지 않았다면 여러분이 겪었을지도 모르는) 고충들을 어느 정도 덜어줬을지는 몰라도 여러분의 여가에는 보탬이 되지 않았다. 따라서 여러분의 자유에도 딱히 도움이 되지 않았다. 그동안 의회에서 통과된 법 중에 실제로 여러분의 자유 즉 "온전한 나만의 시간"을 늘려준 법은 공장법(공장 노동 시간 감소)과 일요일 준수법(매주 일요일 상행위 금지) 그리고 은행휴일법(일요일 외 연 6일의 법정 휴일 지정)뿐이다.

그러니까 우리는 모두 자유롭다거나 우리는 모두 노예라는 식으로 자유를 이야기하는 것은 말장난일 뿐이다. 자연은 우리 중 누구도 완전한 자유를 누리도록 허락하지 않는다. 먹고 마시고 씻고 입고 자는 등의 신체활동은 누구나 해야 한다. 자유를 위해 품위와 성실 따위는 기꺼이 포기하는 부랑자나 평생 거의 정해진 대로 살아야 하는 입헌 군주나 하루에 적어도 10~11시간 동안은 노예의 처지인 것이다. 흑인 노예 여성은 하루 6시간을 자기 마음대로 쓸 수 있으므로 하루 3시간만 자기 마음대로 쓸 수 있는 백인 "자유인" 여성보다 더 자유롭다. 백인은 자유롭게 파업에 참여할 수 있고 흑인은 그렇지 못하다. 하지만 근본적으로 자살행위나 다름없는 파업을 흑인이 부러워할 이유는 전혀 없다. 오히려 흑인은 자유시간이 너무 없는 불쌍한 백인 빈민들을 동정하며 위안을 얻을 수도 있다.

자유를 갈망하는 것으로 치면 우리 모두 앞서 말한 부랑자와 다르지 않다. 우리가 부랑자와 다른 점이 있다면 여가시간에 자기가 좋아하는 일을 웬만한 노예보다 더 열심히 하려는 사람들이 있다는 것이다. 부랑자는 여가를 낭비하며 불행하게 산다. 우리는 여가를 통해 행복해지려고 한다. 여가는 휴식과 다르다는 것을 기억하자. 휴식은 잠처럼 강제되는 것이다. 진짜 여가는 우리가 하고 싶은 걸 할 수 있는

에델 스파워스 Ethel Spowers, 『은행휴일 Bank Holiday』, 1935년

자유이지, 아무것도 하지 않을 자유가 아니다.

이 책을 쓰는 동안 광부들과 광산 소유주들이 법정 노동시간을 두고 격렬한 싸움을 벌였고 결국 광부들의 노동시간이 하루 7시간이 아니라 8시간으로 정해졌다. 언론에서 광부들이 하루 7시간 일하기를 원한다고 하는 것은 잘못된 표현이다. 광부들은 7시간 동안 일하는 것을 원하는 게 아니라 일하지 않는 17시간을 보장받고 싶어 한다. 17시간이라고 해봤자 그중 적어도 10시간은 생리현상을 해결하는 데 써야 하고 출퇴근하는 데 또 1시간은 내줘야 할 것이다. 그러니까 하루 24시간 중 돈 버는 데 7시간, 먹고 자고 쉬고 이동하는 데 11시간을 쓴다고 치고, 전혀 빈둥거리지 않고 시간을 최대한 효율적으로 사용하며 날씨와 계절까지 도와준다면 하루 최대 6시간의 여가를 누릴 수 있다. 광부들은 바로 그 6시간의 자유를 늘리고 싶어 한다. 근무시간을 한 시간 단축하자는 광부들의 요구가 실은 전과 다름없이 늦게까지 일하고 마지막 한 시간에 대해서는 초과근무수당(그래봤자 시급의 절반)을 받을 의도라 해도, 결국 여가에 쓸 돈을 더 벌겠다는 뜻이다. 임금 단가 상승으로 성과임금 노동자가 일주일 걸려 벌던 돈을 사나흘 만에 벌 수 있게 되면 십중팔구는 일주일 내내 일해서 돈을 두 배로 벌기보다 같은 돈을 벌고 이삼일 쉬는 쪽을 택한다. 돈보다 여가를 더 원하는 것이다.

그러한 사실은 자산가를 통해 분명하게 드러난다. 사람들이 자산가가 되고 싶어 하는 것은 자산이 있어야 최대한의 여가를 누릴 수 있기 때문이다. 자산이 있는 여자는 아침 여섯 시에 일어나 불을 피우지 않아도 된다. 손수 아침을 준비하거나 설거지하거나 요강을 비우거나 침대를 정리할 필요도 없다. 내키지 않으면 장을 보거나 물건을 사러 다니지 않아도 된다. 자녀는 봐주고 싶을 때나 봐주면 된다. 직접 머리를 빗을 필요도 없다. 먹고 자고 씻고 이동하는 일도 최대한 호화롭게 할 수 있다. 이런 자산가는 하루 최소 12시간의 여가를 기대할 수 있다. 새 옷을 입어보고, 사냥하고, 춤추고, 사교 활동을 하고, 브리지나 테니스나 등산과 같은 취미 생활을 하는 데 웬만한 노동자의 아내가 집안일을 할 때보다 힘을 더 많이 쏟기도 한다. 하지만 자산가는 언제나 자기가 하고 싶은 일을 한다. 강요된 일을 하는 게 아니다. 그렇게 자유를 충분히 누리기 때문에 평소 자신의 특권을 보호해주는 정치적 움직임이 있으면 열렬히 지지하고, 자신의 여가 혹은 여가에 쓸 재산을 조금이라도 제약할 것 같은 정치적 움직임에 대해서는 사납고 끈질기게 반대한다. 그런 자산가들이 자신의 지위에 매달리는 것은 최대한으로 자유를 확보하기 위해서다. 그들은 집안일을 돌봐줄 하인을 고용하고 유지하기가 어렵다고 토로한다. 공장 노동자에 비해 돈을 더 많이 주고 더 나은 숙식을 제공하는데도 하인을 고용하기 힘든 이유는 하인이 공장 노동자보다 자유롭지 못하기 때문이다. 하인들은 저녁에 가끔 외출할 때를 제외하면 그들 말마따나 "자기 시간"이 전혀 없다. 과거 여자들은 입주가정교사에서 식모에 이르기까지 계급을 막론하고 전부 가사 서비스에 종사했다. 그게 아니면 도저히 견딜 수 없는 거친 일밖에 없었기 때문이다. 여자들 대부분은 거친 일에 적합하지 않은 데다 문맹이고 무지했다. 요즘에는 적어도 9년을 학교라는 감옥에서 보내기 때문에 여자들이 더 이상 문맹이 아니다. 그래서 전에 남자들이 독식했던 수많은 일자리(예컨대, 도시 사무직)에 여자들도 진출하게 됐다. 거친 일터도 이제는 예전만큼 거칠지 않고 빅토리아 시대 여자들의 신체를 구속했던 드레스와 관습도 사라졌다. 100년 전만 해도 가정부는 생선 손질하는 여자나 넝마주이와 확실히 구별됐지만 오늘날은 그렇지 않다. 여가를 즐길 때는 그들 모두가 "젊은 숙녀들"이다. 그래서 가정부가 공장 노동자보다 여가가 적다는 이유 하나로 공장 지역에서는 가정부를 구하기가 쉽지 않아졌고 항구 지역의 상황도 마찬가지가 됐다.

남자들의 경우도 다르지 않다. 하지만 모든 남녀가 다른 무엇보다도 자유를 가장 원한다고 결론 내려서는 안 된다. 어떤 사람들은 자유를 두려워한다. 그들은 일상에서나 일터에서나 홀로 설 수 없다고 여기며 누군가의 지도를 받아야만 안전하다고 느끼고 자기가 무엇을 해야 하는지뿐만 아니라 어떻게 행동해야 하는지도 항상 누군가의 지시를 따르려고 한다. 그런 부류는 여자들은 가정부가 되고 남자들은 군인이 되고 싶어 한다. "자유를 박탈당하는데도 불구하고"가 아니라 "자유를 박탈당하기 때문에" 그러는 거다. 그런 사람들이 없으면 하인이나 군인 구하기가 지금보다 훨씬 어려워질 것이다. 그렇지만 하인이나 군인도 끊임없이 지시받으며 일하는 것은 이상적으로 여기지 않는다. 지시를 받되 가끔은 풀어지기를 원하며 자기들이 감당할 수 있는 최대한의 자유를 누리려고 한다. 앞에서도 말했지만 보통의 남성 노동자는 자기가 하는 일에 대해 생각하는 것을 가장 싫어한다. 그건 관리자가 하는 일이다. 보통의 남성 노동자는 놀 궁리만 한다. 일하는 시간은 최소한으로 줄이고 노는 시간은 최대한 늘리기를 원한다. 집안일의 필요 때문이든 습관 때문이든 여자들은 자기가 하는 일에 대해 생각하는 것에 남자들보다는 익숙하다. 주부는 일과 관리를 동시에 해야 하기 때문이다. 하지만 여자들도 일이 끝나면 좋아한다.

∴

국민소득을 분배하는 문제는 결국 필수 노동을 분배하고 여가 또는 자유를 분배하는 문제가 된다. 그 여가 또는 자유야말로 우리 모두가 원하는 것이다. 노동시간이 무미건조하고 강제적인 현실의 영역이라면, 여가시간은 설렘과 끝없는 가능성의 영역이다. 우리가 노동생산성을 증대시키는 모든 발명과 수단을 진보라고 부르며 열광하는 이유는 우리에게 더 많은 자유를 가져다주기 때문이다. 하지만 유감스럽게도 우리는 기계 발명으로 얻은 여가를 가장 어리석은 방식으로 분배하고 있다. 앞서 예로 든 하루 24시간 중 15시간을 여가로 누리는 자산가를 떠올려보자. 그녀가 그 여가를 어떻게 누리게 됐나? 그녀는 아무것도 발명하지 않았다. 다른 사람이 발명한 기계들을 소유하고 기계 생산으로 늘어난 여가를 독차지했다. 그래서 실제로 그 기계를 돌리며 일한 사람들은 여가가 하나도 늘어나지 않은 것이다. 그 여인을 탓할 일이 아니다. 그녀도 어쩔 수가 없다. 자본주의의 법칙이 그렇다.

이 문제를 나라 전체로 확대해서 생각해보자. 생산방식의 발전으로 국민 개개인은 자신의 생존과 번식에 필요한 것보다 더 많이 생산할 수 있게 됐다. 즉 국민총생산과 국민총여가가 늘어난 것이다. 부를 분배하면서 소수의 사람은 말도 안 되게 부자로 만들고 나머지 대다수는 가난뱅이로 살게 놔둘 수 있듯이, 여가를 분배하면서도 소수의 사람은 하루 15시간의 자유를 누리고 나머지 대다수는 전과 다를 바 없이 4시간의 자유도 채 못 누리게 할 수 있다. 생산수단의 사적 소유를 인정하는 사유재산제가 정확히 그러한 역할을 해왔다. 그래서 사회주의라는 기치 아래 사유재산제를 폐지하고 국가의 여가(자유)를 모든 국민에게 똑같이 분배하자는 움직임이 일어났다.

만일 여가가 균등하게 분배된다면(결과적으로 생산활동이 균등하게 분배된다면) 어떤 일이 벌어질지 대강의 그림을 그려보자. 놀고먹는 사람 없이 모든 사람이 하루 4시간씩 35년을 일한다면 지금 기준으로 일 년에 1,000파운드 이상 버는 사람의 생활수준을 누구나 누릴 수 있다고 가정해보자. 하루 4시간 일하고 연간 1,000파운드를 벌고 싶은 사람도 있고 연간 500파운드만 벌어도 하루 2시간만 일하고 싶은 사람도 있을 것이다. 어쨌거나 서로 잘 타협해서 하루 4시간 근무가 정착된다면?

어떤 종류의 일들은 하루 4시간 근무에 부적합하다는 문제가 발생한다. 예컨대, 여러분이 결혼했다고 치자. 직장에 다니는 여러분의 남편은 4시간 근무제가 도입돼도 아무 문제 없다. 날마다 토요일(9시 출근 1시 퇴근)이 되는 것뿐이다. 하지만 여러분이 하는 일은 어떤가? 출산과 양육은 세상에서 가장 중요한 일이다. 그 일을 하지 않으면 인류는 곧바로 멸종한다. 그런데 임신은 하루 4시간만 하고 끝낼 수 없다. 아기를 4시간만 돌보고 다음 날 아침 9시까지 방치할 수도 없다. 물론 임신한다고 해서 내내 아무런 생산활동도 할 수 없는 상태가 되는 것은 아니고, 임신을 그런 상태로 여기는 것이야말로 병적이고 위험하다는 것을 우리는 익히 알고 있다. 임신은 출퇴근할 수 있는 일이 아니다. 육아는 그보다 훨씬 많은 시간과 노력을 요한다. 무지한 사람들이 주장하는 최소한의 돌봄만 받으며 시설에서 생활하는 아이들은 대부분 죽지만, 옆에서 놀아주고 토닥토닥 해주고 예뻐해주고 흔들어주고 노래 불러주는 사람이 있는 아이들은 방 한 칸짜리 움막에서 더러운 누더기만 걸치고도 살아남는다.

그러니까 하루 4시간 근무제를 한다고 모두가 9시에 출근해서 1시에 퇴근할 수 있는 게 아니다. 공장 사이렌 소리에 중단되거나 재개될 수 없는 중요한 일들이 출산과 육아 말고도 많다. 공장에서는 4시간 근무를 위해 6명의 직원이 24시간 동안 교대 근무할 수 있다. 하지만 바다에 띄워야 하는 배에서는 6교대를 할 만큼의 승무원 인력을 수용할 수가 없다. 설사 5,000명을 재우고 먹일 수 있는 규모의 전함을 건설한다고 해도 유틀란트 해전 같은 상황에서는 선원들이 4시간 근무만 마치고 자리를 뜨는 것이 불가능하다. 또한 배 위에서는 해변에서 누리는 것 같은 여가를 누릴 수도 없다. 멍청한 게임으로 시간을 때우거나 몸이 근질거려서 갑판 위를 정신사납게 왔다갔다해 본 한가한 승객들은 그게 무슨 얘기인지 잘 안다.

교대근무가 불가능한 직업들도 있다. 그런 일들은 한 사람이 인내심에 한계가 올 때까지 계속 이어서 해야 한다. 실험을 관찰하는 화학자나 물리학자, 일식이나 월식을 지켜보는 천문학자, 어려운 임상 사례를 다루는 의사와 간호사, 전쟁 중 전선에서 날아드는 소식을 보고받아야 하는 장관, 일기 예보에서 날씨가 좋지 않다고 하면 서둘러 건초를 비축해야 하는 농부, 거리의 눈을 치우는 청소부들은 4시간 근무제와 관계없이 필요하면 (그 일 자체를 때려치울 게 아닌 이상) 계속 일을 해야 한다. 헨델은 오라토리오를 작곡할 때 거의 잠도 자지 않고 곡을 완성할 때까지 낮이고 밤이고 작곡에 몰두했다. 탐험가들은 탈진해서 죽지 않는 게 다행일 정도로(실제로 많은 이가 탈진해서 죽는다) 오랜 시간을 고생하면서 견딘다.

그러므로 하루 4시간 근무제는 지금 실시하고 있는 하루 8시간 근무제나 최근 들어 요구하기 시작한 주 5일 근무제와 마찬가지로 노동시간 산출의 기준이 될 수 있을 뿐이다. 생산직이나 일반 사무직 혹은 현장작업 같은 일들은 말 그대로 4시간 근무제를 실시할 수 있다. 그 밖의 직종에서는 4시간 근무제가 짧게 자주 쉴 것인지, 어쩌다 한 번씩 길게 쉴 것인지의 문제가 될 것이다. 여러분의 사정이 어떤지 모르겠지만 내 경우는 이렇다. 좀 더 현명하게 일의 우선순위를 정하겠다고 굳게 다짐해보기도 하고 작가의 일은 하루에 몇 시간씩 나눠 해도 되는 게 사실이지만, 보통 나는 나 자신을 끝까지 몰아붙여서 녹초가 되면 그제야 어디론가 멀리 떠나서 몇 주간의 회복기를 갖곤 한다. 8~9개월 과로하고 3~4개월 동안 변화를 꾀하며 긴 여가를 누리는 것이 전문가들 사이에서는 매우 흔한 일이다.

기계적인 일과 소위 말하는 창의적이고 독창적인 일에는 결정적인 차이가 있다. 어떤 사람이 매일 16시간씩 30년 동안 일해서 최고의 경지에 올랐다는 이야기를 들으면 본성을 거스른 노력에 감탄하게 된다. 하지만 그에게 다른 능력이 또 있을 거라고 기대해서는 안 된다. 그런 사람은 전에 시도되지 않은 일은 하지 못하고 기존 방식 대로만 하는 사람이라고 봐도 무방할 것이다. 그는 생각하거나 발명할 필요가 없다. 그에게 오늘의 일은 어제의 일을 반복하는 것이다. 그를 예컨대 나폴레옹과 비교해보자. 나폴레옹 같은 인물의 삶에 관심이 있는 사람이라면, 신하들이 전부 지칠 대로 지쳐서 꾸벅꾸벅 졸고 있는 와중에도 나폴레옹은 격렬하게 에너지를 분출하며 회의를 계속했다는 이야기를 지겹도록 들었을 것이다. 하지만 그보다 덜 알려진 나폴레옹의 비서 부리엔느의 회고록을 보면, 나폴레옹은 종종 일주일씩 빈둥거리며 아이들과 놀거나 허접한 책을 읽거나 그냥 멍하게 시간을 흘려보내곤 했다. 세인트헬레나섬에 유배되어 강제로 여가를 보내게 됐을 때 그 시간을 조금도 즐기지 못해서 "이런 끔찍한 곳에서 왕 노릇을 하느니 하루하루가 위기의 연속인 전쟁터에서 살고 싶다"고 소리쳤지만, 누군가 그에게 장군 노릇은 얼마나 오래 할 수 있냐고 묻자 "길어야 6년"이라고 답했다. 미국에서는 대통령을 4년 넘게 하도록 놔두질 않는다. 영국 법은 기운 빠진 노망난 늙은이가 수상이 되는 걸 막지는 않지만, 글래드스턴처럼 걸출한 정치인도 전성기를 다 보내고 여든이 넘어 다시 수상이 됐을 때는 힘에 부쳐서 사실상 중도 하야해야 했다. 보다 평범한 사례들로 눈을 돌려보자. 회계사는 회계 서기만큼 오래 일하지 못하고, 역사가는 필경사나 타이피스트만큼 한 번에 길게 일하지 못한다. 회계사나 회계 서기나 똑같이 수를 다루고 역사가나 필경사나 똑같이 수기 작업을 하지만, 한쪽은 세 시간만 일해도 지치는 반면 다른 한쪽은 다과를 먹으며 이따금 지겨움을 달래면 아무렇지도 않게 8시간을 내리 일할 수도 있다. 그런 차이를 고려하면 시간당 업무량을 균등하게 한다든지 일을 동등하게 분배하는 것은 불가능하다. 가능한 것은 일하는 사람들에게 여가를 대체로 동등하게 분배하는 것이다. 다만 휴식과 회복은 여가가 아니라는 점을 염두에 두어야 한다. 아무것도 하지 않으면서 필요한 기력을 회복하는 시간은 일의 일부이며, 특별한 노력을 너무 오랫동안 기울여서 기진맥진해진 사람들에게는 쉬는 것도 아주 번거로운 "일"이다.

보편적이고 완전한 자유라는 것은 세상에 존재하지 않는다. 자유에 관한 현실적인 질문은 다음과 같다. 첫째, 우리는 얼마나 많은 여가를 누릴 수 있는가? 둘째, 여가활동을 어디까지 허용할 것인가? 예컨대, 다트무어에서 수사슴을 사냥해도 될까? 우리 중 일부는 안 된다고 할 것이다. 여론이 법이 된다면, 다트무어에서 사냥할 수 있는 자유는 여론에 따라 제한될 것이다. 일요일 예배 시간에 골프를 쳐도 될까? 엘리자베스 여왕은 안 된다고 하는 것을 넘어 일요 예배 참석을 의무화해서 일요일을 반쪽짜리 휴일로 만들어버렸다. 오늘날 우리는 일요일에 골프 치는 자유를 누린다. 찰스2세 때는 여자들이 퀘이커교 모임에 참석할 수 없었고 행여 참석했다가는 태형을 당했다. 사실 원칙적으로는 영국국교회가 아닌 다른 어떤 종교의식에 참석해도 처벌 대상이었다. 로마가톨릭교도나 유대교도에게는 차마 그 법을 강요하지 못했지만, 조지 폭스나 존 버니언에게는 가차없이 벌금을 부과했다. 정작 찰스왕은 그들에게 공감했는데도 말이다. 우리는 혁명이라는 대가를 치르고 나서야 비로소 양심의 자유라 할 만한 것을 제도화할 수 있었다. 이제는 크리스천 사이언스 교회당을 마음껏 세우고 드나들 수 있으며 국교회에서 이탈한 분리파 교단도 얼마든지 결성할 수 있다.

그런가 하면, 전에는 자유롭게 했으나 지금은 하지 못하는 것들도 많다. 잉글랜드에서는 아주 최근까지도 여자가 결혼하면 여자의 모든 재산이 남편에게 귀속됐다(이탈리아에서는 여전히 그렇다). 만일 어떤 여자가 운 나쁘게도 알코올중독자 불한당과 결혼하면, 자신과 아이들을 위해 가정을 건사하는 일을 혼자 도맡다가 오랜만에 집에 돌아온 방탕한 남편에게 가진 걸 전부 빼앗길 수도 있었다. 남자는 그런 짓을 몇 번이고 자유롭게 할 수 있었다. 이 문제를 시정하려고 하자 행복한 결혼을 한 열성적인 사람들이 결혼의 신성함을 모독한다며 들고 일어났다. 변화를 지지하는 여자들을 향해서는 여자답지 않다고 비난했다. 하지만 결국 상식과 도리가 승리했다. 잉글랜드 기혼 여성은 이제 남편에게 강탈이나 착취를 당할 위험이 거의 없다. 오히려 기혼 남성이 자신들의 권리를 외치며 시위하기 시작했을 정도다.

    가정 밖으로 눈을 돌려보자. 과거 공장주는 어린아이들을 죽도록 부리고도 아무런 처벌을 받지 않았으며 자기 공장에서는 뭐든 마음대로 할 수 있었다. 오늘날에는 웨스트민스터 사원에서 지켜야 할 것들이 있는 것처럼 공장주도 공장에서 지켜야 할 것들이 있다. 공장주는 자신이 반드시 해야 할 일과 하면 안 되는 일들이 적힌 수칙을 공장 내부 잘 보이는 곳에 게시해야 한다. 공장을 벗어나 여가를 보낼 때도 법에 따라 자유를 제약당하며 의무와 규칙을 준수해야 한다. 자동차를 몰 때는 시속 20마일보다 과속하면 안 되고(항상 어기지만) 영국에서는 좌측통행하고 프랑스에서는 우측통행해야 한다. 공공장소에서는 일광욕을 하더라도 최소한의 옷은 입어야 한다. 또한, 정해진 시기를 제외하면 새 사냥이나 낚시와 같은 스포츠도 즐길 수 없다. 어떤 경우에도 아이 사냥은 할 수 없다. 자유를 제한하는 그와 같은 규제들은 남녀 할 것 없이 똑같이 적용된다.

더 많은 사례로 여러분을 괴롭힐 필요가 없을 것 같다. 생각하다 보면 떠오르는 사례가 한두 개가 아닐 것이다. 한마디로, 여가가 있어야 자유를 누릴 수 있고, 법이 있어야 여가도 보장된다. 이상적인 자유 국가에서는 타인에게든 본인에게든 해로운 행위를 하는 사람을 경찰이 저지한다. 그 말은 아무리 기이한 행위를 해도 해를 끼치지만 않으면 괜찮다는 것이다. 반면 자유를 제약하는 곳에서는 명시적으로 허가된 행위만 할 수 있다. 정해진 하루 일과 외에는 사사건건 엄마의 허락을 받아야 하는 어린아이처럼 말이다. 영국인, 아니 어쩌면 대부분의 인간 본성에는 그냥 금지하고 싶어 하는 강한 욕망이 있는 것 같다. 『펀치Punch』에 나온 아이들을 잊으면 안 된다. 뭘 하고 놀까 궁리하던 아이들은 아기의 행동을 제지하기로 한다. 금지하는 것은 권력을 행사하는 것이다. 우리 모두는 개인의 권력을 행사하려는 의지가 있고 이는 각자가 사회에서 자유를 누리려는 의지와 충돌한다. 권력에 대한 의지가 무책임한 독재정치로 이어질 것 같으면 경계하고 억제하는 것이 맞다. 하지만 자유의 한계도 모르면서 무턱대고 자유를 부르짖는 사람들 역시 경계해야 한다. 새로운 자유뿐 아니라 새로운 규제도 생긴다는 이유로 사회주의와 문명의 진보를 노예제도라고 비난하는 사람들 말이다. 그런 사람들은 누군가 나를 때릴까 봐 모든 사람에게 수갑을 채우겠다는 금지 콤플렉스 환자들과 마찬가지로 여가와 자유의 확대에 도움이 안 된다.

제70장

재능 있는 사람들이 왜 교활해지는가

•

자본이 통제 불능으로 폭주하는 사회에서 자유란 무엇인지 살펴봤으니, 이번에는 우리 개개인의 능력 차이에 관해 생각해보자. 흔히 자유에 대해 잘못 생각하는 만큼 이 문제에 대해서도 오해하기 쉽다. 자유를 별로 누리지도 못하면서 자유를 잃을까 봐 노심초사하는 사람들이 개인의 능력 차이에 대해서도 몹시 예민하게 군다. 수년 전 나는 『사회주의와 우수한 인재들』이라는 소책자를 썼다. 여전히 구해 볼 수 있는 책이니 여기서 같은 얘기를 반복하지는 않겠다. 그 책은 고故 윌리엄 허렐 맬록W.H. Mallock[1]의 주장에 대한 반박이다. 맬록은 아둔한 사람들을 이용해 국민소득에서 되도록 많은 몫을 차지하는 것이야말로 우수한 재능을 제대로 써먹는 것이라고 여겼다. 그런 교활한 생각이 너무 만연해서 무시할 수도 없을 지경이다. 모두를 위해 분배할 수 있는 부의 양을 늘리는 게 아니라 남보다 더 많은 몫을 차지하는 데 재능을 쓰는 것은 사회적으로 바람직하지 않다. 그러나 지금 우리 사회는 재능 있는

---

1 윌리엄 허렐 맬록(1849~1923): 영국의 소설가이자 수필가. 대표작으로 정치사회 이슈를 다룬 소설 『뉴리퍼블릭The New Republic』(1877)이 있다.

사람이 남보다 더 갖겠다는 욕심을 부려도 막지 않는다. 돈을 벌기 위해서라면 토지, 자본은 물론이고 자신의 교활함까지도 이용할 수 있다는 게 자본주의의 원칙이기 때문이다. 사실 자본주의 사회에서는 재능을 돈 버는 데 발휘하지 않으면 달리 먹고살 방법이 없기 때문에 재능 있는 사람들이 욕심을 부릴 수밖에 없다.

우리를 기쁘게 하는 감탄스러운 재주, 다시 말해 돈 되는 재능을 가진 사람들부터 보자. 목소리가 멋진 가수는 돈을 내는 사람만 공연을 보게 한다. 인기 좋은 화가는 회전식 개찰구가 있는 갤러리에 그림을 걸고 표를 산 사람만 입장하게 한다. 위험한 수술에 능한 외과의사는 환자에게 "돈이냐 목숨이냐" 선택하라고 한다. 거인과 난쟁이, 샴쌍둥이, 머리가 둘인 가수가 돈을 받고 괴물쇼를 벌인다. 매력적인 여자들은 덜 매력적이거나 더 양심적인 사람들보다는 부유하게 살 정도로 공짜 선물을 받아 챙긴다. 매력적인 남자 무용수들도 마찬가지다. 때로 인기 여배우들은 응석받이처럼 굴거나 온갖 바보짓과 사치를 일삼는 것까지도 개성과 매력으로 포장해 대중이 자기들에게 기꺼이 돈을 쓰게 한다.

그래도 그런 사람들이 돈을 많이 버는 것은 별로 문제 될 게 없다. 돈 되는 재능을 지닌 사람은 매우 드물다. 사실 그런 재능이 흔해지면 돈이 되지도 않을 것이다. 그들이 산업 권력이나 정치적 특권을 휘둘러서 큰돈을 버는 것도 아니다. 프리마돈나 화가, 머리가 둘인 가수, 작위를 받은 의사는 산업계 거물이나 금융업자들처럼 세상을 주무를 수 없다. 천재와 괴물들도 돈을 어마어마하게 벌지만 어디까지나 자기 재능으로 먹고사는 것이다. 나도 어쩌다 돈 되는 재능을 타고나서 내

아버지 연소득의 백 배가 넘는 돈을 벌었지만, 회사 고용주였던 아버지가 다른 사람들의 삶에는 더 큰 권력을 행사했다. 물론 나처럼 돈 되는 재능이나 매력을 가진 사람들도 여윳돈으로 토지나 주식을 사면 지주나 자본가가 되고 권력을 휘두를 수 있는 게 사실이다. 그렇지만 사회의 제도적 변화 혹은 사회주의로 인해 여윳돈으로 불로소득을 얻을 수 있는 길이 아예 차단된다면 나처럼 재능 있는 사람들이 남보다 좀 더 벌더라도 분노할 사람은 얼마 없을 것이다. 정부가 세금을 매겨서 나 같은 사람들의 소득을 보통사람들 수준으로 끌어내리려는 정책은 별로 호응을 얻지 못할 것이다. 나 같은 사람들로 인한 기쁨은 유쾌하고 널리 퍼지는 반면 우리의 자만과 짜증으로 인한 해악과 질투심, 방종은 딱하게도 우리와 친한 몇몇에게만 영향을 미치기 때문이다. 어느 프리마돈나가 진주목걸이 여러 개와 최고급 다이아몬드를 갖고 있다고 해서, 5실링짜리 표를 사서 프리마돈나의 호화 생활에 일조한 소녀 관객의 삶이 더 비참해지지는 않는다. 프리마돈나는 황홀한 시간을 선사해서 구슬 목걸이뿐인 소녀의 삶을 오히려 더 근사하게 해준다.

더구나 프리마돈나든 백만장자 상인이든 개인은 아무리 돈을 써봤자 사회가 허용하는 범위 내에서 쓸 수밖에 없다. 세실 로즈와 앤드루 카네기, 알프레드 노벨처럼 최고 중의 최고 부자들도 혼자서는 소득을 다 쓸 수가 없어서 미술관과 박물관, 학교, 교회는 물론이고 그들이 공감하는 온갖 공적인 목적을 위해 상금과 장학금을 내놓거나 수백만 불씩 기부해야 했다. 소득평등이 어느 정도 실현되면 떼돈을 버는 사람도 보통사람들과 사는 모습이 크게 다르지 않을 것이다. 1기니나 되는 입장료를 받으며 앨버트홀에서 100일 연속 공연할 수 있는 인기 소프

라노도 하인 계층이 사라지면 하녀를 부릴 수 없고, 상속제도가 사라지면 자식에게 1파딩도 물려줄 수 없고, 자본주의 체제가 아니라면 돈으로 돈을 벌 수는 없는 것 아니겠나. 그러므로 정부는 누구든 남보다 훨씬 많이 버는 사람이 있으면 세금을 매겨 빼앗을 수도 있고 돈 버는 방식을 제한할 수도 있겠지만, 자기 재능으로 먹고사는 사람들이 남보다 많이 버는 것은 굳이 제지하지 않아도 될 것이다.

∙ ∙

그러나 남의 재능을 이용해서 돈을 버는 것은 전혀 다른 얘기다. 클레오파트라 같은 미녀가 자기 매력을 이용해 돈을 벌 수 있게 허용하는 것과 어느 포주가 500명의 미녀를 주급 10파운드에 고용해 손님들에게 하루 10파운드에 제공하는 사업으로 큰돈을 벌 수 있게 허용하는 것은 완전히 다른 문제다. 도둑은 기술과 담력이라도 감탄스럽다. 그러나 도둑에게서 물건을 10분의 1 가격에 사들여 돈을 버는 장물아비에게는 일말의 연민도 느낄 수 없다. 도둑이 장물아비에게 이용당하는 것과 마찬가지로 정직한 사람들도 이용당하고 있다. 문명화가 진행될수록 그 문제는 더욱 악화된다. 노동분업이 심화되기 때문이다. 핀 생산자와 핀 기계를 떠올려보자. 초기 문명사회에서는 생산자가 돈을 모아 재료를 선택하고 구매한 다음 물건을 만들어서 소비자에게 내다 팔았다. 오늘날에는 재료 구매비를 마련하는 것 자체가 하나의 업무고, 재료를 선택하고 구매하는 것 또한 하나의 업무이며, 물건 만드는 일도 노동자들이 직접 하는 일과 기계가 하는 일로 나뉜다. 마케팅 역시 하나의 업무다. 실제로 보면 더 복잡할 수도 있다. 재료 구매와 상품

마케팅은 여러 집단이 분담하는 구조일 때가 많다. 그러니까 상품은 원재료 단계인 자연에서 최종 판매 단계인 계산대를 거쳐 여러분에게 오기까지 수십 명의 중간상인을 거친다. 그 중간상인들이 각자 자기 몫을 챙기면서 물건값이 비싸지기 때문에 여러분은 그들에 대해 불평한다. 하지만 그들 중 진짜 필요한 사람은 몇이고 순전히 숟가락만 얹고 기생하는 사람이 몇인지 알아내기란 불가능하다.

비단 생산 분야뿐 아니라 세상일의 큰 비중을 차지하는 서비스 분야도 똑같이 복잡하다. 남편이 양털을 깎으면 아내는 그 털로 손수 옷을 지어 가족을 입히거나 다른 사람에게 팔았는데, 이제는 그 자리를 금융업자와 해운회사, 양털 중개인, 방직기, 도매업자, 소매업자, 상점 판매원, 그 밖의 수많은 사람이 대체하고 있다. 여자 혼자 하던 일을 분담하게 된 사람들은 각자 맡은 업무만 할 수 있을 뿐 다른 사람의 업무에 대해서는 무지하고 다른 사람들이 도와주지 않으면 자기가 맡은 일조차 제대로 할 수 없다. 누구든 혼자서는 대포 없는 포수나 텅 빈 상점의 직원과 같은 신세가 된다.

이렇게 모든 산업과 서비스 분야가 서로 불가피하게 얽혀있는 상황을 보면 남을 부리는 특별한 재능이 얼마나 현 사회에 필수적이면서도 위험한 능력인지 알게 된다. 신체 건강한 사람은 누구나 훈련을 통해 유능한 점원이나 속기사, 경리, 직공, 교사가 될 수 있다. 그렇지만 기업을 운영하거나 거액의 재산 혹은 자본을 관리할 수 있는 사람은 100명 중 5명도 안 된다. 남이 시키는 것만 할 수 있는 사람이 남에게 무언가를 시킬 줄 아는 사람보다 언제나 훨씬 많다. 학력 좋은 여자가 주당 4~5파운드라는 높은 임금을 요구하면 그녀가 착한 사람인지 나쁜 사람인지에는 아무도 관심이 없다. 중요한 것은 의사결정을 내려야 하는 일자리가 비어있는지 그리고 그 일을 그녀에게 맡길 수 있는지다. 그녀가 그 일을 할 수 있겠다 싶으면 높은 임금을 주고라도 고용할 것이다.

독자적인 결정을 내리는 것도 아니고 그저 사람들이 각자 맡은 업무를 열심히 하도록 전반적인 기강만 유지하는 일이라 해도, 그런 능력은 비범한 재능이며 특별한 가치를 지닌다. 그런 재능이 타인의 감정을 배려하지 않는 무신경함과 난폭한 에너지의 조합에 불과할 수도 있지만 가치가 있다는 것만은 분명하다. 그래서 그런 재능의 소유자들은 공장주임이나 교도관, 수간호사, 군대 하사관, 학교 사감이 된다. 관리자나 군기 반장은 종종 사람들에게 엄청난 미움을 사지만 실은 매우 필요한 존재다. 평범한 사람들이 모인 곳에 소위 말하는 장이 없으면 그런 사람들이 장으로 뽑힌다. 해적단은 자연의 법칙 외에 다른 어떤 법의 구속도 받지 않지만, 이런저런 지시를 내릴 갑판장과 배의 방향을 정하고 선원들을 이끌 선장은 반드시 선출한다. 깡패가 갑판장이 되기도 하고 배에서 가장 난폭한 악당이 선장을 맡기도 한다. 나폴레옹 혁명군의 어느 기마원정대는 대장이 겁을 먹고 꾀병을 부리자 자기들 중 가장 어린 16세 귀족 소년에게 지휘권을 맡겼다. 나머지 사람들은 자기들이 할 생각을 귀족이 대신하게 하는 데 익숙했기 때문이다. 훗날 마르보 장군이 된 그 소년은 자신의 회고록에 그 사건의 전말을 기록해놓았다. 알다시피 결단력 있는 여자는 집안에서 독재자처럼 이따금 공포 분위기를 조성한다. 지휘자가 없으면 우리 대부분은 마부 없이 붐비는 거리에 들어선 말들이나 다름없다. 허버트 스펜서는 매우 영리한 철학자였지만 명령하는 것을 극도로 싫어하는 다정한 성격이었다. 그는 자기 말에게조차 명령하기를 꺼려서 결국 말을 팔고 걸어다닐 수밖에 없었다. 명령하지 않으면 말은 가만히 서서 풀이나 뜯어 먹을 뿐이다. 반면 톨스토이는 스펜서처럼 인도주의자를 자처하면서도 말이 복종할 때까지 말을 몰아붙이는 일반적인 방식을 써서 극도로 거친 야생마도 잘 길들였다.

말이나 인간이나 지휘에 반항하는 경우는 드물다. 스스로 생각하고 계획을 세우는 고충을 덜 수 있어서 오히려 좋아하는 사람이 많다. 다스려지지 않는 사람은 소수다. 권위가 남용되고 복종이 모욕으로 느껴질 정도가 돼야 권위와 복종에 대한 분노가 일어난다. 곧장 반란이나 혁명으로 이어질 수도 있다. 하지만 좋은 방향으로 요령있게 행사한 권위가 반란을 초래했다는 기록은 찾아볼 수 없다. 우리의 정신적 게으름이 고분고분함을 보장한다. 그래서 흔히 엄마들이 "어디 감히 내 허락 없이 밖에 나가려고?"라고 말하다가도 아이들이 지나치게 고분고분하게 굴면 곧 이런 소리를 하게 된다. "뭐든 나한테 쪼르르 달려와서 물어보지 말고 스스로 생각할 수는 없니?" 하지만 그런 엄마에게 어느 무례한 자동차 제조업자가 이렇게 소리친다면? "나한테 차를 내놓으라고 하지만 말고 스스로 차를 만들 수는 없습니까?"

나는 이른바 독창적 사상가다. 기존의 온갖 신념과 규범에 의문을 제기하고, 그것들이 얼마나 유효한지, 얼마나 낡거나 유명무실해졌는지 시험하며, 새로운 신념과 규범의 밑그림을 그리기도 한다. 그렇지만 신념과 규범은 생활에 유익한 여러 가지 지침 중 단 두 가지에 불과하다. 다른 많은 지침은 나도 군말없이 따라야 한다. 나보다 잘 아는 사람들이 어련히 알아서 내게 제시하는 것으로 받아들여야 한다. 내가 기존 신념이나 규범에 의문을 제기하면 많은 사람이 불편해하며 나를 위험한 혁명분자나 지독한 반골로 보는데 사실 나는 유순한 사람이다. 철도역에서 10번 플랫폼으로 가라는 안내원에게 내가 "독재 타도!"를 외치며 공격하고 1번 플랫폼으로 돌진하지는 않는다. 나는 타야할 기차를 타기 위해 그의 지시를 기꺼이 받아들인다. 만일 안내원이 나를 골리고 욕보인다면, 그러니까 내가 그의 지시대로 했는데 열차가 내 목적지인 버밍엄이 아니라 포츠머스로 간다는 것을 알게 됐다면, 나는 그 안내원에게 항의하고 어떻게든 그에게 앙갚음할 것이다. 하지만 안내원이 상식적이고 예의 바르고 제대로 지시했다면 그가 해고당할 위험에 처했을 때 무조건 그의 편에 설 것이다. 나는 나와 내 집안일을 돌봐줄 누군가를 필요로 하며 내가 어찌해야 할지 모르는 온갖 상황에서 거의 아이 취급을 당하지만 다른 사람들의 지시에 분개하기는커녕 지시받을 수 있다는 것에 오히려 기뻐한다. 승강기 관리인 없이 탑승자가 직접 조작하는 전기 승강기를 처음 탔을 때 나는 거의 울 뻔했다. 살아서 밖으로 나올 수 있어서 얼마나 안도했는지 모른다.

여러분은 내가 이런 얘기를 왜 하나 싶겠지만, 나는 경험상 여러분이 권위에 대한 복종을 거부하는 것은 인간 본능이라고, 그래서 오직 강압적인 힘으로만 권위와 복종 관계를 유지할 수 있다고 생각하는 것을 잘 알고 있다. 바로 앞장에서 우리가 나쁜 통치만 거부하는 게 아니라 아예 통치당하는 것 자체를 거부함으로써 오늘날 많은 불행이 생긴다고 했으니 나도 여러분과 비슷한 생각이라는 인상을 줬을 것이다. 하지만 상황을 구분해서 봐야 한다. 우리는 무엇을 해야 할지 알거나 안다고 생각하면 당연히 간섭받기 싫어하고 하고 싶은 대로 하기를 원한다. 그러나 반드시 해야 하는 일이 있는데 그 일을 어떻게 하는지 아는 사람이 100명 중 겨우 5명뿐이라면, 나머지 95명은 그 5명의 지시를 기꺼이 따른다. 심지어는 자기들을 제발 좀 이끌어달라며 필요하다 싶으면 지도자를 방해하는 사람들을 죽이기까지 한다. 야심찬 사기꾼들이 쉽게 지도자가 되는 데는 다 이유가 있다. 물론 지도자가 아무리 유능해도 모든 면에서 우월한 척하며 제멋대로 굴면 인기를 잃고 권위에 복종하는 사람들에게 참을 수 없는 굴욕감을 준다. 그런 지도자라면 가차없이 끌어내려야 한다. 다른 면에서 얼마나 유능한지는 알 바 아니다. 그런 지도자는 자기가 이끄는 사람들의 자존감과 행복을 파괴하고 능력 저하와 화병으로 이어질 수 있는 위험한 분노 콤플렉스를 유발하기 때문이다. 어쨌거나 사람들이 권위에 복종하는 것 자체를 싫어하는 것은 아니다. 폭력적인 사회변동이 있고 나면 반드시 권위와 복종의 관계로 돌아가려고 한다. 권위를 성공적으로 행사한 인물을 우상화하는 것을 보면 권위를 무너뜨릴 때보다 더 무서울 정도다. 넬슨은 선원들에 의해 우상화됐다. 혁명 러시아에서 레닌은 성자가 되어 무덤에 들어갔다. 이탈리아에서 무솔리니는 총통으로 사랑받고 있다. 반면, 권위에 저항하자고 외친 무정부주의자는 한 번도 인기를 얻은 적이 없고 앞으로도 인기를 얻기 힘들 것이다.

∵

그런데 유감스럽게도 자본주의는 자연스러운 권위와 복종을 위해 반드시 전제되어야 할 사회적 평등을 파괴한다. 적절하게 협동하는 관계를 복종으로 부르는 것 자체가 그릇된 현실을 반영한다. 자본주의 체제에서 지휘 능력은 시장에서 철갑상어와 같은 대접을 받는다. 드물기 때문에 귀하다. 지휘하는 사람은 지휘받는 사람보다 돈을 많이 벌고 둘 사이에는 계층격차가 발생한다. 계층격차 때문에 지휘와 명령은 별안간 돈 많은 계층이 유세 떠는 것으로 인식되고 격한 반발심을 불러일으킨다. 원래는 사람들이 지휘와 명령을 싫어할 이유가 없다. 싫어하기는커녕 오히려 지휘받고 명령받고 싶어 한다. 평민 출신 대령이 귀족 출신 중위에게 명령할 때는 귀족 중위가 발끈하지 않는다. 하지만 고급주택가에 사는 하워드 부인이 빈민가에 사는 힉스 부인에게 지시하면 힉스 부인은 "당신이 뭔데 나한테 이래라 저래라야? 내가 당신만 못한 게 뭔데?"라는 말이 목구멍까지 치솟곤 한다(차마 입 밖으로 내뱉지는 못하지만). 아무리 유익한 지시라고 할지라도 돈 없어서 하대당한다는 생각이 들기 때문이다. 하워드 부인도 자기보다 돈 많은 계층에 속한 빌리어넘 부인에게 외면당할 때는 그깟 "지위는 금화에 새겨진 무늬일 뿐이고 사람이 금"[2] 아니겠나 하고 발끈하게 된다. 하워드 부인은 소득 수준이 월등히 높은 이웃의 콧대를 꺾고 싶어 안달이 날 것이다. 그렇지만 만일 힉스 부인이나 하워드 부인이나 빌리어넘 부인이나 서로 자녀들끼리 흔쾌히 결혼시킬 수 있을 정도로 소득 수준이 동등하다면, 자기가 모르는 일에 대해 상대의 지시를 받는다고 해서 싸우고 싶은 마음이 들지는 않을 것이다. 할 일을 지시받는다는

---

[2] 스코틀랜드 출신 시인 로버트 번스의 시 『어쨌거나 인간은 인간A Man's A Man For A' That』 중 한 구절 "지위는 금화에 새겨진 무늬일 뿐이고 사람이 금이다 The rank is but the guinea's stamp, The man's the gowd for a' that"를 인용한 것이다.

건 결과에 대해 책임지지 않는다는 뜻이다. 동등한 사람들끼리 지시하고 지시받는 것에 대해 반감이 있지는 않을까 우려하는 사람들은 인간 본성을 몰라도 한참 모르는 것이다.

자본주의는 계층격차를 만드는 데 그치지 않고 비참한 환경에 살면서 업신여김당하는 계층까지 만든다. 예의 바른 지시에는 부응하지 못하고 호되게 야단맞거나 모욕이나 발길질을 당해야 뭐라도 하는 계층 말이다. 그래서 이 불쌍하고 딱한 사람들은 채찍질 말고 다른 통솔 방법은 알지 못하는 노예 감독자 계층도 만들어낸다. 이 문제에 대한 유일한 해결책은 애초에 그런 사람들을 만들지 않는 것이다. 그들은 가난이 망쳐놓은 존재들로 가난과 함께 사라져야 한다.

지시받는 것에 대한 거부감보다 더 해결하기 힘든 문제는 지시하는 것에 대한 거부감이다. 두 명의 군인이 임무수행을 위해 파견된다면 둘 중 하나는 반드시 상등병이 돼야 한다. 결정을 내리고 그 결정에 책임져야 할 사람이 꼭 있어야 한다. 보통 그런 상황에서는 둘 다 상등병이 되기를 거부한다. 서로 상대에게 부담을 떠넘기려는 것이다. 만일 한 명은 책임자가 되기를 거부하고 다른 한 명은 반긴다면 거부하는 사람을 선택하라는 것이 플라톤의 원칙이다. 야심만만한 사람은 자신이 어떤 책임을 지게 될지 이해하지 못해서 자만심이 넘치는 바보이기 쉽다. 지시하는 것에 대한 거부감은 돈을 더 준다고 해결되지 않는다. 배심원의 경우처럼 그냥 강제하는 수밖에 없다. 지방세 납부자라면 언제든 배심원으로 소환될 수 있고, 배심원으로서 동료 시민의 명예와 자유, 생사에 관한 결정을 내려야 할 뿐만 아니라 판결을 좌지우지하려는 판사들의 고질적인 태도에 맞서 배심원의 권리를 지켜야 한다. 배심원은 돈을 받고 하는 일이 아니다. 강제로 해야 하는 일이다. 예전 사람들이 본인의 의지나 유권자의 뜻과 무관하게 해군이나 하원의원이 돼야 했던 것과 마찬가지다.

시민들이 내키지 않아 하는 의무를 이행하도록 강제라는 최후의 수단을 동원할 수도 있겠지만, 일반적으로 사람들은 특정 업무가 적성에 맞으면 금전적 보상이 형편없더라도 적성을 살리고 싶어 한다. 모차르트는 당대 최고의 작곡가, 아니 전 시대를 통틀어 최고의 작곡가가 되는 대신 시종이 됐으면 벌이는 훨씬 나았을 수 있다. 하지만 그는 시종이 아닌 작곡가가 되기로 했다. 시종은 적성에 안 맞고 작곡가가 적성에 맞는다고 믿었기 때문이다. 그런 믿음이 그의 모든 돈 걱정을 눌렀다. 나폴레옹이 중위일 때는 전혀 능력자가 아니었다. 넬슨도 대위일 때는 매우 어설퍼서 몇 년 동안 배에 타보지도 못하고 휴직 사관으로 지냈다. 하지만 장군으로서 나폴레옹은 출중했고 해군 제독으로서 넬슨 역시 대단했다. 북치는 소년과 장군, 선실 사환과 제독이 돈을 똑같이 받는다고 해도, 나폴레옹과 넬슨 같은 사람들은 분명 자기 재능을 한껏 펼칠 수 있는 일을 택할 것이다. 그런 사람들은 적성에 맞는 직업을 지킬 수만 있으면 박봉도 기꺼이 받아들인다. 그래서 자본주의 체제에서는 보잘것없으면서 탐욕스럽게 돈만 밝히는 작자들이 큰돈을 버는데 비범하고 유익한 재능을 가진 사람들이 가난을 면치 못하는 일이 벌어진다.

따라서 비범한 사람들이 반드시 특별 대우를 받아야만 재능을 온전히 발휘할 거라는 생각은 버려도 된다. 그런 사람들이 재능을 발휘하는 것은 극도의 방해와 처벌로도 막을 수 없다. 사회에서 실제로 문제가 되는 것은 재능 있는 사람 중에서도 반드시 필요하고 상대적으로 귀한 능력을 갖춘 사람들이 과도한 금전적 이익을 취하는 것이다. 그 문제를 어떻게 해결할 것인지로 돌아가보자.

사회화된 공공서비스 분야에서는 그런 문제가 일어나지 않는다. 공무원과 법관, 해군 대령, 육군 원수, 대주교는 아무리 유능한 사람이라고 해도 평범한 동급자나 고참보다 임금이 높지 않다. 가장 높은 가격을 부르는 곳에 자신을 파는 사람은 진정한 숙녀신사가 아니다. 국가를 위해 최선을 다하는 대가로 숙녀와 신사가 국가에 요구하는 것은 먹고살 만큼의 물자와 위엄있는 지위 정도다. 그러나 자본주의 시장에서는 숙녀와 신사도 교활해질 수밖에 없다. 자기 능력이 꼭 필요한 사람들을 볼모로 잡아 부자가 돼야 한다. 단순 관리자는 별로 드물지 않기 때문에 과도한 이익을 취하기 어렵지만 경영자와 금융업자는 유리한 입장에 있다. 큰 사업체의 경영자는 직원들이 최저 생활임금 이상을 요구하면 언제든 이렇게 말한다. "불만 있으면 직접 회사를 맡아서 해보든가." 그 일은 직원들이 할 수 없다. 직원들이 속해 있는 노동조합은 직접 회사 경영을 해보고도 싶을 것이다. 하지만 경영은 완전히 다른 일이라서 노조는 뜻대로 되지 않는다는 것을 알게 된다. 실제로 경영자는 누누이 말한다. "당신들은 나 없이는 안 돼. 그러니까 내 말대로 일하라고." 직원들도 틀린 말을 하지 않는다. "당신도 우리 없이는 안 돼. 어디 노동자들 없이 조직을 꾸려 보시지." 그렇지만 경영자가 직원들을 이긴다. 경영자가 직원들을 필요로 하는 것보다 직원들이 경영자를 더 필요로 하기 때문이 아니다. 경영자를 부리는 사람은 직원들이 아니라 사업에 필요한 토지와 자본을 빌려준 지주와 자본가이기 때문이다. 경영자가 "당신들은 나 없이는 안 돼"라고 말해야 할 대상은 지주와 자본가다. 그러면 지주와 자본가는 이렇게 답할 것이다. "아니, 우리는 당신이 없어도 괜찮아. 우리 땅에서 일하는 사람들한테 자식 낳고 근근이 살 수 있을 만큼만 가져가고 나머지는 전부 우리에게 갖다바치라고 하면 돼. 안 그러면 굶어죽을 텐데 어쩌겠어. 뭐든 생산하려면 토지와 자본이 있어야 하는데 전부 우리가 갖고 있잖아." 그러면 경영과 금융에 능숙한 경영자가 응수한다. "맞는 말이기는 한데, 노동자들 수준이 주말농장 분양받은 사람들이나 10세기 농노들과 다름없을걸? 내가 노동을 과학적이고 체계적으로 조직하면 생산량이 1,000배는 더 늘어나서 당신이 나한테 한몫 단단히 떼어준다고 해도 내가 없을 때와는 비교할 수 없을 만큼 큰 부자가 될 텐데 말이야." 그러면 지주와 자본가는 잠자코 있는다. 이런 식으로 자본주의하에서는 토지의 지대와 자본의 지대(이자와 배당)뿐 아니라 재능의 지대(이윤)도 크게 오른다. 부의 편중을 방지하려면 토지와 자본을 국유화해야 하는 것처럼 재능도 국유화해야 한다. 우리는 이윤에 과세함으로써 이미 어느 정도 그렇게 하고 있다. 하지만 재능의 완전한 국유화를 위해서는 공공서비스 분야에서처럼 정부와 지방정부가 일자리를 직접 제시해야 한다.

⋯

재능의 지대는 노동의 지대라고 할 수 있다. 지대라는 단어는 매우 중요한데도 불구하고 그 뜻을 제대로 이해하는 사람이 드물다. 보통 지대라고 하면 지주한테 주는 돈만 떠올린다. 하지만 전문용어로 지대는 어떤 재원의 수익성 차이 때문에 지불하는 값이다. 이 밭과 저 밭의 수확량, 이 광산과 저 광산의 생산량, 혹은 이 건물과 저 건물의 수익성에 자연적인 차이가 있다면, 사람들은 수익성이 좋은 곳에 더 많은 돈을 지불하려 할 것이다. 그때 더 좋은 곳에 추가로 지불하는 값이 바로 지대다. 마찬가지로, 이 사람과 저 사람의 경영 능력에 차이가 있을 때 그 차이에 대한 값 역시 지대다. 지대는 없앨 수 없다. 이 옥수수밭과 저 옥수수밭, 이 탄광과 저 탄광, 이 사람과 저 사람 간의 자연적 차이는 없앨 수 있는 것이 아니다. 하지만 지대를 국유화할 수는 있다. 토지와 광산, 노동을 국유화하는 직접적인 방식도 있고 소득에 과세하는 간접적인 방식도 있는데, 이미 살펴봤듯 간접적인 방식에는 한계가 있다. 국유화가 이루어지기 전까지는 남을 부리는 재능을 가진 사람들이 재능의 지대를 거둬들이며 부자가 되어 자식들을 무위도식하는 지주와 자본가로 만들고 경제적 평등을 파괴할 것이다. 위대한 성인과 천문학자, 화학자, 수학자, 물리학자, 철학자, 탐험가, 모험가, 교사, 설교자, 사회학자들은 너무 가난하게 살다보니 생계를 유지하기 위해 배우자들이 악전고투를 벌이는 경우가 많다. 반면, 경영자들은 큰돈을 벌고 또 번다. 그들의 한심한 딸들은 부모가 부자라는 걸 광고하기 위해 다이아몬드며 모피를 두르고 칵테일을 마시고 다니다가 탈이 나면 의사에게 엄청난 돈을 지불하고 속을 열어서 문제가 뭔지 알아보게 한다. 이익을 너무 많이 가져가는 게 아니냐는 비난을 받으면 경영자들은 (자신들의 지위를 잘 알고 그걸 알기 쉽게 설명할 능력이 된다면) 자기들이 돈을 벌 때마다 다른 사람들도 항상 돈을 벌지 않냐고 한다. 자기들은 지주에게 임대료, 자본가에게 이자, 그리고 자기들이 없으면 불가능했을 다수의 노동자에게 임금까지 먼저 다 지불하고 남는 돈을 가져가는 것이라고 말이다. 잉글랜드가 100년 전에 비해 5배나 더 많은 인구를 먹여살릴 수 있게 된 것도 산업을 조직화하고 충분한 자금을 조달한 자기들 덕분이라고 한다. 이런 말들은 사실이다. 하지만 당황할 필요없다. 아니, 우리 중에서 지주에게 임대료를 자본가에게 이자를 노동자에게 임금을 먼저 지불하지 않고 살아가는 사람도 있나? 무엇 때문에 경영자나 금융업자가 우리보다 훨씬 더 많이 받아야 하는가? 경영자가 자기 능력을 발휘하려면 우리가 우리의 능력을 발휘해 그와 협력해야 한다. 그렇지 않으면 그도 빵 한 덩이, 우유 한 잔 생산하지 못한다. 사업으로 거둔 막대한 이익에서 그가 그의 노동자 동료들보다 훨씬 많이 가지게 된 건 마땅히 그래야 하기 때문이 아니라 자본주의 제도 때문이다. 그리고 이런 상황이 지속되면 금융업자의 딸이 청소부의 딸에게 이런 식으로 말하게 된다. "곧 귀족이 될 우리 아빠가 없으면 너희 아빠 같은 꾀죄죄한 평민이 뭐라도 할 수 있을 거 같아?" 그러면 청소부의 딸은 이렇게 쏘아붙일 거다. "우리 아빠가 너희 아빠가 다니는 도로를 깨끗이 치우지 않으면, 너희 아빠 같은 욕심 많은 날강도가 뭐라도 할 수 있을 거 같아?" 물론, 금융업자와 청소부의 어린 자식들이 실제로 그렇게 말하는 건 들어본 적이 없고 아마 앞으로도 들을 일이 없을 것이다. 그들은 너무 예의 바르든지 아니면 너무 생각이 없어서 자기 아버지의 지위에 대해 논하지 못한다. 게다가 그들은 서로 말을 섞지 않는다. 하지만 그들이 말을 섞었다가 혹여 기분 상하는 일이 벌어진다면 서로 치고받기 직전에 그들이 하는 말은 내가 상상한 대로일 것이다. 못 믿겠으면 자본가 신문이 노조와 사회주의자에 대해 뭐라고 떠드는지, 또 노동자 신문은 지주와 자본가에 대해 뭐라고 떠드는지 읽어보기 바란다. 평생 그 어떤 금융업자보다 열심히 일했지만 결국 자기 딸에게 물려줄 것이라고는 들통과 솔밖에 없는 청소부 여인이 금융업자 아버지에게서 막대한 재산을 거저 물려받은 귀부인을 보며 당연하게 받아들일 수 있을까? 여러분의 아버지가 상대성 이론을 발견해서 뉴턴 이래 가장 위대한 지성으로 전 세계에 이름을 떨치게 됐다고 하자. 순수 과학계에 그런 사람이 없다면 오늘날 제대로 돌아갈 기계가 없을 것이고 외판원이 마르코 폴로보다도 느리게 돌아다닐 것이다. 하지만 그렇게 저명한 아버지가 변변한 옷 한 벌이 없어서 여러분이 시카고 육가공업계 거물과 돈을 보고 결혼해야 하는 상황에 내몰린다면 과연 그걸 당연하게 받아들일 수 있겠는가? 토지건 자본이건 재능이건, 지대의 사유화는 증오를 유발한다. 그리고 바로 그 증오가 문명사회를 끝장낸다. 따라서 우리에게 시급한 일은 빌리어넘 경이나 아인슈타인이나 청소부나 소득 수준을 비슷하게 만드는 것이다. 사람들의 능력은 평등하게 할 수 없지만, 다행스럽게도 사람들의 소득은 평등하게 할 수 있다. 빌리어넘이나 아인슈타인이나 청소부나 삼시세끼 밥 먹는 건 똑같다. 소득평등화는 그러한 관점에서 접근해야 한다. 그래서 자녀들을 서로 혼인시킬 수준이 되면 그들에게도 매우 이로울 것이며 결과적으로 인간이라는 종족의 질적인 측면이 엄청나게 개선될 것이다.

제71장

Party Politics

노동당이 집권한다고 사회주의가 실현될까

 이제 여러분은 사회주의와 자본주의에 대해 잘 알게 됐으니 정치경제가 어떻게 돌아가는지 감을 잡았을 것이다. 그래도 웬만하면 친구들과 이런 이야기는 하지 않는 것이 좋다. 그들은 괴로움을 참으며 묵묵히 듣고만 있다가 뒤에 가서는 마치 여러분이 볼셰비키라도 되는 것처럼 동네방네 떠들고 다닐 것이다.

 그렇지만 여러분이 정당 정치에 관심이 있을 수도 있고, 더 나아가 정당 모임에 참석하거나 당의 후보를 응원하고 선거운동을 하고 당에 대한 열정과 충성심에 불탄 나머지 다른 당과 다른 당 후보는 인류의 적으로 몰아붙이는 경험도 해보고 싶을 수 있으니, 미리 주의를 좀 줘야겠다.

 우선 사회주의 정당이 사회주의를 실현하고 반反사회주의 정당은 사회주의를 방해할 것이라는 고정관념부터 버려야 한다. 내가 살면서 직접 겪은 일들이다. 보수당이 야당일 때는 자유당이 제안한 법안을 맹렬히 반대하며 비난했지만 막상 정권을 잡으니 똑같은 법안을 훨씬 더 진보적인 내용으로 통과시켰다. 자유당도 마찬가지다. 그것도 별 볼 일 없는 문제들이 아니라 커다란 사회 변화를 몰고 올 문제들 즉, 자유무역, 노동계급 참정권, 지방자치제, 아일랜드 농지소유권 문제 등에 대해 입장을 바꿨다. 바이런의 시『돈 후안 Don Juan』에 등장하는 스페인 여인은 말로는 "절대 허락하지 않을 거야"라고 속삭이며 결국 허락하는데, 그보다도 일관성이 없는 게 우리 정당들이다. 지금은 자본주의 정당이 여당이고 노동당이 야당이다. 비록 반사회주의 정당이 집권하고는 있지만 사회주의 법안은 얼마든지 통과될 수 있다. 적어도 사회주의 법안의 절반은 자본주의 정부가 통과시킬 것이다. 같은 법안도 자본주의 정부가 발의하면 야당인 노동당이 반대하고, 노동당 정부가 발의하면 자본주의 야당이 반대한다. "반대하는 것이 야당의 일"이기 때문이다.

여러분의 생각과 다르게 진행될 일이 또 있다. 20년 전만 해도 원외 정당에 불과했던 노동당은 빠르게 성장해서 이제는 어엿한 제1야당이다. 지금 속도대로 성장한다면 하원을 실질적으로 장악할 날도 멀지 않았다. 그때가 되면 몇 안 되는 보수당과 자유당 떨거지들은 서로 힘을 합쳐봤자 정권을 잡기는커녕 힘 있는 야당이 되기도 어려울 것이다. 그러나 거대 여당이 된 노동당 의원들이 똘똘 뭉쳐서 노동당 정부를 받쳐줄 거라는 기대는 버리자. 노동당이 다시 진보와 보수로 나뉠 거라는 예측도 무리다. 그렇게만 돼도 다행이다. 여차하면 노동당은 여섯 개 이상의 타협불가능한 계파들로 쪼개져 의회 정치를 마비시킬지도 모른다. 17세기 장기의회[1]에서 그런 일이 벌어졌다. 전화나 비행기가 없었다 뿐이지 그때도 사람들은 지금과 같았다. 장기의회는 처음에는 똘똘 뭉쳐 왕에게 맞섰지만 왕의 목을 자르고 나자 곧바로 분열됐다. 결국 크롬웰이 지금의 무솔리니처럼 군대를 동원해 분열된 의회를 진압하고 이전의 그 어떤 왕보다도 더 강력한 전제정치를 실시했다. 크롬웰이 죽자 의회가 다시 결집했으나 금세 전보다 더 심하게 분열했고 정치는 절망적인 교착 상태에 빠졌다. 엉망진창인 상태에서 벗어나려고 죽은 왕의 아들을 불러다가 왕으로 옹립하는 일이 벌어졌다. 금권정치세력이 이전의 왕권을 능가하는 권력을 휘두르기 위해 또다시 왕을 자신들의 우두머리로 내세우게 된 것이다.

만일 다음 총선에서 노동당이 600명을 당선시켜 하원을 장악한다면 역사가 되풀이될 수 있다. 성직자와 교권반대자(감독교회파, 국교회 분리파), 이신론자와 무신론자는 말할 것도 없고, 사회주의자와 노동조합주의자(는 사회주의자가 아니다), 사이비 볼셰비키인 공산주의자, 공화주의자, 입헌군주론자, 기회주의자들일 뿐인 구舊의회세력, 타협을 모르는 이상주의자들이 한꺼번에 서로 으르렁거릴 것이다. 17세기 장기의회와 같은 재앙이 되풀이되거나 지금의 이탈리아나 스페인 같은 꼴이 날 것이다. 그런 사태를 피하려면 사회주의가 무엇인지 제대로 알고 기존의 온갖 정치·종교적 차이를 사회주의 체제로 포용할

---

1 장기의회(1640~1653): 찰스1세가 스코틀랜드의 침입에 대응하기 위해 소집한 회의. 1640년 3주 만에 해산된 단기의회와 구별하기 위해 붙인 이름이다. 찰스1세의 실정에 반기를 든 의회는 금세 왕당파와 의회파의 대립 구도가 됐다. 이후 세 차례의 내전을 거치며 청교도 혁명이 일어나고 의회파가 승리했다. 그러나 의회파가 다시 수평파와 독립파로 분열되자 군대를 장악한 크롬웰이 의회를 해산하고 독재정치를 시작했다.

수 있는 준비된 사회주의자가 다수여야만 한다. 불행히도 현재 사회주의자입네 하는 사람들 대부분은 사회주의가 뭔지도 모르면서 사회주의와 하등 상관없는 유행과 신념, 분노, 온갖 바보짓에 사회주의라는 이름을 갖다 쓰고 있다. 노동당이 총선에서 압승하더라도 결국에는 크롬웰, 나폴레옹3세, 무솔리니, 프리모 데 리베라 같은 독재자가 등장하거나(마침 그런 인물이 있다면) 혹은 보수당이 다시 정권을 가져갈 것이다. 아무 정당이라도 표를 결집시킬 결속력만 있으면 정권을 잡을 것이다. 그 결속력이 양 떼 같은 어리석음이나 겁에 질려 뒷걸음치는 비겁함에서 비롯된 것이라고 해도 말이다. 어리석음과 비겁함에는 언제나 그런 힘이 있다. 여러분도 지인들을 보며 눈치챘을 것이다. 보수적인 사람들은 언제나 기존 생각을 고수하고 새로운 생각에 좀처럼 휘둘리지 않는 반면 자유분방한 사람들은 온갖 견해를 선보이며 서로 격하게 반대하고 경멸한다. 변화를 추구하는 자유분방한 사람들이 모든 진보를 주도함에도 불구하고 자유분방한 사람들의 정치적 영향력은 미미한 이유가 거기에 있다. 그들은 강하게 끌어당기지만 합심해서 끌어당기지 않고 서로 다른 방향으로 제각각 끌어당긴다. 반면 여러분이 도저히 참아줄 수 없는 우둔한 구닥다리들은 똘똘 뭉쳐서 한 방향(주로 뒤쪽)으로 끌어당긴다. 대개는 어느 방향으로든 움직이길 거부하면서 요지부동이다. "그런 어리석음 앞에서는 신들도 속수무책"이라고 실러는 말했다.[2] 실러보다 한참 전에 솔로몬은 "새끼 잃은 어미 곰과 마주칠지언정 미련하고 고집스러운 바보는 만나지 마라"[3]고 했다.

---

2 프리드리히 실러의 희곡 『오를레앙의 처녀 Die Jungfrau von Orleans』 3막 4장의 한 구절
3 잠언 17장 12절

그래도 서로 싸우는 것보다는 낫지 않냐면서 그런 어리석은 사람들에게 투표한다면 실수하는 것이다. 보수주의의 틀 안에서 어리석은 사람들끼리 싸우면 그야말로 답이 없기 때문이다. 어리석은 사람들은 훨씬 비이성적으로 싸운다. 그래서 꼴통이라는 소리도 듣는다. 만일 다음 총선에서 보수당이 600석을 장악해 노동당과 자유당의 눈치를 볼 필요가 전혀 없어진다면 그들도 노동당만큼이나 단결이 안 될 것이다. 1924년 영국은 러시아에 대한 근거 없는 공포에 사로잡혀 의회의 3분의 2 이상을 반反사회주의자들로 채웠다. 그러자 정부가 매우 강력해지기는커녕 심하게 분열됐다. 완고한 강압론자, 소심한 타협론자, 조심스러운 기회주의자, 저교회파, 국교회파, 미드랜드 출신의 보호무역주의자, 항구도시 출신의 자유무역주의자, 지방 귀족, 도시 사업가, 제국주의자, 소小영국주의자, 독사 소굴 같은 노동조합을 제거하자는 순진한 사람들, 노동조합 없이는 대기업 경영이 어렵다는 것을 알고 있는 현실적인 사업가, 제국 수호를 위해 군비 확대를 옹호하는 사람들, 과세라면 무조건 저항하는 사람들, 통화팽창론자, 금본위제 지지자, 정권을 잡고 온갖 군데에 간섭하려는 신봉건주의자, 어디서도 실현 불가능한 자유방임론 신봉자, 그 밖에도 얼마나 많은 계파가 생겼는지 모른다. 그들은 각기 다른 방식으로 내각을 흔들어 마비시키고 서로를 무력하게 했다. 그러는 사이 자본주의라는 폭주 차량은 그들을 태우고 새로운 위험을 향해 쉼없이 내달렸다.

내 인생의 전반부, 그러니까 19세기 후반에는 보수당과 자유당이 서로 동등한 상태로 균형을 이뤘다. 정부는 신중하게 행동했다. 다수당이라고 해봤자 수적으로 크게 우세하지 않았기 때문이다. 그 시절

하원은 존경받았고 힘도 셌다. 하지만 남아프리카 전쟁(1899~1902년)과 함께 거대 다수당의 시대가 열리자 하원의 위상이 추락하기 시작했다. 다수당의 의석수가 압도적이다 보니 정부는 자기들 마음대로 해도 된다고 착각했다. 스스로 바르게 행동하려는 영국 정치인들의 양심은 더 이상 공론이 되지 못하고 허상처럼 무너졌다. 정치인들은 유권자들의 무지와 망각, 어리석음을 냉소적으로 이용했다. 그러다 마침내 정치 지도자의 연설문을 읽고 거기 적힌 약속과 선언을 일주일 이상 기억할 수 있는 소수의 생각있는 사람이 대중을 기만하는 정부의 뻔뻔함에 놀라서 분개하고 나섰다. 정부는 독일을 상대로 몰래 전쟁을 준비하다가 혐의가 드러나자 시치미를 뗐다. 어쨌든 우리는 1차세계대전의 수렁에 빠지고 말았다. 전쟁으로 영국국교회는 망신을 당했고, 거대한 유럽 제국들은 산산조각 나서 공화국이 되는 진통을 겪었으며(전쟁을 일으킨 자들이 가장 의도하지 않은 결과였다), 세계는 의회 정치에 대한 믿음을 잃어버렸다. 이탈리아와 스페인과 러시아에서는 의회가 박살나고 독재정권이 들어섰는데도 사람들이 지친 어깨를 한번 으쓱 하는 것 말고는 딱히 아무런 저항도 하지 않았다. 예전의 의회 민주주의자들은 교양 있고 말이 많은 사람들이었다. 그들은 다수가 이해하고 요구하기 전까지는 어떤 정치적 행위도 하면 안 된다는 비현실적인 이론(그런 조건이라면 사실상 아무것도 할 수 없다)에 경도된 탓에 실천가가 되기 어려웠다. 그래서 참을성 없고 무책임한 프롤레타리아 활동가들이 정치에 대해 아무것도 모르면서 자본주의를 타도하겠다고 나섰을 때 사람들의 환영을 받았다. 무기력한 의회와 비효율적인 민주주의를 타파할 수만 있다면 무솔리니 같은 사람도 이탈리아의 총통이 되는 분위기였다.

  하지만 이러한 정치적 파동과 변화 속에서도 사회주의는 소멸하지 않는다. 사회주의자들은 민주주의와 함께 가려고 노력해왔고 사회주의를 사회민주주의로 칭하기까지 하면서 둘은 분리될 수 없는 관계라고 주장해왔다. 그러나 거꾸로 사회주의와 민주주의가 양립할 수 없는 관계라고 주장해도 무방하다. 사회주의는 민주주의와 별개다. 황제나 소련 정부, 대통령이나 주교, 영국 내각이나 이탈리아의 독재자(혹은 교황), 소수 귀족이나 민중 선동가 등 어떤 정권이 들어서도 사회주의는 소득평등 없이는 국가의 안정과 번영도 없다는 확고한 입장을 견지할 것이다. 소득평등은 말도 안 된다는 권력자들도 있겠지만 그들 역시 불평등의 결과에서 자유로울 수 없다. 불평등을 바로잡지 않으면 몰락을 피할 수 없다. 독재자를 세우든 자유를 부르짖든 다 소용없는 일이다. 나라면 사회주의를 민주주의와 연결짓기보다는 그냥 가톨릭이라고 부르겠다. 수많은 교회가 가톨릭이라는 이름을 너무 헛되이 사용하는 바람에 이게 무슨 말인가 싶겠지만, 가톨릭이란 본래 보편타당하다는 뜻이다.

제72장 *The Party System*

많은 사람이 우리의 정당제도(내각제)가 의견 차이 때문에 생긴 줄 안다. 하지만 의견 차이는 언제나 있었고 우리의 정당제도는 아주 나중에 생긴 것이다. 영국의 정당제도에서 의견 차이는 사실 중요한 게 아니다. 군주가 정부 내각을 구성할 때 아무리 못 미더워도 무조건 하원의 다수당 의원 중에서 각료를 선택해야 한다는 것이 영국 정당제도의 핵심이다. 당을 초월해 능력있는 사람들을 뽑는다면 훨씬 유능한 내각이 될 게 분명한데도 말이다.

그런 식으로 하원이 여당과 야당으로 나뉘면 이상한 일들이 벌어진다. 우선 왕이 고위 관직에 형편없는 멍청이나 정치종교관이 마음에 안 드는 사람도 어쩔 수 없이 임명해야 하는 상황에 처한다. 하원의 일반 의원과 유권자도 비슷한 곤란을 겪는다. 하원 표결도 총선도 현 여당이 계속 집권해도 되는지를 묻는 투표가 돼버리기 때문이다. 여성의 선거 연령 조정, 독신남성세와 과부연금 도입, 함선 10척 건조, 이혼 조건 완화 혹은 폐지, 의무교육 대상 연령 상향, 세금 인상 혹은 인하에 관한 법안을 보수당 정부에서 발의한다고 가정해보자. 그리고

영국의 정당제도는 변화가 필요하다

여러분은 보수당 의원이다! 여러분은 정부가 제시한 법안이 혐오스럽고 해롭다고 생각할지도 모르지만 그렇다고 반대표를 던져서 법안이 부결되면 보수당 정부는 하원에서 다수의 지지를 받지 못하는 정부가 된다. 다시 말해 하원의 신임을 잃게 된다. 정부 각료는 왕을 찾아가 사직해야 하고 왕은 의회를 해산해야 한다. 그러면 무조건 총선을 치러야 하고 여러분은 (돈만 옴팡지게 쓰고 떨어질 가능성을 안고) 다시 선거전에 뛰어들어야 할 것이다. 그러니 여러분이 보수당 의원으로서 합리적으로 판단한다면 보수당 정부를 끌어내리고 노동당에 집권할 기회를 주는 것보다는 정부 법안이 아무리 싫어도 그냥 통과시키는 게 더 낫다는 결론을 내릴 것이다. 그래서 본인의 신념과 정면으로 배치되는 법안에도 그저 인상만 찌푸릴 뿐 원내총무가 시키는 대로 찬성표를 던지고 만다.

이번에는 여러분이 보수당 정부가 발의한 법안을 좋게 생각하는 노동당 의원이라고 해보자. 역시나 난관에 봉착한다. 소신과 다르게 그 법안에 반대표를 던져야 하는 것이다. 여러분이 그 법안을 아무리 좋게 생각해도 보수당 정부가 실권하고 노동당이 집권하는 것보다 좋을 수는 없다. 그 법안이 마음에 들면 일단 노동당이 다수당이 되고 나서 통과시켜도 될 일이다.

여러분이 유권자라도 똑같은 고민에 빠질 수 있다. 여러분이 지지하는 당의 후보로 정치적 얼간이나 거만한 속물, 상스럽고 요란한 이기주의자 뭐가 됐든 여러분이 싫어하는 부류의 사람이 나오고, 반대 당의 후보로 정직하고 지적이며 공공심이 투철한 사람이 나온다면? 고민할 필요가 없다. 여러분은 무조건 지지 정당의 후보를 찍어야 한다. 안 그러면 여러분이 지지하는 당이 패하고 다른 당이 집권하는 꼴을 보게 된다. 사실 내 마음에 안 드는 후보라도 하원에 입성하면 어차피 원내총무가 하라는 대로 할 텐데 후보의 개인적 자질 따위가 뭔 상관이겠나.

이러한 내각제에도 이점은 있다. 하원의 각 당에 유능한 의원이 열 명 남짓만 돼도, 그러니까 양당을 합쳐서 약 스물다섯 명 정도만 유능하면 나머지 590명이 원내총무의 지시나 겨우 따를 줄 아는 멍청이들이라도 정부가 그럭저럭 굴러간다. 만일 의원 615명 전부가 각자 확고한 견해와 신념에 따라 투표한다면 정당 정치는 불가능해질 것이다. 하지만 그런 이유에서 내각제가 도입된 것은 아니다. 내각제는 우리의 영예롭고 위대한 왕 윌리엄3세가 프랑스의 태양왕 루이14세와 싸우기 위해 의회의 전폭적인 지원을 받으려고 도입한 것이다. 당시 하원은 윌리엄3세에게 전쟁 자금을 대기는커녕 군비를 축소해야 한다는 입장이었다. 당대의 책략가였던 로버트 스펜서(선덜랜드 백작 2세)는 윌리엄3세에게 만일 왕이 정부 각료를 항상 하원의 다수당에서 뽑기로 하면 각료는 물론이고 다수당의 모든 의원이 왕의 전쟁을 지지할 거라고 귀띔했다. 강경 토리당원인 윌리엄3세는 당시 다수당이 하필 휘그당인 게 마음에 걸렸고 로버트 스펜서의 조언도 썩 내키지 않았지만 결국 조언을 받아들였다. 현재 우리를 지배하는 내각제는 그렇게 시작됐다.

이러한 내각제를 대체할 현실적인 대안은 없는 걸까? 가령 바보와 멍청이들에게 투표하지 않는 분위기가 형성돼서 무소속 후보들이 정당 후보들을 전부 누르고 당선된다면? 아니 거기까지 갈 것도 없이 무소속 후보들이 내각을 끌어내리기에 충분한 수만큼만 당선된다고 해보자. 예전의 아일랜드국민당INP처럼 말이다! 그러한 이변은 전에도 있었고 언제든 다시 일어날 수 있다. 총선 결과를 좌우하는 건 지지 정당에 무조건 표를 던지는 충성스러운 유권자들이 아니라 자신의 관심과 선호에 따라 이 당을 지지했다 저 당을 지지했다 하는 유동적인 유권자들이기 때문이다. 집권당을 결정하는 승부에서 최종 승자는 그렇게 어느 편도 아닌 사람들이다. 그들은 내각제에 대해 아무것도 모르거나 내각제를 경멸해서 마음 가는 대로 투표한다. 그러한 부동층이 당의 고정 지지층보다 많은데도 정당 후보가 당선되는 것은 후보들이 온통 정당 소속이고 표를 줄 만한 무소속 후보가 영 드물기 때문이다.

언젠가 무소속 의원들이 대거 당선되어 실질적인 결정권을 쥐면 다수당이 사라진 하원이 왕에게 맞서는 상황이 올 수도 있다. 그러면 왕이 자신을 지지하는 내각을 구성하기가 쉽지 않다. 최근 프랑스에서는 그런 상황이 반복되고 있다. 의회에 군소 정당이 난립하고 다수당이라 할 만한 정당이 없어서다. 내각을 구성하기 위해서는 누군가 대표로 나서서 여러 당이 일시적으로 연합할 것을 제안해야 한다. 하지만 그건 쉬운 일이 아니다. 설사 연합이 성사되어 조각을 한다 해도 연합내각을 유지하기란 보통 어려운 일이 아니라서 영국의 다수당 내각처럼 5년씩 지속하기는 어렵다. 연합내각의 수명은 1주일에서 6개월 정도다. 최근 프랑스는 자고 일어나면 총리가 바뀌는 것 같다. 총리가 브리앙인지 에리오인지 팽르베인지 푸앵카레인지 매일 헛갈린다. 프랑스에서 벌어진 일은 영국에서도 벌어질 수 있다. 절대 다수당이 서로 적대적인 군소 정당 여섯 개로 분열되어 내각제를 마비시킬 수도 있고, 무소속 의원들이 대거 당선되어 내각을 흔들 수도 있다. 따라서 내각제가 아니면 의회가 제대로 굴러가지 않을지도 모른다는 우려가 드는 것도 당연하다.

  그런데 이 나라에는 하원 말고도 도처에 의회가 널렸다. 시의회와 주의회, 자치구의회, 구의회, 마을의 교구모임까지 다양한 의회가 있지만 그 중 어느 하나도 내각제를 기반으로 하고 있지 않다. 내각제 없이도 그 의회들은 잘만 굴러간다. 물론 이렇게 말하면 곧바로 반박당할 것이다. 지방의회도 당파심이 강하다. 지방의원들도 정당회의를 하고 당의 구호에 맞춰 선거를 치른다. 의회 표결에서는 당론에 따라 투표하며, 소수 정당 의원들은 내각의 각료에 해당하는 상임위 의장직에서 교묘하게 배제되는 경향이 있다. 하지만 이런 일들이 벌어진다고 해서 내각제인 것은 아니다. 잼 한 병과 밀가루 한 봉지가 있다고 롤리폴리 푸딩이 되지는 않는다. 지방의회에는 수상도 없고 내각도 없다. 왕이 의정에 간섭하지도 않는다. 다수당의 유능한 의원들을 불러다가 정부를 구성할 일도 없다. 하원처럼 운영하지 않아도 지방의회는 종종 하원을 부끄럽게 할 만큼 효율적으로 시와 주를 통치한다. 지방의회 의원들은 소신대로 투표해도 소속 정당이 실권하거나 다시 총선을 치를 위험이 없다. 발의가 부결돼도 아무도 사퇴하지 않는다. 발의가 통과돼도 위치가 달라지는 사람은 아무도 없다. 하원처럼 알쏭달쏭하게 일이 진행되지 않는다.

지방의회에서 일이 진행되는 방식은 간단명료하다. 지방의원의 임기는 3년이고, 3년이 다 가기 전에 선거를 치르는 일은 없다. 구체적인 업무는 공중보건위원회, 전기조명위원회, 재무위원회 등 상임위원회에서 담당한다. 각 상임위원회는 개별적으로 회의를 거쳐 의회가 분야별로 할 일을 결의안으로 작성한다. 그리고 총회가 개최되면 그러한 결의안을 상임위 보고서 형태로 제출한다. 상임위 보고서를 채택할 것인지 거부할 것인지 수정할 것인지 여부는 총투표로 결정한다. 하원에 진출한 우리 노동당 의원 중 다수는 지방의회의 간단명료한 시스템하에서 수습기간을 거친 사람들이다.

내각제와 지방의회제도는 오늘날 큰 차이가 있지만 그 뿌리는 같다. 로버트 스펜서가 윌리엄 3세를 부추겨 지금의 내각제를 도입하기 전에는 왕이 의회에서 여러 위원회를 지정했다. 그 위원회들은 캐비닛 Cabinet으로 불리며 지금의 정부 부서와 같은 역할을 했다. 그러니까 캐비닛은 왕의 의회에서 위원회를 가리키는 말이었다. 이를 본떠 지방의회에서 상임위원회가 만들어졌다. 캐비닛 수장들은 장관으로 불렸으며 국무회의에 모여 행정을 조율하고 정책을 결정했다. 그러다가 캐비닛 수장들 즉 장관들을 더 캐비닛 The Cabinet으로 총칭하면서 위원회에는 더 이상 캐비닛이라는 말을 쓰지 않게 됐다. 이제 정치권에서 캐비닛은 오로지 내각을 의미한다. 전에 캐비닛으로 불리던 위원회들은 부(내무부, 국방부, 외무부 등), 처, 청, 국 등 캐비닛을 제외한 다른 여러 가지 이름으로 불리게 됐다.

앞서 살펴본 대로, 내각제는 정부 내각이 하원 표결에서 패할 때마다 "국민에게 호소해야" 하는 관례에 기반하고 있다. 즉 정부 발의안이 하원 표결을 통과하지 못하면 각료들은 사퇴해야 하고 왕은 의회를 해산하고 새로운 각료들을 선출해야 한다. 그래서 별로 중요하지 않은 문제를 표결에 부쳤다가 혹은 의원 상당수가 결석한 상태에서 표결했다가 의회를 해산해야 하는 아주 불합리한 상황이 벌어질 수도 있다. 의원들은 거수기 노릇을 하게 되어 비참한 기분을 느끼고 심한 경우에는 주주가 주주총회 때 그러듯이 의회에 나오지도 않고 원내총무에게 엽서를 보내 대리투표할 수도 있다. 그런 식의 굴종은 유능한 의원들은 말할 것도 없고 평범한 의원들조차 견디기 힘들어한다. 그래서 정부 내각은 이따금 의원들이 마음대로 투표할 수 있게 해준다. 하원에서 논의 중인 조치에 대해 "당론으로 정할 문제가 아니"라거나 "원내총무의 권한 밖"이라고 선언함으로써 의원들이 자기 당의 실권이나 의회 해산에 대한 두려움 없이 투표할 수 있게 하는 것이다. 독자 노선을 걷는 의원이 많아져서 당이 여러 그룹으로 쪼개진다면 그런 일은 더욱 잦아질 것이다. 이미 그런 경향이 있고 정부 내각은 하원의 내각 신임 투표에서 패할 때만 사퇴하고 있다. 물론 아주 중요한 정책을 놓고 실시한 표결에서 지면 무조건 사퇴해야 한다. 당연히 원내총무는 마음 약한 의원들을 붙잡고 정부를 결딴내기 싫으면 개별 행동을 하지 말라고 계속해서 협박한다. 정당 자금으로 선거를 치러본 사람들은 "정당이 돈을 내면 부를 노래는 당대표가 결정한다"는 사실을 알게 될 것이다. 그럼에도 의회 진출을 고려하는 사람들에게 희망적인 한마디를 하겠다. 지금의 하원은 몇몇 거만한 독창자가 노래하면 나머지는 독창자를 따라 입을 맞추거나 독창자가 잠시 숨 돌릴 때를 기다리며 입만 벙긋거리는 상황이지만 앞으로는 의회가 많이 달라질 것이다. 우리가 이미 지켜봤듯 하원에 여성 의원이 많아지면 극단적인 당규는 반발에 부딪힐 것이고 의원의 소신에 맡기는 표결이 주를 이루면서 당이 개입하는 표결은 예외가 될 날도 확실히 앞당겨질 것이다.

하지만 이쯤에서 또 다른 길도 있다는 것을 알려줘야겠다. 두 개의 의회(하원과 상원)는 현대 사회의 공적인 업무를 수행하는 기관이라기에는 너무 시대에 뒤처져 있다. 말 두 필로 버스를 끄는 격이랄까. 1920년 저명한 사회주의자이자 정치학 교수인 시드니 웹과 베아트리스 웹 부부는 『영연방 사회주의 공화국을 위한 헌법 Constitution for the Socialist Commonwealth of Great Britain』을 발표했다. 그 책에 의하면, 웨스트민스터의 낡은 정치기관인 상원과 하원을 계속 유지하는 것은 실용적이지 않으므로 포기해야 한다. 상하원은 현재 서서히 마비되어가고 있다. 앞으로는 정치의회와 산업의회라는 두 개의 의회를 두고 정치의회는 내각제로, 산업의회는 지방의회 방식으로 운영해야 한다. 이러한 변화에 대해 여기서 자세히 설명할 수는 없다. 궁금하면 여러분이 직접 그 책을 찾아보고 그런 일들에 대비하면 좋겠다. 우리가 구식 웨스트민스터 엔진으로 계속 대처한다면 현대 자본주의에 의해 폭파당할 것이다. 우리는 현 정치제도에 대한 대안을 반드시 고안하고 실행해야 한다.

제73장

Divisions Within The Labour Party

사회주의와 노조주의의 분열은 정해진 수순이다

우리 의회가 원활하게 굴러가려면 하원의 과반을 확보한 다수당이 한마음으로 내각을 지지하는 것이 중요하다. 다수당이 과반을 간신히 넘겼을 경우에는 행여 표결에서 패할까 두려워 똘똘 뭉친다. 하지만 하원을 완전히 장악했다 싶으면 여러 계파로 분열되기 마련이다. 그러면 내각을 구성하기도 어려워지고 국정을 효율적으로 이끌어갈 수도 없게 된다. 19세기에는 누구도 예상하지 못했던 거대 여당의 출현이 20세기에는 확실시되고 있다. 프롤레타리아 노동당이 지금처럼 계속 하원을 공략한다면 언젠가는 하원을 완전히 장악할 것이다. 지금은 똘똘 뭉쳐 한목소리를 내는 것처럼 보이는 노동당도 곧 분열할 수 있다는 얘기다. 이제 그 불씨가 될 만한 문제들을 몇 가지 짚어보자.

먼저 여성의 사회 진출 문제가 있다. 오늘 아침 나는 펀자브주의 라호르 국립대학으로부터 이런 편지를 받았다. "인도에서 우르두어$_{Urdu}$

를 쓰는 사람은 약 구천육백만 명에 달합니다. 이 중 사천육백만 명이 여성인데 대부분 푸르다_Purdah_[1] 안에서 지내고 사회활동을 하지 않습니다." 자, 여자들은 푸르다 안에서 지내는 게 맞다고 여기는 의원이 노동당에는 얼마나 있을 것 같은가? 민망해서 그 숫자를 차마 밝힐 수는 없지만, 남녀차별을 철폐하자는 의원들에게 시비를 걸 만큼은 된다. 하지만 이 문제는 그냥 넘어가야겠다. 비단 노동당만이 아니라 보수당이나 자유당도 똑같이 분열시킬 만한 문제이기 때문이다. 더구나 남자를 사실상 여자의 노예로 만드는 법도 존재하고 여자가 사실상 남자의 노예가 되기도 하는 현 상황에서는 여성의 사회 진출을 허용하든 말든 사회주의 실현과는 아무 관계없다. 우리는 사회주의 실현과 관련해 노동당이 분열할 문제들을 살펴보도록 하자.

사회주의는 어떤 경우에도 무위도식을 용납하지 않는다. 그런데 노동조합주의는 노동자가 자신의 요구를 관철하기 위해 언제든 연장을 내려놓고 노동을 거부할 권리가 있다고 강조한다. 이보다 더한 모순도 없다. 쟁의권 문제는 매년 더욱 심각해지고 있다. 소기업은 대기업이 되고 대기업은 산업을 지배하는 독점기업으로 성장하는 동안 노동조합도 그에 발맞춰 성장했다. 작은 노조가 큰 노조가 되고 큰 노조들이 모여 거대한 노조연맹이 됐다. 그래서 소규모 파업이 무시무시한 대규모 파업으로 변했다. 이제 전기기술자 파업이나 철도 파업, 광산 파업은 해당 산업에 그치지 않고 수십 가지 관련 산업을 완전히 마비시키며 나라 전체에 참을 수 없는 불편과 고통을 초래한다.

---

[1] 커튼이라는 뜻의 페르시아어. 이슬람교와 힌두교 사회에서 여성이 얼굴이나 신체를 가리기 위해 쓰는 덮개 혹은 여성이 격리되어 생활하는 집안 내 별도의 공간을 가리킨다.

파업의 효과를 더욱 높이기 위해 노동조합은 형태의 변화를 꾀했다. 기존의 직능노동조합*Craft Union*과 구분되는 산업노동조합*Industrial Union*이 새롭게 발달했다. 직능노조는 목수, 석공, 무두장이 등 특정 기술과 사업으로 먹고사는 사람들을 결속시켰다. 하지만 현대에는 한 산업 분야에 여러 종의 기술자가 종사한다. 건설업만 해도 목공, 석공, 벽돌공, 가구목수, 배관공, 지붕공, 페인트공은 물론 사무직원에 이르는 다양한 노동자들을 고용한다. 이들이 직능별로 노조를 결성해서 파업을 하면 아무래도 다 같이 파업하는 것만큼의 효과를 낼 수 없다. 그래서 직능에 관계없이 업계 전체를 아우르는 산업노동조합이 결성됐다. 운송노동자조합이나 전국철도노동자조합은 수십 가지 직능의 노동자들이 함께 결성한 조합이다. 이들은 파업 한 번으로 업계 전체를 마비시킬 수 있다. 19세기에는 대중이 알아차릴 정도로 규모가 큰 파업이나 직장폐쇄가 드물었지만, 20세기 들어서는 국가 재난 수준의 파업이 벌써 여러 번 발생했다. 정부는 보조금을 주거나 노사 양측을 중재하는 식으로 파업에 적극 개입할 수밖에 없었다. 하지만 정부가 노동자를 일터로 돌려보내거나 고용주에게 노동자의 요구를 수용하라고 강제할 수 있는 것은 아니었다. 정부 개입은 효과가 없고 혹여나 성공한다고 해도 대체로 이미 큰 피해가 발생하고 난 다음이었다. 결국 파업 규모를 법으로 제한하기에 이르렀다. (1926년 총파업의 여파로 도입된) 1927년 노동조합 및 쟁의행위에 관한 법은 동정파업을 금지했다. 공정하다는 인상을 주기 위해 직장폐쇄도 함께 금지했다. 그러나 이 법은 전혀 해결책이 되지 못했다. 산업노조 결성을 금지하지도 않았고, 파업할 권리나 직장을 폐쇄할 권리를 박탈하지도 않았기 때문이다. 국가가 대규모 파업을 수수방관하지 않겠다는 의지를 표명한 것이었으나 그저 무력한 분노의 제스처에 불과했다. 대규모 파업은 자본가와 노동자 간의 내전으로 치닫고 나라 전체에 고통을 안긴다.

이렇게 나라를 마비시키는 대규모 파업에 대한 사회주의적 해결책은 분명하다. 사회주의는 경제 활동이 가능한 모든 시민에게 사회복무의무_compulsory social service_를 부과할 것이다. 전쟁이 나면 징병 연령의 모든 남자가 의무적으로 군복무를 하는 것과 마찬가지다. 오늘날에는 돈이 많아도 전쟁 중 군복무를 거부할 수 없다. 1년에 1천 파운드를 벌든 5천 파운드를 벌든 다른 남자들처럼 "자신의 의무를 다해야 한다." 자기는 귀족이므로 평민 출신 군인들과 섞여 같은 대우를 받을 수는 없다고 주장해도 소용없다. 훈련된 장교가 아니라면 이등병이 돼야 한다. 군대에 가면 밖에서 시종이었던 사람을 병장으로 받들 수도 있고 재단사나 구두직공, 사무변호사, 골프 치러 자주 다니던 호텔의 지배인을 대위나 소령, 대령, 준장으로 받들어야 할 수도 있다. 끔찍한 부상을 당하거나 몸이 산산조각날 수도 있는 위기일발의 상황에서 주어진 임무를 지체없이 정확하게 수행해야만 죽음을 면할 것이다. 물론 이제는 그런 군복무의 정당성이 크게 의심받는 상황이라서, 양심적인 병역 거부자는 철학자 칸트가 제안한 기준에 따라 자신의 행위를 정당화할 수 있다. 즉, 다른 사람도 모두 똑같이 병역을 거부하면 세상이 훨씬 안전하고 행복하고 좋아질 거라고 법정에서 호소할 수 있다.

하지만 사회복무의무에 관해서는 그런 변명이 통하지 않는다. 모든 사람이 일하기를 거부한다면 이 섬나라 거주자의 90퍼센트가 한 달도 버티지 못할 것이고 남은 10퍼센트도 기운이 없어서 사망자들을 묻어주지도 못하고 얼마 안 가 그들과 같은 운명에 처할 것이다. 귀족 부인이 자기는 일을 안 해도 될 정도로 재산이 많다고 항변해봤자 소용없다. 그녀가 자신의 의식주를 직접 마련하지 않는다면 다른 누군가가 반드시 그 일을 해야 한다. 다른 사람들이 그녀를 위해 일하는 것만큼 그녀가 다른 사람들을 위해 일하지 않는다면 그녀는 다른 사람들을 등쳐먹는 것이다. 그녀는 자기 할머니가 부지런히 모아둔 여유식량으로 먹고사는 줄 알지만 어이없는 착각일 뿐이다. 그 식량은 이미 오래전에 썩어없어졌을 뿐더러 할머니가 부지런히 일궜다고 손녀가 나태하게 놀고먹는 것을 두고봐야 할 이유도 없다. 사회복무의무에 대해서는 누구도 이의를 제기할 수 없다. 따라서 모든 사람이 제 앞가림을 하고 있는지, 더 나아가 국가의 이익과 세계의 발전에 기여할 정도로 충분히 일하고 있는지를 확인하는 것이 정부의 최우선 임무다. 하지만 모든 정부가 그러한 임무를 가장 경시하고 있다. 지금 정부는 무위도식하는 자본가들을 그냥 내버려두고 자본가를 위해 일하지 않으면 굶어죽는 상황으로 국민 대다수의 등을 떠민다. 그래서 자본가들은 자기들의 나태함을 유지하거나 허영심을 충족시키는 일에 국가의 생산 인력을 낭비하고 인위적인 인구과잉 상황을 유발한다. 이런 상황을 두고 우리의 자본주의 정부는 사유재산을 보호하고 개인의 자유를 보장하는 것이라고 말한다. 하지만 사회주의자들은 사유재산으로 불로소득을 얻는 것은 도둑질과 다름없다고 본다. 개인의 자유에 살인할 권리를 포함시킬 수 없는 것처럼 무위도식할 권리도 포함시켜서는 안 된다.

따라서 노동당이 거대 여당이 되어 총파업 문제에 근본적으로 대처해야 하는 상황이 되면, 노동당 내 사회주의자들은 모든 신체 건강한 사람은 반드시 사회복무를 해야 한다는 것을 해결책으로 제안할 것이다. 그러면 보수당과 자유당의 잔존 세력과 노동당의 노조주의자들이 즉각 같은 편을 먹고 그 제안에 반대하면서 차라리 보조금을 풀어 파업으로 대치 중인 사람들을 달래자고 외칠 것이다. 보조금을 풀든 안 풀든 노동조합주의자들은 노조의 유일한 무기인 파업권을 포기하려 하지 않을 것이다. 그들은 심지어 공공산업에서조차 파업권을 행사하려고 든다. 고용주는 고용주대로 직장폐쇄권을 유지하려고 할 것이다. 하지만 사회복무를 의무화하자는 주장에 가장 경악할 집단은 바로 지주와 자본가다. 고용주와 금융업자는 사실 노동자이므로 노동을 딱히 시련으로 생각하지 않지만 지주와 자본가는 고민이 깊을 수밖에 없다. 우리의 신사숙녀들은 상업에 대해 아는 게 없을뿐더러 생산적인 노동을 사회적인 열등감이나 감옥 같은 공장과 사무실, 억지로 일찍 일어나기, 가난, 상스러움, 무례함, 거칠고 지저분하고 힘들고 단조로운 일과 결부짓도록 교육받고 자랐다. 그래서 사회복무가 의무화되면 자신들의 세상이 끝났다고 여길 것이다. 기쁘게도 어떤 의미에서는 정말 그렇다. 그들 다수는 처지가 딱해질 것이다(적어도 자기들은 그렇게 생각할 것이다). 우리는 그들의 남은 삶을 위해 장애 진단서를 제공해야 할 수도 있다. 그들이 그렇게 게으르고 사치스럽고 쓸모없는 존재로 자란 것도 따지고 보면 그들 잘못이 아니다. 법이 바뀌어서 하루아침에 직업이 사라진 사람들과 마찬가지로 그들 역시 기존 생활방식을 고수할 수 없게 된 것에 대해 대책을 요구할 수 있다. 그들에게 그 정도 친절은 베풀 수 있다.

어쨌거나 그 쓸모없는 계층이 노조주의자들과 합세하여 사회복무

의무화에 미친 듯이 반대할 것은 분명하다. 만일 노동당 각료들이 지금처럼 사회주의자가 대부분이라서 의무복무법안을 도입하려고 시도한다면 그러한 연합 세력에게 패하고 다시 총선을 치러야 할 것이다. 그러면 총선은 노동당 대 자본가 정당의 대결이 아니라, 노동당 내 좌파인 사회주의자와 노동당 내 우파인 노조주의자의 대결이 된다. 따라서 보수당이 없어지더라도 여전히 두 개의 세력이 권력을 다투게 될 것이다. 그리고 여러분은 현재 보수당 아니면 노동당에 표를 던져야 하는 것처럼 우파 아니면 좌파 혹은 백색 아니면 적색에 표를 던져야 할 것이다.

제74장   *Religious Dissensions*

•

한쪽은 정부 내각을 이끌고 다른 한쪽은 정부를 끊임없이 비판하며 정권을 잡으려 하는 게 하원 체제다. 그러니까 노동당이 두 개의 당으로 나뉘더라도 하원은 문제없이 굴러갈 것이다. 양당제처럼 두 당이 굳이 서로 다른 정책을 표방할 필요도 없다. 하원의 두 당은 여당이냐 야당이냐만 빼고 다른 차이는 전혀 없어도 된다. 프롤레타리아의 시각에서 보자면 1832년 이래 자유당과 보수당도 『이상한 나라의 앨리스』에 나오는 쌍둥이 형제 트위들덤과 트위들디였다. 야당은 정부 여당이 하는 일에 사사건건 꼬투리를 잡고 여당은 계속 비판당하는 구도만 유지하면 문제 될 게 없다. 여당과 야당은 수행세력과 비판세력이라고 할 수 있다. 국민이 비판세력이 옳고 수행세력이 잘못했다고 판단하면 수행세력과 비판세력의 자리가 바뀌게 된다.

  하원은 서로 다른 정책을 표방하는 두 당이 이끌 때 아주 잘 굴러간다. 열두 개 당이 난립하면 여야 구도가 엉망이 되고 의회 정치가 마비된다. 그런데 지금 영국에는 프롤레타리아 내에서도 입장이 열두 개로 갈릴 만한 사안이 차고 넘친다. 의무교육을 실시할 때 학교에서 무엇

사회주의 대 자본주의는 현대판 종교전쟁이다

을 보편타당한 신념으로 가르칠 것인지는 의회에서 반드시 다뤄야 할 문제다. 프롤레타리아 정당이 하원을 장악하면 학교에서 자본주의와 제국주의 논리를 종교처럼 가르치게 놔두지는 않을 것이다. 하지만 종교적 신념의 문제는 손대는 순간 얼마나 큰 벌집을 건드리는 것인지! 부모는 못 말리는 전도자들이다. 자식의 종교를 결정할 권리가 당연히 자기들에게 있다고 생각한다. 현실적으로 부모의 종교 강요를 막을 방법은 없다. 예전에는 무신론자 부모도 어쩔 수 없이 자녀를 기독교 학교나 국교회 학교에 보내는 경우가 있었지만, 요즘에는 유니테리언 학교나 퀘이커 학교, 로마가톨릭 학교, 감리교 학교, 신지학 학교, 심지어 공산주의 학교까지 있어서 부모와 후견인이 자기들의 종교 취향에 맞춰 아이를 학교에 보낼 수 있다.

그러나 정부가 교육을 국책사업으로 삼아 전국 곳곳에 학교를 세우고 의무교육을 선포해서 아이들 대다수가 공립학교에 다니게 되면, 아이들의 영혼을 둘러싸고 충돌이 벌어질 것이다. 공립학교에서는 어떤 종교를 가르칠 것인가? 로마가톨릭교도들은 기부금을 내서라도 로마 가톨릭 학교를 지키고 자기 자식은 공립학교에 보내지 않으려고 할 것이다. 영국국교회를 비롯해 다른 교파의 신도들도 자기들 교파에서 운영하는 학교에 자식을 보내려 할 것이다. 그러나 그 학교들도 국고 보조를 받지 않으면 즉, 모든 시민에게서 무차별적으로 징수한 세금의 지원을 받지 않으면 아이들을 전부 수용할 수 없거나 학교 교육을 알맞은 수준으로 유지하기 힘들어진다. 그래서 세금으로 그런 학교를 지원하자는 제안이 나오면 갈등이 시작된다. 개신교 납세자들은 자기들이 낸 세금이 가톨릭 학교나 국교회 학교로 흘러들어가는 걸 두고보느니 치안판사 앞에 끌려가고 가구가 공매에 넘어가더라도 세금 체납자가 되는 편을 택할 것이다. 로마가톨릭교회에 돈줄을 대서 아이들을 영원한 지옥살이의 위험에 빠트리는 일은 절대 하지 않을 것이다. 서로 상대방이 영원히 지옥불에서 지내게 될 것이라고 믿는 개신교도와 가톨릭교도가 아일랜드에만 있는 것은 아니다. 영국국교회 광신도들도 비국교도와 가톨릭교도가 영원히 지옥불에서 고통받을 거라고 확신한다.

    종교 집단들은 서로 타협이 불가능하고 몹시 적대적이다. 그래서 공립학교를 세우고 사립학교에 보조금을 지원해서 의무교육을 실시하려는 정부는 종교교육을 전면 금지하지 않으려면 중립적인 종교교육을 고안해야 한다. 1870년 교육법의 쿠퍼-템플 조항 the Cowper-Temple clause 은 중립적인 종교교육을 위한 조치다. 이 조항은 학교에서 성경을 가르치되 어느 한 교파에 한정된 교리와 신념은 언급할 수 없도록 규정하고 있다. 종교교육을 전면 금지하는 정책은 세속교육으로 알려져 있으며 오스트레일리아에서 널리 시도돼 왔다.

쿠퍼-템플 정책은 로마가톨릭교도와 유대인들을 만족시키지 못한다. 로마가톨릭교도는 성경에 대한 자의적인 해석을 금하고 유대교도는 신약을 거부하기 때문이다. 게다가 아이들은 성경을 배우면서 코페르니쿠스의 천문학과 물리학과 진화론을 배워야 한다. 10시 수업에서 지구는 편평하고 움직이지 않으며 하늘에는 천국이 있다고 배웠는데, 11시 수업에서 지구는 자전 운동을 하는 구체로서 무한한 우주 공간에서 다른 행성들과 함께 태양 주위를 돈다고 배우면 혼란스러울 수밖에 없다. 종교교육 시간에는 남자의 갈비뼈로 만든 여자를 포함해 모든 생명체가 엿새 만에 창조됐다고 배우다가, 바로 다음 수업시간에는 미생물에서 거대 생물에 이르는 다양한 생물종이 수백만 년 동안 거듭된 실험 속에서 탄생했고 그 정점에 이르러 복잡한 생명체인 여자와 그보다 다소 완성도가 떨어지는 생명체인 남자가 출현했다고 배우는 것도 혼란스럽기는 매한가지다. 물론 교사가 수업시간에 성경의 천문학과 생물학은 구시대적이고 우리는 예전보다 아는 게 더 많아졌으므로 성경의 비과학적인 내용은 인신공양을 요구한 유대인 우상과 왕들의 미개한 윤리 정도로 여기면 된다고 설명할 수도 있다. 하지만 그렇게 설명하는 것은 쿠퍼-템플 조항의 취지에 어긋난다. 쿠퍼-템플 조항의 취지는 종교교육과 세속교육의 모순을 아이들이 각자 알아서 해결하게 내버려두자는 것이다. 대개 아이들은 생각을 아예 안 해서 그러한 모순으로 힘들어하지 않는다. 종교 문제에 간섭하는 부모를 둔 아이는 그럴 수도 없지만 말이다.

학교에서 종교교육을 배제하고 사실만 교육하는, 이른바 세속교육은 실질적으로 불가능하다. 아이들에게는 산수만이 아니라 품행도 가르쳐야 하는데, 품행을 단속하는 것은 결국 형이상학적 규범이다. 사실적인 관점에서만 보자면 도둑질로 먹고사나 정직하게 노동해서 먹고사나, 무식하게 지내나 지식을 추구하나, 습관적으로 거짓말을 하나 진실을 말하나 아무 차이가 없다. 모든 것이 인간의 활동 혹은 비활동일 뿐 사람들은 그런 행위를 각자의 즐거움이나 물질적 이익 때문에 선택하기도 하고 그 밖의 다른 이유로 선택하지 않기도 한다. 어른들처럼 거짓말하거나 도둑질하거나 게으름을 피우며 너무 세속적으로 행동하는 아이에게 그런 행동은 나쁜 짓이므로 해서는 안 된다고 하려면, 사실적인 이유든 종교적인 이유든 대야 한다. 사실적인 이유를 대기는 쉽다. 아이에게 이렇게 말하면 된다. "너 또 그러다 걸리면 두들겨 맞는다. 밥도 못 얻어먹는 수가 있어. 어디 또 하기만 해 봐." 이런 세속적인 이유는 지어내기도 쉽고 효과도 좋아서 훈육하는 어른 입장에서는 만족스러울지 모르지만 영악한 아이에게는 통하지 않는다. 어른이 뒤돌아서는 순간 회초리가 만들어낸 가짜 도덕성이 어떻게 될지는 안 봐도 뻔하다. 어른 입장에서도 한 손에 회초리를 들고 아이들을 감시하며 사는 인생은 또 무슨 의미가 있나? 변태성욕자처럼 매질에 환장한 사람이라면 모를까 그런 인생은 살 게 못 된다. 도덕을 빙자해 아이를 학대하는 사람은 이제 아동학대방지협회에서 가만두지 않는다. 그래도 여러분은 아이들을 후려치고 싶은 유혹을 강하게 느낄 것이다. 아이들을 위해서라기보다 여러분이 편하자고 그러는 것인데, 아이에게 좋은 방식과 여러분에게 편한 방식이 일치하는 경우는 드물다.

그러니까 여러분이 이기적이거나 잔인하게 굴 생각이 아니라면 아이들이 늘 바르게 행동해야 하는 이유를 알려줘야 한다. 아무도 보는 사람이 없고 들킬 위험이 없어도, 설령 들켜서 회초리를 맞더라도 금지된 것을 하겠다는 마음이 들 때조차도 바르게 행동해야 할 이유 말이다. 하느님이 항상 지켜보고 있으며 우리가 죄를 지으면 죽어서 벌을 받는다고 말해줄 수도 있다. 그러나 사후 처벌 개념은 즉각적인 효과가 부족하고 당돌한 아이를 막기에는 확실히 역부족이다. 결국 또 아이들을 협박할 수밖에 없다. 영혼에 대한 물리적인 증거는 하나도 댈 수 없지만 나쁜 짓을 하면 "영혼"이 다치는 수가 있다고 겁을 줘야 한다. 영혼이라는 단어를 들먹일 필요없이 아이에게 "너의 명예"가 걸렸다고 할 수도 있다. 하지만 명예도 보여줄 수 없기는 마찬가지다. 아이들을 교육하기 위해 명예를 해부해 알코올 병에 담아내는 데 성공한 해부학자는 이제껏 아무도 없었다. 아이에게 못되고 더럽고 탐욕스러운 녀석이라고 야단칠 수도 있다. 아니면 작은 물건이라도 훔치는 것은 죄라고 엄숙하게 설교할 수도 있다. 하지만 그런 꾸짖음이나 설교에는 꿈쩍도 하지 않고 오로지 눈에 보이는 사실만 생각하는 징글징글한 녀석은 꼭 있다. 그런 아이는 이렇게 물을 것이다. "그래서요? 죄가 뭔데요? 못되고 탐욕스럽다는 게 무슨 말이에요? 더러운 게 뭔지는 알죠. 그런데 나는 손이 더러워도 괜찮은데, 왜 꼭 손을 씻어야 해요? 탐욕스럽다는 것도 뭔지 알겠어요. 그렇지만 내가 좋아하는 초콜릿을 왜 제인한테 줘야 하죠?" 여러분은 "애, 너는 양심도 없니?"라고 쏘아붙일 수도 있다. 하지만 그 아이는 이렇게 반문할 것이다. "양심이 뭐예요?" 이런 식의 질문을 계속 상대하다 보면 결국 순수 형이상학의 입장에서 얘기할 수밖에 없다. 즉, 행동은 사실의 문제가 아니라 당위의 문제라는 것을 아이에게 주입해야 한다. 바르게 행동하는 것은 자기 자신을 존중해야 할 의무를 스스로 인식하고 행하는 것이다. 그래서 자존감이 높은 사람일수록 바르게 행동한다. 그렇지만 "너 스스로 부끄럽지도 않아?"라는 말은 다 큰 어른에게는 통해도 어린아이에게는 통하지 않는다. 거짓말하는 아이에게 "진실을 말하는 것은 자기 자신에게 마땅히 지켜야 할 의무야"라고 해봤자 소용없다. 그 작은 녀석은 그런 의무 따위를 전혀 느끼지 못한다. "자꾸 거짓말하면 사람들이 네 말을 믿지 않을 거야." 우리가 이렇게 말하기는 하지만 이 말이 사실이 아니라는 것은 우리도 잘 알고 있다. 거짓말은 대부분 꽤 성공적이며 인간 사회의 상당 부분은 선의의 거짓말에 의존하고 있다. "자꾸 거짓말하다 보면 아무도 믿지 못하게 될 거야." 이게 보다 진실에 가까울 것이다. 하지만 아이는 이해하기 어려운 진실이다. 그럴 거면 차라리 최후의 진실을 말해주는 편이 낫다. 우리에게는 영혼이라고 하는 신비로운 무언가가 있는데, 일부러 나쁜 짓을 하면 영혼이 망가지고 영혼이 없으면 아무리 성공해도 삶은 견딜 수 없는 것이 되어버린다고 말이다. 그렇지만 삐딱한 아이가 그런 말을 곧이들을까? "거짓말하면 엄마 아빠가 슬퍼하실 거야." 이렇게 말하면 부모의 슬픔에 신경쓰는 아이에게는 효과가 있을 수도 있다. 그러나 대부분의 아이에게 부모는 너무 위대해서 슬픔 따위는 느끼지 않을 존재다. 두려움의 대상이면서 동시에 사랑받는 존재가 되기는 쉽지 않기 때문에 평소 신처럼 위엄을 세우는 부모라면 자식에게 친밀한 관심을 바라서는 안 되고 미움받지 않는 것만으로도 다행으로 여겨야 한다. 부모를 언급하는 것보다 훨씬 안전하고 편한 방법은 모두의 "위대한 아빠", 즉 "아빠 중의 아빠"를 발명해서 신으로 소개하는 것이다. 그 신은 반드시 아이들이 상상할 수 있는 신이어야 한다. 추상적인 개념이나 원리, 생의 충동이나 활력이어서는 안 된다. 육체도 감정도 없는 영국국교회의 하느님이어도 안 된다. 진짜 아빠처럼 잘 차려입은 어른이어야 하며 아주 아주 선하지만 엄청나게 힘이 세고 만물을 꿰뚫어보는 존재, 그러니까 아무도 안 볼 때도 아이가 뭘 하는지 아는 존재여야 한다. 너무 어려서 자존감이나 지적인 도의심, 다시 말해 양심이 아직 충분히 발달하지 않은 아이에게는 이렇게 임시로 꾸며낸 허구의 양심을 심어주면, 아이가 신이라는 개념에 진지한 의미를 부여할 수 없는 미숙한 시기를 잘 견디며 지나가게 된다.

우리가 유치원에서는 진작부터 그런 교육을 해왔듯이 볼테르도 "신이 없다면 신을 하나 만들 필요가 있다"고 했다. 그러나 볼테르가 죽고 혁명이 일어나서 프랑스 정부를 장악한 전문가와 사업가들은 아동 교육에는 문외한이었다. 그들은 신을 끌어들이지 않고 아이들을 다스리려고 했다. 아이들에게 해주는 신에 관한 이야기가 대부분 사실이 아니기도 하거니와 교회 성직자들이 혁명을 반대했기 때문이다. 혁명 세력은 쓸데없이 이 사람 저 사람 목을 베더니 역시나 그다음에는 자기들끼리 목을 베면서 자멸했다. 사실 혁명의 중심에 섰던 연설가 로베스피에르는 강력하게 신을 옹호했다. 그러나 혁명 세력은 굳이 뭔가를 숭배하고 싶다면 자유의 여신을 숭배하라며 매력적인 젊은 여인을 이성의 전당 the Temple of Reason[1]에 모시더니 로베스피에르의 목도 내리쳤다.

---

1 프랑스 혁명 세력은 탈기독교화와 이성숭배를 표방하며 파리의 노트르담 대성당을 비롯해 여러 성당을 이성의 전당으로 바꿔버렸다. 1793년 11월에는 파리 노트르담 대성당에서 오페라 여배우를 자유의 여신으로 분장시키고 대규모 축제를 열기도 했다.

비방 드농 Vivant Denon, 『단두대에서 목이 잘린 로베스피에르』, 1794년

어쨌든 그 아이디어는 실패했다. 여신이라서 실패한 건 아니다(로마 가톨릭에서도 모두의 어머니인 "위대한 엄마" 혹은 "엄마 중의 엄마"가 있고 "위대한 아빠"만큼 아이들을 다루기 쉽게 해준다). 사람들을 선한 행동으로 이끄는 것은 이성이 아니라 이성 너머의 신성한 본능이기 때문이다. 이성은 지름길을 제시할 뿐 목적지를 알려주지는 않는다. 만일 여러분이 이웃의 돈을 이웃보다 더 유용하게 잘 쓸 수 있다면 이웃의 지갑을 터는 것도 합리적인 행동이 될 수 있다. 하지만 그런 행동은 명예롭지 않다. 명예라는 것은 신성의 일부다. 형이상학이고 종교다. 언젠가는 심리학으로 설명할 수도 있겠지만 아직 태동기에 있는 심리학이 과학으로 발전하면 다른 난해한 과학처럼 아이들은 물론이고 성인 대부분도 이해하기 어려워질 것이다.

∙∙

한편 우리의 믿음은 신학이나 형이상학의 단계에서 과학의 단계로 계속 진행 중이라는 사실을 염두에 둬야 한다. 중국에서는 일식 때가 되면 건강하고 똑똑한 여자들이 태양을 집어삼키려는 악귀를 쫓아버리겠다며 부지깽이와 삽, 쟁반과 솥뚜껑을 들고 집 밖으로 나가 열심히 두드리며 소란을 피운다. 이러한 행위는 완벽한 성공을 거두기 때문에 그들은 자기들이 적절한 행동을 했다는 증거로 여긴다. 하지만 일식에 대해 잘 알고 있는 여러분이라면 차분하게 앉아서 검게 그을린 유리로 일식을 관찰할 것이다. 일식에 관한 여러분의 믿음은 과학적 근거에 기반한 믿음이지 형이상학적 믿음이 아니기 때문이다. 어쩌면 여러분은 중국에서 솥뚜껑을 두드리는 여자들을 멍청하다고 생각할지도 모르겠는데 전혀 그렇지 않다. 천문학이 아직 형이상학적 단계에 있는 나라에 살고 있으면 여러분도 그들과 똑같이 할 것이다.

주의해야 할 것이 또 있다. 중국 여인들의 행동이 어리석어 보이고 악귀 따위는 없다는 걸 안다고 해서 일식도 없다는 식으로 결론 내리는 우를 범해서는 안 된다. 설마 누가 그런 실수를 하겠느냐고 반문할지도 모르겠다. 하지만 신성이라는 개념에 결부된 유치한 우화와 우스꽝스러운 의식들 때문에 성급하게 신성의 존재를 부인하는 사람이 얼마나 많은지 아는가. 어렸을 때 "신은 흰 수염을 기른 노신사"라고 믿다가 어른이 되어 그 생각을 떨쳐버리면 신을 완전히 지워버렸다고 생각한다. 천만의 말씀이다. 그들은 신에 관한 진실에 좀 더 가까워진 것뿐이다.

현재 영국의 수백만 부모와 자식 중에 올바른 행동규범에 관해 부모와 자식이 같은 수준의 믿음을 갖고 있는 경우는 거의 없다. 많은 부모가 여전히 유아적 단계의 믿음을 갖고 있고, 많은 자식이 상대적으로 과학적 단계의 믿음을 갖고 있다. 부모나 자식이나 대부분은 그 문제에 관해 별생각이 없다. 그저 이웃이 하는 대로 하고 사람들 대부분이 믿는 것을 자기들도 믿을 뿐이다. 하지만 자기들의 믿음을 매우 격하게 드러내는 사람들이 있다. 예컨대, 영국국교회 제1신조를 부정하고 하느님을 인간의 육체와 감정을 가진 전지전능한 우주의 지배자로 믿는 사람들을 보자. 적어도 자기들끼리는 합의한 것처럼 보일지 모르지만 그것도 아니다. 그런 믿음을 가진 사람들은 다시 뚜렷하게 두 부류로 갈린다. 한 부류는 분노의 신을 믿는다. 이 분노의 하느님은 우리가 품행을 바르게 하지 않으면 상상도 할 수 없는 끔찍한 지옥에 던져버릴 것이라고 위협한다. 다른 부류는 사랑의 신을 믿는다. 하느님에게 지옥과 같은 잔인한 면모가 있을 리 없다며 만일 그렇다면 하느님 면전에 침을 뱉을 것이라고 공언한다. 그런가 하면 지옥이 존재하기는 하지만 하느님이 당신 아들의 잔인한 죽음을 우리 인간이 속죄한 것으로 받아들였다는 믿음이 있으면 아무리 못된 짓을 많이 한 사람도 지옥행을 피할 수 있고, 반대로 그러한 믿음에 조금이라도 의심을 품으면 아무리 바르게 산 사람도 지옥행을 면할 수 없다고 주장하는 사람들도 있다. 또 다른 사람들은 품행이든 믿음이든 지옥 가는 것과 아무 상관없다고 한다. 죽어서 지옥에 떨어질지 천당으로 올라갈지는 누구나 날 때부터 정해져 있으며 그 사람의 말과 행동과 믿음은 천당 가는 데 아무 도움이 되지 않는다는 것이다. 볼테르는 음식 소스는 한 가지뿐인 영국에 종교는 서른 가지나 된다고 했다. 영국인들의 활기차고 독립적인 정신에 대한 대단한 찬사일 수도 있겠으나 영국인들이 종교적 합의에 도달하기는 글렀다는 소리이기도 하다.

    세속교육 옹호자들은 형이상학적 단계를 벗어나 과학적 단계에 이른 지식만을 믿음의 대상으로 삼자고 주장한다. 그러한 과학 맹신자들의 주장을 따르더라도 합의를 이루기는 여전히 어려울 것이다. 과학 맹신자들끼리도 종교 교파들만큼이나 극심하게 대립하고 권력 경쟁을 벌이며 반대자를 탄압하기 때문이다. 더구나 그들이 형이상학 단계에서 과학 단계로 진보했다고 하는 지식을 보면 정작 형이상학 단계에도 이르지 못하고 조악한 마술이나 고대의 점술이나 아프리카 "의술"을 그럴싸하게 포장한 것에 불과할 때도 많다.

    요컨대, 보편교육을 실시하는 정부는 다음과 같은 세 가지 광신주의에 대응해야 한다. 첫째는 분노의 신을 믿는 광신주의다. 지진, 전염병, 전쟁과 같은 모든 끔찍하고도 무서운 재앙은 신이 무시무시한 힘을 가졌다는 증거이자 죄인들에 대한 경고라고 보는 관점이다. 둘째는 사랑의 신을 믿는 광신주의다. 신이 악마로 인격화된 사악한 힘과 싸운다고 보는 관점이다. 셋째는 신도 악마도 믿지 않는 사이비 과학자의 광신주의로, 지식을 추구한다면 그 방법이 아무리 잔혹해도 도덕법의 구속을 받아서는 안 된다고 주장한다. 이 사이비 과학자들은 인간의 육체를 자기들 마음대로 할 수만 있으면 인류를 질병에서 해방시킬 수 있다며 생사를 가르는 열쇠를 쥐고 기적(소위 "과학의 경이")을 행하는 척한다.

상당수의 사람이 종교문제에 관해서는 여전히 너무 원시적이고 주관적이다. 종교 얘기가 나오면 자신의 믿음만이 참된 믿음이므로 다른 사람들도 자신과 같은 믿음을 가져야 하고 다른 믿음은 죄다 이단으로 처벌해야 한다는 생각부터 한다. 그런 사람들은 여호와, 알라, 브라마가 신을 부르는 서로 다른 이름이라고 생각하지 않는다. 신을 브라마로 부르는 사람들은 알라와 여호와를 가증스러운 우상으로, 모든 이슬람교도와 기독교도를 사악한 우상숭배자로 보고 함께 어울릴 만한 사람들이 못 된다고 생각한다. 신을 여호와라고 부르는 사람들은 이슬람교도와 인도인을 "이교도"로 분류하고 선교사들을 보내 개종시키려고 한다. 만일 우리의 통치자들이 그렇게 유치한 우월의식을 거리낌 없이 드러낸다면 대영제국은 결딴날 것이다. 영국인의 겨우 11퍼센트만 기독교도다. 대다수는 신을 알라나 브라마로 부르기도 하고 예수를 그냥 여러 예언자 중 한 명으로 알거나 예수에 대해 전혀 알지 못하는 사람들이다. 따라서 중앙의회든 지방의회든 의회에 진출하려는 사람은 자기가 믿는 종교의 종파적 특성은 뒤로 하고 모든 종파와 교회의 공통 분모만을 고려해야 한다. 그러나 안타깝게도 선출된 의원 대부분은 그런 시도조차 하지 않는다. 그들은 전력을 다해 학교 아이들에게 자기들의 관습과 명칭, 제도, 심지어 언어까지 강요하려 든다.

다만 그런 노력도 필요할 때가 있다. 지금보다 더 나은 제도와 더 훌륭한 믿음으로 아이들을 교육하려는 노력이 있어야만 진보가 이루어지기 때문이다. 예를 들어, 사회주의자는 자본주의보다 공산주의가 동기도 더 고상하고 실제로도 더 낫다고 믿기 때문에 의회에 진출하면 자신의 믿음을 학교 교육에 반영시키려고 할 것이다. 그래야 아이들이 자라서 그런 믿음을 당연하게 여기고 자본주의는 파멸적인 우상숭배라며 혐오하게 된다. 지금은 그저 공산주의 정부라는 이유만으로 러시아 정부를 공격하는 일에 세금 수백만 파운드를 쓴 정치인들이 사회주의자들의 믿음을 가로막고 있다. 그런 정치인들은 사회주의자와 공산주의자와 볼셰비키를 사기꾼, 도둑, 암살자와 동의어로 여기지만, 사회주의자들이 보기에는 지주와 자본가에게 착취당하는 노동자가 두 도둑 사이에서 십자가에 못박힌 예수나 다름없다. 반反사회주의 정치인이나 사회주의 정치인이나 이제 종교의 이름으로 박해받는 일은 없다고 한다. 하지만 종교의 이름을 들먹이지 않을 뿐 서로의 믿음을 탄압하기는 매한가지다. 정작 그들이 종교라고 부르는 믿음은 그들에게 별로 중요하지 않은 믿음이 됐다. 사유재산에 대한 공격과 선동과 반란을 진압하는 것이든 가난한 사람들에 대한 착취와 무위도식을 금지하고 토지를 국유화하는 것이든 단지 올바른 행동을 강제하는 것처럼 보인다. 누군가를 박해하는 것처럼 보이지는 않는다. 그래서 그런 일을 실행에 옮기는 정치인들은 스스로를 박해자로 여기지 않는다. 종교의 자유가 있는데 자기들이 어떻게 박해자가 될 수 있냐고 한다. 하지만 종교의 자유를 허용한다는 현대사회의 공언에 속지 말아야 한다. 종교 탄압은 여전하다. 튜더 왕조의 메리1세와 엘리자베스1세 자매가 개신교도들을 화형대로, 예수회를 고문대와 교수대로 보냈던 시절과 다르지 않고, 로마에서 사유재산과 노예제 옹호자들이 반란을 일으킨 검투노예 스파르타쿠스의 추종자 수천 명을 십자가에 못박아 도로변에 늘어세웠던 때와도 다르지 않으며, 토르케마다가 묵주를 굴리며 기도할 때처럼 경건한 마음으로 손에 잡히는 유대인을 닥치는 대로 화형에 처했던 시절과도 다르지 않다. 사회주의자와 자본주의자의 싸움은 과거 유대교 대 기독교, 가톨릭 대 개신교의 싸움과 다를 게 없다. 광신자들은 그들의 조상 못지않게 여전히 잔인하고 무자비하다. 프롤레타리아처럼 수적으로 우세한 세력이든 지주와 자본가처럼 막강한 권력을 가진 세력이든 박해에서 자유로울 수 없다는 것도 비슷하다. 한쪽이 다른 쪽을 제거하는 것으로 싸움을 끝낼 수만 있다면 사회주의자와 자본주의자 둘 다 상대를 제거하기 위해 최악의 짓도 마다하지 않을 것이다. 역사를 되돌아보면 다른 기대를 할 수가 없다. 1871년 파리코뮌 진압 후 이어진 대량 학살부터 1차세계대전 이후 미국 내 러시아인들에 대한 지독한 박해(젊은이들이 여느 주일학교 교사가 할 법한 말을 했는데도 끔찍한 징역형에 처해졌다)에 이르기까지, 현대의 완고한 보수주의자들이 중세의 광신자들보다 나을 것도 없다는 증거가 차고 넘친다. 그런 작자들이 과거처럼 세상을 피와 고문으로 물들이지 않는다고 해도, 인간성이나 아량에 어떤 긍정적인 변화가 일어나서 그런 건 아니다. 1927년 현재 영국의 유산계급은 러시아 공산주의 정부와 그 동조자들을 박멸해야 할 해충으로 여기고 있다. 반면, 러시아 공산주의자와 서구의 아류들은 유산계급과 그들을 떠받치는 정치 세력을 부르주아로 칭하며 인류의 적으로 간주하고 있다. 1792년 브런즈윅 공작은 유럽의 군주들을 대표해 유명한 성명을 발표했다. 프랑스 혁명 정부를 타도하고 공화정에 협조한 프랑스 시민들을 "군대로 진압하겠다"는 내용이었다. 이러한 브런즈윅의 태도가 소비에트 공화국을 정벌하자는 영국 정치인들의 연설에서 되살아나고 있다. 몇 년 전에는 자본주의 십자군을 준비해 소비에트를 정벌하려던 계획까지 나왔으나 프롤레타리아 유권자들의 반대로 가까스로 무산됐다.

그렇기 때문에 여러분이 당장 알아둬야 할 사실이 있다. 사회주의 정당이 반대파를 제거한다고 사회주의가 실현되는 것도 아니고, 반대파가 사회주의자를 제거한다고 사회주의를 피할 수 있는 것도 아니다. 이는 매우 중요한 문제이므로 왜 그런지 다음 장에서 설명하겠다.

제75장   Revolution

피에르 앙투안 드마쉬 *Pierre-Antoine Demachy*, 『혁명 광장(콩코르드 광장)에서의 사형집행』, 1793년경

혁명은 요술봉이 아니다

•

혁명은 일반적인 사회변동과는 다르다. 혁명이 일어나면 한 정당에서 다른 정당으로, 한 계급에서 다른 계급으로 혹은 한 개인에게서 다른 개인에게로 정치권력이 넘어가는데 그 과정은 한 나라가 다른 나라를 정복할 때처럼 폭력 또는 폭력 위협을 수반한다. 17세기 영국에서는 정치권력이 왕에게서 하원으로 넘어가는 두 번의 혁명이 일어났는데[1] 첫 번째 혁명 때는 내전을 치러야 했고 두 번째 혁명 때도 왕이 도주하지 않았다면 유혈사태로 치달았을 것이다. 19세기에는 폭력 위협만으로 1832년 선거법개정에 성공해서 정치권력이 시골 영주들에게서 도시 사업가들에게로 넘어가는 혁명이 일어났다. 남미에서는 투표가 아닌 총성이 난무하는 선거로 정권을 교체하는 혁명이 일어난다.

이제 영국에서 형식상의 정치권력은 자본가에게서 프롤레타리아에게로 넘어간 상태다. 의회가 사회주의 법안을 통과시키고 정부가 사

---

[1] 청교도혁명(1642~1649년)과 명예혁명(1689년)

회주의 운동을 용인하기도 한다. 프롤레타리아는 마음만 먹으면 자본가들을 큰 표차로 이길 수 있다. 사회주의와 자본주의의 대결에서 모든 프롤레타리아가 사회주의에 표를 던지고 모든 자본가가 자본주의에 표를 던진다면, 자본주의는 벌써 오래전에 압도적인 표차로 패배했을 것이다. 그러나 자본가의 수입에 기대 먹고사는 프롤레타리아는 사회주의에 표를 던지지 않는다. 예컨대 자본가들이 재산을 지키기 위해 돈으로 양성한 사설 병력이며 자본가들이 고용한 하인과 상인, 사치품 산업 노동자, 변호사, 의사 등은 자본가보다 훨씬 맹렬한 보수다. 오히려 나를 비롯해 로버트 오웬이나 윌리엄 모리스 같은 자본가가 예나 지금이나 열렬한 사회주의자다. 워릭 백작부인 $Countess\ of\ Warwick$[2]은 유명한 사회주의자다. 그러니까 여러분은 백작부인이 사회주의자인 경우는 알고 있다. 하지만 백작부인의 재단사가 사회주의자인 경우를 본 적이 있는가? 만일 의회에서 자본가에게 불리한 법을 통과시킨다면 자본가들이 찰스1세처럼 사병을 일으켜 의회에 맞서고 여기저기서 수많은 프롤레타리아가 자본가들 편에 설 것이다.

설마 우리 사회 기득권 세력이 그렇게 법을 무시하겠느냐는 생각이 든다면 아일랜드의 사례를 떠올려 보라. 아일랜드는 영국 의회에서 30년 동안 노력한 끝에 아일랜드 자치법을 통과시켰다. 하지만 영국은 차일피일 자치법 시행을 미뤘고 방화와 살인을 불사하는 싸움으로 이어졌다. 결국 상대편의 집을 더 많이 불태우는 쪽이 이기는 내전을

---

[2] 워릭 백작부인(1861~1938): 여성을 위한 학교를 설립하는 등 교육, 주거, 노동 분야에서 활발한 사회주의 운동을 전개했다. 1904년 하인드먼이 설립한 사회민주연맹에 가입했고 독립노동당 후보로 선거에 출마했다. 사교모임 워릭서클을 이끌며 버나드 쇼를 포함해 H.G.웰스, J.M.배리, 램지 맥도널드 등 당대 유명 작가 및 정치인과 교류했다.

치르고 나서야 비로소 아일랜드 자유국이 수립됐다.[3]

의회 법치주의를 지키려면 표결에서 진 세력이 패배를 순순히 받아들여야 한다. 그러나 사람들은 수많은 사안에 대해 확고한 입장을 가지고 저마다 자기들의 승리를 확신하기 때문에 표결에서 져도 승복하지 않고 싸워서 결과를 뒤집을 가능성이 조금이라도 있으면 의회를 내동댕이치고 끝까지 싸우려고 한다. 아일랜드 자치법을 추진하는 동안에도 직접행동주의자들은 내내 경고했다. "영국 의회에서 자치법이 통과돼도 영국-아일랜드 통일론자들은 아일랜드를 절대로 놔주려 하지 않을 것이다. 어차피 싸우게 될 거 그냥 지금부터 싸우는 게 낫다." 이 직접행동주의자들은 무자비한 방화범이라는 비난을 들었지만 결국 그들의 말이 맞았다. 영국은 아일랜드를 순순히 놔주지 않았다. 프랑스에서도 입헌혁명을 받아들이지 못한 왕비가 자유주의자들을 처단하겠다며 다른 나라의 군대까지 끌어들이려 했고 왕은 그런 왕비를 제지하지 못했다. 그래서 프랑스인들은 왕과 왕비 둘 다 단두대로 보내버렸다. 영국인들도 왕을 참수했다. 왕이 의회와 싸워서 지고도 약속을 지키려 하지 않은 탓이다. 지금 스페인에서는 군대를 동원해 의회를 진압한 왕이 신수 왕권을 근거로 무력 통치를 하고 있다. 찰스1세도 그러다가 크롬웰에게 처형당했는데 크롬웰도 집권하더니 똑같은 일을 벌였다. 이탈리아에서는 자칭 사회주의자 무솔리니가 의회를 깔아뭉갰고 그의 부하들이 노골적으로 폭력을 행사하며 이른바 공포정치를

---

[3] 1914년 영국 의회는 아일랜드 자치법을 통과시켰으나 1차세계대전을 이유로 법 시행을 미뤘다. 그러자 분개한 아일랜드인들은 1916년 부활절 봉기를 일으키고 IRA를 결성해 독립운동을 시작했다. 그렇게 영국과 유혈 분쟁과 협상을 벌이고 1921년에야 비로소 아일랜드 자유국을 세울 수 있었다.

하고 있다.

  스페인과 이탈리아가 헌법과 의회를 부정하게 된 것은 어떤 뚜렷한 사회변화를 의도한 게 아니고 비효율이 극에 달한 의회 정치를 견디지 못해 폭발한 결과다. 공공질서를 회복한답시고 에너지 넘치는 인물이 나서서 법체계를 장악하고 말 안 듣는 사람들의 목을 내리치기에 이른 것이다. 영국에서도 의회가 부정당할 수 있다. 만일 페이비언의 완벽한 사회주의 법령이 하원에서 통과되고 어렵게나마 상원에서도 용인되고 마침내 왕의 승인까지 얻어 명문화된다면, 이 나라 자본가들도 무솔리니처럼 의회를 반민족적이고 망국적이고 부패한 세력으로 비난하며 사회주의법의 시행을 무력으로 가로막으려 할지 모른다. 그러면 우리는 내전에 돌입해 여느 전쟁과 마찬가지로 파괴와 학살을 자행할 것이다. 자본가 세력은 협동조합 매장을 불태우고 프롤레타리아 세력은 지주의 저택을 불태우던 아일랜드의 상황이 재현될 것이다.

  앞서 말했듯 자본가들은 겁먹을 이유가 없다. 프롤레타리아가 다수일지라도 내전은 마르크스가 계급투쟁론에서 예상한 대로 전개되지 않을 것이다. 불평등한 소득 분배로 부자들만 가난한 사람들 등에 올라타 있는 게 아니다. 부자의 소비에 기대어 먹고사는 하인과 상인들, 자신도 하인 혹은 상인이면서 다른 하인이나 상인을 거느린 사람들 역시 가난한 사람들 등에 올라타 있다. 그래서 도시 근교의 부촌이나 대도시의 화려한 중심가, 좋은 동네와 쾌적한 별장이 모여 있는 잉글랜드 남부에서는 옥스퍼드에서만큼이나 노동당 후보가 당선되기 힘든 것이다. 부자들이 불로소득을 얻을 수 없게 된다면 본머스 같은 휴양도시는 니네베나 바빌론처럼 몰락하기 쉽다. 설사 몰락을 면한다 해도 이제 휴양지를 이용하는 사람들은 소위 아랫것들이라 불리던 계층이 될 것이고 부자들에 기대 살던 휴양지 주민 대다수는 새로운 환경에 적응하지 못하고 폐인이 될 것이다. 그리고 일자리를 잃은 젊은이들, 변화라면 무조건 두려워하거나 언론에 속아서 사회주의자를 악당으로 여기는 사람들, 싸구려 신문 말고 다른 걸 좀 읽어보려고 해도 멍청해서 이런 책은 도저히 이해할 수 없는 사람들이 돈만 준다면 누구를 위해서든 싸울 것이다. 그쯤 되면 부자들 편에 설 사람들과 서민들 편에 설 사람들이 구분된다. 다시 말해, 자본주의를 고수하려는 사람들과 자본주의를 사회주의로 대체하고 싶어 하는 사람들을 가르는 선이 명확해진다. 그 선은 부자와 빈자를 가르거나 자본가와 프롤레타리아를 가르는 선과 일치하지 않는다. 프롤레타리아를 가장 밑바닥의 빈민들까지 세로로 가르는 선이다. 따라서 자본가들이 자본주의를 지키겠다고 내전을 시작하면 사회의 모든 계층으로부터 상당한 지지를 얻을 것이다. 노동당 지도자들은 그 점을 잘 알고 있어서 극단주의자들이 계급전쟁을 외치며 "우리가 다수고 그들은 소수"라는 셸리의 2행시로 대중을 오도하는 것을 못마땅하게 여긴다. 자본가들도 자기들이 유리하다는 것을 잘 알고 있다. 선거 때마다 가난한 사람들이 무더기로 표를 주니 모를 수가 없다. 지금은 자본가들이 반反자본주의자의 불법적인 직접행동을 비난하고 있지만, 그들이 노동당에 패하는 날이 왔을 때 순순히 패배를 받아들일지 그건 두고 볼 일이다.

◦◦

그런데 피비린내 나는 내전을 치르느냐 평화적인 의회 절차를 거치느냐보다 더 중요한 문제가 있다. 자본주의자들에게서 어떤 식으로 정권을 가져오든 사회주의자들은 여전히 출발선에 서게 된다. 사회주의 정당이 다수당이 된다고 저절로 경제체제가 바뀌고 소득평등화가 실현되는 게 아니다. 건물에 불을 지르거나 반대파를 제거하는 것으로는 더더욱 소득평등을 실현하기 어렵다. 그저 요술봉을 한 번 휘두르고 "사회주의가 있게 하라"고 할 수는 없다. 그렇게 해봤자 아무 일도 일어나지 않는다.

러시아의 경우를 보면 알 수 있다. 마르크스 공산주의자들은 1917년 정치 대혁명을 성공시키고 이전의 그 어떤 황제보다도 막강한 정부를 세웠다. 하지만 페이비언협회처럼 사회주의를 입법화할 수 있는 조직이 없었기 때문에 새로운 러시아 정부는 뭘 해야 할지 알지 못했다. 그들은 자본주의가 좌초된 곳에서 공산주의를 실행하는 척하며 온갖 아마추어적인 일들만 저질렀다. 토지를 국유화하고 소작농들에게 고루 분배하려 했더니 이번에는 소작농들이 토지를 사유화하려 들었다. 결국 러시아 정부는 황급히 실수를 인정하고 영국에서 도시 지주들이 상점을 임차인들에게 맡기듯 국가의 산업을 민간사업자들에게 맡겨야 했다. 프랑스나 영국의 농부들처럼 러시아 농부들이 땅을 소유하고 수확물을 파는 것을 허용해야 했다.

물론 러시아 혁명이 완전히 실패했다고 할 수는 없다. 이제 러시아에는 사람 나고 돈 났지 돈 나고 사람 난 건 아니라는 신념이 자리잡았다. 아이들은 배금주의적인 자본주의 윤리 대신 기독교적인 공산주의 윤리를 배운다. 금권정치가와 부자들의 궁전과 저택은 사치스러운 한량들이 쓸데없이 에너지를 낭비하던 곳에서 노동자들이 여가를 즐기는 곳으로 바뀌었다. 무위도식하는 신사숙녀는 당연히 질타받고 노동자의 작업복은 합당하게 존중받는다. 문화적 양심을 지키며 귀중한 문화재를 보호하고 누구에게나 개방한다. 중국 문화재를 약탈하고 자국 문화재도 함부로 파손하는 우리로서는 부끄러워지는 대목이다. 그리스정교회가 용인되지만(볼셰비키는 우리가 로드_William Laud_ 대주교[4]를 처형했듯 그리스정교회 대주교를 처형하려다 참았다) 영국국교회 같지는 않다. 아이들에게 종교교육을 하는 척하며 성경에 관한 거짓말을 한다든지, 부자는 무조건 우러러보도록 가르치는 행위는 용납되지 않는다. 그런 교리는 마약처럼 취급되며 공식적으로 금지되고 있다.

이러한 변화들은 믿기 어려울 정도로 좋아 보인다. 선한 의도만 놓고 본다면 소비에트 정부는 문명화의 선두를 달리고 있다. 하지만 그게 사회주의는 아니다. 러시아의 소득불평등은 여전히 심각해서 그간 이룬 성과를 죄다 허사로 만들어버릴지 모른다. 신생 공산주의 공화국이 오래전 프랑스나 미국 같은 초기 자본주의 공화국만도 못한 수준으로 전락할 수 있다. 한마디로, 러시아는 학살과 테러를 자행하며 정치권력을 교체하는 혁명에 성공해서 자국민의 긍지를 높이고 국가윤리를 친자본주의에서 반자본주의로 바꿨는지는 몰라도 진짜 공산주의는 영국만큼도 실현하지 못했다. 하다못해 러시아의 임금을 영국 수준으로 끌어올리지도 못했다.

어째서 그런 걸까. 공산주의가 실현되려면 먼저 자본주의부터 실

---

[4] 윌리엄 로드(1573-1645): 영국국교회 캔터베리 대주교. 찰스1세 때 영국국교회의 수장이 되어 국교회를 강요하고 비국교도를 탄압하여 청교도혁명을 유발했다. 장기의회 때 탄핵되어 런던탑에 갇혀 있다가 1645년 처형됐다.

현돼야 한다. 공산주의는 기존 자본주의 경제 문명에서 발전하는 것이다. 기존 경제 문명을 갑작스럽게 뒤엎어서는 공산주의를 실현할 수 없다. 공산주의는 자본주의의 생산수단을 파괴하자는 게 아니라 새로운 방식으로 운용하고 부를 분배하자는 제안이다. 그런데 러시아의 자본주의는 사회주의를 꽃피울 만큼 충분히 무르익지 못했다. 1917년 혁명을 승리로 이끈 볼셰비키에게 국가 기반이 될 만큼 고도로 발전된 산업은 하나도 없었다. 엄청난 시골 농지와 야만적인 소작농들만 넘쳐났다. 소작농들은 무지하고 미신에 사로잡혀 있고 잔인하고 땅에 굶주려 있었다. 몇 안 되는 도시는 서로 멀리 떨어져 있고 시시한 산업만 발달했는데 그나마도 외국인이 경영하는 경우가 많았다. 도시 노동자들은 주급 5실링 3펜스로 가족을 부양하는 처지라서 불평등한 분배에 불만이 있었다. 하지만 러시아 도시들은 사회주의가 태동할 정도로 발달하지 않았고 이제 겨우 도시 문명이 시작된 수준에 불과했다. 포트선라이트나 본빌과 같은 현대적인 공업도시도 없고, 노동자들이 주 5일 근무에 주급 9파운드를 벌며 자가용으로 출퇴근하는 포드 공장도 없었다. 국가기간산업도 공공도서관도 시험으로 선발된 공무원 조직도 없었고, 경영관리에 능숙한 인력이 상시 대기 중인 상황도 아니었으며, 공공서비스와 국민보험제도도 갖춰져 있지 않았다. 수백만 명의 노동자를 대표하는 노동조합이 철도 운행과 석탄 공급을 중단하겠다고 협박하며 자본주의 정부에게서 보조금을 받아내지도 않았고, 페이비언을 비롯한 연설가들이 끊임없이 강연을 해대는 바람에 시민들이 평생 정치 교육을 받는 일도 없었다. 조직화한 산업이 소규모 농업을 압도한 적도 없고, 전쟁으로 자본주의가 몰락할지도 모른다는 위기감을 느낄 일도 없었으며, 무능과 비효율의 대명사로 비웃음을 사던 공공기관이 사회주의를 통해 사기업보다 훨씬 더 능률적인 기관으로 탈바꿈하는 것을 경험할 기회도 없었다. 그러니까 트로츠키 선생은 이렇게 말할 만하다. 러시아에서 자본주의를 상대로 프롤레타리아 혁명이 승리할 수 있었던 것은 러시아에 자본주의 문명이랄 게 없었기 때문이다. 러시아인들이 부르주아적 사고에 오염되지 않을 수 있었던 것도 마르크스가 헤겔에게서 이어받은 그 유명하고 난해한 변증법 덕분이 아니라 러시아가 중간계급의 사고를 이해할 수 없을 정도로 너무 낙후돼 있던 탓이다. 영국에서 사회주의를 실현하는 것은 완성된 피라미드 정상에 붉은 깃발을 꽂는 격이다. 하지만 러시아인들은 맨땅에서 시작해야 한다. 사회주의를 실현하려면 먼저 자본주의를 건설해야 하고 자본주의를 건설하는 동안 자본주의를 어떻게 통제할 것인지 배워야 한다. 자본주의가 지속해서 우리를 타락시키고 착취하고 망가뜨리도록 내버려둬서는 안 된다. 여태 우리는 무지해서 속수무책으로 당해왔다. 제정 러시아 시절 볼셰비키는 영국 자본주의를 비판한 마르크스를 인용하며 자본가 계급을 혹독하게 비난했으나 정권을 잡고 나서는 자본가들에게 의지할 수밖에 없었다. 소비에트가 그랬다고 우리도 꼭 그러라는 법은 없다. 영국에서 사회주의 세력이 정권을 장악하면 소비에트처럼 말을 바꾸지 않아도 될 것이다. 현재 러시아 정부가 사실상 장려하고 있는 자본주의는 우리에게는 한참 옛날얘기다. 기계를 때려 부수고 산업 조직을 해체하고 모든 설계도와 서류를 불태우고 18세기 수준으로 인구를 감소시키지 않는 한, 우리는 그때의 자본주의로 돌아가려야 돌아갈 수가 없다.

∴

그러니까 정리해보자. 사회주의 세력이 의회를 장악해 개혁 입법을 추진하면 반反사회주의 세력이 폭력적인 파시즘이나 쿠데타를 통해 개혁을 거부하고 자본주의 독재 정권을 세우려 할지도 모른다. 그러면 반사회주의 세력을 타파하기 위해 혁명을 일으켜야 할 수도 있다. 하지만 폭력적인 혁명을 일으키든 의회를 통해 평화롭게 개혁하든 그것만으로 사회주의가 실현되는 것은 아니다. 사회주의는 단지 정치 슬로건이나 선거 문구로 끝나는 게 아니라 모두의 소득이 평등해지도록 부의 생산과 분배를 정교하게 조정하는 것이다. 따라서 할 일을 잘 이해하고 있는 사회주의자라면 시종일관 폭력적인 싸움에 반대할 수밖에 없다. 다른 사람보다 성격이 더 온화하기 때문이 아니라 폭력으로는 원하는 바를 이룰 수 없고 무차별적인 파괴가 일어나면 오히려 목표 달성이 지연된다는 것을 알고 있기 때문이다. 시드니 웹은 변화는 점진적일 수밖에 없다고 했다. 공감하든 비웃든 그 말은 엄연한 사실이다. 점진적인 변화가 반드시 평화로운 변화를 의미하는 것은 아니라서 사람들이 멍청하면 점진적인 변화의 매 단계마다 싸울 수도 있다. 자본가들이 의회와 헌법을 내동댕이치고 무력으로 해결을 보려 한다면 프롤레타리아는 자본가에게 기생하는 무리와 사회주의자 무리 둘로 나뉘어 충돌하고 피를 흘리게 될 것이다. 싸움이 끝나면 그들은 더 가난해지거나 시체가 되어 나뒹굴 것이다. 사회주의자들이 이기면 사회주의로 가는 길은 뚫리는 셈이다. 하지만 갈 길은 여전히 멀고 험할 것이다.

    역사를 돌이켜보면 언제나 그랬다. 변화를 원하는 사람들이 변화에 반대하는 사람들을 무력으로 제압하고 권력을 잡으면서 군주정이 공화정으로, 과두정이 또 다른 과두정이나 민주정으로 바뀐다. 하지만 그런 다음에도 다시 파벌이 나뉘고 권력을 둘러싼 무력 다툼이 벌어진다. 19세기 남미에서는 폭력 혁명이 너무 자주 일어나서 다른 나라들은 강 건너 불구경이었다. 싸우고 죽여봤자 부의 생산과 분배는 달라지지 않는다. 프랑스 혁명은 18개월 동안 4천 명을 단두대로 보냈지만 사람들은 더욱 가난해졌다. 그 4천 명 중 대부분을 단두대로 보낸 검사 푸키에탱빌Fouquier-Tinville도 결국 단두대로 끌려가면서 자기를 욕하는 사람들에게 이렇게 소리쳤다. "이런다고 내일 빵값이 좀 싸질 것 같으냐, 이 멍청이들아!" 프랑스 혁명의 주역인 산업 자본가들은 그 말에 눈 하나 깜짝하지 않았다. 그들의 목표는 가난한 사람들에게 빵을 더 싸게 공급하는 것이 아니라 왕과 귀족을 내몰고 자기들 같은 중간계급이 프랑스의 정치권력을 차지하는 것이었다. 그러나 인간을 제외한 다른 모든 것을 더욱 싸게 만들고자 하는 사회주의자들이었어도 푸키에탱빌이 맞다는 걸 인정해야 했을 것이다. 심지어 유혈 혁명이 아니었어도 결과는 마찬가지다. 프랑스 혁명이 우리의 1832년 선거법 개정처럼 평화로운 의회 표결로 끝났어도 사람들의 살림살이는 조금도 나아지지 않았을 것이다.

영국에 실업수당이 도입되기 전인 1885년 무렵 실직한 도시 노동자들이 부자들의 저택에 불을 지르겠다고 협박할 때마다 사회주의자들은 이렇게 말했다. "안 됩니다. 방화로는 실업을 끝낼 수 없어요. 그렇게 사리분간이 안 된다면 차라리 당신들 집이나 불태우세요. 당신들 집이야말로 사람 살 만한 곳이 아니잖아요. 몇 채 되지도 않는 근사한 집들을 왜 불태웁니까." 자본주의는 슬럼도 만들었지만 궁전과 멋진 저택들도 만들었다. 노동 착취 소굴을 양산하기도 했지만 일류 공장과 조선소, 증기선, 해양 케이블 등 다양한 시설을 나라 안팎에 건설하기도 했다. 또한 자본주의는 도처에 공산주의를 낳았다. 공산주의가 없으면 자본주의는 하루도 버티지 못한다(도로며 다리 같은 공공재를 전부 다시 환기할 필요는 없을 것이다). 그러니 제정신인 사회주의자라면 그 모든 것을 파괴하는 내전을 어떻게 환영하겠는가? 누가 이기든 시커먼 잔해만 남고 공동묘지가 미어터질 뿐이다. 자본주의는 소자본가의 소기업들을 거대기업으로 변모시키며 사회주의로 가는 길을 닦았다. 프롤레타리아를 경영자와 관리자로 고용해 거대한 토지와 자본과 인력을 활용하도록 나라의 산업을 키웠다. 한마디로 자본주의 하에서 산업은 공공재로 전환할 수 있을 때까지 계속 발달하는 경향이 있다. 그런 산업을 파괴하는 것은 사회주의의 실현 가능성도 파괴하는 것이다. 국유화는 국가의 도둑질이라고 욕하는 자본가들조차 사회주의가 내전보다 낫다는 것을 알고 있다. 도둑은 적어도 훔친 재산을 파괴하지는 않는다. 사회주의가 되면 경영자와 관리자들은 지금보다 더 많은 일자리와 더 높은 직업 안정성과 사회적 위상을 누릴 것이다.

그러니까 사회주의자가 의회 권력을 장악했는데 자본가 세력이 법치주의를 무시하고 내전을 일으키면 어쩌나 하는 문제에는 매달릴 필요가 없다. 내전이 있을지 여부는 재수 없게 내전에 휩쓸려 자리나 목숨을 잃을 수도 있는 사람들에게나 중요한 문제다. 고성과 살인과 방화가 끝나고 나면 살아남은 사람들은 어떤 식으로든 안정적인 정부를 세워야 한다. 나폴레옹3세나 알폰소 왕, 크롬웰, 나폴레옹, 무솔리니,

레닌 같은 독재자가 나타나서 엉망이 된 상황을 정리해야 할 수도 있다. 하지만 독재자도 뭐든 혼자 결정하다 보면 명이 단축되거나 금세 힘을 잃기 때문에 오래 집권하기 위해서는 의회나 위원회를 둘 수밖에 없다. 그리고 그러한 기관들이 어느 정도 민의를 대변하게 해야 한다. 시민이 경찰에 협조하지 않으면 아무리 강한 정부도 무너지기 때문이다. 영국 정부가 아일랜드에서 그렇게 무너졌다.

    의회와 헌법은 사라졌다가도 반드시 다시 등장한다. 따라서 방화와 처형, 유혈사태를 부르는 폭동과 쿠데타는 사회주의의 청사진에서 아예 제외하는 것이 좋다. 싸움에 대해서는 일절 신경을 끄고 노동당의 미래나 살펴보자. 사회주의 노동당이 지금처럼 계속 세력을 키우다 보면 조만간 의회의 다수당이 되어 재집권하고 전성기를 맞을 수 있다. 1924년에는 어부지리로 내각을 차지했다가 결국 보수당과 자유당 손에 놀아나기도 했지만, 머잖아 노동당이 실권을 쥐고 프롤레타리아를 위한 정책을 실천할 날이 올 것이다. 그렇게 노동당이 사회주의를 영국의 헌법 질서로 확립할 수 있는 날이 오면 어떤 일을 겪게 될지 이제부터 생각해보자.

제76장 *Change Must Be Parliamentary*

자본주의자와 사회주의자는 결국 의회에서 합의를 볼 수밖에 없다. 하지만 그 단계에 도달하기 전까지는 언제나 그랬듯이 온갖 악행이 벌어질 수 있다. 부적절하고 사악한 방법을 다 동원하고 더는 할 게 없어져야 비로소 올바른 방법을 찾게 될지도 모른다. 총파업이라는 국가적 자살행위가 벌어지면 노동자 정부든 자본가 정부든 분별있는 사람들은 어떻게든 총파업을 막으려 할 것이므로 강제 진압을 시도하고 계엄령을 선포하는 상황까지 치달을 수 있다. 그러면 군중을 학살하거나 (더블린의 경우처럼) 도시를 폭격하는 일이 생길 수도 있다. 성난 군중이 교외 저택을 방화하고 약탈하며 경찰을 공격하는 일들이 벌어지고, 혐오와 싸움과 살인이 무슨 영광스러운 스포츠라도 되는 양 기꺼이 목숨을 바쳐가며 거기서 살맛을 느끼는 사람들이 광적인 시간을 보낼 것이다. 물론 최신식 기관총과 폭격기, 독가스탄으로 무장한 정부에 저항하는 것 자체가 불가능할 수도 있고, 봉쇄와 보이콧을 해봐야 자기들이 가장 먼저 피해 본다는 것을 자각한 노동자들이 파업에 신중해질 수도 있다. 그렇더라도 의회가 사분오열하며 싸우느라 제구실을

법 하나면 된다는 발상은 위험하다

못 한다면 결국 독재 정권이 들어서고 말 것이다. 독재자는 비스마르크처럼 왕을 등에 업고 통치하는 인물일 수도 있고, 마호메트나 브리검 영, 무솔리니처럼 급부상한 평민일 수도 있으며, 시저나 나폴레옹, 프리모 데 리베라처럼 장군 출신일 수도 있다.

그러한 사회 격변기를 맞게 되면 누구든지 폭행을 당하거나 총에 맞거나 독가스에 중독되거나 집이 불타서 길바닥으로 쫓겨나거나 파산할 위험에 처한다. 마치 홍역을 치르듯 인간의 호전성과 이기주의라는 유행병에 시달려야 할 것이다. 홍역은 불가항력이라지만 호전성과 이기주의는 우리가 자초한 질병이다. 우리는 호전성을 미화하며 부자를 떠받들고 가난한 사람을 억압하는 것이 품위와 명예라고 아이들에게 함부로 가르쳐왔다. 그런 식으로 불건전한 풍속을 양산하니 걸핏하면 폭력과 계급혐오라는 유행병에 시달리는 것이다.

어쨌든 서로 타협하지 못하고 싸우는 세력들은 결국 킬케니의 고양이들처럼 다 같이 끝장나게 돼 있다. 가장 힘센 세력도 다른 모든 세력을 평정한 다음에는 자기들끼리 싸우다 자멸한다. 그리고 등장하는 독재자도 결국에는 크롬웰처럼 병들어 죽거나 노년의 비스마르크처럼 야심찬 젊은 군주에게 밀려나는 신세가 된다. 독재는 오늘날 정치 현실에 적합하지 않다. 브리검 영Brigham Young[1]의 말일성도 같은 소규모 집단에서조차 독재정치가 쉽지 않다. 미국에서는 독재에 가까운 대통령제가 잘 작동하고 있지만, 임기 4년 동안 독재자나 다름없는 대통령도 내각 각료와 협력하고 상하원을 상대하고 선거 결과에 승복해야 한다. 이러나저러나 우리는 의회정치로 돌아갈 수밖에 없다. 오만한 멍청이들은 자기가 통치하지 않으면 안 되는 줄 안다. 귀족과 속물들은 평민들이 기어오르려고 하면 질서 유지를 위해 총살해야 한다고 생각한다. 자기 처지에 분개한 프롤레타리아는 자본주의 체제와의 싸움이 막막한 나머지 사람이든 사물이든 보다 취약한 대상을 찾아 공격하려 한다. 하지만 저마다 최악의 짓거리를 다 하고 나면 종당에는 저지른 일들을 수습해야만 한다. 서로 주먹다짐하지 않고 머리를 맞댈 수 있는 분별력과 공동체의 업무를 조직할 능력을 갖춘 사람들이 나서서 죽은 사람을 땅에 묻고 불에 탄 집들을 다시 짓고 엉망진창이 된 상황을 정리해야 할 것이다. 이 사람들이 다 처음부터 지각있는 사람들이었던 것은 아니다. 그들 중 일부는 악행에 가담했다가 무정부 상태의 쓴맛을 보고 분별력이 생긴 것일 수도 있다. 물론 그렇게 분별력이 생긴 사람들과 타고난 분별력을 갖춘 사람들이 의회를 구성하고 국가 업무를 수행하기도 전에 치고받고 싸우다가 문명이 끝장난다면, 그래서 국가

---

[1] 브리검 영(1801-1877): 미국 모르몬교 지도자. 모르몬교 교조인 조지프 스미스가 살해된 후 지도자가 되어 교도들을 이끌고 유타주 솔트레이크시티로 이주해서 모르몬 공동사회를 건설했다. 브리검 영 대학교와 유타 대학교의 전신인 데저릿 대학교 설립자이며 일부다처주의자로 총 27명의 아내와 56명의 자녀를 두었다.

자체가 없어져버린다면, 당연히 국가의 업무라는 것도 없을 것이다. 그런 일이 한두 번 일어났던 게 아니다.

  지금은 그 모든 불쾌한 가능성을 접어두고, 양당정치가 정착되어 의회가 무리없이 굴러갈 때 사회주의를 어떻게 실현할지 생각해보자. 한 당은 사회주의에 반대하고 다른 당은 찬성하는 입장을 취하겠지만, 양당 모두 폭주하는 자본주의를 어떤 식으로든 제어해야 할 필요성을 느끼기 때문에 야당일 때 맹렬히 비난하던 정책들도 막상 여당이 되면 실시할 수밖에 없다. 그래서 장기적으로 보면 사유재산 국유화나 소득 재분배에 두 당이 비슷하게 기여할 것이다. 지금까지도 그래왔다.

  여기서 사회주의 실현 계획의 전 과정을 속속들이 다룰 생각은 없다. 그런 식으로 독자 여러분을 지치게 할 바보짓은 하지 않겠다. 다만 앞으로 어떤 법이 만들어지고 그 법이 어떤 반대에 부딪힐지 여러분에게 알려주려는 것뿐이다. 그러면 여러분은 유권자로서, 아니면 하원의원이나 지방의원으로서 어느 편에 서야 할지 더욱 잘 판단하게 될 것이다. 나는 여러분이 충성스러운 당원이 되는 것은 바라지 않는다. 그보다는 열린 마음을 가진 부동층 유권자가 되기를 바란다. 어떤 정당의 역량에 변화가 생겼다거나(당대표에 따라 그럴 수 있다) 지난 선거에서 잘못된 선택을 했다고 판단되면 오늘은 이 정당에 투표했다가도 내일은 다른 정당에 투표하는 유권자가 돼야 한다. 충성스러운 당원은 그런 열린 마음을 배신으로 받아들인다. 하지만 정치활동을 할 때는 오로지 공익에 충성해야 한다. 그래도 매번 같은 정당에 투표할 생각이라면 상대 정당의 고정 지지자를 찾아서 어울려보는 게 어떨지? 둘이 손잡고 투표하지 않기로 해도 투표 결과에는 영향을 미치지 않을 테니 투표장에 가는 수고를 덜 수 있을 것이다.

알다시피 사회주의를 실질적으로 구현하려면 정부가 적절한 보상과 수용을 통해 산업을 차근차근 국유화해 나가야 한다. 물론 국유화 하기 전에 해당 산업을 운영할 준비를 철저히 해야 한다. 기존 산업 인력을 공무원으로 채용해서 관련 정부부처의 통제하에 둬야 하고, 그들을 관리하고 감독하는 관료들은 현재 우리의 생계를 쥐고 흔드는 산업 모리배나 금융도박꾼보다 훨씬 유능하고 노련하고 윤리적인 사람들로 구성해야 한다.

그런데 그와 같은 국유화가 가능해지려면 정부가 하는 일을 유권자들이 대강이라도 이해하고 지지해야 한다. 유권자들은 사회주의가 뭔지는 몰라도 탄광 국유화에는 찬성하고 표를 던진다. 국유화로 국민의 복지가 나아지는 것까지는 알지 못해도 석탄을 싸게 살 수 있다는 것은 알기 때문이다. 철도나 운송수단에 대해서도 마찬가지다. 가장 고집 센 보수주의자조차 교통비와 운송비가 줄어들 것 같으면 철도와 운송수단 국유화에 기꺼이 표를 던진다. 이러한 대중의 지지를 기반으로 대규모 국유화가 몇 차례 이루어지고 나면 국유화는 통상적인 국가정책의 일부가 될 것이다. 노령연금을 생각해보자. 사람들은 이제 노령연금을 당연하게 여기지만 불과 얼마 전까지만 해도 공산주의라며 맹비난했다. 실제로 노령연금은 공산주의가 맞다.

그러니까 멋모르는 사람들이 공산주의에 저항한다손 치더라도 자본주의는 승산이 없다. 소비에트가 토지 국유화를 할 때도 저항에 부딪혔다. 애초에 러시아 사람들은 공산주의자가 아니었고 공산주의 제도를 따르려 하지도 않았다. 나라가 너무 커서 제도를 억지로 밀어붙일 수도 없었다. 인구의 절반에게 총을 쥐여주고 나머지 절반을 감시하게 해야 유지할 수 있는 제도라면 어차피 실효를 거둘 수 없으므로 관두는 게 맞다. 하지만 국유화를 잘 준비해서 차근차근 실행한다면 사회주의에 경기를 일으키는 사람들도 이해하고 지지할 것이며 변화를 싫어하는 대중도 무리없이 받아들일 것이다. 국유화를 단지 주인이 바뀌는 것으로 이해하고 그 상황이 익숙한 나머지 변화로 느끼지 않을지도 모른다. 자연스럽게 사람들이 늘 바라던 대로 임금인상이 이뤄지고 사회적 위상과 고용안정성에도 변화가 생길 것이다. 이렇게 해서 개혁의 최대 난제가 해결된다. 보통 사람들은 자기한테 끔찍하게 해롭더라도 익숙한 방식을 따르려고 하고 자기한테 엄청나게 이롭더라도 새로운 방식에는 저항하려는 경향이 있는데, 개혁을 차근차근 진행하면 그러한 문제를 극복하고 목표한 바를 이룰 수 있다.

사회주의 입법은 사람들이 부자가 되는 것을 막거나 경찰국가를 만들려는 게 아니다. 국민소득의 창출과 분배에 적극적으로 관여하겠다는 뜻이다. 새로운 사회주의법을 제정하려면 그 법을 집행할 정부부처를 신설하고 공무원을 확충해야 한다. 예컨대, 모든 아이가 편안한 집에 살면서 빵과 우유를 실컷 먹게 하는 법을 제정한다고 해보자. 만약 빵집과 우유가게와 주택이 충분하지 않다면 그 법은 사문이 될 수밖에 없다. 신체 건강한 성인은 누구나 일을 해야 한다는 법을 제정해도 모든 사람을 위한 일자리가 마련돼 있지 않다면 그 법은 실행될 수 없다. 건설과 생산에 관련된 법은 십계명과는 다르다. 대규모 고용, 유관기관과 사업체의 설립, 거액의 초기 자본 조달, 유능한 관리 감독과 같은 일들이 수반돼야 한다. 그렇지 않으면 왕이나 독재자가 선포한 법이든 종교의 계명이든 공산주의 선언이든 그것은 사회주의를 실현하는 데는 아무 도움 안 되는 휴지조각에 불과하다.

요컨대, 소득불평등에서 소득평등으로 가는 변화는 오로지 입법을 통해 이뤄질 수 있는데, 누구나 똑같은 소득을 가져야 한다는 법 하나 제정해서 될 일은 아니다. 이런저런 저항을 극복하고 공무원을 확충하고 국유화와 연간 예산 편성을 수십 번은 되풀이해야 한다. 그러다 보면 소득평등에 점점 더 가까워지고 마침내 크게 신경쓸 필요없는 아주 사소한 불평등만 남게 될 것이다. 지금 어떤 아이는 일 년에 10만 파운드를 누리는 반면 수백 명의 다른 아이들은 영양부족으로 죽어가고 있다. 그러니 소득평등화를 위해 죽을 각오를 무릅쓰고 싸울 수밖에 없다. 하지만 모든 아이가 부족함 없이 지내게 된다면, 어떤 아이의 부모가 5실링 혹은 5파운드를 더 번다고 해도 크게 문제 되지 않을 것이다. 사회 개혁이 논리적으로 완결되거나 산술적으로 똑떨어질 때까지 진행될 것으로 기대해서는 안 된다. 의도한 바를 충분히 달성했다 싶으면 개혁은 멈추기 마련이다. 가난한 사람에게 주급 1파운드(20실링)와 주급 1기니(21실링)의 차이는 크다. 가난하면 단돈 1실링에도 벌벌 떨게 되기 때문이다. 하지만 일주일에 20파운드(400실링)를 버는 사람은 다른 사람이 20기니(420실링)를 벌더라도 세상을 뒤집을 생각은 하지 않는다. 사실 별 격차도 못 느낄 것이다. 그러니까 유명 가수나 희귀 품종을 파는 화훼상이 조금 더 번다고 경찰에 고발당하는 세상이 되면 어쩌나 하는 걱정 따위는 할 필요가 없다. 남보다 돈을 더 벌려는 행동을 고상하지 못하다고 여기는 사회 분위기가 형성될 수는 있겠지만 말이다. 우리가 다 같이 잘살게 되면, 그래서 어느 집 딸이 어느 집 아들과 결혼하든 집안이 기우네 마네 하는 얘기가 나오지 않는다면, 국민소득에서 고작 몇 푼이 오가는 문제로 더는 골머리를 썩이지 말고 그쯤에서 만족해도 될 것이다. 물론 소득평등화는 가장 기본적인 원칙으로 유지해야 하며 원칙에 맞게 가고 있는지 항상 예의 주시해야 한다. 소득평등화를 실현하고 지키려는 노력에는 끝이 없다.

사회주의적 수단이 만능은 아니다. 산업을 국유화하고 민간 고용을 정부 고용으로 바꾸는 과정을 살펴보자. 아무리 국유화가 좋다고 해도 모든 것을 국유화할 수는 없다. "지난주에 영국에서 사회주의가 완성됐다"라는 기사는 앞으로도 볼 일이 없을 것이다. 제3인터내셔널이 축성한 루비 머리띠를 두른 여왕이 붉은 실크스카프를 걸치고 "만국의 프롤레타리아여, 단결하라"를 외칠 일은 없다는 말이다. 국유화가 원칙이 되고 사기업이 예외가 되는 때가 오면 사회주의라는 허접한 단어는 사람들 뇌리에서 잊힐 것이다. 간혹 거론되더라도 19세기라는 암흑기에 어느 광신도들이 추종했던 사이비 종교 취급이나 받을지 모른다. 실제로 사회주의는 이미 한물갔다고들 한다. 사회주의에 대한 허튼소리는 집어치우고 우리의 실리적인 본성을 발휘해 탄광과 전력 산업을 하루빨리 국유화하는 것이 좋겠다고도 한다. 사회주의라는 이름을 버리는 게 사회주의에 더 도움이 된다면 얼마든지 버릴 용의가 있다. 나는 무려 40년 전에 사회주의자들만 아니었으면 사회주의가 진작에 실현됐을 거라고 꼬집었다.

모든 걸 한방에 이룰 수는 없다는 것을 깨닫지 못하는 사람들은 일을 그르치기만 할 뿐 아무것도 이루지 못한다.

제77장

Subsidized Private Enterprise

국유화만이 능사는 아니다

우리가 대규모 사업과 도매업은 국유화하더라도 민간 영역에서 지금처럼 수많은 소상공인이 활동하도록 놔둬야 할 것이다. 독점대기업 대신 국가가 가격을 주도하게 되면 소상공인들도 지주와 자본가에게 착취당할 때보다 더 나은 삶을 누리고 자본주의 사회에서 늘 시달리던 파산의 공포에서 벗어날 수 있다. 광산을 국유화한다고 해서 마을의 대장간까지 국유화하고 대장장이를 공무원으로 만들 이유는 없다. 집집이 전기를 공급하는 전력회사는 국유화하더라도 예술가, 장인, 과학자, 주부 등 개인의 전기 사용을 간섭할 이유는 없다. 토지와 대규모 농업은 국유화하더라도 특이한 과일을 재배하는 과수업이나 개인의 텃밭까지 건드릴 필요는 없다. 지금 우리가 봉건주의에 대해 거의 잊어버린 것처럼 언젠가 우리가 아는 자본주의도 기억에서 희미해질 것이고 자영업자들이 노예처럼 일해야 하는 지금보다는 훨씬 많은 사람이 자영업에 종사하게 될 것이다.

사회주의하에서 은행 국유화로 사업하기 좋은 환경을 제공하면 민간사업을 사실상 부추기게 될 것이다. 민간사업자의 소득이 너무 과하다 싶으면 세금을 걷어서 통상적인 수준으로 조정하면 된다. 하지만 민간 부문 노동자 대다수는 여전히 공공 부문 노동자보다 가난할 가능성이 더 크다. 지금은 민간에서 생산을 주도하고 있기 때문에 토지와 자본이 없는 노동자들은 자기들이 생산한 것에 비해 훨씬 적은 대가를 받더라도 먹고살려면 지주와 자본가 밑에서 일해야 한다. 그러나 누구나 공기업에서 일할 수 있고 누구나 국유토지와 국유자본에서 자기 몫의 배당금까지 받게 된다면 굳이 사기업에 취직하려는 사람이 없을 것이다. 공기업의 모든 이점을 능가하고도 남을 정도로 돈을 많이 주는 사기업이 나타난다면 모를까. 즉, 사기업은 더는 노동자를 값싸게 부려먹지 못한다. 따라서 공기업보다 높은 임금을 지급할 정도로 경영자가 유능한 일부 사기업을 제외하고 나머지는 파산하기 십상이며 그렇지 않으면 그저 제 식대로 일하는 것에 만족하며 공기업보다 낮은 임금으로 근근이 버텨야 할 것이다. 개중에는 소득이 일반적인 수준은 돼야 한다며 정부에 보조금을 요구할 사기업도 있다. 예컨대, 외딴 마을이나 산간벽지에서는 수지가 맞지 않아 운송회사를 운영하기 어렵기 때문에 정부나 지자체가 그 지역 농부나 상인에게 보조금을 지원하고 운송사업을 담당하게 하는 것이 가장 경제적이고 합리적일 것이다.

알다시피 대규모 사업에는 이미 보조금을 지원하고 있다. 노조의 임금 인상 요구가 받아들여지면서 생산성 낮은 탄광은 문을 닫아야 할 지경이 되자 탄광주들은 사회주의라면 치를 떨면서도 보수당 정부에 보조금을 요구해 천만 파운드를 받아냈다. 사실 대부분의 탄광은 노조가 요구하는 수준의 임금을 충분히 지급할 수 있는 상황이었다. 정부는 결국 일부 악성 탄광을 살리겠다고 국민 전체에게 세금을 걷어 터무니없이 비싼 석탄 가격을 떠받치는 바보짓을 한 것이다. 보조금 지급을 중단했더니 탄광주들은 기다렸다는 듯 사업장 폐쇄에 들어갔다. 애초에 탄광을 국유화했으면 광부들의 임금은 올리고 석탄 가격은 내릴 수 있어서 그딴 일들을 겪지 않아도 됐을 것이다. 하지만 여기서 중요한 건 그게 아니라 보조금이라는 사회주의적 방식을 자본가들이 나서서 정착시켰다는 것이다. 자본가들은 사기업이 고용을 유지할 만큼의 수익도 내지 못하지만 그렇다고 망하게 둘 수도 없는 유용한 사업을 하면 정부로부터 보조금을 받을 수 있게 했다. 사실 보조금은 새로울 게 없고 과학 연구, 교육, 종교, 도서관, 미술관, 탐험, 국제우편 등을 지원하는 정부 장려금도 보조금의 일종이다. 이제는 그 보조금을 일반 산업에까지 지원하게 된 것이다.

    자본가들은 한술 더 떠서 창업 보조금까지 노골적으로 요구한다. 항공사들은 정부가 전쟁 중에 염료산업을 지원했듯이(정부는 훗날 그 결정을 후회했다) 항공산업도 지원해야 한다고 뻔뻔하게 주장했다. 자본가들의 이 새로운 술수에 주목해야 한다. 자본가들의 보조금 요구는 스스로 경쟁에서 살아남은 사기업이 산업을 이끌어야 한다는 자본주의 원칙을 저버리는 것이다. 뿐만 아니라 사기업이 감당해야 할 온갖 위험 비용은 납세자인 우리에게 떠넘기고 물건은 최대한 비싸게 팔아서 이익은 전부 자기들이 가져가겠다는 것이다. 한마디로 우리를 이중으로 뜯어먹겠다는 수작이다. 그래서 노동자들이 정부에 생활임금 보장을 요구하면서 상품 가격과 회사 이윤도 보장해달라고 하면 파업을 반대하던 자본가들도 못 이기는 척 따라간다.

사회주의가 세상의 질서가 되면 자본가가 납세자를 착취하던 자본주의 시절의 보조금 관행을 선례로 삼아 새로운 산업이나 방법을 개척하는 모험적인 사기업에 보조금을 지원할 것이다. 외딴 마을의 운송업처럼 당장 국유화할 수는 없지만 누군가는 맡아서 해야만 하는 유용한 사업에도 보조금을 지원하기가 훨씬 수월해질 것이다. 그러니 영리한 사업가들이라면 사회주의에 구미가 당길 수밖에 없다. 직접적으로 완전한 국유화는 일상으로 자리잡은 서비스에 국한돼야 한다.

사회주의 정부가 사기업을 인정할 뿐만 아니라 재정적인 지원까지 하겠다고 하면 교조적인 사회주의자들은 충격을 받는다. 하지만 사회주의 정부가 할 일은 사기업을 억누르는 것이 아니라 소득평등을 달성하고 유지하는 것이다. 사기업을 공기업화하는 것은 소득평등을 실현하기 위한 여러 방법의 하나일 뿐이다. 어떤 사업을 사기업에 맡기는 것이 소득평등이라는 목적에 더 부합한다면 사회주의 정부는 사기업을 인정하고 보조금은 물론 창업자금까지 지원할 것이다. 사실 사회주의는 자본주의보다 훨씬 유연하고 관대하다. 자본주의는 수지가 맞지 않으면 운송회사 없이 불편을 겪는 지역도 그냥 방치해버리지 않는가.

실험적인 민간사업이 국가의 지원으로 성공을 거둬서 새로운 산업이나 발명, 방법이 그 국가의 통상적인 산업이 되면 그때 국유화해야 한다. 그러니까 사기업은 참신한 시도를 통해 계속해서 새로운 서비스를 개발해야 한다. 지금처럼 수익이 보장된 안정적인 사업에 안주하는 것은 바람직하지 않다. 일례로 여태껏 사기업이 맡아서 하고 있는 철도사업은 벌써 오래전에 국유화했어야 한다. 아무리 꽉 막힌 공무원이라도 그 잘난 체하는 철도회사 사장들처럼 그렇게 반동적이고 고루하며 폐쇄적으로 경영하지는 않을 것이다. 철도사업을 국유화하는 데 필요한 지식은 전부 준비돼 있다. 반면 여전히 실험적 단계에 있는 항공사업은 철도사업처럼 안정적으로 잘 자리잡을 때까지 국가의 지원을 받으며 사기업들이 운영하는 편이 좋을 것이다.

안타깝게도 사람들은 보조금에 대한 이해가 매우 낮다. 자본가들이 경영자와 금융업자 같은 대리인을 앞세워 보수당 정부에 보조금을 요구하고 납세자들에게는 아무것도 돌려주지 않겠다고 하는데도 그냥 놔두고 있다. 정부는 탄광주들에게 천만 파운드나 지원하고도 탄광을 담보로 잡지 않았다. 사기업에 보조금 백 파운드만 지원해도 그에 상응하는 주식을 요구해야 마땅하다. 그렇게 하지 않으면 나중에 그 기업을 국유화할 상황이 됐을 때 이미 줄 만큼 다 줘놓고도 자본가에게 또 보상을 해주는 사태가 벌어질 것이다. 사실 전에도 살펴봤듯 보상 자체는 문제 될 게 없다. 국가가 보조금을 대주고도 주주의 권리를 갖지 못한다는 것이 심각한 문제다. 사기업의 모험에 공금이라는 선물을 조건없이 제공하다니 국고를 횡령하고 납세자들을 약탈하는 짓이다.

그러니까 자본주의 정부와 사회주의 정부의 차이는 국유화 여부가 아니다. 국유화를 하지 않고는 두 정부 다 하루도 못 버틴다. 국유화를 어디까지, 얼마나 신속하게 밀어붙이는지가 자본주의 정부와 사회주의 정부를 가르는 차이다. 자본주의 정부는 국유화를 악으로 간주하고 수익성 좋은 사업은 전부 모리배들에게 맡기고 수익성 없는 사업만 국유화하려 한다. 공적인 목적으로 땅을 매입했다가도 소기의 목적만 달성하면 개인에게 땅을 되팔고 그 돈으로 소득세를 깎아준다. 그런 식으로 국유지가 도로 사유지가 되고 일부 소득세 납세자의 불로소득만 늘어난다. 반면, 사회주의 정부는 자본가에게서 걷은 세금으로 최대한 신속하고 가열차게 토지 국유화를 추진하며 국유지를 개인에게 되파는 것에 단호히 반대한다. 하지만 국유화를 서두르다가는 소비에트 정부처럼 역풍을 맞을 수도 있다. 토지와 자본은 지속적으로 활발하게 사용돼야 한다. 정부가 비옥한 토지와 여유자본을 국유화하고도 즉시 경작하거나 생산적인 사업을 할 준비가 돼 있지 않다면 좋든 싫든 그 토지와 자본은 민간에 되팔 수밖에 없다. 충분히 준비되지 않은 상태에서 성급히 사회주의를 향해 갔다가는 온 길을 되돌아가야 하는 것이다. 1차세계대전 중에는 민간산업이 붕괴되어 군에 포탄을 공급하지 못하는 바람에 우리의 젊은 군인들이 플랑드르에서 끔찍한 학살을 당했다. 그래서 국영공장에서 군수품을 생산하게 됐는데 1918년 전쟁이 끝나자 자본주의 정부는 노동당의 반대를 무릅쓰고 그 국영공장들을 민간에 헐값에 팔아버렸다. (폭격을 피하려고) 외진 곳에 설립했던 공장들은 팔리지 않고 남아 있었다. 수익이 나지 않겠다고 판단해서 아무도 입찰을 하지 않은 것이다. 그런데 새롭게 정권을 잡은 노동당 정부도 남아있는 군수공장들마저 민간에 팔아버리려고 했다. 새로운 정부도 공장들을 평시에 활용할 능력이 없었기 때문이다.

　요컨대, 국유화는 사회주의를 하겠다는 의욕만 가져서 될 일이 아니다. 생산수단을 효율적으로 사용할 준비가 돼 있지 않은 상태에서 설불리 국유화했다가는 소비에트 정부가 그랬던 것처럼 토지와 자본을 지주와 자본가에게 돌려줘야 할 것이다. 당장 어디에 써야 할지 모르거나 바로 활용할 준비가 돼 있지 않다면 어떤 것도 국유화해서는 안 된다. 만일 사회주의자들이 자본주의 정부를 억지로 몰아붙여서 준비되지 않은 채로 자산을 국유화한다면, 얼마 못 가서 자본주의 정부가 국유재산을 도로 시장에 내놓고 (마지못해서가 아니라 의기양양하게 "거봐, 내가 뭐랬어?"라면서) 헐값에 팔아버리는 꼴을 보게 될 것이다.

제78장 How Long Will It Take?

이제 소득평등을 얼마 만에 달성할 수 있을지 생각해보자. 개혁이 너무 더디거나 너무 늦어지면 폭력 혁명이 일어나서 모두 살해당하고 파멸할 수도 있다. 그런 식으로 달성한 암울한 평등은 지속될 수 없다. 소득평등을 제대로 달성하고 유지하기 위해서는 강한 정부와 정교한 법체계를 기반으로 사회가 안정되고 고도로 문명화돼야 한다. 군대에 돈을 쏟아붓는 정부는 강한 정부가 아니다. 과도한 군비는 오히려 겁에 질린 정부의 특징이다. 강한 정부는 국민 대다수가 도덕적으로 인정하는 정부다. 다시 말해, 경찰과 관료가 시민의 신뢰와 협조를 받는 정부다. 도덕적으로 인정받지 못하는 정부는 오래 가지 못하므로 사회주의를 실현할 수 없다. 사회주의를 실현하기 위해서는 오랜 기간 개혁을 거듭하며 공무를 조정하고 행정조직을 확충해야 한다. 개혁은 조금씩 신중하게 이루어져야 하며 국민의 확고한 지지를 얻어서 정권이 바뀌어도 되돌릴 수 없을 정도가 돼야 한다. 우편제도, 도로와 다리, 경찰, 하수도, 가로등 등의 공공재처럼 말이다.

평등한 사회까지 얼마나 걸릴까

유감스럽지만 개혁은 서두른다고 될 일이 아니다. 모세가 유대인들을 이끌고 40년 동안이나 사막을 떠돌아야 했던 일을 기억하자. 모세는 속박의 땅 이집트에서 유대인들을 데리고 탈출했지만 노예 생활에 길들여진 사람들이 자유롭게 살 준비가 전혀 안 된 것을 깨닫고 세대교체가 일어날 때까지 40년 동안 사막을 떠돌았다. 이집트에서 약속의 땅 가나안까지 물리적 거리는 얼마 되지 않았다. 40주면 걸어서 도착할 수 있었지만 사람들의 생활과 습관, 태도는 그렇게 빨리 변하지 않는다는 것이 문제였다. 이집트에서 비록 노예여도 안정적으로 살았던 사람들은 위험과 고생을 감수해야 하는 자유인이 되고 싶어 하지 않았다. 사회주의를 모르고 자란 사람들에게 갑자기 사회주의를 적용하려고 한다면 똑같은 문제에 부딪힐 수밖에 없다. 그런 사람들은 사회주의를 이해하지도 못하고 활용할 줄도 몰라서 결국 사회주의를 망가뜨릴 것이고 무턱대고 사회주의를 싫어하는 사람도 생길 것이다. 사실 지금 우리는 낡은 상업주의와 새로운 사회주의 사이에 놓인 사막을 건너는 중이다. 우리의 산업과 도덕, 법, 종교는 여전히 상업주의적이지만 국유화된 부분도 있고 공산화된 부분도 있다. 사회주의를 향한 변화가 언제 시작됐는지 모르는 것처럼 변화가 완성돼도 우리는 의식하지 못할 것이다. 변화가 일어나도 지적이지 못한 사람들은 전혀 알아보지 못한다. 설사 알아본다고 해도 뭐는 더 편해지고 뭐는 더 힘들어졌다고 인식하는 정도에 불과하다. 세상이 전보다 살기 좋아졌다고 감탄하거나 세상이 어쩌다 이렇게 됐냐며 탄식하기나 한다. 마크 트웨인은 "잘못을 고치는 건 언제든 할 수 있으니 굳이 서두를 일이 아니"라고 했다. 사람들은 늑장을 부리다 고통받을지언정 빨리 변하려고 하지 않는다. 그러니 변화를 두려워하는 사람들은 마음을 놓아도 된다. 변화가 너무 빨리 이뤄질 가능성보다는 너무 늦어질 가능성이 더 크다. 사회주의를 모르고 자라서 사회주의를 실현할 가망이 전혀 없는 우리 세대가 영원히 사는 게 아니라서 다행이다. 우리의 정치적 미신과 편견은 우리가 죽을 때 함께 사라질 것이다. 우리가 아이들의 머릿속을 망쳐놓지만 않는다면 다음 세대가 예리코의 성벽 Walls of Jericho[1]을 무너뜨릴지도 모를 일이다. 다행히 사회주의는 프롤레타리아에게 유익하고 프롤레타리아 부모들이 유권자의 다수를 차지하기 때문에 도덕 교육은 점점 더 사회주의를 지향하게 될 것이다.

---

1 모세는 유대민족을 이집트의 속박에서 구출해 약속의 땅 가나안으로 가라는 야훼의 계시를 받고 가나안을 정복하려 했지만 유대민족의 내부 갈등에 부딪혀 40년 동안 사막을 떠돈다. 모세의 뒤를 이어 유대민족의 지도자가 된 여호수아도 가나안 정복을 시도하지만 예리코의 성벽에 가로막혀 고전하다가 결국 야훼의 계시를 받고 나팔소리와 고함만으로 성벽을 무너뜨리는 데 성공한다(여호수아 6장). 그렇게 예리코가 유대민족 최초의 근거지이자 가나안 정복의 전초기지가 됐다고 전해진다.

그렇다고 경제적 이기심을 완전히 배척하는 사회 분위기가 조성될 것이라고는 기대하지 않는다. 물론 사회주의 국가에서는 나만 잘살면 된다는 생각을 물리쳐야 한다고 배울 것이다. 자본주의 국가에서 아이들이 일하지 않고도 남보다 돈을 더 많이 버는 것을 인생의 성공이라고 배우듯 말이다. 하지만 사람들의 생각이라는 게 그렇게 180도 바뀔 수 있는지는 모르겠다. 지금도 직업을 선택할 때 돈 잘 버는 직업을 기꺼이 포기하고 마음 가는 일을 하겠다는 사람이 더러 있지만, 그런 사람조차 주어진 상황에서 벌 수 있는 최대한을 벌려고 하고 더 많이 벌수록 더욱더 인정받지 않는가. 그러니 사람이 자기에게 허용된 범위 내에서 최대한의 경제적 이익을 취하는 것을 막을 수는 없을 것이다. 다만 사회주의 사회에서는 절대 허용되지 않을 게 있다. 미래의 사회주의 사회에서는 사사로운 이익 추구가 공동체에 이로운 일인 양 떠드는 일은 없을 것이며 이웃을 아랑곳하지 않고 혼자만 잘 살려는 시도는 뭐가 됐든 잘못된 행위로 간주할 것이다. 그래서 누구든 그런 행위를 한다면 오늘날 사기도박을 하다 들통났을 때와 마찬가지로 사회에서 매장될 것이다.

제79장 *Socialism and Liberty*

•

과민한 사람들은 사회주의가 되면 법이 지나치게 많아져서 경찰이 우리의 행동을 일일이 규제할 거라며 불안해한다. 사회주의가 무법천지를 만들 거라며 우려하는 무지한 사람들에 비하면 나름 납득할 만한 반응이다. 그동안 프롤레타리아가 궁지에 몰려 반란을 일으키거나 멸종되는 것을 막기 위해 얼마나 많은 규제가 만들어졌던가. 그러나 자본주의 사회에서 생긴 규제들은 사회주의 사회였으면 애초에 없어도 됐을 것들이다. 소소한 예를 들어보겠다. 예술 관련 사업을 하는 내 친구는 강변에 근사한 옛 저택을 사서 최대한 집처럼 꾸민 작업장을 만들었다. 윌리엄 모리스 벽지로 멋지게 장식하고 편안한 티타임을 위한 가구도 비치했다. 과도한 경쟁에 시달려 직원들을 착취하는 일 따위는 일어나지 않았다. 모든 것이 잘 굴러갔다. 그러던 어느 날 공장조사관이라는 사람이 찾아왔다. 그는 당혹스러운 얼굴로 주위를 훑어보며 직원들이 어디서 일하냐고 물었다. "여깁니다." 내 친구는 조사관이 이렇게 훌륭한 공장은 본 적이 없을 것이라고 자신하며 대답했다. 그런

규제들이 사라진다

데 조사관이 물었다. "공장법규가 적힌 종이는 어디에 있습니까? 직원들이 볼 수 있도록 벽에 붙여놓으라고 법으로 정해져 있습니다만?" 내 친구가 대답했다. "설마 그 흉물스러운 종이를 이렇게 잘 꾸민 거실 같은 곳에 붙여놓으라는 말씀은 아니시죠? 이 벽지는 모리스 벽지예요. 여기에 그렇게 큰 벽보를 붙여서 다 망칠 수는 없습니다." "그렇다면 상당한 벌금을 물으셔야 합니다. 공장법규를 붙여놓지도 않고 벽에 주기적으로 회칠을 하라는 법도 어기고 대신 벽지를 바르셨으니까요." "그치만, 빌어먹을!" 내 친구는 항의했다. "저는 여기를 집처럼 편안하고 아름답게 만들고 싶다고요. 직원들이 계속 일만 하는 게 아니잖습니까. 여기서 차도 마신다고요." "직원들이 일하는 곳에서 식사도 한다는 말인가요? 그렇다면 그에 대한 벌금도 물으셔야겠네요." 조사관은 그러고 가버렸고 졸지에 현행범이 된 내 친구는 당황했다.

    다행히 그 조사관은 분별 있는 사람이었다. 그는 다시 오지 않았고 벌금을 부과하지도 않았다. 모리스 벽지는 그대로 남았다. 이른바 불법

티타임도 계속됐다. 하지만 이 사건을 통해 우리는 자본주의가 악을 행하는 개인의 자유를 제약하려다 선을 행하는 개인의 자유까지도 제약해왔다는 것을 알 수 있다. (공장에서는 남성 노동자라고 여성 노동자보다 더 자유로운 것도 아닌데) 여자가 남자보다 더 억압받는다는 통념 때문에 공장법은 여성 노동자를 채용한 공장에 더욱 엄격한 규제를 가한다. 그래서 남자들은 잘만 고용하면서 여자들은 고용하기를 꺼리는 곳이 허다하다. 공장조사관만 우리의 자유에 간섭하는 게 아니다. 국세청 직원은 우리가 소득의 상당 부분을 토해내게 하고, 학교출결관리자는 자녀 교육을 우리 뜻대로 하게 내버려두지 않으며, 지방공무원은 규정을 들먹이며 주택 건축과 배관도 마음대로 못 하게 한다. 구빈법 담당공무원, 실업보험 담당공무원, 예방접종 담당공무원 등도 이런저런 규제를 가한다. 우리는 자본주의의 폐단을 점점 더 못 견뎌 하며 갈수록 규제를 늘리려 하고 있다. 하지만 잘사는 사람들은 지금도 그런 간섭을 거의 받지 않는다는 사실을 알고 있는가? 예컨대, 집값이 웬만큼 비싼 동네에 사는 가정은 학교출결관리자의 전화를 받을 일이 없다. 비싼 집에 살아도 자녀교육을 등한시하거나 잘못하는 가정이 많은데 말이다. 빈민이 없으면 구빈법 담당공무원도 필요없고, 기본소득이 있으면 실업보험 담당공무원도 필요없다. 불편하고 위험하고 비위생적인 환경에서 노동자를 착취하는 고용주가 없다면 공장법의 대부분은 불필요할 뿐 아니라 오히려 참기 힘든 구속이 된다.

그렇다면 경찰은? 정직한 시민에게는 친구이지만, 도둑과 부랑자, 사기꾼, 폭도, 협잡꾼, 주정뱅이, 매춘부에게는 천적이라는 경찰에 대해 생각해보자. 오늘날 군인과 경찰은 가난한 사람들을 합법적으로 등

처먹는 현 체제를 강화하기 바쁘다. 즉, 생산적인 노동자들이 창출한 부가 이자나 임대료 명목으로 무위도식자와 무위도식자에 기생하는 사람들에게 무사히 흘러들어가게 하는 데 많은 힘을 쏟고 있다. 심지어 경찰은 땅 주인에게 돈을 내지 않았다는 이유로 야외에서 잔 사람을 체포하기도 한다. 경찰이 그런 일을 못 하게 하자. 경찰이 그런 일을 하는 바람에 고착화되는 가난을 없애보자. 비위생적이고 불결한 환경이 천연두와 장티푸스를 유발하듯 가난은 집단적인 부패와 도둑질, 폭동, 사기, 매춘을 유발한다. 그런 것들도 다 없애버리자. 그러면 교도소와 형사법정에서 그리고 배심제 운영과 관련해 현재 경찰이 가하는 불쾌한 제재들도 전부 사라질 것이다.

가난을 없애면 가난으로 인한 불행과 걱정에서 자유로워진다. 반면 가난으로 고통받는 사람들은 고통을 견디기 위해 인위적인 행복에 의존한다. 고통스러운 수술을 받아야 할 때 인위적으로 감각을 마취시키듯이 말이다. 술을 마시면 인위적인 행복과 인위적인 용기, 인위적인 즐거움, 인위적인 자기만족을 얻을 수 있어서 도저히 견딜 수 없는 처지에 놓인 사람들도 술을 마시며 버틴다. 그런 사람들에게는 술이 구세주다. 하지만 술 마시고 기분 좋은 것은 양심과 자제력과 몸의 정상적인 기능이 마비된 결과라서 범죄와 질병, 퇴행으로 이어지기 쉽다. 그렇다 보니 미국에서는 술의 생산과 판매를 법으로 금지하기에 이르렀고 영국에서도 금주법을 도입하려는 움직임을 보이고 있다.

금주법에 대한 반발은 매우 거세다. 자본주의하에서 사람들이 그만큼 술에 의존적이라는 뜻이다. 미국의 유명한 금주론자는 벌건 대낮에 런던 한복판에서 의대생들에게 습격당해 한쪽 눈을 실명하고 허리를 크게 다쳤다. 그가 다른 분야에서 유명한 사람이었다면 미국 정부는 배상금을 최대한 높게 부르고 진지한 사과와 폭행범들에 대한 엄벌을 요구했을 것이다. 영국이 그런 요구를 거부하거나 행여 보류하기만 했어도 미국 욱둥이들이 전쟁을 선포했을 것이다. 하지만 하필 피해자가 가난의 고통과 부자의 권태를 알딸딸한 상태로 견딜 만하게 해주는 마취제에 반대하는 사람이었던 터라, 피해자의 동포도 영국의 양심도 전혀 움직이지 않았고 경찰에게 가벼운 질책조차 하지 않았다. 피해자의 몸이 갈기갈기 찢겼다고 해도 대중은 쌤통으로 여겼을 것이다.

사람들은 이제 술보다 훨씬 강력한 행복제조기인 마약에도 의존한다. 마약을 하면 그저 몽롱한 자기만족과 허영에 취하는 데 그치지 않고 황홀감에 도달한다. 하지만 끔찍한 불쾌감이 뒤따르고 그러한 불쾌감을 해소하고자 점점 더 많은 약을 투여하게 된다. 결국 주변의 모든 이가 두려움에 떨게 되고 약쟁이가 죽어야만 한시름을 덜게 된다. 마약을 금지하는 것에는 누구도 반대하지 않는다. 인위적인 건강과 행복을 팔아서 먹고살도록 교육받은 의대생 집단조차 처방권을 자기들이 갖겠다고 주장하기는 해도 마약금지법에는 감히 반대하지 못한다. 하지만 돈은 넘쳐나는데 할 일은 없는 계층에서 마약 수요가 엄청나다 보니 아무리 무겁게 처벌해도 쉽게 큰돈을 버는 마약 밀수가 근절되지 않는다. 결국 우리는 가짜 행복을 사고팔지 못 하게 하려다 또 다시 개인의 자유만 제약하게 됐다. 순수한 목적으로 필요한 약을 구입하려는 사람도 의사에게 괜한 돈을 주고 처방전부터 받아야 하는 것이다.

그래도 마약금지법은 대중의 지지라도 받는데 금주법은 대중이 도무지 받아들이려 하지 않는다. 술을 금지하면 물질적으로 더욱 풍요로워진다는 증거가 넘쳐나지만, 금주법은 어떤 정부도 섣불리 강행하지 못한다. 술 마시는 사람들이 누추한 빈민가를 벗어나지 못 하는 반면 술을 안 마시는 사람들은 자기 집을 장만하고 자가용과 은행계좌를 굴리며 10년은 더 오래 산다고 하면, 사람들은 화를 내며 사실을 부인한다. 찍소리도 못 하게 명백한 미국의 통계를 들이밀면, 술 없이 40년을 불행하게 사느니 무일푼으로 빈민가에서 30년을 살아도 행복하게 살겠다고 우긴다. 술주정뱅이 남편을 둔 아내는 남편 때문에 자신과 아이들의 인생이 망가질까 봐 심란해한다. 하지만 막상 남편이 금주를 결심하면 얼마 지나지 않아 남편에게 다시 술을 마시라고 부추긴다. 남편이 술을 마시지 않으면 도저히 같이 살 수 없을 정도로 침울해지기 때문이다. 아내는 남편의 음주를 견디기 위해 자신도 술을 마시기 시작한다. 그리고 부끄러운 줄 모르고 타락을 거듭하며 행복하게 살다가 남편과 함께 술에 절어 죽는다.

　대부분의 술꾼은 그런 상황에 대해 별로 유감스러워하지도 않는다. 맨정신으로 누릴 수 있는 효과를 딱히 아쉬워하지 않기 때문이다. 맑은 정신으로 자신의 역량을 최대한 발휘해야 하는 직업에 종사하는 사람은 드물다. 정원사나 경리, 타이피스트, 상점 점원이 술꾼이든 말든 누가 신경쓰겠는가? 딱 봐도 취했다 싶을 정도로 마시지만 않으면 아무도 신경쓰지 않는다. 하지만 운전기사와 비행기 조종사에게는 술 한 잔이 생사를 가를 수 있다. 당구 점수를 기록하는 사람에게는 맨정신이나 다름없는 상태가 프로 당구 선수에게는 치명적인 음주 상태일 수 있다. 판에 박힌 일을 할 때는 한 잔 술을 활력소로 여기는 사람도 "자기가 좋아서" 골프를 칠 때는 행여 퍼팅에 지장이 있을까 봐 술잔을 멀리한다. 만일 여가를 더 많이 제공한다면, 사람들이 한동안 혹은 아예 술을 끊을지도 모른다. 하고 싶은 일을 하며 제대로 놀려고 보니 그저 하던 일을 할 정도의 정신상태로는 부족하고 더욱 맑은 정신이 돼야겠다고 깨닫는 것이다. 사람들은 자신의 역량을 극대화하기로 마음먹은 순간부터 일에서든 놀이에서든 일류와 이류를 가르는 한 끗 차이를 술 때문에 날려버리고 싶지 않아 한다. 이 책도 내가 술이나 여타 약물의 도움을 받아 쓴다면 여러분을 훨씬 즐겁게 해줄지도 모른다. 하지만 지적인 완성도를 생각하면 절대 그럴 수가 없다.

그러니까 사회주의로 가난이 없어지고 여가가 늘어나면, 사람들이 인위적인 행복에 의존하지 않아도 되는 것은 물론이고 자기가 좋아서 하는 일에 최고의 역량을 발휘하기 위해 자신의 역량을 좀먹는 술과 약물을 멀리하려 할 것이다. 지금도 우리는 일류 선수들이 훈련 기간에 술을 입에 대지 않는 것을 당연하게 여긴다. 모든 사람이 항상 자기 역량을 갈고닦는 세상이 가까워지면 자연스럽게 술을 안 마시는 사회 분위기가 형성될 것이다. 그러면 금주법으로 개인의 자유에 더는 간섭하지 않아도 된다. 사람들이 불행한 현실을 견디지 못하고 해로운 인위적 행복에 자꾸 의존하는 바람에 어쩔 수 없이 만든 법이기 때문이다.

군인과 이민자들에게 불안전한 백신접종을 강제해서 개인의 자유를 심각하게 침해하는 것 역시 형편없는 위생 상태와 인구과밀의 해악을 피해 보려는 필사적인 시도에 불과하다. 건강하고 상태가 좋을 때 항체가 생기기를 바라며 일부러 병원균에 감염시켜서 아프고 허약해졌을 때 병에 걸리는 것을 막겠다는 것이다. 과거의 모든 경험과 과학적 증거에도 불구하고 의사들은 돈이 아쉬우면 그런 조치를 지지하게 된다. 하지만 그렇게 돈이 궁한 의사들이 없고 인구과밀과 비위생적인 주거환경도 없다면, 백신접종처럼 기괴한 의식을 감행할 만큼 우리를 겁에 질리게 만드는 전염병도 사라질 것이다. 천연두 예방을 위한 우두접종을 강제하지 않아도 되고 아이들을 흉한 몰골로 끔찍하게 죽어가는 부작용에 노출시키지 않아도 될 것이다. 사실 지금도 우두접종의 부작용을 겪을 바에야 차라리 천연두에 걸리는 편이 더 나을 정도다. 지옥에 대한 공포를 이용해 신앙의 시대에 성직자가 횡포를 부렸듯이, 전염병에 대한 공포 즉, 병에 걸려 일찍 죽을지도 모른다는 두려움을 이용해 유사 과학이 횡포를 부리고 있다. 의사들이 감히 사기를 치거나 만만하게 대할 수 없는 상대였던 플로렌스 나이팅게일은 우리 군의 문제가 다른 것이 아니라 불결함과 부실한 식단, 악취 나는 물이라고 제대로 지적했다. 전쟁터의 열악한 상황과 빈민가의 빈곤이 문제라는 얘기였다. 빈곤을 없애버리면, 의사들이 우리에게 겁을 주면서 예방접종법을 강제하도록 종용하지도 못한다. 건강한 환경에서는 예방접종이 원래 예방하려던 질병보다 사망자를 더 많이 낼 수 있기 때문이다. 우리가 영리주의를 몰아내고 백신이 자본가들에게 배당금을 의미하지 않게 된다면, 동화 같은 백신 광고가 신문에서 사라지고 보다 희망적이고 흥미로운 과학적 진실을 알리려는 사심 없는 시도들이 그 자리를 대신할 것이다.

 사유재산을 보호한다는 명분을 내세워 인간적으로 살 자유를 제약한다거나, 양이나 사슴이 더 수익성이 좋다는 이유로 땅에서 사람들을 죄다 내쫓는 법들도 잔뜩 있다. 이와 같이 억압적이고 부당한 자본주의 법들은 앞에서 이미 충분히 다뤘다. 사유재산이 사라지면 그런 법들도 자연스레 사라질 것이다.

∴

그렇지만 사회주의하에서 한 가지 자유만큼은 지금의 우리로서는 상상할 수 없는 수준으로 제약당할 것이다. 현재 우리는 주머니에 돈이 있는 한 얼마든지 놀고먹을 자유가 있다. 그뿐인가. 살면서 노동을 한 번도 해본 적이 없고 할 생각이 없는 사람처럼 보일수록 공무원에게 존중받고 모두의 시샘과 환심과 호의를 산다. 마을학교에 가면 아이들이 모두 기립하고 공손하게 맞아준다. 배관공이나 목수를 보고는 미동도 하지 않을 아이들이 말이다. 딸 가진 엄마는 무위도식하는 부자 사위를 자랑스럽게 여긴다. 백만 달러를 버는 아버지는 그 돈을 써서 자기 자식을 무위도식하는 부자로 만든다. "노동은 저주다"가 우리의 종교다. "노동은 수치다"가 우리 사회의 으뜸 윤리다. 길에서 짐을 옮기는 것은 수고로울 뿐만 아니라 격이 떨어지는 행위다. 남아프리카와 같이 짐을 나를 흑인이 있는 곳에서 짐을 나르는 백인을 한 번이라도 본 적이 있는가. 런던에 사는 우리는 그런 식민지의 극단적인 속물근성을 경멸한다. 하지만 5월의 어느 오후 본드 가에서 재미로라도 우유병을 나르려고 할 사람이 우리네 귀부인들 가운데 과연 몇이나 될까? 사회주의 사회라고 모두가 짐이나 주전자를 나르게 되지는 않을 것이다. 나 대신 그 일을 해주도록 다른 사람(예컨대 남편)을 설득할 수 있다면 말이다. 하지만 짐을 나르는 것이 노동이라서 수치스럽다고 여기는 사람은 사회주의 사회에서 살기 힘들 것이다. 무위도식자는 건달이나 방랑자 정도가 아니라 국고횡령범이자 악질 도둑 취급을 받게 될 것이다. 경찰은 그러한 범죄자를 당연하게 적발할 것이고 그 범죄자는 모두로부터 비난받을 것이다. "자기 몫을 다하지"않고 챙길 것만 챙기는 무위도식자에 대한 경계심이 매우 뚜렷해질 것이다. 자기 몫보다 일을 더 많이 해서 나라를 더욱 부강하게 만드는 사람이 진짜 숙녀로 인정받을 것이다. 지금은 진짜 숙녀가 무엇인지 모르는 것 같다. 주는 건 거의 없고 받기만 하면서 허세를 부리는 여자들이 가장 자신 있게 품위 있는 척을 한다.

현재 노동자들 사이에서 나타나는 속물근성 역시 사라질 것이다. 육체노동과 정신노동, 도매업과 소매업 간의 우스꽝스러운 사회적 구분은 사실상 계층 구분이다. 의사가 이 방에서 저 방으로 석탄을 나르는 일은 자신의 품위를 떨어뜨린다고 생각하면서 썩 유쾌하지도 않고 지저분한 일을 수반하는 수술은 자랑스러워한다면, 석탄 나르는 일이 수술보다 육체를 더 많이 쓰거나 덜 써서 그런 게 아니다. 외과 수술은 자본가 계층의 작은아들을 연상시키고 석탄 나르는 일은 노동자 계층을 연상시키기 때문이다. 조그만 철물점 주인의 딸이 철강유통업자 아들의 결혼상대가 될 수 없다면, 철을 온스 단위로 파는 것과 톤 단위로 파는 것의 속성이 전혀 달라서가 아니라 조그만 철물점 주인은 대체로 가난하고 철강유통업자는 대체로 부자라서 그런 것이다. 만일 부자도 빈자도 없고 자본가의 자식이 "범죄자의 후손"취급을 받는다면 사람들은 직업에 차별을 두지 않고 일할 것이며 심지어는 육체노동이 반드시 포함되는 일을 하려고 할 것이다. 나는 주로 앉아서 일하는 탓에 반나절은 육체노동을 하고 싶어 한다. 글을 쓰다 막히면 할 일이 많은 우리집 정원사에게 힘든 일 몇 개만 나눠달라고 애걸한다. 밖에 나가서

톱질하는 버나드 쇼

인부로 일하고 싶지만 그럴 수가 없다. 인부들의 밥벌이를 빼앗을 수도 없거니와 그들과 서로 편한 동료로 지내기도 어려워서다. 습관이며 말투며 자라온 배경이 다르기 때문인데 그런 차이는 전부 부모의 소득과 계층이 달라서 생긴다. 하지만 사회주의로 그 모든 장벽이 무너지면 나는 내 힘과 능력이 닿는 한 어떤 일이든 할 수 있으며 인부들에게 해를 끼치지 않고 함께 일할 수 있다. 뿐만 아니라, 현재 내가 전문가들이나 부자들과 좋은 친구로 지내는 것처럼 인부들과도 잘 지낼 수 있다. 지금도 건초 만들기는 재미 삼아 많이들 하지만, 상상력을 발휘해보자면, 사회주의 하에서는 여자건 남자건 야외에서 하는 일에 공짜로 노동력을 제공하겠다는 사람이 훨씬 많아질 것이다. "주제 넘은 간섭을 방지하는 법"이 필요해질지도 모른다. 전반적인 분위기가 활동에는 긍정적이고 나태함에는 부정적인 방향으로 흘러갈 것이다. 무위도식자로 사는 것이 지금 소매치기로 사는 것보다 더 힘들어질 수 있다. 어쨌든 놀고먹는 것은 범죄가 될 뿐만 아니라 숙녀답지도 신사답지도 않고 가장 수준 낮은 행위가 될 것이기 때문에 무위도식을 금지하는 법이 개인의 타고난 자유를 침해한다고 여기며 분개하는 사람은 아무도 없을 것이다.

그러나 이쯤에서 또다시 머리가 혼란스러워질 독자가 있을 것 같다. 자본으로 부를 늘릴 수 있으니까 자본이 있는 사람은 일하지 않고 자본에 기대어 살아도 되는 것 아닌가 하는 뿌리 깊은 착각이 고개를 들 수 있다. 여러분이 그런 혼란에 빠지지 않도록 자본이 어떻게 부를 생산하는지 다시 한번 짚고 넘어가야겠다.

자본이 전쟁처럼 파괴적 목적에 소모되는 게 아니라 생산을 늘리는 경우를 살펴보자. 자본을 써서 일을 더 빠르고 더 쉽게 만드는 경우 말이다. 생산자에게서 소비자에게로 상품을 운송하는 일이 열악한 도로에서 말이나 수레를 통해 이루어지면, 운송 시간도 오래 걸리고 인간과 짐승의 수고로움이 너무 커서 웬만한 상품은 만드는 곳에서 즉시 소비해야 한다. 식량 운송이 어렵다 보니 한 마을에는 기근이 일어나는데 그리 멀지 않은 다른 마을에는 공급과잉이 일어날 수도 있다. 그러나 충분한 자본(여유식량)이 생기면, 기술자와 인부들을 고용해 철도와 포장도로를 깔고, 운하를 파고, 엔진과 기차는 물론 바지선과 자동차, 비행기까지 만들게 해서 모든 상품의 장거리 운송을 훨씬 빠르고 저렴하게 할 수 있다. 그러면 몇백 마일의 거리 장벽 때문에 생존에 필요한 빵 한 수레와 우유 몇 통도 구하기 힘들었던 마을에서도 러시아나 미국에서 자란 곡물과 독일이나 일본에서 만든 가정용품을 싸게 구할 수 있다. 그러는 동안 투입한 자본은 완전히 소진된다. 전쟁을 치르면서 투입한 자본이 싹 사라지는 것과 마찬가지다. 하지만 전쟁에 쓴 자본과 달리 그 자본은 지나간 자리에 도로와 수로와 기계 같은 것들을 남김으로써 같은 노동력으로 주어진 시간에 전보다 더 많은 것을 생산하게 한다. 국가가 세금을 걷어서 자본을 마련하는 것은 똑같아도 그 자본을 기반시설을 파괴하는 데 쓰는 것과 건설하는 데 쓰는 것은 완전히 다를 수밖에 없다. 기반시설이 없으면 우리는 더욱 가난해지고 문명화와도 멀어진다. 실제로 우리 중 대부분이 굶주리게 될 것이다. 현대 사회의 이 어마어마한 인구는 정교한 기계와 철도 같은 것들이 없으면 살아남기 어렵다.

하지만 도로와 기계는 스스로 아무것도 생산할 수 없다. 그것들은 인간의 노동을 보조할 뿐이다. 그런 수단들을 지속적으로 수리하고 교체하는 데도 노동이 필요하다. 국가에 공장과 기계가 넘쳐나고, 도로와 전차선로와 철도가 사방을 가로지르며, 군데군데 자리한 비행장과 격납고와 차고에 비행기와 비행선과 자동차가 가득하다고 해도, 국민들이 일하기를 멈추면 폐허와 먼지 말고는 아무것도 남지 않는다. 우리는 문명이 이룩한 영광 속에서 굶어죽게 될 것이다. 철도로 아침을, 비행기를 끓여서 점심을, 증기해머를 구워서 저녁을 해먹을 수는 없다. 자연은 우리가 노동하지 않고도 살 수 있는 가능성, 즉 생명 유지에 필수적인 자연의 산물을 비축할 수 있는 가능성을 가차없이 부인한다. 우리는 과거의 노동으로부터 도움을 받을 수는 있지만 살기 위해서는 반드시 현재의 노동에 의지해 살아야 한다. 일군의 노동자에게는 그들이 소비하는 것보다 많이 생산하라고 하고 그 잉여생산물로 또 다른 일군의 노동자에게 도로와 기계 등을 만들게 하면, 우리의 노동생산성이 현저히 향상되어 결과적으로는 노동시간이 줄어들거나 수입이 더 늘어날 것이다. 누구도 손 하나 까딱하지 않고 모두가 구경만 하고 있는데 도로와 기계가 알아서 돌아가고 자질구레한 일을 하게 할 수는 없다. 우리는 노동시간을 하루에 두 시간으로 줄일 수도 있고, 우리의 소득을 열 배로 늘릴 수도 있으며, 그 두 가지를 동시에 할 수도 있다. 하지만 그 어떤 마법을 부려도 정당하게 놀고먹을 수는 없다. 생산직이든 서비스직이든 어떤 일도 하지 않는 사람은 다른 사람의 노동에 기생하는 것이다. 이 점만큼은 절대적으로 확신할 수 있다. 물론 남에게 기식할 수 있는 특권을 편의상 특정한 사람들에게 일정 기간 부여할 수는 있다. 현재 우리는 노동을 절감시켜주는 기계를 발명한 사람에게 특허라고 불리는 권리를 제공하고 있다. 특허는 새로 발명된 기계의 도움을 받아 노동자들이 생산한 것의 일부를 발명가가 자기 몫으로 가져갈 수 있도록 발명가의 권리를 14년 동안 보장한 것이다. 책이나 희곡을 쓴 사람에게는 저작권을 부여한다. 책이나 연극을 보는 사람들은 누구나 저작자가 살아 있는 동안과 사후 50년 동안 저작자와 그 후손에게 일정 금액을 지불해야 한다.[1] 이런 식으로 우리는 수공예와 성경과 셰익스피어에 만족하지 않고 새로운 발명과 책과 연극을 장려한다. 우리는 명확한 목표의식을 가지고 그런 특권은 목표를 달성하

---

[1] 그동안 특허권은 14년에서 20년으로, 저작권은 저자 사후 50년에서 70년으로 보장 기간이 늘어났다.

는 데 도움이 될 정도로만 신중하게 부여하고 있다. 매우 합리적인 조치다. 그러나 제임스1세 시절 뉴리버워터 컴퍼니에 수백 파운드를 투자한 사람의 후손까지 런던 납세자들의 지속적인 노동에 기대어 평생 놀고먹게 놔두는 것은 분별없고 해로운 짓이다. 런던에 물을 공급하는 회사에서 그 후손이 실제로 하는 일이 있다면, 엘리자베스1세 때 물장수보다 덜 일하면서 더 벌게 해달라는 요구쯤은 해도 될 것이다. 하지만 하는 일이 아무것도 없다면 놀고먹는 것에 대해 어떠한 변명도 할 수 없다. 모두에게 세상의 일과를 나누어 짊어지게 하기 때문에 사회주의가 억압적이라고 주장하는 사람은 스스로 멍청이의 두뇌와 거지 근성을 가졌음을 고백하는 것이다.

∵

사실, 규제가 없다고 억압도 없을 거로 생각하면 오산이다. 패션의 억압을 예로 들어보자. 패션에 관해 지켜야 할 유일한 법은 우리가 남 앞에서는 반드시 뭔가를 입고 있어야 한다는 것이다. 법은 무엇을 입어야 하는지 정해주지 않는다. 공공장소에서는 뭔가를 걸치고 있어야 하고 알몸으로 있으면 안 된다고 얘기할 뿐이다. 그렇다면 자기가 좋아하는 옷을 마음대로 입을 수 있다는 뜻일까? 법적으로는 그렇다. 하지만 사회적으로는 그 어떤 사치금지법에서 정한 것보다 더 철저하게 복장을 구속당한다. 웨이트리스나 하녀의 경우는 말할 필요도 없다. 반드시 유니폼을 입어야 하고 그렇지 않으면 일자리를 잃고 굶게 된다. 공작부인이라면 유행에 맞는 옷차림을 해야 하며 그렇지 않으면 조롱당한다. 그래도 공작부인이 유행에 뒤진 옷을 입어서 받는 불이익은 조롱이 전부다. 하지만 직장에 다니는 여자는 외모에 신경을 쓰지 않으면 실직의 위험에 처한다. 옷장에 유행은 지났지만 충분히 입을 만한 옷이 여러 벌 있어도 유행에 맞춰 전혀 어울리지 않는 옷도 사 입어야 한다. 수준 높은 직업일수록 복장 제약을 더 심하게 받는다. 호텔 매니저에 비하면 넝마주이는 복장에 신경쓰지 않아도 되는 우울한 특권을 누리고 있다. 하지만 넝마주이는 그런 복장의 자유를 호텔 매니저처럼 항상 잘 차려입어야 할 의무와 기꺼이 맞바꾸려고 할 것이다. 실질적으로 패션의 억압에서 제일 자유로운 여자들은 수녀와 경찰관이다. 수녀와 경찰관은 이브닝파티에 참석하는 신사나 행진하는 군인과 마찬가지로 뭘 입을지 전혀 고민할 필요가 없다. 규율과 관습으로 이미 정해져 있기 때문이다.

복장 문제는 오늘날 사기업이 개인의 자유를 어느 정도로 제약하는지 보여주는 수많은 사례 중 하나다. 그런 제약은 법으로 규정된 것이 아니지만 먹고사는 문제가 걸려 있어서 따를 수밖에 없다. 공무원 남편은 사업가 남편에 비해 훨씬 자유롭다. 공무원 남편은 삼등석을 타고 간소한 복장으로 출퇴근하며 교외에 살면서 일요일에는 하고 싶은 일을 해도 된다. 반면, 사업가 남편은 반드시 일등석을 타고 프록코트와 실크모자를 갖춰야 하며 부유층 동네에 살면서 정기적으로 교회에 나가야 한다. 그들의 부인들은 남편의 생활에 맞춰서 살아야 한다. 가정의 구속을 벗어나 독립적으로 생활하는 여자들도 국가기관에서 일하는 것과 사기업에서 일하는 것이 얼마나 다른지를 똑같이 실감한다. 공무원과 달리 일반 회사원은 어느 무책임한 개인에 의해 생계가 좌우될 수 있다. 더구나 때로는 사주의 비위를 억지로 맞춰줘야 하는데 그게 얼마나 역겨운 일인지 모른다. 상점주인이 고객들을 소소하게 등쳐먹는 일에 어쩔 수 없이 가담해야 하는 점원의 반감은 아무것도 아닐 수도 있다.

사기업 고용주뿐만 아니라 사유지 지주 역시 개인의 자유를 구속한다. 대지주가 소작인들에게 내리는 명령은 법적 제재를 전혀 받지 않는다. 지주는 그러한 사유지령을 통해 자기 땅에 영국국교회가 아닌 교회나 여관 건물이 들어서는 것을 막을 수도 있고, 종합의료위원회에 등록되지 않은 의사들이 개원하지 못하게 할 수도 있다. 사실 대지주는 전제군주 저리 가라 할 영향력을 행사한다. 왕이 그렇게 했다가는 혁명이 일어날 것이고, 실제로 그러다 목이 날아간 왕도 17세기에 있었다. 하지만 대지주의 압제 앞에서는 우리도 굴복할 수밖에 없다. 대지주는 우리에게 일자리를 주지 않고 토지를 사용하지 못하게 할 수 있다. 사실상 생살여탈권을 쥐고 있는 셈이니 법에 구애받지 않고 우리를 자기들 마음대로 할 수 있다. 사회주의는 그러한 생살여탈권을 개인의 수중에 두지 않고 헌법기관 소관으로 가져와서 법으로 통제할 것이다. 그러면 우리의 독립성과 자존감은 훨씬 높아지고, 취향과 생활방식을 간섭받는 일은 훨씬 줄어들 것이다. 한마디로, 우리가 정말 소중하게 여기는 그 모든 자유를 훨씬 더 많이 누리게 될 것이다.

미성숙한 사람들은 간간이 천박함을 분출하며 지루함을 달랠 휴일만 있으면 평생 통제당하고 싶어 하는 것 같다. 우리는 그런 신체 건강한 사람들이 좋은 군인이 되고 성실한 직원이 된다는 것을 알고 있다. 그런 사람들을 내버려두면, 그들은 남의 말에 얽매여서 패션과 관습과 사교예절을 만들고 자기들 영혼은 자기들 것이라고 감히 말하지도 못한다. 충분히 자기가 원하는 대로 살 수 있는 부자여도 마찬가지다. 자유의 수단인 돈이 그런 사람들에게 낭비되고 있다. 이따금 그들이 단정적으로 말하는 것을 들으면 웃기지도 않는다. 그들은 사회주의가 되면 먹고 마시고 입는 것도 마음대로 못 하고 자기들의 선택권이 사라질 것 같아서 사회주의를 견딜 수 없다고 말한다. 음식이며 복장이며 시간이며 종교며 정치적 견해를 통제하는 사회적 억압에 한껏 움츠러들어 있는 사람들이 말이다. 얼마나 억눌려 있는지 유행에 뒤처진 모자를 쓰고는 감히 번화가에 나갈 엄두도 못 낸다. 벌거벗고 돌아다니지만 않으면 아무 옷이나 입고 마음대로 돌아다녀도 법에 저촉되지 않지만, 그렇게 법의 테두리 내에서 대담하게 자유시간을 보내려는 해방된 영혼들을 그들은 두려워하고 혐오한다.

    그렇지만 관습이라는 군중의 지혜를 과소평가하면 안 된다. 관습이 없으면 사회를 이루고 살 수가 없다. 현명한 사람들이 될 수 있으면 관습에 따라 살려는 이유는 그렇지 않을 때보다 시간과 생각, 갈등, 이런저런 사회적 마찰을 상당히 줄일 수 있기 때문이다. 정말이다. 인습에 얽매이지 않을 자유를 설파하는 일에 평생을 바칠 게 아니라면, 어리석고 비굴하고 비참해지지 않는 선에서 관습을 따르는 것이 좋다. 관습적으로 살수록 사는 것도 더욱 수월해질 것이다. 설사 개혁가가 된다고 하더라도 한 번에 하나씩만 바꾸려고 해야 한다. 예를 들면, 하이힐을 없애자고 주장할 때 모자는 아주 근사한 것을 쓰는 게 좋다.

제80장　　　　　　　　　　　　　　*Socialism and Marriage*

결혼에서 자유로워진다

우리가 기존에 없던 자유를 누릴 거라고 하면서 사람들을 설득하려는 사회주의자들은 중요한 사실을 놓치고 있다. 사람들은 새로운 규제보다 새로운 자유에 더 강하게 반대한다. 평생 족쇄를 차고 자기와 같은 처지인 사람들만 보며 살아온 사람은 족쇄가 없으면 발가벗겨졌다고 느낀다. 그래서 누군가 족쇄를 끊어주겠다고 하면 겁을 집어먹고 경찰이 족쇄 반대자들을 잡아가주기를 바란다. 중국에서 전족의 풍습을 단호히 거부하고 멀쩡하게 걸어다닌 여자들은 만주 여자들뿐이었다. 족쇄가 인정받는 곳에서는 사람들을 족쇄에서 해방시키는 것보다 족쇄를 채우는 편이 훨씬 쉽다.

제정 러시아에서 결혼은 끊을 수 없는 족쇄였다. 이혼하는 부부는 볼 수 없었다. 하지만 영국과 마찬가지로 불륜은 성행해서 부인이나 남편을 놔두고 다른 사람과 동거한다든지 여러 명의 파트너를 두는 일이 비일비재했다. 소비에트 공산주의 정권이 들어서고 상황은 완전히 달라졌다. 부부가 서로 뜻이 안 맞으면 얼마든지 이혼할 수 있게 됐고 영국 개신교도들처럼 이혼하면서 수치스러워할 필요도 없어졌다. 하지만 그렇게 이혼이 자유로워진 상황에 대해 영국의 독실한 여성 국교도들은 경악을 금치 못한다. 소비에트는 이혼의 자유를 허용하면서 불륜은 용납하지 않기로 했다. 남자가 여자와 부부처럼 같이 살려면 반드시 결혼해야 하고, 남자에게 이미 부인이 있다면 반드시 이혼부터 해야 하며, 남자와 같이 사는 여자는 아내의 지위를 요구할 권리가 있고 반드시 요구해야 한다. 그러자 영국남자들도 경악하며 악마 같은 소비에트 입법자들 때문에 남자의 자유가 짓밟히고 있다고 한다. 그들에게 동의하는 여자들도 꽤 많다.

그렇다고 영국남자들이 아내를 여럿 둘 자유를 바라는 것은 아니다. 일부다처제 국가에서는 남편이 모든 아내에게 동등한 관심을 가져야 할 법률상 의무도 있기 때문이다. 예나 지금이나 영국남자는 하나뿐인 아내에 대해서도 관심을 가져야 할 법률상 의무가 전혀 없다. 아내들도 마찬가지다.

사실 어떤 결혼제도든 사회주의와는 관계가 없다. 우리는 세상에 결혼제도는 하나뿐인 것처럼 얘기하지만 알고 보면 나라마다 종교마다 얼마나 제각각인지 모른다. 로마가톨릭교도나 사우스캐롤라이나 주 사람들은 엄격한 일부일처제를 유지하고 한번 결혼하면 이혼은 꿈도 못 꾼다. 반면, 인도 상류층이나 솔트레이크시티의 모르몬교도들은 결혼을 무제한의 일부다처제로 받아들인다. 결혼제도의 이러한 양극단 사이에 수많은 단계가 존재한다. 교황이 무효 선언을 하지 않는 한 죽을 때까지 절대로 깰 수 없는 결혼이 있는가 하면, 샴페인이나 자동차처럼 호텔에서 주문할 수 있는 결혼도 있다. 잉글랜드의 결혼, 스코틀랜드의 결혼, 아일랜드의 결혼이 다 다르다. 교회에서 하는 결혼과 시청에서 혼인신고를 하는 결혼이 있다. 혼인신고는 교회와의 맹렬한 투쟁 끝에 얻어낸 최근의 제도로서 독실한 사람들에게는 여전히 무효 취급되고 죄악시된다. 수녀와 사제, 일부 공산주의자들 사이에서는 결혼을 거부하는 독신주의가 제도로 자리잡았다. 하지만 이 모든 제도와 사회주의는 직접적인 관련이 전혀 없다. 소득평등화는 단혼주의자나 복혼주의자나 독신주의자, 어린아이나 백세 노인이나 관계없이 모든 종교와 민족과 공동체에 동등하게 적용된다.

 그렇다면 사회주의가 결혼제도를 바꾸고 아예 없애버릴지도 모른다는 얘기는 왜 나오는 걸까? 영국의 유력 일간지들은 소비에트가 사회주의 논리에 따라 토지와 자본은 물론이고 여자들까지 국유화하면서 러시아의 결혼제도를 바꿔놓았다고 결론내렸다. 훌륭하다는 신문들이 그렇게 한심한 분석밖에 내놓지 못했다. 여자를 여전히 재산으로 보니까 여자도 다른 재산과 마찬가지로 국유화됐을 거라는, 사회주의자들은 상상도 못 할 남성우월주의적인 소리나 늘어놓는 것이다. 하지만 어찌됐든 사회주의가 결혼과 가정에 엄청난 변화를 불러올 것은 분명하다. 지금은 여자들이 결혼하면 남편에게 예속되고 결혼 전에는 집에 갇혀서 부모의 지배를 받는다. 부부 사이든 부모·자식 사이든 서로 애정을 갖고 힘을 남용하지 않으면 그런 관계를 당연하게 여기며 무리 없이 잘 지낸다. 하지만 취향과 신념의 차이로 서로를 이해하지 못하고 이기적이고 폭압적이고 잔인하고 얄밉게 굴면서 적대적인 사이가 되면 말로 다할 수 없는 불행을 겪게 된다.

 문을 걸어 잠근 것도 아니고 언제든 집 밖으로 걸어나갈 수 있는데 여자들이 그런 불행을 견디는 이유는 무엇인가? 집 밖으로 나가봤자 배고플 게 뻔하기 때문이다. 여자들에게 서약을 하게 하거나 의무감을 주입하는 것이 가출 예방에 효과가 있어 보이는 것도 불행한 아내들이나 화난 딸들이 집이 아니면 갈 데가 없어서 그런 것이다. 만일 집을 나가도 밥을 굶지 않고 밤에 안전하게 지내고 평판에도 지장이 없다면 입센 작품의 주인공 노라 헬머처럼 집 나갈 이들이 수두룩할 것이다.

사회주의는 바로 그러한 여건을 만들어준다. 그러니 불행한 결혼과 가족은 영락없이 해체될 것이다. 이는 분명 바람직한 일이므로 괜히 개탄하는 척하지 않아도 된다. 가족의 해체가 지금보다 더 많이 일어나지도 않을 것이다. 아이가 얼마든지 집을 나갈 수 있다는 것을 아는 부모는 현재 일부 부모가 그러는 것처럼 아이를 억압할 수 없다. 아이가 제 발로 가출하기를 바랄 정도로 아이를 미워하는 부모가 있을 수는 있다. 하지만 단지 좀 경솔할 뿐인 보통의 부모는 아이가 가출하면 사과를 하거나 개선을 약속하거나 매수를 해서라도 아이를 다시 집으로 데려와서 간섭하기보다는 자유롭게 해주려 할 것이다. 결혼은 양쪽 모두가 만족하는 상황에서만 지속된다는 걸 아는 아내와 남편은 서로에게 현재 그들이 상상할 수 있는 것 이상으로 잘할 것이다. 이런 식으로 가정생활 전반이 크게 개선되기 때문에 사회주의 하에서 가족과 결혼이 해체되는 일은 지금보다 훨씬 드물 것이다. 해체가 바람직한데도 해체하지 못하는 불합리한 상황은 더는 겪지 않을 것이다. 부인이 남편을 영영 떠나버렸다면, 잠깐 서로에게 싫증나서 며칠 혹은 몇 주 떨어져 있는 것이 아니라 다시 안 볼 생각으로 떠난 것이라면, 당사자들의 의사와 상관없이 즉시 이혼이 이루어져야 한다. 지금은 복수심과 질투심에 눈이 멀어서건 종교적 이유에서건 이혼소송을 그저 거부하기만 하면 떠나버린 배우자가 재혼하는 것을 막을 수 있다. 러시아는 그런 상황을 방치하지 않기로 했다. 우리도 러시아의 모범적 사례를 따라야 한다. 부부이거나 남남이거나 둘 중 하나여야 한다. 그 중간 단계, 예를 들어 "내가 당신을 가질 수 없다면 다른 사람도 당신을 가질 수 없다"고 주장하는 상태는 명백히 공공선에 위배된다.

그래서 결혼 문제는 국가와 교회가 가장 세게 부딪히는 문제다. 교회는 결혼이 신이 계시한 절대적 규율을 따르는 형이상학적인 문제라며 국가도 무조건 교회의 견해를 따라야 한다고 주장한다. 하지만 국가는 전혀 동의하지 않는다. 교회의 견해가 실생활에서 무리없이 받아들여지고 정치인들의 공감을 얻는다면 모르겠지만 말이다. 국가 입장에서 볼 때 결혼은 두 시민이 자식을 낳아도 된다는 면허일 뿐이다. 즉, 국가의 인구를 결정하는 현실적인 문제다. 국가는 그 나라 인구가 얼마나 돼야 하는지, 인구 변화가 필요한 때는 언제인지, 인구 증가율 혹은 감소율이 얼마나 돼야 하는지 등등에 관여할 수밖에 없다. 국가더러 인구문제에 관여하지 말라는 것은 정신이 온전한 사람이라면 할 수 없는 말이다. 국가는 정원이 열 명인 배의 뱃사공과 같다. 만약 누군가 신의 계시를 받았다며 강을 건너고 싶은 사람은 다 태우라고, 그 수가 천 명이 되더라도 모두 다 태워야 한다고 주장하면 어떻게 될까. 뱃사공은 그 사람을 상대해주지도 않을 것이다. 배의 정원을 초과해서 사람을 태워줄 리가 없다. 그자가 배를 붙들고 두어 명이라도 더 태우려고 했다가는 뱃사공이 그자를 노로 후려칠 것이다. 이미 배에 올라탄 열 명도 자신들의 안전을 위해 뱃사공을 도울 게 뻔하다.

나라의 정원은 얼마여야 하는지 제대로 파악하려면 자본주의하에서 왜곡된 인구문제부터 해결해야 한다. 자본주의는 생산적인 일을 할 노동자들을 소모적인 일에 몰아넣어서 인위적인 인구과잉을 유발한다. 사회주의는 그렇게 왜곡된 인구문제를 바로잡음으로써 마침내 적정인구는 얼마고 진짜 인구문제는 무엇인지 드러낼 것이다. 지금은 민간의 고용 창출 실패로 수백만 실업자가 양산되는 인구과잉 상황을 높은 영아사망률과 전쟁, 집단이주로 상쇄하고 있는 실정이다. 그동안 아프리카, 아메리카, 오스트랄라시아(호주, 뉴질랜드 등)로 이민간 인구만 수백만이다. 하지만 이민가고 싶을 만큼 쾌적했던 곳도 시간이 흘러 사람들로 가득 차게 되면 지금의 미국과 호주처럼 문을 닫아버리고 이민자를 더는 받아들이지 않을 것이다. 우리 인구가 지금처럼 계속 증가하면 인구를 줄일 방법을 의논해야 한다. 고양이 개체수를 줄이듯 남는 아이들을 바구니에 담아서 버리자고 할 수도 있다. 충분히 막을 수 있는 영아 사망과 낙태 수술이 수없이 일어나는 현실을 생각하면 특별히 더 사악할 것도 없는 방법이다. 결혼한 부부가 정해진 수 이상으로 자녀를 가질 경우 중죄로 다스리자고 할 수도 있다. 그러나 부모를 처벌한다고 원치 않는 아이의 존재가 해결되지는 않는다. 사생아를 낳은 여자를 매우 사납게 박해했어도 사생아가 태어나는 것을 막을 수는 없었다. 그들 대부분에게 치욕과 가난이라는 멍에를 씌워서 괜히 범죄자만 늘렸을 뿐이다. 국가가 산아제한을 실시하고자 한다면 당연히 피임을 허용해야 하고 피임 관련 교육도 해야 한다. 그러면 교회가 즉각 반발하고 나서는데 그때 국가는 교회를 그냥 무시해버릴 수도 있고 성직자를 선동죄로 감옥에 보낼 수도 있다. 어떤 결정을 내릴지는 전적으로 사안의 시급성을 보고 판단할 것이다. 18세기처럼 엉뚱하게 자유, 관용, 양심의 자유 같은 원칙을 주워섬기지는 않을 것이다.

현재 프랑스는 인구를 늘리기 위해 무던히 애쓰고 있다. 약속의 땅에 도착한 이스라엘 민족이나 1843년 일리노이주에서 조지프 스미스와 모르몬교도들이 처했던 것과 같은 상황이다. 급격히 인구를 늘려야만 집단이 살아남을 수 있다. 조지프 스미스는 아브라함과 똑같이 했다. 즉, 일부다처제에 의지했다. 우리는 그렇게 절박한 상황에 처해본 적이 없기 때문에 이런 이야기를 들으면 멍청하고 외설스러운 농담이나 지껄이려고 한다. 하지만 당시 브리검 영이 남긴 기록을 보면 그 어떤 정치적 기록에서도 보지 못했던 절절함이 느껴진다. 브리검 영은 가능한 많은 아내를 맞는 것이 신의 뜻이라는 조지프 스미스의 계시를 듣고 크나큰 두려움에 빠졌다. 그는 복혼은 대죄라고 배우며 자랐고 진심으로 그렇게 믿었다. 하지만 스미스의 계시는 곧 신의 말씀이라는 것도 믿었다. 그는 너무 혼란스러운 나머지 장례식 행렬이 지나갈 때 자기도 모르게 시체를 부러워하고 있었다고(그래서 또 죄를 지었다고) 고백했다. 그가 진심이었다는 것에는 추호도 의심의 여지가 없다. 어쨌거나 결혼한 남자가 스무 명의 아내를 부양해야 할지도 모르는 상황이 두려울 수야 있겠지만 그렇다고 일부다처제에 대한 도덕적·종교적 반감을 품을 필요는 없다. 브리검 영도 두려움을 극복했고 30번 넘게 결혼했다. 여자들은 남자들보다 그런 선입견이 훨씬 강했지만 진정으로 독실한 모르몬교도들은 브리검 영처럼 효과적이고도 무리없이 일부다처제로 개종됐다.

그러니까 일부다처제는 동양에서뿐 아니라 서양에서도 필요하기만 하면 언제든지 도입될 수 있다. 프랑스 정부는 인구 부족을 해결하기 위해 아직 일부다처제까지는 실시하지 않고 있다. 대신 대가족을 이룬 부모들에게 상과 훈장을 수여하고(15인 이상 가족은 신문에 나고 애국자라고 칭찬받는다), 포상금을 주고, 세금을 면제해준다. 피임은 비도덕적이라고 맹렬히 비난하고, 이혼을 쉽게 할 수 있도록 해서 어정쩡한 복혼 상태에 있기보다는 재혼하도록 유도한다. 그러다 국가가 양육비를 지원하는 단계까지 갈 것이고 그런 정책은 이민자 유치 정책과 함께 점차 모든 나라에서 당연시될 것이다. 국가의 인구정책에 교회가 반대하기는 어려울 것이다. 구원의 조건으로 금욕을 내세우는 교회도 있겠으나 국가가 인구 부족을 걱정할 정도로 금욕주의가 널리 퍼진 적은 한 번도 없었다. 국가는 의무 군복무제처럼 의무 부모제를 도입할 수도 있다. 그러면 군인에게 군복무 비용을 부담하게 하지 않는 것처럼 아이를 키우는 여성에게 양육비를 부담하게 해서는 안 된다.

일부일처제를 유지하기 위해서는 언제나 남녀가 수적으로 실질적인 균형을 이뤄야 한다. 만일 전쟁이 발발해서 남성 인구가 약 70퍼센트 감소하고 여성 인구는 1퍼센트 감소했다면, 곧바로 일부다처제와 의무 부모제가 실시되고 거의 모든 교회의 적극적인 지지를 받게 될 것이다.

따라서 교회가 뭐라고 떠들든 간에 결혼제도에 관한 최종 결정은 국가가 내릴 것이다. 그건 자본주의 국가든 사회주의 국가든 마찬가지다. 다만 사회주의 국가는 자본주의로 왜곡된 인구문제를 해결하려 할 것이기 때문에 자본주의 국가보다 더 결혼에 간섭하기 쉽다. 그렇게 왜곡된 인구문제를 해결하고 나면 인구과잉이든 인구부족이든 진짜 인구문제를 마주하게 될 것이다. 진짜 인구문제가 무엇일지 아직은 아무도 모른다. 최적의 생활을 위해 단위면적당 적정인구는 몇 명이 돼야 할지 지금은 누구도 판단할 수 없다. 보어인은 이웃의 굴뚝이 보이지 않는 곳에 사는 것을 이상적으로 여긴다. 배스록 섬[1]에서는 사람이 많으면 많을수록 좋다고 여긴다. 띄엄띄엄 방갈로에서 사는 것을 이상적으로 여기는 곳이 있는가 하면 큰 건물에 밀집해 사는 것을 이상적으로 여기는 곳도 있다. 사회가 잘 조직되어 비로소 인구문제가 현실화되고 쟁점이 분명해지면 우리 후손들이 어떤 결정을 내릴지 지금 우리로서는 짐작하기조차 어렵다.

---

1 스코틀랜드 동쪽 퍼스 협만에 자리잡은 네 개의 섬 중 하나.

제81장

Socialism and Children

나만 잘살면 된다고 가르치지 않는다

•

영국에서 아이들만큼은 부모가 함부로 하지 못하도록 국가가 간섭하고 있다. 부모가 자식을 소유물로 여기며 마음대로 할 수 있는 권리는 아주 오랫동안 유지돼 왔지만, 이제 아이들은 장장 9년 동안 공립학교에 다니며 하루의 대부분을 부모와 떨어져 지낸다. 아이들을 부모로부터 보호하려는 노력은 계속돼야 한다. 아동학대방지협회 보고서를 보면 끔찍한 아동학대가 여전히 자행되고 있음을 알 수 있다. 그렇게까지 나쁜 부모는 드물기도 하고 이제는 학교출결관리자나 교사나 경찰 누구에게든 반드시 걸리게 돼 있지만, 아동학대가 처벌만으로 끝난다는 게 문제다. 부모가 교도소에서 나오면 아이들은 다시 부모 손아귀로 들어간다. 고양이에게 잔인하다고 혼을 내고는 다시 쥐를 던져주는 셈이다. 이 문제를 바로잡기 위해 최근(1926년) 우리는 양부모에게 친부모와 똑같은 권리를 부여하는 입양법을 통과시켰다. 이제 친부모가 저 편할 때 불쑥 나타나서 아이를 도로 데려갈지도 모른다고 걱정할 필요없이 안심하고 아이를 입양할 수 있게 됐다. 양부모는 아이를 입양하면서 친부모의 권리를 그대로 넘겨받기 때문에 친부모의 역할을 얼마든지 대체할 수 있다. 남은 과제는 불량한 친부모 손아귀에 놓인 아이를 반드시 양부모가 입양하도록 강제하는 것이다. 강제 입양은 이미 있는 제도로 빈민구제위원회가 극빈층에 한해 이미 오래전부터 실시해 왔다. 올리버 트위스트가 바로 강제 입양된 아이였고 미스터 범블의 보육원이 올리버의 친부모를 대신한 양부모였다. 그런 보육원은 없어져야 마땅하지만 올리버 같은 아이들을 입양할 누군가는 반드시 있어야 한다. 소득평등화가 실현되어 그런 아이들이 천덕꾸러기 신세를 면하게 되면 입양지원자가 부족할 일은 없어질 것이다.

이제 교육제도도 달라져야 한다. 지금의 학교에서 교육은 부모들이 아이들을 쫓아버리기 위한 핑곗거리에 지나지 않는다. 교육이라는 미명 하에 부모가 자식들을 쫓아버리고 있는 곳은 학교라는 점잖은 이름으로 불리지만 실상은 감옥 내지 아동농장이나 다름없다. 그런 시설에 수용되는 아이들은 죽거나 잘못되기 십상이다. 입양법을 통해 고아가 된 젖먹이들에게 살길을 열어준 것처럼 그보다 큰 아이들을 위한 대책도 마련해야 한다. 아동의 생활을 제대로 조직하고 아동에게 헌법상의 권리를 보장해야 한다. 여자를 남편 소유물 취급하며 여자의 권리를 무시하던 상황을 끝낸 것처럼 아이들을 학교라는 바스티유 감옥으로 내몰거나 부모의 소유물로 여기면서 아동의 권리를 무시하는 상황을 끝내야 한다. 아동의 생활을 조직하는 것은 걸가이드나 보이스카우트를 통해 이미 시작됐다. 이제는 국가가 성인은 물론 아동에게도 자유의 한계를 정하고 의무를 부여해야 한다. 걸가이드와 보이스카우트에만 기댈 수는 없다. 아이들은 좋든 싫든 반드시 알아야 할 것들을 습득하고 시민으로서 자격을 갖춰야 한다. 이것이 바로 학교가 필요한 이유다. 아이들은 제대로 된 교육을 받아야 한다.

∴

교육이라는 말은 온갖 의미로 쓰이고 있다. 지금 우리가 썩 내키지 않아 하면서도 느릿느릿 빠져나오고 있는 기존의 교육관은 역겹고 어리석었다. 우리는 교육이란 배움이고, 배움은 아이들만을 위한 것으로 나이 들면 배움이 멈춘다는 생각에 익숙해져 있다. 하지만 70대인 내가 자신있게 말할 수 있는데, 우리는 배울 능력이 있는 한 결코 배움을 멈추지 않는다. 학교에서 배운 것들은 차라리 모르는 게 나을 지경이다. 학교에서 배운 지식 중 한 줌에 불과한 진실의 의미와 대부분을 차지하는 거짓지식의 오류를 깨달으려면 평생이 걸려도 모자랄 판이다. 그러니 가장 교육을 못 받은 사람이 가장 잘 안다고들 하는 것이다. 오늘날 시험 위주의 교실에서는 아이들이 적성에 맞지 않는 것들을 억지로 배워서 마음의 병을 얻는 일까지 일어난다. 디킨스의 『돔비와 아들 Dombey and Son』에 나오는 투츠는 그저 재미를 위해 만들어낸 인물이 아니다. 우리네 사립학교와 대학 교육에 위험할 정도로 만연한 우둔함을 정확히 보여주는 사례다.

 배움을 강요당하면 반발심이 들기 때문에 적성에 맞는 것도 잘할 수 없게 된다. 음악에 소질 없는 아이가 베토벤 소나타를 억지로 배우는 것은 아이 자신은 물론이고 선생님에게도 고문이다. 부모가 자랑하고 싶은 마음에 딸아이에게 연주를 강요하면 집에 온 손님들도 고문당하게 된다. 그러나 보통의 여자아이가 음악에 소질이 없을 확률은 귀가 먹었을 확률만큼 낮다. 그런데 훌륭한 소나타 연주를 들으며 자연스레 음악의 아름다움을 느끼기도 전에 추운 방에서 스케일을 연습하고 어쩌다 틀리기라도 하면 손등을 찰싹 얻어맞고 실수 없이 칠 때까지 마디마다 혼나고 야단맞으며 곡을 외우다 보니 음악을 혐오하게 되고 베토벤에게 온갖 저주를 퍼붓게 되는 것이다. 학교에서는 여전히 그런 식으로 음악교육을 하고 있다. 부모는 자기 자식이 재주를 갖기를 바라는 마음에서, 과거 똑같이 주입식으로 음악교육을 받고 자란 누군가에게 돈을 지불한다. 만일 그런 교육에 불행하게 희생된 아이들이 사회주의도 음악처럼 억지로 배우는 것으로 여긴다면 사회주의에 저항해 끝까지 싸울 것이다. 충분히 그럴 만하다.

음악이 아니라 라틴어 시구들이나 그리스어, 대수학을 예로 들면 남학생들도 이해하기 쉬울 것이다. 청년들은 베르길리우스와 호라티우스와 호메로스를 읽기 위해 라틴어와 그리스어를 자발적으로 배우고, 겸손한 음악인이 헨델과 모차르트, 베토벤, 바그너를 우러러보듯 데카르트와 뉴턴과 아인슈타인을 영웅처럼 생각할 수 있다. 하지만 그럴 만한 청년들이 불행하게도 신문기사나 탐정소설 말고는 읽는 것을 끔찍이 싫어하고 대수학 기호나 힘의 평행사변형 앞에서 교도소의 죄수들처럼 주눅 들어 있다. 우리의 광적인 교육이 그렇게 만들었다. 이튼 학교는 초창기에 학생들에게 아침 6시에 기상해 잠자리에 들 때까지 온종일 라틴어 공부를 시켰다. 이제는 자율학습할 시간도 주지 않고 열심히 놀게 하지만 그런다고 아이들이 나아지는 것 같지는 않다. 지적인 여성은 자신의 어린 시절을 되돌아보면서 아이들이 그렇게 인권을 무시당하고 짐승이나 포댓자루처럼 취급받는 상황에 충격을 받을 것이다. 동물조련사처럼 가혹한 게 아니라면 아이들을 짐승처럼 길들이고 다스리는 방식은 유용할 수도 있다. 하지만 아이들을 포댓자루처럼 생명이 없는 존재로 여기며 닥치는 대로 지식을 주입하는 방식은 희생양의 몸이 부풀어 죽을 때까지 목구멍에 물을 들이붓는 종교재판소의 물고문을 연상케 할 뿐이다. 학교가 그렇게 광적인 곳이 된 데는 이유가 있다. 제재하지 않으면 금세 사고뭉치가 되는 아이들 때문에 온 집안이 난장판이 되는 걸 그저 지켜봐야 하는 부모들은 자기 자식을 맡길 데만 있으면 얼씨구나 환영할 수밖에 없었다. 그런데 때마침 유산을 물려받지 못한 상류층의 딸들과 작은아들들이 필사적으로 먹고살 방법을 찾다가 너도나도 교사가 되겠다고 나서며 아동농장을 방불케 하는 학교가 엄청나게 양산된 것이다.

사회주의는 일자리를 찾아나선 상류층의 딸들과 작은아들들에게 적성에 맞고 남부끄럽지 않은 일자리를 공급해서 그 어중간한 계층 자체를 없애버릴 것이다. 그러면 교사가 천직이 아닌데도 먹고살겠다고 가르치는 일을 직업으로 삼으려는 사람은 사라질 것이다. 아이들이 부모나 학교를 벗어나도 얼마든지 안전한 생활을 보장받게 되면서 아이들을 지배하고 고문하려는 아동학대자나 말이나 개를 데려다 학대하려는 사람들처럼 아이들을 학대하려고 어설프게 보육원을 차리려는 아동수집가들(이들은 종종 아동학대자와 같은 사람들이다)은 설 자리를 잃을 것이다. 최근 어느 아이어머니가 교사를 고소하는 사건이 있었다. 처음에 그 교사는 아이가 (하고 싶어서 한 것도 아닐 텐데) 딸꾹질했다는 이유로 매질을 했다. 그다음에는 벌을 가볍게 여긴다는 이유로 아이를 마구 때려서 멍 자국이 8일이나 가게 만들었다. 보통 치안

판사들은 이런 사건을 남편이 아내를 폭행한 사건과 마찬가지로 대수롭지 않게 다룬다(아내가 남편을 폭행한 사건은 그냥 웃어넘긴다). 남자답게 굴라거나 사랑의 매로 받아들이라면서 오히려 매맞은 아이를 질책하고 사건을 기각해버리기 십상이다. 하지만 이번에는 이른바 그 처벌이라는 게 너무 심했다는 것을 판사도 인정했다. 교사는 소송에서 지고 아이어머니의 소송비용을 물어줘야 했다. 그에게는 교사라는 직업 자체가 맞지 않는 것인데 그런 말을 해주는 사람이 아무도 없었다. 그 교사는 야만인이나 사디스트여서 아이를 폭행한 게 아니다. 타고난 살인자만 배우자를 폭행하는 것은 아니듯 말이다. 부부가 단칸방에서 생활하다 보면 자녀가 없는데도 서로의 존재를 도저히 견디지 못하는 지경에 이르게 된다. 마찬가지로, 소위 학교라고 불리는 감옥에서 말 안 듣고 반항적이고 가만 있지 못하는 아이들과 함께 지내며 자기 일을 싫어하게 된 교사는 긴장과 혐오 분위기를 조성하고 때로 회초리를 휘두르며 폭발하기 마련이다. 딸꾹질만 매를 부르는 것이 아니다. 떠들어도, 속삭여도, 창밖을 봐도, 심지어 움직이기만 해도 매를 부른다. 이렇게 한편에서는 계속 화를 내고 다른 편에서는 계속 참으며 두려움에 떨거나 비뚤어지는 상황을 경험한 아이들은 평생 그 부정적 영향에 시달리게 된다. 오늘날 심리학은 초기 프로이트 이론처럼 다소 기괴한 이론까지도 그러한 사실을 지적하고 있다. 심리학을 공부한 적이 없는 사람들도 개에게 사슬을 채우는 게 얼마나 위험하고 잔인한 행위인지 깨닫기 시작했다. 머지않아 사슬에 묶인 아이들에 대해서도 그렇게 매질하고 입마개를 채우는 것이 과연 적절한 교육법인지 의심하고 고민하게 될 것이다.

한마디로 우리는 교육을 완전히 잘못하고 있다. 가난한 집 아이들은 모국어를 읽고 쓰고 말하는 법을 배우기 위해 9년 동안 감옥생활을 한다. 그 정도는 학교가 아닌 다른 곳에서도 1년이면 배울 텐데 아이들은 학교에서 9년이나 배우고도 읽기와 쓰기 말하기 어느 하나도 제대로 할 줄 모른다. 전에 보니 일반 의무교육이 실시된 지 26년이나 지났는데도 수학교구제작자협회 회원 대부분은 글을 쓸 줄 몰라 서명란에 X자를 적어넣었다. 부잣집 남자아이들은 예비학교와 퍼블릭스쿨로 불리는 사립학교(배타적이기 그지없는 사립학교에서 공공교육기금을 횡령하고 있다는 뜻이다)를 거쳐 대학교에 이르기까지 연달아 세 번 감옥에 갇히고 12년에서 14년에 걸친 수감 기간 동안 라틴어와 그리스어, 고등수학 같은 과목들을 배운다. 부잣집 여자아이들은 전에는 가정교사라는 여자 간수의 감시하에 집이라는 감옥에 갇혀 있었는데 이제는 남자 형제들처럼 어딘가로 보내진다. 그 결과 읽기와 쓰기는 곧잘 하게 됐다. 하지만 무위도식하는 부유층의 습관과 말투를 배우면서 지적 능력과 도덕성이 떨어지는 멍청이로 길러지다 보니 주제를 모르고 날뛰는 선동가나 정식 교육을 받지 못해 오히려 자기만의 방식을 터득한 유창한 사기꾼에게 정치적으로 휘둘리기 십상이다. 그리고 도덕적으로는 중세 강도귀족이나 자본주의 초기 악덕 사업가와 비슷해진다. 그렇게 길들였는데도 여전히 의욕 넘치고 대담한 사람이라면 위험인물로 클 것이고, 순한 양처럼 자기 계급에서 기대하는 대로 행동하는 사람이라면 목에 방울을 달고 앞장선 저돌적인 숫양을 졸졸 쫓아가다 자신은 물론이고 공동체 전체를 파멸로 몰고 갈 것이다. 다행히 인간성은 회복력이 강해서 아무리 억압적이고 타락한 교육제

벽돌상자집BrickBox 일명 백투백 하우스Back-to-Backs
버밍엄, 1900년대(위)와 1920년대

도도 인간성을 완전히 말살하지는 못한다. 하지만 아무리 좋게 말해도 부유층의 신사숙녀 교육이라는 건 차라리 그런 교육을 받지 않는 것이 사는 데 더 도움이 된다는 말밖에 할 수가 없다.

∴

그래도 부유층은 대학교육을 받으며 얻어걸리는 게 있다. 공부와 담을 쌓은 대학생도 대학 생활을 하며 사회적 지위를 얻는다. 벽돌상자집에서 부모·형제와 복닥거리며 본데없이 자란 사람들은 얻을 수 없는 것이다. 벽돌상자집에서 배우는 사교예절은 어디 초대받을 일 없는 빈곤층이나 벽돌상자집에 들어갈 일 없는 부유층에게는 전혀 통하지 않는다. 그저 고만고만 비슷하게 사는 사람들에게나 통하는 점잔 빼는 행위일 뿐 하나 바람직하지 않다. 벽돌상자집에 사는 중간계급 가정은 자식을 대학 보낼 형편이 안 돼서 열다섯 살이 되면 무조건 일터로 내보낸다. 그런 중간계급 출신들이 대학 출신들에 비해 꼴사납고 상스러운 속물처럼 보인다는 것은 누구도 부인하기 어렵다. 벽돌상자집 출신 여자는 자기보다 열등해 보이는 수많은 사람을 공격하면서 사회라는 절벽의 작은 귀퉁이에 그녀와 같이 매달려 있는 몇몇에게만 예의를 지킴으로써 자신의 사회적 지위를 유지한다. 인간사회의 넓고 안전하고 풍요로운 평지는 소득불평등에 잠식당해서 좁은 귀퉁이만 남아 있기 때문에 그런 여자가 자기 자리를 사수하려면 다른 사람을 닥치는 대로 밀쳐내야 하고 기회를 얻으려면 자기보다 우월한 위치에 있는 사람에게 굽신거려야 한다. 하지만 그녀가 대학에 가면 다른 수백 명의 젊은 여자와 동등한 위치에 서게 되기 때문에 적어도 모두를 동등하게는 대

페이비언 여름학교 Fabian Summer School, 1920년대

해야 한다. 대학에서의 사교가 물론 최고의 사교는 아니다. 속물 중에서도 대학물 먹은 속물이 가장 구제불능이기 때문에 옥스퍼드와 케임브리지가 배타주의의 온상이라는 주장도 일리가 있다. 하지만 대학의 속물근성은 벽돌상자집의 속물근성만큼 사람을 못나게 만들지는 않는다. 대학 출신은 상대의 계급이 높건 낮건 모든 부류의 사람과 어색해하거나 마찰을 빚지 않으면서 원만하게 어울릴 수 있지만, 벽돌상자집 출신은 어떻게 어울려야 하는지 잘 모른다. 그런 사교 능력은 대학 수업시간에 가르치는 것이 아니라서 공부에 몰두하는 학자 유형보다는 간신히 대학에 들어간 날라리들이 가장 잘 습득한다. 이제는 벽돌상자집 출신들도 여러 클럽과 온갖 종류의 문화단체에서 다양한 사람들과 교류하며 사교 능력을 갈고닦을 수 있게 됐다. 대학의 사교가 벽돌상자집의 사교에 비해 훨씬 나은 것처럼 전원도시나 여름학교의 사교가 대학의 사교보다 더 낫다. 난교_promiscuity_라는 단어가 속물적인 우리 사회에서는 아주 사악하고 끔찍한 의미로 받아들여진다. 사람들이 속치마와 코트와 바지를 벗어 던지고 아무하고나 관계 맺는 성적으로 문란한 상황만을 떠올리는 것이다. 하지만 그 단어를 그렇게 성적인 의미로 국한해서 쓰지 않는다면 사회적 난교야말로 훌륭한 예절의 비결이라고 해도 과언이 아닐 것이다. 벽돌상자집보다는 대학이, 대학보다는 여름학교가 사교를 위해 더 나은 이유도 그것이다. 벽돌상자집보다 대학에서, 대학보다 신지학자나 사회주의자의 여름학교에서 더 많은 난교가 이뤄지기 때문이다.

사회주의는 누구하고나 동등하게 교류할 수 있는 사회 즉, 완전한 난교 사회를 지향한다. 사회는 이미 상당히 진전했다. 웰링턴 대공은 병이 났을 때 "이발사를 불러오라"고 하듯 "의원을 불러오라"고 했다. 의원은 "저하"에게 매우 굽신거렸다. 내가 어릴 때만 해도 의사들은 집사가 팁을 받듯 진료비를 받았지만 이제는 작위를 수여받고 대단한 명성을 누리기도 한다. 17세기 어느 귀족은 배우를 친구로 인정하면서도 배우에게 편지를 쓸 때면 "친애하는 누구누구에게"가 아니라 "배우 베터턴에게"라며 거리를 뒀다. 요즘에 그러면 아무리 공작이라도 길버트와 설리번의 가극에 나오는 거만한 귀족 푸바 같다고 조롱당할 것이다. 영국에서는 이제 누구나 3등칸으로 여행해도 더러운 동승객들 때문에 역겨워할 일이 없다. 지금은 사라진 2등칸이 중간계급에는 없으면 안 되는 시절도 있었지만 말이다.

공작과 의사 혹은 공작과 배우가 대등하게 사귀게 된 것처럼 공작부인과 우유 짜는 여인 혹은 (더 어려워 보이기는 하지만) 의사 부인과 우유 짜는 여인도 대등하게 사귀게 될 것이다. 사회주의는 그렇게 완전한 난교 사회를 향해 나아가는 한편 사람들이 더욱 친밀한 관계를 맺을 수 있게 한다. 지금은 공작부인과 우유 짜는 여인이 서로 사귈 수 없다. 공작부인이야 우유 짜는 여인을 대하는 게 어렵지 않겠지만 우유 짜는 여인은 공작부인을 대할 때 자기 동료를 대할 때처럼 당당할 수가 없고 그저 굽신거려야 하기 때문이다. 공작부인의 사교예절이 만인에게 통하는 것이라고 해도 공작부인이 누구하고나 친교와 우정을 맺을 수 있는 것은 아니다. 예의와 친밀함은 완전히 별개다. 공작부인은 순전히 사회적 지위 때문에 취향이며 관심사가 전혀 맞지 않고 같이 있으면 지루해 죽겠는 수많은 사람과 어울려야 하는 고충을 겪는다. 같이 있으면 즐거울 사람이 가난하면 수입이 다르고 씀씀이에 너무 차이가 나서 친하게 지내고 싶어도 친하게 지낼 수가 없다. 그러나 앞으로 소득평등화가 이루어지면 공작부인은 상대가 응하는 한 친구를 마음대로 선택할 수 있을 것이다. 과학이나 문학, 재봉, 정원 가꾸기 또는 정신분석학의 병적인 면에 관해 얘기하고 싶은데 여우사냥이나 정당정치 얘기밖에 할 줄 모르는 남자들 때문에 지루해질 일도 더는 없을 것이다. 사회주의가 우리의 계급 차이(사실상 소득 차이)를 밀어 없애면 비로소 우리는 다양한 집단이나 소모임, 독자적 개인으로 이합집산하게 될 것이다. 공작부인이 청소부와 골프를 치고 골프가 끝나면 함께 점심을 먹을 수도 있다. 서로 취미와 취향이 맞아서 선택한 관계이므로 지금으로서는 상상할 수 없을 만큼 돈독한 관계를 맺게 될 것이다. 결국 사회주의는 사교의 범위를 최대한으로 넓히는 한편 사교의 깊이도 최대한으로 보장할 것이다. 그러면 우리는 공적인 관계에서는 형식에 덜 얽매이게 되고 사적인 관계에서는 좀 더 섬세하게 서로의 사생활을 존중하게 될 것이다.

⁖

여러분은 이게 다 교육이랑 무슨 상관이 있냐고 물을지도 모르겠다. 우리가 교육 문제에서 너무 많이 벗어난 걸까? 전혀 아니다. 교육의 상당 부분은 우리의 사교 활동을 통해 이루어진다. 우리는 서로서로 배운다. 그렇기 때문에 우리 중 절반이 다른 절반을 말이 안 통하는 상대라고 여긴다면 교육이 이루어질 수가 없다. 이제 그러한 교육에 대해서는 충분히 설명했다. 어른들과 아이들이 주변환경과 교우관계를 통해 어떠한 자질을 얻게 되는지 살펴봤다. 지금부터는 아이들이 학교에서 반드시 배워야 할 것들에 관해 이야기해보자. 국가가 학교와 교사와 교구를 제공하고, 교육성취도를 평가하고, 자격시험을 실시해 가며 아이들에게 반드시 가르쳐야 하는 지식과 능력은 과연 무엇인가?

모든 문명화된 국가에서는 사람들이 시민으로서 제구실을 하기 위해 반드시 알아야만 할 것들이 있다. 반드시 배워야 할 기술적인 것과 반드시 이해해야 할 지적인 개념이 있다. 예를 들어, 구구단을 모르면 현대 도시에서 살기 힘들다. 자력구제는 안 된다는 원칙에 동의하지 않는 사람도 마찬가지로 살기 힘들다. 그 정도의 기술교육과 교양교육은 필수다. 차비를 내거나 잔돈을 계산하는 데 어려움을 겪는다거나 자기와 의견이 다르다고 사람을 죽이거나 해치려는 사람은 야생 고양이와 마찬가지로 문명화된 생활을 하기에 적합하지 않다. 우리처럼 대도시에 사는 시민은 표지판을 보고 이동하므로 반드시 글을 읽을 줄 알아야 한다. 시골 마을이나 작은 동네에서는 경찰관이나 기차 승무원, 역장, 우체국장 등에게 다가가서 뭘 해야 하고 어디로 가야 하는지 물어볼 수 있다. 하지만 런던에서는 그런 식으로 5분만 소요해도 업무와 교통이 마비 상태가 된다. 경찰관과 역무원은 외국인이나 시골사람들의 질문에 대답해주느라 애를 먹는데 만일 모든 사람이 그런 식으로 물어온다면 미쳐버릴 것이다. 낯선 사람과 말을 섞어볼 기회도 별로 없고 지구가 도는 것 말고는 거의 아무 일도 일어나지 않는 시골 동네의 순경이나 상점주인은 반가이 대답해줄지도 모르겠다. 하지만 런던에서는 신문과 우편물, 그 밖의 공식적인 안내문, 수많은 게시판과 표지판이 그런 일을 대신하고 있다.

예전에는 가장 큰 도시조차 지금 우리의 지방도시보다도 작고 모든 문명생활이 마을 단위로 이루어졌기 때문에 읽고 쓸 줄 아는 것이 필수가 아니었다. 읽고 쓰는 능력은 개인이 자기 자신을 위해 정신적 소양을 쌓는 수단이었고 아주 드문 능력이었다. 그런데 아직도 우리는 그런 생각에 사로잡혀 있다. 아이를 학교에 가둬두고 읽기를 배우라고 강요하면서 아이에게 교양을 심어주고 문학적 소양을 길러준다고 주장한다. 그러니 기본적인 읽기 쓰기를 제대로 가르치지도 못하고 시간만 잡아먹는 거다. 아이를 자유롭게 내버려두지 않고 실내에서 딱딱한 의자에 앉아 말하지도 꼼지락거리지도 못하고 교사의 말만 듣도록 하는 것이 과연 더욱 교양 있는 사람을 만드는 걸까? 교양인을 만들겠다고 싶다는 아이를 억지로 붙잡아 둘 권리가 과연 우리에게 있는 걸까? 읽고 쓰고 셈하는 법은 배워야 한다고 아이에게 강요하면서 우리가 확실하게 내세울 수 있는 명분은 그런 지식이 없으면 현대 문명생활이 불가능하다는 것뿐이다. 아이가 젖과 이유식을 먹고 걸음마를 배우는 것처럼 읽기와 쓰기도 당연히 배워야 하는 건 맞다.

여기까지는 이론의 여지가 없다. 아이가 쓰기를 배우면 수표를 위조하거나 악의적인 편지를 쓸 수도 있고 읽기를 배우면 상스러운 책이나 쓰레기 소설(100권 중 99권은 그렇다)을 읽으며 시간을 허비할 수도 있겠지만, 이제는 그런 능력들을 갖추지 않으면 생활 자체가 불가능하다. 아기의 목을 베어버릴 수도 있다는 이유로 아이에게 식탁에서 나이프 쓰는 법을 가르치지 않을 수는 없는 노릇이다. 좋은 일을 하는 데 필요한 모든 기술은 나쁜 일을 하는 데 필요한 기술이기도 하다. 하지만 그렇다고 해서 시민들이 현대 사회에 필수적인 자질을 갖추지 않고 살아가도록 방치할 수는 없다.

아이들에게 기술교육을 시키고 그 결과는 나 몰라라 해도 된다는 뜻은 아니다. 그랬다가는 다 같이 지옥에 떨어질 수도 있다. 아이에게 총 쏘는 법을 가르치면서 살인은 안 된다는 것을 가르치지 않는다면, 그 아이가 언젠가 이성을 잃고 쏜 총에 제일 먼저 맞게 될 수도 있다. 그 아이가 나중에 교수형을 당하는 처지가 되면 지금도 사고 친 사람들이 흔히 주장하듯 "왜 아무도 내게 가르쳐주지 않았나?"라고 할 수도 있다. 의무교육이 기술교육에만 국한돼서는 안 되는 이유가 여기에 있다. 현대 사회에서는 읽기와 쓰기 같은 기술교육뿐 아니라 교양교육도 일정 부분 필요하다. 의무교육의 범위를 정하는 문제 즉, 국가가 아이의 의사와 관계없이 아이의 정신과 신체에 어느 정도까지 간섭할 수 있는지 선을 긋는 문제는 그래서 어렵다. 일단 선을 그은 다음에는 조건을 하나둘 붙여나갈 수 있을 것이다. 예컨대, 측량사는 삼각법을, 선장은 항해술을 반드시 배워야 하고, 외과의사는 뼈와 조직을 다룰 때 톱과 칼을 적어도 정육점 주인만큼 능숙하게 써야 한다. 하지만 그런 조건은 모두를 대상으로 하는 것이 아니다. 지금 우리의 관심사는 문명화된 도시에서 모두가 배워야 할 최소한의 지식을 국가가 어느 정도로 규정할 것인가다. 만일 정부가 사람들에게 라틴어 작시법을 배우라고 강요한다면 전혀 쓸 일이 없는 지식을 강요하는 셈이다. 라틴어 시를 쓰고 싶어 할 정도로 괴짜라면 혼자 몇 달 독학하면 된다. 정부가 미적분을 배우도록 강요해도 똑같은 반론이 제기될 수 있다. 하지만 읽기와 셈하기를 배우게 하는 것과 호라티우스의 시나 미적분을 배우게 하는 것 사이 어디쯤에서는 반드시 선을 그어야 한다. 문제는 어디에 선을 그을 것인가다.

교양교육은 유권자로서 필요한 최소한의 자질을 갖추게 하는 데 초점을 맞춰야 한다. 윤리는 각자 내면의 빛을 따르게 할지라도 법과 역사, 경제 분야에서는 반드시 가르쳐야 할 것들이 있다. 어린아이들을 위해서는 살인과 도둑질, 기타 사고 방지를 위한 규율을 만들고 종교처럼 무조건 따르게 해야 한다. 학교교육에 관한 논쟁은 그렇게 교조적으로 가르칠 것을 결정하는 과정에서 가장 거세게 벌어진다. 교조적 교육을 배제하고 사실만 가르치려는, 이른바 세속교육이 왜 불가능한지는 앞(74장)에서 충분히 설명했으니 다시 반복하지 않겠다. 논쟁이 있다는 이유로 지구가 둥근지 평평한지와 같은 문제를 아이가 스스로 알아가도록 놔두면 어떻게 되겠는가? 아이는 지구가 평평하다고 여기다가 수많은 실수와 미신을 겪고 나서 지구가 둥글다는 걸 왜 가르쳐주지 않았냐며 화를 낼 것이다. 그 아이가 성인 유권자가 되어 자기 자식을 가르친다면 그 문제에 대해서만큼은 흔들림 없는 확신을 심어줄 것이다.

물리학에서 반드시 가르쳐야 할 것이 있는 것처럼 형이상학에서도 반드시 가르쳐야 할 것이 있다. 사회주의 정부든 반反사회주의 정부든 이도 저도 아닌 정부든, 정부가 고도로 문명화된 현대 국가를 통치하고 운영하려면 모든 시민이 고도로 문명화되고 현대적인 도덕의식을 가져야 한다. 사람들은 지난 시대에는 감히 떠올리지도 못했던 생각이라든지 신성모독적이고 천벌 받아 마땅하다고 여기던 생각들을 새롭게 신뢰하거나 불신하면서 현대적인 도덕의식을 갖추게 된다. 따라서 현대 정부는 시민들에게 새 시대의 신념과 불신을 심어주고 어떻게든 잘 스며들 수 있게 해야 한다. 그렇지 않으면 국가를 이끌어나갈 수가 없다. 지금 우리가 이렇게 혼란에 빠진 이유는 우리 정부가 지나간 시대의 과학과 끝장난 문명의 신념과 불신을 가지고 통치하려 들기 때문이다. 현대 금융시장을 규제하는 법을 만들겠다며 모세나 마호메트를 찾아간다고 생각해보라!

우리 모두가 같은 신념과 불신을 갖고 있다면 인류가 멸망을 향해 가든 천년왕국을 향해 가든 순조롭게 나아갈 것이다. 하지만 도덕적으로 진화의 수준이 다른 사람들이 공존하는 이상, 모순되는 신념들이 부딪히고 기존 신념에 대한 진보적 부정이 일어날 수밖에 없다. 공립학교의 교리 수업 혹은 교양교육 수업 시간에 무엇을 가르칠 것인가에 대해서도 반드시 의견 충돌이 생길 것이다. 지금 이 순간에도 이런 주장을 하는 사람들이 있다. "아이는 신의 저주를 받고 태어난 분노와 죄악의 자식이다. 아이가 유황으로 불타는 호수에서 영원히 끔찍한 고통에 시달리지 않도록 아이를 구원하려면 물로 세례 해야 한다. 아이는 자라면서 그러한 말씀을 마음 깊이 새겨야 한다. 하느님의 아들 그리스도가 십자가에 못박힘으로써 우리의 모든 죄에 대해 속죄했지만, 속죄는 그리스도의 희생을 믿는 사람들에게만 효과가 있다는 것도 명심해야 한다. 믿음이 없으면 세례도 무효가 되고 또다시 영원한 지옥살이의 운명에 처하게 된다." 이것이 바로 우리의 국교이자 우리 정부가 재정적으로 지원하는 종교의 현주소다. 이 종교의 정당성을 부정하는 사람은 누구나 무거운 처벌을 받도록 하는 법이 여전히 남아있으며 어떤 내각도 감히 그 법을 폐지하지 못한다.

그러나 사회주의가 충분히 무르익으면 국가가 아이들에게 그딴 믿음을 주입하는 일은 없을 것이며, 개인이 그렇게 하는 것도 금지할 것이다. 국가는 아이들의 신체는 물론 영혼도 보호해야 한다. 어린아이에게 유황지옥 이야기로 겁을 주면서 어떤 성인도 감히 엄두 내지 못할 무결한 삶을 살아야만 지옥행을 면할 수 있다고 얘기하는 것은 아이에게 평생 가는 상처를 입힐 수 있으며 잔인한 교사가 휘두르는 신체적 폭력보다 더 끔찍한 폭력이 될 수 있다고 현대 심리학에서도 얘기한다. 그러니까 사회주의 국가는 아이에게 구구단은 가르치지만 교회의 교리문답은 가르치지 않을 것이며, 만일 아이의 부모가 교리문답서를 흥미로운 역사서 이상으로 취급하려 한다면 국가는 법에 따라 아이들을 부모에게서 떼어놓겠다고 경고할 것이다. 시인 셸리가 장인에게 무신론자로 고발당하는 바람에 그 집 아이들이 판사 손에 넘겨졌던 것처럼 말이다.

  사회주의 국가는 복혼이나 전쟁포로 학살, 인신공양 같은 것들을 신이 명한 제도라고 아이들에게 가르치는 것도 허락하지 않을 것이다. 즉, 학교에서 성경을 특별하게 가르칠 수는 없다. 굳이 성경을 가르치겠다면, 마르코 폴로의 『여행기 The Travels of Marco Polo』나 괴테의 『파우스트 Faust』, 칼라일의 『과거와 현재 Past and Present』와 『의상 철학 Sartor Resartus』, 러스킨의 『먼지의 윤리학 Ethics of the Dust』과 대등하게 소개해야 할 것이다. 현세에서의 삶은 내세의 삶을 위한 짧막한 전편에 불과하고 이 세상에서 우리가 아무리 가난하고 불행하고 병에 시달려도 참고 견디면 다음 세상에서 영광스럽게 보상받을 것이므로 현세의 고통은 중요하지 않다고 가르쳤다가는 선동죄와 모독죄로 기소될 것이다.

그러한 변화는 일부 사람들이 두려워하는 것과 달리 별다른 충격을 야기하지 않을 것이다. 우리가 국교회 교리를 진심으로 받아들이고 가르치고 있다면 변화가 재앙처럼 느껴지겠지만 다행히 현실은 그렇지 않다. 국교회의 교리를 심각하게 받아들이거나 문자 그대로 따르려는 사람은 극히 드물어서 작은 교파들로 떨어져 나갔고 제정신이 아닌 집단 취급을 받는다. 자칭 국교도라는 사람들, 즉 자식에게 세례와 견진성사를 받게 하고 주일학교에 다니게 하며 본인도 꼬박꼬박 예배에 나가는 사람 중에 국교회 교리나 신조를 조간신문만큼이라도 믿고 따르려는 사람들은 1퍼센트도 되지 않을 것이다. 자칭 국교도라지만 알고 보면 비국교도인 사람도 많다. 앞서 언급한 극단적인 교리주의 교파만 해도 국교도로 분류할 수 없다. 그러한 교파들은 영국국교회의 교리를 기상천외하게 변주하기 때문에 국교회가 신성모독적이고 무신론적이라고 박해해온 견해들을 총망라한 비국교도의 모습을 보여준다. 사실 영국의 종교들은 기독교라는 보편적인 이름 아래 전부 거기서 거기인 것 같아도 알고 보면 얼마나 제각각이고 화합불가능한지 모른다. 어떤 정부도 그 모든 종파를 만족시킬 수는 없다. 엘리자베스 여왕은 논란의 여지가 있는 교리에 대해 이랬다저랬다 입장을 번복하는 39개 신앙 신조를 만들어 모두를 만족시키려 했지만 민감한 양심과 견실한 지성이 교회를 떠나도록 부추기기만 했다. 성직자들은 39개 신조에 동의하지 않으면 사제 서품을 받을 수가 없으니 어쩔 수 없이 동의한다. 하지만 39개 신조를 모순에 부딪히지 않고 한꺼번에 믿을 수 있다고 여기는 사람은 아무도 없다. 심지어 39개 신조가 뭔지, 무엇을 의미하는지 아는 사람도 드물다. 39개 신앙신조가 소리 소문 없이 사라져도 우리들 대부분의 진짜 믿음에 아무 충격도 주지 않을 것이다.

    자본주의 정부가 일반 대중을 고분고분한 임금 노예로 만들 교리를 주입한다면, 사회주의 정부도 주권자인 국민을 훌륭한 사회주의자로 만들 교리를 심어줘야 한다. 국민의 공통된 신념을 형성하는 일에 관여하지 않을 수 있는 정부는 없다. 일반적으로 무엇이 옳고 무엇이 그른지에 관해 사회구성원이 공통된 믿음을 갖고 있지 않다면 그 사회는 존속할 수 없다. 사도신경, 니케아 신경, 아타나시우스 신경, 그 밖의 온갖 신앙고백 이전에 먼저 공통의 신념이 있어야 한다. 메리 여왕과 엘리자베스 여왕, 제임스2세와 윌리엄3세는 빵과 포도주가 그리스도의 몸과 피로 바뀐다는 성찬식에 관해 서로 의견이 달랐다. 그러나 강도와 살인, 방화를 저지르면 안 된다는 것에는 그들 모두 동의했다. 왕실에 관한 정책과 기도서 개정 문제부터 더비 경마에 보낼 말을 고르는 문제에 이르기까지 왕과 버킹엄 궁전 근위병은 의견이 다를 수 있다. 그렇지만 총검의 적절한 사용 범위에 대해 완벽한 의견 일치를 보지 못한다면 왕과 근위병의 사회적 관계는 유지될 수 없다. 왕도 근위병도 있을 수 없다. 우리 모두 편견은 나쁘다고 여긴다. 그러나 우리는 모두 움직이는 편견덩어리이고, 우리의 편견은 너무 뿌리가 깊어서 편견의 90퍼센트는 편견으로 인식조차 하지 못하고 상식으로 여긴다. 그 덕분에 우리 공동체가 뱀 소굴로 전락하지 않는 것이다.

    상식은 선천적으로 아는 게 다가 아니다. 그런 상식은 일부다. 예컨대, 여자들은 누가 말해주지 않아도 자기 아기를 잡아먹으면 안 된다는 것을 안다. 또, 아무리 힘들어도 아기를 먹이고 길러야 한다는 것을 안다. 하지만 국세와 지방세를 내야 한다는 것은 아직 모르고 있을 수 있다. 육아와 양육이 인류의 생존을 위해 반드시 필요한 것처럼 납세가 사회의 존속을 위해 반드시 필요하다는 것도 상식이지만 말이다. 런던 북부 유명 대학의 학장이었던 내 친구는 정부가 학교 내 배수설비 위생검사를 실시하자 강력하게 항의했다. 그녀는 사생활을 중시하는 집안에서 자란 탓에 자기가 초대하지도 않은 남자가 교수사택이라는 지극히 사적인 공간에 들어올 법적 권한을 갖는다는 게 극도로 불쾌했을 것이다. 하지만 지역사회의 보건은 정부의 그런 권한이 유익하고 합리적이라는 믿음을 구성원들이 공유하는 데 달려있다. 사회의 신념을 그 정도로 확장하는 것이야말로 콜레라 전염병을 없애는 유일한 방법이다. 내 친구는 유능하고 유식하고 아직 인생의 한창 때였지만 안타깝게도 머리가 너무 굳어 있어서 새로운 신념을 배우지 못했다.

사회의 신념은 어릴 때 주입해야 한다. 사회의 신념을 습득하는 것은 말 타는 법이나 악보 읽는 법을 배우는 것과 비슷하다. 어른이 돼서 배우려고 하는 사람들에게는 절대로 제2의 천성이 되지 않는다. 사회의 신념이 정말로 유효해지려면 사람들에게 제2의 천성이 돼야 한다. 사람들이 충분히 어릴 때는 타고난 천성이 아니어도 제2의 천성을 꽤 쉽게 만들 수 있다. 어릴 때 주입되어 아이의 머릿속에서 충돌을 일으키지만 않으면 아무리 기괴하고 극악무도한 신념도 얼마든지 인간성의 일부가 될 수 있다. 이제 여러분은 어른이므로 어린 소녀의 발을 고통스럽게 동여매 평생 절뚝거리게 하는 것이 숙녀로 키우는 길이라는 주장에 절대 넘어가지 않을 것이다. 왕이 죽으면 장군과 장군부인도 명예롭게 따라 죽어서 사후세계에서도 주군을 보필해야 한다는 주장이나, 남편이 죽으면 남편의 시체와 함께 산채로 화장당하는 것이 모든 과부의 의무라는 주장에도 전혀 설득당하지 않을 것이다. 그러나 만일 여러분이 충분히 어렸다면 그 모든 믿음을 받아들이고 따랐을 것이다. 중국과 일본과 인도의 여자들이 그랬던 것처럼 말이다. 그들은 동양의 이교도였고 여러분은 서양의 기독교인이므로 그럴 리는 없다고? 하지만 여러분처럼 서양의 기독교인이었던 여러분의 할머니는 숙녀가 집 밖에서 발목을 보이거나 혼자 돌아다니는 것을 수치라고 믿었다. 결혼하고 나서는 여자로서의 매력을 드러내지 않겠다는 표시로 모자를 쓰고 다녔고, 남편과 사별하면 자기가 더없이 처량하고 비통하다는 티를 내기 위해 상복을 입고 다녔다. 그런 모습을 떠올리기만 해도, 여러분의 할머니가 중국의 전족이나 일본의 할복, 인도의 순장을 피할 수 있었던 것은 동양 여성에 비해 서양 여성이 우월해서가 아니라 순전히 운이 좋아서였다는 생각이 들지 않는가? 내 말을 여전히 믿기 힘들다면, 남자들이 전쟁에 나가 끔찍한 학살을 자행하는 이유를 떠올려 보자. 남자들은 그러는 게 자기들 의무라고 믿고 있다. 여자들은 싸우기를 거부하는 남자들 얼굴에 침을 뱉는다. 다 어릴 때부터 그게 맞다고 배우며 자라서 그런 거지 다른 무슨 이유 때문이겠는가. 그런 생각이 여론을 이루는 덕분에 정부는 열성적인 자원입대자들로 군대를 일으킬 수 있다. 또한, 애국이랍시고 대량 살상에 가담하는 것을 양심상 용납하지 못하는 사람들, 즉 스스로 사고하는 몇 안 되는 사람들에게 무거운 처벌을 가하고 군복무를 강제할 수도 있다.

모든 여자아이가 빅토리아 여왕의 사고방식을 갖게 되면 사회주의 국가는 불가능하다. 따라서 프롤레타리아가 의회를 장악하면 정부는 무슨 수를 써서라도 아이의 사고가 지금처럼 형성되는 것을 막아야 한다. 아이들이 지주 일가를 축복하면서 정작 자기는 분수를 지키며 살게 해달라고 기도하는 것을 그냥 두고보지는 않을 것이다. 남들은 굶주리는데 나는 먹고살게 해주고 남들은 한탄하는데 나는 노래하게 해줬다며 신을 찬양하는 꼴도 두고보지 않을 것이다. 교사가 아이들에게 그런 식의 태도를 심어주다 걸리면 해고당할 것이다. 보모가 그러면 자격을 박탈당하고 어린아이들과 접촉이 없는 직업을 구해야 할 것이다. 빅토리아 시대의 신념을 가진 부모들은 셸리와 똑같은 일을 당할 것이다. 어른들은 사회를 무시하고 멋대로 살다가는 미친사람 취급을 받으며 감금될 수도 있다는 것을 염두에 둬야 한다. 특히 사회 구조에 대한 관점, 이른바 헌법적 관점에 대해서는 학교가 학부모에게 전혀 개입할 여지를 주지 않을 것이다. 현재 사립학교와 대학교에서 구시대적인 제2의 천성을 주입하고 있는 것과 마찬가지로, 사회주의 사회에서는 어린아이에게 현대적인 제2의 천성을 주입함으로써 공식적인 제2의 천성이 되게 할 것이다.

아이가 사회의 신념과 교리를 배우고 읽기와 쓰기 셈하기를 비롯해 필요한 기술을 습득하면, 즉 현대 도시에 살면서 정상적이고 쓸모 있는 일을 할 수 있는 자질을 갖추면, 그보다 높은 수준의 교육은 아이 스스로 찾아서 하도록 놔두는 것이 좋다. 뉴턴이나 셰익스피어 같은 아이라면, 미적분이든 극예술이든 억지로 꾸역꾸역 배우게 하지 않아도 알아서 공부할 것이다. 아이가 책과 교사와 극장에 접근할 수 있기만 하면 된다. 자기한테 좋은 건 본인이 가장 잘 안다. 아이가 더 높은 수준의 교육을 원하지 않으면 아이의 정신을 그냥 내버려둬야 한다. 정신적으로 휴경기는 파종기만큼이나 중요하다. 신체도 경작이 지나치면 불모지가 될 수 있다. 무차별적으로 누구든 최고의 운동선수로 키우겠다는 것이나 누구든 최고의 학자로 만들겠다는 것이나 똑같이 바보 같은 짓이다. 사회주의 체제가 이튼과 해로우, 옥스퍼드와 케임브리지 그리고 스퀴어스를 만든 체제보다 더 엉망일 수는 없다.

제82장   *Socialism and Churches*

●

사회주의 국가는 교회를 어디까지 용인할 것인가. 한번 생각해 볼 문제다. 국가와 교회는 오랫동안 싸워왔다. 우리 모두 자신의 교회와 신앙을 잠시 뒤로 하고 동양 종교를 바라보듯 외부인의 시선으로 이 문제를 살펴보자. 주관적 입장을 벗어나 문제를 있는 그대로 보자는 것이다. 영국에서는 어떤 여자가 런던 한복판에 점집을 열고 희한한 옷을 걸치고 앉아 카드나 수정구슬로 미래를 예언하는 영매가 되겠다고 하면 사기죄로 잡혀갈 수 있다. 하지만 희한한 옷을 걸친 어떤 남자가 교회를 열고 자기가 천국과 지옥의 열쇠, 즉 사죄권을 갖고 있으니 우리 죄를 사하여주고, 연옥에 있는 영혼들의 고통도 덜어주고, 신의 목소리를 대신해 뭐는 죄가 되고 뭐는 죄가 아닌지 온 세상에 지시해주겠다고 하면(냉정하게 말해 얼마나 어이없고 황당한 주장인가? 점쟁이들이 카드와 찻잎과 수정구슬을 가지고 하는 소리는 댈 것도 아니다), 경찰이 그에게 경의를 표한다. 누구도 감히 그 남자를 미친 사기꾼으로 고발하려 하지 않는다. 어떤 특별한 이유가 있어서가 아니다.

교회가 불평등을 옹호하지 않는다

다른 사람들이 그 남자를 사기꾼으로 보지 않으니까 덩달아 그러는 것뿐이다. 사람들은 그가 주장하는 모든 일이 실제로도 일어날 수 있다고 믿어 마지않는다. 그래서 그와 동료 성직자들은 강력하고 부유한 집단으로 조직화하고 공인된 교회로 우뚝 선다. 수백만 시민은 돈과 표와 지지를 보내며 교회를 위해서라면 기꺼이 목숨까지 내놓으려고 한다. 점쟁이는 경찰을 무시할 수 없지만 성직자는 경찰을 무시할 수도 있다. 자신이 신성한 임무를 부여받았다는 믿음을 충분히 많은 사람에게 심어주기만 하면 정부도 무시할 수 있다. 그 성직자는 정부의 모든 기능을 대신하려고 하면서도 제 손 더럽힐 것 같은 일은 하기 싫어서 그런 일들은 "세속권력"에 맡기고, 생과 사, 구원과 저주에 관한 권력을 스스로에게 부여함으로써 우리가 뭘 읽고 무슨 생각을 해야 할지를 명령하고 옳고 그름에 대한 자신의 판단을 따르도록 모든 가정을 통제한다.

꾸며낸 이야기가 아니다. 과거 신성로마제국 황제는 눈밭을 기어가서 납작 엎드린 채로 교황의 용서를 구했고, 잉글랜드 왕은 자기 부하들이 살해한 성직자의 성당에 제 발로 찾아가 스스로 채찍질을 했다. 성직자의 노여움을 산 시민은 재산을 몰수당하거나 고문당하거나 불구가 되거나 산 채로 화형당했다. 이미 죽어서 땅에 묻힌 사람도 예외가 아니었다. 분노한 성직자가 광신 행위를 벌이면 세속 군주는 자신의 이익과 상식에 아무리 어긋나더라도 그저 방조할 수밖에 없었다. 너무 오래되고 극단적인 사례들이 아니냐고? 중세 카노사와 캔터베리, 16세기 스페인과 잉글랜드처럼 고릿적 이야기나 하고 있다고? 물론 영국에서는 의회가 윌리엄 로드 대주교의 목을 날린 이후로 그런 일은 일어나지 않았고, 교황이 감옥 가고 성직자가 추방당할 위험이 정치인이 파문당할 위험보다 훨씬 높아졌다. 교회가 이교도를 상대로 잔인한 탄압을 중단한 지는 이미 오래됐고, 오히려 국가가 반역죄나 화폐위조죄로 여자들을 화형에 처하고 중범죄를 저지른 남자들이 재판을 거부하면 압사형에 처하기도 했다.

    그러나 오늘날에도 잔인한 형벌이 남아있다면, 그 형을 집행할 권력을 누가 가질 것인가를 놓고 교회와 국가는 여전히 힘겨루기를 하고 있을 거다. 현대 국가에서 문명을 유지하기 위해 반드시 필요한 그 엄청난 권력은 누가 행사해야 하는가? 현대 국가의 정부는 누가 돼야 하는가? 지방 호족들은 왕에게 굴복했다. 왕은 의회 민주주의에 굴복했다. 민주주의는 금권주의에 굴복했다. 그리고 금권주의는 금권주의에 굴복한 민주 시민들을 막다른 골목으로 몰아세워서 그들이 프롤레타리아 국가를 세우고 자본주의 과두정치를 끝장내도록 부추기고 있다. 그런데 이 모든 변화 속에서도 살아남았으며 앞으로도 쭉 이어질

존 카셀 *John Cassell*, 캔터베리 성당에서 참회하는 헨리2세
『카셀의 그림 영국사』, 1865년

또 다른 세력이 있다. 신의 권위를 끌어와서 교회를 조직한 신권주의 세력이다. 신권주의는 한번 무너지더라도 또 다른 형태로 되살아난다. 로마가톨릭 교회로 세력화한 신권주의는 권력을 남용하다 영국과 북유럽에서 종교개혁을, 프랑스에서는 볼테르의 분노와 프랑스 혁명을 촉발하면서 권력을 상실하고 금권주의의 도구로 전락했다.

하지만 그다음에 무슨 일이 일어났던가. 영국과 스위스, 네덜란드, 미국에서는 가톨릭교회에 대한 반발이 매우 거세서 사제와 신도들의 재산과 목숨이 위협받는 지경까지 갔지만, 불과 얼마 후 잉글랜드에서는 윌리엄 로드와 성실청the Court of Star Chamber[1]이, 제네바에서는 칼뱅이 등장해 그 어느 때보다 강력한 신권정치가 이루어지지 않았던가. 칼뱅은 역대 그 어떤 교황보다 더 교황 같았고, 스코틀랜드의 존 녹스는 군주들에게 교황보다 무서운 존재였다. 물론 여러분은 그런 것들도 다 옛날 일이고 그 후로 세상이 엄청나게 달라졌다고 배웠을 것이다. 그러면 이번에는 내 살아생전에 일어난 일들을 보자. 브리검 영과 크루거 대통령, 에디 부인은 나와 같은 시대 사람들이고, 조지프 스미스 주니어는 내가 태어나기 겨우 12년 전에 순교했다. 여러분은 조지프 스미스에 대해 잘 모를 것이다. 조지프 스미스는 순교하는 그날까지 많은 면에서 마호메트와 비슷한 길을 걸었다. 마호메트는 낙타를 몰던 미

---

[1] 제임스1세와 찰스1세 시절 악명 높았던 형사법원. 웨스트민스터 궁전의 별의 방(천장에 별 모양의 금박장식이 있는 방)에서 재판이 열려서 성실청이다. 원래는 보통법원에서 다루기 곤란한 정치범이나 유력 인사들도 공정하게 재판하려는 목적에서 설립됐으나 찰스1세가 윌리엄 로드 대주교를 앞세워 자신의 정적을 제거하고 신교도를 잔인하게 탄압하는 데 이용하면서 억압적이고 불공정한 법원의 상징이 됐다. 결국 의회의 분노를 촉발해 1641년 장기의회에서 폐지됐다.

천한 아랍인이었지만 그의 추종자들은 세상의 반을 정복했고 아시아에서는 영국 제국이 발도 못 붙일 정도로 여전히 위세를 떨치고 있다. 조지프 스미스도 마호메트처럼 신의 계시를 받았다고 주장하며 신권정치를 시작했다. 그리고 그의 신권정치는 모르몬교의 모세이자 역사상 가장 유능한 통치자 중 한 명인 브리검 영이 이어받았다. 모르몬교의 신권정치가 미국의 민주주의와 양립 불가능하다고 판단한 미국 정부는 일부다처제에 대한 대중의 편견을 이용해 모르몬교를 박살내려고 했다. 하지만 모르몬교는 죽지 않았다. 사나웠던 기세가 좀 누그러졌을 뿐이다. 모르몬교가 했던 투쟁은 이제 에디 부인이라는 미국인이 설립한 크리스천 사이언스 교회가 하고 있다. 런던에도 근사하게 지어진 크리스천 사이언스 교회당이 있고 나는 그 앞을 종종 지나친다. 어쩌면 내가 못 보고 지나친 교회당이 더 있을 수도 있다. 모르몬교도나 크리스천 사이언스교도가 아닌 여러분은 에디 부인을 보며 2세기 로마 귀부인이 예수 어머니 보듯 우습게 여길 수 있다. 조지프 스미스를 보면서는 중세 영국 귀부인이 "저주받은 악마" 마호메트 보듯 할 수도 있다. 하지만 천 년이 지난 뒤에는 에디 부인이 수백만 문명인의 숭배를 받는 성스러운 존재가 될지도 모르고, 조지프 스미스가 현재 마호메트가 이슬람 세계에서 누리는 것보다 더한 지위를 누릴지도 모를 일이다. 누구도 알 수 없다. "이 사람은 목수 아들이잖아?"라고 하던 사람들이 나중에는 "하느님의 어린 양을 보라!"고 하지 않았나.

 기성교회든 신흥교회든 교회는 끊임없이 신권정치를 시도하고 오늘날 어떤 세속정부도 감히 주장하기 힘든 권력과 특권을 행사하려 하기 때문에 세속국가(정부)는 이제까지와 마찬가지로 앞으로도 계속

교회와 부딪히게 될 것이다. 신흥교회가 새로운 제도를 도입하려 하거나 낡은 제도를 부활시키려고 하면 교회와 국가의 갈등은 심각해진다. 조지프 스미스는 성서의 속편이 금판에 새겨져 어느 땅에 묻혀 있다는 것을 천사로부터 직접 들었고 신의 계시도 매일 직접 받는다면서 무오류의 입법자 행세를 했다. 그를 따르는 신도들이 엄청나게 늘었을 때도 미국 정부는 스미스의 법이 미국법에 위배되지 않는 한 그를 믿는 것은 자유이고 사람들 스스로 알아서 할 일이라고 했다. 하지만 스미스가 솔로몬 시절의 일부다처제를 부활시키자 일부일처제의 세속정부는 스미스와 일전을 벌일 수밖에 없었다. 정부의 우세는 오래 가지 않았다. 모르몬은 여전히 명맥을 유지하고 있다.

에디 부인은 스미스와 반대로 했다. 새 제도를 도입하는 게 아니라 기존 제도를 거부했다. 세속국가는 질병을 예방한다며 몸에 병원균을 주입하게 하고, 의사협회에 등록된 의사만 약 처방이나 수술 등의 치료를 할 수 있게 한다. 아이나 병약자를 의사에게 보이지 않는 사람은 방치죄로 처벌하고, 예방접종을 하지 않은 사람들의 입국을 막기도 한다. 그런데 에디 부인은 신약에 나오는 성 제임스(야고보)를 따라 자신의 사도들에게 약병과 접종을 멀리하라고 지시했다. 그러자 세속정부는 크리스천 사이언스와 전쟁을 선포하고 신앙요법가들을 박해하기 시작했다.

이 사건을 자세히 들여다보면, 어떤 신흥교회는 교회 아닌 척을 하면서 세속정부를 휘어잡는다는 흥미로운 사실을 알게 된다. 에디 부인과 세속정부의 충돌은 사실 크리스천 사이언스 교회와 신흥 제너-파스퇴르 교회의 충돌이었다. 로마가톨릭 교회가 샤를마뉴 대제를 손아귀에 넣었듯 제너-파스퇴르 교회는 세속정부를 손아귀에 넣었다. 제너-파스퇴르 교회도 여느 교회와 마찬가지로 아이들과 교인이 되려는 사람에게 특별한 입교 의식을 치르게 한다. 유대교의 의식 할례는 다행히 심각하거나 해롭지 않다. 기독교의 물세례와 도유의식 역시 무해하다. 아기들이 큰 소리로 울며 반항하지만 그러한 의식을 치르게 될 것을 미리 알지도 못하고 나중에 기억하지도 못해서 별 영향을 받지 않는다. 반면 스스로 과학을 자처하는 현대 교회의 접종 의식은 위험할 뿐만 아니라 때로는 치명적이다. 그런데도 자기네 교회가 어떤 기적을 행했고 누구를 성인으로 배출했고 얼마나 무자비하게 반대자를 탄압했는지 알려주면서, 자기들에게 복종하지 않으면 끔찍한 역병과 소름끼치는 고통이 따를 것이라고 협박하고, 자기들이 생사의 열쇠를 쥐고 있다고 주장한다. 또한 그동안 희생과 선견지명을 보여줬으니 자기들의 연구와 실험에 대해서는 어떠한 법적·윤리적 책임도 묻지 말라고 하면서 기존 교회의 사제와 예언자들은 저리가라할 위세를 부린다. 오늘날 박해와 광신은 바로 이 교회가 된 과학 주변에서 맹위를 떨치고 있다. 앞으로 영국 의회가 예수의 이름으로 박해할 일은 없을 것이다. 마호메트의 이름으로 박해할 일은 더욱 없을 것이다. 하지만 제너의 이름으로는 지난 한 세기 내내 잔인하게 박해해왔고 지금은 파스퇴르의 이름으로 군인들을 박해하고 있으며 곧 일반 대중도 박해할 것으로 보인다. 프랑스 공화국은 종교와 교육을 분리해야 한다고 단호히 선언하고도 파스퇴르 얼굴을 우표에 실었다. 우리는 첨단 유행의 도시 런던의 한복판에 외과의사이자 파스퇴르 추종자로 유명한 리스터 경의 황동상을 세웠다. 과학의 기적을 신봉하는 현시대 이후 리스터 경은 성수 대신 페놀액을 뿌려 상처를 치유하는 기적을 보여준 대사제로 기억될 것이다. 병원에서 그의 방식은 더는 통하지 않는다. 이론가로서 그는 완전히 구닥다리가 됐다. 하지만 1927년 리스터 탄생 100주년을 맞아 모든 신문이 한없는 맹신과 기술적 무지를 드러내며 그의 기적에 관해 떠드는 걸 보니, 그는 정말 성자로 추앙받고 있다.

그러니까 역사에서는 신권정치가 사라진 것처럼 보여도 실제로는 그렇지 않을 수 있다는 것을 알아야 한다. 교회는 끊임없이 새로 생겨나 늘 세속정부를 압박했다. 정부가 그냥 놔둬도 될 정도로 점잖고 합리적인 교회도 있고 정부가 감히 간섭할 수 없을 정도로 권력이 막강한 교회도 있지만, 때로 이름 없는 상당수의 교회는 인간의 법도를 거스르고 패륜의 정도가 너무나 심각하다. 그런 교회를 그냥 두면 사람들이 직접 교회를 응징하겠다고 나서기 때문에 정부는 그런 교회를 처리할 법을 만들고 집행하고 심판해야 했다. 하지만 종교재판소나 성실청 같은 심판기관은 세속법원보다는 교회의 수족에 가까워서 위법 여부가 아니라 이단 여부를 따져 신흥교회의 예언자와 신도들을 구속하거나 처벌하고 권력을 남용했다. 즉, 국가 권력을 장악한 교회에 동의하지 않는다는 이유로 사람들을 탄압한 것이다. 종교재판소는 로마가톨릭교회를, 성실청은 영국국교회를 대리해 그런 일을 벌였다.

∵

이처럼 국가와 교회가 좀처럼 분리되지 않는 것은 국가가 교회와 끊임없이 권력 경쟁을 벌이면서도 결코 연을 끊지는 않기 때문이다. 세속의회와 내각의 구성원이 죄다 이런저런 교회의 신자들이다 보니 그럴 수밖에 없다. 국교회 목사들은 목사라는 이유로 하원의원이 될 수 없는데 주교는 상원의원이 되는 우스꽝스러운 사실만 봐도 얼마나 뒤죽박죽인지 알 수 있다. 의회는 교회와 경쟁을 벌이면서도 한편으로는 교회의 하수인 역할을 한다. 의회와 교회의 싸움은 둘 중 하나로 결론이 난다. 교회가 직접 권력을 잡고 휘두르며 세속의회와 정부를 수족처럼 부리느냐, 아니면 교회도 의회를 구성하는 일개 유권자 세력에 불과하므로 여느 시민단체와 마찬가지로 결국에는 국가의 결정을 따르게 되느냐. 교회가 전면에 나서서 통치하지는 않더라도 의회에 진출하거나 왕위를 계승하거나 판사가 되거나 공무원이 되려는 사람은 반드시 특정 교회의 신자여야 한다는 조건을 걸 정도로 영향력이 막강하다면, 그 교회는 사실상 신정국가에서와 같은 권력을 누리는 셈이다. 영국국교회는 실제로 그와 같은 권력을 누렸다. 그러나 영국인들이 하나의 종교에 속해 있지 않으려고 하면서 국교회 권력도 서서히 무너졌다. 영국인들은 국교회에서 사방으로 이탈해 비국교파 교회들을 형성했다. 그중 퀘이커교로도 잘 알려진 종교친우회는 사제를 사기꾼이라고 비난하고, 기도문을 신에 대한 모욕으로 규정하고("남의 말로 신에게 기도하는 것이니까"), 교회 건물을 "첨탑집"으로 부르면서 영국국교회의 교권을 부정했다. 그들은 야만적인 박해를 당했지만 순전히 자체 힘으로 이겨내고 이 나라에서 가장 존경받고 정치적 영향력이 큰 종교 세력이 됐다. 이처럼 비국교파 교회들이 무시할 수 없는 수준으로 커지고 국교회의 위상은 약해지면서 영국 의회는 기독교 신자라면 종파와 관계없이 전부 받아들이게 됐다. 유대인과 무신론자들에게는 계속 선을 그었지만, 유대인들은 곧 의회 진출에 성공했고 찰스 브래

베를린과 로마의 대립
빌헬름 숄츠 Wilhelm Scholtz, 『**클라데라다치**Kladderadatsch』, 1875년
비스마르크가 이끄는 프로이센(독일) 정부와 가톨릭교회 간의 이른바 문화투쟁Kulturkampf을 풍자

들로라는 유명한 무신론자가 하원의원이 반드시 해야 하는 기독교 서약을 선서로 대체하는 데 성공하면서 마침내 무신론자들도 마음 놓고 하원에 입성할 수 있게 됐다. 이제 우리는 유대인 수상이 낯설지 않다. 수상이 무신론자이든 아니든 관심도 없으며 그런 걸 물을 생각조차 하지 않는다. 오로지 왕만이 대관 서약에 얽매여 수많은 백성이 믿는 교회를 부정해야 하는 처지다. 비국교파 교회를 비롯해 온갖 비기독교 교회를 다 묵인하면서도 겉으로는 국교회만 용인하는 척해야 한다.

무신론자(엄격한 복음주의자나 근본주의자의 관점에서는 실증주의협회부터 윤리협회, 불가지론자, 유물론자, 자연도태론자, 창조적 진화론자, 범신론자도 전부 불신자고 무신론자다)를 포함해 모든 교회가 의회에 진출할 수 있게 되면서 종교의식을 제도화하는 것은 불가능해졌다. 다른 교회의 종교의식을 법적으로 의무화하는 데 동의할 교회는 아무도 없기 때문이다. 의회는 출생, 혼인, 사망 시 종교의식을 대체할 완전히 세속적인 절차를 제시했다. 그래서 이제는 결혼하거나 아이를 출산했을 때 대주교나 추기경을 찾을 필요없이 시청에 신고만 하면 된다. 집안의 누군가가 사망했을 때도 시체를 화장하며 굳이 종교의식을 치를 필요가 없다. 의사에게 사망확인서를 받아 사망신고를 하면 그만이다.

교회유지세도 낼 필요가 없어졌다. 시골영주가 아닌 이상 태어나서 죽을 때까지 성직자에게 단 한 푼도 주지 않아도 되고, 종교의식에 참여하지 않아도 되며, 종교와 전혀 상관없이 살아도 법적으로 아무 문제 없이 지낼 수 있다. 이따금 주변 사람들이나 고용주 혹은 지주의 눈치를 보며 어쩔 수 없이 따라야 하는 것들은 또 다른 문제다. 그러면 이제 국가는 우리에게 무엇을 강요하고 있는가? 과학을 참칭한 일련의 믿음 보따리가 눈에 들어온다. 오늘날 과학 신앙은 전 세계로 퍼져나가서 역대 그 어떤 교회보다도 가톨릭화(보편화)하는 데 성공했다. 아이와 군인과 이민자 대상의 강제 접종, 유전적으로 열등한 성인 강제 거세, "정신박약자" 강제 격리, 도시와 주택 강제 방역 등 기존 교회들은 감히 꿈도 꾸지 못했던 일들을 의사와 "과학자들"이 요구하고 몇몇 국가에서는 이미 실행하고 있다. 영국인들은 기존의 사고방식에서 쉽게 벗어나지 못해서 그러한 과학 신앙을 적극적으로 수용하지도 거부하지도 못하고 있다. 영국 의회와 달리 의회가 한물간 성직자들의 말은 흘려듣고 과학 신도들의 말만 들을 경우에는 어떻게 되는지 알고 싶다면, 미국 주의회나 영연방 공화국들이나 남미와 동유럽 신생 민주 국가들의 법령집을 봐야 한다. 자유와 평등의 이름으로 민주주의가 온 세상을 장악한다면, "과학이 종교보다 더하네"[2]라는 탄식이 터져나오게 생겼다.

∴

과거 기독교가 득세한 이유는 최고의 신자들이 이끄는 전성기에 선하고 유익한 가치를 발휘하는 한편 영문도 모른 채 엄혹한 세상살이를 견디는 사람들에게 의롭고 인자한 삶은 결국 보답받는다는 믿음과 위안을 줬기 때문이다. 과학 신앙이 득세하게 된 이유도 마찬가지다. 최고의 신자들이 이끌면서 대단히 선하고 유익한 일을 해왔고 가장 높

---

2   원문을 직역하면 "과학의 새끼손가락이 종교의 허리보다 굵네." 열왕기상 12장 10절에서 차용한 표현.

이 날면서 인생이 용기와 환희, 강렬한 흥미로 가득하다는 것을 일깨우고 있다. 여러분은 오래된 종교와 새로운 종교 중 누구의 설명이 맞는지에 관심을 가질 수도 있겠지만, 절대 진리가 무엇인가 하는 문제는 제쳐두고 객관적인 사실부터 직시해야 한다. 막상 현실에서는 종교나 과학을 열성적으로 믿는 사람이 소수에 불과하다. 다수는 자기가 속한 계급의 사람들이 하는 대로 따라할 뿐 종교나 도덕에 전혀 관심 없으며 이도 저도 아닌 사람들도 상당수다. 이 대다수의 중립적인 사람들이 어떻게 보면 중요하다. 스스로 사고해서 뭔가를 믿거나 믿지 않는 사람들은 산 채로 화형을 당할지언정 자기 양심에 반하는 신념은 그 어떤 권력의 강요에도 절대 받아들이지 않는 데 반해, 중립적인 사람들은 어릴 때 주입되기만 하면 어떤 신념이든 받아들이기 때문이다. 국가는 그런 사람들에게 제2의 천성이 될 신념을 주입하며 바로 그 과정에서 정부를 휘어잡으려는 교회들과 다투게 된다.

한두 가지 전형적인 예를 들어보자. 만일 어떤 집단이 스스로 교회를 자처하든 자처하지 않든 인류 최후의 심판 때 육신이 부활한다는 낡은 교리를 설파한다고 하자. 웬만큼 큰 도시의 시 당국이 그런 설교를 문제 삼는 일은 아마 없을 것이다. 하지만 그 집단이 육신을 화장해서 재로 만들면 부활할 수 없다는 유치한 생각에 사로잡혀 시신은 반드시 교회 내에 매장해야 한다고 가르친다면, 시 당국이 제재에 나설 것이며 도시에서 시체를 처리하는 가장 적절한 방법은 화장임을 학교에서 가르칠 것이다. 그리고 독실한 부모들이 항의하든 말든 교회 매장을 법으로 금지할 것이다.

만일 어떤 교회가 동물은 영혼이 없고 그저 인간의 쓸모를 위해 창조됐기 때문에 동물은 아무 권리가 없고 인간은 동물에 대해 어떤 의무도 없다고 가르친다면, 정부는 학교에서 그 교회의 교리를 가르칠 수 없게 하고 교회 구성원들을 동물 학대로 기소할 것이다.

또한, 어떤 교회가 인도적인 방식으로 운영하는 시영 도축장에 비해 훨씬 잔인한 도축장을 차리려고 한다면, 시 당국은 허가를 내주지 않을 것이며 아이들에게 그래도 된다고 가르치도록 놔두지도 않을 것이다. 혹여 그 교회가 유권자의 지지를 얻어 시 당국을 장악한다면 자기네 뜻대로 할 수도 있겠지만, 그게 아니라면 나처럼 채식주의자가 되지 않는 한 시영 도축장에서 인도적으로 도축한 고기만 먹어야 할 것이다.

특정 교회가 우리의 대성당들을 독점적으로 사용하는 것도 조만간 문제시될 것이다. 특정 교회가 종교적 진리를 독점한다는 주장은 이제 통하지 않는다. 영국국교회의 의식은 모든 사람을 만족시킬 수 있다는 생각도 엘리자베스 여왕 시절에나 통하던 것이었다. 만일 영국국교회가 역겨운 미신적 행위를 배제하고 종교의식에서 위안과 용기를 얻는 모든 이의 심기를 거스르지 않게끔 국교회 의식을 거행한다면, 국가는 성당을 계속해서 국교회 전용 공간으로 지정해도 될 것이다. 국교회 의식이 없는 나머지 시간에는 지금처럼 개인의 명상이나 기도를 위한 열린 공간으로 유지하면서 말이다. (여러분이 아는지 모르겠는데, 예배가 없는 시간에는 유대인이든 마호메트교도든 불가지론자든 불신자든 누구나 "영혼을 다스리기 위해" 매일 같이 국교회 성당을 사용할 수 있다.) 온갖 교회의 별별 의식을 다 거행하도록 우리의 대성당들을 개방하는 것은 물리적으로 불가능하다. 그렇다고 자본주의 원칙에 따라 가장 높은 값을 부르는 곳에 성당을 팔아넘기기도 어렵다. 교회가 교회를 팔아넘기는 일이 아무리 흔하다고 해도 도덕적으로 볼 때 국가가 할 짓은 아니다. 국교회가 성가대석 입장료를 받듯 국가가 입장료를 받고 성당을 스톤헨지 같은 관광지로 만들 수도 있겠으나 그렇게 하면 종교의식에서 신앙생활의 힘을 얻는 신도들로부터 성당을 빼앗는 짓이 될 것이다.

혹은 러시아처럼 할 수도 있다. 러시아는 교회를 국유화해서 국가가 교회의 물적 자산만 소유하고 나머지는 전처럼 굴러가게 했다. 다만, 러시아의 정치인이나 공무원은 영국인들처럼 짐짓 독실한 척을 하지 않고 교회는 미신이라고 오히려 엄중히 경고한다. 생전에 인내심을 갖고 가난과 노예 상태를 잘 견디기만 하면 사후에 행복이 따른다는 소리로 교회가 사람들을 고분고분한 노예로 만든다는 것이다. 그러나 그런 식으로 교회를 배척하는 것은 오래가지 못한다. 과거 압제자와 교회의 불경스러운 동맹에 맞서 승리한 프롤레타리아의 반작용이기 때문이다. 단지 그들은 교회가 권력을 잡는 교권주의에 반대하는 것이다. 따라서 우리가 아는 교권주의가 사라지고 교회가 자본주의의 정신적 요새가 아니라 민중의 교회로 거듭난다면, 그러한 반작용도 사라질 것이다. 러시아 정부도 종교를 완전히 부정하는 것은 정치적으로 불가능하다는 것을 알고 있다. 그래서 최근에는 아이들에게 마르크스주의라는 새로운 신념을 가르치고 있다. 사실 소비에트는 처음 교회에 대한 반작용이 거세게 일었을 때도 예전의 영국보다는 훨씬 더 교회에 관대했다. 영국은 교회 재산을 강탈해 영주들에게 나눠줬고 대주교도 암살했다. 소비에트도 러시아 대주교에게 혁명이라는 현실을 받아들이고 전에 차르에게 충성했듯 소비에트에 충성하라고, 안 그러면 총살당할 것이라고 분명히 전달은 했을 것이다. 하지만 대주교가 현명하게 소비에트의 뜻을 따르자 소비에트는 대주교를 내버려뒀다. 아마 이제 러시아 대주교는 캔터베리 대주교보다 더 많은 재량권을 누리지 싶다.

∴

지금까지는 국가의 관점에서 교회를 다뤘는데 이제부터는 개인의 관점에서 종교를 살펴보기로 하자. 교회에 가까워질수록 신에게는 등을 돌리게 된다는 속담이 있다. 그래도 조금만 더 들여다보기로 하자. 거대한 사회변화에 대한 두려움을 극복하고 썩은 이를 뽑듯 죽은 종교를 제거하려면 살아있는 종교에서 용기를 얻어야만 한다. 용기는 종교적인 것이다. 종교가 없으면 우리는 겁쟁이가 된다. 아이를 무사히 낳기 위해 위험한 상황을 피해야 했던 여자들과 달리 남자들은 걸핏하면 사냥과 전쟁에 나서면서 거칠게 싸우고 무모하게 경쟁하는 것을 용기로 인식하게 됐다. 남자들은 여자들도 용기를 그렇게 인식하도록 어느 정도 강요해왔다. 하지만 여자들은 수컷들의 영광을 메아리처럼 복창할 때도 목숨 걸고 학살하는 것이 아니라 생명을 창조하고 돌보는 일에 공동체의 생존이 달려있다는 것을 직관적으로 알고 있다. 입센이 감상주의자이거나 선동정치가라서 여자와 노동자에게 희망이 있다고 말한 게 아니다. 여자가 천사가 아니라는 사실은 여러분뿐만 아니라 입센과 나도 잘 알고 있다. 여자들은 많은 면에서 남자들만큼 멍청하다. 하지만 죽고 죽이는 데 목숨을 건 남자들과 달리 여자들은 생명을 낳아 기르는 데 헌신하다 보니 여자들의 종교와 남자들의 종교에 결정적인 차이가 생겼다. 남자들은 만용을 부려야 했지만 여자들은 두려워해야 했다. 남자들에게 영웅적 행위는 생명을 파괴하고 죽음을 자초하는 것이지만 여자들에게 영웅적 행위는 생명을 기르고 보호하는 것이 됐다. 살인을 일삼는 영웅들은 새로운 사상 앞에서 비굴한 겁쟁이가 되거나 생각해야만 할 때 생각하지 않는 게으름뱅이가 되기 일쑤다. 남자들의 영웅놀음은 정치적으로 해롭고 무익하다. 자기들이 뭔 짓을 하는지 생각하기 시작하면 그 일을 할 수 없다는 것을 본능적으로 알기 때문에 남자들은 애써 생각하지 않으려고 한다. 그래서 여자들이 종종 자신을 위해 생각할 시간까지 할애해 가며 남자들 대신 생각하게 된 것이다. 그런 여자들은 남자들보다 더 많은 용기가 필요하며 그만 한 용기를 얻으려면 계속 곱씹어 생각해도 의심의 여지가 없는 신념이 있어야 한다.

그러면 이제 여러분이 종교적 신념이 있는 사람이라고 가정하고 그런 여러분이 사회주의에 대해 가장 궁금해할 만한 질문을 해보자. 사회주의는 여러분의 종교에 적대적일 것인가? 간단히 대답할 수 있다. 만일 여러분의 종교가 소득불평등을 주장하면, 사회주의 정부는 여러분의 종교를 없애기 위해 최선을 다할 것이다. 1830년 영국 정부가 식민지 인도에서 도적단을 소탕할 때처럼 여러분을 대할 것이다. 하지만 여러분의 종교가 소득평등화를 받아들인다면, 사회주의 정부는 다른 어느 정부 못지않게 여러분의 종교에 호의적일 것이다. 뿐만 아니라 여러분을 사사로운 박해로부터 구해줄 것이다. 오늘날 자본주의 사회에서는 어쩌다 종교적 편견에 사로잡힌 고용주를 만나기라도 하면 해고당할까 무서워 종교도 마음대로 믿지 못하는 박해를 당할 수 있다.

그렇지만 사회주의도 교회가 될 위험이 있다. 사회주의가 광범위한 경제개혁이 아니라 마치 새로운 예언자가 신의 계시를 받아 세운 신흥교회 같은 목소리를 낸다면 우리는 경계해야 한다. 실제로 그런 일이 벌어지고 있다. 사회주의 교회의 전도사들이 신이라는 말을 쓰지 않고, 자기네 조직을 교회라고 부르지 않으며, 자기네 건물을 첨탑으로 장식하지 않는다는 사실에 속아서는 안 된다. 그들은 사회주의가 우주 질서의 필연적이고 최종적이며 최상위의 단계, 즉 이전까지의 모순이 전부 해소되는 단계인 것처럼 설명한다. 성 삼위일체는 조롱해도 헤겔의 변증법은 신봉한다. 그들의 예언자는 예수, 마호메트, 루터, 아우구스티노, 성 도미니코, 조지프 스미스, 에디 부인이 아니라 카를 마르크스다. 그들이 스스로를 부르는 호칭은 가톨릭교회가 아니라 제3인터내셔널이다. 그들의 경전은 독일 철학자 헤겔과 포이어바흐의 저서로 시작해 마르크스의 자본론에서 완성된다. 자본론은 고무적이고 오류가 없으며 전지적인 "노동계급의 성경"으로 일컬어진다. 그러나 자본론의 두 신조는 영국국교회 39개 신조 중 28조의 처음 두 단락처럼 서로 정면으로 배치된다. 자본주의에서 사회주의로의 진화는 예정된 수순이므로 우리는 그저 그날이 오기를 기다리기만 하면 되는 것처럼(자본론 버전의 믿음에 의한 구원) 얘기하다가 자본주의에서 사회주의로 진화하려면 반드시 프롤레타리아 독재 혁명을 치러야 한다고(노동에 의한 구원) 얘기한다.

러시아 혁명이 성공한 것은 마르크스주의 광신도들이 앞장서서 이끌었기 때문이다. 하지만 뒤이은 실패 역시 같은 원인에서 비롯됐다. 정부 운영 지침으로 삼기에 마르크스주의는 쓸모없는 정도를 넘어 재앙 수준이다. 사회주의를 제대로 정의한 적도 없다. 헤겔식 논리에 따라 자본주의의 모순이 해소되고 정치 권력이 프롤레타리아에게로 넘어간 단계 정도로 설명할 뿐이다. 그러한 추상적 개념에서 정신적 위안을 얻는 독일인들과 스코틀랜드인들도 있기는 하지만, 영국인들은 그런 설명을 대체로 난해하고 불쾌하게 받아들인다. 영국인이든 독일인이든 마르크스의 이론만 가지고는 현대 국가는커녕 구멍가게도 5분 이상 운영할 수 없다. 레닌도 그 점을 바로 깨닫고 매우 솔직하게 인정했다.

그렇지만 레닌과 그 후임자들은 러시아 인터내셔널이라는 새로운 (가톨릭) 교회로부터 새로운 러시아 국민국가를 해방시키지 못했다. 중세의 황제가 카노사의 굴욕을 겪고 헨리2세가 영국을 로마 교회로부터 해방시키지 못한 것과 마찬가지다. 러시아가 위기를 맞으면 세속 정부인 소비에트가 정책을 결정할지, 마르크스교회인 제3인터내셔널이 정책을 결정할지 지금은 누구도 예측할 수 없다. 엘리자베스 여왕은 스페인 펠리페 왕을 가톨릭 신정의 대리인이 아니라 세속국가의 왕으로 대했다. 우리는 소비에트를 그렇게 대해야 할 것이다. 러시아에서는 국가가 조만간 마르크스교회를 밀어내고 정치 주도권을 쥘 것이다. 영국을 비롯한 개신교 국가들이 가톨릭교회 세력을 밀어내고 이후 프랑스와 이탈리아도 그러한 선례를 과감하게 따랐던 것처럼 말이다. 러시아에서 국가가 주도권을 갖기 전까지 마르크스교회 즉, 제3인터내셔널은 과거 교황들만큼이나 많은 문제를 일으킬 것이다. 공산주의와 사회주의의 이름으로 문제를 일으키며 자본주의자들과 충돌하는 것은 물론이고, 공산주의든 사회주의든 교회가 아니라 국가가 실현할 문제라는 것을 이해한 공산주의자 및 사회주의자들과도 충돌하게 될 것이다. 존 왕은 자신의 영토 안에서 가톨릭교회의 십일조와 통행료 징수를 금지했지만, 그도 교황 못지않게 독실한 기독교 신자였다. 마찬가지로, 우리 노동당 지도자들은 제3인터내셔널의 내정 간섭이나 마르크스 신격화를 거부하더라도 여전히 투철한 사회주의자가 될 수 있다.

다만, 우리가 구교에 저항한 신교도들처럼 마르크스주의 교회를 거부하더라도 잊어버리면 안 되는 것이 있다. 마르크스주의 경전인 자본론이 점진적 개혁을 위한 안내서로서 아무 쓸모가 없다지만, 그건 매우 혁명적인 기록인 복음서도 마찬가지라는 사실이다. 우리는 의회 전술에 도움이 안 된다고 복음서를 태워버리거나 산상수훈의 설교자에게서 배울 게 없다는 결론을 내리지는 않는다. 마찬가지로, 자본론을 태우거나 마르크스를 쓸모없는 작가라며 금지하지는 말아야 한다. 마르크스의 대단한 명성은 거저 생긴 것이 아니다. 그는 매우 위대한 스승이다. 마르크스의 가르침을 배운 적이 없는 정치인들은 위험하다. 물론 마르크스 자신은 마르크스주의자가 아니었던 것처럼 마르크스의 가르침을 맹목적으로 따르지 않고 제대로 배운다면 마르크스주의자는 되지 않는다. 나도 자본론을 통해 사회주의로 개종했지만, 상당히 많은 시간을 할애해서 마르크스 경제학의 이론적 오류는 물론이고 그가 공직 수행 경험이 부족하다는 점, 프롤레타리아와 부르주아에 대한 그의 전형적인 묘사가 신빙성이 떨어진다는 점을 지적했다. 나처럼 마르크스의 오류를 지적할 수는 있다. 하지만 마르크스를 대놓고 무시하는 사람은 마르크스를 읽어 본 적도 없는 허세꾼이거나 마르크스의 위대한 정신세계를 감당할 능력이 안 되는 사람이다. 그런 사람에게 표를 주어서는 안 된다. 마르크스 광신도에게도 표를 주어서는 안 된다. 그 광신도가 경험을 좀 더 쌓으면 마르크스주의를 탈피하겠다 싶을 정도로 젊고 똑똑한 레닌 같은 인상을 준다면 또 모르겠지만 말이다. 모르몬교며 전체주의며 제국주의며 가톨릭교회가 되고자 하는 온갖 것들과 마찬가지로 마르크스주의도 본질적으로는 신권 정치를 하려는 것이다. 사회주의와 자본주의는 성격이 조금 다르다. 사회주의와 자본주의 역시 신의 섭리를 드러내는 체제로서 믿음을 얻고자 최선을 다하고는 있지만 그렇게 되기에는 너무 현실적이다. 사회주의와 자본주의는 인류의 먹고사는 문제를 해결하기 위한 수단으로서 존재감을 드러낼 것이다. 사회주의는 평등한 분배를, 자본주의는 계약자유와 사유재산을 공동 번영을 위한 비결로 내세우면서 말이다.

제83장

Current Confusions

우리는 바벨탑에 살고 있다

이런 이야기를 몇 년이고 더 할 수도 있다. 하지만 이만큼 얘기했으면 자본주의와 사회주의의 싸움이 어떻게 돌아가는지 충분히 이해했으리라고 본다. 이제 여러분은 자기가 무슨 말을 하는지도 모르면서 사회주의와 자본주의에 관해 쓰고 말하는 사람들이 자꾸 거슬릴 것이고, 그때마다 신문에 기고하거나 대화에 끼어들어 바로잡아주고픈 충동이 치밀 것이다. 하지만 참아야 한다. 일단 시작하면 절대 끝나지 않을 일이기 때문이다. 흥분하지 말고 공손하게 앉아서 여러분의 이웃이 떠드는 정치 얘기를 가만히 들어보자. 한편에서는 마음에 안 드는 사람을 싸잡아 사회주의자나 볼셰비키, 생디칼리스트, 무정부주의자, 공산주의자라고 욕하고, 다른 한편에서는 자본주의자나 제국주의자, 전체주의자, 반동분자, 부르주아라고 욕할 것이다. 그런 용어들의 의미를 제대로 알고 말하는 사람은 아무도 없다. 100년 전에는 마음에 안 드는 사람을 자코뱅, 급진주의자, 차티스트, 공화주의자, 불신자, 혹은 (심하게 공격한답시고) 협동조합원이라고 욕하는 쪽과 토리당원, 폭군, 거만한 귀족, 국채보유자라고 욕하는 쪽이 있었다. 이제는 그런 단어를 들어도 아무렇지도 않다. 자코뱅과 차티스트는 잊혀졌고, 공화주의는 미국뿐 아니라 유럽에서도 대세가 됐으며, 협동조합원은 퀘이커교도만큼 존경받게 됐고, 거만한 귀족은 빈민으로 전락했다. 국채보유자는 아직 쓰는 말인지도 모르겠지만, 이제는 프롤레타리아도 단기국채와 은행예금계좌에 수백만 파운드를 투자하는 마당이니 국채보유자라는 소리를 들어도 전혀 기분 나빠하지 않을 것이다. 결국 정치 세력들이 쓰는 호칭은 아무 의미 없는 선거운동용 욕설일 뿐이다. 프랑스 야당은 선거 때마다 늘 "살인마와 도둑놈들"(내각을 가리키는 말이다)을 내쫓자고 유권자들에게 호소한다. 집권 여당의 선거 벽보에도 정확히 똑같은 단어가 등장한다. 그들은 자기 집 개를 혼낼 때도 날강도 운운한다. 다 의미없는 말들이다. 차라리 "개새끼 소새끼"가 낫지 싶다 (진짜 그러기도 한다). 실제로 강아지 송아지라는 게 아니고 그저 모욕 주려고 하는 말이라는 걸 모두가 뻔히 알고 있으니 말이다. 볼셰비키나 무정부주의자, 공산주의자 같은 말들은 대부분의 사람이 무슨 뜻인지 잘 몰라서 괜히 겁을 집어먹고 극단적인 폭력과 절도, 살인과 약탈을 떠올리고 있지 않은가. 볼셰비키는 우리한테만 무섭게 들릴 뿐이지 원래 러시아어로는 의회 다수당 소속이라는 뜻이다. 그런 단어가 영국에서는 괴물, 불한당, 망할 누구누구와 똑같이 정치적으로 동의하지 않는 상대를 가리키는 욕으로 쓰이고 있다.

    그래도 상대를 헐뜯으면서 부르는 명칭은 자기 자신에게 붙이는 명칭에 비하면 덜 혼란스러운 편이다. 예를 들어, 성품이 원만하고 온순한 사람들도 "공산주의-무정부주의자"를 자처하는 순간 보수적인 사람들에게는 골수 악당으로 보이게 된다. 공산주의-무정부주의자라는 말은 가톨릭-개신교도, 기독교-유태교도, 갈색 금발, 작은 거인, 결혼한 처녀처럼 영락없는 형용모순이다. 무정부주의는 성문법을 말소하고 국가와 정부를 없애라고 가르치는 반면, 공산주의는 국가의 모든 필수 사업을 공공의 법으로 통제하고 공공이 주도해야 한다고 가르친다. 그러니 무정부주의와 공산주의를 동시에 지지한다는 것은 앞뒤가 맞지 않는다. 그럼에도 사람들은 공산주의-무정부주의자라는 개념을 어찌어찌 받아들이고 있다. 공산주의-무정부주의자를 자처하는 사람은 대개 공동체의 안정과 안녕을 위해 필수적인 법은 공산주의자처럼 기꺼이 따르겠지만 나머지는 자기가 알아서 하겠다고 한다. 힘든 일과 책임도 맡겠지만 여가와 자유도 필요하다는 것을 그런 식으로 표현하는 것이다. "지독한 일벌이 되고 싶지는 않아." 능력 있는 사람들의 태도가 다 그렇다. 하지만 그런 태도를 공산주의-무정부주의라고 부르는 것은 혼란을 초래한다. 이도 저도 아니고 분란만 일으키면서 자기는 공산주의-무정부주의자라는 사람도 너무 많다. 그런 사람들은 자유를 원한다며 법과 공공기관에 반대하고, 계약의 자유는 자본가가 프롤레타리아를 착취하는 수단이라며 자유에도 반대한다. 그렇게 평생 사회주의와 자본주의를 방해만 하고 아무 데도 도움이 안 된다. 그러니 웬만해서는 공산주의-무정부주의자를 자처하지 않는 것이 좋겠다.

한마디로 우리는 바벨탑에 살고 있다. 혼란스러운 명칭을 사용하는 바람에 우리가 바라는 사회의 건설은 요원해진다. 가톨릭교도라지만 교리를 알지 못하고, 국교도라지만 39개 신조라는 것을 모르다가

에셔 *M. C. Escher*, 『바벨탑 *Tower of Babel*』, 1928년

그 내용을 들으면 말도 안 되는 소리라며 펄쩍 뛰고, 자유주의자라지만 맨체스터학파의 원칙에 대해 들어본 적이 없거나 들어도 이해 못 하고, 보수주의자라지만 드 퀸시의 『정치경제학 논리The Logic of Political Economy』에 대해 생판 무지하다. 가톨릭교도, 국교도, 자유주의자, 보수주의자라는 자들의 대다수가 그런 사람들이다. 사회주의자, 공산주의자, 생디칼리스트, 무정부주의자, 노동자주의자라는 사람들도 다를 바 없다. 그들 대부분은 자본주의와 부르주아 윤리에 대해 비난하면서도 그 두 가지가 몸에 깊이 배어 있다. 신문이나 뉴스를 볼 때는 이런 현실을 최대한 감안해야 한다. 사회주의자는 노동조합주의자와 다르고 무정부주의자는 아예 될 수 없다는 사실을 알고 있어야 한다. 무늬만 사회주의자도 흔하다. 무늬만 사회주의자는 어쩌다 공직에 올라 그동안 자기가 비난했던 보수당이나 자유당 지도자들과 어울리게 되면, 자기 생각도 그 대단한 사람들과 별로 다르지 않다는 것을 알고 우쭐해서 매번 그들 편에 서려 한다.

 1927년 현재 공산주의자라고 하면, 페이비언의 점진적 사회주의(의회를 통한 합법적인 방법)를 거부하고 무장 혁명으로 자본주의를 전복해서 그 자리에 러시아처럼 마르크스교회를 세워야 한다고 믿는 사람들을 일컫는다. 좀 더 고상하게 말하면, 직접행동을 추구하는 사람들이다. 같은 방식으로 자본가들이 정권을 잡기를 바라는 강경 보수주의자들은 쿠데타라는 말을 쓴다. 하지만 공산주의자가 전혀 아닌 사람이 직접행동을 지지할 수도 있다. 그런 사람은 광산은 광부들이, 철도는 철도원들이, 군대는 군인들이, 교회는 성직자들이, 배는 선원들이 소유하는 게 맞다고 여기고, 심지어 집은 하인들이 소유해야 한다고 여긴다. 사회주의자라면 절대 동의할 리 없는 얘기다. 산업은 공동체 전체가 소유하게 하고 소비자의 이익에 부합하도록 운영해서 누구도 부당이득을 취하는 일 없이 소비자가 원가에 물건을 살 수 있도록 하자는 게 사회주의다. 상점 역시 점원들이 소유한다거나 점원들의 이익을 위해 운영돼서는 안 되고 고객 모두의 이익을 위해 운영돼야 한다. 그런다고 점원이 고객을 위해 희생하는 것은 아니다. 점원도 다른 상점에 가면 고객이 되고, 고객도 다른 어딘가에서는 노동자이기 때문이다. 소득이 평등해지고 모두가 생산자이자 소비자가 되면, 사람들은 굳이 타인에게 친절을 베풀려는 것이 아니라 자기 자신을 위하는 마음으로 서로를 공정하게 대할 것이다. 하지만 그런 사회로 가지 않고 회사와 산업을 단지 거기서 일하는 노동자들 소유로 만들어버린다면, 불로소득을 취하던 기존 주주들에서 더 큰 폭리를 취하는 노동자 주주들로 주인만 바뀌는 셈이 될 것이다. 노동자 주주들은 지대를 독차지하기만 하고 국가 재정에는 지금보다도 도움이 안 될 수 있다. 가장 생산성 좋은 광산의 광부들과 가장 척박한 땅의 농부들 간의 소득불평등은 어마무시할 것이다. 하지만 이 문제로 골치 아파할 필요는 없다. 어차피 일이 그렇게 흘러갈 가능성은 없다. 다만, 노동자를 생산수단의 주인으로 만들려는 그 계획이 오늘날 프롤레타리아의 주의·주장(노동조합주의와 생산자협동조합, 노동자이사제, 소자작농제도, 생디칼리슴 등)을 상당 부분 잠식하고 오염시킨 탓에 전쟁 이후 이탈리아에서 프롤레타리아 운동이 좌초되고 무솔리니 독재 정권이 들어서게 됐다는 사실은 유념해야 한다. 그 계획은 사회주의처럼 보이는 온갖 그럴싸한 가면을 쓰고 종종 사회주의의 일부인 척하지만 실상은 가난한 자들의 자본주의다. 가난해도 통풍에 걸릴 수 있는 것이다.

프롤레타리아의 주의들은 하나같이 자본주의를 비난한다. 모두 자본주의에 적대적인 입장을 취하기 때문에 자본주의의 시각에서 보자면 프롤레타리아의 주의들은 어차피 다 거기서 거기다. 그렇지만 각 주의마다 어떤 해법을 내놓는지 보면 서로 엄청나게 다르다. 사회주의를 지지한다면서 생디칼리슴이나 무정부주의나 직접행동주의 같은 가짜 공산주의에 마구잡이로 투표하는 사람들은 사회주의에 반대한다면서 보수주의나 자유주의, 제국주의, 애국주의, 왕정, 신정체제에 마구잡이로 투표하는 사람들과 마찬가지로 뭘 잘 모르는 것이다.

의회에 진출한 노동당이 소위 공산당을 몰아내려고 하는 이상한 풍경이 왜 벌어지겠는가? 노동당을 이끄는 사회주의자들은 원칙적으로 공산주의자일 수밖에 없고 공산주의의 확대를 지지한다. 하지만 공산당에 대해서는 분명히 선을 긋고 대중 앞에 함께 나서기를 거부해서 공산당으로부터 "부르주아 반동분자"라는 비난을 듣고 있다. 대단히 혼란스러운 상황처럼 보이지만 실상은 간단하다. 사실 그 두 프롤레타리아 정당은 사회주의 대 공산주의로 싸우는 게 아니다. 점진적 개혁을 위한 입헌적 행동이냐 아니면 독재정치로 가는 직접행동이냐로 싸우는 것이다. 자본가 정당도 자유 입헌파에 반대해서 독재정권을 세우고 싶어 하는 보수 강경파가 파시스트 쿠데타를 일으키려 하고 있다. 혼란과 내분은 결코 노동당만의 문제가 아니라는 얘기다. 극우와 극좌는 모두 의회에 대한 불신과 혐오를 부추기는 자들이다. 그렇게 우파 중에서도 더 오른쪽에 있는 사람들이 있고 좌파 중에서도 더 왼쪽에 있는 사람들이 있다. 가운데 있는 입헌주의자들도 자본주의자와 사회주의자로 나뉜다. 여러분은 모든 기지를 발휘해서 자신의 위치를 파악하고 다가올 변화에 대비해야 할 것이다.

프롤레타리아 정당은 노동조합주의의 영향을 받아 "프롤레타리아 노동자의 고전적인 무기이자 유일한 안전장치는 파업"이라고 알고 있다. 그래서 여기서는 광산 파업을 저기서는 철도 파업을 하고 오늘은 식당에서 내일은 성냥 공장에서 기습 파업을 하는 산발적인 형식이 아니라 모든 직종의 노동자가 한꺼번에 총파업에 돌입한다면 자본주의가 무릎을 꿇을 것으로 착각한다. 위험한 착각이다. 총파업을 한다는 것은 항해사들에게 억압당한 선원들이 맹랑한 사환 아이의 말만 믿고 배를 침몰시켜 항해사와 항해사 편에 선 승객들이 익사하게 한 다음 의기양양하게 배를 지휘하겠다는 것과 마찬가지다. 항해사 없이 배를 어떻게 몰 것인지는 물어볼 필요조차 없다. 어차피 항해사는 물론이고 선원과 사환까지 전부 익사할 것이기 때문이다. 총파업이 벌어지면 생산적인 프롤레타리아부터 굶어죽고 그 뒤를 이어 비축해 놓은 잉여식량이 바닥난 고용주와 자본가, 기생적인 프롤레타리아가 죽어나갈 것이다. 한마디로 총파업은 국가적 자살 행위나 다름없다.

그럼에도 그 유명한 스웨덴 총파업을 비롯해 총파업은 계속 시도됐고, 매번 여지없이 무너졌는데도 여전히 옹호되고 있다. 총파업 옹호자들은 노동이 프롤레타리아의 자본(돈 없는 사람들의 여윳돈?)이라면서, 이제껏 자본가들이 밥줄을 쥐고 프롤레타리아를 협박한 것처럼 프롤레타리아도 자본가를 협박하면 자본주의를 타개할 수 있다고 믿는다. 그들이 간과한 게 있으니, 자본가들은 다 같이 사업장 폐쇄를 시도할 정도로 아둔하게 군 적이 없다. 파업을 하려면 한 분야에만 국한해서 특정 고용주를 고립시키고 파업하지 않는 노동자들이 파업 자금을 보태게 하는 것이 훨씬 합리적이다. 그러나 앞에서 이미 밝혔듯 마침내 사회주의 사회에 이르면 총파업은 물론이고 어떤 파업이나 사업장 폐쇄도 정당화되지 않을 것이다. 중세의 결투 풍습이 오늘날 사라졌듯이 총파업이나 사업장 폐쇄도 언젠가는 사라지겠지만, 그러기 전까지는 총파업을 하자고 선전·선동하는 사람들을 경계해야 한다. 요새 일간지들은 파업에 동참하는 직종이 두 개만 돼도 총파업으로 호도하기도 한다.

총파업 옹호자들은 총파업으로 전쟁을 막을 수 있다고 주장하는데, 과연 그럴까? 정부가 민심에 반하는 전쟁을 하려 할 때는 사람들이 총파업에 돌입할까 봐 무서워 전쟁을 주저할 수도 있다. 하지만 최고위층 인사가 살해당하거나 최고위층 자녀가 폭격을 당하면 아무리 인기 없던 전쟁도 즉각 사람들의 지지를 얻기 마련이다. "적당한 규모의 전쟁"이 일어나기만 하면 정부에 반기를 들던 사람들도 애국심에 고취돼 다시 고분고분해진다는 것은 러시아의 영리한 여인 예카테리나 2세만큼이나 우리의 자본주의 정부도 잘 알고 있다. 사람들은 전쟁 반대 총파업을 일으키지 않을 것이며 일으킬 수도 없다. 임금 삭감에 반대하든 전쟁에 반대하든 총파업으로 모두가 일하기를 멈추면 나라 망하는 것은 순식간이다. 물론, 국민 대다수가 양심적 병역거부자가 되어 전투는 물론이고 식량과 군수품 공급, 군사수송 등 군복무만 거부해도 전쟁은 일어나지 않는다. 그렇게 평화주의가 지배하는 세상으로 가는 게 바람직하다고 여기는 사람도 많을 것이다. 그러나 그런 상황은 일어날 가능성도 희박하고 엄밀히 말하면 총파업도 아니다. 제정신이라면 일어나지도 않은 일을 근거로 행동하지 않을 것이다. 군국주의자 청년이 전투기를 몰고 나가 아이들에게 폭탄 하나만 떨어뜨려도 그 즉시 평화주의는 끝장난다. 적어도 폭파범과 그 배후를 엄벌에 처한다는 보장이 있어야 그러기 전에는 총파업하겠다고 아무리 으름장을 놓아도 호전적인 정부가 혈기왕성한 청년들을 데리고 전쟁하겠다는 것을 막을 수 없다. 감히 전쟁을 일으키지 못하게 하려면 전쟁을 일으키는 나라는 바로 봉쇄해버릴 정도로 막강한 초국가적 연합이 있어야 한다.

현재 국제연맹이 공언한 목표도 그것이다. 아직은 군사 강대국들이 국제연맹을 따르거나 지지하기는커녕 자문을 구하려고도 하지 않는다. 하지만 군사 강대국들의 중대한 이해관계가 발생하면 바로 그 군사적 이익을 지키기 위해 국제연맹을 진지하게 받아들이게 될 것이다. 사람을 죽이고 약탈하는 것을 범죄로 규정하면서도 특정 상황에서 외국인을 죽이거나 약탈하는 것은 문제 삼지 않는 지금의 국제적 무정부주의 대신 초국가적 도덕과 법, 조치를 따르게 될 것이다. 이제껏 전쟁을 막기 위해 고안된 다른 방법들은 별로 소용없었다. 1차세계대전 때 이상한 논리로 허용했던 양심적 병역거부도 전쟁 예방에는 전혀 도움이 안 되는 것으로 드러났다. 양심적 병역거부는 전쟁터에 나간 군인들의 항의를 불러일으켰을 뿐이다. 전쟁에 나가기조차 거부한 사람은 멀쩡히 집에 있는데, 어째서 자기는 "돌격"을 거부한다는 이유로 총살당하냐는 것이다. 그런 양심적 병역거부보다도 도움이 안 되는 게 총파업이다. 개인이 거부하든 산업계 전체가 거부하든 그런 식으로는 전쟁을 막지 못한다. 국가들이 연합해서 각자의 주권보다 우선하는 전 세계적 공동선, 적어도 국가 연합의 공동선을 따르기로 해야만 전쟁을 막을 수 있다.

이런 식으로 국가주의를 넘어선 개념을 초국가주의라고 한다. 혹은, 가톨릭이란 단어에 덧칠된 오해를 지울 수 있다면 가톨릭주의라고 해도 될 것이다. 이미 미국에는 초국가주의가 존재한다. 미국은 극심한 전쟁을 치르고 정치·경제적 안정을 목표로 연합한 합중국이다. 전쟁을 일으킬 꿍꿍이가 아니라면 유럽 국가들도 그런 식으로 연합하지 않을 이유가 없다. 처음에는 핵심 몇 개국만 참여해도 무방할 것이다. 영국제국은 공동의 이익을 위해 영연방이라는 자발적인 연합국으로 변모하고 있다. 평화로 가는 진짜 희망은 그러한 초국가적 연합에 있지, 국지적이고 반애국적인 파업에 있지 않다.

의회를 통해서 개혁을 추구하는 것은 성가실 수밖에 없다. 사회 규범을 강화하려는 사회주의의 입장이 공권력을 경계하고 제멋대로 굴려는 우리의 욕망, 다시 말해 우리가 민주주의라고 부르는 것과 끊임없이 충돌을 일으킬 것이기 때문이다. 노동조합은 민주주의에 매달린다. 조합원 총투표를 성사시키기 위해 온갖 방법이 동원된다. 노조 총회에서 대의원들은 각자 소속된 단위노조의 조합원 수만큼 투표권을 행사하고, 그 전에 단위노조에서 투표를 통해 대의원이 행사할 수십만 표의 입장을 결정한다. 그러니까 대의원들은 조합원들의 대표가 아니라 조합원들의 의견을 전달하는 단순 대리인으로 총회에 참석하는 것이다. 그러나 민주주의를 위한 이 조악한 절차가 오히려 민주주의를 가로막는다. 현실에서 노조위원장은 종신 독재자에 가깝다. 여간해서는 조합원 총투표가 소집되지 않는다. (조합원이 수백만 명에 이르는) 큰 노조 대의원들이 작은 노조 대의원들을 반드시 이겨야 할 때 거수기로 사용하는 것뿐이다. 노동당에서는 "출세의 문이 능력 있는 사람들에게는 활짝 열려" 있지만 변변찮은 사람들에게는 철저하게 닫혀 있기 때문에 노동당 지도자들은 상원의원들보다 훨씬 더 독단적이다. 세습귀족 출신 상원의원은 능력치가 보통사람 수준이거나 그만도 못한 경우가 많다. 반면 노조위원장은 아무리 변변찮아도 사업 수완이든 사람 다루는 능력이든 뛰어난 자질 한 가지는 반드시 갖추고 있다. 노조위원장은 아니더라도 노조 총회에 참석할 대의원으로 뽑힐 정도면 적어도 자기주장에 능한 사람이다. 공공의 목적을 위한답시고 나선 바보일 수도 있겠지만 적어도 대표로 뽑힐 만큼 아주 시끄럽게 떠들 수 있는 바보인 것이다. 그렇지 않고서야 무명 인사가 수많은 동료를 설득해 집단의 대표가 될 수는 없었을 것이다.

그렇게 관리자와 정치 선동가가 과두정치를 하게 된 것은 극성스러운 민주주의의 결과이기 때문에 노동자 집단의 우두머리들은 자기들에게 권력을 쥐여준 그 제도를 강력하게 수호하려고 한다. 가장 고압적이고 고집 센 여자들, 조금의 이견도 허용하지 않고 남편과 딸과 하인은 물론 집안의 모든 사람을 좌지우지하면서 폭군처럼 구는 여자들이 여성참정권에 가장 완강하게 반대해왔다. 남자들이 지배해야 남자들을 지배하는 자기들이 지배할 수 있다는 것을 알기 때문이다. 마찬가지로, 가장 유능하기 때문에 가장 독단적이기도 쉬운 노조 지도자들은 노동자에게 투표권이 있어야 자기들이 투표 결과를 좌지우지할 수 있다는 것을 알기 때문에 노동 정치에서 단호하게 민주주의를 고집한다. 그들은 민주주의자다. 대중의 판단과 지식, 결단력을 믿어서가 아니라 대중의 무지와 어리석음, 소심함을 익히 알고 있기 때문이다.

대중의 목소리가 신의 목소리라고 믿는 사람들은 부유하고 교양 있는 중간계급의 이상주의자들뿐이다. 전형적인 프롤레타리아 지도자는 대중에 대해 냉소적이며, 노동계급이 스스로 공적인 문제를 결정할 만한 능력이 되려면 아예 다시, 다르게 태어나야만 한다는 생각을 내심 갖고 있다. 사실 노동계급이 그렇게 다시 태어나려면 지도자가 사회주의자여야 하는데, 그동안 프롤레타리아 지도자들은 대체로 반反사회주의자였다. 프롤레타리아 지도자들은 냉소주의자든 이상주의자든 결국 민주주의를 극성스럽게 옹호한다. 그리고 1867년 선거법개정으로 노동자가 투표권을 갖게 된 이래 마침내 여자들에게까지 선거권이 확대된 일련의 과정을 인류가 독재와 압제에서 해방된 영광스러운 역사라고 한다. 하지만 노예에게 투표권을 주며 알아서 정치적 권리를 방어하고 잘못을 바로잡으라고 하는 것은 어린아이에게 면도칼을 주며 알아서 방어하고 잘못을 바로잡으라고 하는 것과 별반 다르지 않다.

까놓고 말해, 민주주의 즉 선거권 확대를 통해서 "국민에 의한 정부"가 온전히 실현된 적은 한 번도 없다. 아주 제한된 범위 내에서 실현되기는 했지만 성공한 건 아니었다. 선거권 확대에 걸었던 지나친 기대는 번번이 실망으로 바뀌었다. 100년 전 우리는 1차 선거법개정안을 통과시키기만 하면 마치 천년왕국이 도래할 것처럼 옹호했다. 여자들은 선거권을 얻기 위해 목숨 걸고 싸웠고 1918년 여자들에게 선거권을 부여할 때만 해도 정치 수준과 공직사회의 청렴도가 높아질 것이라는 기대가 있었다. 하지만 곧이어 실시된 총선에서 여자들은 "독일 황제를 목매달자"는 구호와 함께 극단적이고 보복적인 전후 처리를 주장하는 쪽에 투표했다. 최악의 남성 후보들에게 몰표를 주고 유능하고 성실하고 헌신적인 여성 후보들은 죄다 떨어뜨렸다. 여성 후보 중에는 선동가적 매력을 지닌 돈 많은 귀부인 한 명만 살아남았다. 그 낸시 애스터 부인은 후에 유권자들의 선택이 옳았음을 입증하기는 했어도 선거 당시에는 풋내기에 불과했는데 말이다. 여성 유권자가 남성 유권자보다 정치적으로 더 지적이거나 관대하다고 여기는 것은 결국 커다란 착각이었다. 도시 사업가가 시골 귀족보다, 육체노동자가 부르주아보다 정치적으로 더 현명할 거라는 기대도 마찬가지였다. 그러나 선거권 없는 집단이 남아 있는 한, 민주주의자들은 또다시 선거권에 부질없는 기대를 걸고 유토피아로 가는 최후의 도랑을 건너자며 계속 선거권 확대를 요구할 것이다. 민주주의의 유행은 당분간 이어질 것이다. 민주주의를 완성하겠다며 어린이 선거권 혹은 동물 선거권을 주장하는 정신이상자들이 나타날지도 모른다. 그렇지만 대다수의 사람은 이만하면 됐다고 여기는 눈치다. 벌써 스페인과 이탈리아에서는 "모두가 규율을 지키고 아무도 투표할 수 없게 하자"는 분위기다. 지난 몇 년간 러시아 프롤레타리아 정부는 영국 정부가 인도에서 배심원 평결을 무시하듯 반대파를 무시해왔다. 반대파가 다수여서 무시할 수 없으면 비스마르크나 크롬웰이 했던 것처럼 그냥 쫓아버렸다.

　민주주의에 그렇게 넌더리를 낼 만도 하다. 자본주의하에서 경영과 책임, 큰돈에 익숙하지 않고 정치과학에 대해서는 생판 무지한 프롤레타리아가 대거 양산됐고 민주주의로 투표권을 얻으면서 다수인 프롤레타리아가 정당의 운명을 결정하게 됐기 때문이다. 고대 그리스에서는 프롤레타리아가 노예 신분이어서 소위 중상류층만 투표할 수 있었는데도 역시 민주주의에 대한 반발이 일어났다. 뛰어난 두뇌로 민주주의의 우매함을 밝힌 소크라테스를 처형한 것이 아테네 민주주의의 대단한 업적이었다는 것을 떠올려보면 그리 놀랄 일도 아니지 싶다. 그럼에도 여러분은 최선을 다해 여러분의 투표권을 지켜야 한다. 투표권을 행사하는 것은 득보다 실이 될 수 있지만, 투표권을 보유하는 것 자체는 엄청난 힘이 될 수 있다. 한편에 소크라테스 같은 후보가 나와도 다른 편에서 나온 멍청이가 여러분의 우둔한 생각을 애국심이나 정당한 분노라고 느끼게끔 여러분을 현혹하면, 여러분은 그 멍청이에게 표를 던지고 어쩌면 소크라테스 같은 인물을 사형시킬지도 모른다. 여기까지만 본다면 여러분의 표는 여러분에게 해가 될 뿐이다. 하지만 여러분에게 표가 있어야 의회가 여러분의 눈치를 본다. 여러분의 표가 비록 수천만 표 중 하나에 불과하더라도 선거 때 결정적으로 작용할 수도 있기 때문이다. 소득불평등이 지속되고 정부가 여러분의 입장을 제대로 대변하지 않는 상황에서 의회마저 포기하는 것은 한심하고 정신 나간 짓이다. 따라서 여러분은 설사 의회를 현명하게 이용할 자신이 없더라도 투표권을 지키기 위해 사력을 다해야 한다.

노동당은 이 문제에서 계속 우왕좌왕하고 있다. 노동당 당수는 여자들이 투표하면 자신이 오랫동안 수성해온 지역구를 잃게 될 줄 알면서도 확고부동하게 여성참정권을 지지했고, 1918년 총선에서 자신의 예상대로 참패했다. 그런 노동당이 비례대표제, 즉 득표수에 비례하는 의석수를 소수집단에 보장해서 민의를 더 잘 대변하게 하려는 제도에는 본의 아니게 반대하게 생겼다. 의회가 여러 집단으로 쪼개져 옥신각신하고 의회 정치가 마비될 우려가 있기 때문이다. 민주주의를 발판 삼아 올라선 개혁가도 권력을 잡고 나면 민주주의 때문에 골머리를 앓는다. 민중의 힘이 커질수록 유능하고 합리적이고 강력한 권력의 필요성도 더 커진다. 그래야 전쟁이나 국가적 자살행위를 고질적으로 동경하는 민중을 제어하고 질서를 유지할 수 있다. 볼테르는 어느 한 사람보다도 모든 사람이 더 현명하다고 했지만, 현대 민주주의의 실상을 보지 못해서 그런 것이다. 그가 감탄했던 영국의 민주주의는 매우 엄선된 사람들의 과두정치였다. 그가 역겨워했던 프랑스의 정치체제는 신권정치와 세습독재가 뒤섞인 것이었지, "일류에 의한 정치"나 "최고 적임자에 의한 정치"가 아니었다. 이제 우리는 안다. 누구나 다 신발의 어느 부분이 불편한지 알고 그 문제를 얘기할 권리가 있다. 하지만 누구나 다 신발을 직접 만들 수는 없으며 솜씨 좋은 제화공과 허풍만 떠는 제화공을 구분할 수도 없다. 정치는 능력을 요한다. 아무나 혹은 누구나 나설 수 있는 일이 아니고 적임자가 해야 하는 일이다. 그런데 그 적임자가 머저리, 졸부, 선동꾼, 왕정옹호자, 계급전쟁론자, 가정예찬론자, 온정주의자, 교회지상주의자, 관심종자 등과 대중없이 경쟁해야 하는 상황이 되면, 우리는 그중에서 적임자를 골라낼 수 없을 것이다. 민주주의 때문에 망하지 않으려면, 선거 출마 자격을 검증할 믿을 만한 방법을 어떻게든 찾아내야만 한다. 검증 방법을 찾아도 적임자들을 설득해 앞으로 나서게 하느라 애를 먹을 수 있다. 어쩌면 억지로 그들의 등을 떠밀어야 할지도 모른다. 정치인의 책임이 얼마나 무거운지, 정치가 얼마나 고된 일인지 잘 아는 사람은 자발적으로 나설 가능성이 거의 없다. 플라톤이 말했듯, 이상적인 후보는 나서길 꺼리는 사람이다. 검증 방법을 찾아 후보들을 걸러내더라도 여전히 여러 명의 적임자 중에서 선택해야 하는 과제가 남는다. 그렇지만 선별된 후보들은 여러분을 존중할 것이고 여러분이 머저리에게 속아넘어가는 일도 없을 것이다. 그런 날이 오기까지 우리는 최선을 다해야 한다. 하늘이 우리를 도우시길!

제84장*   *Sovietism*

* 84장과 85장은 1937년 개정판에 새롭게 추가됐다. 1928년 이 책의 초판이 나온 지 약 10년 만에 추가된 이 장들에는 달라진 당시 시대상황이 반영됐다.

소비에트의 실수를 보니 페이비언이 옳았다

•

이 책에서 제시한 원칙들은 지난 10년 동안 현실의 혹독한 검증을 받았다. 지표면의 6분의 1을 차지하며 인구가 1억 7천5백만 명이 넘는 세계에서 가장 큰 국가에서 자본주의를 내던지고 공산주의를 기본방침으로 세우는 이변이 벌어졌기 때문이다. 그들은 카를 마르크스를 예언자로 받들고 그의 책을 경전으로 삼았다. 우리 영국에는 마르크스 이후 사회주의 서적들도 있었지만, 그들은 미처 알지 못했고 알려고도 하지 않았다. 뭐, 당시는 내가 이 책을 쓰기 전이기도 했다.

처음에는 차마 눈 뜨고 못 볼 지경이었다. 1917년 변화가 시작된 이래 1920년까지 러시아(이제는 소비에트 사회주의 공화국 연방, 줄여서 소련이라고 한다)는 몹시 절망적인 상황으로 치달았고 사회주의는 역시 위험하고 불가능하다고 전 세계에 경종을 울리는 것 같았다. 그러나 그 후로 약 20년이 지난 지금의 러시아는 정치·경제·사회 어느

모로 보나 사회주의가 자본주의보다 훨씬 우수하다는 것을 드러내고 있다. 유능하고 헌신적인 지도자들이 능숙한 행정력과 사업 능력을 발휘한 덕분이 아니다. 전문지식이 없는 이상주의에 사로잡힌 데다 경험도 부족한 지도자들이 온갖 바보짓과 실수를 저질렀는데도 러시아가 여기까지 온 것이다. 그들의 미숙함이 실제보다 과장된 측면은 있다. 그들은 자본주의자들처럼 실수를 은폐하거나 사람들을 속이지 않고 누구보다 혹독하고 신랄하게 스스로를 비판했기 때문이다. 자신들의 실수를 발견하면 즉시 전국의 모든 확성기를 통해 그 소식을 알리고 재빨리 진로를 변경했으며 심지어는 전속력으로 후퇴하기도 했다. 별것 아닌 개혁도 몇 년씩 질질 끌다 결국 하는 척만 하는 영국 하원에서는 상상도 할 수 없는 신속함이었다.

어쨌든 소련의 지도자들은 마르크스를 우상화하면서도 그 계승자인 페이비언들을 부르주아라고 무시하는 잘못을 저질렀다. 매우 경솔한 짓이었다. 자기들도 전부 부르주아 출신이었으니 말이다. 그들은 마르크스를 가장 위대한 예언자로 여겼는지 모르지만, 예언자들에게서 경영 기술에 대해 배울 생각은 하지 말아야 했다. 마호메트도 대단한 예언자였지만 그가 태양을 무시한 달력을 만드는 바람에 봄철 낙타 상인들은 한겨울에 길을 나섰고 날씨는 선동적이고도 불경스럽게도 그의 달력을 거역했다. 마호메트는 지구가 바람에 날아가는 것을 막기 위해 신이 땅에 산을 박아놓았다는 소리도 했다.

예수 역시 위대한 예언자였다. 하지만 예수는 이스가리옷 유다[1]에

---

1 유다*Judas Iscariot*: 예수의 열두 제자 중 한 명으로 가롯 유다라고도 한다. 예수의 신뢰를 받으며 회계를 담당했으나 결국 유대 사제들에게 은화 30전을 받고 예수를 팔아넘긴다.

게, 마찬가지로 예수의 사도들도 하나니아스와 사피라에게 뒤통수를 맞았다. 신도덕세계New Moral World라는 예언자다운 비전이 있었던 로버트 오웬은 인정 많은 공장주이면서도 사업에 성공해 큰돈을 벌었다. 하지만 오웬과 그 추종자들이 최악으로 치닫는 자본주의를 대체하겠다면서 세운 노동교환소Labour Exchange[2]와 사회주의자 마을은 가망없는 실패작이었다.

마르크스의 최측근 프리드리히 엥겔스는 지금 러시아에서 마르크스에 버금가는 존경을 받고 있다. 그는 맨체스터에서 공장을 경영하며 본인은 물론 마르크스 가족까지 먹여살렸고, 우리 시대의 가장 중요한 경전으로 불리는 그 유명한 공산당 선언을 마르크스와 함께 썼다. 마르크스와 엥겔스는 오웬을 제대로 보고 비과학적인 사회주의자로 분류했다. 하지만 정작 자신들이 얼마나 비과학적인지는 깨닫지 못했다.

우리는 알고 있다. 폭리를 취하는 사기업이나 사유재산의 해악이 아무리 크다 해도 정부가 사기업과 사유재산을 즉시 활용하고 관련 종사자들의 고용을 전부 승계할 준비가 돼 있지 않다면 아무것도 중단시키거나 몰수해서는 안 된다.[3] 이 중요한 원칙을 무시한다면 실업과 빈곤만 초래할 것이다.

정부는 관리자들을 중시해야 한다. 오늘날 산업은 기계 설비가 갖춰진 공장에서 지시만 내리면 일하는 노동자들에 의해 굴러가고 있다. 하지만 일반 사무직에서 높은 수준의 수학자와 화학자에 이르기까지

---

2 모든 상품을 상품 생산에 들어간 노동시간에 따라 가치를 매겨서 교환하는 곳. 1832년에 설립됐다. 노동시간에 근거한 화폐를 처음 도입했으나 2년도 못 가 실패로 끝났다.
3 75장 참조

기획·관리 인력도 필요하다.[4] 소위 공장의 "일손들"은 육지를 멀리 벗어난 배의 선원들이나 다름없다. 수학적 도구를 사용하고 천문학적 관찰을 하는 선장과 항해사가 없으면 선원들은 어디로 항해해야 하는지 알지 못한다. 선장과 항해사와 같은 전문인력은 지주와 자본가를 대신해 능력을 발휘하면서 자기들이 지휘하는 평범한 사람들을 열등한 계층 취급하며 무시한다. 심지어 인정사정없이 잔인하게 대할 때도 많다. 그래서 혁명이 성공하면 민중의 적으로 몰려 거리로 쫓겨나기 쉽다. 폭군이나 속물처럼 굴었던 성직자들도 마찬가지다. 하지만 혁명정부가 그 사람들을 대체할 현실적 방안을 마련해 놓지 않았다면 그들을 몰아내고 싶어도 참아야 한다. 파도가 거센 바다에서 선원들이 반란을 일으키고 항해사들을 살해한다면 그 배는 표류하다 결국 난파당하고 선원들은 굶어죽을 것이다. 어느 욕심 많은 부농이 6백만 평에 달하는 농지를 매우 성공적으로 경작하고 있는데 소작인들이 봉기해서 그 부농을 쫓아내면 어떻게 될까. 부농의 탐욕과 무자비함을 생각한다면 인과응보다. 하지만 농지는 금세 황무지로 변하고 소작인들은 일자리를 잃게 될 것이다.

정부가 잊으면 안 되는 것이 또 있다. 국가가 공공업무를 맡기려고 봉급을 주며 고용한 개인들은 할 수만 있으면 일을 미루거나 소홀히 하면서 일반인들에게서 팁과 같은 금전적 대가를 얻어내려고 한다. 공원 관리인이 축구하러 온 사람에게서 뜯어내는 단돈 몇 펜스부터 재무담당 공무원이 정부 하청업자로부터 받아 챙기는 수백수천 파운드에 이르기까지 자본주의 사회에서 자란 사람들은 그런 식의 부정부패가

---

4 45장 참조

몸에 배어 있다. 오죽하면 몇몇 나라에서는 "공무원들은 죄다 자기 하급자의 봉급을 훔쳐서 먹고살고 말단 공무원까지 내려가야 그런 부정부패가 멈춘다"는 말도 나돈다.

예전부터 공무원은 땡보직이고 일반인들에게 무례하게 굴어도 처벌받지 않으며 되도록 일을 안 하려고 하는 특징이 있다. 정부는 이 또한 염두에 두어야 한다.

∴

1917년 러시아는 자유 혁명으로 황제를 몰아내고 그 자리에 의회를 세웠다. 하지만 언제나 그렇듯 상황은 조금도 나아지지 않았고 구호만 난무했다. 러시아는 소작농들의 나라다. 혁명 이전 러시아 소작농들은 1차세계대전에 동원되어 "러시안 증기롤러"로 불리며 프랑스와 영국의 지원군으로 싸웠는데, 그들의 국가주의적 열정이 1917년쯤에는 모조리 증발해버렸다. 영국에서는 자원입대자가 부족해 징병제가 실시됐고 남자들이 등 떠밀려 참호로 들어갔다. 그래도 영국 군인들은 필요한 무기와 장비를 모두 지급받고 대개는 입대 전보다 잘 먹었다. 그들의 아내들도 전쟁 수당을 받아서 평화 시보다 형편이 나아졌다. 전쟁으로 인한 파산 위기도 1920년에 잠시 예고편을 맛보기는 했지만 휴전하고 11년이나 지나서야 제대로 실감했다. 하지만 러시아 군인들은 그런 운도 없었다. 대다수가 무기나 장비를 갖추지 못했고 모두가 굶주렸다. 그들은 이해할 수 없었다. 보스니아에서 어느 황태자가 살해되면서 시작된 전쟁이라는데 그게 자기들과 무슨 상관이냐 싶었다. 러시아군은 어디를 가든 잘 조직된 독일군에게 패하고 학살당하다 1917년을 맞았다. 절망에 빠져 엄청난 수가 탈영했고 남아있는 군인들이 용기를 내서 위원회를 만든 다음 장교들을 갈아치우거나 통제했다. 위원회도 패배나 굶주림을 막아주지는 못한다는 것을 깨닫자 반란을 일으킨 군인들도 결국 집으로 돌아갔다. 땅이 있는 사람은 자작농으로 소작일을 구한 사람은 소작농으로 돌아갔다. 하지만 대다수는 위험한 실업자 무리가 되어 "억만금을 줘도 평화를, 무슨 일이 있어도 땅을 원한다"고 외치며 페트로그라드 거리를 가득 메웠다.

그런데 자유주의 정부도 말만 남발할 뿐 마치 아무 일도 없다는 듯 전쟁을 계속했다. 그러자 독일 정부는 러시아 정부를 극도의 혼란으로 몰아넣기 위해 레닌이라는 마르크스 공산주의자가 망명 생활을 끝내고 러시아로 돌아가게 손을 썼다. 하지만 레닌은 단순한 선동가가 아니라 당대 최고의 정치가였다. 그는 군인들에게 평화를 약속하며 순식간에 육해군의 우상으로 등극했고, 역시 대부분 재향군인인 소작농들에게는 땅을 약속했다. 그렇게 군대와 소작농들의 지지를 확보한 데다 케렌스키가 이끌던 자유주의 정부가 말만 앞세우고 실정을 거듭하는 약간의 운도 따라주면서 레닌은 케렌스키 정부를 정치판에서 몰아내고 나중에는 아예 국외로 쫓아버릴 수 있었다. 1918년 3월 레닌은 브레스트-리토프스크에서 독일과 강화조약을 맺음으로써 폴란드와 발트 지방에 대한 주권을 포기하고 자신의 첫 번째 약속을 실현했다. 연합국에서는 가장 혁명적인 사회주의자들까지 나서서 러시아를 유럽 공통의 적 독일제국에 붙어먹은 배신자라고 맹렬히 비난했다.

이 조약 이후 레닌과 소수의 마르크스 공산주의자들(볼셰비키)이 얼마나 막막했을지 떠올려보기 바란다. 볼셰비키는 공산주의밖에 몰랐다. 하지만 볼셰비키의 지지기반인 소작농과 군인들은 공산주의에 대해 아는 게 없었다. 소작농과 군인은 땅과 평화를 요구했는데, 전쟁을 그만두는 것이나 땅을 나눠주는 것이나 공산주의와는 무관했다. 심지어 소작농들이 요구한 소자작농제는 가장 강력하고 편협한 형태의 사유재산제였다. 바로 이러한 민중의 지지를 기반으로 고작 한 줌에 불과한 볼셰비키가 러시아를 세계에서 가장 큰 군대와 농업시스템을 갖춘 나라로 만든 것이다. 이제는 모든 농업노동자가 집단농업을 중심으로 농사를 짓는다. 벽창호 같은 노농老農의 자식들이 국가의 보살핌과 교육을 받고 부모와는 완전히 다른 사람이 됐고, 돼지우리에서 짐승처럼 살던 부모와는 완전히 다른 삶을 살게 됐다.

물론 그렇게 되기까지 혹독한 시행착오를 겪어야 했다. 영국이 굶주림에 시달리며 현대 산업 자본주의에 적응한 과정에 비하면 훨씬 짧고 견딜 만한 수준이었다고 해도 몹시 가혹한 것이었다. 1차세계대전 이후 러시아에서는 갈 곳 없이 버려진 아이들이 작은 패거리를 이루어 수년 동안 거리를 떠돌았다. 구걸하거나 도둑질하며 철새처럼 이동했고 겨울밤에는 추위를 견디기 위해 온기가 남아있는 아스팔트 통에 들어가서 잤다. 그래도 구걸하거나 도둑질한 물건들을 덩치가 큰 녀석이나 작은 녀석이나 공평하게 나눠 가진 모양이다. 교육부 장관이 그런 꼬마 노상강도단을 교화시키기 위해 부단히 애를 썼지만 아이들은 붙잡혀도 도망치기를 반복했다. 아무렇게나 막 사는 것보다 규율을 지키며 사는 것이 오히려 더 자유롭고 행복하다는 것을 받아들인 아이들도 방랑벽은 쉽게 버리질 못해서 여기저기 이동하는 일을 해야 했다. 그 아이들은 수완이 좋았고 더러는 자라서 공무원도 됐다. 하지만 그런 아이들은 병들거나 버려지거나 굶주리다 비참한 죽음을 맞이했을 수천 명 중에서 살아남은 한 줌에 불과했다.

이제 소비에트가 완전히 장악한 지역에서는 헐벗거나 굶주리거나 교육을 제공받지 못하는 아이가 없다. 공산주의의 성공은 결국 앞으로 등장할 세대에 달려있다는 것을 레닌은 알고 있었다. 레닌의 방침에 따라 어른들은 한동안 허리띠를 졸라매고 매일 양배추죽과 흑빵 한 덩이만 먹으며(아무리 영양가 있는 음식이라도 그것만 먹었으니, 사실 러시아인들은 빵으로만 산 게 아니고 희망을 먹고 산 것이다) 고되게 일했지만, 아이들은 귀족처럼 먹고 비용 걱정 없이 교육받았다. 그 결과 최근 통계에 따르면 공산주의하에서 자란 16세 청소년들이 제정러시아 시절 동일 연령의 청소년들보다 키는 2인치 더 커지고 몸무게도 4파운드 늘었다고 한다.

현재 영국에서는 빈민가 아이들이 난방이 안 되는 학교에서 비참하게 배를 곯으며 미처 다 자라지도 않은 몸에 온갖 굶주림의 흔적을 새기고 있다고 교사들이 모여 성토하는 중이다. 그런데도 우리의 대단한 일간지들은 그런 교사들의 목소리나 의회 내에서 벌어지는 시위에 대해 일절 신경쓰지 않는다. 그들이 끈질기게 선전하는 것은 러시아는 끔찍한 노예제도하에서 탄압받고 있는데 영국은 지난주 수출이 2퍼센트 늘어서 자유와 번영을 누리고 있다는 믿음이다.

그렇더라도 우리가 문명을 유지하려면 결국 러시아처럼 사회주의 체제로 전환해야 할 테니 나는 여기서 볼셰비키의 실수를 파악하는 데 집중하겠다. 볼셰비키의 시행착오에서 교훈을 얻지 않는다면 러시아에서 유능하고 헌신적인 지도자들이 있어도 범한 잘못과 실수를 우리도 똑같이 저지르고 말 것이다. 마르크스를 읽은 볼셰비키는 이따금 어떻게 해야 할지를 몰랐을 뿐이지 자기들이 무엇을 하려는지는 알고 있었다. 하지만 뭐 하나 제대로 읽어본 적 없는 우리 지도자들은 정치적 기회주의자들이라 사리분간 못 하고 되는대로 일을 처리하다가 열혈 마르크스주의자들에게 권력을 내주고 말 것이다. 그렇게 사립학교 출신들이 떨려나면 이번에는 마르크스주의자들이 온갖 실수를 저지를 것이다.

∴

볼셰비키는 사적 거래로 이윤을 추구해서는 안 된다는 마르크스의 원칙에 매달려 예수가 성전에서 환전상들을 내쫓듯[5] 모든 상인을 상점에서 내쫓는 실수를 저질렀다. 상점에서 몰수한 것들은 크렘린궁에 무작정 쌓아두었다. 1920년 겨울 조각가 클레어 셰리던 $_{Clare\,Sheridan}$[6]이 레닌과 그 측근들의 흉상을 제작하기 위해 모터자전거를 타고 모스크바를 방문하자 레닌은 몰수품 더미에서 모피 망토를 꺼내 그녀에게 선물했다. 당시 모스크바에는 문을 연 상점이 없었고 번화가라고 할 만한 곳도 없었다. 그래도 물건은 사고팔아야 했기에 사람들은 흙먼지 날리는 길거리나 시장 주변을 서성거렸다. 귀족부인도 행상인 무리에 섞여 갖

---

5 마태복음 21장 12절
6 클레어 셰리던(1885-1970): 영국의 조각가, 저널리스트. 윈스턴 처칠의 외사촌 동생. 1920년 영국 정부가 추방한 소비에트 고위층 레프 카메네프를 따라 러시아를 방문해서 당시 영국 외무부장관이었던 처칠을 상당히 곤란하게 했다고 전해진다. 러시아에 두 달간 머물면서 레닌과 트로츠키 등의 흉상을 제작하고 1921년 『러시아인들의 초상화$_{Russian\,Portraits}$』를 출간했다. 『뉴욕월드』의 유럽 통신원으로 활동하면서 아일랜드의 마이클 콜린스와 로리 오코너, 이탈리아의 무솔리니, 터키의 케말 아타튀르크와 인터뷰하기도 했다.

퀸텐 마시스 Quinten Massys, 『환전상들을 내쫓는 예수』, 1931년고 있던 보석을 팔러 다녔고 그녀의 저택에는 프롤레타리아 무리가 들어와 함께 살게 됐다. 프롤레타리아는 방이 충분히 크기만 하면 열 명이 한방에서 자도 개의치 않았다. 집주인이 따로 없고 집의 유지보수를 책임지는 사람도 없어지자 집의 상태는 점점 열악해졌다. 승강기가 작동을 멈추고 전기가 나갔으며 위생 상태는 말도 못 하게 나빠졌다. H.G.웰스가 러시아를 방문한 것도 그 무렵이다. 웰스며 셰리던 등은 러시아 당국으로부터 최고의 숙소와 여흥을 제공받으며 러시아의 극히 일부만 봤는데도 러시아에 대한 기대를 접었다.[7] 나도 윌리엄 허스트로부터 당시 러시아를 직접 보고 글을 써달라는 거액의 제안을 받았지만, 러시아에 가봤자 왕성한 공산주의가 아니라 망가진 자본주의나 보게 될 게 뻔해서 거절했다. 그 후 내가 소련을 방문했던 1931년에는 완전히 딴 세상이 돼 있었다. 여기저기 돌아다녀 봐도 서구 자본주의 사회의 빈민가와 같은 참상은 볼 수 없었고 열흘 동안 더할 나위 없이 편안하게 여행했다(사람들이 나를 마르크스처럼 대접해줬다). 물론 소비에트 정부는 계속해서 자신들의 실수를 점검하고 있었다.

다행히 러시아에서는 실수를 쉬쉬하지 않는다. 자본가들의 눈치를 볼 필요가 없기 때문에 적극적이고도 단호하게 실수를 공격하고 바로잡는다. 자본주의 사회가 갈수록 노동자들을 음울한 체념이나 냉소적인 절망으로 몰아넣을 때 소비에트 정부는 노동자들에게 희망과 자존심을 북돋워주려고 부단히 애썼지만, 이루 말할 수 없는 파괴와 혼란이 몇 년이고 계속되자 레닌도 실수가 있었다는 것을 솔직히 인정했

---

7 1920년 버트런드 러셀과 H.G.웰스는 러시아를 방문하고 각각 『볼셰비즘의 이론과 실제 Practice and Theory of Bolshevism』와 『그림자 속 러시아 Russia in the Shadow』를 출간했다.

다. 혁명 정부가 원칙은 훌륭하게 잘 세웠지만 실무에 관해서는 자본주의 사회의 하급 사무원보다도 아는 게 없다고 동료들 앞에서 까놓고 얘기한 것이다. 영국 페이비언들을 쁘띠 부르주아로 폄하하지 않고 마르크스의 후예로 인정하기만 했어도 진작에 알았을 교훈, 즉 민간사업을 국영사업으로 대체할 수 없다면 국가는 민간사업을 절대로 없애서는 안 된다는 것을 레닌은 그 고생을 하며 배웠다. 그리고 결국 1921년 그 유명한 신경제정책NEP을 선언해야 했다. 신경제정책으로 민간사업자들이 전처럼 사업을 할 수 있게 됐고 그때부터 민간사업자들은 네프맨NEPman이라는 부정적 이름으로 불리게 됐다. 자본주의 국가들은 신경제정책을 공산주의의 실패이자 자본주의로의 회귀로 간주하고 쾌재를 불렀다.

러시아가 신경제정책을 실시하기 이전에도 자본주의 강대국들은 한창 허우적대던 러시아에 자본주의를 되살리려는 시도를 이미 했었다. 소비에트는 자유주의 의회를 무너뜨린 도적 떼나 다름없어서 러시아의 진짜 정부로 인정할 수 없다고 우기며 반反소비에트 왕정주의자들에게 무기와 자금을 지원한 것이다. 영국은 1차세계대전 때 의회 승인을 받고 미처 쓰지 못한 예산 1억 파운드를 지원하고 일등 후원자가 됐다. 당시 육군상 윈스턴 처칠은 러시아 왕정주의자들에게 돈을 댄 것을 성실하고 정직한 영국 시민들이 전폭적으로 지지하리라 확신했지만 예상치 못한 역풍을 맞고 깜짝 놀랐다. "러시아에서 손 떼라"는 시위가 일어났고 그의 반공정신에 모두가 공감하는 것은 아니라는 사실이 드러났다. 1차세계대전으로 진을 뺀 강대국들은 러시아와 대놓고 전쟁을 치를 수 있는 상황이 아니었기 때문에 별수 없이 구체제 러시아 장군들이 이끄는 왕정주의 세력을 지원했다. 처음에는 소비에트가 금세 무너질 것만 같았다. 왕정주의 세력, 이른바 하얀군대는 카잔을 점령하고 볼셰비키를 궁지로 몰았다. (지금은 레닌그라드라는 어이없는 이름으로 부르는) 상트페테르부르크 탈환 직전까지 갔다. 하지만 2년 만에 하얀군대는 전멸했고, 처칠이 하얀군대에 지원한 영국군의 부츠와 카키 군복과 무기는 승리한 붉은군대의 차지가 됐다. 소비에트 붉은군대는 어떻게 전세를 뒤엎고 승리할 수 있었을까? 그 이유를 이해하려면 토지 문제를 살펴봐야 한다.

소작농과 군인에게 땅과 평화를 약속하고 정권을 잡은 레닌은 독일에 납작 엎드리고 전쟁에서 발을 빼서 일단 평화는 가져왔다. 하지만 땅은 훨씬 어려운 문제였다. "토지는 국유화됐다. 버티는 지주들의 목을 매달고 땅을 차지하라. 소비에트가 여러분을 도울 것이다."라고 말하는 건 쉬웠다. 소작농들은 지주들을 쫓아내거나 죽이고 저택을 약탈하고 불태웠다. 그런 다음 소비에트(인민의회)를 구성해서 땅을 분할하고 식량생산이라는 필수 사업을 이어갔다. 하지만 중앙정부가 필요 식량을 제외한 나머지를 전부 징발해서 소작농들이 싫어하는 도시 노동자들을 먹여살리겠다고 하자 원체 지독한 개인주의자들인 소작농들은 잉여생산을 거부했다. 가축도 징발당하느니 도살해버리는 편을 택했다. 그런다고 강제집행을 할 수도 없었다. 말 안 듣는 농민에게 결국 경찰이 취할 수 있는 조치는 추방과 강제노동과 "숙청" 즉 총살뿐이었다. 아직 먹을 것이 턱없이 부족한 데다 혁명 반대 세력을 진압하기 위해 군대도 먹여살려야 하는 마당에 황금알을 낳는 거위를 죽일 수는 없었다.

하지만 마르크스주의는 귓등으로도 듣지 않던 소작농들도 예전의 지주가 다시 돌아와 자기들을 억압할지도 모른다는 사실은 두려워했다. 추방당한 지주의 사망 소식을 어떻게 시골사람들이 정부보다 훨씬 먼저 아는지는 모스크바 지도자들에게 여전히 수수께끼다. 반反혁명 세력이 내전을 일으켰을 때 소작농들은 딴 건 몰라도 그게 지주들을 다시 불러들이려는 시도라는 것은 알았다. 그거면 충분했다. 맹렬한 연설가이자 전투 천재였던 트로츠키가 혁명군을 모집하자 방방곡곡에서 폭발적으로 인파가 몰려들었다. 포로들의 옷을 벗겨서 부족한 군수품을 충당했다. 군사작전의 핵심 지휘자인 트로츠키는 기차를 육군성으로 삼고 18개월 동안 전국을 누볐다. 지역사령관들이 전부 트로츠키의 장기판에서 졸이 되고 싶어 했던 건 아니다. 스탈린은 트로츠키의 작전을 따르지 않고 닥치는 대로 싸웠고 전투마다 성공을 거두면서 무시할 수 없는 존재가 됐다. 참다못한 트로츠키는 레닌에게 자신과 스탈린 중에서 한 명을 선택하라고 했다. 레닌은 그럭저럭 사태를 수습했지만 그 일을 계기로 트로츠키와 스탈린은 관계가 틀어졌다. 결국 트로츠키가 추방됐고 나중에 그의 측근들도 반란을 모의했다는 이유로 숙청당했다. 혁명하는 습관은 고치기 어렵다. 그래서 혁명에 성공하면 제일 먼저 혁명가들부터 제거하는 것이다.

소비에트가 다시없을 불리한 상황에도 불구하고 내전에서 완승하자 강대국들은 자본주의 십자군 전쟁을 잠정 중단하고 중상모략 같은 무혈 전쟁으로 돌아설 수밖에 없었다. 우리네 사립 명문 패거리는 있지도 않은 혐의를 러시아에 뒤집어씌우려고 런던 주재 러시아무역사무소ARCOS를 몰래 털었다가 망신을 당하기도 했다. 그렇지만 러시아는 이미 골병이 들어있는 상태였다. 설상가상 볼가 지역에 끔찍한 기근까지 발생했으나 강대국들에 적국으로 찍혀서 돈을 빌릴 수도 없었다. 지금은 유럽에서 최고 수준인 치안도 당시에는 최악이었다. 그럼에도 소비에트 정부는 여느 자본주의 국가들처럼 교육비 예산부터 줄이지 않고 차세대 교육과 양육의 책임을 꿋꿋이 짊어지고 교육을 전쟁보다 중요시했다. 그러니 소비에트는 전쟁 비용 외에도 엄청난 경제적 부담을 져야 했다.

러시아가 하려는 교육은 돈이 많이 들었다. 우리처럼 아이들을 9년 동안 가뒀다가 모국어로 편지 한 장 쓸 줄 모르는 상태로 내보내거나 공부에 소질 있는 몇몇 아이를 대학교육으로 평준화시켜 자본주의의 틀 안으로 밀어넣는 간단한 사업이 아니었다. 러시아의 기존 대학들은 사회주의 국가 교육에 딱히 방해되지는 않는다 할지라도 수많은 러시아 아이들을 수용하기에 태부족이었다. 러시아에 필요한 대학은 집단농장과 기술전문학교였다. 집단농장을 운영하려면 무수히 많은 트랙터가 필요하고 기술전문학교의 실험실은 비싼 장비들을 잔뜩 갖춰야 했다. 그런 것들을 사려면 돈이 있어야 했지만 강대국들은 아무도 돈을 빌려주려고 하지 않았다. 대부분의 강대국이 러시아와 거래하는 것을 무조건 거부했다. 소비에트 정부는 어떻게든 스스로 해결해야 했다. 하지만 러시아에는 어떻게 해야 할지 아는 사람이 없었고 드넓은 영토에 비해 산업의 규모는 매우 작았다. 그런 상황에서 공장을 몰수하고, 자본가를 내쫓고, 공장노동자들에게 회사를 맡기는 (굳이 이름

붙이자면 생디칼리슴이라는) 정책 같지 않은 정책을 실시하자 그나마 있던 산업도 망가져버렸다. 42장을 읽었으니 무슨 말인지 알 것이다. 공장노동자들 손에 맡겨진 회사들은 금세 문을 닫을 지경이 됐고 결국 어떤 핑계를 대서라도 예전 경영자를 도로 불러들이거나 공산당이 새로운 전문 경영자를 찾아줘야 했다.

러시아에는 철도시설이 매우 부족했는데 그런 산업을 국유화하자 공무원은 땡보직이라는 망상만 현실이 됐다. 다 같이 살아남기 위해 전력을 다해도 모자랄 시기에 시골 역장들은 오히려 안이해졌다. 중앙 정부가 긴급 명령을 내려도 듣는 둥 마는 둥 하는 역장들 때문에 당시 교통부 장관 제르진스키는 거의 미칠 지경이었다. 제르진스키는 친히 지방으로 내려가서 게으른 역장 한 명과 그 수하 직원을 총으로 쏴버렸다. 장관들은 그렇게 직접 총살 원정을 다니는 것이 싫지 않았을 수도 있지만 다른 할 일도 많았기 때문에 게으르고 안이한 공무원을 처리하는 일은 별도의 경찰력이 맡아야 했다. 그래서 그 유명한 체카Cheka가 창설됐고 불가피한 총살 업무를 담당했다. 체카는 이제 러시아 경찰청의 일반 부서가 됐지만 과거에는 실제보다 훨씬 무시무시해 보였고 한편으로는 그렇게 경각심을 일깨우는 것도 그들의 일이었다.

체카의 엄한 감시를 받게 된 공무원들은 공무를 소홀히 하거나 일부러 태업하는 경우 총살당할 수 있고 열의가 넘쳐도 실수할 경우에는 즉시 강등당하거나 보다 유능한 사람으로 대체될 수 있다는 것을 체득했다. 그런 식으로 체카가 심어 놓은 책임감 때문에 가만히 있어도 안 되고 실수해서도 안 된다는 두려움에 갇혀 그저 기계적인 일만 하는 공무원이 늘긴 했어도, 어쨌든 체카는 권총을 최후의 수단으로 쓰면서 공무원들이 일하게는 만들었다. 하지만 그런 식으로 나라에 절실한 공학자와 기술자를 양성할 수는 없었다.

소비에트 정부는 포기하지 않았다. 말로든 글로든 행동으로든 정부를 방해하는 사람이 있으면 전부 총살해버릴 태세였다. 그들은 미국에서 생산성 전문가를 데려와 공장을 짓고 설비를 갖춰 운영하는 방법을 러시아 사업가들에게 가르쳤다. 미국인들의 지도하에서 최신식 철강 공장과 유리 공장이 러시아 전역에 버섯처럼 생겨났고 초대량생산의 시대가 열릴 것처럼 보였다.

하지만 공장을 세우고 노동자들이 살 집만 마련한다고 되는 게 아니었다. 만 명에 달하는 농민과 부락민을 공장노동자로 전환시켜야 하는 숙제가 남아 있었다. 갑자기 공장노동자가 된 사람들은 당연히 모든 것을 엉망진창으로 만들었다. 그런 사람들은 초고속 기계에는 외바퀴 손수레보다 기름을 더 쳐야 한다는 것도 몰랐다. 기계를 조립할 때도 모든 부품을 무작정 바닥에 쏟아놓고 잘 골라내기만 하면 되는 줄 알았다. 하루에 50대의 트랙터를 생산할 계획이었지만 그들은 서너 대도 겨우 생산했다. 그 서너 대마저도 제대로 작동하기 전에 망가져 버렸다. 폐기물과 잔해가 말도 못했다. 생산성 전문가들은 공장에서 왜 물건을 내놓지 못하냐는 지적을 받자 난색을 표하며 노동자들이 구제불능이라는 참담한 대답을 내놓았다.

그럼에도 정부의 의지는 여전히 확고했다. 노동자들도 마찬가지였다. 다만 어떻게 해야 할지 모를 뿐이었다. 그들에게는 방법을 알려줄 사람이 필요했다. 그래서 정부는 벨기에인, 독일인, 영국인, 그리고 누구보다 미국인을 충분히 많이 데려와서 시범을 보이게 했다. 그랬더니 노동자들이 기계를 박살내는 일이 없어지고 공장이 생산적으로 돌아가기 시작했다. 얼마 후에는 러시아인들만 있는 공장도 디트로이트나 피츠버그의 공장들과 마찬가지로 순조롭게 돌아갔다. 거대한 댐과 운하를 건설하는 일도 문제 없이 해냈다. 심지어 운하 건설은 비참한 징역살이보다는 운하 건설하는 게 낫다고 판단한 수형자들이 해냈다.

그러는 동안 네프맨들이 나름의 역할을 해냈다. 쿨라크*Kulak*들도 마찬가지였다. 쿨라크는 마소와 일꾼들을 데리고 대규모 농지를 경영하는 부농을 뜻한다. 처음 볼셰비키 정부가 들어섰을 때는 쿨라크도 마르크스주의 원칙에 따라 착취자로 몰려 모조리 쫓겨났었다. 당연히 농지는 황폐해졌다. 톨스토이의 딸이 나를 찾아와서 했던 이야기가 아직도 기억난다. 초목이 무성했던 고향땅이 끔찍한 사막으로 변했다며 볼셰비키를 용서할 수 없다고 했다. 그럴 만도 했다. 소비에트 정부는 상점을 몰수할 때도 그러더니 산업을 계속 이어갈 준비도 되지 않은 상태에서 농지를 몰수하고 쿨라크를 추방했다. 페이비언이라면 절대 하지 않을 어리석은 실수였다. 결국 신경제정책을 시작한 소비에트 정부는 추방당한 쿨라크들을 찾아 다시 농지로 돌려보내며 당분간 원래 하던 대로 계속하라고 해야 했다.

사회주의자들의 미숙함 때문에 쿨라크만 피해를 본 게 아니었다. 교육받은 중간계급도 인텔리겐차*Intelligentsia*로 분류되어 졸지에 사라져야 할 집단이 됐다. 인텔리겐차는 투표권을 박탈당했고 그들의 자녀는 육체노동자의 자녀가 먼저 교육받은 다음에 교육받아야 했다. 부르주아의 사고방식은 어떻게 해도 고칠 수 없고 프롤레타리아도 기회만 주어지면 산업에 필요한 경영 능력을 얼마든지 발휘할 수 있다는 생각에서 나온 정책이었다. 뭐, 원론적으로 틀린 얘기는 아니다. 하지만 읽고 쓸 줄 모르고 경험이 부족하면 타고난 능력이 있어도 제대로 발휘할 수 없으며, 프롤레타리아의 사고방식도 부르주아의 사고방식 못지않게 공산주의에 방해가 된다는 사실을 간과했다. 러시아에서 국영사업이 크게 확대되면서 더욱 아쉬워진 인력은 육체노동자가 아니라 사무관리직 노동자였다. 소비에트 건설의 핵심 주역인 레닌과 트로츠키와 그 동료들도 뼛속까지 부르주아 인텔리겐차였는데 무슨 설명이 더 필요할까. 외무부 장관 치체린(리트비노프의 전임자)은 심지어 최상류층 귀족 출신이었다. 과연 무엇을 해야 했나?[8]

    소비에트 정부는 네프맨의 존재 이유는 솔직하게 인정했으면서 인텔리겐차에 대해서는 그러지 못했다. 사무관리직을 죄다 중간계급 출신의 신사숙녀들에게 맡기면서 그들의 아버지가 땅을 직접 일구는 사람이라는 거짓말을 하게 했다. 레닌과 트로츠키의 부모도 소작농으로 알려졌다. 그러나 이제는 그런 거짓말을 할 필요가 없다. 지식인 프롤레타리아라는 새로운 범주가 만들어졌고, 인텔리겐차는 중간계급 출신 중에서도 화이트칼라 노동자로 고용할 만한 가치가 없거나 새로운 질서에 적응하지 못하는 사람들을 가리키는 말이 됐다. 인텔리겐차는 비참한 처지가 됐지만 그들의 자녀들은 다행히 공산주의에 잘 적응했다. 기생 계급에 속했던 사람들, 그러니까 지주와 임대업자, 귀족 등은 대부분 타국으로 도피해 러시아의 구체제가 곧 복원되기를 희망하며 요령껏 잘 살았고 영리한 일부는 언제나 그렇듯 이전 체제보다 새로운 체제를 반기며 잘 적응했다.

---

8 1902년 레닌은 『무엇을 할 것인가? *What is to be done?*』라는 제목의 저서를 발표했다.

불행히도 황제 일가만 이러지도 저러지도 못했다. 자유주의 혁명으로 니콜라이2세가 폐위되고 정권을 잡은 케렌스키 세력은 황족을 어떻게 처리해야 할지 몰랐다. 영국과 프랑스의 선례를 따라 혁명재판소를 세우고 황제의 목을 베어버리자니 파장이 너무 클 것 같았다. 황제의 잔혹행위와 군사적 실패 때문에 1905년 이후 왕정주의 정서가 많이 약해졌다고는 해도 완전히 사라진 것은 아니었기 때문이다. 자유주의자들을 쓸어버리고 공산국가 건설에 착수한 볼셰비키도 황족에 대한 대책이 없기는 마찬가지였다. 그래서 황제와 그 가족을 하얀군대가 접근할 수 없는 시골 저택으로 보내고 거기서 최대한 잘 지낼 수 있게 했다.

그러나 황제가 있는 곳으로 체코슬로바키아 군단이 오고 있다는 소식이 들리자 황제 일가를 돌보던 지역 담당자들이 심하게 겁을 집어먹고 말았다. 마사리크라는 인물이 이끌던 체코 군단은 1차세계대전에서 체코슬로바키아 독립의 기회를 잡기 위해 연합국 측에 가담해 독일과 오스트리아-헝가리 동맹을 상대로 싸우고 있었다. 그러다 유럽과 아시아가 만나는 곳까지 진격했는데 하필 러시아가 독일과 평화조약을 맺는 바람에 러시아를 관통해 다시 고국으로 돌아가야 하는 처지가 된 것이다. 적백내전에 돌입한 러시아에서 체코군은 연합국과 함께 하얀군대의 편에 서서 트로츠키의 붉은군대와 대적할 수밖에 없었다. 체코군은 서진해서 황제의 저택이 있는 예카테린부르크에 매우 근접했고 곧 황제를 구출할 것처럼 보였다. 황제 일가를 돌보던 지역 담당자들은 무슨 수를 써서라도 그러한 사고를 막아야겠다고 생각했다.

그런데 그들은 이례적이고 희한하게도, 잔인하지만 상대의 고통을 최소화하려는 노력이 엿보이는 조치를 취했다. 일단 자기들은 열렬한 마르크스 유물론자였음에도 매우 독실한 그리스 정교회 신자인 황제 일가를 위해 특별히 성가대를 부르고 예배를 거행해서 황제가 영적으로 행복하고 안정된 기분을 느낄 수 있게 했다. 그런 다음 황제 일가에게 저택을 떠나 다른 곳으로 이동할 준비를 하라고 통보했다. 황제 일가는 야밤에 이동하는 것보다 더 나쁜 일이 있을 줄은 꿈에도 모르고 한방에 모여 자신들을 태울 차량을 기다리고 있었다. 갑자기 총을 든 일당이 들이닥쳐 다짜고짜 황제를 쏴 죽였다. 그의 아내와 아들과 세 딸까지 모두 죽이는 데 30초도 걸리지 않았다. 무장한 일당은 황제 일가의 시신을 숲으로 옮기고 등유에 흠뻑 적셔서 불태웠다.

역사상 가장 자비로운 황제 시해 사건이라 할 만하다. 하지만 체코슬로바키아 군단이 황제 일가를 구출하게 내버려뒀어도 소비에트가 압승을 거두는 데 걸림돌이 되지는 않았을 것이다. 황제 일가는 그저 프라하 다뉴브강 강가의 어느 성에 머무르며 망명한 전직 군주와 왕자 명단에 한 줄 더 보태고 관광객의 호기심이나 충족시켰겠지 컬로든 전투나 워털루 전투를 일으킬 정도로 사람들을 자극하지는 못했을 것이다. 그러니까 소비에트 정부가 황제 일가를 살해한 것은 잘못이었다. 레닌도 그게 잘못이라는 것은 알았지만 별다른 조처를 하지는 않았다. 그렇지만 여기서 나의 관심사는 그런 잘못보다도 소비에트가 마르크스 이후 사회주의를 알았다면 피할 수 있었던 실수들을 밝히는 것이다. 앞으로 자본주의에서 공산주의로의 사회 변화를 도모할 사람들이 소비에트처럼 19세기 자유주의와 반교권주의, 마르크스주의에서 국가경영기술을 배운다면 똑같은 실수를 저지를 것이다.

사보타주하려는 심리에는 늘 대비해야 한다. 자본주의 사회에서는 고장이 자주 나야 일거리가 생기고 돈을 벌기 때문에 배관공이 수리를 대충 하는데, 러시아에서는 볼셰비키에 대한 분노 때문에 일부러 기계를 망가뜨리고 장부를 조작하고 심지어는 다음 해 수확을 좌우할 씨앗까지 불태워버렸다. 사실 러시아 사람들은 그럴 만도 했다. 마르크스주의나 자본주의에 대해 전혀 알지 못하고 자신들의 안락한 삶과 프롤레타리아의 불행이 무슨 관계가 있는지 생각해 본 적도 없는 사람들이 프롤레타리아의 반란으로 갑자기 살던 곳을 침범당하고 소득을 몰수당했다. 신사숙녀로 존중받고 살다가 멸시를 당하는 신세가 됐고, 가난한 집 아이들이 전부 학교에 갈 때까지 자기 자녀를 학교에 보낼 수도 없게 됐으며, 참정권도 빼앗기고, 가장 험한 일을 하는 육체노동자보다도 형편이 어려워졌다. 풍요로운 경작지를 소유하고 농사를 진두지휘하던 쿨라크들은 그들의 이웃과 달리 말을 서너 마리나 가졌다는 이유로 추방당했다. 그런 사람들이 강한 적개심과 보복심을 품는 것은 당연하다. 더 나아질 게 없으니 순전히 나쁜 짓을 하는 것에서 만족감을 찾는 것이다. 그런 사람들에게 카를 마르크스나 헨리 조지를 읽어보라고, 그러면 그들이 겪는 고통이 자본주의 사회에서 노예들의 고통에 비하면 아무것도 아니라는 것을 알게 될 거라고 말해봤자 소용없다. 반성은커녕 분노만 부추기게 될 것이다. 그들을 대하는 방법은 두 가지뿐이다. 하나는 그들을 체카에 넘겨서 법정에 세우거나 즉결 총살하는 것이다. 다른 하나는 그들에게 다시 안락한 삶을 제공하는 것이다. 그렇다고 전처럼 고상한 속물로 지내면서 노동자와 상인들로부터 존중받는 것까지 포함하는 안락함을 제공하기는 쉽지 않다. 더구나 사보타주할 마음이 풀리기를 바라며 언제까지고 그들을 계속 달래기만 할 수도 없는 노릇이다. 다행히 그들의 자녀들은 우월의식 없이 자라서 새로운 체제에 무난히 잘 적응하고 있는 것 같다. 소비에트주의의 장점을 알게 되어 사보타주했던 것을 후회하고 반성하는 영리한 사람들도 나오고 있다. 하지만 황제 치하에서 자란 중간계급이 전부 사망할 때까지는 크고 작은 사보타주가 계속될 것이다. 만약 레닌이 페이비언이었다면, 그래서 신경제정책의 필요성을 처음부터 인식했더라면, 중간계급이 그렇게까지 시련을 겪지는 않았을 텐데.

사보타주만큼 해롭지는 않아도, 혁명 후에는 모든 게 달라질 거라고 기대하는 심리도 역시나 문제 될 수 있다. 1880년대 초 한 열혈 사회주의자 청년에게 어떤 직업을 택할 것인지 물은 적이 있다. 그 청년은 의외의 질문을 받았다는 듯 놀라면서 자신은 (당시 활발하게 활동한 사회주의자였던) 헨리 메이어스 하인드먼 말대로 프랑스 혁명 100주년인 1889년에는 혁명이 일어날 것으로 믿기 때문에 굳이 직업을 가질 필요가 없다고 대답했다. 아무래도 최후의 심판과 천년왕국에 대한 기독교적 믿음을 자본주의에서 사회주의로의 변화에 그대로 이입한 것 같았다. 사회주의가 되면 자본주의일 때보다 훨씬 많은 기술자와 전문가가 필요해질 것이라고 얘기해줬더니 그 청년은 상당히 충격을 받았다.

러시아에서 혁명을 반긴 여자들은 또 다른 천년왕국을 기대하고 있었다. 특히 분방한 여자들은 프롤레타리아 독재 정부가 성적인 자유를 폭넓게 허용하고 점잔 빼는 관습은 죄다 거부할 것으로 믿었다. 소비에트 지도자들은 (자기들은 수도사처럼 금욕적인 생활을 하면서도)

권위와 강압에 대한 반동으로 처음에는 분별없는 방종도 용인했다. 도덕법을 개정해서 이혼이 지나치게 쉬워지도록 했고 학교 규율도 거의 없앴다. 하지만 그러한 바보짓이 심각한 부작용을 야기하자 그들은 얼른 잘못을 시정했다. 지금은 텔레마 사원처럼 "내키는 대로 하라"고 하기보다 청교도주의를 지향하는 분위기다. 기존 질서를 과하게 부정한 것은 소비에트의 실수였다. 하지만 그처럼 모든 사회에 공통으로 나타나고 저절로 바로잡히기 마련인 실수도 이 장의 관심사는 아니다. 우리는 소비에트가 반드시 바로잡아야 하는 실수, 바로잡지 않고 그냥 놔뒀다가는 자본주의의 해악을 도로 불러들일 치명적 실수에 더 주목해야 한다.

∴

이제 여러분도 알다시피, 공산주의인지 아닌지를 판단하는 최종적이고 핵심적인 기준은 소득평등이다. 그런데 마르크스의 복음에는 그런 내용이 없다. 마르크스는 사유재산의 해악을 밝히는 데 집중하느라 최적의 분배에 관한 문제까지는 들여다보지 못했다. 소비에트 정부는 신경제정책이 국민 모두의 생활수준을 끌어올리는 데는 실패하자 고용과 임금에 대한 정부 통제력을 점점 확대해나갔다. 그러나 게으른 역장과 술 취한 공장노동자를 총살하고 고高성과자들의 전국 순회 시범을 통해 노동 의욕을 고취시키는 것만으로는 도저히 필요한 만큼의 생산을 촉진할 수가 없었다. 성과임금과 같은 자본주의적 장치를 도입해야 했다. 성과임금은 일의 등급을 나누고 등급마다 임금 차등을 두어서 높은 등급의 일을 할 수 있는 사람은 즉시 다른 사람보다 더 잘살게 한다. 이러한 불평등을 정당화하기 위해 몇몇 볼셰비키 지도자는 "소득평등은 사회주의와 무관하다"고 주장하는 말도 안 되는 실수를 지금까지 저지르고 있다. 심지어 성과임금과 등급제는 단순한 생산 유인책이 아니라 인간의 타고난 차이에 대한 금전적 가치평가라는 헛소리까지 하고 있다. 이 책의 7장을 읽은 독자들은 알겠지만 그러한 가치평가는 불가능하다.

사실 사람을 금전적으로 평가할 수 있는 부분은 이것뿐이다. 타고난 능력이나 체격, 몸무게, 외모, 재주, 명성이 아무리 차이 나는 사람도 먹이고 입히고 재우는 데 드는 비용은 대동소이하다. 그들이 평등한 조건에서 살아가게 하려면 국가가 그들에게 얼마씩 분배할 수 있는지부터 파악해야 한다. 현재 어느 국가나 비숙련 노동자들 사이에서는 대대적인 소득평등화가 이루어진 상태다. 하지만 사회주의 정부가 소득평등화를 한답시고 전 국민의 소득을 그 정도 수준(러시아의 경우 열 명이 한방에서 자는 수준)에 맞춘다면, 얼마 지나지 않아 그런 조건에서는 최고의 지적 결과물이나 믿을 만한 전문가가 나올 수 없다는 사실을 깨닫게 될 것이다. 수학자와 물리학자, 건축가와 공학자, 전략가와 사상가, 변호사와 정치인, 기획자와 실무자, 대규모 사업을 이끌 행정가와 경영자는 물론 시인과 화가, 배우, 예술가 등도 당장 필요한 사람들이다. 따라서 국가는 그런 사람들을 배출할 소득이 얼마인지 파악해 국민소득의 목표로 삼고 모두에게 그 수준으로 분배할 수 있을 때까지 생산에 박차를 가해야 한다. 그 수준에 빨리 도달하기 위해 성과임금과 등급제, 즉 일을 두 배로 하거나 상급 기술을 습득한 노동자에게 돈을 더 많이 주는 방법이 도움이 된다면, 그 방법들도 도입해볼 수 있을 것이다. 그 방법들이 대부분 자본주의하에서 개발되고 사용됐다는 사실은 그만큼 효과가 확실하다는 뜻이기도 하다. 자본주의 사회의 고용주들은 그런 식으로 팔 수 있는 것보다도 더 많이 생산해서 체제를 망가뜨리는 지경까지 갔다.

그렇게 해서 마침내 목표한 생산수준에 도달하면, 소득세든 상속제도든 모든 분배정책은 다른 어떤 목표보다도 "모두가 결혼가능한 사회"를 목표로 해야 한다. 소득이 평등해서 대등한 조건일 때 사람들은 서로 안정적으로 교류할 수 있다. 따라서 상호결혼가능성은 소득평등이 얼마나 실현됐는가를 가늠할 수 있는 최적의 테스트다.

여기서 내가 소비에트 정부의 놀라운 성공에 대해 설명하는 것은 불가능한 일일뿐더러 불필요한 일이기도 하다. 1천 페이지가 넘는 책으로 써야 할 일은 이미 내 동료 페이비언인 시드니와 베아트리스 웹이 『소비에트 공산주의, 새로운 문명인가? *Soviet Communism: A New Civilization?*』에서 해버렸다. 나는 물론이고 어떤 러시아인도 그만큼 잘 쓸 수는 없을 것이다. 러시아인들은 시행착오를 겪으며 닥치는 대로 문제를 해결하느라 그동안 알게 된 것들을 아직 종합적으로 정리하지 못했다. 그리고 마르크스 이후 사회주의에 대해 알지 못한 채 여전히 마르크스 이론이 완벽하다는 착각에 빠져있다. 1936년 모스크바가 새롭게 반포한 헌법은 18세기 자유주의자 토머스 페인이 쓴 게 아닌가 싶을 정도다. 어쩌면 유럽과 미국 자유주의자들의 환심을 사기 위한 눈속임일지도 모르겠다. 공산주의는 자유주의와 전혀 다르다는 것을 밝혀 봤자 공산주의에 대한 흥미만 떨어질 테니 일부러 토머스 페인의 『인간의 권리 *Rights of Man*』를 그런 식으로 부활시킨 건 아닌가 싶을 정도다. 사실 러시아에서 자유주의는 신경제정책을 통해 마지막 기회를 얻었지만 결국 살아남지 못했다.

마지막으로 1928년 트로츠키와 스탈린을 갈라서게 한 문제에 대해 언급해야겠다. 트로츠키는 러시아가 만국의 프롤레타리아를 이끌고 자본주의 국가들을 상대로 영구적인 혁명전쟁 상태에 돌입해야 한다는 입장이었던 반면, 스탈린은 일국사회주의를 구호로 내세우고 러시아가 러시아 문제에 집중하면서 모범적인 사회주의 국가를 건설해야 한다고 주장했다. 스탈린이 이기고 트로츠키가 추방된 것은 상식의 승리였다. 이제 신新트로츠키주의는 외국과 연합하거나 자본주의 강대국들과 타협해야만 사회주의를 지속할 수 있다고 믿는 반反스탈린주의자들의 공모를 의미하게 됐다.

제85장

Fascism

파시즘은 자본주의의 또 다른 얼굴이다

●

요즘 이태리와 독일을 휩쓸고 있는 파시즘은 사실 새로운 게 아니다. 줄리어스 시저와 크롬웰, 나폴레옹과 그의 조카 루이 나폴레옹도 다 그 시절 파시스트 지도자였다. 정부가 제대로 기능하지 않을 때 정부에 반발해 쿠데타를 일으킨 능력있는 모험가는 그들 말고도 수없이 많았다. 100년 전만 해도 정부가 하는 일은 별게 없었다. 기껏해야 치안 유지나 했고 교육이며 산업, 복지는 민간과 자선단체가 알아서 하는 일이었다. 하지만 이제는 정부가 국민생활 전반에 적극적으로 관여하지 않을 수 없게 되어 사람들도 정부와 의회가 무능하고 비효율적인 것을 전처럼 용인하지 않게 됐다. 영국 의회는 윌리엄3세 때 내각제가 도입된 이래 여야가 모여 담합과 모의를 일삼는 클럽으로 전락했다 (72장의 내용을 떠올려보자). 소비에트 정부가 러시아를 절망에서 구해내는 동안 영국과 다른 문명국들은 실업과 가난, 그 밖의 끔찍한 문제들을 그저 고질병 정도로 여기며 수수방관했다. 영국인들은 참정권을 확대하면 문제가 해결될 거라 기대하며 수차례 의회를 개혁하려고 했다. 1832년 부르주아 남성, 1867년 육체노동자 남성에 이어 1918년 마침내 여성에게까지 참정권을 확대했다. 그렇게 성인참정권 제도를 확립했으니 의회를 민주적으로 통제할 방법은 다 갖다 쓴 셈이었다.

성인참정권이 실현되기만 하면 새로운 세상이 열릴 거라는 희망이 19세기 내내 혁명의 기운을 간신히 다스려왔는데, 이제 그 희망도 사라져버렸다. 1832년 이전에는 부르주아 남성에게 참정권을 보장하는 선거법개정안만 통과되면 다 잘 될 줄 알았다. 하지만 곧바로 차티스트 운동Chartism[1]이 일어나 성인 남성 모두에게 참정권을 달라고 요구했다. 1867년 2차 선거법개정으로 남성노동자도 참정권을 갖게 됐지만 1880년 사회주의 운동이 일어나 또다시 사회가 들썩였다. 이번에는 사람들이 모두가 참정권을 갖고 노동자 정당이 국회를 장악하기만 하면 모든 사회 문제가 합법적이고 행복하게 해결될 거라고 외쳤고, 1차세계대전 직전 여성참정권 운동에 불을 지폈다. 그 어느 때보다 연설가들이 고무되어 있었고 집회는 열성적이었다. 투표권만 있으면 마법 같은 일이 벌어질 거라는 확신이 넘실거렸다. 나는 여성투표권이 오히려 여자들의 의회 진출을 가로막을 우려가 있으므로 차라리 모든 공공기관에 여성 인구에 비례하는 만큼의 여성 공직자를 배치하는 법부터 요구하자고 제안했다가 여성참정권 운동가들에게 크게 지탄받았다. 그렇지만 다음 총선에서 여성참정권 운동가들의 환상은 무참히 깨지고 말았다. 총선 결과를 보고 웃은 쪽은 여성의 선거 참여가 자기 당

---

[1] 차티스트 운동은 1832년 선거법 개정에서 소외된 노동자들이 선거권을 요구하며 벌인 의회 개혁 운동이다. 이 운동의 중심인물이었던 윌리엄 러벗이 1837년 작성한 인민헌장 People's Charter에서 차티스트라는 명칭이 유래됐다.

영국 최초의 여성 의원
낸시 애스터 Nancy Astor와
버나드 쇼, 1929년

에 유리할 것을 알고 참정권 확대에 동의한 보수당과 수구세력이었다. 여성을 위해 일하는 유명한 여성 후보들이 죄다 치욕적인 참패를 당했고 여성참정권을 지지한 노동당 당수는 자신의 텃밭 같은 지역구에서 패배했다. 총선 결과 하원은 남성의원 614명과 여성의원 1명이 1,900만 남성과 2,100만 여성을 대표하는 기막힌 상황이 됐다. 단 한 명뿐인 여성의원(낸시 애스터)이 여성 문제와 관련해 일당백의 역할을 해서 그나마 다행이었다.

어쨌든 참정권이라는 당근을 한 세기 내내 쫓아다니던 당나귀는 마침내 당근을 낚아채 꿀꺽 삼켰지만 허기는 조금도 가시지 않았다. 그렇다 보니 독일과 이탈리아에서는 파시스트 지도자들이 득세해 의회를 밀어냈고 러시아에서도 의회는 어쩌다 한 번씩 모여 개혁안에 동의나 해주는 기관으로 전락해버렸다. 나름 긍정적인 효과도 있었다. 영국식 의회제도, 즉 내각제하에서는 아무리 대중의 지지를 받는 정치인도 하원 의석을 확보하지 못하면 절대 힘 있는 공직에 진출할 수 없는데, 그런 내각제의 폐단이 사라진 것이다. 부유하고 연줄 좋은 귀족 출신 보수당 청년이야 아무 생각없이 자신에게 유리한 선거구에 출마해 6주 만에 의회에 입성하기도 하지만, 가난한 정치인은 선거를 치르느라 돈은 돈대로 쓰고 진을 빼면서 좋은 시절을 허비해야 한다. 힘들게 의회에 입성했어도 논쟁하는 것 말고는 딱히 할 수 있는 일이 없다. 그렇게 재능을 썩히면서 하원의 틀에 박힌 일상에 완전히 매몰되어 말로나 떠들 뿐 누구에게도 위협적이지 않은 존재가 됐을 때 개인적인 카리스마로 수상이 될 수는 있다. 하지만 껍데기만 남은 수상이 무슨 일을 하겠는가. 젊은 혁명가들에게 경각심만 불러일으킬 뿐이다. 그런 수상을 지켜본 젊은 혁명가들은 젊을 때 의회 경력을 쫓다가 속 빈 강정이 되느니 차라리 추종자들을 규합하고 세력을 키워서 의회를 제압해야겠다고 생각할 것이다.

물론 의회를 등지고 전투적인 파시스트 세력을 조직하는 것은 불가능에 가까운 일이다. 괜히 그런 모험을 시도했다가 와트 타일러[2], 잭

---

2 와트 타일러*Wat Tyler*: 1381년 영국 사상 최대의 농민 반란 와트 타일러의 난을 일으킨 주역. 책략에 걸려들어 살해당했다.

케이드[3], 에섹스 백작[4], 티투스 오츠[5], 조지 고든[6] 등 한때 군중에게 열렬히 추앙받던 인물들과 비슷한 운명에 처할 수 있다. 하지만 의외로 성공한 사람도 꽤 있다. 나폴레옹과 그의 조카 루이 나폴레옹은 둘 다 전쟁에서 지고 감옥에 가거나 추방당한 상태에서 죽음을 맞기는 했지만, 이미 그전에 삼촌은 13년, 조카는 18년이나 황제의 지위를 누렸다. 별 볼 일 없는 따분한 삶보다는 신나는 일이었다. 현재 이름을 떨치고 있는 베니토 무솔리니와 아돌프 히틀러, 케말 아타튀르크, 레자 샤도 어떤 결말을 맞을지는 모르겠으나 이미 그들 대부분이 나폴레옹보다 국가원수의 자리에 더 오래 있었다.

그러니 한번 상상해보자. 여러분이 그저 출세욕에 사로잡힌 정치 모리배가 아니라 열정적이고 유능한 개혁가라면 어떻게 하겠는가? 무기력한 군주와 의회가 정당 놀음과 말장난이나 일삼는 바람에 문명이 망가지는 꼴을 지켜봐야 한다면? 그런 상황이라면 누구라도 이렇게 말하지 않겠는가? "아, 나에게 10년만 절대권력이 주어진다면! 아니 5년 만이라도!"

더구나 그런 의욕 넘치는 정치 신동이 집권 초기 크롬웰처럼 의회

---

[3] 잭 케이드*Jack Cade*: 잉글랜드 민중 봉기 지도자. 1450년 헨리6세와 그 측근의 부패와 권력 남용, 전쟁 빚에 분개한 군중을 이끌고 반란을 일으켰으나 결국 실패했다.

[4] 에섹스 백작*2nd Earl of Essex*: 1601년 엘리자베스1세 치하의 실세였던 로버트 세실에 대항해 에섹스 반란을 일으켰으나 실패하고 처형당했다.

[5] 티투스 오츠*Titus Oates*: 1678년 구교도 음모 사건의 주역. 가톨릭 세력이 찰스2세를 암살하려는 음모를 꾸민다고 날조하여 35명의 무고한 사람이 처형당했다. "거짓말쟁이 티투스"로 불린다.

[6] 조지 고든*Lord George Gordon*: 1780년 고든 폭동의 주모자. 하원 의원으로 1778년 가톨릭 구제법이 제정되자 이에 반대하는 신교도 연합의 총재가 되어 런던에서 폭동을 주도했다.

프랑수아 부쇼François Bouchot, 『1799년 11월 10일 생클루드 500인 평의회에서 보나파르트 장군』, 1840년
나폴레옹이 브뤼메르 18일 쿠데타를 일으키는 장면

를 과대평가하거나 로버트 에머트Robert Emmet처럼 민중을 과대평가하지도 않는다면? 크롬웰은 의회를 통해 왕을 참수하면서 잉글랜드의 절대 왕정을 한때 사실상 없애버렸다. 그런 다음 "성인聖人들의 통치"라는 소리를 들을 만큼 청렴하고 흠 없는 사람들로 의회를 구성해 왕을 대체하려 했다. 하지만 그런 의회조차 금세 자중지란에 빠졌고 크롬웰은 의회를 싹 쓸어버리고 군법으로 다스릴 수밖에 없었다. 로버트 에머트는 아일랜드 민중이 자신의 외침에 부응해 독립 투쟁에 나설 거라고 생각했다. 아일랜드인들은 나서지 않았고 에머트는 교수형을 당했다. 113년 후 피어스와 코널리도 에머트와 같은 이유로 목이 날아갔다. 요즘 독재자들은 크롬웰과 에머트처럼 의회나 민중을 과대평가하지 않는다. 보통 그들은 바닥부터 시작해 중간에 한두 번 감옥도 갔다오면서 프롤레타리아의 시위와 조직, 지하활동을 두루 경험하고 프롤레타리아 단체와 지도자들의 실체를 알게 된다. 노동조합처럼 편협한 현실주의자들과 현실도 모르고 투쟁력도 없는 괴짜 이상주의자들이 초기 기독교 신학자들처럼 서로 물고 뜯으며 전혀 발전하지 못하고 다들 고만고만한 세력으로 머물러 있는 것도 보게 된다. 이 모든 걸 경험한 나폴레옹, 무솔리니, 히틀러, 무스타파 케말, 레자 팔라비 같은 인물은 이제 어떻게 하겠는가?

당연히 그런 독재 꿈나무들은 온갖 고만고만한 정치세력들, 즉 자유주의자와 공화주의자, 노동조합주의자와 협동조합주의자, 사회주의자, 볼셰비키, 무정부주의자, 생디칼리스트, 자유사상가, 통화만능론자, 구세군 등등은 무시하고 절대다수인 대중을 조직화하려 할 것이다. 대중은 기존 질서에 대항하기는커녕 잡음을 내는 집단이 있으면 경찰이 깔아뭉개야 한다고 믿는 사람들이다. 그들은 일요일마다 가장 좋은 옷을 입고 교회에 가거나 유행하는 운동복을 입고 골프와 테니스를 치거나 대관식과 왕실결혼식, 근위기병대의 군기분열식에 우르르 몰려가 구경하고 죽은 군주의 유해를 보겠다고 5마일이나 줄을 선다. 제 딴에는 신념과 원칙이 있다고 생각하지만 실제로는 남들 하는 대로 따라할 뿐이라서 남과 다르게 사는 사람을 보면 충격을 받는다. 머리는 십자말풀이나 휘스트, 브리지 게임을 할 때나 쓰고 몸은 골프와 테니스를 치고 폭스트롯과 룸바를 출 때나 쓴다. 그런 것들을 전혀 모르고 그저 생계나 꾸리고 살림하고 아이를 키우며 단조롭게 살다가 최근에야 그나마 라디오 덕분에 활기를 얻은 사람들도 엄청나게 많다. 이 책을 찾아 읽을 만큼 정치사회에 관심이 많은 여러분은 그들이 어떤 사람들인지 신물 나게 잘 알고 있을 것이다. 그들은 여러분을 의심스러운 눈초리로 대하며 마뜩잖아 하고 좋게 봐야 별종으로 여긴다. 간혹 심각한 책을 읽는 사람을 덮어놓고 존경하는 사람이 있어서 여러분을 대단한 지식인으로 추켜세우고 알고 지내는 것 자체를 자랑스러워한다면 여러분은 운이 좋은 것이다.

그들은 애국심을 내세운다. 그들에게 애국심은 신이 자기들을 다른 나라 사람들보다 우월하게 창조했다고 믿는 것이다. 그러한 자만심을 충족시키기 위해 (나폴레옹 시대의 산물인) 영광을 갈구한다. 그들이 말하는 영광은 그들의 용감한 아들과 형제가 전투에서 이겼다는 소식이다. 그들에게 역사는 그저 자기 편이 승리를 거둔 전투를 나열한 것이다. 내가 더 설명하지 않아도 여러분은 대다수의 사람들이 어떤지 잘 알 것이다.

어쨌든 이 대다수의 일반 국민을 정치적으로 조직화하기만 하면 웬만한 정치세력들을 투표로 몰아낼 수 있을 뿐만 아니라 여차하면 떼 지어 공격할 수도 있다. 그래서 독재를 꿈꾸는 정치인은 어리석은 사람들에게 적절한 먹잇감을 던져주고 장단을 맞춰주면서 모두가 찬성하고 지지하는 개혁을 가열차게 추진하고 기존 질서에서 누가 봐도 잘못인 부분을 바로잡으려 할 것이다. 그는 맨 먼저 작은하원이나 다름없는 지방의회부터 없애버릴 것이다. 나이든 사업가들이 자리를 꿰차고 앉아 지방세를 걷고 지방행정을 관장하는 지방의회를 해산하고 그 자리에 유능하고 기운 넘치는 청년 대표들을 세워 전권을 쥐여주고 지방을 쇄신하게 할 것이다. 그러면 지방행정이 빠르게 개선되는 것은 물론이고 천박한 사업가들을 몰아내고 뛰어난 인재를 고용해 상황을 바로잡고 싶어 하는 대중의 요구에도 정확히 부응할 것이다.

그다음으로는 독재정권에 방해가 되는 정치경제 조직을 전부 없앨 것이다. 폭력을 쓰면 간단히 해결할 수 있는 일이다. 파시스트 지도자에게 충성하는 건장한 청년들이 순수한 협동조합이나 믿을 만한 노동조합도 과격한 무정부주의나 공산주의 비밀 단체와 도매금으로 매도하고 사악한 선동의 온상이자 영도자의 적으로 규정하면서 그런 단체의 사무실에 거리낌없이 침입해 사람들을 두들겨패고, 가구를 부수고, 서랍을 뒤집어엎고, 회원 명부를 뒤져 관련자를 모조리 색출하고 작살낼 것이다. 경찰은 대체로 그 약탈자들과 생각이 같기 때문에 그저 사태를 방관하다가 그들이 보복당할 것 같을 때만 앞으로 나설 것이다.

이 난리법석을 끝내고 나면 파시스트 지도자는 질서를 복구해야 한다. 사무실을 약탈하고 공무원과 시민을 여기저기서 때려잡는 방식으로는 자산을 보유하고 일상적인 사업을 하는 단체들을 다 없앨 수 없기 때문이다. 예컨대, 서민금융기관 같은 단체는 어떤 식으로든 운영해야지 그냥 없애버릴 수는 없다. 하지만 역시나 해결책은 간단하다. 새로운 파시스트 국가는 그러한 단체들의 자산을 몰수하고 그들이 하던 사업을 정부가 완벽히 통제하는 국가조직으로 흡수할 것이다. 자본도 없고 뚜렷이 하는 일도 없이 선전·선동만 하는 과격한 정치단체들은 일거에 소탕하고 그러한 단체를 되살리려는 모든 시도를 불법으로 규정해버리면 된다.

그러면 자유주의자들은 자유주의의 근간이 흔들리고, 민주주의가 탄압받고, 언론과 사상의 자유, 사유재산, 사유기업처럼 자본주의를 지탱하는 모든 권리가 침해당하고 있다며 격분해서 들고 일어날 것이다. 하지만 다음과 같은 사실을 명심해야 한다. 국민 대다수를 조직화하고 국민 대다수가 바라는 정치를 실행에 옮기는 것만큼 민주적인 것도 없다. 대중은 우월한 사람들이 어중이떠중이들은 묵살하고 강력한 권력으로 일사불란하게 국정을 운영하기를 바라지 않는가. 파시스트 지도자는 자유주의자들이 떠드는 자유와 권리를 노련한 언어로 무시하고 규율과 질서, 침묵, 애국심을 외치면서 지도자로 표상되는 국가에 헌신할 것을 강조한다. 그러면 대중은 열렬히 호응하면서 자유주의자들이 유형지나 강제수용소, 감옥에 처박히든 거리에서 죽어나가든 상관하지 않는다. 평균적인 시민의 생각이 실현되는 것은 물론이고 실질적인 성과가 곧바로 눈에 보이기 때문이다. 기운 넘치는 청년 대표들은 자잘한 부정부패를 일소하고 시급한 공적 업무부터 처리해서 나이든 사업가들이 지방의회에서 6년을 끌어도 못 하는 일들을 6개월 안에 해치운다. 오스만 남작의 파리 재건 사업은 루이 나폴레옹 치하에서 이루어졌고 이탈리아의 기차가 제시간에 도착하기 시작한 것은 무솔리니 정권이 들어서고 나서다. 파시스트 지도자는 수많은 화려한 행사와 감상적인 연설, 언론의 선전, 학교 교육을 통해 파시즘을 전파하는 한편 자신에 대한 비난은 어떻게든 막으려고 한다. 그래서 지도자만 잘 만나면 파시즘은 한동안 번성하며 대중적 인기를 누리고 민주적 정치를 펼친다. 그렇잖아도 평균적인 시민은 천성적으로나 학교교육의 영향으로 파시스트 기질이 다분하고 개혁가와 혁명가를 불평분자로 매도하는 경향이 있는데, 거기에 실질적인 이유까지 더해지는 것이다. 파시즘은 프롤레타리아 조직들을 때려잡아서 우리가 알고 있는 자유와 질서를 송두리째 흔들어놓는다. 하지만 프롤레타리아 조직들이 국가 조직으로 흡수 재편되면 맨날 싸우고 갈라서고 뭉치고 쪼개지기를 반복하던 거대한 프롤레타리아 세력이 "공동전선"을 형성하면서 오히려 단단히 뭉칠 수 있게 된다. 국영 언론은 적어도 재벌 손아귀에 들어간 언론보다는 유린당할 가능성이 작다. 또한 파시즘은 "공공의 일은 모두의 책임"이라는 민주주의 원칙을 무시하지만 그렇게 함으로써 사실상 아무도 책임지지 않던 상황을 끝내고 파시스트 독재자와 측근들이 나폴레옹의 장수들처럼 책임을 지게 한다. 대중적 인기를 얻어 선출되는 공직자와 단 한 번의 실수나 잘못을 이유로 해고당할 수 있는 공직자가 느끼는 책임감은 절대로 같을 수 없다.

　파시즘은 의회에서 여야가 무분별하게 대립하며 사사건건 의사진행을 방해하는 어리석은 정당 놀음도 벌일 수 없게 한다. 그래서 나폴레옹 같은 사람이 가뿐히 의회를 뒤엎고 국민의 열렬한 지지를 받는 구국의 영웅이 된다. 하지만 파시스트 천재들도 결국에는 다 죽는다. 두 나폴레옹처럼 죽기 전에 무너질 수도 있다. 무능하거나 사악한 후임자에게 정권이 넘어가면 개탄스러운 일들이 벌어지다 나중에는 눈 뜨고 못 볼 지경이 된다. 키가 2미터가 넘는 거구였던 표트르 대제는 페테르부르크를 건설하는 등 의회나 교회는 절대로 하지 못할 많은 일을 해냈고 예카테리나2세도 상류층의 사상과 문화를 활발하게 이끌었지만, 그 뒤를 이은 파벨1세는 절대권력을 감당하지 못하고 분별력을 상실해서 궁정 신하와 호위병들에게 살해당했다. 줄리어스 시저나 아우구스투스의 정신력과 지성을 갖추지 못했던 네로 황제도 신과 같은 권력을 갖자 미쳐버렸고 역시나 살해당했다.

　그래서 국가에는 헌법이 필요하다. 헌법으로 다스려야 통치자의 부재 혹은 무능 상황에서도 국가가 문제없이 굴러갈 수 있다. 세습군주제하에서는 국가가 혼란과 부패로 망해가다 가끔 유능한 군주나 각료가 나타나면 다시 제대로 굴러가곤 한다. 지금의 파시스트 지도자들은 "후계자가 누구인가?"라는 질문에 아무도 답을 못 하고, 정신이 온전한지 끊임없이 의심받으며 노망날 나이에 속절없이 가까워지고 있다. 그들이 죽고 난 다음에 벌어질 일을 예측할 수 없게 만드는 게 파시즘 체제다. 의회제는 그래도 예측가능하다. 외교관들이 의회제를 선호하는 이유도 거기에 있다.

　파시스트 지도자는 군사적 영광과 호전성에 대한 대중의 로망도 충족시켜줘야 한다. 예카테리나2세는 백성들이 점점 말을 안 듣자 나름 영리한 제안을 했다. "소규모 전쟁으로 백성들을 즐겁게 해줍시다." 오늘날에는 전쟁이 너무 끔찍하고 공포스러워져서 평화주의가 대세인데도, 파시스트 지도자들은 호엔촐레른 왕조처럼 무력을 과시하고 있다. 이렇게 가다가는 두 나폴레옹이 그랬듯 전쟁이라는 마지막 카드를 꺼내는 날이 올 것이다. 개혁을 이해하기에는 너무 무지하고 그저 전장에서 나부끼는 승리의 깃발 아래 "자신들의 창을 씻고 wash their spears"[7] 싶어 하는 사람들이 파시스트 지도자를 추종하기 때문이다.

••

그런데 파시즘의 그 모든 약점을 능가하는 진짜 해악은 따로 있고, 그 때문에 파시즘도 이제까지 모든 자본주의 문명과 마찬가지로 결국 몰락의 길을 걷게 될 것이다. 파시스트 조직은 대중의 무지와 어리석음에 기대고 있기 때문에 기껏해야 무능한 정부를 끌어내리고, 자신들의 지도자를 우상화하고, 전쟁터로 가는 군인들에게 열렬한 애국심을 분출하고, 행진과 연설에 목이 쉬어라 반응하고, 소규모로 흩어져있는 프롤레타리아 조직들을 주제넘고 선동적이고 위험하다며 습격하고, 사람들을 구타하고 감옥에 가두고 학살하는 데나 능하다. 하지만 그런 정치로는 문명을 살릴 수가 없고 오히려 몰락을 재촉할 뿐이다. 현대 국가가 안정적으로 번영하려면 정치는 반드시 경제적 평등을 지향해야 한다. 어쩌면 파시스트 지도자 본인은 강자를 끌어내리고 약자를 끌어올린 사람으로 역사에 기록되고자 할지도 모른다. 그러나 파시스트 조직원들은 그럴 생각이 전혀 없다. 그들은 배부른 자들에게 좋은 것을 실컷 쥐여주고 배고픈 자들은 빈손으로 내쫓으려고 한다. 정당한

---

[7] 호전적인 것으로 유명한 남아프리카의 줄루족이 즐겨 쓰는 표현. 영국의 소설가 헨리 라이더 해거드의 『그녀 She: A History of Adventure』를 통해 알려졌다.

분노를 표출한답시고 아일랜드 유제품 공장과 이탈리아 공제조합, 협동조합 상점, 노동조합 사무실, 공산주의 서적 출판사에 불을 지른다. 그들에게 그러지 말고 차라리 귀족의 별장을 불태우거나 영란은행을 약탈하거나 보수당 장관에게 린치를 가하라고 했다가는 미친놈이나 빨갱이 취급을 받을 것이다. 파시스트 지도자는 마치 마법사의 제자처럼 빗자루에 요술을 부려 실컷 이용해먹지만 나중에 빗자루를 멈추는 법을 몰라서 난처해진다.

다시 말해, 가난한 사람들을 움직여 손쉽게 권력을 장악한 파시스트 지도자는 가난한 사람들의 재산을 약탈한 다음 정말로 사회를 재건하려면 부자들의 재산도 약탈해야 한다는 사실을 깨닫는데 그때는 그의 힘이 더는 통하지 않는다. 빈민가를 습격하고 순경을 죽일 때처럼 기꺼이 성과 은행을 약탈하고 왕자와 은행가를 죽이겠다는 파시스트 조직원들은 물론 있다. 하지만 그들은 무법적이고 폭력적인 일이라면 무턱대고 뛰어드는 깡패와 사디스트들이다. 처음에 프롤레타리아 단체들을 때려잡을 때는 쓸모있는지 몰라도 한시도 자기들끼리 몰려다니게 내버려두면 안 되고 웬만해서는 전부 감옥에 집어넣어야 하는 범죄자들이다. 파시스트 지도자는 금세 그 점을 알아차리고 자신의 군대에서 주축을 이루는 성실한 청년들에게로 눈을 돌린다. 하지만 개중 일부만 경찰로 훈련시킬 수 있을 뿐 나머지 대부분은 평범하고 평화로운 일상으로 돌려보내야 할 것이다. 게다가 그들도 사유재산과 사기업에 대한 공격은 지지하지 않을 것이다. 파시스트 지도자가 산업을 지배하는 과도한 이기심이나 어리석음에 어느 정도 제약을 가할 수는 있다. 영세한 고용주들에게 기계를 현대화하고 경영을 "합리화"하라고 지시할 수도 있다. 그렇게 하면 피해를 보는 것은 일부 극빈층뿐이고 고용주들에게는 득이 된다. 얼마 안 되는 자금을 불안정하게 운용하는 개인사업가들이 거대 자본을 굴리는 기업 앞에서 무력해지는 것을 해결한다고 작은 회사를 큰 회사에 강제로 합병시킬 수도 있다. 파시스트 국가에 적대적인 외국과도 안전하게 교역하려면 군대를 강화해야 한다고 겁을 주면서 고용주들의 부동산소득과 사업소득에 세금을 물릴 수도 있다. 어느 정도의 사회 개혁은 필요하고 상업적으로도 득이 된다고 그들을 설득할 수도 있다. 심지어 고용주들을 산업 혹은 직능에 따라 조합으로 묶고 국가 조직의 일부로 편입시켜 국가조합주의를 선포할 수도 있다. 하지만 그쯤 되면 고용주들이 달가워할 리가 없다. 협조하는 시늉은 해도 실제로 그런 일이 벌어지게 놔두지는 않을 것이다.

만약 거기서 더 사회주의 쪽으로 나가면 그게 혁명가고 볼셰비키다. 하지만 오늘날 파시스트 지도자들은 비장의 카드를 꺼내든다. 자기들은 공산주의로부터 세상을 구하려 한다면서 아무 프롤레타리아 운동에나 멋대로 공산주의라는 말을 갖다 붙인다. 그리고 똑같은 공공사업도 자기가 하고 싶은 건 파시즘, 자기가 반대하는 건 공산주의라고 부르며 혼동을 야기한다. 그런 혼동에 편승해 사회주의 쪽으로 더 움직일 수도 있겠지만, 결코 부유한 기득권 세력의 심기를 거스를 정도까지 나가지는 못할 것이다. 예를 들어, 파시스트 지도자가 루이 나폴레옹과 오스만 남작의 성공 사례를 본받아 도시 재건 사업을 추진한다고 해보자. 모두가 박수치고 도시 경관은 실제로 크게 개선될 것이다. 하지만 개발이 이루어진 땅의 상업적 가치도 어마어마하게 상승할 것이다. 특히 주요 도로의 인접지는 상상을 초월할 정도로 임대료가

무솔리니가 이끄는 검은셔츠단이 괴물 볼셰비키로부터 스페인을 구한다
1938년 이탈리아의 라파엘 타푸리가 그린 엽서

가면 벗은 볼셰비즘
1937년 베를린에서 열린 나치의 반공 전시회 엽서

치솟고 그 돈은 고스란히 지주들의 주머니로 들어가서 일반 시민은 여전히 가난에 허덕이며 뼈 빠지게 일해야 할 것이다. 언젠가 웨스트엔드에서 활동하는 한 전문가가 이런 말을 한 적이 있다. "오후 4시 반까지는 집주인을 위해서 일하는 거고, 그 이후에 버는 돈만 아내와 가족에게 돌아간다고 봐야죠." 현재 우리 정부는 자가용을 몰고 화물차를 소유한 계층의 편의를 위해 대규모 간선도로를 건설하는 중이다. 도로가 새로 깔릴 때마다 주변 지역이 몇 푼 안 하던 농지에서 임대료가 비싼 상업·주거지역으로 바뀌고 있다. 19세기에는 그렇게 해서 생긴 개발이익을 지주들이 독차지하는 것에 반대하며 사람들이 여러 차례 들고 일어났다. 하지만 엄청난 속도로 간선도로가 건설되고 있는 오늘날에는 사람들이 자본주의에 너무 길들여진 탓인지 개발이익의 사유화를 막는 게 어려운 일이 아닌데도 그저 당연하게 받아들이고 있다.

만일 루이 나폴레옹이 파리의 도로들을 공공개발하는 데서 그치지 않고 지대와 건물까지 공공이 맡아 운용하게 했다면, 스당 전투$_{Battle}$ $_{of Sedan}$[8]로 황제에서 폐위되기 10년 전에 이미 추방당했을 것이다. 1929년 대공황 이후 지금까지 약 8년간 러시아가 이뤄낸 것과 그 두 배도 넘는 기간에 파시스트 국가가 성과라고 내미는 것을 비교만 해봐도 알 수 있다. 파시즘은 자본주의의 한계와 해악을 절대로 극복할 수 없으며 과거에도 지금도 문명을 망가뜨리거나 했지 살린 적이 없다. 파시즘으로 산업의 질서가 바로잡히고 합리성과 경제성이 제고될 때도 결과적으로는 더 많은 노동자가 일자리에서 쫓겨난다. 그러면 파시즘은

---

8 1870년 보불전쟁의 승패를 좌우한 결정적 전투. 프로이센군이 스당 요새에서 프랑스군을 격파하면서 루이 나폴레옹이 포로로 잡히고 프랑스 제2제정도 막을 내리게 된다.

실직한 노동자들이 필사적으로 들고 일어나지 않도록 적당히 실업급여를 줘서 달랜다. 모든 습지를 간척하고 온갖 도로를 닦아서 지주들에게 부와 편의를 가져다준 노동자들은 의문이 든다. 파시즘은 노동자들을 조직화해서 노동자들이 스스로 먹고살 수 있는 여건을 만들어줄 수는 없는 것인가? 돌아오는 답은 뻔하다. 토지와 자본은 사유재산이라 건드릴 수 없으며 노동자를 위해서는 거리에서 폭동을 일으키지 않을 정도의 실업급여를 줄 수 있을 뿐이라는 입장이다. 프롤레타리아가 자본가의 이익을 위해 일하지 않고 자기들의 필요를 위해 일하도록 조직화하는 것은 파시즘이 아니라 공산주의다.

가난한 사람들은 기꺼이 약탈해도 부자들은 약탈할 수 없다는 파시즘의 원칙에도 이따금 예외는 있다. 특정 부자 집단이 지나치게 부유해지면 그들에 대한 종교·정치적 편견, 심지어 우생학적 편견이 웬만큼 고조되기만 해도 그들을 약탈하고 싶어 하는 대중심리가 억누를 수 없을 정도로 강해진다. 헨리8세는 가톨릭교회를 약탈하고 가톨릭 성직자가 되는 길을 법으로 막았다. 하지만 몰수한 교회 재산은 가난한 사람들이 아니라 친인척과 측근들에게 나눠줬다. 히틀러도 유대인을 약탈하고 그 존재 자체를 범죄로 만들어버렸지만, 유대인에게서 빼앗은 사업과 재산은 고스란히 독일인 자본가에게 넘겨줬다. 그래서 지금은 여느 유대인 자본가 못지않게 독일인 자본가들이 독일 노동자들을 착취하고 있다. 히틀러는 루터교회와 가톨릭교회도 약탈할 생각이었지만 아직은 아니라는 결론을 내렸다. 독일 국민에게 근대 물질주의와 무종교주의, 군국주의가 충분히 스며들 때까지 좀 더 기다리는 게 안전하다고 판단한 듯하다. 그는 유대인 집단을 적으로 만들고 종교계를 불안에 떨게 하면서 유럽의 십자군을 조직해서 나폴레옹도 당해내지 못한 러시아에 대적하겠다고 하는데, 그런 식의 도박을 벌이는 것은 결국 독일 파시즘의 발목을 잡을 것이다. 그가 베르사유 조약Versailles Treaty[9]과 로카르노 조약Locarno Pact[10]을 일방적으로 파기한 것은 오히려 위험하지 않았다. 그렇게 멍청하고 악의적이며 비현실적인 조약을 방어하자고 연합국들이 또다시 전쟁에 돌입할 리 없다는 것을 히틀러도 유럽의 명석한 외교관들만큼이나 잘 알고 있었다.

파시스트 지도자는 항상 예측불가능한 일들을 벌이다 무너지는데, 이탈리아의 무솔리니는 아직은 멀쩡하다. 측근들이 교권주의를 강하게 반대하고 무솔리니 역시 언제나 세속적인 언어를 사용하지만, 교황과 콩코르다Concordat(가톨릭교회와 국가의 화친 조약)를 체결해서 자신의 정권이 이단 시비에 휘말리지 않게 했다. 한때 교황의 감옥이었던 바티칸이 이제는 명실상부한 교황령, 신의 도시가 됐다. 종교는 그런 식으로 박해를 면했다. 왕도 살아남았다. 내각과 유사한 대의회Great Council도 있고, 의회와 유사한 상원Senate과 국민회의Chamber of Deputies도 있다. 21세 이상 남성 혹은 18세 이상 기혼 남성은 투표권을 갖는다. 지방의회도 있고 시장을 수반으로 하는 지방정부 꼬무네Communes도 있다. 그러니까 이탈리아 국민은 왕과 추밀원에서 국민이 뽑은 지도자, 의회, 지방정부와 관료들, 남성 참정권에 이르기까지 익숙한 제도들은 다 갖추고

---

9 1919년 1차세계대전 전후 처리를 위해 파리 베르사유 궁전에서 연합국과 독일이 맺은 평화조약. 이 조약으로 독일은 해외 식민지와 영토의 일부를 잃고 연합국에 막대한 배상금을 물게 됐다. 일방적이고 가혹한 경제 조치로 독일에 나치가 득세하고 2차세계대전을 일으킬 빌미를 주었다.

10 1925년 중부 유럽의 안전 보장을 명분으로 영국·독일·이탈리아·프랑스·벨기에 사이에 체결된 조약. 1936년 히틀러는 라인란트 지역을 침공해서 일방적으로 이 조약을 파기했다.

있다. 국민은 그 이상을 요구하지 않는다. 왕은 허울뿐이고 의회는 파시스트 지도자가 지명한 대의회에서 엄선한 인물들로 채워지더라도, 의회 건물이 있고 국민회의와 상원으로 불리는 의회가 있는 한 사람들은 만족한다. 이탈리아와 달리 독일의 파시스트 정부는 눈치 보지 않고 과감하게 혁신을 추구했는데, 그건 1918년 전쟁 참패로 나라가 너무나 비참한 상황에 부닥친 나머지 보수적인 사람들마저 무조건 변화를 갈망했기 때문이다.

∵

파시즘과 공산주의가 일으키는 변화가 비슷하다는 것은 흥미로우면서도 매우 중요한 사실이다. 파시즘과 공산주의는 자유주의자들이 부르짖는 자유와 민주주의가 얼마나 말이 안 되는지를 단번에 드러낸다. 자유주의자들이 말하는 자유는 국가의 간섭을 받지 않는 것이다. 자유주의자들이 말하는 민주주의는 사람은 누구나 무한한 정치적 역량을 타고나서 자기 자신은 물론 국가를 위한 최선이 무엇인지 판단할 수 있고 총리에서 지방의원까지 모든 공직자를 선출할 능력이 있으므로 선거와 국민투표가 모든 공적 문제를 결정하는 최종 권력이 되어야 한다는 것이다. 선거와 국민투표는 대중의 추앙을 받는 파시스트 지도자가 좋아할 수밖에 없다. 루이 나폴레옹은 두 번의 선거를 거쳤고 히틀러도 루이 나폴레옹의 전철을 밟았다. 자유는 항상 유산계급이 강조한다. 토지와 자본 대부분을 소유하고 있는 부자들은 국유화를 겁내기에 국가가 그저 가만히 있기만을 바라는 것이다. 그렇게 자유를 외쳐야 조그만 변화도 무서워서 개혁을 반대하는 생각없는 사람들을 선거에서 당선시키고 기존 체제를 유지하기도 좋다. 결국 자유주의자들이 말하는 자유와 민주주의는 정부가 치안 유지 말고는 다른 일을 할 의지도 없고 능력도 없을 때는 말이 된다. 그렇지만 의욕적인 파시스트 지도자가 나타나 적폐를 일소하거나 소비에트 정부가 나타나 자본주의를 깨부수고 어떻게든 국민의 먹고사는 문제를 해결하려는 순간, 국가가 간섭하지 않는 게 자유고 뭐든지 투표로 결정하는 게 민주주의라는 자유주의자들의 주장은 말짱 거짓말과 헛소리로 드러나게 된다.

그러니까 공산주의자들이 말하는 프롤레타리아 독재도 파시즘을 비롯해 다른 모든 독재와 마찬가지로 기존의 온갖 부정적인 관습과 자유와 권리는 간단히 무시해버린다. 그런 것들은 법이 가난한 사람들을 보호하지 않고 그저 억압하던 시절의 산물이다. 그 시절 새뮤얼 존슨 박사는 골드스미스의 마르크스적인 시에 이런 문구를 적어넣었다.

인간의 심장이 견디는 모든 일 가운데,
왕이나 법이 해결할 수 있는 부분은 얼마나 미미한가!

그러나 존슨 박사가 "랭커셔 공장들이 한 세대 동안 아홉 세대를 잡아먹는다"던 19세기 사람이었다면 이렇게 썼을 것이다.

인간의 심장이 견디는 모든 일 가운데,
공장법 하나만으로도 해결할 수 있는 부분이 얼마나 엄청난가!

자유로울 수 없는 상황에서 자유를 외치는 사람들은 평화로울 수 없는 상황에서 평화를 외치는 사람들만큼이나 참아주기 힘들다. 그렇다면 파시즘과 공산주의는 무엇이 다른가? 아직 공산주의가 자본주의의 기술적 수준을 따라잡지 못하고 있지만 생산이나 경영방식은 다를 게 없다. 파시즘과 공산주의의 진짜 차이는 분배 방식에서 드러난다. 자본주의하에서 엉망이 된 분배 문제는 파시즘으로는 해결할 수 없고 공산주의에서 돌파구를 찾아야 하는데, 파시즘은 오히려 공산주의를 혐오하라고 조직적으로 가르친다. 그러니까 파시즘이 할 줄 아는 건 시민들에게 전체주의적 시각을 심어줘서 사사로운 경쟁에 얽매이기보다는 국가에서 삶의 의미를 찾도록 고무하는 것뿐이다. 위급할 때는 시민들이 스스로를 방어하는 근위병이 될 수 있도록 열여섯 살짜리에게 기관총 다루는 법을 가르칠 정도다.

시민들이 공공의 관점을 갖고 공동전선을 형성한다는 점에서는 파시즘이 자유주의보다 낫다. (사실 자유주의는 공산주의 이전이 아니라 이후에 적합한 원칙이다. 이 세상이 충분한 여가를 누리는 공산주의자들로 가득해지는 날 자유주의는 위대한 미래를 맞이하게 될 것이다.) 하지만 사유재산제를 고수하는 파시즘은 우리가 익히 봐왔듯 침몰의 늪에 빠질 수밖에 없다. 사유재산제가 지속되는 한 사회는 다수의 빈민과 극소수의 부자, 즉 노예와 무위도식자로 나뉘고, 마지못해 지급하는 실업수당만으로는 프롤레타리아 혁명이 일어나는 것을 도저히 막을 수 없는 상황으로 갈 것이다. 고대 로마의 파시즘은 실업수당보다 훨씬 근사한 빵과 서커스를 제공했는데도 결국 무너졌고 당시 유럽 문명까지 무너뜨렸다. 현대의 파시즘도 자본주의의 또 다른 얼굴에 지나지 않는다면 결국 똑같은 운명을 맞게 될 것이다.

제86장   *Peroration*

엘리자베스 엘리엇 *Elizabeth Shippen Green Elliot*
『6월*June*』, 1909년

지적인 신념을 향하여

마지막으로 여러분의 정신 건강을 위해 한마디 덧붙이겠다. 이 책 내내 우리는 대중에 대해 그리고 대중의 일원으로서 우리 자신에 대해서도 생각해봤다. 시민으로서 당연히 해야 할 일이다. 그런데 대중의 고통을 개인이 겪는 고통의 백만 배로 환산하지는 말았으면 한다. 그렇게 생각하다가는 견디지 못하고 미쳐버릴 수 있다. 고통은 그런 식으로 증가하지 않는다. 한 사람이 겪을 수 있는 고통에는 최대치가 있다. 누군가 굶어죽는다면 그가 이제까지 겪었거나 앞으로 겪을 수 있는 굶주림은 다 경험한 것이다. 굶주리는 사람이 만 명 더 는다고 해서 여러분이 느끼는 고통도 그만큼 늘어나는 것은 아니다. 여러분이 다른 만 명과 함께 굶주린다고 해도 만 배 더 배고파지거나 만 배 더 고통스러워지지는 않는다. 그러니까 "인간이 겪는 고통의 합이 끔찍하다"며 우울해하지 말자. 고통의 합 같은 건 없다. 마른 사람 둘이 모인다고 두 배로 마르지 않으며 살찐 사람 둘이 모인다고 두 배로 살찌지도 않는다. 가난이나 고통은 합할 수 있는 것이 아니다. 가난이나 고통을 합할 수 있다고 생각해서 정신이 무너지는 일은 없도록 해야 한다. 한 사람의 고통을 견딜 수 있다면 백만 명의 고통이라고 해서 다를 건 없다는 사실을 떠올리며 마음을 다잡아야 한다. 누구든 채울 배도 하나고 고통당할 몸도 하나다. 연민에 빠져서 정신적으로 무력해지는 것은 바람직하지 않다. 진정한 사회주의자는 고통에 반대하는 것이 아니라 낭비에 반대한다. 고통과 달리 낭비는 합쳐지고 불어난다. 건강하고 행복하고 명예로운 사람 천 명이 모인다고 천 배로 건강하고 행복하고 명예로워지는 것은 아니지만, 천 명이 힘을 합치면 각각의 건강과 행복과 명예를 최대한 끌어올릴 수 있다. 지금 상황에서는 건강하고 행복하고 명예로울 수 있는 사람이 없다. 건강과 행복과 명예에 대한 우리의 기준이 너무 낮다. 그저 아프지만 않으면, 울지 않을 정도만 되면, 거짓말하지 않고 자본주의 체제에서 묵인되는 것보다 도둑질을 좀 덜 하고 살기만 하면, 그걸 건강하고 행복하고 명예롭다고 하고 있다.

    솔직히 인정하자. 자본주의 체제에서 살아가는 인간 무리는 혐오스럽다. 계층 혐오는 가난한 사람들이 부자들을 시기하거나 부자들이 가난한 사람들을 괄시하고 경계하는 게 다가 아니다. 빈곤층과 부유층은 그 자체로 혐오스럽다. 나는 빈민이 싫고 그래서 빈곤층이 소멸하기를 바란다. 부자들은 좀 딱한 구석은 있지만 부유층도 똑같이 소멸하기를 바란다. 노동자에서 사업가, 전문가, 자본가, 귀족에 이르기까지 누가 더 나을 것도 없이 모든 계층이 혐오스럽다. 그들은 삶을 영위할 자격이 없다. 그들이 언젠가는 죽을 것이고 다음 세대가 꼭 그들처럼 된다는 법은 없기 때문에 그나마 절망하지는 않는다. 나는 다음 세대가 나나 내가 봐온 다른 아이들처럼 길러지지 않기를 바란다. 여러분도 그렇지 않은가?

　나는 인간혐오자가 아니다. 인간을 대하는 마음은 나나 여러분이나 비슷할 것이다. 나와 이해관계가 일치하는 사람과 어울리고 싶고 나를 어떻게든 벗겨먹으려는 사람들은 피하려 한다. 내가 돈 없는 늙은이였다면 어쩔 수 없이 나를 떠맡아야 했을 내 친척들이 이제나저제나 내가 죽는 날만 기다렸을 것이다. 사실 나는 상당히 부유하니까 내게 자식이 있었다면 그 아이 역시 얼른 유언장을 읽어보고 싶어서 이제나저제나 내가 죽을 날만 기다렸을 것이다. 부유층은 그렇게 늘 유산을 노리고 있다. 내가 아프면 의사는 내 병을 빨리 낫게 하기보다는 비싼 사설 병원에 입원시키고 비싼 수술을 받도록 유도한다. 의사들은 그런 식으로 자기 자식들을 먹여살린다. 나의 변호사는 열과 성을 다해 소송을 부추기고 최대한 질질 끌어서 돈을 알겨내려 한다. 우리 교구 목사는 나랏돈을 지원받는데도 부자에게 핍박받는 가난한 신도의 편을 들어주지도 않고 가난한 사람을 억압하는 부자 신도에게 감히 뭐라고 하지도 못한다. 학교에서 교사가 아이들에게 도덕을 가르치려고 불로소득으로 사는 사람은 해적이나 강도만도 못한 도둑놈이라고 했다가는 곤욕을 치르게 된다. 나에게 물건을 파는 상인들은 다른 가게에서 더 싼 값으로 치고 들어오지 않는 한 가장 비싼 값을 부른다. 내 집주인은 그저 발붙이고 살 수 있게 허락해주는 대가로 내 소득에서 한 푼이라도 더 뜯어내려고 한다. 내가 미혼이었다면 나라는 사람한테는 조금도 관심이 없으면서 돈과 지위만 보고 결혼하려는 여자들의 구애에 시달렸을 것이다. 나는 나보다 훨씬 부자인 사람들과 어울릴 형편이 안 되고, 나보다 훨씬 가난한 사람들은 나와 어울릴 형편이 안 된다. 내 집에서 가사를 담당하는 사람들, 즉 내가 일하는 데 없어서는 안 될 내 동료들과 나 사이에 존재하는 계급 격차는 단지 부가 공평하게 분배되지 않아서 생긴 격차다. 소득불평등 때문에 쓸데없이 내 삶이 여기저기서 외롭고 힘들어진다. 자기 자신이나 상대의 기분을 해치지 않으면서 세상을 헤쳐나갈 정도로 영리하고 재치있고 상식적이고 자제력이 있는 사람도 거의 없다. 그러니 싸움 잘하는 능력이 자본주의 사회에서 최고의 능력이 된 것이다. 스코틀랜드 고지나 아라비아 사막에 비하면 잉글랜드 거리는 싸움의 온상이나 다름없다. 소득불평등이 야기하는 사회적 마찰은 심각하다. 사회는 평등이라는 기름칠을 해야 원활하게 작동하는 기계다. 그런데 그 기계 장치 안으로 심술궂은 악마가 계속 불평등이라는 모래를 집어넣는다. 각 계층 안에서 대략적인 평등이나마 존재하기에 망정이지 그마저도 없다면 사회라는 기계는 전혀 작동하지 않을 것이다. 고장과 파손, 중단, 폭발이 끊이질 않고 있다. 철도 노동자가 철도 조차장에서 압사당하는 사고가 일어나는가 하면 사람 목숨을 구하겠다고 나선 수백만 명이 되레 극악무도한 살인을 저지르는 세계대전이 터진다. 단칸방에서 사는 없는 사람들이 돈 한푼 때문에 옥신각신 다투기도 하고 20년 넘는 소송으로 당사자들이 재산을 전부 말아먹는 일도 일어난다. 이 불행한 상황을 겪으면서도 우리는 연말이 돌아오면 아무렇지도 않게 "땅에서는 그분이 사랑하시는 사람들에게 평화"라고 지껄인다. 누구는 근근이 입에 풀칠이나 하는데 누구는 하루에 수천 파운드씩 벌게끔 분배해놓고는 서로 사랑하며 살자는 소리나 하고 있는 것이다. 여러분은 이런 상황이 괜찮은가? 나는 못 참겠다.

아마도 여러분은 냉철하고 비판적인 사람들이지 싶다. 하지만 혹여 온정적이고 감상적인 독자가 있다면 세상이 꼭 그렇지만은 않다고, 사람들이 내가 말한 것처럼 그렇게 돈에 지배당하며 사는 것은 아니라고 반박할지도 모르겠다. 누가 아프기를 바라지 않고 치료에 최선을 다하는 의사도 있고, 의뢰인이 홧김에 소송에 뛰어드는 것을 만류하는 변호사도 있고, 가난한 사람 편에 서서 대중운동을 주도하며 부자의 횡포에 맞서는 기독교 사회주의자 사제도 있다면서 말이다. 여러분 자식들은 제 아버지가 죽었을 때 몹시 슬퍼했고, 여러분은 남편과 재산 때문에 다툰 적이 한 번도 없으며, 40년을 같이한 하인들은 부모보다 헌신적으로 다정하게 자신을 돌봐줬을 뿐만 아니라 여러분 자식들이 새 보금자리를 찾아 집을 떠난 후에도 계속 가족처럼 여러분 곁을 지켜줬다고도 할 것이다. 여러분이 거래하는 상인들도 여러분을 속이기커녕 오랫동안 너그럽게 외상거래를 받아준 덕분에 힘든 시기를 잘 넘겼다고 할 것이다. 한마디로, 우리의 자본주의 세상은 친절과 사랑과 동료애와 참된 종교로 가득하다는 얘기다. 인생이 비참하다고 한 존슨 박사나 살면서 한순간도 행복한 적이 없었다는 아나톨 프랑스나 인간보다 말이 훨씬 낫다고 본 조너선 스위프트나 높은 자리에서 화난 원숭이처럼 구는 인간에게 치를 떤 셰익스피어도 일억 명에 한 명 나올까 말까 한 천재의 재능을 유감없이 발휘하며 평생 존경과 사랑, 총애, 환대를 받았고 심지어 숭배의 대상이 됐다. 대다수 평범한 사람들도 큰 불만 없이 그럭저럭 살아간다. 평범한 사람들보다 훨씬 지독하게 자본주의를 혐오한 윌리엄 모리스조차 죽을병에 걸렸다는 말을 들었을 때는 이렇게 말했다. "뭐, 여한은 없어. 그동안 즐거웠으니까."

자본주의는 마르크스와 러스킨이 독설을 퍼부을 만했고 그보다 더한 비난을 받아도 싸지만, 나도 이 책에서 자본주의에 대한 칭찬 한마디를 보탤 수 있었다. 자본주의가 처음에는 그야말로 선의에서 출발했다는 것이다. 실제로 자본주의는 초기 기독교보다도 의도가 좋았다. 이 세상은 원죄에 대한 벌을 받는 곳으로 종말이 머지않아 다행이라고 가르친 성 바오로보다는 현세에서 잘 살 수 있는 길을 알려준 튀르고Turgot와 애덤 스미스가 훨씬 진솔했다. 하지만 튀르고와 스미스가 자기들 이론 때문에 100년 후 잉글랜드에서 벌어진 일을 봤다면 놀라 자빠졌을 것이다. 마찬가지로, 마르크스의 글을 경전으로 삼은 유능하고 헌신적인 인물들이 1917년~1921년 러시아에서 벌인 일을 봤다면 마르크스도 식겁하며 물러섰을 것이다. 때로는 선한 사람들이 악마다. 선의가 잘못된 방법을 만나면 선한 사람들이 악당보다 훨씬 끔찍한 짓을 저지를 수 있다. 그래도 악한 사람들의 악행과 달리 선한 사람들의 악행은 어디까지나 실수라는 사실에서 언제나 희망을 찾을 수 있다. 기계를 발명할 때와 마찬가지로 도덕도 성공하기까지 시행착오를 거친다. 민주주의와 자본주의가 실망스럽다고 해서 인간 본성에 절망할 필요는 없다. 민주주의와 자본주의에 실망하는 것은 오히려 인간이 구제불능은 아니라는 증거다. 지금의 현실을 보고도 그런 실망조차 하지 않는다면, 우리는 우리의 실패를 딛고 성공할 완전히 새로운 종이 나타나기만 기다려야 할 것이다.

그렇지만 인간의 선의만 믿고 미래를 낙관하는 독자들이 반드시 염두에 둬야 할 게 있다. 자본주의에도 불구하고 일어나는 선행을 자본주의의 일환으로 착각해서는 안 된다. 자본주의는 사실 선행을 방해한다. 그것도 아주 교묘한 방식으로 방해해서 상당한 지식과 관심을 가지고 관찰하지 않으면 그 구조가 잘 보이지 않는다. 여러분 주변에는 정직하고 친절한 의사와 수호천사 같은 변호사가 있을 것이다. 선한 사람들은 많다. 바가지 씌우고 돈만 밝히는 의사나 사악하고 인정머리 없는 변호사는 다른 분야의 범죄자들과 마찬가지로 흔치 않다. 내가 살면서 그렇게 악한 사람들을 만난 적이 없었으니 아마 여러분도 대개가 그럴 것이다. 하지만 성실한 의사가 환자를 죽음으로 몰고 정직한 변호사가 의뢰인의 신세를 망치는 경우는 본 적이 있지 않은가?

뜻이 있는 곳에 길이 있기는 하다. 하지만 안타깝게도 좋은 뜻이 반드시 올바른 길을 찾아내는 것은 아니다. 길은 언제나 수십 개다. 나쁜 길도 있고 좋은 길도 있고 그저 그런 길도 있다. 악한 사람이 나쁜 의도로 좋은 일을 하기도 하고 선한 사람이 좋은 의도로 나쁜 일을 하기도 한다는 것을 알아야 한다. 육아에 무지하면서 아이를 위한다고 극성을 떠는 엄마가 학대하고 방관하는 엄마보다 치명적이다. 사랑하는 마음이면 충분하다고 떠드는 어리석은 사람들(유감스럽지만 작가들도 그러고 있다)이 있는데, 악당보다 위험한 게 바보들이고 사랑하는 마음을 가진 이들 중에도 바보가 꽤 있다는 사실을 알아야 한다. 감상적으로 접근해서는 올바른 길을 찾을 수 없다. 올바른 길을 찾으려면 과학적으로 접근해야 한다. 관찰과 추론에 근거한 지적인 신념이 필요하다.

문제는 우리가 금전적 이익에 좌우되기 쉽기 때문에 지적인 신념을 갖기 힘들다는 것이다. 우리는 결국 우리가 믿고 싶은 것을 믿는다. 우리가 무언가를 믿고 싶어 하는 순간 그게 맞다는 근거만 눈에 들어오고 틀렸다는 근거는 보이지 않는다. 전에 믿었던 것도 한번 의심이 들면 갑자기 그 믿음에 반하는 수많은 증거가 눈에 들어올 뿐만 아니라 그러한 증거들이 항상 우리 눈앞에 있었다는 것을 알게 된다. 창세기를 믿음의 눈으로 읽으면 단 하나의 모순도 발견할 수 없다. 하지만 냉정하고 비판적인 과학의 눈으로 읽으면 세상을 어떻게 창조했는지 알려주는 연속적인 두 이야기가 서로 너무 달라서 둘 다 진실일 수는 없다는 것을 알게 된다. 요즘 책을 읽더라도 선입견에 좌우되기는 마찬가지다. 여러분이 동물을 사랑하고 불의와 잔인함에 질색하는 사람이라면, 해부학자들의 놀라운 발견과 치료법에 관한 책을 보며 그 무신경함과 잔인함에 치를 떨 것이다. 형편없는 논리와 거짓말에 사람들이 잘도 속아넘어가고 얼마 못 가서 말짱 헛소리로 밝혀져도 그 자리를 대체하는 것은 새로운 거짓말 보따리일 뿐이라는 사실에 기가 차기도 할 것이다. 하지만 여러분이 본인이나 가족에게 병이 생기는 것을 몹시 두려워하는 사람이라서 그런 두려움에서 벗어나는 것이 개나 기니피그 몇 마리의 고통보다는 훨씬 중요하다고 믿는다면, 똑같은 해부학자들의 책을 보고도 믿을 만하고 확실한 기적을, 경이로운 치료법을, 희망의 복음을, 학문의 금자탑을, 절대적인 과학적 진리를 발견할 것이다. 회의주의적 관점에서 해부학을 조롱하는 인도주의자들에 대해서는 분노가 치밀 것이다. 그 분노가 서로에 대한 적개심으로 번지면 종교개혁 이후 박해와 전쟁이 뒤따른 것처럼 과학 때문에 박해와 전쟁이 벌어질 수 있다.

    그렇다면 사람들이 믿고 싶은 대로 믿는다는 사실, 즉 신념은 대부분 편견이라는 사실이 사회주의나 자본주의와 무슨 상관일까? 간단하다. 소득이 불평등한 사회라서, 즉 의사와 변호사, 성직자, 지주, 통치자 같은 특정 부류가 어떤 신념과 관례를 근거로 막대한 수입을 얻게 된다면, 그들은 그러한 신념과 관례에 부합하는 증거만 보려 하고 어긋나는 증거에는 눈을 감으려고 할 것이다. 자기들을 부유하게 하는 정책은 적극적으로 환영하고 자기들의 재산을 위협하는 정책은 가차없이 비난하고 거부할 것이다. 의학과 법학, 종교, 행정 등의 분야에서 자신들의 편향된 신념을 교육하고 실천할 단체를 구성해 기득권을 공고히 다지고 자기들 입맛에 맞게 과학과 법과 종교와 도덕의 표준을 세울 것이다. 행여 자기들의 공고한 지위에 도전하는 젊은이들이 있다면 근본 없는 돌팔이나 이단, 선동꾼, 반역자로 몰아서 탄압할 것이다. 여러분 주변에는 세상에서 가장 정직하고 친절한 의사와 부모처럼 자애로운 변호사와 성자 같은 성직자와 모세나 솔론 같은 지역구의원이 있을 수 있다. 그들은 몇 푼 더 벌려고 하기보다는 과감하게 여러분의 건강과 번영, 구원, 권익을 우선시할 사람들이다. 하지만 그들이 그 직업에 몸담기 위해 반드시 따라야 할 이론과 방법이 금전적 이익에 지배되어 뿌리부터 썩었다면, 개인의 미덕이 다 무슨 소용인가? 그들은 병원과 의대, 법원, 교회, 의회에서 배운 대로 할 뿐이다. 그런 걸 정통성이라고 한다. 그러한 정통성이 돈을 벌고 특권을 얻으려는 욕망 위에 세워졌다면, 아무리 그들이 선의를 가지고 우리의 좋은 친구가 되려고 애써도 과학과 법과 종교와 헌법의 이름으로 여러분의 건강을 망치고, 주머니를 털고, 영혼을 피폐하게 하고, 자유를 파괴하고 말 것이다. 전문가와 정치행정가들은 표면적으로는 여러분을 보호하고 돕기 위해 일하고 있다. 그들의 사명은 생명을 구하고, 고통을 최소화하고, 공중보건을 최고 수준으로 유지하고, 법적 의무를 알려주고, 법적 권리를 침해당하지 않도록 해주고, 양심의 가책을 느끼는 사람에게 사심 없는 조언과 영적인 도움을 주고, 모두의 생활을 차별없이 보호하고 규제하는 법을 만들고 집행하는 것이다. 하지만 전문가와 정치행정가들의 서비스를 직접 경험하다 보면 그들을 지배하는 것은 직능단체라는 것을 알게 된다. 그들의 명예와 선행은 직능단체의 윤리에 따라 결정된다. 그들에게는 사사로운 이익을 위해 방어적으로 결탁한 단체가 먼저고, 의뢰인, 고용주, 신도, 고객, 시민인 여러분은 그다음이다. 직능단체의 부패와 지배계층의 횡포에 잠식당하지 않고 개인이 타고난 덕성을 발휘하게 할 유일한 방법은 누구는 더 받고 누구는 덜 받는 일이 없도록 소득평등을 보장하는 것이다. 그래야 비로소 사람들이 효율적이고 경제적으로 일할수록 노동의 부담은 줄어들고 더 많이 인정받는 사회가 될 것이다.

그런 세상에서는 인간이 모든 합리적인 목적을 달성할 만큼 충분히 선하다는 것을 알게 될 것이다. 자본주의 세상에서는 인간이 알려진 모든 종 중에서 가장 사악한 종이라고 고발한 『걸리버 여행기』와 『캉디드』에 반박할 수가 없다. 하지만 소득이 평등한 세상에서는 그런 책들이 한때 유행했던 도덕적 질병을 적나라하게 보여주는 임상 사례집에 지나지 않을 것이다. 천연두와 장티푸스가 불결함 때문에 생긴 것처럼 그런 도덕적 질병은 소득불평등 때문에 생겼다는 사실을 알게 될 것이다. 소득불평등으로 인류가 끔찍하게 타락할 일이 없다면 그런 책들은 세상에 나오지도 않을 것이다.

그때가 되면 신사숙녀에 대한 개념도 달라질 것이다. 지금의 신사숙녀는 뭐 하나 스스로 하는 법 없이 남에게 일을 시키기만 하면서 사실상 종교를 이용해 자기들이 받아야 할 죄와 벌을 무고한 사람에게 떠넘기는 사람들이다. (그렇게 비열한 짓을 하는 사람들이 무슨 신사숙녀인가?) 하지만 새로운 세상에서는 신사숙녀라는 영예로운 호칭이 본래의 고귀하고 단순한 의미를 되찾고 모든 건강한 사람에게 신사숙녀의 가능성이 열리게 될 것이다. 사회에 기여하는 것보다 더 얻어내려는 사람은 비천한 취급을 받을 것이고, 받는 만큼 돌려주는 사람은 평범하게 여겨질 것이다. 자기가 먹고살 것보다 더 많은 부를 창출해서 사회에 환원하고 세상을 전보다 더 나은 곳으로 만드는 사람이야말로 신사숙녀 대접을 받을 것이다.

인류의 미래는 바로 그들에게 달려 있다.

Appendix instead of Bibliography

참고문헌을 대신하여

이렇게 두꺼운 책을 읽고 참고문헌까지 찾아 읽으려는 사람이 과연 있을지 모르겠다. 더구나 참고문헌이라고 하면 저자가 어떤 책들에서 따온 얘기인지 밝히는 것인데, 이 책은 그렇게 남의 얘기를 참고해서 쓴 게 아니다. 이 책은 전부 내 머리에서 나왔다. 처제가 나에게 사회주의에 대해 알려달라는 편지를 보내서 시작된 일이다. 처음에는 사회주의에 관한 책들을 추천해주려고 했다. 그런데 사회주의를 다룬 책들을 보니 대개 학술용어로 도배돼 있어서 경제학이나 정치학, 철학, 사회학 전공자라면 모를까 일반인이 읽기에는 너무 딱딱하고 지루했다. 게다가 하나같이 독자를 남자로 가정하고 있어서 수십 권을 읽어봐도 마치 여자는 세상에 존재하지도 않는 것 같았다. 물론 개중 상당수는 남자라는 존재도 전혀 고려하지 않았다. 그래서 여러분의 피부에 와닿는 사회주의 책을 내 식대로 완전히 다시 쓸 수밖에 없었다. 사회주의를 다룬 책이 이미 한 무더기이고, 자본주의를 다룬 마르크스의 명저도 있지만, 그 어느 책도 "사회주의란 무엇인가?"라는 간단한 질문에 답을 내놓지 못했다. "자본이란 무엇인가?"라는 또 다른 간단한 질문에 대해서도 어이없는 오답이 난무한 나머지 질문 자체가 실종됐다. 딱 한 번 영국의 경제학자 스탠리 제번스*William Stanley Jevons*가 "자본은 여윳돈"이라고 무심히 언급한 것을 나는 놓치지 않고 기록해뒀다.

그러니까 이 책의 참고문헌이라고 할 수는 없겠지만, 어떤 주제에 관해 뇌를 질식시킬 정도로 책을 많이 읽어야 직성이 풀리는 학구적인 독자도 만족시킬 겸 이 자리를 빌어 사회주의 사상사를 한번 짚어보는 것도 나쁘지 않다는 생각이 든다. 자, 그럼 자본주의에서 사회주의로 가는 길에 이정표가 된 책들에 대해 흔히 하듯 격식을 갖춰 소개해보겠다.

자본주의 이론은 19세기 초 유대인 주식중개인 리카도 David Ricardo에 의해 완성됐다. 하지만 리카도는 말을 분명하게 하려고 용쓰다가 되려 자기 의도와는 반대로 말하고 마는 별난 재주가 있었다. 리카도의 자본주의 이론은 일류 문인이자 아편 중독자인 토머스 드 퀸시 Thomas De Quincey의 손을 거치며 비로소 우아하고 정확한 언어로 거듭났다. 드 퀸시의 손을 거쳤는데 무엇인들 재미있지 않으랴.

리카도의 이론은 이렇다. 토지와 자본을 사유화하는 사유재산제와 계약자유원칙을 헌법의 기본원리로 삼으면, 지주와 자본가들은 산업이 굴러가게 하기 위해 노동자들에게 일자리를 제공해서 근근이 먹고살게 해주면서 자기들은 여윳돈 즉 자본만 굴려도 충분히 먹고살 만큼 부유해진다. 그러면 빈부격차로 대중의 불만이 커질 것이다. 인구증가로 임금하락과 지대상승이 일어나면 노동자의 빈곤과 무위도식자의 호의호식이 확연히 대비되면서 급진적인 선동가들이 거리로 뛰쳐나갈 것이다. 리카도는 그러한 사실들을 감추려고 하지 않았다. 존 오스틴 Austin의 『법학강의 Lectures on Jurisprudence』나 토머스 매콜리 Macaulay가 미국의 미래를 예견한 글을 봐도 마찬가지다. 근대 자본주의의 기수들은 명석했고 자본주의에 대한 환상이 전혀 없었다.

다만 그들은 더 나은 현실적 대안은 찾지 못했다. 그때만 해도 국영산업 같은 사회주의적 대안은 상상할 수 없었다. 산업계는 여전히 중세 봉건사회의 낡은 압제와 싸우는 중이어서 단순 경찰 업무를 넘어선 국가 개입은 무조건 타도해야 할 폭정으로 여겼고 국가의 역할을 확대할 생각은 전혀 하지 못했다. 즉, 당시 자본주의 경제이론은 봉건주의 혹은 세습 과두제에 반대해서 나온 것이지 사회주의에 반대해서 나온 게 아니었다. 그런데도 절대적이고 완전하고 필연적인 가르침인 양 정치경제학이라는 이름을 독점해버렸다. 노동자들은 자본주의가 자연의 법칙이라도 되는 양 바꿀 수도 없고 벗어날 수도 없는 것으로 배웠다.

1840년 프랑스의 프롤레타리아 프루동Proudhon은 『재산이란 무엇인가? 훔친 것이다』라는 충격적인 제목의 글을 발표하고, 불로소득자 즉 일하지 않고 가진 재산으로 먹고사는 사람이 사회에 끼치는 해악은 도둑질과 다를 바 없다고 설파했다. 프루동은 가난한 프랑스인이었으니 그랬다고 치자. 하지만 다음 세대가 되자 가장 보수적인 교육과 문화 속에서 자란 부유한 영국인 존 러스킨John Ruskin도 노동자가 아닌 사람은 거지 아니면 강도라고 단언함으로써 프루동과 비슷한 견해를 밝혔다. 러스킨은 개인 활동 및 지출 내역을 낱낱이 공개해서 자기가 받는 임대료와 배당소득의 값어치는 하고 산다는 것을 입증하려고 했다. 또 한 세대가 지나자 세실 로즈Cecil Rhodes 같은 초제국주의자까지도 공익을 위해 쓰라고 어마어마한 재산을 남기면서 무위도식자는 그 혜택을 절대로 누릴 수 없게 하라는 단서조항을 달았다. 그러니까 자본주의는 하나의 이론으로 고안되어 대학에서 정치경제학의 표준으로 가르치기 시작한 그 순간부터 도덕적 하자를 안고 있었다. 자본주의로 눈부신 기계 발전과 금융의 기적을 일구었지만, 매콜리 때처럼 자본주의에 대해 자신만만하게 낙관하던 분위기는 사그라들었다. 이제 자본가들 중에서도 제법 생각 있는 사람들은 자본주의에 대해 혐오에 가까운 감정을 느끼고 있다.

그렇게 도덕 혁명이 일어날 때는 항상 선지자의 역할을 하는 저술가와 이론가가 등장한다. 그중 최고라고 할 수 있는 카를 마르크스Karl Marx는 19세기 후반 『자본론』을 통해 산업혁명으로 프롤레타리아가 내몰린 끔찍한 상황을 적나라하게 폭로했다. 노동가치론에 기반한 마르크스 경제학의 오류는 나중에 제번스의 이론으로 수정·대체됐다. 그러나 마르크스가 지대, 이자, 이윤을 잉여가치로 분류한 것은 엄연한 현실의 반영이므로 그가 자본주의 체제를 고발한 부분이나 사회진화의 역사를 경제적 관점에서 일반화한 부분은 설득력을 잃지 않았다. 마르크스의 이른바 역사적 유물론은 자연법칙으로는 비판받기 쉽다. 하지만 인간사회나 군대나 사실상 밥심으로 전진하고 인간의 위장이 뇌를 조종한다는 마르크스의 논리는 현실에 무난히 들어맞는다. 『자본론』만큼 유명하지는 않아도 헨리 버클Henry Buckle의 『문명사History of Civilization』 역시 생각을 변화시키는 책이다. 『자본론』과 같은 주제를 다루지만 결론은 다르게 내린다. 역사의 진보는 들은 것을 무턱대고 믿지 않는 비판적인 사람들의 회의주의에 달려있다고 말한다.

카를 마르크스가 등장하기 이전에도 자본주의 경제학자들은 이미 확신이 없었지만 대부분 어정쩡한 태도를 취했다. 그래도 거물들은 달라서 자본주의의 문제를 순순히 인정했다. 존 스튜어트 밀John Stuart Mill은

다만 그들은 더 나은 현실적 대안은 찾지 못했다. 그때만 해도 국영산업 같은 사회주의적 대안은 상상할 수 없었다. 산업계는 여전히 중세 봉건사회의 낡은 압제와 싸우는 중이어서 단순 경찰 업무를 넘어선 국가 개입은 무조건 타도해야 할 폭정으로 여겼고 국가의 역할을 확대할 생각은 전혀 하지 못했다. 즉, 당시 자본주의 경제이론은 봉건주의 혹은 세습 과두제에 반대해서 나온 것이지 사회주의에 반대해서 나온 게 아니었다. 그런데도 절대적이고 완전하고 필연적인 가르침인 양 정치경제학이라는 이름을 독점해버렸다. 노동자들은 자본주의가 자연의 법칙이라도 되는 양 바꿀 수도 없고 벗어날 수도 없는 것으로 배웠다.

1840년 프랑스의 프롤레타리아 프루동Proudhon은 『재산이란 무엇인가? 훔친 것이다』라는 충격적인 제목의 글을 발표하고, 불로소득자 즉 일하지 않고 가진 재산으로 먹고사는 사람이 사회에 끼치는 해악은 도둑질과 다를 바 없다고 설파했다. 프루동은 가난한 프랑스인이었으니 그랬다고 치자. 하지만 다음 세대가 되자 가장 보수적인 교육과 문화 속에서 자란 부유한 영국인 존 러스킨John Ruskin도 노동자가 아닌 사람은 거지 아니면 강도라고 단언함으로써 프루동과 비슷한 견해를 밝혔다. 러스킨은 개인 활동 및 지출 내역을 낱낱이 공개해서 자기가 받는 임대료와 배당소득의 값어치는 하고 산다는 것을 입증하려고 했다. 또 한 세대가 지나자 세실 로즈Cecil Rhodes 같은 초제국주의자까지도 공익을 위해 쓰라고 어마어마한 재산을 남기면서 무위도식자는 그 혜택을 절대로 누릴 수 없게 하라는 단서조항을 달았다. 그러니까 자본주의는 하나의 이론으로 고안되어 대학에서 정치경제학의 표준으로 가르치기 시작한 그 순간부터 도덕적 하자를 안고 있었다. 자본주의로 눈부신 기계 발전과 금융의 기적을 일구었지만, 매콜리 때처럼 자본주의에 대해 자신만만하게 낙관하던 분위기는 사그라들었다. 이제 자본가들 중에서도 제법 생각 있는 사람들은 자본주의에 대해 혐오에 가까운 감정을 느끼고 있다.

그렇게 도덕 혁명이 일어날 때는 항상 선지자의 역할을 하는 저술가와 이론가가 등장한다. 그중 최고라고 할 수 있는 카를 마르크스 Karl Marx는 19세기 후반 『자본론』을 통해 산업혁명으로 프롤레타리아가 내몰린 끔찍한 상황을 적나라하게 폭로했다. 노동가치론에 기반한 마르크스 경제학의 오류는 나중에 제번스의 이론으로 수정·대체됐다. 그러나 마르크스가 지대, 이자, 이윤을 잉여가치로 분류한 것은 엄연한 현실의 반영이므로 그가 자본주의 체제를 고발한 부분이나 사회진화의 역사를 경제적 관점에서 일반화한 부분은 설득력을 잃지 않았다. 마르크스의 이른바 역사적 유물론은 자연법칙으로는 비판받기 쉽다. 하지만 인간사회나 군대나 사실상 밥심으로 전진하고 인간의 위장이 뇌를 조종한다는 마르크스의 논리는 현실에 무난히 들어맞는다. 『자본론』만큼 유명하지는 않아도 헨리 버클 Henry Buckle의 『문명사 History of Civilization』 역시 생각을 변화시키는 책이다. 『자본론』과 같은 주제를 다루지만 결론은 다르게 내린다. 역사의 진보는 들은 것을 무턱대고 믿지 않는 비판적인 사람들의 회의주의에 달려있다고 말한다.

카를 마르크스가 등장하기 이전에도 자본주의 경제학자들은 이미 확신이 없었지만 대부분 어정쩡한 태도를 취했다. 그래도 거물들은 달라서 자본주의의 문제를 순순히 인정했다. 존 스튜어트 밀 John Stuart Mill은리카도 학파로 시작했으나 종국에는 사회주의자가 됐다. 존 엘리엇 케언스_John Elliot Cairnes_는 자본주의의 현실적 대안을 찾을 수는 없었지만 불로소득으로 먹고사는 무위도식자들을 "게으름뱅이 수벌들"로 부르며 러스킨이 그랬듯 노골적으로 경멸했다. 오늘날 그들의 학문적 계승자인 존 메이나드 케인스_John Maynard Keynes_는 자유방임주의를 이미 끝장난 이론이라고 경멸적으로 일축한다.

케언스 이후 영국에는 사회주의 경제학파가 부상했다. 페이비언 협회의 시드니 웹과 베아트리스 웹은 정치경제학_Political Economy_을 정치과학_Political Science_이라는 용어로 대체했다. 웹 부부는 상세한 지식과 현장감 넘치는 서술로 마르크스의 추상적인 프롤레타리아 개념에 실체를 부여하고 프롤레타리아 운동에 역사의식을 불어넣었다. 노동조합과 협동조합, 프롤레타리아 정치(산업민주주의)가 진화해온 과정을 논리적으로 밝히고 기록했으며, 잉글랜드 지방정부와 빈민구제법의 역사를 통해 입법·행정 활동은 보통 어떤 식으로 이루어지는지 보여줬다. 웹 부부의 활약으로 페이비언주의는 과거 사회주의 운동을 하찮고 우스워 보이게 만든 미숙한 감상주의를 벗어나 우리 사회의 시급한 현안들을 해결하는 데 집중할 수 있었다. 국가는 무능해서 산업에 해만 끼친다는 낡은 자본주의 이론도 웹 부부에 의해 논파됐다. 리카도 시대에는 꿈도 못 꾸던 수준으로 산업구조가 고도화되면서 국가의 지원이 없으면 자본주의가 아예 굴러가질 않게 됐고, 산업의 소유 형태가 개인 소유에서 집단 소유로 발전해오면서 국가가 산업을 소유하기에도 좋은 환경이 됐다는 게 입증된 것이다. 웹 부부는 자본주의가 정상적이고 불가피하며 장기적으로는 언제나 사회에 득이 된다는 케케묵은 주장을 물리치고 항복과 후퇴를 거듭하던 자본주의는 이제 더는 물러설 곳도 없는 지경에 이르렀다는 것을 보여줌으로써 마르크스의 과업을 완수했다. 그들의 대략적인 결론에 의하면, 자본주의가 득세한 지난 100년 중 처음 50년 동안은 더 나은 대안이 없어서 자본주의가 정당화됐지만 그 후 50년은 자본주의가 부실한 기초 위에서 서서히 붕괴되는 기간이었다.

베아트리스 웹Beatrice Webb이 자신의 신념과 지식을 흥미롭게 버무린 자서전 『나의 도제시절My Apprenticeship』은 섬세한 사회의식과 주관을 지닌 젊고 지적인 자본가 여성이 남의 말을 무턱대고 믿지 않고 증거와 경험을 토대로 비판적으로 사고하며 자본주의 문명을 집요하게 연구하다 사회주의로 나아가는 과정을 보여준다. 웹의 연구에 관심을 가져도 좋고 웹이라는 인물에 관심을 가져도 좋다. 지적인 여성이라면 그 책을 읽어야 한다.

카를 마르크스에서 웹 부부로 넘어가는 중간에 헨리 조지Henry George가 있다. 그의 『진보와 빈곤Progress and Poverty』(1879년)을 읽고 많은 사람이 토지국유화에 눈을 떴다. 사람들이 그럭저럭 참고 살 만했던 미국의 한 마을이 백만장자들의 도시가 되면서 가난과 고통이 들끓는 지옥으로 변하는 과정을 직접 목격하고 쓴 책이다. 톨스토이도 『진보와 빈곤』을 읽고 토지국유화론자가 됐다. 헨리 조지는 국가가 지대를 걷어 국고에 넣은 다음에는 뭘 해야 하는지에 대해 언급하지 않았기 때문에 사회주의의 문턱을 넘지는 못했지만, 그가 거기까지 이끈 젊은이들은 내가 페이비언협회에 가입한 것처럼 대부분 이런저런 사회주의 단체에 들어갔다. 『진보와 빈곤』은 여전히 리카도 이론을 따르고 있다. 대부분의 내용이 드 퀸시가 쓴『정치경제학 논리*Logic of Political Economy*』(1844년)의 재탕이라고 봐도 무방하다. 다만, 자본주의의 불평등한 소득분배로 사회가 부유한 자산가와 가난한 프롤레타리아로 양극화되는 것을 100년 전 영국의 전형적인 보수 드 퀸시는 당연시했던 반면 미국의 전형적인 보수 헨리 조지는 역겨워했다는 차이가 있다.

『진보와 빈곤』다음에 이정표가 된 책은 내가 편집한『페이비언 에세이*Fabian Essays*』다. 시드니 웹*Sidney Webb*은 이 책을 통해 사회주의자로서 진면모를 처음 드러냈다. 또 다른 필자 그레엄 월러스*Graham Wallas*는 나중에 구조적 문제에 대한 중요한 논문을 썼고, 시드니 올리비에*Sydney Olivier*는 아프리카와 아메리카의 노예제 때문에 흑인 프롤레타리아와 경쟁하게 된 가난한 백인 현상을 연구해서 식민지 장관들이 반드시 읽어야 할 보고서를 남겼다.『페이비언 에세이』는 혁명과는 거리가 먼 점잖은 시민도 보수당에 당원 가입하듯 아무렇지 않게 사회주의 운동에 참여할 수 있도록 완전히 합헌적인 정치 운동으로서의 사회주의를 최초로 선보였다. 마르크스를 거론하지는 않았다. 마르크스의 가치론은 배제하고 제번스의 가치론과 리카도의 지대론에 근거한 경제이론을 발전시켜 자본과 이자까지 설명했다. 한마디로,『페이비언 에세이』는 온갖 비정통적인 견해와 반란을 선동하는 자유주의적 경향을 사회주의에서 털어냈다. 당시 다른 사회주의 책들은 그렇지 않았다. 예컨대『모두를 위한 잉글랜드*England For All*』만 봐도, 사회민주연맹의 창립자 하인드먼*Henry Mayers Hyndman*이 19세기 진보 지식인의 자유사상가적이고 신사적인 세계민주주의를 견지하며 마르크스의 가치론과 1848년 자유주의 혁명의 전통을 옹호하고 있다. 하인드먼은 1918년 러시아 마르크스주의자들이 브레스트-리토프스크 조약을 체결하는 것을 보고 영국인으로서 잠자던 애국심이 깨어난 다음에야 그러한 입장을 폐기했다.

『페이비언 에세이』 이후에는 사회주의에 관한 논문이 꼬리를 물었다. 처음에는 하나둘씩 나오던 것이 수십 개가 되고 이제는 마구 쏟아져나오는 수준이라, 저자와 개인적인 친분이라도 있으면 모를까 어지간해서는 읽어볼 생각도 들지 않는다.

딱딱한 정보가 아니라 재미있는 사회주의 공부를 원한다면(당연히 그럴 수 있다!), 사회주의 정치경제 학자의 글보다는 19세기 시인과 예언자들에게로 눈을 돌려보자. 히브리 예언자들이 고대 자본주의를 비난했던 것과 마찬가지로 19세기 시인과 예언자들은 근대 자본주의의 사악함을 예리하게 지적하는 흥미로운 저서를 남겼다. 칼라일의 『과거와 현재 Past and Present』와 『큰 모험 Shooting Niagara』, 러스킨의 『먼지의 윤리학 Ethics of the Dust』과 『인간의 운명을 형성하는 위대한 세 가지 힘: 영국 노동자에게 보내는 편지 Fors Clavigera』, 모리스의 『에코토피아 뉴스 News from Nowhere』(유토피아의 최고봉을 그려냈다), 디킨스의 『어려운 시절 Hard Times』과 『리틀 도릿 Little Dorrit』이 대표적인 예다. 특히 러스킨의 독설은 사회주의자를 자처한 그 누구보다, 심지어 마르크스보다도 뛰어났다. 러스킨의 독설에 비하면 현대 사회에 대한 레닌의 비난도 시골 사제의 설교처럼 따분하다. 레닌은 자기가 실수할 때를 대비해 가장 심한 욕설은 자제하는 현명함을 발휘했다.

19세기라는 그 무지몽매한 시기에 인생의 44년을 보낸 나만큼 여러분도 그 책들을 재미있어할지는 모르겠다. 19세기의 자기만족이 20세기의 자기비판으로 바뀌는 엄청난 변화를 이해하려면, 젊은 디킨스가 유쾌하게 쓴 『피크위크 페이퍼Pickwick Papers』부터 읽고 만년의 디킨스가 환멸에 차서 쓴 『우리 둘 다 아는 친구Our Mutual Friend』를 읽은 다음 디킨스의 뒤를 잇는 H.G.웰스의 책을 시도해보기 바란다. 웰스는 19세기에 대한 환상이 전혀 없어서 그 시대의 실수를 못 견뎌하고 사회를 재건하려는 의지로 가득 차 있다. 시대에 뒤떨어진 여러분의 친구들을 이해하려면 앤서니 트롤롭Anthony Trollope과 새커리의 소설을 읽으며 19세기 귀족계급에 대해 공부하고 존 골스워디의 소설로 내용을 업데이트해야 한다. 디킨스가 『어려운 시절』에서 묘사한 포터리즈(영국의 도자기 중심지)와 실제 포터리즈 출신 아놀드 베넷Arnold Bennett이 쓴 『파이브 타운스Five Towns』를 비교해 보면 알겠지만, 디킨스 같은 위대한 관찰자도 런던과 주요 도시를 제외하고는 영국인들이 어떻게 사는지 잘 몰랐다. 당시 노동계급의 역사와 조직에 대해서는 더욱 깜깜했기 때문에 그 부분에 대해 알려면 소설을 덮고 웹 부부가 쓴 『노동조합의 역사History of Trade Unionism』로 눈을 돌려야 한다.

앞서 언급한 19세기 문학의 독설과 풍자, 조소, 희화화는 너그럽고 애정 어린 분노에서 나온 것이지 반발심에서 나온 것이 아니었다. 그것은 마르크스 이전의 문학이었다. 새커리William Thackeray 같은 작가는 가장 신랄할 때조차 기존 질서에 회의를 품지 않았지만, 마르크스 이후의 문학은 마르크스를 한 번도 읽어본 적 없는 사람이 기분 좋게 쓴 글조차도 혁명적이고 전복적이다.

여성 작가들에게 그러한 분기점이 된 것은 마르크스가 아니라 마르크스와 동시대를 산 노르웨이 작가 입센Ibsen이었다. 입센 작품 속 여자들은 전부 자본주의의 도덕에 반기를 든다. 입센 이후로 똑똑한 여성 작가들이 여자들의 좌절과 노예화를 다룬 자전적 이야기로 우리의 책장을 채워줬다. 남자들의 좌절을 그린 현대 문학은 상대적으로 드물며 스트린드베리Strindberg 이후에 나타났다. 어느 쪽이든 해피엔딩은 없다. 사회주의적인 희망은 제시되지 않고 자본주의에 대한 공포만 있을 뿐이다.

마르크스와 입센 이후 1차세계대전을 거치며 전후 심리학이 등장했다. 전후 심리학은 매우 흥미로운 분야지만 아직 갈 길이 구만리인 신생 영역이라 여기에 대해서는 늙은 내가 덧붙일 말이 없다.

드디어 내가 쓴 글들을 언급할 차례다. 대부분 내 희곡집에 서문으로 실린 글이다. 희곡집에 서문을 싣는 것은 영문학의 특이한 전통이다. 서문은 희곡과 아무 상관없는 에세이나 선언문, 소논문인데 독자를 낚기 위해 희곡을 미끼로 사용한다. 나는 그러한 전통을 십분 활용해서 서문이 희곡의 일부일 거라고 생각한 많은 이를 당혹스럽게 했다. 서문을 통해 나는 가난을 어쩔 수 없는 불운으로 동정해도 안 되고 죗값을 치르는 것으로 받아들여도 안 되며 인간 사회에 치명적인 질병으로 인식해서 철저하게 근절하고 재발을 막아야 한다고 주장했다. 또한, 사회주의는 오로지 소득평등화를 의미하는 것이며 사회주의하에서 가난은 용납되지 않는다는 점도 분명히 밝혔다. 여러분의 의사와 관계없이 사회주의는 여러분을 먹이고 입히고 재우고 가르치고 고용할 것이다. 그 정도 수고도 아까울 만큼 됨됨이가 글러먹은 사람은 인도적인 방식으로 제거될 수도 있다. 사는 동안은 누구나 잘 살아야 한다. 같은 시간을 일하고 누구는 2실링을 받고 누구는 반 크라운을 받는 상황을 그냥 두고보지 않을 것이다. 문명사회를 유지하기 위한 필수 원칙을 이렇게 명쾌하게 밝힌 사회주의 작가는 내가 처음인 걸로 안다. 하지만 하늘 아래 새로운 것은 없다고, 내가 태어나기 전에도 이런 이야기는 아마 숱하게 반복됐을 것이다.

내가 개인적인 경험에 기초해서 쓴 페이비언 소책자 『사회주의와 우수한 인재들 $_{Socialism\ and\ Superior\ Brains}$』과 『시영사업의 상식 $_{Common\ Sense\ of\ Municipal\ Trading}$』도 여전히 읽을 만할 것이다.

옮긴이의 말

"버나드 쇼에게 쓰게 한 메리의 책"

1924년 버나드 쇼는 처제 메리 스튜어트 첨리가 보낸 편지 한 통을 받았다. 메리는 "사회주의에 관한 형부의 생각"을 알고 싶다며 몇 가지 질문과 함께 형부의 "명확한" 답변을 부탁했다. 이후 쇼는 본업인 극작도 뒷전으로 미루고 3년 넘게 집필에 매달려 1928년 두툼한 책 한 권 『자본주의＋사회주의 세상을 탐험하는 지적인 여성을 위한 안내서』를 세상에 내놓았다. 그러니까 이 책은 사회주의를 묻는 처제에게 쇼가 보내는 기나긴 답장이다. 쇼는 처제를 위한 특별본을 따로 만들어 "버나드 쇼에게 쓰게 한 메리의 책"이라는 부제를 붙여 주기까지 했다. 대체 어떤 편지를 쓰면 형부를 이렇게 움직일 수 있는 건지 메리(집에서 부르는 이름은 '씨씨')의 편지를 한번 읽어보자.

친애하는 형부!
이런 말씀을 드리면 성가시고 귀찮아 하시겠지만, 그래도 부탁드려요. 사회주의에 관한 형부의 생각을 좀 알려 주세요. 실은 제가 속해 있는 "스터디서클"에서 버나드 쇼가 제 형부라는 사실을 알아버렸지 뭐예요. 그 바람에 형부한테 이런 편지를 쓰겠다고 사람들에게 약속하고 말았어요.

우리는 알고 싶은 게 정말 많답니다. 먼저, 사회주의로 인해 무시무시한 계급전쟁이 벌어진다면 어떻게 막을 수 있을까요? 또, 어떤 사람은 영리하고 지적이고 진취적인데 그 이웃은 정반대라면 어떻게 그들을 대등한 입장이라고 할 수 있을까요, 과연 우리가 모두 똑같이 가난하거나 똑같이 부유한 채로 일주일 이상 지낼 수 있을까요, 설령 우리가 동전 한 닢까지 나눠 가진다고 해도 한두 달만 지나면 진취적인 사람들이 게으름 피우는 형제들의 돈을 싹 다 가져올 텐데, 그때는 어떻게 하시겠어요?

그리고 평등 말인데요. 이를테면 제가 옷 만드는 곳에서 일하게 된다고 쳐요. 그러면 저는 옷 만드는 법을 모르니까 저에게 방법을 일러주고 할 일을 지시하는 상사 밑에서 일하면서 급여를 받아야 하잖아요. 여기서 평등을 이야기할 수 있을까요? 기타 등등 궁금한 게 너무 많아요. 제 질문에 명확하게 대답해주시겠어요? 제가 이런 편지를 쓴 걸 용서하세요.

씨씨 드림.

메리는 단순히 사회주의가 뭐냐고 해맑게 물어본 게 아니었다. 자기 주도적이고 지적 호기심이 왕성해 보이는 이 여성은 이미 버나드 쇼가 주장하는 사회주의의 핵심을 파악하고 있으며 예리한 시선으로 사회주의의 앞길에 예상되는 장애물들을 거론했다. 형부가 이야기하는 "의회를 통한" 점진적인 변화가 과연 가능한 걸까? 개개인의 지성과 능력과 의지의 차이는 어떻게 극복할 수 있을까? 사회주의로 인해 새로운 불평등이 발생하면 그건 어떻게 하지? 등등. 지난 100년 동안 어설프게 사회주의를 표방했던 국가들이 메리의 우려를 불식시키지 못하고 역사의 뒤안길로 스러져간 걸 생각하면 메리가 던진 질문들이 여간 예사롭지 않다.

당시 사회주의는 시대적 징후였다. 1917년 러시아 혁명은 1922년 소비에트사회주의연방공화국(소련)의 탄생으로 이어졌고, 1924년에는 영국 최초의 노동당 내각이 수립됐다. 대부호의 딸로 태어나 평생을 지주계층으로 살았던 메리와 "스터디서클" 친구들의 눈에도 사회주의의 거센 물결은 간과할 수 없는 세상의 변화였을 것이다. 메리는 변화를 민감하게 감지하고 그에 대비해 공부하고 토론하면서 자기 머리로 생각하고자 했던 것이다.

좋은 질문이 근사한 답을 이끌어냈다.

"사회주의란 곧 소득평등화다. 그 이상도 이하도 아니다."

이 책에서 쇼는 분배의 당위성을 언급하고 사회주의가 부를 분배하는 여러 방법 중 하나라면서 이야기를 시작한다. 역사상 실행됐거나 고안됐던 다양한 분배방식을 두루 검토하고, 불평등의 해악을 다각도로 조명한다. 그러고는 "사람들이 말하는 사회주의는 사회주의가 아니"라며 사회주의의 핵심은 "소득평등화"라고 딱 잘라 말한다. 사회주의로의 변화는 반드시 의회를 통해 합헌적이고 점진적인 방식으로 이뤄져야 하며, 마침내 모두가 노동의 의무를 나눠지고 모두가 상호 결혼할 수 있는 사회를 이룩하는 것이 사회주의의 목표라고 천명한다. 쇼는 계속해서 다양한 사례와 사고실험을 통해 소득평등화의 실현가능성을 타진한다. 우리가 공기처럼 받아들이고 있는 자본주의의 실체를 파헤치고 제국주의와 유사사회주의를 차례로 격파한다. 그리고 마침내 독자들에게 현실에 안주하지 말고 지적인 신념을 가질 것을 촉구하며 글을 맺는다.

핵심 메시지는 대단히 간단명료하다. 쇼의 상세한 설명과 답변이 메리의 의문을 충분히 해소했는지 꼼꼼히 확인하는 것은 독자 여러분의 즐거움으로 남겨두고 말을 아끼겠다. 다만 쇼는 때로는 과격하고 때로는 천진난만하다. 쇼 스스로도 말했듯이 이 책이 반드시 정답은 아니다. 여러분이 더 좋은 방법을 찾아낼 수 있다면 그보다 반가운 일도 없을 것이다.

이 책이 주는 가장 큰 울림은 온 힘을 다해 더 나은 사회를 꿈꾸고 그 이상을 실현하고자 지성과 열정을 아끼지 않는 쇼의 태도로부터 나온다. 찰스 디킨스의 『어려운 시절』처럼 우화적으로 문제의식을 드러내는 것이나 윌리엄 모리스의 『에코토피아 뉴스』에서 다채롭게 펼쳐 보이는 이상적인 사회상의 영향은 이 책을 한층 사랑스럽게 만든다. 얼핏 사회주의 매뉴얼 같은 형식으로 보일지 모르지만, 이 책의 영혼은 드넓은 가능성의 들판을 내달린다. 틀릴 수도 있고 부족할 수도 있다. 그러나 주어진 현실을 면밀히 검토하고 최선을 다해 방법을 궁리하고 말이 통할 동지를 불러모으려는 그 자체가 감동적이고 다시금 인간에 대한 희망을 품게 한다.

한편 이 책이 『…지적인 여성을 위한 안내서』라고 전면에 여성 독자를 내세운 것은 주목할 만하다. 영국은 1918년 여성참정권을 인정했으나 여성은 남성과 달리 서른이 되기 전에는 투표권을 행사할 수 없도록 하는 반쪽짜리 참정권이었다. 20대 여성은 정치적 권리를 행사할 만큼 성숙한 존재가 아니라고 본 것이다. 줄잡아 십 년은 더 살아야 비로소 남성과 같은 정치적 권리를 인정하겠다는 기막힌 생각이 용인되던 시절에 여성을 우선순위에 두고 정치를 이야기하는 책을 쓴 것은 대단한 발상의 전환이었다. 1928년 이 책이 출간될 무렵에야 비로소 여성에게도 남성과 동등한 투표권이 허용됐다.

덧붙여, 이 책에서는 성별이 정해져 있지 않은 일반적인 주어를 대명사 He가 아닌 She로 받고 있다. 영어를 비롯한 유럽 언어에서 의식적으로 성중립 대명사를 사용하려는 노력을 하기 시작한 것은 거의 21세기가 다 됐을 때의 일이다. 그 전에는 무조건 He로 받았다. He로 시작하는 글을 읽으면 우리는 그게 반드시 남성을 가리키는 게 아니라는 걸 알면서도 무심코 남성주체를 머릿속에 그리게 된다. 언어는 생각을 지배한다. 우리가 이 책을 읽으며 여성을 대등한 정치적 주체로 상정하고 있다고 가장 확실하게 느낀 부분은 바로 일반적인 3인칭 주어로 She를 사용하고 있다는 점이었다. 우리는 마치 세상의 절반은 She라는 걸 처음 안 사람들처럼 원문을 탐독했다. 원래 3인칭 대명사를 사용하지 않는 우리말의 성격상 (글에서는 그/그녀라는 표현을 어느 정도 수용하게 됐지만, 말할 때 그/그녀라는 표현을 쓴다고 생각해보면 대단히 부자연스럽다고 느낄 것이다.) 그 미묘한 차이를 살리기가 불가능해서 문맥에 따라 적당히 타협하며 번역했지만, 이 자리를 빌어서라도 꼭 밝혀 두고 싶은 이 책의 보석 같은 포인트다. 쇼는 여자들을 대상으로 남자들의 세상을 가르치는 책이 아니라, 정치경제사회의 주체로서 일하고 공부하고 여가를 즐기고 가족을 돌보고 자아실현을 추구하는 진짜 여자-사람의 관점을 제대로 반영한 책을 쓴 것이다.

"끓을 만큼 끓어야 밥이 되지, 생쌀이 재촉한다고 밥이 되나."
- 윤오영, 『방망이 깎던 노인』 중에서

우리 수요번역회의 시작은 십여 년 전 출간된 『쇼에게 세상을 묻다』였다. 『쇼에게 세상을 묻다』가 "모두를 위한 정치 안내서"를 표방하며 넓은 프레임에 많은 이야기를 다룬다면, 『자본주의＋사회주의를 탐험하는 지적인 여성을 위한 안내서』는 분배 문제와 그 해결책에 선명하게 초점을 맞추고 심도 깊게 파고든다. 『쇼에게 세상을 묻다』의 프리퀄이라 봐도 좋을 『…지적인 여성을 위한 안내서』를 번역하기로 또다시 의기투합한 2019년 봄만 해도 일이 이렇게까지 오래 걸릴 거라고는 꿈에도 생각지 못했다. 버나드 쇼의 글이 특이한 방식으로 시간을 잡아먹는다는 건 익히 알고 있었지만, 그래도 5년은 너무했다. 이런 식으로 일해서는 먹고살기가 난망이다. 번역의 임무를 단순히 한 언어를 다른 언어로 교체하는 일로 한정한다면 작업은 애진작에 끝났을 것이다. 한쪽으로 기울면 나락으로 떨어질지도 모른다는 엄중한 사명감을 갖고 외줄타기 하는 심정으로 작업을 하면 좋겠지만, 솔직히 고백하자면 그런 균형감은 상상 속에만 존재한다. 실제로는 이 기슭과 저 기슭을 무수히 왔다갔다하면서 때로는 의미를 길어 올리고 때로는 재미도 살리지만 대개는 아쉬움과 괴로움을 삼키며 그저 단어와 생각들을 내던지기 바쁘다. 하지만 이게 소설도 아니고 역사책도 아닌데, 100년 전 영국에서 나온 책을 오늘날 우리가 왜 읽어야 하는지에 대한 내적 확신이 필요했다. 이 책은 여태 없던(혹은 없다고 여기던) 것을 있게 하자고 주장한다. 영어 원문을 읽는 동안도 머릿속에 지진이 일어났지만, 한국어 초고를 완성하고 나니 어질어질 진폭이 더 커졌다. 언어가 바뀌면 생각의 색깔이 바뀐다. 우리는 해를 넘기며 하루가 멀다 하고 번역회의를 빙자한 토론판을 벌였다. 다 된 밥에 코 빠트리는 게 아닌가 싶기도 했다. 마감을 무기한 미룬 채 단어를 바꾸고 문장을 고치고 문단의 흐름을 검토하고 전체적인 톤을 살피면서 우리는 계속해서 처음으로 다시 돌아갔다. 세 번 네 번을 거듭해서 읽다 보니 겉으로 드러나지 않았던 의미가 보이기도 하고 예기치 못한 순간에 오해가 이해로 바로잡히기도 했다. 학교와 언론과 사회가 시스템을 유지하기 위해 주입한 대로 내 안에 똬리를 틀고 있는 아집과 선입견, 무신경, 귀차니즘을 걷어내고 내 머리로 생각하고 진짜 내 목소리를 찾기까지 수많은 시행착오를 거쳤다. 이제 와서 돌이켜 보면 100년 전 영국의 문제의식을 오늘날 한국의 시제와 문법으로 재의미화하는 데 상당한 시간이 필요했던 것 같다.

우리는 내적 확신의 순간을 기다리며 계속해서 죽은 사상가를 소환했다. 매일같이 아침기도처럼 화상회의를 했고, 때로는 시공간을 가로질러 영혼의 단짝을 만난 듯 밤을 지새우며 지적인 대화를 이어가기도 했다. 이따금 풍랑이 일면 배가 다 뒤집어져서 손을 놓은 채 속절없는 시간만 흘려보내야 했다. 그러면 또 그런대로 마음을 비우고 생활인의 삶을 이어갔다. 그렇게 여러 해가 지나갔고 그 사이 우리에게도 참 많은 일이 있었다. 이사를 가고 집수리를 하고, 고3수험생의 뒷바라지를 하고, 새로 태어난 조카의 육아에 손을 보태고, 병든 반려견을 돌보고, 암진단을 받고 수술과 항암치료도 겪었다. 삶의 굽이굽이 생로병사의 돌뿌리에 발이 걸릴 때마다 멈춰서 쉬고 느리게 걸으면서 그 틈을 타 더 많은 이야기를 더 깊게 나누었다. 누가 알아주기는커녕 미심쩍은 시선이나 피하면 다행이고 돈도 되지 않을 일을 이렇게 오래 붙들고 있을 수 있었던 것은 우리가 이 일에 품은 순도 높은 애정 덕분이었다. 이 험난한 자본주의 세상에서 우연찮게 결이 비슷한 친구들을 만나 시장논리에 어긋나는 일을 하면서도 우리끼리 오붓하고 부듯했다. 우리가 맛본 쏠쏠한 재미와 담대한 전망이 널리널리 퍼져 나가기를, 이 벽돌책이 다른 많은 지적인 독자의 마음에도 첨벙- 파문을 일으키기를 진심으로 바란다. 책을 읽고도 삶이 바뀌지 않는다면 책은 읽어 무엇하겠는가. "사회주의자들이 옆구리를 콕콕 찌르지 않더라도 분배 문제에 관해서는 모두가" 관심을 기울이고 시간과 노력을 들여 생각하고 대화하면서 "각자 자기 관점을 가져야 한다."

그리고 누구나 좋아하는 일에 몰두하며 살아도 되는 자연스러운 세상을 함께 고민해보자.

2024년 여름
수요번역회의 이름으로
김일기 김지연 그리고 뗀데데로☺

찾아보기

ㄱ

가내수공업 265, 309
가사노동 60, 87, 151, 346
가족계획 172, 313
가짜 사회주의 519, 521, 533
가톨릭교도 141, 182, 567, 613-615, 682, 741, 743
가톨릭화 728
간접세 216
개신교도 141, 182, 614, 626, 682, 741
개인소유 197, 198
개인재산 197, 198, 199, 213
걸리버 여행기 295, 818
검은돈 273
게라사의 돼지 떼 549
게으름뱅이 수벌 121, 825
게일해협 494
결산일 425, 426, 427
결제유예금 427
경영자연합 381-382
계급전쟁 347, 633, 754
계약의 자유/계약자유 197, 199, 741, 737, 822
계층격차 580-581, 588
고교회파 392
고든, 조지 Lord George Gordon 789
고리대금 414, 417, 465
골드스미스, 올리버 Oliver Goldsmith 20, 308, 367, 806
곰 Bear 427, 428
공공서비스 40-41, 214-215, 222, 231, 259, 476, 500, 505, 583-584, 636
공매도 427, 428, 431
공매수 427
공산주의-무정부주의자 741
공산화 44-48, 211, 215-216, 335-336, 444, 460, 660
공장법 274, 350-359, 385, 387-388, 390, 398, 536, 557, 663-664, 806
공화주의 154, 591, 739, 740
공화주의자 154, 591, 739-740, 791
과거와 현재 Past and Present 709, 828
과두정치 718, 750, 754
관세 287, 301, 499
관세징수권 541
광신주의 623-624
괴테 298-299, 709
교권주의 731
교황 82-83, 595, 682, 718, 720, 735-736, 804
교회유지세 45, 727
교회지상주의 754
구빈원 27-28, 53, 96, 190, 225-226, 333, 359, 423, 525
구호활동 187-188
국가자본주의 518-519
국교도 182, 682, 741, 743
국민소득 36, 63, 87, 127, 176, 179, 190, 383, 398, 405, 414, 517, 562, 571, 647, 649, 781
국민총생산 562
국민총여가 562
국세 40, 44, 213-216, 220-222, 224-225, 228-229, 236, 525, 664, 712
국영 철도 475, 480
국유화 79, 203-211, 475-480, 483-488, 492-498, 502, 513-514, 517, 524, 526-530, 584-585, 625, 634, 640, 645-660,

683, 769, 772, 805, 826
국제연맹 296, 300, 748
국채보유자 221, 740
국채 상황 509
그렇게 사라진다Sic Transit 412-413
그리스정교회 635
그린란드 538
근본주의 727
글래드스턴, 윌리엄William Ewart Gladstone 217, 391, 497-500, 566
글렌이글즈 283
금권세력 316-317, 490
금권정치 316, 387, 395, 591, 634
금본위제 593
금주법 227, 269, 272, 665-668
금화 243, 405, 434, 443-447, 454-456, 461, 464, 580
급진주의 185, 739
기독교 35, 37, 175, 181, 183, 273, 289, 476, 527, 542, 613, 619, 624, 626, 634, 710, 713, 723, 725, 727-728, 736, 741, 779, 791, 813-814
기브온 85-86
기생 국가 277, 283-284
기생충 279, 487
기준금리 415, 433, 440
기회주의자 185, 591, 593, 765
길버트와 설리번 702
꼬뮤네Communes 804

ㄴ

나의 도제시절My Apprenticeship 826
나이팅게일Florence Nightingale 127, 669
나폴레옹Napoleon Bonaparte 113, 142, 441, 565-566, 576, 582, 643, 785, 789, 790, 792, 795-797, 804

나폴레옹3세C. Louis Napoleon Bonaparte 592, 640, 785, 789, 795, 799, 802, 805
난교 701-702
남미 78, 275, 629, 639, 728
남성우월주의 683
남아프리카 78, 301, 670, 797
남아프리카 전쟁(보어전쟁) 594
내각제 596-603, 785, 788
내셔널갤러리 47
네덜란드 556, 720
네바 494
네프맨 768, 774-775
넬슨Horatio Nelson 579, 582
노동교환소 759
노동당 88, 185, 199-200, 389-391, 405, 420, 465-467, 499-507, 514, 529, 548-598, 601, 605-612, 630-633, 641, 656, 736, 745, 750, 753, 787
노동의 지대 584
노동자이사제 744
노동자주의 743
노동조합 88, 185, 193, 343-376, 379-383, 607, 652, 749-750
노동조합의 역사History of Trade Unionism 829
노동조합주의/노조주의 185, 193, 345, 375, 380, 383-384, 395, 397-399, 524, 591, 606, 610-611, 743-746, 791
노령연금 15, 28, 225, 646
노르웨이 829
노벨, 알프레드Alfred Nobel 573
노예무역 273
노예제 32, 128, 569, 626, 764
노조위원장 380, 381, 749, 750
녹스, 존John Knox 720
농노 32, 294, 584
누진소득세 217, 222, 498
뉴리버워터 컴퍼니 676

841

뉴질랜드 301, 686
뉴턴 321, 587, 694, 714
니네베 632
니콜라이1세 494
니콜라이2세 776

ㄷ

다트무어 567
단혼주의자 683
대내채무 512
대외채무 512, 514
더블린 342, 642
성 도미니코Saint Dominic 734
도유의식 723
독립노동당 394, 630
독신주의자 683
독일 91, 136, 171, 174, 285, 291-296, 303, 336, 340, 449, 451-452, 460, 504, 537, 549, 594, 674, 726, 734-735, 751, 761-762, 769, 773, 776, 785, 788, 803-805
돈 후안 590
돔비와 아들 693
동일 노동, 동일 임금 361
동정파업 524
드 퀸시Thomas De Quincey 743, 822, 827
디즈레일리 Benjamin Disraeli 389, 391
디킨스Charles Dickens 326, 526, 693, 828, 829
디포, 대니얼Daniel Defoe 339
디플레이션 452
뜨내기 중개소 428, 429, 430

ㄹ

라살레, 페르디난트Ferdinand Johann Gottlieb Lassalle 91

라티머Latimer, Hugh 20
랭글런드Langland, William 20
랭커셔 373, 383, 806
러스킨John Ruskin 20, 127, 128, 308, 709, 814, 823, 825, 828
러시아 78-79, 136, 193, 291-293, 395, 397, 449, 452, 472, 501, 519, 550, 579, 593-594, 625-627, 634-637, 646, 674, 681, 683, 685, 731-740, 743, 747, 752, 757-783, 785, 788, 801, 804, 814, 827
러시아무역사무소 397, 771
러시아 인터내셔널 735
러시아 혁명 43, 79, 634, 734
러시안 증기롤러 761
런던 76, 119, 123-124, 132, 179, 204, 232-235, 241, 264, 289, 296, 302, 339, 344, 347-348, 353, 392, 397, 425-426, 431, 460, 469, 475, 480, 491-492, 525, 536, 635, 665, 670, 676, 704, 712, 716, 721
레닌Vladimir Ilyich Lenin 518, 579, 641, 735, 737, 762-770, 775, 777, 779, 828
레닌그라드 769
레자 샤/레자 팔라비Reza Shah 789, 791
로드, 윌리엄William Laud 635, 718, 720
로디지아 541
로마제국 542
로베스피에르Robespierre 619-620
로열티 211, 335
로즈, 세실Cecil Rhodes 573, 823
로카르노 조약 804
로크아웃/사업장 폐쇄 375, 379, 381, 382, 384, 653, 746-747
록펠러Lewis J.D.Rockefeller 81-82, 305
루소Jean-Jacques Rousseau 56, 170, 321
루이14세 598
루이 나폴레옹 785, 789, 795, 799, 802, 805

842

루이스, 조지 콘월George Cornewall Lewis 163
루터Martin Luther 734
루퍼트 왕자의 눈물 303
리버풀 204
리버흄 532
리비에라 368, 502
리스터Joseph Lister 723, 724
리카도David Ricardo 822, 825-826, 827
리트비노프Maksim Maksimovich Litvinov 775
리틀 도릿Little Dorrit 828

ㅁ

마그나카르타 535, 555
마데이라 제도 78
마르코 폴로Marco Polo 587, 709
마르크스, 카를Karl Marx 183, 340-341, 343, 350, 389-393, 498, 550, 632, 634, 637, 731-737, 743, 757-759, 762, 765, 767-768, 770, 774, 777-780, 782, 806, 814
마몬 344, 388
마법사의 제자 8, 298, 299, 305, 798
마사리크Tomas Garrigue Masaryk 776
마약금지법 666
마크 트웨인Mark Twain 660
마호메트Mahomet 174
만국의 프롤레타리아여, 단결하라 340, 649
말일성도 644
매춘 355, 359, 367-371, 664-665
매콜리, 토머스Thomas Macaulay 822, 824
맥도널드,램지Ramsay MacDonald 394-396, 548-549
맨체스터 278, 375, 759
맨체스터학파 196, 351, 358, 743
맬록, 윌리엄 허렐 W.H. Mallock 571
먼지의 윤리학Ethics of the Dust 709, 828

메리1세/메리 여왕 539, 626
메이페어 166-168
메피스토펠레스 522
모닝포스트The Morning Post 501
모두를 위한 잉글랜드England For All 827
모라토리엄 296
모로코 290
모르몬 644, 682, 687, 721-722, 737
모리스 목사F.D. Maurice 183
모리스, 윌리엄William Morris 20, 183, 264, 308, 344, 391-392, 662-663, 630, 813, 828
모세 19-20, 75, 659, 660, 708, 721, 817
모스크바 494, 765, 770, 782
모어, 토머스Thomas More 20, 183
모차르트Mozart 582
몬테카를로 78, 283, 420, 431
몰번 278
무산주의 194
무상교육 28, 277, 441, 550, 579, 591-592
무솔리니Benito Mussolini 441, 550, 594, 631-632, 640, 653, 744, 765, 789, 791, 795, 800, 804
무신론자 129, 591, 613, 709, 725, 727
무정부주의 71, 185, 369, 393, 579, 739-745, 748, 791, 793
문명사History of Civilization 824, 831
물레질하는 여자 309
물세례 723
미국 28, 118-119, 227, 269, 272-273, 279, 292-293, 301-302, 332, 347, 349, 357, 387, 390, 399, 451, 480, 509-510, 512, 514, 530-532, 542, 566, 626, 635, 644, 665-667, 674, 686, 720-722, 728
미스터 범블 692
민영 철도 475
민주주의 549-550, 594-595, 718, 721, 728, 749-754, 805-806, 814, 825, 827

843

밀, 존 스튜어트John Stewart Mill 383, 393, 824
밀턴, 존John Milton 121

ㅂ

바그너, 리하르트Wilhelm Richard Wagner 694
바그다드 542
바벨탑 739, 741, 742
바빌론 632
바이런, 조지 고든George Gordon Byron 590
박애주의 240, 273
반교권주의 777
반동분자 739, 745
배금주의 634
배당/배당소득 168, 303, 314, 332, 341, 388, 426, 485, 493, 514, 529, 531, 542, 584, 652, 669, 823
배스록 섬 689
배심원 117, 547, 581-582, 752
백신 668-669
뱅크런(예금인출사태) 435
버나드 쇼Bernard Shaw 3, 182, 190, 630, 672, 781
버니언, 존John Bunyan 20, 518, 567
버밍엄 278, 386, 467, 474, 476, 578, 698
버클, 헨리Henry Buckle 824
버킹엄궁 82, 223
버틀러, 새뮤얼Samuel Butler 265
범신론 727
법인세 514
법정통화 443, 447, 464-465
법제화 187, 189, 384, 498
법학강의Lectures on Jurisprudence 822
베넷, 아놀드Arnold Bennett 829
베드퍼드 522
베르길리우스Vergilius 694
베르사유 조약 804

베토벤Beethoven 693-694
벨기에 292, 773, 804
벽돌상자집 698, 699, 701
변증법 637, 734
보로, 조지George Borrow 392, 393
보수당 85, 88, 199, 343, 351, 369, 389-397, 405, 467, 479, 488, 497, 499, 501, 503, 512, 514, 548, 590-598, 606, 610-612, 641, 652, 655, 743, 787-788, 798, 827
보수주의 10, 182, 393, 474, 535, 535, 548, 593, 626, 646, 743-745
보스니아 761
보어인 689
보이콧 642
보조금 28, 221, 359, 366, 524, 525-530, 541, 607, 610, 636, 652-655,
보호무역 287, 593
복음주의 727
복혼주의자 683
본드 가 488, 490, 670
본머스 278, 488, 490, 632
볼가 771
볼셰비키 133, 185, 209, 215, 376, 472, 497, 589, 621, 625, 635-637, 739-740, 762-769, 774-781, 791, 799, 800
볼테르Voltaire 619, 623, 720, 754
봄베이 353
봉건주의 32, 593, 651, 823,
봉쇄 17, 642
부가세 398, 473, 497, 500
부르주아 391, 627, 637, 745
부리엔느 566
부어스 431
부유세 200, 500, 506, 514
부틀 492
분노 콤플렉스 579

불가지론 727, 730
불카누스 263
붉은군대 769, 776
브라마 624
브라이트, 존John Bright 351
브래들로, 찰스Charles Bradlaugh 725
브런즈윅 공작Brunswick 627
브레스트-리토프스크 762
브리검 영Brigham Young 643, 644, 687, 720-721
브리스톨 273, 475
브리앙, 아리스티드Aristide Briand 600
비과학적인 사회주의자 759
비례대표제 753
비스마르크Bismarck 113, 314, 643, 644, 726, 752
비아리츠 492
비용평균화 205, 208
빅토리아 여왕 15, 146, 387, 713
빈민구제법 359, 525, 825
빈민구제위원 75, 525, 692
빌헬름2세 132, 291-292, 549
빵과 서커스Panem et Circenses 189, 807
쁘띠 부르주아 768

ㅅ

사교 68, 76, 98, 123-124, 128, 560, 701, 703
사교예절 678, 699, 702
사도(성) 바오로 17, 18, 19, 23, 31, 175, 814
사디스트 696, 798
사보타주 778-779
사우샘프턴 204
사우스캐롤라이나 350, 682
사유재산제 340, 563, 763, 807, 822
사유지령 678
사피라 37-38, 759

사회민주연맹 630, 827
사회복무의무 608, 609, 610
사회주의자 91, 181, 193, 203, 267, 474, 498, 586, 631, 638, 743, 759, 779, 813
사회주의와 우수한 인재들Socialism and Superior Brains 571, 831
산상수훈 92, 181, 736
산아제한 175-177, 357, 686
산업노동조합 607
산업융자법 541
산업의회 603
산업혁명 261, 265, 337, 824
상속세 76, 406, 407, 497, 501, 514
상원의원 320, 386, 725, 750
상트페테르부르크 494
상황의 지배자 332, 334, 337
새커리, 윌리엄William Thackeray 829
샌프란시스코 204, 205
생디칼리스트 739, 791
생디칼리슴 744-745, 772
생 시몽Saint-Simon 183
샤덴프로이데 136
샤를마뉴 대제 722
샤프츠베리 351, 352, 387
서번강 494
서소 475
석탄 장관 208, 209
선거법개정 386-389, 629, 751, 786
선한 사마리아인 187, 188
성과임금 381, 382, 383, 559, 780-783
성 삼위일체 734
성실청 720, 724
성 아우구스티누스St. Augustine 180, 181
성 제임스(야고보)St. James 722
세르비아 291, 293, 303
세속교육 614-615, 623, 707

845

세습독재 754
세인트헬레나섬 566
셀프리지 331
셔츠의 노래Song of the shirt 367, 536
셰리던, 클레어Clare Sheridan 765
셰익스피어William Shakespeare 92, 100, 675, 714, 813
셰필드 278
셸리Percy B. Shelley 20, 548, 633, 709, 714
소득불평등 115, 117, 135, 140-141, 147, 196, 200, 211, 285, 635, 648, 699, 733, 744, 753, 812, 818
소득세 76, 79, 173, 215, 217, 222, 228, 398, 406, 472-473, 481, 497, 500, 506, 514-515, 655-656, 782
소득재분배 217-218, 507, 511-512, 518, 532, 645
소득평등 103, 111, 115, 141, 148, 162, 166, 176, 179-183, 189, 191, 197, 199, 217, 224, 231, 234, 497, 514, 517, 522, 533, 573, 587, 595, 634, 648-649, 654, 658, 683, 703, 733, 780-782, 818, 830
소련 497, 595, 757, 758, 767
소비에트 501, 546, 627, 635, 637, 646, 656, 681-683, 731-735, 757, 764, 765-782, 785, 806
소비에트 공산주의, 새로운 문명인가?Soviet Communism: A New Civilization? 782
소수지배 73-79
소자작농제 744, 763
소크라테스Socrates 113, 753
솔렌트 해협 204
솔로몬Solomon 592
솔론Solon 817
솔트레이크시티 644, 682
수단(아프리카) 290
수렵법 386
수에즈 운하 289, 291, 498
수요공급의 법칙 57-58

수확체감 178-179
수확체증 178-179
숫사슴Stag 427
스미스, 애덤Adam Smith 307-308, 814
스미스, 조지프Joseph Smith 644, 687, 720-722, 734
스위스 720
스위프트, 조너선Jonathan Swift 128, 813
스코틀랜드 75, 108, 198, 443, 455, 469, 494, 539, 556, 591, 689, 720, 735, 812
스탈린, 조지프Joseph Stalin 770, 783
스트린드베리Johan August Strindberg 830
스파르타쿠스Spartacus 626
스페인 283, 290-291, 550, 590-594, 631-632, 718, 735, 752, 780
스펜서, 로버트Robert Spencer 598-599, 601
스펜서, 허버트Herbert Spencer 165, 576-577
스피노자Baruch Spinoza 321
슬럼 223, 388, 523, 532
슬로거 377
시간임금 381-383
시영사업의 상식Common Sense of Municipal Trading 831
시영 은행 467, 468, 471, 476
시저Julius Caesar 113, 643, 785, 796
신경제정책NEP 768, 774, 779, 780, 783
신권주의 720
신데렐라 279
신도덕세계 759
신성로마제국 717
신약성경 67, 615, 722
신용 대출 436-437
신용세 440
신용 창출 437
신정 183, 725, 735, 745
신지학 613
신 트로츠키주의 783
실낙원 121

실러, 프리드리히Friedrich Schiller 592
실업수당 188-190, 220, 225, 280, 490-491, 493, 526, 529, 639, 807
십계명 7, 187, 189, 240, 536, 647

ㅇ

아놀드, 매튜Matthew Arnold 191
아동농장 692, 695
아동수집가 695
아시냐 화폐 451
아우구스투스Augustus 796
아인슈타인Albert Einstein 321, 587, 694
아일랜드 70, 234, 342, 357, 455, 590, 614, 630-632, 641, 683, 765, 791, 798
아일랜드국민당INP 599
아일랜드자유국Irish Free State 302, 631
아프리카 108, 272-274, 286, 290-291, 293, 297, 623, 686, 827
안전밸브 491, 492, 493, 494
알라 368, 624
알렉산더 대왕Alexander the Great 113
알제리 290
알폰소 왕Alfonso XII 640
알프레드 대왕Alfred the Great 88, 536
암스테르담 455
애국주의 294, 745
애스터, 낸시Nancy Astor 752, 787
양심적 병역거부 608, 747, 748
어려운 시절Hard Times 828, 829
어음 432, 449, 455-456, 464-465, 504
어음교환소 458, 459
어음할인 432-433, 441
에디 부인Mrs.Eddy 720-722, 734
에레혼Erewhon 265

에리오, 에두아르Edouard Herriot 600
에머트, 로버트Robert Emmet 791
에섹스 백작2nd Earl of Essex 789
에코토피아 뉴스News from Nowhere 183, 828
엘리자베스1세 96, 626, 676
엥겔스, 프리드리히Friedrich Engels 343, 391, 759
여성참정권 549, 556, 750, 753, 786, 787
여행기The Travels of Marco Polo 295, 709
여호수아Joshua 85-86, 660
여호와Jehovah 624
역금리 411
열두 사도 37, 40, 43
영국국교회 45, 48, 68, 371, 387, 567, 591, 593-594, 613-614, 619, 622, 635, 678, 710, 724-727, 730-731, 734
영국박물관 47
영국인은 결코 노예가 되지 않으리Britons never will be slaves 556
영란은행 415, 432, 434, 440, 455, 459, 465-466, 469, 798
영연방 542, 728, 749
영연방 사회주의 공화국을 위한 헌법Constitution for the Socialist Commonwealth of Great Britain 603
예리코의 성벽 660
예수Jesus 37, 191, 624, 625, 626, 721, 723, 734
예카테리나2세 747, 796
예카테린부르크 776
오스만 남작Baron Haussmann 795, 799
오스트랄라시아 686
오스트레일리아/호주 137, 176, 356-357, 686,
오스트리아 291-293, 449
오스트리아-헝가리 동맹 776
오스틴, 존John Austin 822
오웬, 로버트Robert Owen 183, 630, 759
옥스포드 320
온정주의 754
올리버 트위스트 354, 692

올리비에, 시드니 Sydney Olivier 827
와이트섬 204
와츠, 프레데릭 G. Frederic Watts 412-413
왕립무기고 219
왕정주의 768, 769, 776
우르두어 605
우리 둘 다 아는 친구 Our Mutual Friend 829
우상숭배 371, 624, 625
우선주 419
우파 611, 745
워릭 백작부인 Countess of Warwick 630
워싱턴, 조지 George Washington 113
원내총무 597, 598, 602
원시 공산제 37
원외구호 190, 225, 525, 529-530
월러스 Graham Wallas 827
월스트리트 418, 431
웨스트민스터 393
웨스트엔드 98
웨슬리, 존 John Wesley 113
웨일스 278, 494
웰링턴 Duke of Wellington 349, 548, 701
웰스 H.G. Wells 322, 630, 767, 829
웹, 베아트리스 Beatrice Webb 183, 393, 603, 782, 825-826
웹, 시드니 Sidney Webb 183, 393, 603, 782, 825
위자료 118
윌리엄3세 598, 599, 711, 785
유니언잭 267
유니테리언 613
유대교 567, 615, 626, 723
유대인 19, 343, 389, 476, 615, 626, 659, 725, 727, 730, 803, 822
유물론 727
유아사망률 97, 136
유전무죄 무전유죄 118

유토피아 183, 265, 752, 828
유효수요 439
은행휴일법 557
은화 244, 455-456, 463, 758
의무교육 15, 325, 596, 612, 613, 614, 697, 706
의상 철학 Sartor Resartus 709
의식화 390-391, 394
이교도 181, 387, 538, 624, 713, 718
이상주의 103, 522, 591, 751
이상한 나라의 앨리스 Alice in Wonderland 612
이성의 전당 619
이스가리옷, 유다 Judas Iscariot : 371, 758
이스라엘 189, 387, 687
이스트엔드 241
이집트 78, 279, 290, 301, 396, 659-660
이탈리아 290-293, 735, 744, 752, 765, 788, 795, 798, 790, 804-805
이튼 254, 320, 715
이혼수당 118
인간의 권리 Rights of Man 782
인간의 운명을 형성하는 위대한 세 가지 힘: 영국 노동자에게 보내는 편지 Fors Clavigera 828
인구과잉 166, 168, 171, 177, 179, 281, 608, 686, 688
인권선언 555
인도 278, 290, 301, 541, 605, 624, 682, 713, 733, 752
인도유예금 427
인텔리겐차 774, 775
인플레이션 450-453, 473, 549
일국사회주의 783
일부다처제 644, 682, 687, 688, 721-722
일식 564, 621, 622
일요일 준수법 557
임대료 83, 193, 314, 477, 485, 521-522, 529, 585-586, 665, 799, 802, 823,
입센 94, 684, 732, 829, 830
입양법 691, 692

입헌군주론자 591
잉골즈비의 전설 423
잉글랜드 52, 77, 128, 227, 233, 244, 268, 272, 275, 281-282, 319, 407, 502, 568, 586, 632, 682, 718, 720, 789, 791, 812, 814, 825, 827
잉여가치 824
잉카족 183

ㅈ

자력구제 704
자본과세 485, 512, 514-515
자본론Das Kapital 350, 734, 736, 824
자본세 402-406, 440, 512-515
자본주의독재 518-519
자연도태론 727
자유당 185, 343, 548, 590, 593, 606, 610, 612, 641, 743
자유무역 499, 590, 593
자유민 349
자유방임론(주의) 89, 593, 825
자유보유권 195, 388
자유의 여신 619
자유주의 182, 369, 474, 483, 631, 743, 745, 762, 768, 776, 777, 782, 783
자유(주의) 혁명 761, 776
자코뱅 739, 740
잔지바르 542
장기의회 591, 635, 720
장내중매인 419, 421
장자상속제 319
재능의 지대 584, 585
재무부 장관 215, 228, 402-403, 485, 492, 498-499, 500, 502, 505, 513
재산법 62, 197, 362, 381, 556

재산세 47, 62, 472, 514
재정예산법 216
잭 케이드Jack Cade 788, 789
저작권 200, 211, 300, 675
적백내전 776
전대차 236
전시공채 221, 440, 485, 505-507, 511, 514
전염병 93, 95, 170, 174-175, 284, 350, 388, 407, 431, 489, 515, 624, 669, 712
전원도시 522, 523, 701
정금리 411, 419
정당제도 596-597
정복왕 윌리엄 233
정치경제학 132, 178, 351, 743, 823, 825, 827
정치경제학 논리Logic of Political Economy 743, 827
정치과학 752, 825
정치의회 603
제2의 천성 712, 714, 729
제3인터내셔널 649, 734-736
제국의 몰락The Ruins of Empires 279
제국주의 287, 290, 300, 302, 593, 613, 737, 739, 745, 823
제너, 에드워드Edward Jenner 722-723
제네바 720
제르진스키, 펠릭스Feliks Dzierzynski 772
제번스, 스탠리William Stanley Jevons 821, 824, 827
제임스1세 185, 676
조지4세 536
조지5세 447, 536
조폐국 321, 446, 463, 464, 480
조폐업 463, 464
조합원 총투표 749
존슨 박사Samuel Johnson 316, 806
종교개혁 720, 816
종교교육 132, 371, 614-615, 635
종교재판소 695, 724

849

종교친우회 725
좌파 611, 745
주 5일 근무제 565, 636
주식중개인 414, 418-419, 421, 423, 821
주주총회 437, 602
중국 78, 272, 278, 288, 299, 357, 396, 621, 622, 635, 681, 713
중앙은행 415, 432, 437, 459, 465, 509
증권거래소 416, 419, 420, 424-432, 438
지대 32, 195, 200, 206, 208, 211, 213, 215, 233-239, 323, 332, 337, 342, 399, 492, 538, 541, 584-587, 744, 802, 822, 824, 826-827
지방세 40, 44, 117, 203, 213-215, 220-229, 236, 358-359, 473, 477, 492-493, 525-526, 532, 581, 712, 793
지방의회제도 601
지적인 신념 809, 815
직능노동조합 607
직접행동 631, 633
진 골목 269, 271
진보와 빈곤Progress and Poverty 390, 826, 827
진화론 615, 727
진gin 268

ㅊ

차티스트 739, 740, 786
찰스1세 556, 591, 630, 631, 635, 720
찰스2세 529, 567, 789
창조적 진화론 727
천로역정 550
천연두 350, 665, 669, 818
청교도혁명 550, 629, 630
체카 772, 778
체코슬로바키아 776-777

첼트넘 278
초과근무수당 559
초과이윤세 514
초과이익 523
초국가주의 749
초야권 371
총파업 397, 607, 609, 642, 746-748
치체린Chicherin 775

ㅋ

카네기, 앤드류Andrew Carnegie 82, 305, 573
카노사 718, 735
카펠코트 431
칸트Immanuel Kant 403, 608
칼라일, 토머스Thomas Carlyle 20, 182, 709
칼뱅Jean Calvin 720
캉디드Candide 818
캐나다 176, 301-302
캐비닛 601-602
캔터베리 대주교 68, 635, 732
커버 428
케드베리, 존John Cadbury 532
케렌스키Aleksandr Fyodorovich Kerenskii 762, 776
케말 아타튀르크Mustafa Kemal Ataturk 765, 789, 791
케언스, 존 엘리엇John Elliot Cairnes 825
케인스, 존 메이나드John Maynard Keynes 825
케임브리지 320, 701, 715
코널리, 제임스James Connolly 791
코페르니쿠스Nicolaus Copernicus 615
콘스탄티노플 542
콜럼버스Christopher Columbus 263
콜레라 350
콩코르다 804
쿠데타 638, 641

쿠퍼-템플 614-615
쿨라크 774, 778
퀘이커 567, 613
크랩, 조지George Crabbe 20
크로머 475
크롬웰, 올리버Oliver Cromwell 548, 550
크루거, 폴Paul Kruger 720
크루소, 로빈슨Robinson Crusoe 56, 170, 338-339
크리스천 사이언스 567, 721, 722
큰 모험Shooting Niagara 828
킬케니의 고양이들 70, 643
킹슬리Charles Kingsley 183

ㅌ

타일러, 와트Wat Tyler 788
터키인 294, 296
텔레마 사원 780
토노 번기Tono-Bungay 322
토르케마다Tomas de Torquemada 626
토리Tory 199, 391, 599, 749
토지국유화론 826
토지단일세 237, 239
톨스토이Lev Nikolayevich Tolstoy 577, 774
통화팽창론 593
투키디데스Thukydides 515
튀니지 290
튀르고Anne Robert Jacques Turgot 814
튜더 왕조 626
트라피스트회 129
트램 202, 204, 234, 244, 347-349, 469
트러스트 331
트로츠키, 레온Leon Trotskii 637, 770, 775-776, 783
트롤롭, 앤서니Anthony Trollope 829
트리폴리 290

트위들덤과 트위들디 612
특허권 211
티베트 538
티투스 오츠Titus Oates 789

ㅍ

파리코뮨 626
파벨1세 796
파쇼다 290
파스퇴르Louis Pasteur 722-723
파시즘 518, 638, 785, 795-799, 802-807
파업방해자 375
파업불참자 375-376
파우스트Faust 522, 709
파이브 타운스Five Towns 829
파크레인 483
팜비치 283
팽르베, 폴Paul Painleve 600
퍼블릭스쿨 697
펀치 466, 569
페르디난트, 프란츠Franz Ferdinand 291
페이비언 11, 183
페이비언 에세이 827, 828
페인, 토머스Thomas Paine 782
페인트 조심하세요Mind the Paint 368
페트로그라드 762
펜, 윌리엄William Penn 113
펜잔스 475
펠리페 왕 735
평균원가 206, 208
평화주의 747, 748
포드, 헨리Henry Ford 282, 320, 532-533, 636
포이어바흐Ludwig Feuerbach 734
포터리즈 278, 829

폭스, 조지George Fox 20
폴란드 762
푸르다 606
푸리에Charles Fourier 183
푸앵카레, 레몽Raymond Poincare 549, 600
푸키에탱빌Fouquier-Tinville 639
프란체스코Francesco d'Assisi 90, 113
프랑스 138, 174, 279, 290-296, 302-303, 312, 319, 389, 451, 501, 537, 549-550, 568, 598-600, 619, 627, 632, 634-635, 639, 687-688, 720, 723, 735, 740, 754, 761, 776, 779, 802, 804, 823
프랑스, 아나톨Anatole France 813
프랑스 혁명 451, 619, 627, 639, 720, 779
프로이트, 지그문트Sigmund Freud 696
프롤레타리아 194, 196, 200, 340-345, 372-373, 385-398, 447-448, 491, 499, 506, 511, 514, 525-530, 594, 605, 612-613, 626-633, 637-644, 649, 660, 662, 714, 718, 731, 734-736, 740-746, 751-752, 767, 774-779, 783, 791, 795, 797-799, 803, 806-807, 823-827
프루동Pierre Joseph Proudhon 823
프리모 데 리베라Miguel Primo de Rivera 592
플라톤Plato 183, 581, 754
플랑드르 172
피네로, 아서Arthur Pinero 368
피어스, 패트릭Patrick Henry Pearse 791
피임 127, 172-177, 283, 686, 688
피크위크 페이퍼Pickwick Papers 829
핀머니 307

ㅎ

하나니아스Ananias 37, 759
하디, 키어Keir Hardie 394

하버, 프리츠Fritz Haber 171
하얀군대 769, 776
하원의원 119, 142, 389, 582, 645, 725, 727
하인드먼, 헨리 메이어스Henry Mayers Hyndman 344, 391, 630, 779, 827
하일랜드 75
할례 19, 723
해로우 320, 715
해외이민지원 283
햄릿 373
허스트, 윌리엄William Randolph Hearst 767
헌법 216-217, 399, 632, 638, 641, 678, 692, 714, 782, 796, 817, 822
헤겔Georg Wilhelm Friedrich Hegel 637, 734-735
헨델Georg Friedrich Handel 564, 694
헨리2세 719, 735
헨리4세 92, 315
헨리6세 789
헨리8세 244, 446, 447, 803
헨리 조지 390, 778
혁명재판소 776
협동조합 76, 242, 391, 393, 632, 740, 744, 791, 793, 798, 825
호가스, 윌리엄William Hogarth 269, 271
호라티우스Horatius 706
호메로스Homeros 694
호엔촐레른Hohenzollern 132, 797
화이틀리Whiteley's 331
화형 113, 626, 718, 729
환어음 464
황소 101, 112, 427-428
회사채 419
후드, 토머스Thomas Hood 367
휘그Whig 391

852

1차세계대전 171, 291, 594, 626, 631, 656, 748,
　　　　　761, 763, 768, 776, 786, 804, 812, 830
4시간 근무 563-565
8시간 근무 155, 565
39개 신조 710-711, 734, 741
1917년 370, 472, 634, 636, 757, 761-762, 814

| Picture Acknowledgements |

P.18 『Conversione di San Paolo』 from commons.wikimedia.org; P.38-39 『La mort de Saphire』 from en.wikipedia.org; P.86 『Joshua Commanding the Sun to Stand Still upon Gibeon』 from commons.wikimedia.org; P.94 Set Design for Henrik Ibsen's Ghosts from www.pubhist.com; P.124 『The Coming Season』 from wikipedia.org, courtesy of Harper's Bazar, scanned by H. Churchyard; P.138 『Loterie Royale』 from daumier-register.org; P.184 Guy Fawkes from gutenberg.org; P.256 『Free Smoke』 from artvee.com; P.270-271 『Beer Street』 & 『Gin Lane』 from commons.wikimedia.org; P.282 『The Last of England』 from commons.wikimedia.org, courtesy of Birmingham Museum & Art Gallery; P.298 『Der Zauberlehrling』 from commons.wikimedia.org; P.304 『"HUNGER" and "CAPITALISM"』 from library.brown.edu; P.338 Young Crusoe and his Father from victorianweb.org, courtesy of Philip V. Allingham; P.348 photo from ltmuseum.co.uk; P.356 illustration from dictionaryofsydney.org; P.370 『Prostitution universelle』 from artvee.com; P.378 『Between two of a kind』 from artvee.com; P.412-413 『Sic Transit』 from tate.org.uk; P.416 LSE from british-history.ac.uk; P.418 Extracts from 『The lives of Victoria Clafin Woodhull and Tennessee Clafin』 courtesy of Museum of the City of New York; P.423 Ingoldsby Legends sacristan from fiftywordsforsnow.com; P.430 『The Bucket-shop Gamblers』 from wikiwand.com; P.450 『Inflation』 from commons.wikimedia.org; P.458 illustration from historyofinformation.com; P.466 『Cab, Lady!』 from bankofengland.co.uk; P.484 『The Tax Collector』 from artvee.com; P.528 『The Subsidised Mineowner—Poor Beggar!』 from wikipedia.org, courtesy of London Metropolitan University; P.558 『Bank holiday』 courtesy of National Gallery of Victoria, Melbourne; P.620 『Severed Head』 from commons.wikimedia.org; P.628 『Une exécution capitale』 from artvee.com; P.672 photo from 『Bernard Shaw through the Camera』; P.698 photo from birminghammail.co.uk; P.700 Fabian Summer School from commons.wikimedia.org, courtesy of LSE Library; P.719 『Henry II Doing Penance』 from commons.wikimedia.org; P.726 『Between Berlin and Rome』 from wikimedia.org; P.742 『Tower of Babel』 from wikipedia.org; P.766 『Christ Driving the Money-changers from the Temple』 from wikipedia.org; P.787 photo from 『Bernard Shaw through the Camera』; P.790 『Coup of 18 Brumaire』 from commons.wikimedia.org; P.800-801 posters from propagandopolis.com; P.808 『June』 from artvee.com; P.820 Dulac's illustration from 『Caricature of Today』

|옮긴이| **김일기**

서울대학교 독어독문학과를 졸업하고 동대학원 고고미술사학과에서 석사학위를 받았다. 건축전문지 『공간SPACE』의 영문에디터로 활동했으며 서울대와 성신여대, 덕성여대 등에서 서양미술사를 강의했다. 옮긴 책으로 『공중그네를 탄 중년 남자』, 『할머니 어디 계세요?』, 『찰스 디킨스, 런던의 열정』이 있고, 함께 옮긴 책으로 『쇼에게 세상을 묻다』, 『1900년 이후의 미술사』, 『라운드테이블: 1989년 이후 동시대 미술현장을 이야기하다』(번역감수)가 있다.

|옮긴이| **김지연**

서울대학교 종교학과를 졸업하고 동대학원에서 박사과정을 수료했다. 경인교대와 부산교대에서 학생들을 가르쳤다. 옮긴 책으로 『월터 미티의 은밀한 생활』, 『버나드 쇼―지성의 연대기』, 『코난 도일, 셜록은 셜록』이 있고, 함께 옮긴 책으로 『파워오피니언 50』, 『쇼에게 세상을 묻다』가 있다.

자본주의+사회주의 세상을 탐험하는 지적인 여성을 위한 안내서

2024년 8월 8일 초판 1쇄 발행

지은이 버나드 쇼 | 옮긴이 김일기 김지연 | 펴낸이 유수현 | 펴낸곳 도서출판 뗀데데로TENDEDERO |
등록 제321-251002009000002호 | 전화 070-8182-6300 | 팩스 02-6008-2089 | 이메일 info@tendedero.co.kr | 홈페이지 www.tendederokorea.com | 가격 38,000원
ISBN 979-11-961120-4-2(04300) 979-11-961120-2-8(세트)